Der finanzgerichtliche Prozessvergleich

FINANZ- UND STEUERRECHT IN DEUTSCHLAND UND EUROPA

Herausgegeben von Klaus-Dieter Drüen,
Hanno Kube und Rainer Wernsmann

Band 48

Zur Qualitätssicherung und Peer Review der vorliegenden Publikation

Die Qualität der in dieser Reihe erscheinenden Arbeiten wird vor der Publikation durch Herausgeber der Reihe geprüft.

Notes on the quality assurance and peer review of this publication

Prior to publication, the quality of the work published in this series is reviewed by editors of the series.

Elisabeth Catherine Wöhrle

Der finanzgerichtliche Prozessvergleich

PETER LANG

Berlin - Bruxelles - Chennai - Lausanne - New York - Oxford

Bibliografische Information der Deutschen Nationalbibliothek
Die Deutsche Nationalbibliothek verzeichnet diese Publikation in der Deutschen Nationalbibliografie; detaillierte bibliografische Daten sind im Internet über http://dnb.d-nb.de abrufbar.

Zugl.: Diss., Ludwig-Maximilians-Universität München, 2022.

D 19
ISSN 1863-141X
ISBN 978-3-631-91061-0 (Print)
E-ISBN 978-3-631-91064-1 (E-PDF)
E-ISBN 978-3-631-91065-8 (EPUB)
DOI 10.3726/b21320

Verlegt durch:
Peter Lang GmbH, Berlin, Deutschland

info@peterlang.com http://www.peterlang.com/

Vorwort

Die vorliegende Arbeit wurde im Juni 2022 an der Juristischen Fakultät der Ludwig-Maximilians-Universität München eingereicht und im Sommersemester 2023 als Dissertation angenommen. Die mündliche Prüfung fand am 14. Juni 2023 statt. Für die Drucklegung konnten Gesetzgebung, Rechtsprechung und Literatur bis Mitte September 2023 berücksichtigt werden.

Den zahlreichen Personen, die mich während der Promotionszeit in vielfältiger Art und Weise unterstützt haben, möchte ich an dieser Stelle danken.

Mein besonderer Dank gilt meinem Doktorvater Herrn *Prof. Dr. Klaus-Dieter Drüen* an dessen Lehrstuhl ich als wissenschaftliche Mitarbeiterin mit großer Freude tätig war. Seine hervorragende Betreuung und Unterstützung haben diese Arbeit erst möglich gemacht. Herr *Prof. Dr. Klaus-Dieter Drüen* hat meine fachliche Entwicklung wesentlich geprägt.

Mein Dank gebührt auch Herrn *Prof. Dr. h.c. Rudolf Mellinghoff* für die zügige Erstellung des Zweitgutachtens.

Den Herausgebern dieser Schriftenreihe danke ich für die Zustimmung zur Aufnahme meiner Arbeit.

Diese Arbeit ist meiner Familie gewidmet.

München, im September 2023 *Elisabeth Catherine Wöhrle*

Inhaltsverzeichnis

Kapitel 1: Konsensuales Verwaltungshandeln im Steuerrecht

A. Einleitung

I. Problemaufriss

Eine eigenständige Finanzgerichtsbarkeit gibt es in Deutschland seit hundert Jahren. Und fast seit Beginn ihrer Errichtung beschäftigen sich Gerichte und Literatur[1] mit dem Problem der Vergleiche[2] im Steuerrecht, so dass die Frage um deren Zulässigkeit keine neue ist. Bereits 1925 hat der II. Senat des RFH[3] geurteilt, dass Vergleiche über Steueransprüche unzulässig seien, weil diese im Widerspruch zur Gleichmäßigkeit und Gesetzmäßigkeit der Besteuerung stünden. Gleichsam seien die Steuerfestsetzungsbehörden vielfach zu „tatsächlichen Verständigungen" genötigt, „um in der Veranlagung voranzukommen". Auch der BFH urteilt überwiegend, dass steuerrechtliche Vergleiche mit Blick auf die Gesetzmäßigkeit und Gleichmäßigkeit der Besteuerung unzulässig sind[4]. Dieses

---

1 Schon 1959, 1965 und 1967 haben sich etwa *Maassen*, *Ehlers* und *Schick* zu dieser Thematik und Vergleichen im Steuerrecht geäußert. Sogar der vielzitierte *Otto Mayer* erwähnte 1924 den steuerrechtlichen Vergleich. *Seer* widmete 1996 seine Habilitationsschrift der sog. tatsächlichen Verständigung. Öffentliche-rechtliche Verträge und die sog. tatsächliche Verständigung im Steuerrecht wurden bereits mehrfach monographisch erschlossen. So etwa: *Sontheimer*, Der verwaltungsrechtliche Vertrag im Steuerrecht, 1987; *Eich*, Die tatsächliche Verständigung im Steuerverfahren und Steuerstrafverfahren, 1992; *Pflaum*, Kooperative Gesamtbereinigung von Besteuerungs- und Steuerstrafverfahren, Die Verbindung von steuerrechtlicher- und strafprozessualer Verständigung, 2010. Ein Beispiel für die nach wie vor bestehende Aktualität des Themenkomplexes ist die Jahrestagung der DStJG im September 2022 zur „Streitvermeidung und Streitbeilegung im Steuerrecht".

2 In den § 55 VwVfG, § 54 Abs. 1 SGB X, § 106 VwGO, § 101 Abs. 1 SGG, § 779 Abs. 1 BGB ist der Vergleich definiert, als ein Vertrag, durch den die Ungewissheit über den Sachverhalt oder die Rechtslage durch gegenseitiges Nachgeben beseitigt wird. Auch der Entwurf der Verwaltungsprozessordnung, mit dem eine gemeinsame Prozessordnung für die Verwaltungs-, Finanzgerichts- und Sozialgerichtsbarkeit geschaffen werden sollte, sah eine Vorschrift über den Prozessvergleich nach dem Vorbild der § 106 VwGO und § 101 Abs. 1 SGG vor.

3 RFH, Urt. v. 20.10.1925 – II A 453/25, RFHE 18, 92.

4 Exemplarisch BFH, Urt. v. 11.12.1984 – VIII R 131/76, BStBl. II 1985, 354, juris Rn. 31 ff. S. zum Entwicklungsstand der Rechtsprechung unter Kap. 3 C. I. dieser Arbeit

Verdikt der Nichtigkeit wird vor allem für das Verwaltungsverfahren und teilweise auch für den Finanzprozess seit langer Zeit vertreten. Eine tiefergehende dogmatische Begründung durch Rechtsprechung und Literatur ist für den prozessualen Vergleich indes bisher kaum erfolgt, so dass diese Arbeit insoweit einen Mehrwert zu verschaffen vermag.

Der Prozessvergleich ist ein vor dem Gericht geschlossener Vertrag mit Doppelwirkung[5]. Neben den prozessualen Anforderungen an die Zulässigkeit und Wirksamkeit des Vergleichs als Prozesshandlung unterliegt der Prozessvergleich den materiell-rechtlichen Anforderungen an Vergleichsverträge.

Es entspricht seit jeher der täglichen Praxis des Besteuerungsverfahrens und des Finanzprozesses, dass sich Steuerpflichtiger und Finanzbehörde bei unklarer Sach- oder Rechtslage durch gegenseitiges Nachgeben einigen[6]. Wenngleich das praktische Bedürfnis der kooperativen Handlungsformen allein die Zulässigkeit nicht indizieren kann, ist schon seit längerer Zeit ein Wandel vom konfrontativen zum kooperativen Steuerstaat zu konstatieren[7]. Die Praxis zeigt sogar, dass im Besteuerungsverfahren viel mehr Verständigungen getroffen werden als auf

---

für den materiellen Vergleich und unter Kap. 4 B. I. dieser Arbeit für den prozessualen Vergleich.

5 S. dazu etwa BSG, Urt. v. 17.5.1989 – 10 RKg 16/88, SozR 1500, § 101 Nr. 8; *Löwer*, VerwArch. 1965, 142, 145; *Schröder*, Der Prozeßvergleich in den verwaltungsgerichtlichen Verfahrensarten, S. 32 ff.; *Meyer-Hesemann*, DVBl. 1980, 869, 871 f.; *Eisenlohr*, Der Prozeßvergleich in der Praxis der Verwaltungsgerichtsbarkeit, S. 1; *Nielsson* in Schlegel/Voelzke, jurisPK-SGB X, § 54 Rn. 36; *Engelmann* in Schütze, SGB X, § 54 Rn. 3; *Maurer/Waldhoff*, Allgemeines Verwaltungsrecht, § 14 Rn. 18; *Hau* in Staudinger, BGB, § 779 Rn. 195 (Juli 2021).

6 S. nur *Martens*, Die Praxis des Verwaltungsverfahrens, Rn. 340; *Seer*, StuW 1995, 213, 225; *Eckhoff*, StuW 1996, 107, 108; *Boochs*, DStR 2006, 1062, 1063; *Maassen* erkannte ein Auseinanderfallen von Theorie und Praxis und forderte schon 1959 ein Aufarbeiten des Themas durch die Rechtswissenschaft, s. *Maassen*, Regelungen mit dem Finanzamt, S. 3; kritisch zur konsensualen Verwaltung (noch) *Tipke* in Tipke/Lang, Steuerrecht, 12. Auflage 1989, Rn. 3.132; *Müller-Franken*, Maßvolles Verwalten, S. 186 ff.; *Söhn* in FS Selmer, S. 911, 916; *Isensee* verortete Verständigungen in das „publizitätsferne Hinterzimmer des Rechts“, *Isensee*, Die typisierende Verwaltung, S. 191, was nicht (mehr) der tatsächlichen Praxis im Finanzamt und vor den Finanzgerichten entspricht.

7 Exemplarisch *Eckhoff*, StuW 1996, 107; *Seer*, Verständigungen in Steuerverfahren, S. 1 ff., 176 ff.; *Drüen*, FR 2011, 101; aktuellere Ausprägungen des kooperativen Steuerstaates sind etwa Maßnahmen zur Steigerung der Kooperationsbereitschaft des Steuerpflichtigen durch sog. Tax Compliance.

allen anderen Gebieten des besonderen Verwaltungsrechts[8]. Dasselbe gilt für den Finanzprozess[9].

Die Gleichmäßigkeit und Gesetzmäßigkeit der Besteuerung sind hochrangige Postulate des materiellen Steuerrechts, welchen Verhältnismäßigkeits- und Wirtschaftlichkeitsgrundsätze nicht gleichgestellt werden können. In der Diskussion um steuerrechtliche Vergleiche wird aber häufig verkannt, dass es sich dabei nicht nur um verbotene Vereinbarungen über die nicht disponible Höhe des Steueranspruchs handelt, sondern diese vielmehr engen Grenzen unterliegen. Vielfach wird zudem übersehen, dass die Dispositionsbefugnisse der Finanzbehörden bereichsspezifisch zu konkretisieren sind. Dem strengen Gesetzmäßigkeitsdogma liegt ferner die fehlerhafte Idealvorstellung des einzig richtigen rechtlichen Ergebnisses zugrunde und die irrige Annahme, die richtige Steuer wäre aus dem Gesetz abzulesen[10]. Vielmehr ist es jedoch so, dass es „die" materiell richtige Steuer nicht gibt und auch das strikte Gesetzmäßigkeitsprinzip durch Handlungsspielräume der Verwaltung[11] und Wertungsspielräume im Verfahrensrecht[12] modifiziert sein kann. Die a priori punktgenau gesetzlich vorgegebene Determination wird in der Realität durch eine Bandbreite vertretbarer Entscheidungen ersetzt. Die Finanzbehörde ist im Rahmen vertretbarer Auslegungsmöglichkeiten insoweit nicht nur strikt gesetzesgebunden, sie ist vielmehr gesetzesdirigiert[13].

Die Verwaltungsbehörden sind in allen Verwaltungsverfahren gleichsam an das Gesetz gebunden, Art. 20 Abs. 3 GG, so dass der Gesetzmäßigkeitsgrundsatz *allein* nicht gegen die Zulässigkeit der steuerrechtlichen Vergleichsverträge sprechen kann. Damit die Grundsätze der Gesetz- und Gleichmäßigkeit der Besteuerung als Argument für die Annahme eines allgemeinen Vertragsformverbots herangezogen werden können, müssten diese einen *spezifischen* steuerrechtlichen Gehalt besitzen, welchen die Arbeit untersuchen möchte[14]. Die pauschale

---

8 *Martens*, JuS 1978, 607, 610; *Martens*, Die Praxis des Verwaltungsverfahrens, Rn. 340; *Streck*, StuW 1993, 366.

9 Zur empirischen Betrachtung im Finanzprozess s. unter Kap. 4 A. I. dieser Arbeit.

10 Dazu unter Kap. 2 C. IV. 3. dieser Arbeit.

11 S. zu Handlungsspielräumen der Verwaltung, Dispositionsbefugnissen und der gesetzlichen Beweismaßreduktion im Steuerrecht unter Kap. 2 C. IV. 5. dieser Arbeit.

12 S. zum Verfahrensermessen der Finanzbehörde bei der Sachverhaltsermittlung unter Kap. 4 D. III. 3. dd) dieser Arbeit. Insbesondere können allgemeine Verwaltungserfahrungen oder Zweckmäßigkeitserwägungen berücksichtigt werden.

13 Dazu m.w.N. unter Kap. 2 C. IV 1. dieser Arbeit.

14 Dazu unter Kap. 2 C. III. dieser Arbeit.

Annahme, dass dem materiellen Steuerrecht ein allgemeines Vertragsformverbot zugrunde liegt, ist nicht mehr haltbar. Dies nicht nur, weil im materiellen Steuerrecht Vergleichsbedarf besteht, sondern das materielle Steuerrecht ist auch, wie zu zeigen sein wird, vergleichsfähig[15]. Die Annahme eines allgemeinen Vertragsformverbots bedarf auch im Hinblick auf die Anerkennung der sog. tatsächlichen Verständigung besonderer Überprüfung. Seit der Grundsatzentscheidung des BFH vom 11.12.1984 sind sog. tatsächliche Verständigungen im Steuerrecht grundsätzlich zulässig[16]. Durch diese anerkannte Handlungsform können bei Sachverhaltsungewissheiten Verständigungen zur Vorbereitung eines Steuerverwaltungsaktes getroffen werden. Doch die Unterscheidung zwischen Sachverhalts- und Rechtsfragen ist oft nur oberflächlicher Natur, so dass die Einordnung in Tatsächliches oder Rechtliches häufig von einem entsprechenden Formulierungsgeschick der Parteien abhängen wird[17]. Der BFH leitet die Bindungswirkung der sog. tatsächlichen Verständigung meist aus den Grundsätzen von Treu und Glauben ab[18]. Letztlich handelt es sich bei der sog. tatsächlichen Verständigung jedoch um nichts anderes als einen (Tatsachen-) Vergleich. Obgleich das reine Überspannen der rechtlichen Grenzen etablierter Handlungsformen nicht als Rechtfertigung für die Anerkennung einer neuen Handlungsform genügen kann, so hat sich der Rechtsanwender doch einzugestehen, dass Vergleiche unter dem Deckmantel der Verständigung geschlossen werden und das strikte Festhalten an der Gesetzmäßigkeit der Verwaltung – zu Gunsten klarer, einheitlicher und rechtssicherer Lösungen – insoweit zu überdenken ist.

Der Gesetzgeber hat im VwVfG und im SGB X den öffentlich-rechtlichen Vertrag normiert, ohne diesen in die gleichzeitig erlassene AO 1977 zu übernehmen. Die AO wiederholt teilweise wörtlich die Vorschriften des VwVfG, lässt aber die Normen über den öffentlich-rechtlichen Vertrag aus. Auch die FGO hatte das Ziel das Prozessrecht weitgehend zu vereinheitlichen. Daher wurden zahlreiche Vorschriften aus der VwGO übernommen, der Prozessvergleich blieb indessen

---

15 Der besondere Vergleichsbedarf und die Vergleichsfähigkeit des materiellen Steuerrechts resultieren unter anderem aus den Besonderheiten des Steuerrechts, welche sich in den Bedürfnissen des Dauerschuldverhältnisses im Massenverfahren zeigen können. Aus der Komplexität des Steuerrechts und den oftmals bestehenden Rechtsunsicherheiten folgt ein ausgeprägtes Rechtsschutzbedürfnis und Rechtssicherheitsbedürfnis der Beteiligten.

16 BFH, Urt. v. 11.12.1984 – VIII R 131/76, BStBl. II 1985, 354, juris Rn. 32 ff. Dieses Grundsatzurteil dient der Arbeit als Ausgangspunkt der Rechtsprechungsanalyse.

17 Dazu unter Kap. 2 B. III., Kap. 2 A. dieser Arbeit.

18 Dazu unter Kap. 2 B. III. dieser Arbeit.

unberücksichtigt. Aufgrund dessen werden Zweifel an der Absicht des Gesetzgebers geäußert, den Vergleich im Steuerrecht zuzulassen. Die Arbeit möchte daher überprüfen, ob die analoge Anwendung der verwaltungsrechtlichen und verwaltungsprozessualen Normen möglich ist[19]. Es wird zudem geprüft, ob die Grenzen zulässiger Rechtsfortbildung eingehalten werden können oder ob insoweit der Gesetzgeber de lege ferenda gefragt ist[20].

In Verfahren unter dem Anwendungsbereich der FGO, wo die Dispositionsmaxime gilt und die Verfahrensbeteiligten in der Verfügung über ihren Streitgegenstand freier sind, muss das Unzulässigkeitsdoma steuerrechtlicher Vergleiche besonders kritisch hinterfragt werden. Kläger und Beklagter können über das Verfahren frei disponieren, Klagen zurücknehmen, für erledigt erklären und Steuerverwaltungsakte ändern. Anders als im Besteuerungsverfahren besteht im finanzgerichtlichen Prozess insoweit eine Gleichordnung zwischen Finanzbehörde und Steuerpflichtigem, weil sie im Hinblick auf das Klagebegehren dem Richterspruch unterworfen sind. Diese Gleichordnung ist nicht in dem Sinne misszuverstehen, dass das Subordinationsverhältnis zwischen den Beteiligten aufgehoben wird, die Behörde begibt sich nur insofern auf die gleiche Ebene mit dem Steuerpflichtigen[21]. Es herrscht eine prozessuale Waffengleichheit.

Die Grundsätze der Gleichmäßigkeit und Gesetzmäßigkeit der Verwaltung bedürfen auch und vor allem im Hinblick auf den Prozessvergleich einer Untersuchung. Die Situation im Besteuerungsverfahren einerseits und im Finanzprozess andererseits ist differenziert zu betrachten. Dies vor allem aufgrund dessen, weil die Steuer bereits festgesetzt wurde und es nicht primär um ein „Feilschen“ über deren Höhe geht[22]. Der Finanzprozess ist durch die Dispositionsmaxime

---

19 Dazu unter Kap. 3 A. I. dieser Arbeit für die AO und unter Kap. 4 C. dieser Arbeit für die FGO.

20 Dazu unter Kap. 3 A. I. dieser Arbeit für die AO und unter Kap. 4 B. III. 4., C. dieser Arbeit für die FGO.

21 Dazu m.w.N. unter Kap. 4 dieser Arbeit.

22 Lange Zeit wurde von einem „gesetzwidrigen Paktieren“ im Rahmen eines „Kuhhandels“ durch steuerrechtliche Vergleiche ausgegangen, s. z.B. *Tipke* in Tipke/Lang, Steuerrecht, 12. Auflage 1989, Rn. 3.132: „Um die Gleichmäßigkeit wäre es schlecht bestellt, würde man zulassen, daß Steuerpflichtige Verträge mit den Finanzämtern abschließen und Finanzgerichte eine Art Schlichtung betreiben dürften, zumal auf der Grundlage kommerziellen Denkens, einer Angebots- und Nachfragementalität, eines Feilschens um die Höhe der Steuerschuld […]“; *Raupach* in Kooperatives Verwaltungshandeln im Besteuerungsverfahren, S. 63; *Müller-Franken*, Maßvolles Verwalten, S. 233 m.w.N.

geprägt. Zudem wirkt am Vergleich im Finanzprozess das zuständige Prozessgericht und damit die richterliche Kontrollinstanz mit. Die Nichtigkeitsnormen, die sonst für Vergleichsverträge von zentraler Bedeutung sind, sind in einem Gerichtsverfahren im Ergebnis nur von theoretischer Relevanz. Das Gericht arbeitet im Rahmen seiner Fürsorgepflicht auf eine gesetzmäßige Einigung hin[23].

Das Feld für den finanzgerichtlichen Prozessvergleich ist weit[24]. Die Möglichkeiten zur konsensualen Streitbeilegung innerhalb der Finanzgerichtsbarkeit sind, trotz der, im Vergleich zur allgemeinen Verwaltungsgerichtsbarkeit überproportional konsensual erledigten Fälle, unterausgeprägt. Unter empirischen Gesichtspunkten zeigt sich, dass einvernehmliche Verfahrensbeendigungen im finanzgerichtlichen Verfahren die Mehrheit der erledigten Fälle bilden, obschon deren rechtliche Möglichkeiten unter verfahrensvergleichenden Gesichtspunkten eingeschränkt sind[25]. Selbst im Strafprozess ist die Verständigung normativ verankert. Die finanzprozessuale Prozessmaterie weist überdies eine ausgeprägte Vergleichsgeeignetheit auf und ist Einigungen in einem besonderen Maße zugänglich[26]. Auch im Besteuerungsverfahren ist, im Vergleich zum allgemeinen Verwaltungsrecht, durch die Erörterungstermine, §§ 201, 364a AO, eine besondere normative Verankerung eines Einigungsgedankens erkennbar.

Zwar sind in der FGO Möglichkeiten zur konsensualen Streitbeilegung vorgesehen, die Arbeit macht es sich aber zur Aufgabe, zu beweisen, dass diese in ihrem Umfang und ihren Rechtsfolgen, hinter denen der allgemeinen Verwaltungsgerichtsbarkeit zurückbleiben. Durch die sog. tatsächliche Verständigung in Kombination mit einer übereinstimmenden Erledigungserklärung wird die Wirkung eines Prozessvergleichs (nur) nahezu herbeigeführt. Aufgrund dieser etablierten und am häufigsten gewählten Praxis der Verfahrensbeendigung werden berechtigte Zweifel an der behaupteten Unzulässigkeit des Prozessvergleichs geäußert[27]. Die Arbeit möchte nachweisen, dass die FGO de lege lata kein angemessenes – das heißt sowohl kläger- als auch beklagteninteressenwahrendes – Mittel zur einvernehmlichen Streitbeilegung vorsieht[28]. Die Arbeit stellt

23 Zur Prozessfürsorgepflicht ausführlich unter Kap. 4 F. I. dieser Arbeit.

24 Die vorliegende Arbeit widmet sich insbesondere Prozessvergleichen im Insolvenzverfahren, s. dazu unter Kap. 4 E. 5. c) dieser Arbeit.

25 Dazu unter Kap. 4 A. dieser Arbeit.

26 Dazu unter Kap. 4 E. I. dieser Arbeit.

27 Zum Meinungsstand unter Kap. 4 B. II. dieser Arbeit.

28 Zur Begründung dieser Erkenntnis ausführlich unter Kap. 4 A. IV. dieser Arbeit. Insbesondere unter prozessualer Perspektive bestehen Unsicherheiten und Interessensdivergenzen.

die These auf, dass die Rechtsprechung letztlich ein „prozessvergleichsähnliches Institut" geschaffen hat, welchem aber eine unlängst größere Gefahr für gesetzwidrige Einigungen anhaftet[29]. Dieses Institut mag aufgrund seiner im Kern bestehenden normativen Legitimation die Gesetzmäßigkeit seines Inhalts suggerieren, entzieht sich aber gleichwohl der richterlichen Kontrolle[30], denn durch übereinstimmende Erledigungserklärung der Parteien beenden diese den Prozess ex nunc, ohne dass es auf eine materielle Erledigung ankäme[31].

Die vorliegende Arbeit macht es sich unter anderem zum Gegenstand zu prüfen, welche Auswirkungen die Anerkennung eines finanzgerichtlichen Prozessvergleichs mit sich bringt. Neben der Frage nach Umfang und Inhalt[32] ist insbesondere das Verhältnis zum Steuerverwaltungsakt und etwaigen weiteren Vergleichsverträgen zu beleuchten. Diese Untersuchung erhält ihre Komplexität aus den unterschiedlichen Fehlerfolgenregimen des Verwaltungsaktes und des Vertragsrechts und ihre Legitimation unter anderem durch den im Steuerrecht anzutreffenden verwaltungsaktvorbereitenden Vergleichsvertrag[33]. Weitgehend unbeantwortet sind die Auswirkungen internationaler Verständigungsverfahren und im Ausland geschlossener Steuerverträge auf deutsche Gerichtsverfahren. Aufgrund zunehmender Internationalisierung der Geschäftsbeziehungen haben internationale Verständigungsverfahren in den letzten Jahren eine noch größere Bedeutung erlangt[34]. Die Komplexität im steuerrechtlichen Dauerschuldverhältnis steigt durch grenzüberschreitende und jurisdiktionsübergreifende Rechtsfragen nicht unerheblich. Für die offenen Rechtsfragen der normativen

29 S. zum Ausmaß der Prozessfürsorgepflichten des Gerichts unter Kap. 4 F. I. dieser Arbeit. S. zu diesem im Gesetz so nicht vorgesehenen Institut unter Kap. 4 A. II. 2., III., IV. dieser Arbeit.

30 Das Gericht ist an die übereinstimmenden Erledigungserklärung gebunden, s. unter Kap. 4 A. II. 2. dieser Arbeit.

31 S. dazu unter Kap. 4 A. III. dieser Arbeit.

32 S. dazu unter Kap. 4 E. und F. dieser Arbeit.

33 Dazu unter Kap. 4 H. dieser Arbeit.

34 S. nur *Lehner*, Möglichkeiten zur Verbesserung des Verständigungsverfahrens; *Carl/Klos*, RIW 1995, 493; *Bär*, Verständigungen über Verrechnungspreise verbundener Unternehmen im deutschen Steuerrecht; *Eigelshoven* in Lüdicke, Praxis und Zukunft des deutschen Internationalen Steuerrechts, Verständigungsverfahren – Praktische Erfahrungen und ungelöste Probleme, Einführung; *Drüen* in Festgabe Wassermeyer, S. 505; *P. Kirchhof*, StuW 2017, 3, 13; *Strotkemper*, Das Spannungsverhältnis zwischen Schiedsverfahren in Steuersachen und einem Internationalen Steuergerichtshof, 2017.

Einordnung der Vollstreckbarkeit[35] und der Verfahrenskosten[36] des Prozessvergleichs werden ebenfalls Antworten gesucht.

II. Gang der Untersuchung

Diese Arbeit beschäftigt sich in den Anfangskapiteln zunächst überwiegend mit den subordinationsrechtlichen Vergleichsverträgen im Veranlagungsverfahren, um die Grundlage für den materiellen Teil des Prozessvergleichs zu schaffen und widmet sich sodann dem finanzgerichtlichen Vergleich im prozessualen Schwerpunkt. Die jeweiligen Ausführungen stehen indes nicht isoliert zueinander, weil Charakteristikum des Prozessvergleichs seine Doppelnatur ist, so dass neben prozessualen Voraussetzungen stets die des materiellen Vergleichs kumulativ hinzutreten müssen. Die ausführliche Erörterung der Legitimation materieller Vergleiche erfüllt überdies keinen Selbstzweck, sondern dient dem Verständnis der Herausarbeitung prozessualer Besonderheiten in der Vergleichssituation. Im Einzelnen: Im einleitenden Kapitel dieser Arbeit wird die Typologie des kooperativen Besteuerungsverfahrens als Grundlage für die nachfolgende Untersuchung analysiert. Im zweiten Kapitel werden die Vergleichsfähigkeit und der Vergleichsbedarf des materiellen Steuerrechts bewiesen. Hierzu prüft die Arbeit – unter Grundlage des Entwicklungsstands von Rechtsprechung und Literatur – die Argumente für und wider die Zulässigkeit der Vergleiche im Steuerrecht. Kapitel 3 widmet sich dem materiellen steuerrechtlichen Vergleich und der Vorfrage wie dieser Eingang in die AO finden kann, um im Nachfolgenden untersuchen zu können, wie der Prozessvergleich in der FGO etabliert werden könnte. Anschließend steht in Kapitel 4 der Prozessvergleich im Schwerpunkt der Betrachtung. Die Ergebnisse der vorhergehenden Kapitel werden für die Beantwortung der Frage der Zulässigkeit des prozessualen Vergleichs herangezogen und aufbauend auf den Anfangskapiteln werden die Besonderheiten des Prozessvergleichs entwickelt. Die Arbeit sieht ihre Aufgabe nicht in einer fundierten Auseinandersetzung mit der sog. tatsächlichen Verständigung und materiellen außergerichtlichen Vergleichen, sondern geht auf diese nur insoweit ein, als es für den prozessualen Vergleich zweckdienlich oder erforderlich ist.

---

35 Dazu unter Kap. 4 G. dieser Arbeit.

36 Dazu unter Kap. 4 J. dieser Arbeit.

B. Das kooperative Besteuerungsverfahren

I. Typologie des kooperativen Besteuerungsverfahrens

Wenngleich das Steuerrecht als gesetzgebundenes Eingriffsrecht a priori den Anschein erweckt, der Besteuerungszugriff des Staates beruhe auf rein einseitigem hoheitlichem Handeln, sind Kooperation und Konsens dem Steuerecht nicht wesensfremd. Konsensuale Handlungsformen sind im Steuerrecht zulässig, ja sogar notwendig und haben in den letzten Jahrzehnten eine enorme Bedeutung erlangt[37]. Der Verwaltungsakt (§ 118 S. 1 AO) ist schon lange nicht mehr die einzige Handlungsform im Steuerrechtsverhältnis[38]. Galt das Abgabenrecht lange Zeit als der klassische Bereich für einseitig-hoheitliches Handeln, so bedurfte es „zunächst der verwaltungswissenschaftlichen Entdeckung des informalen Verwaltungshandelns, um kooperative Handlungsformen im Besteuerungsverfahren [...] aufzuspüren“[39]. Die Analyse der Rechtsprechung und insbesondere die Entwicklung der tatsächlichen Verständigung zeigen, dass konsensuales Handeln im Steuerrecht längst nicht mehr auf Informalität beschränkt ist[40]. Dennoch sind die Möglichkeiten und Grenzen der faktisch bestehenden Kooperation seit jeher umstritten[41], obgleich die kooperative Verwaltung mitnichten ein neues

---

37 Vgl. nur *Maassen*, Regelungen mit dem Finanzamt, S. 1 ff.; *Seer*, Verständigungen in Steuerverfahren, S. 123 ff., 317 ff.; *Eckhoff*, StuW 1996, 107, 112; *Seer* in FS Vogel, S. 699, 699 f.; *Drüen*, FR 2011, 101; *P. Kirchhof* in Dürig/Herzog/Scholz, GG, Art. 3 Abs. 1 Rn. 156 f. (Sept. 2015); s. für das allgemeine Verwaltungsrecht etwa *Voß* in Johlen/Oerder, MAH Verwaltungsrecht, § 3 Rn. 57 f. für die Mediation im öffentlichen Bereich: Das staatliche Eigenverständnis habe sich nicht unerheblich gewandelt. Die Behörden verstünden sich zunehmend als Dienstleister für den Bürger und nicht nur als reine Obrigkeit; *Storr/Schröder*, Allgemeines Verwaltungsrecht, Rn. 255.

38 *Gurlit*, Verwaltungsvertrag und Gesetz, S. 46; das Dogma der Einseitigkeit öffentlich-rechtlichen Handelns im materiellen Steuerrecht ist überholt. So noch im Jahre 1970 *Ziemer/Birkholz*, FGO, § 40 Rn. 39.

39 So treffend formuliert von *Gurlit*, Verwaltungsvertrag und Gesetz, S. 46; s. dazu ebenso *Drüen*, Zukunftsfragen des Steuerrechts, S. 1, 18 ff.; s. zur Entdeckung des informalen Verwaltungshandelns *Seer*, Verständigungen in Steuerverfahren, S. 51 ff.

40 So auch *Gurlit*, Verwaltungsvertrag und Gesetz, S. 46; a.A. z.B. noch *Isensee*, Die typisierende Verwaltung, S. 191; s. zur Rechtslage vor Anerkennung der tatsächlichen Verständigung die Rechtsprechungsübersicht unter Kap. 2 C. I. dieser Arbeit.

41 Kritisch zur Kooperation im Besteuerungsverfahren *Isensee* in Kooperatives Verwaltungshandeln im Besteuerungsverfahren, S. 21 f.; *Müller-Franken*, Maßvolles Verwalten, S. 186 ff., 486 ff., vgl. nun aber relativierend *Müller-Franken*, StuW 2018, 113, 114 Fußnote 16; s. zur gegensätzlichen Kritik wiederum *Seer*, DStR 2008, 1553, 1554.

Phänomen ist[42]. Der Begriff der „Kooperation" ist deutungsoffen. Er bedeutet in seinem Ausgangspunkt schlicht eine Zusammenarbeit oder Arbeitsteilung zwischen verschiedenen Akteuren[43]. Für öffentlich-rechtliche Verträge als Rechte und Pflichten begründende Verwaltungsrechtsschuldverhältnisse liegt die kooperative Struktur auf der Hand[44]. Die Terminologie des kooperativen Verwaltungshandelns ist vielseitig und teilweise auch uneinheitlich: Vereinbarung, Verständigung, Vergleich, Vertrag, Vorvertrag, Absprache, Abrede, Zusage, Zusicherung, unverbindliche Mitteilungen, Ankündigungen, Arrangement oder Agreement[45]. Nur die Begriffe Vertrag, Vergleich, Zusage und Zusicherung sind dabei als echte Rechtsbegriffe im nationalen Verwaltungshandeln einzuordnen. Dem nationalen kooperativen Steuervollzug zuzuordnen sind zudem Verfahren zur Erteilung einer verbindlichen Auskunft (§ 89 Abs. 2 AO i.V.m. StAuskV), einer verbindlichen Zusage (§§ 204 ff. AO) und der Abschluss einer sog. tatsächlichen Verständigung[46]. Faktische Absprachen werden unterschiedlich als

---

42 Exemplarisch *Kansteiner* in Kooperatives Verwaltungshandeln im Besteuerungsverfahren, S. 7; *Eckhoff*, StuW 1996, 107 ff.; *Gurlit*, Verwaltungsvertrag und Gesetz, S. 1 ff.; *Schmidt-Aßmann*, Das allgemeine Verwaltungsrecht als Ordnungsidee, Kap. 3 Rn. 119; *Schoch*, Entformalisierung staatlichen Handelns, in Isensee/P. Kirchhof, Handbuch des Staatsrechts, Bd. 3, § 37 Rn. 28 ff.; *Drüen*, FR 2011, 101; *Storr/Schröder*, Allgemeines Verwaltungsrecht, Rn. 255.

43 S. ausführlich zur Kooperationsmaxime m.w.N. unter Kap. 2 C. VI. 2. a) dieser Arbeit. AO und FGO lassen durch Verständigungsmöglichkeiten eine besondere normativ legitimierte Vergleichsfreundlichkeit erkennen, s. zu Erörterungsterminen unter Kap. 2 C. VII. 2., Kap. 3 B. 3., Kap. 4 A. II. 1. dieser Arbeit.

44 So *Gurlit*, Verwaltungsvertrag und Gesetz, S. 9. Dies liegt auch daran, dass ein Vertrag notwendigerweise zwei übereinstimmende Willenserklärungen voraussetzt, die im Rahmen eines kommunikativen Prozesses zustande kommen.

45 *Bauer*, Der „Vergleich" im Steuerveranlagungsverfahren, S. 9; *Seer*, StuW 1995, 213, 214; *Isensee* in Kooperatives Verwaltungshandeln im Besteuerungsverfahren, S. 21 f.; *Greite*, NWB 2004, 1421, 1422; *Schmitz*, DVBl. 2005, 17, 19; *Seer* in Tipke/Kruse, AO/FGO, Vorb. zu §§ 118–129 AO Rn. 8 (Aug. 2021).

46 *Seer* in FS Kirchhof, S. 1765, 1766; die bloße Auskunft sei die unsicherste Rechtstechnik zur Sicherung künftigen Verwaltungshandelns. Als reine Wissenserklärung bleibe sie ein Realakt ohne unmittelbare Rechtsgrundlage. Allerdings bleibe sie nicht ohne Wirkung, die fehlerhafte Auskunft führt auf der Ebene des Staatshaftungsrechts oft zu einem Amtshaftungsanspruch nach § 839 BGB i.V.m. Art. 34 GG. Der Einsatzbereich der verbindlichen Auskunft, § 89 AO, und der Zusage, §§ 204 ff. AO, falle bescheiden aus und werde dem besonderen Sicherungsbedürfnis des Steuerpflichtigen nicht gerecht, s. dazu *F. Kirchhof* in FS Spindler, S. 463, 464, 469; zur Abgrenzung der verbindlichen Zusage und der sog. tatsächlichen Verständigung s. *Kottke*, DB 1999,

informelles, kooperatives oder schlichtes Verwaltungshandeln bezeichnet oder als Realakte klassifiziert[47].

II. Begriffsbestimmungen und Abgrenzung der konsensualen Handlungsformen

1. Der Vergleichsvertrag in der deutschen Rechtsordnung

Der Vergleichsvertrag ist im Verwaltungsverfahren bzw. Verwaltungsprozess, in der Sozialgerichtsbarkeit und im Zivilrecht bzw. Zivilprozess gesetzesübergreifend normiert und definiert[48]. Im Strafprozess ist die Möglichkeit eines Vergleichs nicht vorgesehen, gleichwohl aber die Möglichkeiten der Verständigung, § 257c StPO und der Erörterung §§ 160b, 212, 257b StPO. Der Vergleichsvertrag ermöglicht der Behörde und dem Bürger, eine Regelung zu finden, die nicht der Rechtslage entsprechen muss, um umfangreiche Ermittlungen und Rechtsbehelfsverfahren zu vermeiden, die außer Verhältnis zum Regelungsgegenstand stünden[49]. Der Vergleich ist folglich ein Mittel um – bei Zweifeln über eine bestimmte Sach- oder Rechtslage – die Ungewissheit durch gegenseitiges Nachgeben zu beseitigen[50]. Er dient der Verfahrensökonomie, dem Verhältnismäßigkeitsprinzip[51] und dem

---

820; s. zur sog. tatsächlichen Verständigung ausführlich im Folgenden unter Kap. 1 B. III. dieser Arbeit; zu internationalen Verständigungsverfahren s. unter Kap. 4 I. dieser Arbeit. Zur Abgrenzung der verbindlichen Zusage, § 204 AO, zur verbindlichen Auskunft (§ 89 AO) und § 89a AO z.B. *Flüchter*, ISR 2021, 338, 343.

47 *Schliesky* in Knack/Henneke, VwVfG, vor § 54 Rn. 54, maßgebliches Abgrenzungskriterium ist der Rechtsbindungswille; s. zur informellen Absprache und deren Risiken für die Gesetz- und Gleichmäßigkeit der Besteuerung *Seer*, BB 1999, 78, 84 f.

48 § 55 VwVfG, § 54 Abs. 1 SGB X, § 106 VwGO, § 101 Abs. 1 SGG, § 779 Abs. 1 BGB.

49 Begründung zum Gesetzesentwurf der Bundesregierung, BT-Drucks. 7/910, S. 80; s. dazu ebenso *Schimpf*, Der verwaltungsrechtliche Vertrag, S. 84 ff.; *Hettich/Beichel-Benedetti* in Obermayer/Funke-Kaiser, VwVfG, § 55 Rn. 3.

50 Zum irreführenden Hinweis auf die „Beseitigung" der Ungewissheit *Schlette*, Die Verwaltung als Vertragspartner, S. 486; *Bonk/Neumann/Siegel* in Stelkens/Bonk/Sachs, VwVfG, § 55 Rn. 36; *Brüning/Bosesky* in Mann/Sennekamp/Uechtritz, VwVfG, § 55 Rn. 59; zum irreführenden Hinweis auf die „Ungewissheit" s. wiederum *Schimpf*, Der verwaltungsrechtliche Vertrag, S. 85 Fußnote 78 m.w.N.

51 *Bonk/Neumann/Siegel* in Stelkens/Bonk/Sachs, VwVfG, § 55 Rn. 2; *Rozek* in Schoch/Schneider, VwVfG, § 55 Rn. 3 (Juli 2020); *Thiele* in Pautsch/Hoffmann, VwVfG, § 54 Rn. 2.

Beschleunigungsgebot[52]. Zudem ist er Ausdruck eines effektiven, rechtsstaatlichen Verfahrens[53]. Der Kernbegriff des Vergleichs hat seinen Ursprung im Zivilrecht[54]. Der Vergleich ist in § 779 Abs. 1 BGB definiert als ein Vertrag durch den der Streit oder die Ungewissheit der Parteien über ein Rechtsverhältnis im Wege des gegenseitigen Nachgebens beseitigt wird. In § 55 VwVfG, § 54 Abs. 1 SGB X wird der Vergleich definiert als öffentlich-rechtlicher Vertrag im Sinne des § 54 S. 2 VwVfG, § 53 Abs. 1 S. 2 SGB X, durch den eine bei verständiger Würdigung des Sachverhalts oder der Rechtslage bestehende Ungewissheit durch gegenseitiges Nachgeben beseitigt wird[55]. Der öffentlich-rechtliche Vergleichsvertrag lehnt sich eng an den Prozessvergleich, § 106 VwGO, § 101 Abs. 1 SGG und den zivilrechtlichen Vergleich nach § 779 Abs. 1 BGB an, unterscheidet sich von ihnen aber in einigen Punkten, so dass jede Vergleichsform einer differenzierten Betrachtung bedarf. Der zivilrechtliche Vergleichsvertrag ist vor allem durch den Grundsatz der Privatautonomie geprägt, während der öffentlich-rechtliche Vergleichsvertrag unter dem Gesichtspunkt der Gesetzmäßigkeit der Verwaltung zu sehen ist[56]. Je nach betroffenem Verfahrensstadium lassen sich drei Untergruppen aufteilen: Vergleiche im (ursprünglichen) Verwaltungsverfahren, Vergleiche im Widerspruchsverfahren und Vergleiche im Verwaltungsprozess.

---

52 *Bonk/Neumann/Siegel* in Stelkens/Bonk/Sachs, VwVfG, § 55 Rn. 2; *Rozek* in Schoch/Schneider, VwVfG, § 55 Rn. 3 (Juli 2020); *Thiele* in Pautsch/Hoffmann, VwVfG, § 54 Rn. 2.

53 *Schimpf*, Der verwaltungsrechtliche Vertrag, S. 85; *Wolf*, VerwArch. 2017, 197, 198; *Bonk/Neumann/Siegel* in Stelkens/Bonk/Sachs, VwVfG, § 55 Rn. 2.

54 *Ehlers*, DStR 1965, 64, 66; *Rozek* in Schoch/Schneider, VwVfG, § 55 Rn. 4 (Juli 2020); *Tegethoff* in Kopp/Ramsauer, VwVfG, § 55 Rn. 1.

55 Es zeigt sich, dass ein Vergleich aufgrund der Ungewissheit der *Sach*- oder *Rechts*lage geschlossen werden kann. Gemeinsamer Ausgangspunkt der Definitionen ist die Beseitigung der Ungewissheit der Sach- oder Rechtslage, durch einen Vertrag und die Tatsache, dass der Gegenstand des Vergleichs der Verfügung der Beteiligten unterliegen muss. S. zur Voraussetzung der Verfügungsberechtigung unter Kap. 4 D. II. dieser Arbeit. Der Prozessvergleich (§ 106 VwGO, § 101 SGG) sieht ausweislich seines Wortlauts keine Ungewissheit der Sach- oder Rechtslage vor. Diese soll sich aber aus der Tatsache ergeben, dass ein Rechtsstreit anhängig ist, vgl. *Schimpf*, Der verwaltungsrechtliche Vertrag, S. 234.

56 *Bonk/Neumann/Siegel* in Stelkens/Bonk/Sachs, VwVfG, § 55 Rn. 2; *Rozek* in Schoch/Schneider, VwVfG, § 55 Rn. 4 (Juli 2020); s. dazu nochmals unter Kap. 2 C. III. und IV. dieser Arbeit.

2. *Abgrenzung des Vergleichsvertrages zu anderen öffentlich-rechtlichen Verträgen und vertragsähnlichen Handlungsformen*

Vom Vergleichsvertrag abzugrenzen sind einfache öffentlich-rechtliche Verträge, § 54 S. 1 VwVfG, § 53 Abs. 1 S. 1 SGB, Austauschverträge, § 56 VwVfG, § 55 SGB X und das Rechtsinstitut der sog. tatsächlichen Verständigung. Im Rahmen der einfachen öffentlich-rechtlichen Verträge ist zwischen dem koordinationsrechtlichen und dem subordinationsrechtlichen Vertrag zu unterscheiden. Diese Unterscheidung knüpft an das Verhältnis der Vertragsparteien an[57]. Koordinationsrechtlich sind alle Verträge zwischen Trägern öffentlicher Verwaltung untereinander, zwischen solchen und Bürgern oder auch zwischen Bürgern untereinander im Bereich des öffentlichen Rechts, bei denen hinsichtlich des Gegenstands des Vertrages kein Vertragsteil einem anderen übergeordnet ist, sondern eine Gleichrangigkeit besteht[58]. Subordinationsrechtliche Verträge hingegen sind nach der in § 54 S. 2 VwVfG, § 53 Abs. 1 S. 2 SGB X enthaltenen Legaldefinition Verträge, die eine Behörde mit einem Partner schließt, an den sie ansonsten „einen Verwaltungsakt" richten würde, erfasst sind demnach Regelungen im Über-/Unterordnungsverhältnis[59]. Vergleich- und Austauschverträge kommen als koordinationsrechtliche und als subordinationsrechtliche Verträge vor. §§ 55, 56 VwVfG, §§ 54, 55 SGB X nehmen auf § 54 S. 2 VwVfG, § 53 Abs. 1 S. 2 SGB X Bezug und regeln nur die dort genannten subordinationsrechtlichen Verträge. Die koordinationsrechtlichen Verträge sind indes nicht ausgeschlossen, unterliegen aber nicht unmittelbar den dort genannten Einschränkungen[60].

---

57 Kritisch zur Terminologie *Achterberg*, JA 1979, 358, 359; *Burmeister*, VVDStRL 52 (1993), S. 190, 222 ff., *Schlette*, Die Verwaltung als Vertragspartner, S. 382; die §§ 54 ff. VwVfG, §§ 53 ff. SGB X sind keine abschließende Kodifikation des öffentlichen Vertragsrechts, s. *Schlette*, ebenda, S. 379.

58 *Maurer* in Verwaltungshandeln durch Verträge und Absprachen, S. 15; *Tegethoff* in Kopp/Ramsauer, VwVfG, § 54 Rn. 47; *Maurer/Waldhoff*, Allgemeines Verwaltungsrecht, § 14 Rn. 14.

59 *Gurlit*, Verwaltungsvertrag und Gesetz, S. 27; *Schlette*, Die Verwaltung als Vertragspartner, S. 380; *Tegethoff* in Kopp/Ramsauer, VwVfG, § 54 Rn. 48; *Maurer/Waldhoff*, Allgemeines Verwaltungsrecht, § 14 Rn. 14; *Thiele* in Pautsch/Hoffmann, VwVfG, § 54 Rn. 58.

60 So *Huck* in Huck/Müller, VwVfG, § 55 Rn. 6; *Maurer/Waldhoff*, Allgemeines Verwaltungsrecht, § 14 Rn. 17; *Engelmann* in Schütze, SGB X, § 54 Rn. 3; *Thiele* in Pautsch/Hoffmann, VwVfG, § 54 Rn. 64; *Schliesky* in Knack/Henneke, VwVfG, § 55 Rn. 2; *Huck* in Huck/Müller, VwVfG, § 55 Rn. 6. Ausgehend von diesen Begriffsbestimmungen verbleibt zudem ein Bereich der kooperativen Zusammenarbeit zwischen Verwaltung und Privaten, der vom subordinationsrechtlichen und vom koordinationsrechtlichen

Ein Austauschvertrag i.S.d. § 56 VwVfG, § 55 SGB X ist ein Vertrag, in welchem sich die eine Seite zu einer Leistung im Hinblick darauf verpflichtet, dass sie von der anderen Seite ebenfalls eine Leistung erhält[61]. Typischerweise stehen Leistung und Gegenleistung im einen Gegenseitigkeitsverhältnis (Synallagma)[62]. Möglich ist es ebenso, dass eine Seite eine Leistung unter den Voraussetzungen verspricht, dass sie von der anderen eine Leistung erhält, zu der sich diese aber nicht verpflichtet (sog. hinkender Austauschvertrag)[63]. Der Austauschvertrag kann auch Vergleichsvertrag sein, wenn die Sach- oder Rechtslage ungewiss scheint und beide Seiten bei den Verhandlungen nachgeben[64].

Die sog. tatsächliche Verständigung ist nach der herrschenden Auffassung der Literatur ebenfalls ein öffentlich-rechtlicher Vertrag[65]. Kein öffentlich-rechtlicher Vertrag, sondern eine einseitige Handlungsform, ist die Zusage. Die in § 38 Abs. 1 VwVfG legaldefinierte Zusicherung, ist die Zusage, einen bestimmten Verwaltungsakt später zu erlassen oder zu unterlassen. Die Zusicherung ist ein Unterfall der Zusage[66]. Zusage und Zusicherung enthalten in erheblichem Umfang auch kontraktuelle, vertragsähnliche Elemente[67]. Die Vertragsnähe von

---

Vertrag nicht erfasst wird. Zur Beschreibung dieser Zusammenarbeit wurde vom BVerwG der Begriff der „Kooperation" verwendet (BVerwG, Urt. v. 16.5.2000 – 4 C 4/99, juris Rn. 19). Ein solcher Vertrag ist deshalb als kooperationsrechtlicher Vertrag (auch Public Private Partnership, kurz PPP) zu bezeichnen, s. *Ziekow/Siegel*, VerwArch. 2003, 593, 608; *Schmitz*, DVBl. 2005, 17, 18.

61 *Schlette*, Die Verwaltung als Vertragspartner, S. 472 ff.; *Tegethoff* in Kopp/Ramsauer, VwVfG, § 54 Rn. 51a; *Thiele* in Pautsch/Hoffmann, VwVfG, § 56 Rn. 10; *Engelmann* in Schütze, SGB X, § 55 Rn. 2.

62 *Rozek* in Schoch/Schneider, VwVfG, § 56 Rn. 18 (Juli 2020); *Tegethoff* in Kopp/Ramsauer, VwVfG, § 54 Rn. 51a; *Thiele* in Pautsch/Hoffmann, VwVfG, § 56 Rn. 10.

63 *Tegethoff* in Kopp/Ramsauer, VwVfG, § 54 Rn. 8, 51a, § 56 Rn. 4; *Thiele* in Pautsch/Hoffmann, VwVfG, § 56 Rn. 10.

64 *Schlette*, Die Verwaltung als Vertragspartner, S. 492; *Tegethoff* in Kopp/Ramsauer, VwVfG, § 54 Rn. 51a; *Thiele* in Pautsch/Hoffmann, VwVfG, § 56 Rn. 10.

65 S. zur Rechtsnatur der sog. tatsächlichen Verständigung ausführlich in den folgenden Ausführungen unter Kap. 1 B. III. 1. dieser Arbeit.

66 *Schlette*, Die Verwaltung als Vertragspartner, S. 194; *Storr/Schröder*, Allgemeines Verwaltungsrecht, Rn. 177; s. zur Zusage ausführlich *Seer*, Verständigungen in Steuerverfahren, S. 58 ff.

67 *Schimpf*, Der verwaltungsrechtlicher Vertrag, S. 263, 364; *Sontheimer*, Der verwaltungsrechtliche Vertrag im Steuerrecht, S. 45 ff.; *Seer*, Verständigungen in Steuerverfahren, S. 61 ff.; *Schlette*, Die Verwaltung als Vertragspartner, S. 194 f.; *Zimmerl*, Joint Tax Audits, S. 177, 204: Die Zusage sei als kooperative Handlungsform zwischen Verwaltungsakt und Vertrag einzuordnen.

Zusage und Zusicherung hat vor allem für die Abgrenzung zum Zusagevertrag Bedeutung[68]. Die Differenzierung wirkt sich insbesondere beim Fehlerfolgenregime der unterschiedlichen Handlungsformen aus[69]. Für die Abgrenzung ist der, anhand objektiver Indizien festzustellende, Wille der Beteiligten ausschlaggebend[70]. Der Begriff der Absprache wird im allgemeinen Verwaltungshandeln verwendet, um informelles konsensuales Verwaltungshandeln zu bezeichnen. Charakteristisch für die Absprache ist es, dass auf beiden Seiten kein Rechtsbindungswillen besteht[71].

3. Abgrenzung des Vergleichsvertrages zu privatrechtlichen Verträgen

Wie die öffentlich-rechtlichen von den privatrechtlichen Verträgen abzugrenzen sind, ist strittig[72]. Es bietet sich an, die allgemeinen Kriterien für die Abgrenzung zwischen öffentlichem Recht und Zivilrecht heranzuziehen (insbesondere die sog. Sonderrechtstheorie)[73]. Nach der Rechtsprechung ist ein Vertrag dem öffentlichen Recht zuzuordnen, wenn sich sein Gegenstand auf einen von der gesetzlichen Ordnung öffentlich-rechtlich geregelten Sachverhalt bezieht[74]. Auch privatrechtliche Verträge können einen steuerrechtlichen Inhalt haben. In einem vom BGH zu beurteilenden Fall verpachtete eine Gemeinde in einem privatrechtlichen Vertrag ein Grundstück unter der Verpflichtung, die betrieblichen Verhältnisse so zu gestalten, dass die in dem Unternehmen anfallende Gewerbesteuer ausschließlich der Gemeinde zufließt[75]. Eine derartige Ausweitung der

---

68 *Schlette*, Die Verwaltung als Vertragspartner, S. 196; zum Zusagevertrag unter Kap. 2 C. VII. 3. a) dieser Arbeit.

69 S. zur Abgrenzung unter Kap. 4 H. I. dieser Arbeit.

70 S. ausführlich *Schlette*, Die Verwaltung als Vertragspartner, S. 184 ff., 187, 195 f.; auch eine Zusage der Behörde mit dem Bürger einen Vertrag abzuschließen, ist denkbar, vgl. *Gruber*, NZS 1997, 409.

71 *Seer*, Verständigungen in Steuerverfahren, S. 63 ff., 104 ff.; *Seer* in Tipke/Kruse, AO/FGO, Vorb. zu §§ 118–129 AO Rn. 8, 23 (Aug. 2021).

72 S. zu den privatrechtlichen Verträgen als Handlungsform im Steuerrecht *Lapp*, Der privatrechtliche Vertrag als Handlungsform im Steuerverfahrensrecht.

73 S. dazu etwa *Gurlit*, Verwaltungsvertrag und Gesetz, S. 24; *Bonk/Neumann/Siegel* in Stelkens/Bonk/Sachs, VwVfG, § 54 Rn. 51 ff.; *Kämmerer* in BeckOK VwVfG, § 54 Rn. 42 ff.

74 BVerwG, Urt. v. 6.7.1973 – IV C 22.72, juris Rn. 18; BVerwG, Urt. 30.4.1976 – VII C 63.75, juris Rn. 25.

75 BGH, Urt. v. 14.4.1976 – VIII ZR 253/74, BGHZ 66, 199, juris Rn. 1 ff.

Steuerpflicht mit privatrechtlichen Mitteln ist unzulässig[76]. Möglichkeiten zum Abschluss eines privatrechtlichen Vertrages nach der AO bieten § 48 Abs. 2 AO[77] sowie die Steuerbürgschaft nach §§ 241 Abs. 1 Nr. 7, 244 AO. Auch § 192 AO nennt den Begriff des Vertrages[78].

III. Die sog. tatsächliche Verständigung

Nach jahrelanger Duldung ist die tatsächliche Verständigung durch das Grundsatzurteil des BFH vom 11.12.1984[79] zu einem eigenen richterrechtlich begründeten Rechtsinstitut entwickelt worden. Nach nunmehr ständiger Rechtsprechung[80] und Verwaltungsauffassung[81] sind sog. tatsächliche Verständigungen im Steuerrecht folglich grundsätzlich zulässig. Die Terminologie der „tatsächlichen Verständigung" ist allerdings schief, weil letztlich „Verständigungen über Tatsächliches" gemeint sind[82]. Zweck der tatsächlichen Verständigung ist es, hinsichtlich bestimmter Sachverhalte, deren Klärung schwierig, aber zur Festsetzung der Steuer notwendig ist, den möglichst zutreffenden Besteuerungssachverhalt i.S.v. § 88 Abs. 1 AO einvernehmlich festzulegen[83]. Die tatsächliche Verständigung beseitigt Unsicherheiten in der Sachverhaltsermittlung und dient sowohl der Förderung und Beschleunigung des Besteuerungsverfahrens als auch

---

76 BGH, Urt. v. 14.4.1976 – VIII ZR 253/74, BGHZ 66, 199, juris Rn. 20; vgl. ebenso *Rathjen*, DStR 1977, 472, 473.

77 Eine Art des vertraglichen Einstehens nach § 48 Abs. 2 AO ist der Vergleich, vgl. m.w.N. *Lapp*, Der privatrechtliche Vertrag als Handlungsform im Steuerverfahrensrecht, S. 75 ff.

78 S. zu diesen Fällen, *Lapp*, Der privatrechtliche Vertrag als Handlungsform im Steuerverfahrensrecht, S. 45 ff.

79 BFH, Urt. v. 11.12.1984 – VIII R 131/76, BStBl. II 1985, 354.

80 St. Rspr., z.B.: BFH, Urt. v. 5.12.1990 – III R 19/88, BStBl. II 1991, 45, juris Rn. 17; BFH, Urt. v. 6.2.1991 – I R 13/86, BStBl. II 1991, 637, juris Rn. 16 ff.; BFH, Urt. v. 31.7.1996 – XI R 78/95, BStBl. II 1996, 625, juris Rn. 11 ff.; BFH, Urt. v. 28.6.2001 – IV R 40/00, BStBl. II 2001, 714, juris Rn. 22; BFH, Urt. v. 11.4.2017 – IX R 24/15, BStBl. II 2017, 1155, juris Rn. 15 ff.

81 BMF v. 30.7.2008 – IV A 3 – S 0223/07/10002, BStBl. I 2008, 831. S. jüngst die Ergänzung vom 23. Juni 2023 zu grenzüberschreitenden Sachverhalten, BMF, DStR 2023, 1425.

82 *Martens*, StuW 1986, 97, 98; *Seer* in Tipke/Kruse, AO/FGO, Vorb. zu §§ 118–129 AO Rn. 9 (Aug. 2021); kritisch *Greite*, NWB 2004, 1421; zur einfacheren Lesbarkeit wird die sog. tatsächliche Verständigung in dieser Arbeit als „tatsächliche Verständigung" bezeichnet.

83 Z.B.: BFH, Urt. v. 28.6.2001 – IV R 40/00, BStBl. II 2001, 714, juris Rn. 22.

allgemein dem Rechtsfrieden[84]. Eine tatsächliche Verständigung ist in jedem Stadium des Veranlagungsverfahrens, auch anlässlich einer Außenprüfung und während des Rechtsmittel- bzw. Rechtsbehelfsverfahrens, möglich[85].

1. Rechtsnatur der sog. tatsächlichen Verständigung und Rechtsgrundlage für deren Bindungswirkung

Umstritten seit jeher zwischen und innerhalb Literatur und Rechtsprechung ist die Rechtsgrundlage für die Bindungswirkung der tatsächlichen Verständigung. Einigkeit besteht dahingehend, dass es sich bei der tatsächlichen Verständigung nicht um einen Verwaltungsakt handelt, so dass dessen Wirksamkeitsvoraussetzungen nur im Verfahren über die Anfechtung des hierauf gestützten Festsetzungs- oder Feststellungsbescheid inzident geprüft werden können[86].

Obschon Stimmen der Literatur der Auffassung sind, der Streit über die Rechtsnatur der tatsächlichen Verständigung wäre nur theoretischer Natur und hätte keinerlei praktische Auswirkungen[87], hat diese Auseinandersetzung für die vorliegende Arbeit einen Mehrwert. Dieser liegt darin, dass die erarbeitete Rechtsgrundlage als Argument gegen ein allgemeines Vertragsformverbot im Steuerrecht herangezogen werden kann. Die Tatsache, dass die etablierte tatsächliche Verständigung die Rechtsnatur eines Tatsachenvergleichsvertrages aufweist[88], ist als Argument für die Anerkennung des Vergleichsvertragsrechts in AO und FGO fruchtbar zu machen. Denn diejenigen Stimmen in der Literatur und Rechtsprechung, welche sich gegen Vergleichsverträge vehement wehren und ein allgemeines Vertragsformverbot annehmen, müssen dann konsequenterweise auch die fehlende Vertragsqualität der tatsächlichen Verständigung begründen. Eine abweichende Terminologie vermag jedoch nicht über den wahren rechtlichen Charakter hinwegzutäuschen. Wieso letztlich eine

---

84 BFH, Urt. v. 31.7.1996 – XI R 78/95, BStBl. II 1996, 625, juris Rn. 11; *Meyding/Bühler*, DStR 1991, 488, 491; kritisch *Große*, StBp. 1986, 58, 60.

85 BFH, Urt. v. 6.2.1991 – I R 13/86, BStBl. II 1991, 673, juris Rn. 16; BMF v. 30.7.2008 – IV A 3 – S 0223/07/10002, BStBl. I 2008, 831, Tz. 1; *v. Bornhaupt*, BB 1985, 1591 ff.; *Schuster* in HHSp., AO/FGO, § 38 AO Rn. 69 (Juni 2005).

86 BFH, Beschl. v. 12.6.2017 – III B 144/16, BStBl. II 2017, 1165, juris Rn. 10, 12, 16.

87 S. nur *Buciek*, DStZ 1999, 389; *Offerhaus*, DStR 2001, 2093, 2095, 2097; *Reiß* in FS Grünwald, S. 495, 502; *Söhn* in HHSp., AO/FGO, § 78 AO Rn. 117 (Nov. 2017); ausführlich zur Funktion der Handlungsform als Rechtsform der tatsächlichen Verständigung *Seer*, Verständigungen in Steuerverfahren, S. 47 ff.

88 S. dazu in den folgenden Ausführungen.

tatsächliche Verständigung aber kein Tatsachenvergleich statthaft sein soll, lässt sich nicht begründen[89].

a) *Meinungsstand des BFH*

Der BFH äußerte sich unterschiedlich zur Rechtsnatur der tatsächlichen Verständigung und zur Rechtsgrundlage für ihre Bindungswirkung. Nach der überwiegenden Rechtsprechung haben tatsächliche Verständigungen ihre Grundlage in dem bestehenden, konkreten Steuerrechtsverhältnis zwischen der Finanzbehörde und dem Steuerpflichtigen. Die Bindungswirkung der tatsächlichen Verständigung wird aus dem Rechtsgrundsatz von Treu und Glauben abgeleitet, wonach sich die Akteure nicht in Widerspruch zum eigenen Verhalten setzen dürfen (venire contra factum proprium)[90]. Andererseits hat der BFH die *vertragliche* Bindung in verschiedenen Entscheidungen zur tatsächlichen Verständigung anerkannt[91]. Dass er teilweise schon die Vereinbarung wegen ihres Vertragscharakters isoliert für verbindlich hält, wird dadurch ersichtlich, dass er etwa im Urteil vom 5.10.1990 ausführt, die Bindung an die tatsächliche Verständigung ergebe sich „*auch*" aus dem Grundsatz von Treu und Glauben[92]. In anderen Entscheidungen wurde ausdrücklich offengelassen, ob es sich bei der tatsächlichen Verständigung um einen öffentlich-rechtlichen Vertrag oder um eine anderweitige, am Grundsatz von Treu und Glauben zu messende, Übereinkunft handelt[93]. Dies solle offenbleiben können, weil der Grundsatz von Treu und Glauben gebiete, dass im Steuerrechtsverhältnis jeder auf die berechtigten Belange des anderen Teils angemessen Rücksicht nimmt und sich mit seinem

---

89 Gl. A. etwa *Gurlit*, Verwaltungsvertrag und Gesetz, S. 347.

90 Z.B. BFH, Urt. v. 6.2.1991 – I R 13/86, BStBl. II 1991, 673, juris Rn. 21; BFH, Urt. v. 31.7.1996 – XI R 78/95, BStBl. II 1996, 625, juris Rn. 12 ff.; BFH, Beschl. v. 12.6.2017, BStBl. II 2017, 1165, juris Rn. 18.

91 Z.B. BFH, Urt. v. 11.12.1984 – VIII R 131/76, BStBl. II 1985, 354, juris Rn. 32; BFH, Urt. v. 5.10.1990 – III R 19/88, BStBl. II 1991, 45, juris Rn. 4, 8 ff.; dem Grundsatzurteil des BFH zur tatsächlichen Verständigung lag materiell-rechtlich und prozessual die Konstellation des Vergleichsvertrages zugrunde, § 55 VwVfG, § 106 VwGO, vgl. *Seer*, Verständigungen in Steuerverfahren, S. 111; *Sangmeister*, BB 1988, 2289, 2289 f.

92 BFH, Urt. v. 5.10.1990 – III R 19/88, BStBl. II 1991, 45, juris Rn. 20; s. ebenso *Offerhaus*, DStR 2001, 2093, 2097.

93 Z.B.: BFH, Urt. v. 5.10.1990 – III R 19/88, BStBl. II 1991, 45, juris Rn. 15; BFH, Urt. v. 24.1.2002 – III R 49/00, BStBl. II 2002, 408, juris Rn. 13; BFH, Urt. v. 31.3.2004 – II R 2/02, juris Rn. 12; BFH, Urt. v. 1.9.2009 – VIII R 78/06, juris Rn. 15; BFH, Urt. v. 27.6.2018 – X R 17/17, juris Rn. 16.

eigenen früheren Verhalten nicht in Widerspruch setzt, auf das der andere Teil vertraut und im Hinblick darauf bestimmte Dispositionen getroffen hat[94]. Hält man die tatsächliche Verständigung für einen öffentlich-rechtlichen Vertrag, folge die Bindung unmittelbar aufgrund der übereinstimmenden Erklärungen[95]. Es drängt sich insgesamt der Eindruck auf, dass der BFH den Begriff „Vergleich“ schlicht vermeiden will[96]. Das bewusste Vermeiden von Terminologien und klaren rechtlichen Einordnungen von Instituten führt letztlich dazu, dass uneindeutige Begriffe verwendet werden[97], ohne auszusprechen, um was es eigentlich geht.

b) *Meinungsstand der Literatur*

Die tatsächliche Verständigung ist nach der herrschenden Meinung in der Literatur ein öffentlich-rechtlicher Vertrag[98], der die Beteiligten nach dem Grundsatz pacta sunt servanda bindet. Hinsichtlich der Art der vertraglichen Einordnung besteht keine Einigkeit. Teilweise wird ausdrücklich angenommen,

---

94 So ausdrücklich BFH, Urt. v. 24.1.2002 – III R 49/00, BStBl. II 2002, 408, juris Rn. 13.

95 BFH, Urt. 24.1.2002 – III R 49/00, BStBl. II 2002, 408, juris Rn. 13; BFH, Urt. v. 11.12.1984 – VIII 131/76, HFR 1985, 212, 214; *Kreibich*, Der Grundsatz von Treu und Glauben im Steuerrecht, S. 35 ff.

96 Dieser Erkenntnis folgen etwa *Ehlers*, DStR 1965, 64, 66; deutlich ebenso *Rößler*, DB 1985, 1861, 1861 f.; *Vogel* in FS Döllerer, S. 677, 680; *Eich*, Verständigung im Steuerverfahren, S. 20; *Seer*, StuW 1995, 214, 223; *Seer* in FS Kohlmann, S. 535, 539; *Greite*, NWB 2004, 1421, 1425; *Drüen*, FR 2011, 101, 110, *Drüen* schlägt (wenigstens) die Bezeichnung „materielle Verständigung“ in Abgrenzung zur Verfahrensverständigung vor; *Schliesky* in Knack/Henneke, VwVfG, § 55 Rn. 47.

97 Gemeint sind vor allem und insbesondere uneindeutige Begriffe wie „vertragsähnlicher“ Charakter, Vereinbarung, Wissenserklärung oder Vertrag sui generis. Diese finden sich auch teilweise in der Literatur wieder, s. dazu sogleich.

98 Ohne Anspruch auf Vollständigkeit: *Schick*, Vergleiche und sonstige Vereinbarungen zwischen Staat und Bürger im Steuerrecht, S. 27 ff.; *Rößler*, DB 1985, 1861, 1862; *Bilsdorfer*, BB 1994, 634, 635; *Wiese*, BB 1994, 333: „Vertrag oder vertragsähnlicher Charakter“; *Seer*, BB 1999, 78, 80; *Offerhaus*, DStR 2001, 2093, 2097; *Seer*, StuW 1993, 213, 223; *Englisch*, Bindende „tatsächliche“ und „rechtliche“ Verständigungen zwischen Finanzamt und Steuerpflichtigem, S. 34; *Krüger*, DStZ 2015, 478, 482 ff.; *Rätke* in Klein, AO, § 76 Rn. 5; *Rüsken* in Klein, AO, § 162 Rn. 30a; *Birk/Desens/Tappe*, Steuerrecht (2021), Rn. 469; *Schliesky* in Knack/Henneke, VwVfG, § 54 Rn. 44: „Quasi-Vereinbarungen“; *Seer* in Tipke/Kruse, AO/FGO, Vorb. zu §§ 118–129 AO Rn. 15 (Aug. 2021); a.A. *Gosch*, StBp 1994, 195; *Mösbauer*, BB 2003, 1037, 1040; *Schuster* in HHSp., AO/FGO, § 38 AO Rn. 70 (Juni 2005); *Bruschke*, AO-StB 2020, 87.

dass es sich bei der tatsächlichen Verständigung um einen Vergleichsvertrag i.S.d. § 55 VwVfG, § 54 Abs. 1 SGB X handelt[99]. Nach anderer Auffassung der Literatur sei diese als einfacher subordinationsrechtlicher Vertrag einzuordnen, § 54 S. 2 VwVfG[100]. Nach wiederum anderer Meinung soll eine tatsächliche Verständigung nur ein „gewöhnlicher" öffentlich-rechtlicher Vertrag i.S.d. § 54 S. 1 VwVfG und kein subordinationsrechtlicher Vertrag i.S.d § 54 S. 2 VwVfG sein[101]. Zwar würden tatsächliche Verständigungen mit dem erforderlichen Rechtsbindungswillen getroffen. Sie würden jedoch nicht der Verfahrensbeendigung dienen, wollen eine endgültige Entscheidung lediglich vorbereiten und seien daher keine subordinationsrechtlichen Verträge i.S.d. § 54 S. 2 VwVfG[102].

Nach weiteren Stimmen in der Literatur soll dieses Argument – der bloßen Verwaltungsaktvorbereitung – den klassischen Vertragscharakter gänzlich ausschließen oder modifizieren. Es handele sich daher um einen Vertrag sui generis[103] oder um eine reine übereinstimmende Wissenserklärung[104]. Diese

---

99 Ohne Anspruch auf Vollständigkeit: *Rößler*, DB 1985, 1861, 1862 f.; *Knepper*, BB 1986, 168, 169; *Martens*, StuW 1986, 97, 98; *Vogel* in FS Döllerer, S. 677, 680 f.; *Eich*, Verständigung im Steuerverfahren, S. 19 ff.; *Seer*, StuW 1993, 213, 223; *Iwanek*, DStR 1993, 1394, 1397; *Tiedemann*, DÖV 1996, 594; nach *Wolf*, DStZ 1998, 267, 269 kann § 55 VwVfG wörtlich in die AO übernommen werden; *Greite*, NWB 2004, 1423, 1425; nach *Fehling* in Fehling/Kastner/Störmer, VwVfG, VwGO, § 55 VwVfG Rn. 8 kommen Verständigungen einem Vergleichsvertrag wegen Ungewissheit der Sachlage sehr nahe; *Schliesky* in Knack/Henneke, VwVfG, § 54 Rn. 46 f.; *Kämmerer* in BeckOK VwVfG, § 54 Rn. 87: „vergleichsähnliche Verträge"; a.A. *Thiele* in Pautsch/Hoffmann, VwVfG, § 55 Rn. 9 zur tatsächlichen Verständigung im VwVfG, jedoch nur aufgrund der Tatsache, dass § 55 VwVfG verfahrensbeendend ist, rein inhaltlich bestehe ein Gleichlauf zwischen der tatsächlichen Verständigung und § 55 VwVfG.

100 *Felix*, Ermessensausübung im Steuerrecht, S. 45 differenziert danach, ob eine künftige oder eine aktuelle Steuerverpflichtung außer Streit gestellt werden solle; wohl auch *Stolterfoht*, DStJG 21 (1998), S. 233, 250.

101 *Thiele* in Pautsch/Hoffmann, VwVfG, § 55 Rn. 9 zur tatsächlichen Verständigung im VwVfG.

102 *Thiele* in Pautsch/Hoffmann, VwVfG, § 55 Rn. 9 zur tatsächlichen Verständigung im VwVfG.

103 *Wiese*, BB 1994, 333.

104 *Pflaum*, Kooperative Gesamtbereinigung, S. 127 ff.; *Pflaum*, StBp 2013, 105, 110, allerdings erkennt *Pflaum* an, dass die tatsächliche Verständigung faktisch als Vergleichsvertrag fungiert; kritisch dazu *Seer* in Tipke/Kruse, AO/FGO, Vorb. zu §§ 118–129 AO Rn. 15a (Aug. 2021), weil sich die Beteiligten über den Sachverhalt der tatsächlichen Verständigung gerade nicht sicher seien und folglich auch nicht einvernehmlich

Literaturansichten setzen sich jedoch nicht ausreichend mit der Auslegung des Wortlauts von § 54 S. 2 VwVfG, § 53 Abs. 1 S. 2 SGB X auseinander. Ein subordinationsrechtlicher Vertrag wird nach dem Gesetzeswortlaut „anstelle eines Verwaltungsaktes“ erlassen. Die Bedeutung „anstelle eines Verwaltungsaktes“ ist zwar umstritten. Eine enge Anlehnung an den Wortlaut ist indessen nicht erforderlich. Es genügt, dass die Behörde anstelle des Vertragsschlusses den Vertragsgegenstand auch durch Verwaltungsakt oder andere einseitig hoheitliche Maßnahme hätte regeln *können*. Nicht erforderlich ist, dass ein Verwaltungsakt mit genau demselben Inhalt hätte erlassen werden können. Abzustellen ist vielmehr auf die Frage, ob ein Über-/ und Unterordnungsverhältnis in Bezug auf den Vertragsgegenstand vorliegt[105].

c) Stellungnahme

Der überwiegenden Literaturauffassung ist zuzustimmen. Zum einen sind die Grundsätze von Treu und Glauben tatbestandslos und unbestimmt[106]. Dasselbe gilt für den Begriff des „konkreten Steuerrechtsverhältnis“[107]. Es handelt sich bei einem Rückgriff auf diese Grundsätze um einen „Nothelfer“[108]. Hinzukommt, dass der aus dem Vertragsrecht stammende Rechtssatz pacta sunt servanda ein Gebot darstellt, das wie „kaum ein zweites den Rechtsgedanken von Treu und Glauben verkörpert“[109]. Die Herleitung einer Bindungswirkung aus Treu und Glauben überzeugt auch deshalb nicht, weil der BFH die Bindungswirkung aufgrund eines Wegfalls der Geschäftsgrundlage entfallen lassen will. Er lässt dabei offen, ob die zivilrechtlichen Regelungen zur Störung der Geschäftsgrundlage, § 313 BGB, anwendbar sind oder ob stattdessen § 60 VwVfG entsprechende Anwendung findet, weil beide Vorschriften insoweit inhaltsgleich auszulegen

---

ein bestimmtes Wissen preisgeben würden. Es handele sich um übereinstimmende *Willens*erklärungen.

105 *Ziekow/Siegel*, VerwArch. 2003, 593, 606 f. m.w.N.; *Gurlit* in Ehlers/Pünder, Allgemeines Verwaltungsrecht, § 29 Rn. 7; *Kämmerer* in BeckOK VwVfG, § 54 Rn. 84; enger *Bonk/Neumann/Siegel* in Stelkens/Bonk/Sachs, VwVfG, § 54 Rn. 109.

106 *Rößler*, DB 1985, 1861, 1862; *Große*, StBp 1986, 58, 60; *Seer* in FS Kohlmann, S. 535, 539; *Drüen*, VVDStRL 79 (2020), S. 127, 140.

107 So *Eckhoff*, Rechtsanwendungsgleichheit im Steuerrecht, S. 455.

108 Zutreffend *Maassen*, Regelungen mit dem Finanzamt, S. 3; s. ebenso *Rößler*, DStZ 1998, 168; *Wiese*, BB 1994, 333, 334.

109 *Offerhaus*, DStR 2001, 2093, 2097.

seien[110]. Beide Normen setzen aber ein Vertragsverhältnis voraus. Das Entfallen der Bindungswirkung hätte normativ auch in den Grundsätzen von Treu und Glauben verankert werden können[111]. Dasselbe gilt für die entsprechende Anwendung der Anfechtungsvorschriften, §§ 119, 123 BGB, so dass ersichtlich wird, dass die tatsächliche Verständigung nach der Rechtsprechung nicht gänzlich ohne einen Rückgriff auf das Verwaltungsvertragsrecht auskommt.

Zum anderen weist die tatsächliche Verständigung letztlich die Merkmale eines Vertrages auf. Die Rechtsprechung begründet die Rechtsbindung allein aus dem Grundsatz von Treu und Glauben, wohingegen sie bei der verbindlichen Zusage eine Bindung nur anerkennt, wenn der Steuerpflichtige im Hinblick auf diese bereits Dispositionen getroffen hat[112]. Die tatsächliche Verständigung bindet die Beteiligten schon aus der Übereinkunft, unabhängig davon, ob bereits Dispositionen getroffen wurden[113]. Aus dieser Bindungswirkung folgt, dass alle Elemente des Vertrages vorhanden sind[114]. Bei der tatsächlichen Verständigung handelt es sich somit im Ergebnis um nichts anderes als einen (Tatsachen-) Vergleich.

2. *Zulässigkeit und Voraussetzungen der tatsächlichen Verständigung*

Die tatsächliche Verständigung soll einen Verwaltungsakt, § 118 AO, vorbereiten, diesen aber nicht ersetzen. Voraussetzung einer tatsächlichen Verständigung ist es, dass sich die Verständigung auf Sachverhalts- und nicht auf Rechtsfragen bezieht, die Sachverhaltsermittlung muss erschwert sein und die

---

110 BFH, Urt. v. 1.9.2009 – VIII R 78/06, juris Rn. 20; BFH, Urt. v. 11.4.2017 – IX R 24/15, BStBl. II 2017, 1155, juris Rn. 20.

111 Vor der ausdrücklichen Regelung des § 313 BGB durch das Schuldrechtsmodernisierungsgesetz wurde die Störung der Geschäftsgrundlage aus § 242 BGB abgeleitet.

112 St. Rspr., z.B. BFH, Urt. v. 4.8.1961 – VI 269/60 S, juris Rn. 25; grundlegend BFH, Urt. v. 19.11.1985 – VIII R 25/85, BStBl. II 1986, 520, juris Rn. 34 ff.; BFH, Urt. v. 11.12.1987 – III R 168/86, juris Rn. 18; kritisch *Seer*, Verständigungen in Steuerverfahren, S. 60.

113 BFH, Urt. v. 31.7.1996 – XI R 78/95, BStBl. II 1996, 625, juris Rn. 13: „Dem entspricht es, die Dispositionen der Beteiligten darin zu sehen, daß sie unter Aufgabe ihrer unterschiedlichen Ausgangspositionen einvernehmlich auf weitere Ermittlungen in bezug auf den durch die tatsächliche Verständigung festgelegten Sachverhalt verzichten. Die gegenseitige Bindung beider Beteiligter ist einer tatsächlichen Verständigung daher immanent, ohne daß es einer entsprechenden ausdrücklichen Erklärung bedarf."

114 *Wiese*, BB 1994, 333; *Raupach* in Kooperatives Verwaltungshandeln im Besteuerungsverfahren, S. 41; *Wolf*, DStZ 1998, 267, 268; *Greite*, NWB 2004, 1421, 1425.

tatsächliche Verständigung darf zu keinem unzutreffenden Ergebnis führen[115]. Von einer erschwerten Sachverhaltsermittlung ist auszugehen, wenn sich tatsächliche Ungewissheiten nur mit einem nicht mehr vertretbaren Zeit- oder Arbeitsaufwand beseitigen lassen. Dabei kann auch auf das Verhältnis zwischen dem voraussichtlichen Arbeitsumfang und dem erwarteten steuerlichen Erfolg abgestellt werden und auf die Belastung des Finanzamts durch ein etwaiges finanzgerichtliches Verfahren[116]. Fallgruppen verständigungseröffnender Beweismaßreduzierungen ergeben sich im Zusammenhang mit der Bewertung von Wirtschaftsgütern/Leistungen, bei zukunftsorientierten Sachverhalten, bei Aufteilungen/Abgrenzungen gemischt-veranlasster Bezüge/Aufwendungen, bei Pauschalierungen und bei der Schätzung von Besteuerungsgrundlagen nach § 162 AO[117]. Eine tatsächliche Verständigung darf sich nach dem Grundgedanken der Rechtsprechung nur auf Sachverhaltsfragen und nicht auf Rechtsfragen beziehen[118]. Tatsachen und Rechtsfragen stehen jedoch nicht beziehungslos nebeneinander, sondern sind fast immer eng miteinander verwoben, die klare Unterscheidung zwischen Tatsachen und Rechtsfragen, wie sie aus dem Prozessrecht bekannt ist, kann im materiellen Steuerrecht nicht ohne Weiteres durchgehalten werden[119]. Die Beschränkung der Verständigung auf Tatsachen ist meist

115 St. Rspr., z.B. BFH, Urt. v. 11.12.1984 – VIII R 131/76, BStBl. II 1985, 354, juris Rn. 32; BFH, Urt. v. 7.7.2004 – X R 24/03, BStBl. II 2004, 975, juris Rn. 35; BFH, Urt. v. 11.4.2017 – IX R 24/15, BStBl. II 2017, 1155, juris Rn. 15; *v. Wedelstädt*, DB 1991, 515 ff.; *Loschelder*, StuW 2018, 319, 321 mit einem eingänglichen Beispiel zu einem Schätzungsfall in der Betriebsprüfung und erschwerter Sachverhaltsermittlung.

116 BMF v. 30.7.2008 – IV A 3 – S 0223/07/10002, BStBl. I 2008, 831, Tz. 3; ausführlich zu den Voraussetzungen z.B. *Lichtinghagen*, StuB 2009, 63, 64 ff.; *Söhn* in HHSp., AO/FGO, § 78 AO Rn. 129 (Nov. 2017); *Seer* in Tipke/Kruse, AO/FGO, Vorb. zu §§ 118–129 AO Rn. 10 ff. (Aug. 2021).

117 BMF v. 30.7.2008 – IV A 3 – S 0223/07/10002, BStBl. I 2008, 831, Tz. 4; *Seer*, StuW 1995, 213, 216 ff.; *Seer*, Verständigung im Steuerverfahren, S. 8 ff., 196 ff.; *Wolf*, DStZ 1998, 267, 269; *Greite*, NWB 2004, 1421, 1422; *Roth*, Stbg. 2017, 124; *Loschelder*, StuW 2018, 329, 331.

118 Vgl. exemplarisch BFH, Urt. v. 11.4.2017 – IX R 24/15, BStBl. II 2017, 1155, juris Rn. 15.

119 *Schick*, Vergleiche und sonstige Vereinbarungen zwischen Staat und Bürger im Steuerrecht, S. 33; *Seer*, StuW 1995, 213, 223; *Buciek*, DStZ 1999, 389, 396; *Offerhaus*, DStR 2001, 2093; *P. Kirchhof* in Isensee/P. Kirchhof, Handbuch des Staatsrechts, Bd. XII, § 283 Rn. 46; *Bruschke*, AO-StB 2020, 87; *Mues* in Gosch, AO/FGO, § 78 AO Rn. 42 (Mai 2018); kritisch *Söhn* in HHSp., AO/FGO, § 78 AO Rn. 164 ff. (Nov. 2017).

nur vordergründig[120]. Der BFH hat die strikte Trennung zwischen Sachverhalts- und Rechtsfragen inzwischen relativiert. Er akzeptiert nun eine Verständigung über Rechtsfragen, wenn diese in einem so engen Zusammenhang mit Tatsachen stehen, dass sie nicht in sachgerechter Weise auseinandergerissen werden können[121]. Er hält z.B. eine tatsächliche Verständigung über die Angemessenheit einer Geschäftsführer-Gesamtvergütung für zulässig und beiderseits bindend[122]. Deutlich wird die Verflechtung von Tatsachen und Rechtsfragen ebenso in der Bewertung von Steuersachen[123]. Bei der Bewertung gehen Tatsachen und Rechtsfragen ineinander über, jeder Bewertung liegt ein Vergleich zugrunde, so dass sie von den Vergleichsmöglichkeiten abhängt, die dem Bewerter zugänglich sind[124]. Obschon reine Rechtsfragen nicht Gegenstand einer tatsächlichen Verständigung sein dürfen, sieht die finanzgerichtliche Wirklichkeit oftmals anders aus[125]. Die Literatur ist teilweise der Auffassung, dass jeder qualifizierte Finanzbeamte bzw. Berater in der Lage sei, jedwede Verständigung auch „auf den Sachverhalt zu verlagern", wenngleich eigentlich eine Rechtsfrage streitig ist[126]. Aufgrund der Unsicherheiten des Umfangs der tatsächlichen Verständigung und des Auseinanderfallens des rechtlichen Dürfens und des verwaltungspraktischen Handelns wird in der Literatur die gesetzliche Normierung der tatsächlichen Verständigung gefordert[127].

---

120 S. z.B. *Kottke*, DB 1999, 820, 822; *Drüen*, VVDStRL 79 (2020), S. 127, 140; *Seer* in Tipke/Kruse, AO/FGO, Vorb. zu §§ 118–129 AO Rn. 13, 23 (Aug. 2021).

121 BFH, Beschl. v. 20.2.2014 – XI B 85/13, juris Rn. 12 ff.; *Offerhaus*, DStR 2001, 2093, 2094: Verständigungen würden sich im Tatsachenbereich derart auswirken, dass das Rechtsproblem zugleich „miterledigt" werde; s. ebenso *Greite*, NWB 2004, 1421, 1426; *Seer* in Tipke/Kruse, AO/FGO, Vorb. zu §§ 118–129 AO Rn. 11 (Aug. 2021) m.w.N.

122 Z.B. BFH, Urt. v. 13.8.1997 – I R 12/97, juris Rn. 12 ff.

123 Exemplarisch *Seer*, StuW 1995, 213, 218.

124 *Busse von Colbe*, DStJG 8 (1984), S. 39, 41; *Loschelder*, StuW 2018, 329, 331.

125 Wenn die Beteiligten bereit seien, sich gütlich zu einigen, werde auf die Unterscheidung zwischen Sachverhalt und Rechtsfragen nicht selten nur im Text der Verständigung Rücksicht genommen und schlicht entsprechend formuliert, so deutlich *Loschelder*, StuW 2018, 329, 331:

126 So etwa *Streck*, StuW 1993, 366, 369; *Streck*, DStJG 19 (1995), S. 173, 186 f.; *Stolterfoht*, DStJG 21 (1998), S. 233, 253; *Drüen*, FR 2011, 101, 110, kritisch *Söhn* in FS Selmer, S. 911, 918.

127 S. z.B. *Loschelder*, StuW 2018, 329, 332; s. zu den Vor- und Nachteilen *Drüen*, IFSt-Schrift Nr. 469, 2011, S. 48 f.

Kapitel 2: Die Vergleichsfähigkeit und der Vergleichsbedarf im materiellen Steuerrecht

Nachdem die Typologie des konsensualen Verwaltungshandelns im ersten Kapitel dieser Arbeit einleitend dargestellt wurde, soll anschließend die Notwendigkeit einer weiteren materiellen Handlungs- und Rechtsform im Besteuerungsverfahren bewiesen werden. Daneben sollen die Argumente für und wider die Zulässigkeit eines materiellen Vergleichsvertrages hinterfragt werden. Die ausführliche Herausarbeitung der Zulässigkeit des materiellen Vergleichs, dient dem Verständnis der Besonderheiten des Vergleichs in der Prozesssituation[128].

A. Notwendigkeit einer weiteren materiellen Handlungs- und Rechtsform und Phänomenologie des kooperativen Besteuerungsverfahrens

Das Handeln der Verwaltung ist vielfältig und durch die politischen und gesellschaftlichen Entwicklungen einem steten Wandel unterworfen[129]. Terminologisch zu unterscheiden ist der Begriff der Handlungsform von dem der Rechtsform[130]. Die Handlungsformen der Verwaltung sind nicht durch das Recht bereitgestellte, das heißt normative Konstrukte, derer sich die Verwaltung bei der Aufgabenerfüllung bedient oder zu bedienen hat[131]. Die Rechtsform des

---

128 Zum finanzgerichtlichen Vergleich im 4. Kapitel dieser Arbeit.

129 Exemplarisch *Stober/Korte* in Wolff/Bachof/Stober/Kluth, Verwaltungsrecht I, § 44 Rn. 1, 16 ff.; s. zur Möglichkeit neuer Handlungsformen und zur Rechtsfortbildung einer weiteren Handlungsform in der AO unter Kap. 3 A. I. 1. a) dieser Arbeit. Es existiert kein numerus clausus der Handlungsformen im Verwaltungsrecht, vgl. *Burmeister*, VVDStRL 52 (1993), S. 190, 207.

130 Zur Unterscheidung eingehend *Pauly* in Wandel der Handlungsformen im öffentlichen Recht, S. 31 ff.: Die Terminologie der Handlungsform sei als Oberbegriff, der die Rechtsformen des Verwaltungshandelns und das restliche Verwaltungshandeln umgreift, zu werten. Rechtsformen des Verwaltungshandelns seien nicht nur vom Recht zur Verfügung gestellte Formen, sondern auch Gußformen von Recht; s. dazu ebenso *Burmeister*, VVDStRL 52 (1993), S. 190, 206 ff.

131 *Burmeister*, VVDStRL 52 (1993), S. 190, 206 ff.; *Stober/Korte* in Wolff/Bachof/Stober/Kluth, Verwaltungsrecht I, § 44 Rn. 6.

Verwaltungshandelns ist demgegenüber das von der Rechtsordnung für eine bestimmte Handlung zur Verfügung gestellte „Kleid", das gegen ein anderes austauschbar ist, sofern das Recht für die Vornahme der konkreten Handlung ein weiteres zur Verfügung stellt[132].

Schon seit jeher werden einvernehmliche Regelungen in der Form von Kooperation und Konsens in der Praxis umgesetzt, sei es als tatsächliche Verständigung oder als anderweitige Form der Vereinbarung[133]. Die Praxis zeigt sogar, dass im Besteuerungsverfahren viel mehr Verständigungen getroffen werden als auf allen anderen Gebieten des besonderen Verwaltungsrechts[134]. Im Verhältnis zwischen Verwaltung und Bürger existieren stetig mehr Beziehungen, die über das klassische Über-/Unterordnungsverhältnis hinausgehen. Der Bürger ist nicht mehr nur der staatlichen Gewalt unterworfen, sondern es ist zu einer „Konkretisierung und Individualisierung" der Beziehungen gekommen[135]. Das Verwaltungshandeln beschränkt sich nicht mehr auf bilaterale Beziehungen zwischen Verwaltung und Bürger, vielmehr befindet man sich häufig in einem „mehrdimensionalen Beziehungsgefüge" zwischen unmittelbar und mittelbar von einer Verwaltungsmaßnahme Betroffenen und der Behörde, deren Komplexität die angemessene Interessenabwägung erschwert[136]. Die Finanzbehörde steht bei Ungewissheit der Sach- oder Rechtslage de lege lata oft vor unüberwindbaren Hindernissen. Sie ist verpflichtet, einen Steuerbescheid, welcher das Verfahren abschließen soll, auch dann zu erlassen, wenn die Sach- oder Rechtslage noch nicht abschließend geklärt ist. In solchen Fällen bieten die §§ 164 ff. AO eine Möglichkeit zur vorläufigen Bescheidung, welche aber nur bei *Vorläufigkeit*

---

132 So *Burmeister*, VVDStRL 52 (1993), S. 190, 207 ff. mit der Differenzierung zu normativem Verwaltungshandeln; s. ebenso *Stober/Korte* in Wolff/Bachof/Stober/Kluth, Verwaltungsrecht I, § 44 Rn. 6.

133 Zu den Erscheinungsformen und der Typologie des kooperativen Besteuerungsverfahrens unter Kap. 1 B. I. dieser Arbeit.

134 *Schwarze*, Der funktionale Zusammenhang von Verwaltungsverfahrensrecht und verwaltungsgerichtlichem Rechtsschutz, S. 42; *Martens*, JuS 1978, 607, 610; *Martens*, StuW 1986, 97, 104; *Martens*, Die Praxis des Verwaltungsverfahrens, Rn. 340; *Streck*, StuW 1993, 366; *Füllsack*, Informelles Verwaltungshandeln im Steuerrecht, S. 153.

135 So insgesamt zutreffend formuliert von *Schliesky* in Knack/Henneke, VwVfG, vor § 54 Rn. 58; s. ebenfalls *Caspar*, DVBl. 1995, 992.

136 So erneut anschaulich *Schliesky* in Knack/Henneke, VwVfG, vor § 54 Rn. 58. Ein Beispiel eines mehrdimensionalen steuerrechtlichen Beziehungsgefüges ist etwa das Zusammenspiel von nationalen und internationalen Verständigungen, s. dazu unter Kap. 4 I. dieser Arbeit.

der Ungewissheit der Sach- oder Rechtslage zielführend ist. Nach § 164 Abs. 1 AO kann die Steuerfestsetzung unter Vorbehalt der Nachprüfung ergehen, solange der Steuerfall nicht abschließend geprüft ist. Aufgrund von § 165 Abs. 1 AO kann die Finanzbehörde die Steuer vorläufig festsetzen, soweit ungewiss ist, ob die Voraussetzungen für die Entstehung einer Steuer eingetreten sind. Diese Nebenbestimmungen helfen den Parteien indessen nicht weiter, wenn die Ungewissheit der Sach- oder Rechtslage *endgültig* ist. Soweit die Finanzbehörde die Besteuerungsgrundlagen nicht ermitteln oder berechnen kann, bleibt ihr die Möglichkeit zur Schätzung, § 162 AO[137], welche zur Überbrückung von Aufklärungsdefiziten dient.

Obschon die strikte Unterscheidung zwischen einseitigem Verwaltungsakt und konsensualem Vertrag aufgrund der Modifikationsmöglichkeiten des Verwaltungsaktes und der Absprachemöglichkeiten zwischen der Verwaltung und dem Steuerpflichtigen aufgelöst sein respektive verschwimmen kann[138], reicht der Verwaltungsakt als Handlungsform der Finanzverwaltung nicht aus[139]. Der Verwaltungsakt würde „genügen", wenn er ausreichende Möglichkeiten schaffen würde, zu einem angemessenen Ergebnis in der Veranlagung zu gelangen und dabei die spezifischen Interessen im subordinationsrechtlichen Verhältnis Finanzbehörde/Steuerpflichtiger wahrt. Der spezifische Anwendungsbereich eines öffentlich-rechtlichen Vertrages liegt dort, „wo der Verwaltungsakt als Regelungsinstrument nicht oder nicht ausreichend greift". Sei es, weil der Sachverhalt zu umfassend, die beabsichtigte Lösung zu kompliziert ist oder sei es, weil „im Rahmen eines größeren Gesamtpakets besondere Leistungen des Bürgers und damit seine Zustimmung erforderlich sind" oder sei es, dass eine „gleichwertige Alternative zur gesetzlich vorgesehen Lösung erstrebenswert

137 So insgesamt dargestellt von *F. Kirchhof*, Grundriß des Steuer- und Abgabenrechts, 2001, S. 102; s. zur Schätzung unter Kap. 2 C. IV. 5. b) dieser Arbeit. Allerdings kann die Schätzung nur Grundlage bzw. Gegenstand des Vergleichsvertrages, einer tatsächlichen Verständigung oder eines Steuerbescheides (Schätzungsbescheides) sein, z.B. über schätzungsweise Aufteilungen und Abgrenzungen. Kritisch zur Verständigung über Schätzungen *Müller-Franken*, Maßvolles Verwalten, S. 208 f.

138 S. zu dieser Erkenntnis ausführlich unter Kap. 4 H. I. dieser Arbeit.

139 Für den Finanzprozess findet sich diese Untersuchung unter Kap. 4 A. III. dieser Arbeit. Für weitere Handlungsformen der Verwaltung sei auf die Typologie des kooperativen Besteuerungsverfahrens unter Kap. 1 B. I. verwiesen. In der zu betrachtenden Konstellation ist nur der Vergleich zwischen Vertrag und Verwaltungsakt von Interesse.

ist“[140]. Der typische Anwendungsbereich erstreckt sich auch auf die Fälle, in welchen die Exekutive wegen der Komplexität der Verhältnisse und der Notwendigkeit der Berücksichtigung unterschiedlicher Interessen auf die freiwillige Mitwirkung der Bürger angewiesen ist[141].

Auch neben der tatsächlichen Verständigung ist die Implementierung eines eigenen Vertragsregimes in der AO und der FGO[142] erforderlich. Das materielle Steuerrecht zeigt – wie andere verwaltungsrechtliche Dauerschuldverhältnisse – einen besonderen Vergleichsbedarf. Auf Reibungslosigkeit, Einigkeit und Konfliktarmut sind Bürger und Behörde vor allem dann angewiesen, wenn sie sich nicht nur einmalig begegnen, sondern in einem dauerhaften Beziehungsgeflecht eingespannt sind, wie sie „der moderne Verwaltungsstaat immer umfangreicher und immer intensiver ausbildet“, vor allem in der Steuer- und in der Sozialverwaltung und im Subventionswesen[143]. Verwaltungsrechtliche Verhältnisse haben keinen punktuellen Charakter, der Vertragsschluss ist zwar als eine zeitliche Zäsur zu sehen, die sich letztlich aber nur als eine Momentaufnahme innerhalb sich stetig entwickelnder und fortschreitender Beziehungen darstellt, die sich aus Vorverhandlungen mit Rechten und Pflichten für die Beteiligten, insbesondere Nebenpflichten und nachwirkenden Pflichten zusammensetzen[144]. Der Vergleichsvertrag ist geeignet, Rechtsverhältnisse unterschiedlicher zeitlicher Dimension zu erfassen und als Instrument zur Gestaltung von Dauerrechtsverhältnissen zu dienen, um konkreten Verwaltungsrechtsverhältnissen dauerhafte rechtliche Struktur zu geben[145]. Die Beteiligten müssen in ihrer Dauerbeziehung die künftigen Auswirkungen ihres Handelns für den Gesamtzustand in

---

140 Zutreffend *Maurer* in Verwaltungshandeln durch Verträge und Absprachen, S. 37 für das allgemeine Verwaltungsrecht; s. ebenso *Schliesky* in Knack/Henneke, VwVfG, vor § 54 Rn. 70.

141 *Schliesky* in Knack/Henneke, VwVfG, vor § 54 Rn. 71; zu den Vor- und Nachteilen des Vergleichsvertrages *Maurer*, Der Vergleichsvertrag, S. 3 f.

142 S. zur FGO unter Kap. 4 dieser Arbeit.

143 So explizit *Isensee*, Die typisierende Verwaltung, S. 189 zum Arrangement; s. ebenso *Bachof*, VVDStRL 31 (1972), S. 193, 231: Das Dauerrechtsverhältnis sei ein umfassenderes Institut als der Verwaltungsakt als „Momentaufnahme“; *Schliesky* in Knack/Henneke, VwVfG, vor § 54 Rn. 58.

144 Zutreffend *Schliesky* in Knack/Henneke, VwVfG, vor § 54 Rn. 70. Zu Nebenpflichten der Finanzbehörde und der sog. Tax Compliance s. unter Kap. 2 C. VI. 2. b) cc) dieser Arbeit.

145 *Schliesky* in Knack/Henneke, VwVfG, vor § 54 Rn. 58.

Rechnung stellen[146]. Das Handeln ist insbesondere vom gegenseitigen Rücksichtnehmen geprägt. Es kann für die Beteiligten beispielsweise empfehlenswert sein, gesetzliche Rechte nicht auszuschöpfen. Für die Behörde hängt die Funktionsfähigkeit der Verwaltung nicht unmaßgeblich vom Wohlverhalten des Bürgers ab[147].

Die tatsächliche Verständigung betrifft in erster Linie den „Vertragsschluss" über Tatsächliches zur Vorbereitung eines Verwaltungsaktes[148]. Der steuerrechtliche Vergleichsvertrag könnte inhaltlich weiter gehen und de lege ferenda anstelle eines Verwaltungsaktes erlassen werden[149]. Die Differenzierung zwischen Tatsächlichem und Rechtlichem innerhalb der tatsächlichen Verständigung ist zwar nur vordergründig[150], durch die Anerkennung des Vergleichsvertrages könnte der Vertragsschluss über Rechtsfragen – unter Einhaltung seiner rechtlichen Grenzen – offen erfolgen und die Praxis müsste sich nicht mehr in Formulierungsgeschicke flüchten. Denn oftmals ist nicht nur der Sachverhalt schwierig zu ermitteln, sondern entgegen einer idealistischen Ansicht, auch die Rechtslage[151]. Es besteht in verschiedenen Bereichen ein enormes Bedürfnis einvernehmlicher Regelungen. Die tatsächliche Verständigung ist letztlich nichts anderes als ein Tatsachenvergleich. Die fehlende Anerkennung des Vergleichsvertrages führt dazu, dass das Rechtsinstitut der tatsächlichen Verständigung faktisch zu einem Vergleichsvertrag ausgedehnt wird, obwohl dies nach dem Grundgedanken der Rechtsprechung nicht vorgesehen ist. Die tatsächliche Verständigung wird in der alltäglichen Praxis der Finanzbehörden häufig mit Blick auf die Rechtsfolge

---

146 *Isensee*, Die typisierende Verwaltung, S. 189 zum Arrangement: Vor allem im Steuerrecht formt sich ein Zustand der dauernden Abhängigkeit heraus: Das moderne Gewaltverhältnis des Einzelnen zum Steuerstaat; s. ebenso zum „modernen Steuerrechtsverhältnis" *Drüen*, FR 2011, 101; *Mues* in Gosch, AO/FGO, § 78 AO Rn. 34 (Mai 2018); *Seer* in Tipke/Kruse, AO/FGO, Vorb. zu §§ 118–129 AO Rn. 8 ff. (Aug. 2021); zu der sog. Tax Compliance unter Kap. 2 C. VI. 2. b) cc) dieser Arbeit.

147 *Isensee*, Die typisierende Verwaltung, S. 132, 189 zum Arrangement. Im Steuerverwaltungsverhältnis gilt das Synallagma zwischen Besteuerungsmoral und Steuermoral, zwischen Finanzamt und Steuerpflichtigem besteht insoweit Waffengleichheit.

148 S. die vorgehenden Erörterungen unter Kap. 1 B. III. 1. dieser Arbeit.

149 S. zum besonderen Vertragsformverbot des § 155 Abs. 1 S. 1 AO unter Kap. 2 C. VII. 3. dieser Arbeit.

150 Dazu unter Kap. 1 B. III. 2. dieser Arbeit.

151 *Bauer*, Der „Vergleich" im Steuerveranlagungsverfahren, S. 80 ff.; *Knepper*, BB 1986, 168, 169 mit einem Beispiel zur Bilanz; *Baur*, BB 1988, 602, 605; *Wolf*, DStZ 1998 267, 269.

geschlossen[152]. Die Vergangenheit zeigt, dass Judikate, welche Einigungen über Rechtsfragen anerkennen, sei es weil sie mit Sachverhaltsfragen zusammenhängen oder entsprechend formuliert bzw. ausgelegt wurden, keine Ausnahme sind. Weder der Steuerpflichtige noch die Finanzbehörde sind (in der Regel) an langwierigen gerichtlichen Verfahren interessiert, so dass auch im Finanzprozess das Bedürfnis für einen Vergleich besteht[153]. Dabei ist nicht zu übersehen, dass reine Steuerverträge oder Steuervereinbarungen, in welchen die Höhe der Steuerschuld, abweichend vom Gesetz, einvernehmlich festgesetzt werden, unzulässig sind. An dem Dogma der Unzulässigkeit steuerrechtlicher Verträge, in welchen die Höhe der Steuerschuld unmittelbar zum Vertragsgegenstand wird, möchte diese Arbeit auch nicht rütteln[154]. Diese Feststellung steht jedoch der Zulässigkeit von *Vergleichs*verträgen – welche strengen Voraussetzungen unterliegen – nicht entgegen. Die Akzeptanz der Verwaltungswirklichkeit ist überfällig[155]. Denn wenngleich das reine Überspannen der rechtlichen Grenzen etablierter Handlungsformen nicht als Rechtfertigung für die Anerkennung einer neuen Handlungsform genügen kann, so hat sich der Rechtsanwender doch einzugestehen, dass Tatsachenvergleiche unter dem Deckmantel der Verständigung geschlossen werden und das strikte Festhalten an der Gesetzmäßigkeit der Verwaltung – zu Gunsten klarer, einheitlicher und rechtssicherer Lösungen – insoweit zu überdenken ist.

---

152 *Vogel* in FS Döllerer, S. 677, 681 f.; *Schuhmann*, DStZ 1995, 34, 36; *Achatz*, DStJG 27 (2004), S. 161, 162; *Boochs*, DStR 2006, 1062, 1063; kritisch *v. Groll*, FR 1995, 814, 818 mit der Begründung, dass es nicht genüge, dass sich die Verwaltungswirklichkeit über die gebotene Grenzziehung permanent hinwegsetze. Vielmehr seien, anstelle der Aufforderung an Gesetzgeber oder Rechtsanwender, geeignete organisatorische und/ oder personelle Gegenmaßnahmen zu ergreifen. Das Auseinanderfallen von „Sein und Sollen" sei nicht durch Manipulation der Norm zu überwinden.

153 *Maassen*, Regelungen mit dem Finanzamt, S. 1, 13 f.; *Ehlers*, DStZ 1965, 64, 65; *Bauer*, Der „Vergleich" im Steuerveranlagungsverfahren, S. 3, 6; *Eckhoff*, StuW 1996, 107, 111.

154 Zum Meinungsstand der Rechtsprechung und Literatur unter Kap. 2 C. I., II. dieser Arbeit.

155 S. zu empirischen Nachweisen für das Steuerprozessrecht unter Kap. 4 A. I. dieser Arbeit, s. für das Besteuerungsverfahren die Nachweise zu Beginn dieser Ausführungen (Kap. 2 A.), s. zu Erörterungsterminen unter Kap. 2 C. VII. 1. und Kap. 4 A. II. 1, E. II. dieser Arbeit.

B. Der Vergleichsvertrag im Verwaltungsrecht als Grundlage für die Entwicklung des steuerrechtlichen Vergleichsvertrages

Der verwaltungsrechtliche Vergleichsvertrag ist in § 55 VwVfG und in § 54 SGB X normiert. Das Zehnte Sozialgesetzbuch entspricht, von einer Ausnahme abgesehen, vollständig den §§ 54 ff. VwVfG. Der Vergleichsvertrag unterfällt als öffentlich-rechtlicher Vertrag den Vorschriften der §§ 54 ff. VwVfG, §§ 53 ff. VwVfG. Die fragmentarische Regelung des verwaltungsrechtlichen Vertrages macht den ergänzenden Rückgriff auf andere Normbestände erforderlich. § 62 S. 1 VwVfG, § 61 S. 1 SGB X erklären neben den §§ 54 ff. VwVfG, §§ 53 ff. SGB X die übrigen Vorschriften des VwVfG bzw. des SGB X für anwendbar. § 62 S. 2 VwVfG, § 61 S. 2 SGB X und § 59 Abs. 1 VwVfG, § 58 Abs. 1 SGB X verweisen auf die Vorschriften des BGB. Die nachfolgende Darstellung der Voraussetzungen des Vergleichsvertrages ist – insbesondere aufgrund zahlreicher Meinungsstreitigkeiten – nicht abschließend zu verstehen. Sie soll schlicht eine Grundlage für die anschließenden Erörterungen der Arbeit bieten.

I. Voraussetzungen des Vergleichsvertrages

Der Vergleich im Verwaltungsverfahren ist in § 55 VwVfG, § 54 Abs. 1 SGB X mit seinen materiell-rechtlichen Voraussetzungen definiert. Erforderlich sind:

- Die Ungewissheit des Sachverhalts oder der Rechtslage,
- die Ungewissheit muss bei verständiger Würdigung bestehen,
- diese Ungewissheit muss durch gegenseitiges Nachgeben beseitigt werden.

Der Abschluss eines Vergleichsvertrages ist in zwei – voneinander zu unterscheidenden – Fallgruppen möglich. Der Vergleichsvertrag wegen der *Sachverhaltsungewissheit* ist sowohl im Grundsatz als auch rechtlich unbestritten, weil er die Geltung des Rechts im Kern nicht in Frage stellt[156]. Anders stellt sich die Lage beim Vergleichsvertrag über die Ungewissheit der *Rechtslage* dar. Der Vergleichsvertrag aufgrund von Rechtszweifeln unterliegt engeren Anforderungen als der Vergleichsvertrag aufgrund von Sachverhaltsungewissheiten, weil dieser im Spannungsfeld zu Art. 20 Abs. 3 GG und Art. 19 Abs. 4 GG steht. Die Behörde entscheidet sich durch die konsensuale Einigung für eine von mehreren

156 So ausdrücklich *Wolff*, VerwArch. 2017, 197, 198.

Regelungs- und Auslegungsmöglichkeiten, was zur Folge hat, dass die Kontrolle durch die Gerichtsbarkeit geschmälert wird[157].

1. Ungewissheit über den Sachverhalt oder die Rechtslage

a) Ungewissheit über den Sachverhalt

Eine Ungewissheit des Sachverhalts liegt vor, wenn sich der Sachverhalt trotz der Amtsermittlungspflicht der Behörde und der Mitwirkungspflichten der Beteiligten nicht vollständig oder nur unter großen Aufwand aufklären lässt[158]. Dasselbe gilt, wenn mehrere Sachverhaltsalternativen denkbar sind.

b) Ungewissheit über die Rechtslage

Von der Ungewissheit über den Sachverhalt sind die Zweifel über die Rechtslage zu unterscheiden. Diese äußern sich dadurch, dass unklar ist, was von Rechts wegen für den zu beurteilenden Sachverhalt gefordert ist[159]. Dies ist beispielsweise dann der Fall, wenn über eine Einzelfrage divergierende Gerichtsurteile[160] vorliegen und eine eindeutige höchstrichterliche Rechtsprechung noch aussteht oder älteres respektive ausländisches Recht anzuwenden und die Rechtslage dadurch entweder überhaupt nicht oder nur schwer feststellbar ist[161]. Das Fehlen einer höchstrichterlichen Rechtsprechung genügt jedoch nicht, denn die

---

157 *Schlette*, Die Verwaltung als Vertragspartner, S. 487: Das Bestehen der Ungewissheitssituation sei das zentrale Kriterium des Vergleichsvertrages und dessen Anwendungsbereich hänge entscheidend davon ab, wie eng oder weit dieses Merkmal gefasst werde; *Fehling* in Fehling, VwVfG, VwGO, § 55 VwVfG Rn. 23; *Wolff*, VerwArch. 2017, 197, 199; *Schliesky* in Knack/Henneke, VwVfG, § 55 Rn. 13.

158 *Schlette*, Die Verwaltung als Vertragspartner, S. 489; *Meyer* in Meyer/Borgs, VwVfG, § 55 Rn. 11; *Wolff*, VerwArch. 2017, 197, 198; *Bonk/Neumann/Siegel* in Stelkens/Bonk/Sachs, VwVfG, § 55 Rn. 25; *Ziekow*, VwVfG, § 55 Rn. 7. Verhältnismäßigkeitskriterien, welche den Amtsermittlungsgrundsatz bestimmen, werden unter Kap. 4 D. III. 3. a) dieser Arbeit ausführlich erörtert.

159 *Wolff*, VerwArch. 2017, 197, 198; *Bonk/Neumann/Siegel* in Stelkens/Bonk/Sachs, VwVfG, § 55 Rn. 26; kritisch zur Ungewissheit über die Rechtslage *Tiedemann*, DÖV 1996, 594, 594 f.

160 *Fehling* in Fehling/Kastner/Störmer, VwVfG, VwGO, § 55 VwVfG Rn. 21; *Drüen* in HHSp., AO/FGO, § 88 AO Rn. 281 (Juni 2021).

161 *Meyer-Hesemann*, DVBl. 1980, 869, 871; *Meyer* in Meyer/Borgs, VwVfG, § 55 Rn. 12; *Spannowsky*, Grenzen des Verwaltungshandelns durch Verträge und Absprachen, S. 214; *Fehling* in Fehling/Kastner/Störmer, VwVfG, VwGO, § 55 VwVfG Rn. 21; *Drüen* in HHSp., AO/FGO, § 88 AO Rn. 281 (Juni 2021).

Behörde kann das Gesetz selbst anwenden und konkretisieren[162]. Im Ergebnis orientiert sich die Ungewissheit der Rechtslage schwerpunktmäßig an der höchstrichterlichen Rechtsprechung[163].

c) Ungewissheit bei verständiger Würdigung

Ob eine Ungewissheit besteht, bemisst sich zunächst ausgehend vom subjektiven Kenntnisstand der Beteiligten[164]. Allerdings ist mehr als eine subjektive Ungewissheit zu verlangen, so dass das Gesetz eine verständige Würdigung als Korrektiv einführt und so den Standpunkt eines objektiven Durchschnittsbetrachters zum maßgeblichen Kriterium erklärt[165]. Dies verlangt eine objektive Betrachtung der bestehenden Ungewissheit[166]. Für die vertragsschließende Behörde gilt ein strengerer Maßstab als für den Bürger. Auch für diesen sind zunächst die durchschnittlich zu erwartenden Sach- und Fachkenntnisse zugrunde zu legen[167]. Auf Seiten eines rechtlich nicht beratenen Bürgers reicht es regelmäßig aus, dass die verständige Würdigung frei von Eigensinn, subjektiven Launen und törichten Anschauungen war, sofern in seinem Rechtskreis und nach seinen Interessen und Fähigkeiten keine bessere Erkenntnis erwartet werden kann[168].

---

162 *Gurlit* in Ehlers/Pünder, Allgemeines Verwaltungsrecht, § 32 Rn. 13.

163 *Blind*, Voraussetzungen für den Abschluß verwaltungsgerichtlicher Vergleiche, S. 186 f.; *Bonk/Neumann/Siegel* in Stelkens/Bonk/Sachs, VwVfG, § 55 Rn. 26.

164 Kritisch *Schlette*, Die Verwaltung als Vertragspartner, S. 487; *Bonk/Neumann/Siegel* in Stelkens/Bonk/Sachs, VwVfG, § 55 Rn. 23; vgl. ebenso *Schimpf*, Der verwaltungsrechtliche Vertrag, S. 86 f.

165 *Fehling* in Fehling/Kastner/Störmer, VwVfG, VwGO, § 55 VwVfG Rn. 21; *Schliesky* in Knack/Henneke, VwVfG, § 55 Rn. 9; *Brüning/Bosesky* in Mann/Sennekamp/Uechtritz, VwVfG, § 55 Rn. 39; *Rozek* in Schoch/Schneider, VwVfG, § 55 Rn. 31 (Juli 2020); kritisch für den Prozessvergleich *Löwer*, VerwArch. 1965, 236, 236 f.

166 BVerwG, Urt. v. 18.11.1977 – IV C 104.74, juris Rn. 43; *Huck* in Huck/Müller, VwVfG, § 55 Rn. 18; *Ziekow*, VwVfG, § 55 Rn. 11; *Hettich/Beichel-Benedetti* in Obermayer/Funke-Kaiser, VwVfG, § 55 Rn. 7.

167 *Schliesky* in Knack/Henneke, VwVfG, § 55 Rn. 9; *Bonk/Neumann/Siegel* in Stelkens/Bonk/Sachs, VwVfG, § 55 Rn. 24.

168 *Fehling* in Fehling/Kastner/Störmer, VwVfG, VwGO, § 55 VwVfG Rn. 22; *Bonk/Neumann/Siegel* in Stelkens/Bonk/Sachs, VwVfG, § 55 Rn. 24; *Rozek* in Schoch/Schneider, VwVfG, § 55 Rn. 33 (Juli 2020).

2. *Gegenseitiges Nachgeben*

Gegenseitiges Nachgeben ist ausgehend vom natürlichen Sprachgebrauch dergestalt zu verstehen, dass jeder der Vertragsbeteiligten dem anderen Zugeständnisse in irgendeiner - sei es auch nur geringfügiger - Form macht[169]. Eine Gleichwertigkeit der beiderseitigen Zugeständnisse wird hingegen nicht verlangt[170]. Auch ist es denkbar, dass sich das Nachgeben auf der einen Seite auf die tatsächlichen Umstände, auf der anderen Seite demgegenüber auf die rechtliche Wertung derselben bezieht[171]. Das Nachgeben muss sich dabei auf die bestehende Ungewissheit beziehen[172] und es bedarf der Konnexität zwischen Ungewissheit und gegenseitigem Nachgeben[173]. Gegenstand des gegenseitigen Nachgebens können sowohl materielle als auch verfahrensrechtliche sowie solche Positionen sein, die selbst nicht Gegenstand des konkreten Verwaltungsverfahrens sind[174]. Das gegenseitige Nachgeben muss im Zusammenhang mit der Frage der etwaigen Dispositionsbefugnis der Behörde gesehen werden, weil das Merkmal des „gegenseitigen Nachgebens" eine Dispositionsbefugnis einräumt bzw. diese voraussetzt[175].

---

169 BGH, Urt. v. 31.1.1963 – III ZR 117/62, juris Rn. 20 ff.; *Schlette*, Die Verwaltung als Vertragspartner, S. 490; *Thiele* in Pautsch/Hoffmann, VwVfG, § 55 Rn. 31.

170 *Meyer* in Meyer/Borgs, VwVfG, § 55 Rn. 14; *Wolff*, VerwArch 2017, 197, 201; *Schliesky* in Knack/Henneke, VwVfG, § 55 Rn. 11; *Ziekow*, VwVfG, § 55 Rn. 12.

171 *Schliesky* in Knack/Henneke, VwVfG, § 55 Rn. 17.

172 BVerwG, Urt. v. 3.3.1995 – 8 C 32/93, BVerwGE 98, 58, juris Rn. 18; *Ziekow/Siegel*, VerwArch. 2003, 133, 143; *Wolff*, VerwArch. 2017, 197, 201 f.; *Schliesky* in Knack/Henneke, VwVfG, § 55 Rn. 16.

173 *Schlette*, Die Verwaltung als Vertragspartner, S. 490; *Ziekow/Siegel*, VerwArch. 2003, 133, 143; *Ziekow*, VwVfG, § 55 Rn. 13; *Thiele* in Pautsch/Hoffmann, VwVfG, § 55 Rn. 32.

174 BSG, Urt. v. 17.5.1989 – 10 RKg 16/88 –, SozR 1500 § 101 Nr. 8, juris Rn. 21; *Ziekow/Siegel*, VerwArch. 2003, 133, 143 m.w.N.; *Rozek* in Schoch/Schneider, VwVfG, § 55 Rn. 40 (Juli 2020).

175 *Schlette*, Die Verwaltung als Vertragspartner, S. 490 und Fußnote 123 a.a.O.; *Thiele* in Pautsch/Hoffmann, VwVfG, § 55 Rn. 34 schlägt vor, in den Vergleichsvertrag nicht nur die Leistungspflichten und die bestehende Ungewissheit, sondern auch die von den Parteien zuvor vertretenen Ansichten aufzunehmen, um auf diese Weise die Art und das Ausmaß des Nachgebens überprüfen zu können und so eine wirksame gerichtliche Kontrolle zu ermöglichen. S. zu den Prozessfürsorgepflichten bei Abschluss eines gerichtlichen Vergleichs unter Kap. 4 F. I. dieser Arbeit.

3. *Pflichtgemäßes Ermessen*

Nach § 55 S. 1 VwVfG, § 54 Abs. 1 SGB X kann der Vergleichsvertrag nur geschlossen werden, wenn die Behörde den Abschluss des Vergleichs zur Beseitigung der Ungewissheit nach *pflichtgemäßem Ermessen* für zweckmäßig hält. Bezüglich der Ermessenserwägungen gelten die allgemeinen Grundsätze des § 40 VwVfG, § 39 SGB I. Die Normen (§ 55 S. 1 VwVfG, § 54 Abs. 1 SGB X) sind unglücklicherweise so formuliert, als stellen sie den Vertragsschluss in ein zweistufiges Ermessen der Behörde[176]. Die Zweckmäßigkeit ist weder ein eigenständiges Tatbestandsmerkmal noch bedeutet die Formulierung, dass die Ermessenserwägungen auf die Zweckmäßigkeit reduziert werden, vielmehr fließt der Gesichtspunkt, wie andere Ermessenserwägungen, in die Ermessensausübung ein[177]. Zweckmäßig ist der Vergleichsabschluss, wenn die Beseitigung der Ungewissheit einen unangemessenen, nicht mehr verhältnismäßigen Zeit- oder Ressourcenaufwand erfordern würde[178]. Unangemessen ist der Aufwand, wenn er eine Belastung für die Behörde zur Folge hat, die gegenüber der Belastung der Rechtsordnung mit einer nicht gesetzeskonformen Lösung vergleichsweise gering ist[179], was sich insoweit mit den Anforderungen an die Sachverhaltsungewissheit deckt.

Neben den Umständen des Einzelfalls und dem entstehenden Verwaltungsaufwand sind die Grundsätze der Verhältnismäßigkeit und die des

---

176 *Meyer* in Meyer/Borgs, VwVfG, § 55 Rn. 16; *Schlette*, Die Verwaltung als Vertragspartner, S. 491: Die Formulierung sei missglückt, weil ein unbestimmter Rechtsbegriff (die Zweckmäßigkeit) mit einer zweistufigen Ermessensermächtigung gekoppelt werde, wobei das Ermessen sowohl auf Rechtsfolgenseite (kann) als auch auf Tatbestandsseite (nach pflichtgemäßem Ermessen) bestehe. In welchem Verhältnis diese drei Aspekte zueinander stünden, sei unklar; *Siewert* in GK-SGB X 1, § 54 Rn. 19.

177 *Wehrhahn* in Kasseler Kommentar Sozialversicherungsrecht, § 54 SGB X Rn. 11 (Okt. 2014); *Fehling* in Fehling/Kastner/Störmer, VwVfG, VwGO, § 55 VwVfG Rn. 28; *Bonk/Neumann/Siegel* in Stelkens/Bonk/Sachs, VwVfG, § 55 Rn. 32; *Brüning/Bosesky* in Mann/Sennekamp/Uechtritz, VwVfG, § 55 Rn. 56 m.w.N.; *Spieth* in BeckOK VwVfG, § 55 Rn. 44.

178 *Meyer* in Meyer/Borgs, VwVfG, § 55 Rn. 16; *Schlette*, Die Verwaltung als Vertragspartner, S. 491; *Hettich/Beichel-Benedetti* in Obermayer/Funke-Kaiser, VwVfG, § 55 Rn. 26 m.w.N.; *Spannowsky*, Grenzen des Verwaltungshandelns durch Verträge und Absprachen, S. 214 beurteilt die Zweckmäßigkeit anhand des unverhältnismäßigen Aufklärungsaufwands.

179 *Hettich/Beichel-Benedetti* in Obermayer/Funke-Kaiser, VwVfG, § 55 Rn. 27.

Übermaßverbots zu berücksichtigen[180]. Möglich ist auch die Beachtung fachspezifischer Erwägungen. Im Sozialrecht kann etwa der Gesundheitszustand oder das Alter der Beteiligten berücksichtigt werden[181]. In die Ermessenserwägungen ist zudem der Gleichbehandlungsgrundsatz einzustellen. Zieht die Behörde einen Vergleich heran, hat sie diesen in gleichgearteten Fällen ebenfalls abzuschließen, wenn kein sachlicher Grund für die Ungleichbehandlung vorliegt[182]. Aufgrund von § 54 Abs. 2 SGB X kann der Vergleichsvertrag über Sozialleistungen auch geschlossen werden, wenn die Leistung nicht im Ermessen des Leistungsträgers steht.

II. Voraussetzungen des Austauschvergleichsvertrages

Es existiert ein Überschneidungsbereich, innerhalb dessen sowohl § 55 VwVfG, § 54 Abs. 1 SGB X als auch § 56 VwVfG, § 55 SGB X heranzuziehen sind. Ein Vergleichsvertrag kann wechselseitige Leistungspflichten begründen und ist zugleich als Austauschvertrag zu qualifizieren[183]. In diesem Fall können die Zulässigkeitsvoraussetzungen des § 56 VwVfG, § 55 SGB X (sowie gegebenenfalls die Nichtigkeitsregelung des § 59 Abs. 2 Nr. 4 VwVfG, § 58 Abs. 2 Nr. 4 SGB X) auf diese besondere Art des Vergleichsvertrages angewendet werden[184]. Die Regelungswirkung des § 55 VwVfG, § 54 Abs. 1 SGB X erschöpft sich nämlich darin, Vereinbarungen zuzulassen, die auf unsicherer tatsächlicher oder rechtlicher Grundlage stehen und damit möglicherweise gesetzesinkongruent sind. Diese Regelungslücke ist durch die Anwendbarkeit des § 56 VwVfG, § 55 SGB X zu schließen[185]. Allerdings müssen die Rechtmäßigkeitsvoraussetzungen des § 56 VwVfG, § 55 SGB X im Lichte der bei einem Vergleich bestehenden

---

180 *Wehrhahn* in Kasseler Kommentar Sozialversicherungsrecht, § 54 SGB X Rn. 11 (Okt. 2014).

181 *Wehrhahn* in Kasseler Kommentar Sozialversicherungsrecht, § 54 SGB X Rn. 11 (Okt. 2014); *Engelmann* in Schütze, SGB X, § 54 Rn. 13.

182 *Brüning/Bosesky* in Mann/Sennekamp/Uechtritz, VwVfG, § 55 Rn. 53; *Bonk/Neumann/Siegel* in Stelkens/Bonk/Sachs, VwVfG, § 55 Rn. 34; *Hettich/Beichel-Benedetti* in Obermayer/Funke-Kaiser, VwVfG, § 55 Rn. 27.

183 *Schlette*, Die Verwaltung als Vertragspartner, S. 492 m.w.N.; *Tegethoff* in Kopp/Ramsauer, VwVfG, § 56 Rn. 5; zu Abfindungsvereinbarungen als Vergleichs- und Austauschverträge *Degenhart*, NVwZ 1982, 71, 72 ff.

184 *Schlette*, Die Verwaltung als Vertragspartner, S. 492.

185 *Spannowsky*, Grenzen des Verwaltungshandelns durch Verträge und Absprachen, S. 222; *Schlette*, Die Verwaltung als Vertragspartner, S. 492; a.A. *Bonk/Neumann/Siegel* in Stelkens/Bonk/Sachs, VwVfG, § 55 Rn. 16.

Ungewissheit ausgelegt werden. Das bedeutet, dass die Angemessenheit der Gegenleistung im Hinblick auf den vergleichsweise zugrunde gelegten Sachverhalt beurteilt werden muss[186].

C. Argumente für und wider die Zulässigkeit eines materiellen Vergleichsvertrages

Der Vergleichsvertrag ist im Verwaltungsverfahren, § 55 VwVfG, § 54 SGB X und in den Prozessordnungen, § 106 VwGO, § 101 Abs. 1 SGG, vorgesehen. Weder in der AO noch in der FGO finden sich hingegen entsprechende Regelungen. Obgleich die Zulässigkeit[187] von Vergleichen in der überwiegenden – vor allem älteren – Rechtsprechung und Literatur verneint wurde, wurde die Zweckmäßigkeit von Vergleichen oder zumindest vergleichsähnlichen Vereinbarungen für zahlreiche Fälle anerkannt[188]. Die reine Zweckmäßigkeit der Anerkennung des Vergleichsvertragsrechts kann indes nicht genügen, um diese Handlungsform zu etablieren. Es bedarf daher einer Überprüfung der Argumente für und gegen die Zulässigkeit des (materiellen) Vergleichsvertrages. Zum Zwecke dieser Überprüfung ist der Entwicklungsstand der Rechtsprechung und Literatur herauszuarbeiten. Der Prozessvergleich hat aufgrund seiner Doppelnatur[189] neben prozessualen Voraussetzungen auch den Vorschriften der öffentlich-rechtlichen Verträge, §§ 54 ff. VwVfG, §§ 53 ff. SGB X, zu entsprechen.

I. Entwicklungsstand der Rechtsprechung

1. Rechtsprechung des RFH und BFH

Bereits 1925 hat der II. Senat des RFH[190] geurteilt, Vergleiche über Steueransprüche seien unzulässig, weil diese im Widerspruch zur Gleichmäßigkeit und Gesetzmäßigkeit der Besteuerung stünden. Gleichsam seien die

---

186 *Fehling* in Fehling/Kastner/Störmer, VwVfG, VwGO, § 55 VwVfG Rn. 13; *Schliesky* in Knack/Henneke, VwVfG, § 56 Rn. 29; *Spieth* in BeckOK VwVfG, § 55 Rn. 28.

187 Die gewählte Terminologie basiert auf der Unterscheidung zwischen Zulässigkeit (*Rechtsform*) und Rechtmäßigkeit (*Inhalt*), s. dazu *Bosse*, Der subordinationsrechtliche Verwaltungsvertrag, S. 48; *Mohr*, NJW 1978, 790. Dass die Unterscheidung zwischen Rechtsform und Inhalt richtig ist, wird unter Kap. 2 C. IV. 4. herausgearbeitet.

188 Vgl. schon *Ehlers*, DStR 1965, 64, 66; *Martens*, JuS 1978, 607, 610; *Erichsen*, VerwArch. 1979, 349, 357.

189 Dazu unter Kap. 4 dieser Arbeit.

190 RFH, Urt. v. 20.10.1925 – II A 453/25, RFHE 18, 92.

Steuerfestsetzungsbehörden vielfach zu „tatsächlichen Verständigungen" genötigt, um in der Veranlagung voranzukommen. Mit den tatsächlichen Verständigungen sei aber nach dem RFH noch nichts für das Bedürfnis und die rechtliche Möglichkeit eines bindenden Vergleichs gewonnen, der für den Steuerpflichtigen stets den Verzicht auf die Einlegung eines Rechtsmittels oder die Zurücknahme eines solchen in sich schließt. Zu einem bindenden Vergleich werde sich der Steuerpflichtige nur bereit erklären, wenn für ihn damit der Steuerfall ein für allemal abgetan ist. Für einen Vergleich über das „anzuwendende Recht" lasse sich nach dem RFH „ein Grund nicht finden", weil die Steuerbehörde das Recht kennen müsse. Für Fälle, in denen die Rechtslage so verworren sei, „dass es sich nicht durchfinden" lasse, sei die Pauschbesteuerung der geeignete Ausweg. Ohne Bindung in der Rechtsfrage habe die „Bindung über den Tatbestand regelmäßig keinen Zweck". Auch daraus, dass ein Vergleich nur dann einen Zweck habe, wenn damit für beide Teile die Sache abgetan sei, folge die Unzulässigkeit der Vergleiche. Denn damit würde ihm eine weitergehende Bedeutung zukommen, als einem „rechtskräftigen"[191] Steuerbescheid oder einer rechtskräftigen Rechtsmittelentscheidung[192]. Die Zulassung von Vergleichen würde Zuständigkeiten für die Steuerfestsetzungsbehörden begründen, die den Rahmen des ihnen für die Steuerfestsetzung eingeräumten Ermessens sprengen würden. Dies gelte sowohl im Steuerermittlungs- als auch im Rechtsmittelverfahren, weil die AO diesbezüglich keine Vorschriften enthalte[193]. Der RFH führte in einem weiteren Urteil aus, dass diese Erwägungen in erhöhtem Maße durchgreifen müssen, wenn es sich nicht um einen Vergleich über einen im Steuerermittlungsverfahren oder Rechtsmittelverfahren streitig gewordenen Gegenstand, sondern um eine Vereinbarung handle, durch die für einen in der Zukunft erwarteten Steuerfall der Steuerbetrag oder wenigstens eine tatsächliche Besteuerungsgrundlage, insbesondere ein für den Steueranlass maßgebender Wert, für die Steuerbehörde und den Steuerpflichtigen festgesetzt werden solle. Soweit in besonderen gesetzlichen Vorschriften Pauschbesteuerungen zugelassen sind, habe das Gesetz regelmäßig die Entscheidung der Oberbehörde oder der Zentralbehörde

---

191 Gemeint sind wohl *bestandskräftige* Steuerbescheide.

192 Erfasst sind wohl allgemeiner *Rechtsbehelfs*entscheidungen.

193 RFH, Urt. v. 20.10.1925 – II A 453/25, RFHE 18, 92; RFH, Urt. v. 19.5.1931 – II A 74/31, RStBl. 1931, 457; RFH, Urt. v. 14.10.1936 – VI A 723/36, RStBl. 1936, 1077; für eine weitergehende Darstellung der Rechtsprechung des RFH sei z.B. auf *Spohr*, Industrie und Steuer 1938, 164, 166 verwiesen. Zur Entwicklung der Rechtsform der tatsächlichen Verständigung s. zudem *Seer*, Verständigungen in Steuerverfahren, S. 67 ff.; *Pflaum*, kooperative Gesamtbereinigung, S. 110 ff.

zugewiesen und damit besondere Sicherungen gegen eine Beeinträchtigung der Steueransprüche des Reichs erforderlich gehalten[194].

Der IV. Senat des RFH lehnte die Zulässigkeit von Vergleichen nicht stets in gleicher Weise wie der II. Senat ab. In einem Urteil vom 28.2.1930[195] äußerte er Bedenken, den Abschluss förmlicher Vergleiche zwischen Behörde und Steuerpflichtigen zuzulassen und auch ein Rechtsmittel könne nicht unter einseitig aufgestellten Bedingungen zurückgenommen werden. Um einen Vergleich handele es sich aber in dem zu entscheidenden Fall nicht. Denn die Behörde war an die Ankündigung der Änderung des Steuerbescheides nicht gebunden. Die Erklärung des Steuerpflichtigen enthielt aber auch keine unzulässige einseitige Bedingung des Steuerpflichtigen. Sie war abgegeben als Grundlage für eine Abänderung des Steuerbescheides und sie enthielt die Rechtsmittelzurücknahme unter der Voraussetzung, dass der Einkommensteuerbescheid abgeändert werden werde – was dann auch geschah. Das Bedürfnis nach einer vernünftigen und einfachen Erledigung von Streitfragen in Steuersachen erfordere die Zulassung einer derart begründeten Rechtsmittelzurücknahme.

Nach wohl ständiger Rechtsprechung des BFH[196] sind Vergleiche über Steueransprüche unzulässig. Der BFH begründet diese Auffassung meist pauschal mit der Gesetzmäßigkeit und Gleichmäßigkeit der Besteuerung, § 85 S. 1 AO. Aufgrund des Legalitätsprinzips seien die Finanzbehörden verpflichtet, die Steuern gleichmäßig und gesetzmäßig festzusetzen[197], was jegliche Vereinbarungen über einen Steueranspruch ausschließe. Eine weitere tiefergehende dogmatische Begründung dieser Annahme erfolgt nicht.

In seinem Grundsatzurteil des BFH vom 11.12.1984[198] zur Zulässigkeit der tatsächlichen Verständigung hat dieser auch zur Zulässigkeit von steuerrechtlichen

194 RFH, Urt. v. 1.12.1925 – II A 460/25.

195 RFH, Urt. v. 28.2.1930 – IV A 14/30, StW 1930 Nr. 707.

196 BFH, Urt. v. 27.1.1955 – IV 281/54 U, juris Rn. 13; BFH, Urt. v. 13.7.1955 – II 38/55 S, juris Rn. 12; BFH, Urt. v. 17.12.1963 – VII 182/60 U, juris Rn. 13; BFH, Urt. v. 11.12.1984 – VIII R 131/76, BStBl. II 1985, 354, juris Rn. 31; BFH, Urt. v. 5.10.1990 – III R 19/88, BStBl. II 1991, 45, juris Rn. 16; BFH, Urt. v. 16.11.2000 – XI R 28/99, BStBl. II 2001, 303, juris Rn. 19; BFH, Urt. v. 28.6.2001 – IV R 40/00, BStBl. II 2001, 714, juris Rn. 22; BFH, Beschl. v. 19.10.2007 – XI B 86/07, juris Rn. 5; BFH, Urt. v. 3.12.2015 – IV R 43/13, juris Rn. 45; BFH, Urt. v. 20.9.2007 – IV R 20/05, juris Rn. 35; BFH, Beschl. v. 13.11.2019 – VIII S 37/18, juris Rn. 56; steuerrechtliche Vergleiche teilweise für möglich haltend z.B. BFH, Urt. v. 26.5.1961 – III 326/58 U, juris Rn. 13 ff.; BFH, Urt. v. 11.1.1963 – VI 97/61 U, juris Rn. 19.

197 Zum Gesetzmäßigkeitsprinzip unter Kap. 2 C. IV. dieser Arbeit.

198 BFH, Urt. v. 11.12.1984 – VIII R 131/76, BStBl. II 1985, 354.

Vergleichen Stellung genommen, so dass es sich anbietet, dieses Urteil als Ausgangspunkt der Analyse heranzuziehen. Der BFH führt in seiner Grundsatzentscheidung als Beleg für die Unzulässigkeit von Vergleichen über Steueransprüche frühere Entscheidungen des RFH, des BFH, eine Entscheidung des BGH und Entscheidungen des BVerwG an. Aus diesen Judikaten lässt sich aber nur bedingt etwas über die Unzulässigkeit des steuerrechtlichen Vergleichsvertrages ableiten[199]. Der Grund ist, dass ihnen entweder andere Konstellationen zugrunde lagen, der Sachverhalt gerade eine zulässige vergleichsweise Einigung betraf oder die alte Gesetzeslage vor der Normierung des öffentlich-rechtlichen Vertrages im VwVfG und SGB X anwendbar war.

Die zitierten Streitfälle des BVerwG[200] hatten nicht klassische Vergleichsverträge zum Gegenstand, sondern Austauschverträge, die strengeren Voraussetzungen unterliegen[201]. Zudem handelte es sich um Realsteuern[202]. Inhaltlich ging es in der Regel um Zusagen, durch die einem Unternehmer im Austausch für dessen Niederlassung oder Verbleiben in einem Gemeindegebiet Erleichterungen bzw. Erlasse bei der Gewerbe- oder bei der Grundsteuer eingeräumt wurden. Dass es in solchen Fällen um eine Disposition über gesetzlich begründete Steuerpflichten als Gegenleistung für ein Verhalten des Steuerpflichtigen geht, bei einem Vergleich mithin um eine Klarstellung einer Ungewissheit der Sach- oder Rechtslage, wird nicht hinreichend berücksichtigt[203]. Die Rechtsprechung erörtert folglich auch nicht, ob für steuerrechtliche Vergleichsverträge andere Grundsätze als für einen Austauschvertrag gelten könnten[204].

Im zitierten Urteil des BGH[205] ging es nicht um einen Vergleich über die Steuerschuld, sondern um eine privatrechtliche Vereinbarung eines Unternehmens und einer Gemeinde, die Gewerbesteuer nur der Gemeinde zufließen zu lassen. Aus dieser privatrechtlichen Verpflichtung zur Entstehung eines steuerlichen Tatbestands können für die Zulässigkeit eines Vergleichsvertrages keine Argumente abgeleitet werden.

199 So auch *Martens*, StuW 1986, 97; *Vogel* in FS Döllerer, S. 677, 678.

200 BVerwG, Urt. v. 5.6.1956 – VII C 83, 57, juris Rn. 10; BVerwG, Urt. v. 12.7.1963 – VII C 27.62, DVBl. 1964, 122; BVerwG, Urt. v. 18.4.1975 – VII C 15.73, juris Rn. 34, zur Rechtsprechung des BVerwG sogleich.

201 Zu Austauschvergleichsverträgen im Steuerrecht s. unter Kap. 3 B. II. dieser Arbeit.

202 Zu Vergleichsverträgen über Realsteuern s. unter Kap. 3 A. I. 1. c) dieser Arbeit.

203 *Vogel* in FS Döllerer, S. 677, 678.

204 *Vogel* in FS Döllerer, S. 677, 678.

205 BGH, Urt. v. 14.4.1979 – VIII ZR 253/74, BGHZ 66, 199.

Die außerdem erwähnten Urteile des BFH vom 27.1.1955, 26.5.1961 und 11.1.1963 hatten gerade *zulässige* vergleichsweise Einigungen zum Gegenstand, so dass auch diese Entscheidungen als Beleg für die Unzulässigkeit von Vergleichsverträgen untauglich sind. In der Entscheidung vom 27.1.1955 urteilte der BFH, dass das Steuerrecht, welches dem öffentlichen Recht angehört, keine Vergleiche im Sinne des bürgerlichen Rechts, auf die im gerichtlichen Verfahren das Entstehen und Erlöschen von Rechtsansprüchen (Steueransprüchen) gestützt werden, kenne. Dem stehe aber nicht entgegen, dass die in einer Schlussbesprechung zu einer Betriebsprüfung mit dem Steuerpflichtigen vorgesehene Regelung des Steuerfalls unter Berücksichtigung der Grundsätze von Treu und Glauben zu beurteilen sei[206]. Im Urteil vom 26.5.1961 stellte der BFH überdies positiv fest, dass das Finanzamt Vereinbarungen über Fragen treffen könne, bei denen der Gesetzgeber einen Entscheidungsspielraum lässt[207].

Der weitere zitierte Streitfall des BFH vom 11.1.1963 behandelte ebenfalls eine vergleichsweise Einigung, sogar über eine zweifelhafte Rechtsfrage[208]. Vor allem durch diese Entscheidung wird deutlich, dass der BFH schlicht den Ausdruck des „Vergleichs" vermeiden möchte, ihn aber im Ergebnis, jedenfalls in seiner Bindungswirkung, anerkennt. Der BFH urteilte: „[f]ür die rechtliche Wertung der nach offenbar langen Verhandlungen zustande gekommenen ‚Vereinbarung' über die Sachbehandlung, die bei der Besprechung vom 27. Mai 1955 festgelegt wurde und über deren Inhalt an sich kein Streit besteht, ist wesentlich, daß sowohl der Steuerpflichtige als auch das Finanzamt Zugeständnisse gemacht haben und im Wege gegenseitigen Nachgebens die Besteuerung eines rechtlich zweifelhaften Sachverhalts festgelegt wurde."

Im streitigen Übereinkommen verzichtete der Steuerpflichtige auf die steuerliche Berücksichtigung eines Teils der Unterhaltszahlungen an seine Ehefrau für das Jahr 1952 und die folgenden Jahre und außerdem auf die Weiterverfolgung seiner Rechtsmittel für die Jahre 1952 und 1953. Das Finanzamt gestand seinerseits für einen größeren Teil der streitigen Aufwendungen eine Steuerermäßigung nach § 33 EStG (a.F.) zu. Nach dem BFH müsse nicht abschließend entschieden zu werden, inwieweit Vereinbarungen über die dem öffentlichen Recht angehörenden Steueransprüche zulässig seien. Wenn sich der Staatsbürger und das den

206 BFH, Urt. v. 27.1.1955 – IV 281/54 U, juris Rn. 13.

207 BFH, Urt. v. 26.5.1961 – III 326/58 U, juris Rn. 14.

208 BFH, Urt. v. 11.1.1963 – VI 97/61 U, juris Rn. 19; der BFH lässt in seiner Grundsatzentscheidung jedoch offen, ob er dem Urteil auch insoweit folgen möchte, s. BFH, Urt. v. 11.12.1984 - VIII R 131/76, BStBl. II 1985, 354, juris Rn. 33.

Fiskus vertretende Finanzamt bei einer rechtlich zweifelhaften Frage auf eine für beide Seiten zweckmäßige Sachbehandlung einigen und diese nicht eindeutig gegen das geltende Recht verstößt, sei eine Bindung der Behörde mindestens nach Treu und Glauben möglich[209]. Der BFH leitete in dieser Entscheidung eine Bindungswirkung aus einer Vereinbarung über steuerliche Ansprüche, verbunden mit einem Rechtsmittelverzicht, ab. Die Bindungswirkung sei vor allem dann zu bejahen, wenn die Vereinbarung von den Beteiligten ganz oder teilweise vollzogen wurde und sie sich darüber einig sind, dass die in der Vergangenheit bereits eingetretenen Auswirkungen bestehen bleiben sollten. Im Streitfall hatte das Finanzamt die für 1952 und 1953 schwebenden Einsprüche des Steuerpflichtigen als erledigt angesehen und die Veranlagung für 1954 so durchgeführt, wie es am 27.5.1955 festgelegt wurde. Es habe folglich seinerseits die Vereinbarung vollzogen und stehe für die Vergangenheit insoweit auch jetzt noch dazu. Der Steuerpflichtige halte gleichfalls an ihr fest, und zwar nicht nur für die Jahre 1952 bis 1954, sondern auch für die beiden letzten darunterfallenden Veranlagungszeiträume 1955 und 1956[210].

Erstaunlich ist es ferner, dass dieses Urteil vom 11.1.1963 der Einigung über die zweifelhafte Rechtslage Vorrang vor einer späteren Gesetzesänderung zubilligt[211]. Nach dem BFH könnten sich Bedenken gegen die Bindung der Vereinbarung aus der ab 1955 geltenden Neuregelung der steuerlichen Berücksichtigung von Unterhaltsaufwendungen ergeben. Es brauche nach dem BFH hier jedoch nicht allgemein zu der Frage Stellung genommen werden, wie sich Gesetzesänderungen auf die Verbindlichkeit von Regelungen auswirken, bei denen an sich eine Bindung der Finanzverwaltung anzunehmen ist. Es möge Fälle geben, in denen diese Bindung entfällt, weil z.B. der Gesetzgeber eine grundlegende Umgestaltung des bis dahin geltenden Rechts vornimmt. Das sei bei der Einfügung des § 33a EStG 1955 aber nicht der Fall gewesen, denn § 33a EStG 1955 enthalte lediglich gegenüber dem vorherigen Rechtszustand eine vom Gesetzgeber vorgenommene Typisierung für die steuerliche Behandlung besonders wichtiger und häufiger Fälle der außergewöhnlichen Belastungen[212].

---

209 BFH, Urt. v. 11.1.1963 – VI 97/61 U, juris Rn. 19.

210 BFH, Urt. v. 11.1.1963 – VI 97/61 U, juris Rn. 19.

211 Der BFH lässt in seiner Grundsatzentscheidung offen, ob er dem Urteil auch insoweit folgen möchte, vgl. BFH, Urt. v. 11.12.1984 – VIII R 131/76, BStBl. II 1985, 354, juris Rn. 33.

212 BFH, Urt. v. 11.1.1963 – VI 97/61 U, juris Rn. 20.

Es fällt insgesamt auf, dass die Rechtsprechung des BFH und des RFH nicht hinreichend zwischen Vergleichsverträgen, schlichten öffentlich-rechtlichen Verträgen und Austauschverträgen, also Vereinbarungen, in denen eine Behörde auf Steueransprüche im Austausch für eine von dem Steuerpflichtigen zu erbringende Gegenleistung verzichtet, unterscheidet[213], obgleich die Voraussetzungen der einzelnen Vertragsformen beachtliche Unterschiede aufweisen.

2. *Rechtsprechung der Finanzgerichte*

Die Finanzgerichte stehen Vergleichen über Steueransprüche teilweise offen gegenüber[214]. Beispielweise wurde durch das FG Hamburg die Frage aufgeworfen, wieso nur im Steuerrecht Rechtsvergleiche nicht zugelassen sein sollen, währenddessen andere Gerichtsbarkeiten bei ebenso weitreichenden und massenhaften Rechtsverhältnissen Vergleiche nicht im Widerspruch zur Gesetzesbindung und zum Gleichbehandlungsgrundsatz sehen[215]. In einer älteren Entscheidung hatte das FG Hamburg die Zulässigkeit eines öffentlich-rechtlichen Vertrages in der Form der tatsächlichen Verständigung anerkannt[216]. Teilweise folgt die Finanzgerichtsbarkeit aber auch der Rechtsprechung des BFH und sieht Vergleiche über Steueransprüche als mit der Gleichmäßigkeit- und Gesetzmäßigkeit der Besteuerung unvereinbar an[217].

3. *Rechtsprechung des Bundesverwaltungsgerichts*

Auch das BVerwG hat sich bereits mit steuerrechtlichen Verträgen beschäftigt. Jedoch haben die Urteile des BVerwG naturgemäß Realsteuern zum Gegenstand[218]. Den zitierten Urteilen lagen ferner keine klassischen Vergleichsverträge,

---

213 *Vogel* in FS Döllerer, S. 677, 678.

214 FG Niedersachen, Urt. v. 19.11.1996 – VI 393/92, juris Rn. 24 ff.; FG Bremen, Beschl. v. 15.11.1999 – 299166Ko2, juris Rn. 18 ff.; FG Hamburg, Gerichtsbescheid v. 16.6.2011 – 3 K 135/10, juris Rn. 102 ff.

215 FG Hamburg, Beschl. v. 14.2.2011 – 3 KO 197/10, juris Rn. 14.

216 FG Hamburg, Urt. v. 4.12.1991 – II 125/89, juris Rn. 37; das FG Berlin hat zwar nicht die Rechtsnatur des öffentlich-rechtlichen Vertrages benannt, hat aber die §§ 119 ff. BGB auf die tatsächliche Verständigung angewendet, s. FG Berlin, Urt. v. 13.1.1987 – VII 474/84, EFG 1987, 439, 440.

217 Z.B. FG Baden-Württemberg, Urt. v. 22.6.1990 – IX K 7/89, juris Rn. 36; FG Bremen, Urt. v. 30.3.2000 – 399117K1, juris Rn. 48; FG Hamburg, Urt. v. 29.9.2016 – 1 K 3/16, juris Rn. 84.

218 S. zu Realsteuern auch unter Kap. 3 A. I. 1. c) dieser Arbeit. Anderenfalls ist der Finanzrechtsweg eröffnet, vgl. § 33 FGO.

sondern Austauschverträge, bei welchen strengere Voraussetzungen anzuwenden sind, zugrunde[219]. Nach der Rechtsprechung des BVerwG schließt das Gesetzmäßigkeitsprinzip Steuervereinbarungen aus, soweit sie durch das Gesetz nicht ausdrücklich zugelassen sind[220]. Demnach ist ein Steuererlass, der nicht auf eine bestimmte Gesetzesvorschrift gestützt werden kann oder ohne Prüfung gewährt wurde, rechtswidrig[221]. Das Gesetzmäßigkeits- und Gleichmäßigkeitsprinzip stehe steuerrechtlichen Vereinbarungen deswegen entgegen, weil diese gegen das gesetzliche Verbot verstoßen würden, über die Höhe der Steuer vom Gesetz abweichende Vereinbarungen zu treffen und damit zu Lasten anderer Steuerpflichtiger gehen würden[222]. Das BVerwG hat im Ergebnis allein eine Aussage über den – in den zu entscheidenden Fällen unzulässigen – Inhalt eines steuerrechtlichen Vertrages getroffen, ohne damit die Rechtsform des Vertrages dem Steuerrecht vorzuenthalten[223].

II. Meinungsstand der Literatur

Lange Zeit war der subordinationsrechtliche Vertrag im allgemeinen Verwaltungsrecht umstritten. „[W]ahre Verträge des Staates auf dem Gebiete des öffentlichen Rechtes [sind] überhaupt nicht denkbar“[224]. Diese eindeutige Ablehnung des öffentlich-rechtlichen Vertrages durch den Begründer des modernen deutschen Verwaltungsrechts[225] *Otto Mayer* bildete unter anderem die Grundlage für eine bis weit nach Inkrafttreten des Grundgesetzes artikulierte Kritik bzw.

---

219 S. zu Austauschvergleichsverträgen unter Kap. 3 B. II.

220 BVerwG, Urt. v. 5.6.1959 – VII C 83.57, BVerwGE 8, 329, juris Rn. 10; BVerwG, Urt. v. 12.7.1963 – VII C 27.62, DVBl. 1964, 122; BVerwG, Urt. v. 18.4.1975 – VII C 15.73, BVerwGE 48, 166, BStBl. II 1975, 679, juris Rn. 19; BVerwG, Urt. v. 30.5.2012 – 9 C 5 /11, juris Rn. 34; vgl. in diesem Zusammenhang ebenso BayVGH, Urt. v. 9.2.1977 – 155 IV 76, juris Rn. 16 ff.; OVG Nordrhein-Westfalen, Beschl. v. 18.11.2013 – 15 A 2302/12, juris Rn. 22.

221 BVerwG, Urt. v. 5.6.1959 – VII C 83.57, BVerwGE 8, 329, juris Rn. 16.

222 BVerwG, Urt. v. 18.4.1975 – VII C 15.73, BVerwGE 48, 166, BStBl. II 1975, 679, juris Rn. 19.

223 *Sontheimer*, Der verwaltungsrechtliche Vertrag im Steuerrecht, S. 68; *Seer*, Verständigungen in Steuerverfahren, S. 134 f.

224 *Mayer*, AöR 3 (1888), 3, 42.

225 So *Pakeerut*, Die Entwicklung der Dogmatik des verwaltungsrechtlichen Vertrages, S. 27.

Skepsis der Literatur gegenüber dieser Handlungsform[226], welche auch in das Steuerrecht nachwirkt. Die Diskussion im Verwaltungsrecht reicht jedoch weiter zurück als *Otto Mayers* vielfach zitierte Ablehnung[227]. *Mayer* lehnte öffentlich-rechtliche Verträge aufgrund der fehlenden Gleichordnung der Rechtssubjekte ab[228]. In der Diskussion unberücksichtigt bleibt jedoch, dass *Mayer* öffentlich-rechtlichen Vergleichen, im Gegensatz zu reinen öffentlich-rechtlichen Verträgen, keinesfalls ablehnend gegenüberstand: „In Fällen nämlich, wo die genaue Bestimmung des geschuldeten Steuerbetrags mit besonderen Schwierigkeiten verbunden ist, namentlich, wenn etwa noch dazu kommt, daß die geringe Höhe des zu erwartenden Ertrages in keinem Verhältnis steht zu dem Kraftaufwand der Beamten und der Belästigung des Steuerpflichtigen, die für eine solche Bestimmung erfordern würden, gestattet das Gesetz dafür die Festsetzung einer Abfindungssumme“[229]. Entgegen einer verbreiteten Auffassung war der öffentlich-rechtliche Vertrag zudem schon im 19. Jahrhundert in der Verwaltungsrechtslehre bekannt und weithin anerkannt[230]. Trotz der heutigen Anerkennung des öffentlich-rechtlichen Vertrages in VwVfG und SGB X[231], ist dieser in der steuerrechtlichen Literatur nach wie vor umstritten. Während lange Zeit jedoch von einem „gesetzwidrigen Paktieren“ oder „Feilschen“ über die Höhe der Steuerschuld im Rahmen eines „Kuhhandels“[232] ausgegangen und das Steuerrecht pauschal als zwingendes Recht angesehen wurde[233], wird die Zulässigkeit

226 *Thiele* in Pautsch/Hoffmann, VwVfG, § 54 Rn. 19; *Maurer* in Verwaltungshandeln durch Verträge und Absprachen, S. 15, 17; *Maurer/Waldhoff*, Allgemeines Verwaltungsrecht, § 14 Rn. 24 ff.

227 Vgl. *Brüning/Bosesky* in Mann/Sennekamp/Uechtritz, VwVfG, 54 Rn. 13 ff. m.w.N.

228 *Mayer*, AöR 3 (1888), 3, 42.

229 *Mayer*, Deutsches Verwaltungsrecht, Bd. 1, S. 337: Der Vorgang ähnele tatsächlich einem Vertrag, namentlich einem Vergleich.

230 *Brüning/Bosesky* in Mann/Sennekamp/Uechtritz, VwVfG, 54 Rn. 15; *Maurer/Waldhoff*, Allgemeines Verwaltungsrecht, § 14 Rn. 24.

231 Die §§ 54 ff. VwVfG wurden am 25.5.1967 in das VwVfG eingeführt, die Einführung der §§ 53 ff. SGB X erfolgte am 1.1.1981.

232 In diese Richtung z.B. noch *Isensee*, Die typisierende Verwaltung, S. 190 f.; *Püttner*, DVBl. 1982, 122; *Tipke* in Tipke/Lang, Steuerrecht, 12. Auflage 1989, Rn. 3.132; und zudem *Müller-Franken*, Maßvolles Verwalten, S. 233 m.w.N., der seine Auffassung jedoch später teilweise relativierte, s. schon Fußnote 40 dieser Arbeit.

233 Z.B. v. *Voigt*, Auskünfte, Zusagen und Vereinbarungen im Steuerrecht, S. 118 ff.; *Papier*, Die finanzrechtlichen Gesetzesvorbehalte, S. 151 ff., 164; *Bosse*, Der subordinationsrechtliche Verwaltungsvertrag, S. 50; *Martens*, StuW 1986, 97, 102; *Kunig*, DVBl. 1992, 1193, 1196; *Meyding*, DStJG 21 (1998), S. 219, 221.

öffentlich-rechtlicher Vergleichsverträge im Steuerecht mittlerweile zusehends positiv beurteilt[234]. Das positive Testat erfolgt meist mit der Begründung, dass zwischen Form und Inhalt des Verwaltungshandelns zu differenzieren sei[235]. Selten wurde die Zulässigkeit von Vereinbarungen aus der Ermächtigung des Bundesfinanzministers über die Zulässigkeit und Rechtswirkungen von Vereinbarungen und vereinbarungsähnlichen Rechtsformen im Besteuerungsverfahren nähere Bestimmungen zu treffen, § 220 Nr. 3 RAO, abgeleitet[236]. Es finden sich aber auch Stimmen in der Literatur, die den Vergleichsvertrag nach wie vor kategorisch ablehnen, weil das Steuerrecht zwingendes Recht und die Höhe des Steueranspruchs nicht disponibel sei[237]. Andere differenzieren danach, ob der Finanzbehörde Dispositionsbefugnisse in Form von Ermessen oder Konkretisierungsspielräumen zukommen[238] oder wollen die Handlungsform des subordinationsrechtlichen Vertrages dann anerkennen, wenn dieser eine gesetzliche Normierung erfahren hat[239].

---

234 Z.B. *Rößler*, DB 1985, 1861, 1863; *Sontheimer*, Der verwaltungsrechtliche Vertrag im Steuerrecht, S. 1 ff.; *Seer*, Verständigungen in Steuerverfahren, S. 80 ff.; *Kruse* in FS Vogel, S. 517, 523 ff.; *Leisner-Egensperger*, Die Verwaltung 2018, 467, 475; *Bonk/Neumann/Siegel* in Stelkens/Bonk/Sachs, VwVfG, § 54 Rn. 122; *Schuster*, DStZ 2018, 720, 724; *Drüen* in Tipke/Kruse, AO/FGO, § 78 AO Rn. 22 (Febr. 2021); *Drüen* in HHSp., AO/FGO, § 88 AO Rn. 274 ff. (Juni 2021); *Seer* in Tipke/Kruse, AO/FGO, Vorb. zu §§ 118–129 AO Rn. 8 ff. (Aug. 2021).

235 S. dazu unter Kap. 2 C. IV. 4. dieser Arbeit.

236 S. dazu unter Kap. 2 C. VII. 2. dieser Arbeit.

237 Aus der jüngeren Literatur etwa *Offerhaus*, DStR 2001, 2093, 2094; *Müller-Franken*, Maßvolles Verwalten, S. 223; *Söhn* in FS Selmer, S. 911, 918 f.; *Pflaum*, Kooperative Gesamtbereinigung, S. 126; *Söhn* in HHSp., AO/FGO, § 78 AO Rn. 160 (Nov. 2017); *Horn* in SP, AO/FGO, § 38 AO Rn. 6 (Nov. 2017); *Ratschow* in Klein, AO, § 38 Rn. 24.

238 *Felix*, Ermessensausübung im Steuerrecht, S. 48; *Stern*, VerwArch. 1958, 106, 137; *Weisensee*, DStZ/A 1964, 179, 185; *Ehlers*, DStR 1965, 64, 67; *Schick*, Vergleiche und sonstige Vereinbarungen zwischen Staat und Bürger im Steuerrecht, S. 22; *Bauer*, Der „Vergleich" im Steuerveranlagungsverfahren, S. 17; *Schlücke* in Gosch, AO/FGO, § 38 AO Rn. 41 (Aug. 2020). Dazu noch unter Kap. 2 C. 5. dieser Arbeit.

239 Diese Forderung erheben etwa *Cerutti*, DStZ/A 1952, 17, 20; *Meyer*, NJW 1977, 1705, 1708; *Rathjen*, DStR 1977, 472, 473; *Stadie*, BB 1977, 1648, 1650; *Erichsen*, VerwArch. 1979, 349, 356; *Ehlers*, DVBl. 1986, 529, 533 f.; *Heun*, DÖV 1989, 1053, 1060; *Offerhaus*, DStR 2001, 2093, 2094; *Söhn* in HHSp., AO /FGO, § 78 AO Rn. 158, 167 (Nov. 2017). Bei der Auseinandersetzung mit den vorgenannten Werken sollte aber berücksichtigt werden, dass diese teilweise vor Erlass des VwVfG verfasst wurden. Die Forderung einer gesetzlichen Grundlage für den öffentlich-rechtlichen Vertrag ist nämlich keine spezifische des Steuerrechts. Diese Forderung ist mit Blick auf die

III. Die Postulate der Gesetzmäßigkeit und Gleichmäßigkeit in anderen Gebieten des Verwaltungsrechts

Zu den Fundamentalsätzen des deutschen Steuerrechts gehören die Grundsätze der Gleichmäßigkeit und Gesetzmäßigkeit der Besteuerung. Das steuerrechtliche Vertragsformverbot soll vornehmlich aus diesen Prinzipien abgeleitet werden. Das Zivilrecht gewährt grundsätzlich Privatautonomie[240], wohingegen im öffentlichen Recht Rechtsverhältnisse nicht einer beliebigen Gestaltung zugänglich sind, sondern dem Grundsatz der Gesetzmäßigkeit unterliegen. Auch dort wo die Verwaltung vertraglich handelt, und rechtlich verliehene Kompetenzen ausübt, unterliegt sie nicht der Vertragsfreiheit[241]. Dennoch kann auch das öffentliche Recht dispositiv und das Zivilrecht zwingend sein.

Es stellt sich die Frage, aus welchem Grund nur im Steuerrecht Vergleiche nicht zugelassen sein sollen, während die anderen Gerichtsbarkeiten bei ebenso weitreichenden massenhaften Rechtsverhältnissen Vergleiche nicht im Widerspruch zur Gesetzmäßigkeit der Besteuerung sehen[242]. Der öffentlich-rechtliche Vergleichsvertrag ist in Rechtsgebieten anerkannt, die unter vergleichbarer

---

tatsächliche Verständigung als Tatsachenvergleich überdies nur bedingt überzeugend, weil diese ebenfalls nicht normativ verankert ist. S. zum Gesetzesvorbehalt allgemein unter Kap. 3 A. II. dieser Arbeit.

240 S. dazu schon unter Kap. 1 B. II. 1. dieser Arbeit.

241 *Schmidt-Aßmann* in FS Kruse, 65, 66; *Gurlit*, Verwaltungsvertrag und Gesetz, S. 245 f.

242 Es stellt sich in diesem Kontext zu Beginn die Frage, worin die (vielfach behaupteten) steuerrechtlichen Besonderheiten (unter anderem) liegen. Eine dogmatisch relevante Besonderheit des Steuerschuldrechts ist darin zu sehen, dass es sich bei Steuerbescheiden um Geldleistungsverwaltungsakte handelt, deren Höhe sich aus dem Zusammenspiel vielzähliger Einzelnormen ergibt. Deshalb muss sich die Anforderungen des Vorbehaltsgrundsatzes im Einkommensteuerrecht nicht nur an einzelne Bestimmungen des Gesetzes richten, sondern an das Normensystem als solches, so *Hey*, StuW 2015, 3, 5; s. ebenso *Seiler*, Der einheitliche Parlamentsvorbehalt, S. 330. Weniger dogmatisch als tatsächlich ist das Steuerrecht durch seinen Charakter als Massenverwaltungsrecht gekennzeichnet. Diese Tatsache bedingt gesetzgeberische Typisierungen und Pauschalierungen und ihre Überprüfung anhand des Gleichheitssatzes. Es sind zwar auch andere Rechtsgebiete, wie etwa das Sozialrecht, einer Massenfallverwaltung einzuordnen. Ein Unterschied besteht jedoch zwischen antragsbezogener Leistungsverwaltung und mitwirkungsbedürftiger Eingriffsverwaltung bezüglich des Bedürfnisses einer Kontrolle, s. erneut *Hey*, StuW 2015, 3, 5; s. zu Besonderheiten der drei Rechtsgebiete insbesondere im Hinblick auf die außergerichtlichen Vorverfahren *Poschenrieder*, Außergerichtliche Vorverfahren im Verwaltungsrecht, S. 56 ff.; s. zu verfahrensrechtlichen Besonderheiten unter Kap. 4 C. I. 1. dieser Arbeit.

Gesetzesbindung stehen, wie das Steuerrecht[243]. Sei es in der Verwaltungsgerichtsbarkeit, welche ebenfalls mit Steuern und Abgaben befasst ist, in der Sozialgerichtsbarkeit oder in der – unter anderem mit dem Entschädigungsrecht befassten – ordentlichen Gerichtsbarkeit[244]. Auch Vergleichsverträge im kommunalen Abgabenrecht sind zulässig[245]. Im kommunalen Abgabenrecht gelten jedoch grundsätzlich dieselben Prinzipien wie im Steuerrecht, das heißt insbesondere der Gleichmäßigkeits- und Gesetzmäßigkeitsgrundsatz, weil weitgehend die AO Anwendung findet[246]. Auch im Sozialrecht und dem Verwaltungsrecht sind Vergleichsverträge unproblematisch zulässig. In all diesen Rechtsgebieten gelten das Gesetzmäßigkeitsprinzip und Gleichmäßigkeitsprinzip gleichermaßen. Insbesondere ist auch das Sozialrecht durch eine Massenverwaltung geprägt. Die verbreitete Skepsis an der Zulässigkeit des Vertrages im Steuerrecht mag auch daran liegen, dass suggeriert wird, für vertragliche Regelungen bestehe wegen der strikten Gesetzesbindung möglicherweise kaum ein inhaltlicher Gestaltungsspielraum. Dieses Schicksal teilt das Abgabenrecht allerdings ebenfalls mit anderen Sachmaterien des öffentlichen Rechts, die unter derselben Gesetzesbindung stehen[247].

Mit dieser Schlussfolgerung müsste der Vergleich im Steuerrecht *eigentlich* zulässig sein. Damit die Grundsätze der Gesetzmäßigkeit und Gleichmäßigkeit der Besteuerung als Argument für die Annahme eines allgemeinen Vertragsformverbots herangezogen werden können, müssten diese einen *spezifischen* steuerrechtlichen Gehalt besitzen, der sich vom Gehalt der verwaltungsrechtlichen Prinzipien unterscheidet[248]. Allzu oft werden die Eigenarten des Steuerrechts gegenüber anderen Materien des öffentlichen Rechts betont[249]. Worin

243 So ausdrücklich FG Hamburg, Beschl. v. 14.2.2011 – 3 KO 197/10, juris Rn. 14; s. ebenso *F. Kirchhof*, Grundriß des Abgabenrechts, 1991, S. 48; *Sontheimer*, Der verwaltungsrechtliche Vertrag im Steuerrecht, S. 125; *Schlette*, Die Verwaltung als Vertragspartner, S. 565.

244 So ausdrücklich FG Hamburg, Beschl. v. 14.2.2011 – 3 KO 197/10, juris Rn. 14.

245 S. dazu unter Kap. 3 A. I. 1. c) dieser Arbeit.

246 *Heun*, DÖV 1989, 1053, 1054; *Gurlit*, Verwaltungsvertrag und Gesetz, S. 348 f.; *Liehr*, StBW 2011, 226, 230; *Bonk/Neumann/Siegel* in Stelkens/Bonk/Sachs, VwVfG, § 54 Rn. 124; s. zu kommunalen Beiträgen unter Kap. 4 F. II. 3. bb) dieser Arbeit.

247 So zutreffend *Gurlit*, Verwaltungsvertrag und Gesetz, S. 255.

248 *Heun*, DÖV 1989, 1053, 1058.

249 BVerfG, Urt. v. 27.6.1991 – 2 BvR 1493/89, BStBl. II 1991, BVerfGE 84, 239, juris Rn. 105 (Zinsurteil des BVerfG); *Vogel*, DStZ/A 1977, 5, 8 ff.; *Kruse*, StuW 1990, 322, 324 ff.; *Seiler*, Der einheitliche Parlamentsvorbehalt, S. 307 f., 319 f.

genau allerdings dieses „Proprium des Steuerrechts“[250] liegt, bleibt häufig offen[251].

Die Abgabenordnung selbst gibt auf die Frage nach einem spezifischen Gehalt der Grundsätze der Gesetzmäßigkeit und Gleichmäßigkeit der Besteuerung keine explizite Antwort. Die besondere steuerrechtliche Bedeutung der beiden Prinzipien, welche das allgemeine Vertragsformverbot stützen soll, kann sich demnach nur aus ihrer Verbindung mit dem Wesen der Steuer ergeben[252]. Nach der Definition des § 3 Abs. 1 AO ist der Begriff der Steuer als hoheitlich auferlegte Geldleistung zur Einnahmeerzielung dadurch gekennzeichnet, dass die Steuer keine Gegenleistung für Leistungen der öffentlichen Hand darstellt. Der einfachgesetzliche Steuerbegriff ist nicht notwendigerweise deckungsgleich mit dem verfassungsrechtlichen[253]. Im Ergebnis ist aber von einer weitgehenden – wenn auch nicht zwingenden – Parallelität der beiden Steuerbegriffe auszugehen[254]. Doch warum soll nun aus dem Wesen der Steuer in Verbindung mit den Grundsätzen der Gleichmäßigkeit und Gesetzmäßigkeit der Besteuerung ein allgemeines Vertragsformverbot folgen? Es wird vertreten, der Vorbehalt des Gesetzes – als Ausprägung des Gesetzmäßigkeitsprinzips – verlange im Steuerrecht, dass der Gesetzgeber weitaus eingehender als in anderen Rechtsgebieten die Steuereingriffsvoraussetzungen selbst regeln muss und der Verwaltung im gesamten Steuerrecht nur im Ausnahmefall Ermessen einräumen darf[255]. Ein Ermessen könne der Finanzbehörde nur für den Vollzug der Rechtsfolge eines Rechtssatzes eingeräumt werden, während im Tatbestandsteil des Rechtssatzes für ein Ermessen kein Raum sei. Weitergehend dürfe auch die Rechtsfolge der Tatbestandsverwirklichung, die Entstehung des Steueranspruchs, nicht von

250 Begriff entnommen von *Hey*, StuW 2015, 3, 4.

251 *Hey*, StuW 2015, 3, 4; dazu zuletzt *Drüen* in Droege/Seiler, Eigenständigkeit des Steuerrechts, S. 95 ff.

252 Diesen Gedanken wirft *Heun*, DÖV 1989, 1053, 1058 tiefergehend auf; s. ebenso *Paulick*, JuS 1966, 21; *Sontheimer*, Der verwaltungsrechtliche Vertrag im Steuerrecht, S. 128 f.: „Damit wird zum einen eine Leerformel herangezogen, die letztlich jeder beliebigen Ausfüllung zugänglich ist; zum anderen läßt sich ein einheitliches und in sich widerspruchsfreies Wesen der Steuer nicht feststellen.“

253 *Drüen* in Tipke/Kruse, AO/FGO, § 3 AO Rn. 2 (Febr. 2022) m.w.N.; zum Steuerbegriff *Birk/Desens/Tappe*, Steuerrecht (2021), Rn. 100 ff.

254 *Drüen* in Tipke/Kruse, AO/FGO, § 3 AO Rn. 2 (Febr. 2022) m.w.N.

255 *Heun*, DÖV 1989, 1053, 1058, s. zu diesem „umfassenden Parlamentsvorbehalt“ unter Kap. 3 A. II. dieser Arbeit; zur Tatbestandsmäßigkeit der Besteuerung sogleich.

einem Verwaltungsermessen abhängig sein[256]. Die Steuer gilt „herkömmlich" – neben der Strafe – als empfindlichster Eingriff der obrigkeitlichen Gewalt in den Rechtskreis des Einzelnen[257]. Der Steuerbegriff spiegele die Grundbedingung des modernen Steuerstaates wider, wonach die Steuer vom Bürger ohne Gegenleistung, also „voraussetzungslos"[258] geschuldet werde. Der Vorbehalt des Gesetzes sei bei der Steuererhebung zur Tatbestandsmäßigkeit der Besteuerung[259] gesteigert. Insoweit sei der Grundsatz der Tatbestandsmäßigkeit der Steuer nur die besondere Ausprägung des Prinzips der Gesetzmäßigkeit, was zur Einschränkung der Entscheidungsmöglichkeit der Behörde führen soll[260]. Aus § 3 Abs. 1 AO folgt die spezifische Allgemeinheit der Besteuerung, welche ebenfalls Bestandteil der Gleichmäßigkeit der Besteuerung ist. Obgleich das Tatbestandsmäßigkeitsprinzip als besonderes steuerrechtliches Prinzip hervorgehoben wird, führen Vergleichsverträge jedoch zu keinem Verstoß gegen die Allgemeinheit der Besteuerung[261].

Auch aus der „reinen" Ausprägung des Gesetzmäßigkeitsprinzips – losgelöst von einer Verbindung zum Prinzip der Tatbestandsmäßigkeit der Steuer – folgt kein *spezifisches* steuerrechtliches Vertragsformverbot. Obschon vertreten wird, dass die Steuerverwaltung noch stärker an das Gesetz gebunden sei als die allgemeine Verwaltung[262], was sich aus der Übertragung der Grundentscheidungen des Grundgesetzes auf die Steuergesetzgebung ergeben soll[263] oder aus der geringeren Eigengesetzlichkeit des Steuerrechts, welche den Gesetzgeber beauftragt, die notwendigen Grundentscheidungen

256 *Papier*, Die finanzrechtlichen Gesetzesvorbehalte, S. 155; *Neumann* in Gosch, AO/FGO, § 3 AO Rn. 33 (Mai 2022); *Drüen* in Tipke/Kruse, AO/FGO, § 3 AO Rn. 39 (Febr. 2022) m.w.N.; a.A. *Brinkmann*, Tatbestandsmäßigkeit der Steuer und formeller Gesetzesbegriff, S. 10.

257 *Isensee*, Die typisierende Verwaltung, S. 102.

258 *Mayer*, Deutsches Verwaltungsrecht, Band I, S. 316.

259 S. zu diesem Prinzip sogleich.

260 S. dazu unter Kap. 2 C. IV. 2. dieser Arbeit.

261 S. dazu unter Kap. 2 C. IV. 2. dieser Arbeit.

262 *Vogel* in FS Döllerer, S. 677, 683 f.; *Martens*, Die Praxis des Verwaltungsverfahrens, Rn. 342; *Heun*, DÖV 1989, 1053, 1059; *Seiler*, Der einheitliche Parlamentsvorbehalt, S. 319 f.; *Drüen* in HHSp., AO/FGO, § 88 AO Rn. 279 (Juni 2021).

263 So *Vogel* in FS Döllerer, S. 677, 683 f., das Bundesverfassungsgericht soll diese Besonderheit in früheren Entscheidungen hervorgehoben haben, in welchen geurteilt wurde, dass das Steuerrecht aus dem „Diktum des Gesetzgebers" lebe, zu diesen Entscheidungen s. unter Kap. 3 A. II. dieser Arbeit.

zu treffen[264]. Das Gesetzmäßigkeitsprinzip in seiner strengen Ausprägung im Steuerrecht vermag den Vergleich nicht zu verhindern. Die Ungewissheit der Sach- oder Rechtslage als Tatbestandsvoraussetzung des Vergleichs führt dazu, dass keiner der Beteiligten weiß, welche Rechtslage dem Gesetz entspricht. Ob das Gesetzmäßigkeitsprinzip verletzt ist, kann also gar nicht rechtssicher bejaht werden. Die Verletzung bleibt eine hypothetische. Vielmehr ist jede Regelung eine Fiktion der dem Gesetz entsprechenden, aber unbekannten Entscheidung, unabhängig davon, ob sie einseitig oder einvernehmlich getroffen wird[265]. Dies kann ebenso mit einem Argument, welches für das Sozialrecht entwickelt wurde, gestützt werden. Im Sozialverfahrensrecht ist nach § 46 Abs. 2 SGB I ein Verzicht auf Ansprüche auf Sozialleistungen unwirksam, soweit durch ihn andere Personen oder Leistungsträger belastet oder Rechtsvorschriften umgangen werden. Da Vergleichsverträge über Sozialleistungen zulässig sind und es vorkommen kann, dass Regelungen im Sinne eines Verzichts getroffen werden, stellt sich die Frage nach den Rechtsfolgen eines Verstoßes gegen § 46 Abs. 2 SGB I. Denn Vergleichsverträge sind nur zulässig, wenn sie nicht gegen Rechtsvorschriften verstoßen, § 53 Abs. 1 S. 1 SGB X. Wenn ein Vergleich daher gegen § 46 Abs. 2 SGB I verstößt, ist er unwirksam. Da jedoch ein Vergleichsvertrag nach § 54 SGB X stets eine Ungewissheit über Tatsächliches oder Rechtliches voraussetzt, kann ein Verzicht, der mit Wissen und Wollen ausgesprochen wird, in der Vergleichssituation des § 54 SGB X nicht vorliegen. Unter Beachtung der Zulässigkeitsvoraussetzungen des § 54 SGB X kann allenfalls ein potentieller Verzicht im Vergleichswege vereinbart werden. Ein solcher potentieller Verzicht fällt unter die Privilegierung des § 54 SGB X[266].

Die *potentielle* Gesetzesinkongruenz, die dem Vergleich anzuhaften vermag, ist kein Spezifikum der konsensualen Handlungsform, sondern kann bei einem (abgesprochenen) Steuerverwaltungsakt gleichermaßen auftreten[267]. Die mögliche Gefahr für die Gesetz- und Gleichmäßigkeit der Besteuerung besteht nicht zwangsläufig deshalb, weil sich die Parteien partiell einigen,

264 S. dazu *Seiler*, Der einheitliche Parlamentsvorbehalt, S. 319 f.: Der Gesetzgeber solle damit die verfassungsrechtlichen oder sachgesetzlich vorgefundenen Regelstrukturen der Besteuerung verdeutlichen. *So* verstanden lebe das Steuerrecht aus dem Diktum des Gesetzgebers.

265 Zutreffend *Seer*, Verständigungen in Steuerverfahren, S. 384; s. ebenso *Salzwedel*, Die Grenzen der Zulässigkeit, S. 210; *Heun*, DÖV 1989, 1053, 1059.

266 So insgesamt *Siewert* in GK-SGB X 1, § 54 Rn. 21.

267 S. dazu unter Kap. 2 C. IV. 4. dieser Arbeit.

sondern weil die Besteuerungsgrundlagen schlichtweg ungewiss respektive nicht umfassend aufklärbar sind. Ferner folgt die Legitimität des Vergleichs aus den aus dem Rechtsstaatsprinzip folgenden Gedanken der Verfahrensökonomie und dem Rechtsfrieden[268].

Letztlich kann auch aus dem Gleichmäßigkeitsprinzip der Besteuerung kein *spezifisches* steuerrechtliches Vergleichsverbot abgeleitet werden. Der besondere steuerrechtliche Gehalt des Gleichmäßigkeitsprinzips resultiert daraus, dass die Steuer voraussetzungslos, mithin ohne Gegenleistung geschuldet ist. Dies erfordert eine besonders strikte Egalität der Besteuerung, um die Belastung durch die Steuerpflicht erträglich zu machen[269]. Gleichheitsrechtlicher Ausgangspunkt des Besteuerungsrechts ist die Lastengleichheit[270]. Das Wesen der Eingriffsverwaltung erfordert, dass der Inhalt des Vergleichs die gebotene Rechtsanwendungsgleichheit wahrt. Ein Eingriff in die Gleichmäßigkeit der Besteuerung entsteht mithin nicht durch die Wahl der Rechtsform, sondern durch deren Inhalt[271]. Eine ausgehandelte Steuerfestsetzung wird dem Gesetz mithin näherkommen, als eine einseitige hoheitliche, ohne gemeinsamen Ausgangspunkt, so dass auch die potentielle Gefahr für die Gleichmäßigkeit der Besteuerung eine theoretische ist. Im Ergebnis bleibt ungewiss, worin *genau* der Unterschied des steuerrechtlichen Gleichmäßigkeits- und Gesetzmäßigkeitspostulats im Vergleich zum allgemeinen Verwaltungsrecht besteht. Offen bleibt auch, wieso in dieser Rechtsfrage noch keine Anrufung des Gemeinsamen Senats der obersten Gerichtshöfe des Bundes erfolgt ist, Art. 95 Abs. 3 GG[272].

268 S. ausführlich zu der Frage, ob die Rechtssicherheit und der Rechtsfrieden die Gesetzmäßigkeit auch im Steuerrecht beschränken können *Sontheimer*, Der verwaltungsrechtliche Vertrag im Steuerrecht, S. 173 ff.

269 BVerfG, Urt. v. 27.6.1991 – 2 BvR 1493/89, BStBl. II 1991, 654, BVerfGE 84, 239, juris Rn. 108 ff. (Zinsurteil des BVerfG); *Heun*, DÖV 1989, 1053, 1059; *Kruse*, DStJG 18 (1995), S. 115, 119; *Gurlit*, Verwaltungsvertrag und Gesetz, S. 345.

270 Dazu unter Kap. 2 C. VI. dieser Arbeit.

271 Zur Unterscheidung zwischen Rechtsform und Inhalt des Verwaltungshandelns sogleich.

272 Durch den Gemeinsamen Senat soll die Einheitlichkeit der Rechtsprechung gewahrt werden.

IV. Der Grundsatz der Gesetzmäßigkeit der Besteuerung als Maßstab für Verwaltungshandeln (Art. 20 Abs. 3 GG, § 85 S. 1 AO)

Das steuerrechtliche Vertragsformverbot wird in erster Linie aus dem Grundsatz der Gesetzmäßigkeit der Besteuerung abgeleitet, Art. 20 Abs. 3 GG, § 85 S. 1 AO. Aufgrund dessen ist die Bedeutung als Verfassungsgrundsatz im Steuerrecht und die Relevanz des Gesetzmäßigkeitsprinzips für den steuerrechtlichen Vergleich zu untersuchen. Dem öffentlich-rechtlichen Vergleichsvertrag haftet eine *potentielle* Gesetzwidrigkeit an[273], weil die Gesetzmäßigkeit im Gegensatz zum zivilrechtlichen Grundsatz der Privatautonomie steht[274]. Die Finanzbehörden sind nach Art. 20 Abs. 3 GG, § 85 S. 1 AO an das Gesetz gebunden. Der Grundsatz der Gesetzmäßigkeit beinhaltet den Vorrang und Vorbehalt des Gesetzes. Darüber hinaus wird aus Art. 20 Abs. 3 GG ein Anwendungsgebot statuiert, wonach die Finanzbehörden nicht nur berechtigt, sondern auch verpflichtet sind, die gesetzliche Steuer festzusetzen (Legalitätsprinzip)[275]. Das heißt, dass die Finanzbehörde die gesetzlich entstandenen Steueransprüche ermitteln und durchsetzen muss. Nur im Rahmen der im Gesetz vorgesehenen Möglichkeiten darf die Finanzbehörde auf die Festsetzung der Steuern verzichten, §§ 163, 227 AO[276]. Im jährlich wiederkehrenden Massenverfahren tritt an die Stelle der größtmöglichen Realisierung der Gesetzmäßigkeit im Einzelfall die größtmögliche Realisierung der Summe aller Einzelfälle[277]. Steuern dürfen damit nur nach Maßgabe der Gesetze erhoben werden. Vereinbarungen über die Höhe des Steueranspruchs sind als solche unzulässig[278]. Dies schließt jedoch kooperative Handlungsformen und insbesondere Vergleichsverträge nicht zwingend aus, weil diese engen Grenzen unterliegen. Der Vergleichsvertrag tritt für die vertragsschließenden Parteien an die Stelle des Gesetzes und ist für diese die originäre Rechtsgrundlage respektive Rechtsquelle[279].

273 *Degenhart*, NVwZ 1982, 71, 73; *Schlette*, Die Verwaltung als Vertragspartner, S. 486; *Maurer/Waldhoff*, Allgemeines Verwaltungsrecht, § 14 Rn. 28.

274 *Schlette*, Die Verwaltung als Vertragspartner, S. 375 ff.; *Seer* in FS Vogel, S. 699, 708 ff.; *Maurer/Waldhoff*, Allgemeines Verwaltungsrecht, § 14 Rn. 28.

275 BVerfG, Beschl. v. 12.2.1969 – 1 BvR 687/62, BVerfGE 25, 216, BStBl. II 1969, 364, juris Rn. 46; *Seer* in Tipke/Lang, Steuerrecht, Rn. 21.1.

276 Dazu unter Kap. 2 C. IV. 5. b) dieser Arbeit.

277 S. dazu unter Kap. 2 C. VII. 2. dieser Arbeit.

278 S. dazu schon unter Kap. 2 A. dieser Arbeit.

279 S. dazu unter Kap. 4 H. II. 3. dieser Arbeit.

1. Die Fiktion des einzig richtigen Ergebnisses

Der Wortlaut des § 38 AO vermittelt zu Unrecht die Annahme, das Steuerrecht sei derart gesetzesdeterminiert, dass die geschuldete Steuer aus dem Gesetz abgelesen werden könnte[280]. Steuerrecht ist „kein ius strictum, das den Steuervollzug punktgenau zu steuern vermag"[281]. Diese falsche Vorstellung des Steuerrechts als „ius strictum" prägt das weit verbreitete Dogma vom Verbot von Steuervereinbarungen[282]. Es existiert eine Vielzahl von unbestimmten Rechtsbegriffen und Konkretisierungsspielräumen im materiellen Steuerrecht[283], welche dazu führen, dass die Verwaltung die Gesetze nicht subsumtionsautomatisch vollziehen kann. Diese gesetzlich nicht eindeutig fixierten Fälle bilden einen nicht unerheblichen Anwendungsbereich für steuerrechtliche Vergleichsverträge. Für das Entstehen des Steueranspruchs kommt es zudem nicht darauf an, dass der Sachverhalt materiell richtig festgestellt wurde[284]. Bei der Feststellung des Sachverhalts muss sich der Rechtsanwender nicht selten mit dem annähernd „richtigen" zufriedengeben, z.B. bei der Schätzung einzelner Besteuerungsgrundlagen, § 162 AO, bei Pauschalierungen wie § 50 Abs. 4 EStG und bei den tatsächlichen

---

280 *Martens*, Die Praxis des Verwaltungsverfahrens, Rn. 341; *Seer*, StuW 1995, 213, 215; *Seer*, Verständigungen in Steuerverfahren, S. 167 ff.; *Seer*, BB 1999, 78; *Westermann*, Stbg 2017, 27, 28; *Wernsmann* in HHSp., AO/FGO, § 5 AO Rn. 77 (Apr. 2018): Steuergesetze seien keine „Subsumtionsautomaten", in die man die für die Besteuerung maßgeblichen Daten eingeben könne und diese dann den geschuldeten Steuerbetrag auswerfen; enger wohl *Isensee*, Die typisierende Verwaltung, S. 126.

281 *Drüen*, StuW 2007, 112, 114; *Westermann*, Stbg 2017, 27, 28; *Seer* in Tipke/Kruse, Steuerrecht, § 21 Rn. 146; *Gurlit*, Verwaltungsvertrag und Gesetz, S. 345 f.; a.A. *Kluth* in Wolff/Bachof/Stober/Kluth, Verwaltungsrecht I, § 31 Rn. 5.

282 *Seer*, StuW 1995, 213, 215; *Seer*, BB 1999, 78; *Drüen*, FR 2011, 101, 107. Aufgrund der Kompliziertheit der steuerrechtlichen Vorschriften und der damit einhergehenden subjektiven Ungewissheit der Rechtslage, müssten sämtliche unklare Einzelfälle vor den BFH gebracht werden, was weder möglich noch nötig ist, um die ex post „richtige" Auslegung zu erfahren, s. *Achatz*, DStJG 27 (2004), S. 161, 172 f.; *Westermann*, Stbg 2017, 27, 28.

283 S. dazu in den folgenden Ausführungen unter Kap. 2 C. IV. 5. dieser Arbeit.

284 Allein durch Tatbestandsverwirklichung entsteht der Anspruch aus dem Steuerschuldverhältnis vgl. *Schuster* in HHSp., AO/FGO, § 38 AO Rn. 11 f. (Juni 2005); *Schlücke* in Gosch, AO/FGO, § 38 AO Rn. 4 f. (Aug. 2020); *Drüen* in Tipke/Kruse, AO/FGO, § 38 AO Rn. 4, 6 (Okt. 2020), s. zum Tatbestandsprinzip allgemein die nachstehenden Äußerungen.

Verständigungen[285]. Der in der Konsequenz rechtsanwendenden Behörde kommt insoweit ein Beurteilungsspielraum zu[286], dies teilweise schon von Gesetzes wegen. Die Finanzverwaltung ist als vollziehende Gewalt im Rahmen ihres Ermessensspielraums freier, dort wo sie keinen Ermessensspielraum hat, handelt sie bei der Gesetzesanwendung gleichermaßen rechtskonkretisierend wie die Gerichte[287]. Die Verwaltung hat einen weiten Bereich eigener Verantwortung im Rahmen ihres Gesetzesvollzuges, welcher vor allem bei Ermessensentscheidungen zunimmt[288].

Auch bei unstreitig festgestelltem Sachverhalt ist bei schwieriger Rechtslage oft kein eindeutiges rechtliches Ergebnis erkennbar[289]. Dennoch wird in der Rechtsordnung mit der Fiktion der einzig richtigen Entscheidung gearbeitet, das heißt mit der Unterstellung, dass das gesetzte Recht bei Anwendung der anerkannten juristischen Methoden für jeden Einzelfall ein Ergebnis vorgibt[290]. Die Annahme, dass die objektive Rechtsordnung stets ein verbindliches Ergebnis bereithält, beruht auf reinen Fiktionen[291]. Die Vermutung, dass Finanzbehörden und Finanzgerichte das Recht und dessen Anwendung verbindlich kennen (iura novit curia) führt zur Überforderung der Praxis und zeigt sich beispielsweise dadurch, dass divergierende Entscheidungen der Gerichte bei ein und derselben Rechtslage üblich sind[292]. Die Fiktion der einzig richtigen Entscheidung ist deshalb eine Fiktion, weil die Aussagekraft eines Normtexts immer begrenzt ist,

285 *Goebel*, Der Vergleich im Steuerrecht, S. 40; *Drüen* in Tipke/Kruse, AO/FGO, § 38 AO Rn. 6 (Okt. 2020) die strenge Tatbestandsmäßigkeit der Steuer sei für die Wirtschaft nicht immer brauchbar. Mit Pauschalierungen könne Abhilfe geschaffen werden; *Wernsmann* in HHSp., AO/FGO, § 5 AO Rn. 79 (Apr. 2018).

286 BFH, Urt. v. 11.12.1984 – VIII R 131/76, BStBl. II 1985, 354, juris Rn. 36; *Achatz*, DStJG 27 (2004), S. 161, 172 f.; *Westermann*, Stbg 2017, 27, 28; *Wernsmann* in HHSp., AO/FGO, § 5 AO Rn. 79 (Apr. 2018).

287 *Scholz*, VVDStRL 34 (1975), S. 145, 161; *Maurer*, VVDStRL 43 (1984), S. 135, 157; *Vogel* in FS Döllerer, S. 677, 687; *Seer*, Verständigungen in Steuerverfahren, S. 171 ff.; *Seer*, BB 1999, 78.

288 *Maurer*, VVDStRL 43 (1984), S. 135, 157.

289 *Achatz*, DStJG 27 (2004), S. 161, 170; *Herbst*, JZ 2012, 891; kritisch *Tiedemann*, DÖV 1996, 594, 594 f.

290 *Seer*, StbJb. 2004/2005, S. 53, 75; *Herbst*, JZ 2012, 891; *Wolff*, VerwArch. 2017, 197, 207.

291 BVerwG, Urt. v. 16.12.1971 – I C 31.68, BVerwGE 39, 197, juris Rn. 21: Für die Anwendung unbestimmter Rechtsbegriffe; *Bleckmann*, JZ 1995, 685; *Achatz*, DStJG 27 (2004), S. 161, 170; *Wolff*, VerwArch. 2017, 197, 205 ff.; *Drüen* in HHSp., AO/FGO, § 88 AO Rn. 275 (Juni 2021); a.A. *Pflaum*, StBp 2013, 105, 109.

292 *Seer*, StuW 1995, 213, 222; *Herbst*, JZ 2012, 891.

wohingegen die Anwendungsfälle in der Praxis unbegrenzt sind[293]. Der Normtext kann noch so präzise und detailliert formuliert sein, er wird in zahlreichen Fällen eine Variation von Deutungsmöglichkeiten offenlassen[294]. Der Normtext kann naturgemäß nicht jeder Besonderheit Rechnung tragen, so dass dieser zu konkretisieren ist[295]. Jedwede Entscheidung, welche über den reinen Wortlaut der Norm und die Anwendung der Norm auf den Standardfall hinausgeht, enthält ein Stück Rechtsschöpfung[296]. Aus Sicht der Finanzverwaltung können mehrere Entscheidungen in gleicher Weise richtig, weil vertretbar, sein[297]. Die Idealvorstellung der exakten Sachverhaltsermittlung und der exakten Rechtsfolgenbestimmung entspricht nicht der Steuerwirklichkeit. Es gibt nicht „die" materiell richtige Steuer, sondern nur eine gesetzlich vorgegebene Bandbreite vertretbarer Entscheidungen.

Die Bindung des Richters an das Gesetz ist keine mechanisch starre Abhängigkeit, sondern Bindung in verantwortlicher Freiheit[298]. Für die Bindung der Verwaltung an das Gesetzmäßigkeitsprinzip kann nichts Abweichendes gelten, das Gesetz gibt keine anderen Maßstäbe her, aufgrund dessen die Verwaltung enger an das Gesetzmäßigkeitsprinzip gebunden wäre als der Richter[299]. Bei Auslegung und Anwendung unbestimmter Gesetzesbegriffe orientiert sich das Gericht erst einmal an dem generellen Auslegungsvorschlag der Verwaltung. Das ist auch legitim, weil die Verwaltung die (zeitliche) Erstinterpretationskompetenz hat und die Fülle der relevanten Wirklichkeiten zuerst kennt[300]. Wer hier nur die Letztentscheidung durch das Gericht ins Auge fasst, hat die wesentliche Verwaltungswirklichkeit übersehen[301].

---

293 *Friauf*, DStJG 5 (1982), S. 53, 54 ff.; *Westermann*, Stbg 2017, 27, 28; *Wolff*, VerwArch. 2017, 197, 207.

294 *Friauf*, DStJG 5 (1982), S. 53, 62 ff.; *Martens*, DStJG 5 (1982), S. 165, 169; *Wolff*, VerwArch. 2017, 197, 207.

295 *Vogel* in FS Döllerer, S. 677, 686.

296 *Friauf*, DStJG 5 (1982), S. 53, 62 ff.; *Martens*, DStJG 5 (1982), S. 165, 173; *Vogel* in FS Döllerer, S. 677, 686.

297 *Seer*, Verständigungen in Steuerverfahren, S. 170 f.; *Seer*, StbJb. 2004/2005, S. 53, 75. Wenn der Gesetzgeber durch Pauschalierungen oder Schätzungen selbst das Beweismaß aufweichen dürfe, ohne, dass dies dem Gesetzmäßigkeitsprinzip widerspreche, müsse dieser Maßstab auch für den steuerrechtlichen Vergleichsvertrag gelten, so *Ruppe* in Finanzstrafrecht, S. 11, 14 für das österreichische Abgabenrecht.

298 *Vogel* in FS Döllerer, S. 677, 686.

299 *Vogel* in FS Döllerer, S. 677, 687.

300 *Pietzker*, NJW 1981, 2087, 2089; in diese Richtung auch *Seer*, BB 1999, 78.

301 So *Pietzker*, NJW 1981, 2087, 2089.

Die allgemein geltenden Auslegungskriterien stecken den Rahmen noch vertretbarer Gesetzesauslegung ab[302]. Der Maßstab des BVerfG für vertretbare Gesetzesauslegung der zuständigen Gerichte ist weit, wie der verfassungsgerichtliche Hinweis zeigt, dass „methodische [...] Gesetzesauslegung im üblichen rechtswissenschaftlichen Diskussionsrahmen zu verschiedenen Ergebnissen führen" kann[303]. Ausgehend von der Erkenntnis, dass auch im Bereich des Steuerrechts die Auslegung eines Gesetzes und die Anwendung auf einen konkreten Sachverhalt nicht zwangsläufig immer zu einem zutreffenden Ergebnis führt, folgt, dass pragmatische Gesetzesanwendung – bei richtiger Inanspruchnahme der juristischen Methoden – mehrere vertretbare Auslegungen möglich macht[304]. Nur insoweit kann von einer Bindung der Verwaltung an das Gesetz gesprochen werden. Das Vertragshandeln der Behörde ist insoweit weder gesetzesfrei noch strikt gesetzesgebunden, sondern *gesetzesdirigiert*[305].

Im Rahmen dieses „Vertretbarkeitsspielraums" ist es der Behörde zudem nicht untersagt, ihre Gesetzesauslegung zu ändern und sich etwa von der Rechtsauffassung des Steuerpflichtigen überzeugen zu lassen. Es kann daher auch nicht ausgeschlossen sein, dass die Finanzbehörde im Wege gegenseitigen Nachgebens eine vertretbare Rechtsauffassung des Steuerpflichtigen übernimmt, *auch ohne, dass sie von seiner Rechtsauffassung überzeugt worden ist*[306]. Dies ist aber kein Spezifikum der tatsächlichen Verständigung oder des Vergleichsvertrages, sondern trifft auch auf normale Steuerbescheide zu[307]. Ermessens- und Konkretisierungsspielräume lassen sich nicht nur einseitig hoheitlich, sondern auch zweiseitig konsensual ausfüllen[308].

---

302 So *Drüen* in HHSp., AO/FGO, § 88 AO Rn. 275 (Juni 2021); zu den auch im Steuerrecht geltenden Auslegungskriterien *Drüen* in Tipke/Kruse, AO/FGO, § 4 AO Rn. 200 ff., 275 ff. (Okt. 2020).

303 BVerfG, Beschl. v. 6.7.2010 – 2 BvR 2661/06, BVerfGE 126, 286, juris Rn. 66: „Anspruch auf Fehlertoleranz".

304 *Vogel* in FS Döllerer, S. 677, 685 ff.; *Seer*, Verständigungen in Steuerverfahren, S. 171; *Schmidt-Aßmann* in FS Kruse, S. 65, 68.

305 *Schmidt-Aßmann* in FS Kruse, S. 65, 67 m.w.N.

306 So *Vogel* in FS Döllerer, S. 677, 685 ff. (Hervorhebung im Original); s. ebenso *Westermann*, Stbg 2017, 27, 28; a.A. *Pflaum*, StBp 2013, 105, 109; *Söhn* in HHSp., AO/FGO, § 78 AO Rn. 162 (Apr. 2021).

307 So *Beinert* in FS für den BFH, S. 1781, 1799.

308 *Seer*, BB 1999, 78.

2. *Das Prinzip der Tatbestandsmäßigkeit der Steuer*

Das Prinzip der Tatbestandsmäßigkeit der Steuer, das in § 3 Abs. 1 S. 1 AO mit den Worten „allen auferlegt" zum Ausdruck kommt, wird als Argument für das allgemeine Vertragsformverbot im Steuerrecht herangezogen[309]. Der Grundsatz der Tatbestandsmäßigkeit der Besteuerung besagt, dass eine Steuer nur verlangt werden darf, wenn der Tatbestand erfüllt wird, den das Steuergesetz als Voraussetzung für die Erhebung bezeichnet[310]. Nach diesem Prinzip muss der Steuertatbestand in einem formellen Gesetz vorgesehen sein[311], weil das Steuerrecht aus dem „Diktum des Gesetzgebers" lebt[312]. Dies bedeutet, dass das Gesetz Tatbestand und Rechtsfolge selbst festzulegen hat[313]. Aus dem Tatbestandsprinzip folgt zudem, dass der Anspruch aus dem Steuerschuldverhältnis allein durch die Tatbestandsverwirklichung entsteht, unabhängig vom Willen des Steuerpflichtigen[314]. Das Prinzip ist eine spezielle Ausformung des Gesetzmäßigkeitsgrundsatzes[315].

---

309 *Paulick*, JuS 1966, 21, 22; *Rathjen*, DStR 1977, 472, 473; *Heun*, DÖV 1989, 1053, 1056 m.w.N.

310 *Wernsmann* in HHSp., AO/FGO, § 3 AO Rn. 180 (Apr. 2021); *Koenig* in Koenig, AO, § 3 Rn. 50; *Drüen* in Tipke/Kruse, AO/FGO, § 3 AO Rn. 33 (Febr. 2022).

311 *Paulick*, JuS 1966, 21, 22; *Koenig* in Koenig, AO, § 3 Rn. 51; *Neumann* in Gosch, AO/FGO, § 4 AO Rn. 34 (Juli 2020); *Wernsmann* in HHSp., AO/FGO, § 3 AO Rn. 188 (Apr. 2021); *Drüen* in Tipke/Kruse, AO/FGO, § 3 AO Rn. 34 (Febr. 2022); kritisch äußert sich *Seiler*, Der einheitliche Parlamentsvorbehalt, S. 316 f.

312 BVerfG, Urt. v. 24.1.1962 – 1 BvR 232/60, BVerfGE 13, 318, juris Rn. 29. Da in weiten Teilen verfassungs- und unionsrechtliche Vorgaben fehlen würden, werde das Steuerrecht im ersten Schritt durch den Gesetzgeber gestaltet. Das Grundgesetz enthalte zwar steuerspezifische Regelungen, wie etwa zu den Gesetzgebungskompetenzen von Bund und Ländern (Art. 105 GG) und zur Verwaltung (Art. 108 GG). Aus diesen Vorschriften folgen aber keine strikten Gesetzesvorgaben für die inhaltliche Ausgestaltung einzelner Steuern, vgl. *Maciejewski*, Nichtanwendungsgesetze, S. 33; dazu ebenfalls unter Kap. 3 A. II. dieser Arbeit.

313 *Selmer* in FS Starck, S. 435, 441; *Drüen* in Tipke/Kruse, AO/FGO, § 3 AO Rn. 33 (Febr. 2022).

314 BFH, Urt. v. 27.3.1990 – VII R 26/89, BStBl. II 1990, 939, juris Rn. 24; BFH, Urt. v. 5.3.1991 – VII R 58/90, juris Rn. 10; BFH, Urt. v. 25.11.1992 – X R 148/90, juris Rn. 15; BFH (GrS), Beschl. v. 31.1.2013 – GrS 1/10, BStBl. II 2013, 317, juris Rn. 62; *Drüen* in Tipke/Kruse, AO/FGO, § 38 AO Rn. 4 (Okt. 2020).

315 *Heun*, DÖV 1989, 1053, 1058; s. zur Überschneidung der Tatbestandsmäßigkeit der Steuer mit dem Prinzip des Vorbehaltes des Gesetzes *Papier*, Die finanzrechtlichen Gesetzesvorbehalte, S. 153 ff.; *Drüen* in Tipke/Kruse, AO/FGO, § 3 AO Rn. 33a (Febr. 2022) m.w.N.; *Gersch* in Klein, AO, § 3 Rn. 11; ein anderes Verständnis hat

Das Tatbestandsprinzip steht dem steuerrechtlichen Vergleichsvertrag nicht entgegen, weil der Grundsatz der Tatbestandsmäßigkeit nichts über die Pflicht der Finanzbehörde, die Steuer zu erheben, besagt, welche aus dem Legalitätsprinzip folgt[316]. Das Tatbestandsmäßigkeitsprinzip ist in formeller Hinsicht eine Art Ausprägung des Gesetzesvorbehalts. Materielle Ausprägungen des Tatbestandsprinzips, wie das Bestimmtheitsgebot und das Gebot der Normenklarheit, stellen inhaltliche Anforderungen an steuerrechtliche Tatbestände[317] und keine inhaltlichen Anforderungen an die Handlungsformenwahl der Finanzbehörde, welche die Normen nur vollzieht, unabhängig davon, ob einseitig oder eben konsensual. Aus den Handlungsspielräumen der Verwaltung (Ermessen, Konkretisierungsspielräume und Dispositionsbefugnisse) folgen zudem Öffnungsklauseln, die das Prinzip der Tatbestandsmäßigkeit der Steuer ausnahmsweise modifizieren können[318].

3. *Das Privileg gesteigerter Unempfindlichkeit gegenüber Gesetzesverletzungen*

Der Vergleichsvertrag, § 55 VwVfG, § 54 SGB X, ermöglicht ein Abweichen von der tatsächlichen materiellen Sach- und Rechtslage insoweit als dessen Inhalt zumindest potentiell nicht mit der Gesetzeslage in Einklang stehen muss („potentielle Gesetzesinkongruenz")[319]. Es liegt im Wesen des Vergleichs, dass die durch ihn getroffene Regelung zwar nicht zwangsläufig, aber in manchen

---

Wernsmann in HHSp., AO/FGO, § 3 AO Rn. 180 (Apr. 2021): „gleichbedeutend"; ausführlich *Barth*, Richterliche Rechtsfortbildung im Steuerrecht, S. 346 ff. m.w.N.; a.A. *Selmer* in FS Starck, S. 438, 444: Tatbestandsmäßigkeit als „übergreifendes abgabenspezifisches Begriffsmerkmal" mit Verfassungsrang kraft Gewohnheitsrecht.

316 *Papier*, Die finanzrechtlichen Gesetzesvorbehalte, S. 158 ff.; *Drüen* in Tipke/Kruse, AO/FGO, § 3 AO Rn. 39a (Febr. 2022); a.A. *Brinkmann*, Tatbestandsmäßigkeit der Besteuerung und formeller Gesetzesbegriff, S. 10.

317 *Wernsmann* in HHSp., AO/FGO, § 3 AO Rn. 182 (Apr. 2021); *Drüen* in Tipke/Kruse, AO/FGO, § 3 AO Rn. 40 (Febr. 2022).

318 *Sontheimer*, Der verwaltungsrechtliche Vertrag im Steuerrecht, S. 154; *Gurlit*, Verwaltungsvertrag und Gesetz, S. 346; das Tatbestandsprinzip stehe unbestimmten Rechtsbegriffen auch nicht entgegen, weil die Auslegungsbedürftigkeit eines gesetzlichen Tatbestandes noch nicht seine Bestimmtheit beseitigt, s. BVerfG, Beschl. v. 9.11.1988 – 1 BvR 243/86, BVerfGE 79, 106, juris Rn. 61 f.; *Drüen* in Tipke/Kruse, AO/FGO, § 3 AO Rn. 40 (Febr. 2022); zum Ermessen unter Kap. 2 C. III. dieser Arbeit.

319 *Schlette*, die Verwaltung als Vertragspartner, S. 85; *Bosesky* in Mann/Sennekamp/Uetrich-Brüning, VwVfG, § 55 Rn. 9; *Thiele* in Pautsch/Hoffmann, VwVfG, § 55 Rn. 3.

Fällen mit geltendem Recht nicht voll übereinstimmen kann, sondern diesem vielleicht auch nur nahekommt[320]. Diese (verborgene) Diskrepanz wird hingenommen, weil sich eine vollständige Aufklärung ohnehin nicht oder nur unter verhältnismäßig großem Aufwand erreichen lässt und eine Beilegung der Meinungsverschiedenheiten durch gegenseitiges Nachgeben eine rechtlich adäquate Lösung darstellt[321].

Das für den Vergleichsvertrag geltende Privileg gesteigerter Unempfindlichkeit gegenüber gewissen Gesetzesverletzungen wird unterschiedlich verstanden. Teilweise wird vertreten, dass es im Einvernehmen mit dem von der Regelung Betroffenen möglich sein soll, den Grundsatz der Gesetzmäßigkeit der Verwaltung, Art. 20 Abs. 3 GG, aus Kostengründen partiell außer Kraft zu setzen[322]. Vergleichsverträge können daher unter bestimmten Voraussetzungen Leistungspflichten auch dann begründen, wenn der Vergleichsinhalt mit der Gesetzeslage teilweise nicht im Einklang steht[323]. Die Unempfindlichkeit gegenüber gewissen Gesetzesverletzungen erstreckt sich aber nicht auf Leistungsversprechen, deren Gesetzwidrigkeit mit der durch den Vergleich beizulegenden Ungewissheit nichts zu tun hat[324]. Soweit diese – rechtliche oder tatsächliche – Ungewissheit nicht (mehr) besteht oder sich auf einen anderen Gegenstand bezieht, ist ein Vergleichsvertrag unzulässig[325]. Ein öffentlich-rechtlicher Vergleichsvertrag, durch den eine Leistungspflicht der Behörde begründet werden soll, ist jedoch nicht dahin misszuverstehen, dass die Verwaltung von Gesetz und Recht abweichen darf. Das Privileg bedeutet vielmehr, dass die Verwaltung nicht verpflichtet ist, sich in jedem Fall Gewissheit über das anzuwendende Recht zu verschaffen[326].

---

320 S. dazu schon unter Kap. 2 C. III. dieser Arbeit.

321 So *Maurer/Waldhoff*, Allgemeines Verwaltungsrecht, § 14 Rn. 37.

322 *Siewert* in GK-SGB X 1, § 54 Rn. 6; *Kunig*, DVBl. 1992, 1193, 1197; *Hettich/Beichel-Benedetti* in Obermayer/Funke-Kaiser, VwVfG, § 55 Rn. 3.

323 Z.B. BVerwG, Urt. v. 14.11.1975 – IV C 84.73, juris Rn. 23 ff., 27; BVerwG, Urt. v. 1.12.1989 – 8 C 17/87, BVerwGE 84, 157, juris Rn. 29; BVerwG, Urt. v. 3.3.1995 – 8 C 32/93, BVerwGE 98, 58, juris Rn. 18.

324 BVerwG, Urt. v. 14.11.1975 – IV C 84.73, juris Rn. 27.

325 *Ipsen*, Allgemeines Verwaltungsrecht, Rn. 796; *Stuhlfauth* in Bader/Funke-Kaiser/Stuhlfauth/von Albedyll, VwGO, § 106 Rn. 9.

326 *Ipsen*, Allgemeines Verwaltungsrecht, Rn. 796; weitergehend *Meyer* in Meyer/Borgs, VwVfG, § 55 Rn. 3; *Schliesky* in Knack/Henneke, VwVfG, § 55 Rn. 6, welcher das Abweichen von gesetzlichen Vorschriften zulässt; *Huck* in Huck/Müller, VwVfG, § 55 Rn. 14: „begrenzte Lockerung des Verfassungsprinzips der Gesetzmäßigkeit der Verwaltung".

Die Ungewissheit (tatsächlicher oder rechtlicher Art) kann durch den Vergleich überbrückt werden, nicht aber das Gesetz[327]. Dieses Privileg der gesteigerten Unempfindlichkeit gegenüber der Gesetzesverletzungen ist damit streng auf die tatsächliche oder rechtliche Ungewissheit zu beschränken. Ist die Sach- oder Rechtslage ungewiss, so ist jede Regelung eine Fiktion der dem Gesetz entsprechenden, aber unbekannten Entscheidung, unabhängig davon, ob sie im Vergleichswege oder durch (abgesprochenen) Verwaltungsakt getroffen wird[328]. Auch der Erlass eines Steuerverwaltungsaktes bei ungewisser Sach- und Rechtslage, insbesondere wenn diesem eine tatsächliche Verständigung vorausgegangen ist, kann gleichermaßen zur vermeintlichen Gesetzesinkongruenz führen.

Dass sich die Parteien im Wege des „gegenseitigen Nachgebens" auf ein entsprechendes Ergebnis einigen, kann allerdings nicht genügen. Die vermeintliche Gesetzesinkongruenz erhält nicht dadurch eine Legitimation, dass die Parteien aufeinander zugehen, umgekehrt, wird eine Legitimation nicht dadurch aberkannt, dass sich über ein Ergebnis geeinigt wird, welches eine Partei zugrunde gelegt hat[329]. Der Spielraum der Entscheidung der Finanzbehörde ergibt sich gerade aus der Ungewissheit der Sach- oder Rechtslage. Ist die Rechtslage aus der ex ante Sicht der Finanzbehörde, für einen sonstigen Dritten und für die Beteiligten ungewiss, stellt es keinen Gesetzesverstoß dar, wenn sich die Parteien innerhalb der objektiven Ungewissheit auf ein vertretbares Ergebnis einigen[330]. Einigen sich die Vertragsparteien über einen zugrunde zulegenden Sachverhalt oder eine *vertretbare* Rechtsauffassung, konkretisieren diese das Gesetz ohne eine Rechtsverletzung desselben[331]. Die Gefahr der potentiellen Gesetzesinkongruenz verringert sich zudem beim Abschluss des Vergleichsvertrages innerhalb des Verfahrens vor den Finanzgerichten[332]. Eine der Besonderheiten des

327 *Spannowsky*, Grenzen des Verwaltungshandelns durch Verträge und Absprachen, S. 215; *Stuhlfauth* in Bader/Funke-Kaiser/Stuhlfauth/von Albedyll, VwGO, § 106 Rn. 10.

328 So *Seer*, Verständigungen in Steuerverfahren, S. 384. S. dazu und zum Zusammenspiel mit den Nichtigkeitsnormen nochmals unter Kap. 4 F. II. 1. dieser Arbeit.

329 *Seer*, StuW 1995, 213, 223; *Seer*, Verständigungen in Steuerverfahren, S. 385; enger wohl *Sontheimer*, Der verwaltungsrechtliche Vertrag im Steuerrecht, S. 30.

330 *Schimpf*, Der verwaltungsrechtliche Vertrag, S. 232 f.; *Seer*, StuW 1995, 213, 224.

331 *Stein*, AöR 1961, 320, 324 f.; *Bleckmann*, JZ 1995, 685, 688; *Vogel* in FS Döllerer, S. 677, 689; *Seer*, Verständigungen in Steuerverfahren, S. 385.

332 Vgl. dazu ausführlich unter Kap. 4 F. dieser Arbeit.

Prozessvergleichs ist darin zu sehen, dass der Richter als unabhängiger Dritter[333] den Inhalt des Vertrages im Rahmen seiner Prozessfürsorgepflichten leitet und mitgestalten kann[334].

4. *Unterscheidung zwischen Rechtsform und Inhalt des Verwaltungshandelns*

Es bedarf der Unterscheidung zwischen Rechtsform und Inhalt einer Verwaltungsentscheidung[335]. Die Rechtsform ist für die Beurteilung des Inhalts des Verwaltungshandelns und damit dessen Rechtmäßigkeit unerheblich[336]. Der Inhalt eines öffentlich-rechtlichen Vertrages kann ebenso wie der Inhalt eines Verwaltungsaktes rechtmäßig oder rechtswidrig sein. Gesetz- und Gleichmäßigkeit der Besteuerung erfordern daher nicht die Unzulässigkeit der Vertrags*form*, sondern nur eine inhaltliche Kontrolle und wirksame Sanktionen, wenn der Vertrag inhaltlich dem Gesetz widerspricht[337]. Anderenfalls würde jedes Handeln der Finanzbehörden in der Form eines Vertrages a priori als rechtswidrig gelten, während das inhaltlich selbe einseitige hoheitliche Handeln in der Form des Verwaltungsaktes eo ipso gesetzmäßige Entscheidungen hervorbringen würde[338].

---

333 Die Senate der Finanzgerichte entscheiden in der Besetzung mit drei Richtern und zwei ehrenamtlichen Richtern, soweit nicht ein Einzelrichter entscheidet, § 5 Abs. 3 S. 1 FGO.

334 S. zu den Prozessfürsorgepflichten unter Kap. 4 F. I. dieser Arbeit.

335 *Bosse*, Der subordinationsrechtliche Verwaltungsvertrag, S. 48; *Bauer*, Der „Vergleich" im Steuerveranlagungsverfahren, S. 18; *Sontheimer*, Der verwaltungsrechtliche Vertrag im Steuerrecht, S. 72, 105; *Allesch*, DÖV 1988, 103, 104; *Heun*, DÖV 1998, 1053, 1057 m.w.N.; *Raupach*, DStJG 21 (1998), S. 175, 194; *Seer*, Verständigungen in Steuerverfahren, S. 128 ff.; *Seer*, BB 1999, 78, 81; *Drüen*, FR 2011, 102, 108; *Gurlit* in Ehlers/Pünder, Allgemeines Verwaltungsrecht, § 31 Rn. 4 m.w.N.; s. ebenso *Maurer/Waldhoff*, Allgemeines Verwaltungsrecht, § 14 Rn. 28; *Seer* in Tipke/Kruse, AO/FGO, § 85 AO Rn. 22 (Jan. 2017); *Hey* in Tipke/Lang, Steuerrecht, Rn. 3.241; a.A. *Müller-Franken*, Maßvolles Verwalten, S. 187 ff.; *Pflaum*, Kooperative Gesamtbereinigung, S. 126; *Söhn* in HHSp., AO/FGO, § 78 AO Rn. 160 (Nov. 2017).

336 Die Rechtswidrigkeit des subordinationsrechtlichen Vertrages annehmend noch *Westendorf*, FinArch 1934, 333, 334; *Bullinger*, Vertrag und Verwaltungsakt, S. 254 ff.; enger insgesamt *Müller-Franken*, Maßvolles Verwalten, S. 187 ff.; *Söhn* in HHSp., AO/FGO, § 78 AO Rn. 160 (Nov. 2017).

337 *Heun*, DÖV 1989, 1053, 1058; *Seer*, Verständigungen in Steuerverfahren, S. 128 f.; *Hey* in Tipke/Lang, Steuerrecht, Rn. 3.241.

338 *Seer*, Verständigungen in Steuerverfahren, S. 128 f.; *Grziwotz* in FS Spiegelberger, S. 178, 180.

Aus der Rechtsform des Verwaltungsaktes, dessen Wirksamkeit von seiner Rechtmäßigkeit, § 124 AO, abgekoppelt ist, kann jedoch keine Garantie für die Rechtmäßigkeit des Verwaltungshandelns abgeleitet werden[339]. Aufgrund der Kompliziertheit des Steuerrechts und der Undurchsichtigkeit der steuerrechtlichen Normenflut[340], kann davon ausgegangen werden, dass kaum eine Steuererklärung richtig ist[341]. Die Behörde kann aufgrund der Masse der jährlichen Verwaltungsakte allenfalls eine Plausibilitätsprüfung im Einzelfall durchführen, in der Regel werden sowohl die tatsächlichen als auch die rechtlichen Angaben des Steuerpflichtigen übernommen[342]. Der Steuerbescheid ist damit besonders fehleranfällig. Von den Befürwortern der Wechselbezüglichkeit zwischen Handlungsform und Handlungsinhalt wird angenommen, dass bestimmte

339 So schon v. *Voigt*, Auskünfte, Zusagen und Vereinbarungen im Steuerrecht, S. 132; s. zudem *Hey*, Steuerplanungssicherheit als Rechtsproblem, S. 744 ff.; *Schlette*, Die Verwaltung als Vertragspartner, S. 73 ff., 565; *Grziwotz* in FS Spiegelberger, S. 178, 180; *Drüen*, FR 2011, 102, 108; ähnlich *Bumke*, GVwR II, § 35 Rn. 153: „begrenzte Fehleridentität" des Verwaltungsaktes m.w.N.; *Sontheimer*, Der verwaltungsrechtliche Vertrag im Steuerrecht, S. 105, stellt fest, dass es verwunderlich sei, wie die Gegner des Vertrages der Verwaltung unterstellen, die Vertragsform zur Umgehung materiellrechtlicher Regelungen auszunutzen; kritisch *Schröder*, Der Prozeßvergleich in den verwaltungsgerichtlichen Verfahren, S. 142 ff.; *Söhn* in HHSp., AO/FGO, § 78 AO Rn. 158, 120 (Nov. 2017).

340 S. anschaulich dazu *Osterloh* in Jahrbuch des öffentlichen Rechts der Gegenwart, 2008, S. 141, 153 ff.

341 So *Hey*, Steuerplanungssicherheit als Rechtsproblem, S. 744 ff., was oft selbst bei der Abgabe der Steuererklärungen durch Steuerberater möglich sei. Aufgrund dessen wird für Steuerbescheide eine Fehlerquote von rund 60 % angenommen, s. etwa *Balmes/v. Collenberg*, AO-StB 2003, 77; kritisch *Müller-Franken*, Maßvolles Verwalten, S. 224: Dieser Hinweis würde nach *Müller-Franken* nicht genügen, die Handlungsformenlehre des Steuerrechts zu erweitern. Denn ein Fehler des Bestehenden setze noch nicht voraus, dass das „Neue" das bessere ist. Der Verweis auf das Prüfungsrecht von *Müller-Franken*, und die Annahme, dass letztlich überall im Verwaltungsrecht Verträge zugelassen werden müssten, überzeugt jedoch insoweit nicht. Dass einseitig getroffene Prüfungsentscheidungen häufig „falsch" seien, kann mit Blick auf das Prüferermessen schon nicht beurteilt werden. Allenfalls (seltene) Bewertungsfehler können zur Unrichtigkeit einer Bewertung führen. Überdies liegen der Prüferentscheidung naturgemäß ein Erfahrungs- und Wissensgefälle und der Vergleich mit weiteren Prüflingen zugrunde. Nicht ohne Grund besteht in Prüfungsentscheidungen die Besonderheit des Beurteilungsspielraumes.

342 *Hey*, Steuerplanungssicherheit als Rechtsproblem, S. 744 ff., s. zur steuerrechtlichen Massenverwaltung, unter Kap. 2 C. VI. 1. dieser Arbeit.

Handlungsformen einen bestimmten Handlungsinhalt voraussetzen[343]. Würde man diese Auffassung konsequent umsetzen, wäre ein Vergleich durch einseitiges hoheitliches Handeln möglich. Der Vergleich könnte in der Konsequenz als Steuerverwaltungsakt mit korrespondierendem Rechtsmittelverzicht konstruiert werden[344]. Der Rechtsmittelverzicht müsste, weil § 354 AO diesen erst nach Erlass des Verwaltungsaktes zulässt, auflösend bedingt mit dem Verwaltungsakt verbunden werden. Nach § 120 AO dürfen gebundene Verwaltungsakte jedoch nur mit Nebenbestimmungen versehen werden, wenn diese durch eine Rechtsvorschrift ausdrücklich zugelassen sind oder sicherstellen sollen, dass die gesetzlichen Voraussetzungen des Verwaltungsaktes erfüllt werden. Keine dieser Voraussetzungen käme bei einem „einseitigen Vergleich" in Betracht[345]. Eine Verknüpfung des Steuerbescheides und eines Rechtsmittelverzichts im Wege einer Nebenbestimmung wäre nur möglich, wenn das „Nachgeben" als Ermessensentscheidung qualifiziert werden würde, weil Ermessensentscheidungen nach § 120 Abs. 2 AO Nebenbestimmungen beigefügt werden dürfen[346]. Dafür spricht, dass § 55 VwVfG, § 54 Abs. 1 SGB X den Vertragsschluss in das pflichtgemäße Ermessen der Behörde stellen. Zudem sind die Behörden nicht verpflichtet, in einer Vergleichssituation von ihrer Auffassung zugunsten des Steuerpflichtigen abzuweichen[347].

Durch diesen „einseitigen Vergleich" wäre der Rechtsfrieden allerdings nicht hinreichend hergestellt, denn der Steuerpflichtige könnte den „einseitigen Vergleich" seinerseits einseitig zu Fall bringen, indem er Rechtsmittel einlegt[348]. Der Steuerpflichtige ist an die Regelung nicht unmittelbar gebunden. Die unklare Sach- oder Rechtslage wäre nicht beseitigt und eine Bindung des Finanzgerichts an die einseitige Regelung würde nicht bestehen[349]. Überdies bliebe, unabhängig von der Wahl der Handlungsform, das Problem offen, inwieweit die Verwaltung bei der Ungewissheit der Sach- oder Rechtslage nachgeben und sich mit dem

---

343 *Söhn* in FS Selmer, S. 911, 914; *Müller-Franken*, Maßvolles Verwalten, S. 199 ff., 223.

344 So vorgeschlagen von *Bauer*, Der „Vergleich" im Steuerveranlagungsverfahren, S. 78 ff., der aber dennoch eine Unzulässigkeit von Vergleichen im Steuerrecht annimmt; wohl ablehnend *Martens*, StuW 1986, 97, 103; ebenso thematisiert von *Sontheimer*, Der verwaltungsrechtliche Vertrag im Steuerrecht, S. 31 ff.

345 So *Sontheimer*, Der verwaltungsrechtliche Vertrag im Steuerrecht, S. 32; angedeutet ebenfalls bei *Martens*, StuW 1986, 97, 103.

346 So *Sontheimer*, Der verwaltungsrechtliche Vertrag im Steuerrecht, S. 32.

347 *Sontheimer*, Der verwaltungsrechtliche Vertrag im Steuerrecht, S. 32.

348 *Sontheimer*, Der verwaltungsrechtliche Vertrag im Steuerrecht, S. 32.

349 *Sontheimer*, Der verwaltungsrechtliche Vertrag im Steuerrecht, S. 32.

Steuerpflichtigen einigen darf[350]. Dadurch wird ersichtlich, dass die Unterscheidung zwischen Rechtsform und Inhalt des Verwaltungshandelns richtig ist. Das Problem wird dadurch nicht gelöst, dass der Vergleichsvertrag als nichtig angesehen wird, während dieselbe Einigung im Rahmen des „einseitigen Vergleichs" zulässig wäre. Die Gefahr gesetzesabweichender Vereinbarungen besteht auch bei einseitigem Handeln, denn das einseitige hoheitliche Handeln kann ebenso konsensuale Ausdrucksformen beinhalten, was der abgesprochene Verwaltungsakt zeigt[351].

5. *Handlungsspielräume der Verwaltung, Dispositionsbefugnisse und gesetzliche Beweismaßreduktion im Steuerrecht*

Für die Prüfung der Vereinbarkeit steuerrechtlicher Vergleichsverträge mit dem Gesetzmäßigkeitsgrundsatz bietet sich die Unterscheidung zwischen Handlungsspielräumen der Verwaltung und gebundener Verwaltung an. Diese Unterscheidung soll nicht suggerieren, die Finanzbehörde wäre im Bereich von Verwaltungsspielräumen nicht an das Gesetz gebunden, sondern soll anhand der unterschiedlichen Dispositionsbefugnisse eine differenzierte Rechtfertigung steuerrechtlicher Vergleiche entwickeln.

a) Ermessen und Konkretisierungsspielräume

Trotz der strikten Gesetzesbindung gibt es eine Vielzahl von denkbaren Fällen, in welchen sich die Finanzbehörde ohne materiellen Gesetzesverstoß mit dem Steuerpflichtigen einigen kann[352]. Dies ist insbesondere bei Handlungsspielräumen der Verwaltung der Fall. Die Terminologie der Erscheinungsformen

---

350 Ebenso *Sontheimer*, Der verwaltungsrechtliche Vertrag im Steuerrecht, S. 33.

351 *Martens*, Die Praxis des Verwaltungsverfahrens, Rn. 229; *Spannowsky*, Grenzen des Verwaltungshandelns durch Verträge und Absprachen, S. 70; *Seer*, Verständigungen in Steuerverfahren, S. 54 f.; *Waechter*, JZ 2006, 166, 168; *Drüen*, FR 2011, 101, 107; dasselbe gelte für rechtsunerhebliche Absprachen, vgl. *Seer*, Verständigungen in Steuerverfahren, S. 124; s. zur Unterscheidung der Handlungsformen unter Kap. 4 H. I. dieser Arbeit.

352 Terminologisch zu unterscheiden ist zwischen Handlungsspielräumen und der Verfügungsberechtigung der Finanzbehörde, welche im Zusammenhang mit dem steuerrechtlichen Vergleichsvertrag relevant werden. Teilweise werden diese Begriffe synonym verwendet. Unter Kap. 4 D. II. dieser Arbeit erfolgt eine Untersuchung und eine begriffliche Abgrenzung der Voraussetzung der Verfügungsberechtigung des Prozessvergleichs.

der Verwaltungsspielräume ist uneinheitlich[353]. Das Gesetz lässt teilweise ausdrückliche Relativierungen der strikten Gesetzmäßigkeit der Verwaltung zu. Während das Ermessen auf der Rechtsfolgenseite ausgeübt wird, sind die Beurteilungs- bzw. Konkretisierungsspielräume für die Tatbestandsseite der Norm ausschlaggebend. Im Rahmen einer Ermessensentscheidung sind Vergleichsverträge möglich[354]. Die Ermessensverwaltung spielt im Steuerrecht allerdings eine eher untergeordnete Rolle[355]. Für die Ermessensverwaltung sieht der Gesetzgeber vor, dass die Finanzbehörde ihr Ermessen entsprechend dem Zweck der Ermächtigung auszuüben und dabei die gesetzlichen Grenzen einzuhalten hat, § 5 AO, § 40 VwVfG, § 39 Abs. 1 S. 1 SGB I. Innerhalb des Ermessensspielraums können mehrere Entscheidungen der Finanzbehörde gleichermaßen rechtmäßig sein, so dass die Rechtsbindung insoweit gelockert ist[356]. Erscheinungsformen des Ermessens finden sich zudem im Rahmen von Soll- oder Dispens-Vorschriften[357]. Daneben steht der Finanzbehörde im Verfahren regelmäßig Ermessen zu (Verfahrensermessen)[358].

---

353 Vgl. exemplarisch *Kluth* in Wolff/Bachof/Stober/Kluth, Verwaltungsrecht I, § 31 Rn. 1.

354 *Drüen* in Tipke/Kruse, AO/FGO, § 78 AO Rn. 24 (Febr. 2021); *Schenke* in Kopp/Schenke, VwGO, § 106 Rn. 13; a.A. v. *Voigt*, Auskünfte, Zusagen und Vereinbarungen im Steuerrecht, S. 121; *Söhn* in HHSp., AO/FGO, § 78 AO Rn. 168 (Nov. 2017); s. zu Auswirkungen von Ermessen auf die Ungewissheit der Rechtslage unter Kap. 4 D. III. 2. d) dieser Arbeit.

355 Zur Begründung dieser Feststellung unter Kap. 2 C. IV. 2. und Kap. 2 C. III. dieser Arbeit. Dies gilt vor allem für Ermessen der Verwaltung über die Höhe und das Entstehen der Steuerschuld, nicht aber für verfahrensrechtliche Vorschriften. Hinsichtlich der Feststellung tatsächlicher Verhältnisse kann ein Ermessensspielraum etwa bei der Bewertung oder bei Fragen der Nutzungsdauer für die Berechnung der AfA auftreten.

356 Zu Verständigungen im Bereich der Ermessensverwaltung vgl. *Sontheimer*, Der verwaltungsrechtliche Vertrag im Steuerrecht, S. 111 ff., 152 ff.; *Seer*, Verständigungen in Steuerverfahren, S. 217 ff.; *Wernsmann* in HHSp., AO/FGO, § 5 AO Rn. 25 (Apr. 2018); *Drüen* in Tipke/Kruse, AO/FGO, § 5 AO Rn. 2 (Okt. 2018); § 78 AO Rn. 24 (Febr. 2021); *Maurer/Waldhoff*, Allgemeines Verwaltungsrecht, § 7 Rn. 8; zur Auswirkung des Ermessens auf die Ungewissheit der Rechtslage unter Kap. 4 D. III. 2. e) dieser Arbeit.

357 S. dazu *Meyding/Bühler*, DStR 1991, 488, 490 ff.; *Drüen* in Tipke/Kruse, AO/FGO, § 5 AO Rn. 11 f. (Okt. 2018); *Kluth* in Wolff/Bachof/Stober/Kluth, Verwaltungsrecht I, § 31 Rn. 41.

358 S. zum Verfahrensermessen im Rahmen der Sachverhaltsermittlung unter Kap. 4 D. III. 3. a) cc) dieser Arbeit. S. zum Verfahrensermessen bei der Außenprüfung, welches Absprachemöglichkeiten eröffnet *Drüen*, FR 2011, 101, 111; *Drüen*, IFSt-Schrift Nr.469, 2011, S. 50 f.

Die Verwaltung hat zudem Schätzungsspielräume, Bewertungsspielräume, Beurteilungsspielräume und Beweiswürdigungsspielräume. Einkommensteuerrechtliche Tatbestände sind häufig offen formuliert unter Verwendung von Generalklauseln oder unbestimmten Rechtsbegriffen. Steuerliche Kernvorschriften enthalten eine Fülle von unbestimmten Rechts- und Wertbegriffen[359]. Aus Begriffen wie „Teilwert", „gemeiner Wert", „verdeckte Gewinnausschüttung", „unangemessene Betriebsausgaben" oder „Bedingungen, die voneinander unabhängige Dritte vereinbart hätten" folgen keine Gesetzesbefehle, welche die Verwaltung subsumtionsautomatisch vollziehen könnte[360]. Auch die unbestimmten Rechtsbegriffe bieten einen häufigen Anwendungsfall für die Ungewissheit der steuerrechtlichen Rechtslage, denn bei deren Vollziehung gewährt das Gesetz einen Konkretisierungsspielraum[361]. Der Inhalt des Gesetzes ist anhand einer Auslegung durch die rechtsanwendenden Organe zu ermitteln. Beispielsweise kommt die Gewinnermittlung durch Betriebsvermögensvergleich nicht ohne eine Berufung auf die „Grundsätze ordnungsmäßiger Buchführung" aus[362]. Die

---

359 *Vogel* in FS Döllerer, S. 677, 687; *Meyding/Bühler*, DStR 1991, 488, 489; unbestimmte Rechtsbegriffe unterscheiden sich vom Ermessen nicht prinzipiell, nur graduell, so *Schick*, Vergleiche und sonstige Vereinbarungen zwischen Staat und Bürger im Steuerrecht, S. 22; *Seiler*, Der einheitliche Parlamentsvorbehalt, S. 321 ff.; *Boochs*, DStR 2006, 1062, 1063; zur verfassungsrechtlichen Einordnung einer über beträchtliche Spielräume verfügenden Verwaltung, *Pietzker*, NJW 1981, 2087, 2089; a.A. v. *Voigt*, Auskünfte, Zusagen und Vereinbarungen im Steuerrecht, S. 121.

360 Zu dieser Erkenntnis s. ebenfalls die vorhergehenden Ausführungen zur Fiktion des einzig richtigen Ergebnisses unter Kap. 2 C. IV. 1. dieser Arbeit; s. zudem *Schick*, Vergleiche und sonstige Vereinbarungen zwischen Staat und Bürger im Steuerrecht, S. 22; *Baur*, BB 1988, 602, 606; *Seer*, StuW 1995, 213, 216 ff.; *Dittmann* in FS Dürig, S. 222, 227 f.; *Seiler*, Der einheitliche Parlamentsvorbehalt, S. 321 ff.; *Mösbauer*, BB 2003, 1037, 1039; *Westermann*, Stbg 2017, 27, 28; *Kluth* in Wolff/Bachof/Stober/Kluth, Verwaltungsrecht Bd. I, § 31 Rn. 15; *Mues* in Gosch, AO/FGO, § 78 AO Rn. 43 (Mai 2018); *Seer* in Tipke/Lang, Steuerrecht, Rn. 21.146; *Seer* in Tipke/Kruse, AO/FGO, Vorb. zu §§ 118–129 AO Rn. 20 (Aug. 2021); a.A. und kritisch *Söhn* in HHSp., AO/FGO, § 78 AO Rn. 121 (Nov. 2017).

361 *Vogel*, VVDStRL 24 (1965), S. 125, 161 f.; *Siewert* in GK-SGB X 1, § 54 Rn. 15; *Mues* in Gosch, AO/FGO, § 78 AO Rn. 43 (Mai 2018) m.w.N.; *Seer* in Tipke/Kruse, AO/FGO, Vorb. zu §§ 118–129 AO Rn. 20 (Aug. 2021); a.A. *Sontheimer*, Der verwaltungsrechtliche Vertrag im Steuerrecht, S. 155; *Meyding/Bühler*, DStR 1991, 488, 489; *Seiler*, Der einheitliche Parlamentsvorbehalt, S. 323.

362 So *Seiler*, Der einheitliche Parlamentsvorbehalt, S. 321 und Fußnote 270 a.a.O. S. dazu auch unter Kap. 2 C. IV. 2 dieser Arbeit.

hiernach geltenden Regeln der Buchführung und Bilanzierung sind auch im HGB nur andeutungsweise normiert und müssen vom Rechtsanwender konkretisiert werden, zu welchem Zwecke das Handelsrecht einige Grundprinzipien an die Hand gibt[363].

b) Gesetzliche Dispositionsbefugnisse und gesetzliche Beweismaßreduktion

Gesetzliche Dispositionsbefugnisse in der AO resultieren aus den Erlassvorschriften, §§ 163 Abs. 1, 227 AO, aus der Möglichkeit der Schätzung, § 162 Abs. 1 AO, der Möglichkeit der Stundung, § 222 AO oder etwa bei Pauschalierungen. Das steuerrechtliche Gesetzmäßigkeitsprinzip ist jedenfalls dann relativiert, wenn die Behörde innerhalb ihrer Dispositionsbefugnis eine Vereinbarung mit dem Steuerpflichtigen trifft[364]. Die §§ 163, 227, 222 AO sollen unbillige Härten im Einzelfall ausgleichen[365]. Dies ist auch bei Billigkeitsmaßnahmen wie dem Vollstreckungsaufschub, § 258 AO, sowie der Aussetzung der Vollziehung, § 361 Abs. 2 S. 2 Alt. 2 AO, anzunehmen[366].

Eine gesetzliche Dispositionsbefugnis folgt ebenfalls aus § 162 AO. Nach § 162 Abs. 1 S. 1 AO sind, soweit die Finanzbehörde die Besteuerungsgrundlagen nicht ermitteln oder berechnen kann, diese zu schätzen. Es handelt sich dabei

---

363 *Seiler*, Der einheitliche Parlamentsvorbehalt, S. 321 ff.: Da atypische Umstände nicht vom notwendig verallgemeinernden gesetzlichen Tatbestand erfasst werden können, gebiete das Übermaßverbot der Finanzverwaltung die Möglichkeit einer flexibleren Gesetzeshandhabung im Einzelfall; s. hierzu ebenso *Isensee* in FS Flume, Bd. II, S. 129 ff.

364 *Maassen*, Regelungen mit dem Finanzamt, S. 66; *Schick*, Vergleiche und sonstige Vereinbarungen zwischen Staat und Bürger im Steuerrecht, S. 25 f.; *Felix*, Ermessensausübung im Steuerrecht, S. 48; *Papier*, Die finanzrechtlichen Gesetzesvorbehalte, S. 164 ff.; *Erichsen*, VerwArch. 1979, 349, 357; *Tiedemann*, DÖV 1996, 594, 594, 596; *Gurlit*, Verwaltungsvertrag und Gesetz, S. 345; *Gurlit* in Ehlers/Pünder, Allgemeines Verwaltungsrecht, § 32 Rn. 5; a.A. *Paulick*, JuS 1966, 21, 22 ff.; *Söhn* in HHSp., AO/FGO, § 78 AO Rn. 168 (Nov. 2017).

365 *Oellerich* in Gosch, AO/FGO, § 163 AO Rn. 52 (Jan. 2017); *Gercke* in Koenig, AO, § 163 Rn. 2; *Rüsken* in Klein, AO, § 163 Rn. 1; vgl. zu Dispositionsbefugnissen im Insolvenzverfahren unter Kap. 4 E. III. 5. c) dieser Arbeit, zu Dispositionsbefugnissen aufgrund völkerrechtlicher Verständigungsvereinbarungen unter Kap. 4 I. II. dieser Arbeit.

366 Es handelt sich gleichzeitig Ermessensnormen; vgl. *Sontheimer*, Der verwaltungsrechtliche Vertrag im Steuerrecht, S. 155 f.; *Loose* in Tipke/Kruse, AO/FGO, § 227 AO Rn. 21 (Apr. 2020) m.w.N.; zum Ermessen s. die vorstehenden Ausführungen.

um eine Ergänzung des Amtsermittlungsprinzips[367]. Von der Schätzung nach § 162 AO sind gesetzlich vorgesehene Pauschalierungen zu unterscheiden[368]. Bei einigen Pauschalierungstatbeständen verzichtet der Gesetzgeber bewusst auf eine genaue Sachaufklärung. Es handelt sich dabei, ebenfalls wie im Fall der Schätzung nach § 162 AO, um eine gesetzliche Beweismaßreduzierung[369]. Pauschalierungen können sich auch aus typisierenden Verwaltungsvorschriften ergeben. Unter den Anwendungsbereich der Schätzung ist auch die Bewertung zu fassen[370]. Wenn § 11 Abs. 2 S. 2 BewG die Ermittlung des gemeinen Werts als Vorgang einer Schätzung ausweist, wird dadurch deutlich gemacht, dass der Bewertung nicht nur bei einer gescheiterten Sachaufklärung, sondern generell eine Beweismaßreduzierung auf eine größtmögliche Wahrscheinlichkeit immanent ist[371].

c) Zwischenergebnis

Aus den Handlungsspielräumen folgt die materielle Dispositionsbefugnis der Behörde für den Vergleichsabschluss[372]. Die Finanzbehörden sind verfassungsrechtlich darauf beschränkt, die Steuergerechtigkeit im Einzelfall durch grundrechtsgeleitete Ausfüllung von Generalklauseln und unbestimmten Rechtsbegriffen sowie durch die Ausübung pflichtgemäßen Ermessens zu verwirklichen[373]. Dort, wo der Finanzbehörde ein Spielraum (unter anderem Bewertungen, Schätzungen, Billigkeitsentscheidungen) oder Ermessen zusteht,

---

367 *Oellerich* in Gosch, AO/FGO, § 162 AO Rn. 30 (Nov. 2017); *Gercke* in Koenig, AO, § 162 Rn. 15; s. jüngst zur Schätzung *Rasch*, DStR 2021, 1739.

368 *Seer* in Tipke/Kruse, AO/FGO, § 162 AO Rn. 10 (Mai 2022); *Gercke* in Koenig, AO, § 162 Rn. 15.

369 *Seer* in Tipke/Kruse, AO/FGO, § 162 AO Rn. 10 (Mai 2022); *Gercke* in Koenig, AO, § 162 Rn. 15; *Seer* in Tipke/Kruse, AO/FGO, Vorb. zu §§ 118–129 AO Rn. 21 (Aug. 2021).

370 Z.B. BFH, Urt. v. 12.3.1980 – II R 143/76, BStBl. II 1980, 463, juris Rn. 14; BFH, Beschl. v. 20.12.2021 – IV B 12/12, juris Rn. 7; *Seer* in Tipke/Kruse, AO/FGO, § 162 AO Rn. 12 (Mai 2022).

371 *Seer* in Tipke/Kruse, AO/FGO, § 162 AO Rn. 12 (Mai 2022).

372 *Ehlers*, DStR 1965, 64, 67; *Seer*, Verständigungen in Steuerverfahren, S. 168 f., 217; *Dolderer* in FS Maurer, S. 609, 618; zur Terminologie unter Kap. 4. D. II. dieser Arbeit.

373 Zur Funktion von Generalklauseln, unbestimmten Rechtsbegriffen und Ermessen im Steuerrecht s. BVerfG, Beschl. v. 10.10.1961 – 2 BvL 1/59, BVerfGE 13, 153, juris Rn. 29 ff.; BVerfG, Beschl. v. 19.4.1978 – 2 BvL 2/75, BStBl. II 1978, 548, juris Rn. 25, 42 ff.

ist der Grundsatz der Gesetzmäßigkeit relativiert[374]. Diese Modifizierungen sind insbesondere als Anwendungsbereich für steuerrechtliche Vergleichsverträge zu sehen. Das Vorhandensein gesetzlicher Dispositionsermächtigungen und inhaltlicher Gestaltungsspielräume ist jedoch keinesfalls rechtliche Voraussetzung für den steuerrechtlichen Vergleich, sondern als Argument für einen Einigungsspielraum der Behörde zu werten, in welchem sie das aus ihrer Sicht richtige Ergebnis konsensual zugrunde legt[375].

6. Gebundene Verwaltung: Pflichtgemäßes Ermessen der Verwaltung

In der Literatur wird die Rechtmäßigkeit eines steuerrechtlichen Vergleichsvertrages teilweise davon abhängig gemacht, dass sich der Vertragsinhalt innerhalb gesetzlicher Ermessens- oder Dispositionsspielräume hält. Doch auch im Bereich der gebundenen Verwaltung sind Vergleichsverträge möglich[376]. Die Gefahr potentiell gesetzesabweichender Vergleichsverträge ist im Bereich der gebundenen Verwaltung am höchsten, weil bei dieser keine Entscheidungsspielräume bestehen. In der Theorie ist folglich nur eine Entscheidung die materiell richtige. Für den Vergleichsvertrag über Sozialleistungen ist ausdrücklich normiert, dass dieser Vertrag auch zulässig ist, wenn die Leistung nicht im Ermessen des Leistungsträgers steht, § 54 Abs. 2 SGB X, § 53 Abs. 2 SGB X, weil der Bürger durch die Vergleichsvorschriften ausreichend geschützt ist[377].

Für den Vergleichsvertrag im Verwaltungs- und Steuerrecht bedarf die Legitimation bei gebundenen Entscheidungen mangels gesetzlicher Regelung indes genauerer Überprüfung. Um Widersprüche zum Gesetzmäßigkeitsgrundsatz zu vermeiden, ist der Abschluss des Vergleichsvertrages nur nach „pflichtgemäßem

---

374 Z.B. *Ehlers*, DStR 1965, 64, 67; *Schick*, Vergleiche und sonstige Vereinbarungen zwischen Staat und Bürger im Steuerrecht, S. 21; *Mutze*, Das Zivilrecht in der Steuer- und Verwaltungspraxis, S. 157 f.; *Papier*, Die finanzrechtlichen Gesetzesvorbehalte, S. 164; *Eich*, Verständigung im Steuerverfahren, S. 39 ff.

375 *Müller-Franken*, Maßvolles Verwalten, S. 225 m.w.N.; *Drüen* in HHSp., AO/FGO, § 88 AO Rn. 280 (Juni 2021); s. für Prozessvergleiche *Spannowsky*, Grenzen des Verwaltungshandelns durch Verträge und Absprachen, S. 215; *Schenke* in Kopp/Schenke, VwGO, § 106 Rn. 13; a.A. wohl BFH, Urt. v. 11.1.1963 – VI 97/61 U, juris Rn. 19, allerdings nahm der BFH nur zu „Vereinbarungen" Stellung. Offen bleibt, ob damit auch Vergleichsverträge erfasst sind. Dem Fall lag jedenfalls eine vergleichsweise Einigung zugrunde; unklar *Ehlers*, DStR 1965, 64, 67.

376 S. die Nachweise zuvor.

377 *Wehrhahn* in Kasseler Kommentar Sozialversicherungsrecht, § 53 SGB X Rn. 26 (Mai 2018); *Maurer/Waldhoff*, Allgemeines Verwaltungsrecht, § 14 Rn. 36.

Ermessen"[378] zulässig, § 55 VwVfG, § 54 Abs. 1 SGB X. Der Begriff des „pflichtgemäßen Ermessens" ist dabei nach dem Normzweck des § 55 VwVfG, § 54 Abs. 1 SGB X zu bestimmen, woraus die Abwägungsdirektiven folgen[379]. Abzuwägen sind die Verfahrensökonomie, die Rechtssicherheit und die Abweichung von der tatsächlich gegebenen Rechtslage[380]. Das Gesetzmäßigkeitsprinzip steht einem Vergleichsvertrag innerhalb gebundener Verwaltungsentscheidungen nicht entgegen, weil sich etwaige Gesetzesinkongruenzen im Ergebnis aus der Einhaltung der strengen Vorschriften der § 55 VwVfG, § 54 Abs. 1 SGB X rechtfertigen, welche ein „pflichtgemäßes Ermessen" und die Ungewissheit über die Sach- oder Rechtslage voraussetzen[381].

Für die Finanzbehörde können sich zwei Situationen ergeben. Einerseits kann es zwischen den Beteiligten unstreitig sein, dass ein steuerlicher Tatbestand dem Grunde nach erfüllt ist. Es wird (im Ergebnis) schlicht über die Höhe der Steuerschuld gestritten (Ungewissheit der Höhe nach). Andererseits ist es denkbar, dass schon die Tatbestandserfüllung als solche strittig ist (Ungewissheit dem Grunde nach). Der BFH unterscheidet für die tatsächliche Verständigung nicht zwischen einer Ungewissheit dem Grunde oder der Höhe nach, sondern lässt Verständigungen über schwierig zu ermittelnde Sachverhalte zu. Dieser Gedanke – der Unterscheidung dem Grunde und der Höhe nach – ist in der Literatur für die Schätzung aufgegriffen worden, § 162 AO. Nach einem Teil der Literatur, darunter *Söhn*, umfasse der Begriff der Besteuerungsgrundlagen in § 162 AO nur die Bemessungsgrundlage der Steuer, das heißt numerische Fakten, die den Steuergegenstand für Zwecke der Besteuerung quantifizieren[382].

---

378 Zu dieser materiellen Voraussetzung s. unter Kap. 2 B. I. 2. dieser Arbeit.

379 *Degenhart*, NVwZ 1982, 71, 73.

380 *Degenhart*, NVwZ 1982, 71, 73; *Schimpf*, Der verwaltungsrechtliche Vertrag, S. 221 ff., leitet die Rechtfertigung potentieller Abweichungen vom Gesetzmäßigkeitsprinzip für den Tatsachenvergleich im Ergebnis aus der Unaufklärbarkeit des Sachverhalts und dem Akt des gegenseitigen Nachgebens ab. Die des Rechtsvergleichs wird aus der Funktion des Vergleichs (z.B. Vermeidung eines Rechtsstreits, Prinzip der Rechtssicherheit, Rechtsfrieden als Bestandteile des Rechtsstaatsprinzips) hergeleitet.

381 Der Vergleichsvertrag ist verfassungsrechtlich unbedenklich, s. BVerwG, Urt. v. 28.3.1962 – V C 100.61, BVerwGE 14, 103, juris Rn. 21; s. ebenso *Dolderer* in FS Maurer, S. 609, 618; *Tegethoff* in Kopp/Ramsauer, VwVfG, § 55 Rn. 3; *Brüning/Bosesky* in Mann/Sennekamp/Uechtritz, VwVfG, § 55 Rn. 51; *Schenke* in Kopp/Schenke, VwGO, § 106 VwGO Rn. 13.

382 *Söhn* in HHSp., AO/FGO, § 88 AO Rn. 227 (Mrz. 2010); i.E. auch *Tipke*, VerwArch. 1969, 136, 141; *Frotscher* in SP, AO/FGO, § 162 AO Rn. 13 (Sept. 2014).

Eine Schätzung dem Grunde nach über nicht bezifferbare Besteuerungsgrundlagen sei nicht möglich[383]. Ob ein Steuerpflichtiger überhaupt Einkünfte erziele, betrieblich veranlasste Aufwendungen oder Privatentnahmen mache, Umsätze ausführe, Vermögen besitze, sei nur feststellbar und müsse im Ermittlungsverfahren unter Zuhilfenahme der zur Verfügung stehenden Aufklärungsmittel festgestellt werden[384]. Nach dieser Auffassung können steuerrelevante Tatsachen und Erfahrungssätze nicht Gegenstand einer Schätzung sein[385]. Dieser Auffassung ist indes entgegenzuhalten, dass § 162 AO eine „Feststellung des Sachverhalts mit geringerem Gewissheitsgrad" ermöglicht[386]. Diese Feststellung umfasst nicht allein numerische Fakten, sondern auch Sachverhaltsfakten. Eine Trennung aus tatsächlichen Gründen ist schwer möglich, weil einem quantitativen Zahlenansatz stets ein mit mehr oder minder großer Wahrscheinlichkeit vermuteter Lebensvorgang zugrunde liegt[387]. Der Begriff der Besteuerungsgrundlagen ist zudem nicht anhand der Legaldefinition des § 199 Abs. 1 AO auszulegen, sondern die begriffliche Bedeutung ist unter dem Gesichtspunkt der „Relativität der Rechtsbegriffe" im jeweiligen Zusammenhang unterschiedlich zu bestimmen[388]. Es kann daher nur darauf ankommen, was das Gesetz in § 162 AO unter „Besteuerungsgrundlagen" versteht[389]. Für Vergleichsverträge ist eine Unterscheidung zwischen einem bloß quantitativen Ansatz oder dem Sachverhalt als solchen nicht erforderlich. Jedenfalls ist, was zu zeigen ist, ein Vergleichsvertrag bei einer Ungewissheit der Höhe nach ebenso zulässig, wie bei einer Ungewissheit dem Grunde nach.

---

383 A.A. BFH, Beschl. v. 9.5.2006 – XI B 104/05, juris Rn. 23 ff.; s. aber auch BFH, Urt. v. 10.10.1972 – VII R 117/69, BStBl. II 1973, 68, juris Rn. 15; s. ebenso *Jakob*, Abgabenordnung, Rn. 183.

384 So im Ergebnis auch *Wassermeyer*, DB 2003, 1535; s. zu diesem Streit *Trzaskalik* in HHSp., AO/FGO, § 162 AO Rn. 11 ff. (Nov. 1997); *Müller-Franken*, Maßvolles Verwalten, S. 322 ff.; *Seer* in Tipke/Kruse, AO/FGO, § 162 AO Rn. 20 (Mai 2022); *Drüen* in HHSp., AO/FGO, § 88 AO Rn. 216 ff. (Juni 2021).

385 S. zu weiteren Nachweisen *Drüen* in HHSp., AO/FGO, § 88 AO Rn. 216 (Juni 2021).

386 *Martens*, StuW 1981, 322, 327 ff.; *Seer* in Tipke/Kruse, AO/FGO, § 162 AO Rn. 19 (Mai 2022); *Drüen* in HHSp., AO/FGO, § 88 AO Rn. 217 (Juni 2021).

387 So z.B. *Martens*, StuW 1981, 322, 328; *Martin*, BB 1986, 1021, 1030; *Seer* in Tipke/Kruse, AO/FGO, § 162 AO Rn. 20 (Mai 2022).

388 *Müller-Franken*, Maßvolles Verwalten, S. 322 f. m.w.N.

389 *Müller-Franken*, Maßvolles Verwalten, S. 323 m.w.N.

a) Vergleiche über die Steuerpflicht der Höhe nach

Häufig ist zwischen den Beteiligten unstreitig, dass der Steuerpflichtige einen steuerrechtlichen Tatbestand erfüllt hat und dieser z.B. der Einkommensteuer unterliegt, § 2 Abs. 1 EStG (Steuerpflicht dem Grunde nach). Ungewiss ist die genaue Höhe der Steuerschuld (Steuerpflicht der Höhe nach). Dies kommt regelmäßig bei alltäglichen Fällen vor, wenn nur einzelne Besteuerungsgrundlagen streitig sind. Wie etwa beispielsweise bei der Frage, ob ein häusliches Arbeitszimmer[390] vorliegt oder ob ein Vertrag zwischen nahen Angehörigen anzuerkennen ist. Ebenfalls bei komplexeren Rechtsfragen, wie etwa der Verwirklichung einer verdeckten Gewinnausschüttung i.S.v. § 8 Abs. 3 S. 2 KStG[391]. Dass eine Vereinbarung mittelbar den Tatbestandsbereich einer Norm erfasst, ist unschädlich[392]. Um die Abweichungen von der tatsächlich gegebenen Rechtslage bewerten zu können, sollten Voraussetzungen und Umfang der Ansprüche, die den Gegenstand des Vergleichsvertrages bilden, in ihren wesentlichen Umrissen feststehen[393]. Eine dergestalt pflichtgemäße, weil dem Normzweck des § 55 VwVfG, § 54 SGB X entsprechende Ermessensbetätigung, ist dann gewährleistet, wenn die Größenordnung der gegebenen Ansprüche verlässlich abschätzbar ist[394]. Bei einem steuerrechtlichen Vergleichsvertrag über die Würdigung eines erfüllten Tatbestandes, ist dies der Fall. Die Finanzbehörde und der Steuerpflichtige werden im Wege des „gegenseitigen Nachgebens" von ihren anfänglichen Standpunkten abrücken. Die Finanzbehörde wird sich vor dem Vertragsschluss über die aus ihrer Sicht zu fordernde Höhe der Steuerschuld eine Meinung bilden, welche eine tatsächliche oder rechtliche Ungewissheit beinhaltet. Die Höhe der Steuerschuld ist zwar nicht der unmittelbaren tatsächlichen Verständigung und damit auch dem Vergleichsvertrag zugänglich[395], die Einigung über bestimmte Besteuerungsgrundlagen wirkt sich jedoch mittelbar auf die Höhe

---

390 Das häusliche Arbeitszimmer ist eine „steuerliche Spielwiese für Unzufriedene", so *Birk*, DStR 2014, 65, 68.

391 Eine Vereinbarung über den Rechtsbegriff „verdeckte Gewinnausschüttung" ist zulässig, BFH, Urt. v. 8.10.2008 – I R 63/07, BStBl. II 2009, 121, juris Rn. 12.

392 BFH, Urt. v. 8.10.2008 – I R 63/07, BStBl. II 2009, 121, juris Rn. 12 m.w.N.

393 So *Degenhart*, NVwZ 1982, 71, 73; s. ebenso *Grziwotz* in FS Spiegelberger, S. 178, 180 f.: Um zu prüfen, ob die Abgaben rechtmäßig erhoben wurden, bedürfe es der Transparenz. Dies erfordere zwar keine Aufnahme der Berechnungsgrundlage in die vertragliche Vereinbarung, wohl aber eine Nachprüfbarkeit für den Zahlungspflichtigen.

394 *Degenhart*, NVwZ 1982, 71, 73.

395 S. BFH, Urt. v. 8.10.2008 – I R 63/07, BStBl. II 2009, 121, juris Rn. 15.

der Steuerschuld aus. Oft handelt es sich nicht, wie in anderen Gebieten des Verwaltungsrechts, etwa im Baurecht oder im Sozialrecht, um ein „Alles oder nichts“, sondern ein „Treffen in der Mitte“[396] der Steuerschuld.

Dieses mittelbare „Treffen in der Mitte“ ist im Steuerrecht auch möglich, wenn das Gesetz eine Entscheidung vorgibt, dies jedoch nur innerhalb der durch das Gesetz vorgegebenen Möglichkeiten. Zur Veranschaulichung der Problematik kann die Frage dienen, ob eine Feuerwerksdarbietung mit einer Theaterdarstellung vergleichbar ist und dem ermäßigten Steuersatz, § 12 Abs. 2 Nr. 7 Buchst. a) UStG unterliegt[397]. Eine vermittelnde Lösung dergestalt, dass sich die Beteiligten auf einen USt-Satz zwischen 7 und 19 % einigen, wäre in der Theorie denkbar gewesen. Unklar ist, welcher Steuersatz dem Gesetz entspricht, es ist aber sicher, dass ein dazwischen liegender Steuersatz dem Gesetz – mangels normativer Determination – jedenfalls nicht entspricht. Es ist insoweit nicht möglich „sehenden Auges“ über einen im Gesetz vorgesehen Steuersatz hinweg zu disponieren. Dies würde zu einem qualifizierten Verstoß gegen die Nichtigkeitsnorm des § 134 BGB führen, welche in das Steuerrecht als allgemeiner Rechtsgedanke übertragbar ist[398]. Der Steuersatz ist insoweit punktgenau determiniert, die Parteien können einen vom Gesetz abweichenden Satz nicht im Wege einer Einigung zugrunde legen. Zulässig ist jedoch, wenn sich die Parteien darüber verständigen, in welchem Umfang Umsätze ausgeführt worden sind, auf die der Regelsteuersatz, § 12 Abs. 1 UStG, anwendbar ist, und in welchem Umfang Umsätze ausgeführt worden sind, die dem ermäßigten Steuersatz unterliegen, § 12 Abs. 2 UStG[399]. Die Auslegung der „begünstigten Veranstaltung“ i.S.v. § 12 Abs. 2 Nr. 7 Buchst. a) UStG mag in die eine oder in die andere Richtung vertretbar sein. Wenn sich die Behörde im Rahmen ihres pflichtgemäßen Ermessens dazu entschließt, eine Aufteilung der Umsätze vorzunehmen und im Ergebnis eine „Halbe-Halbe“-Lösung wählt, ist die Gesetzesbindung nicht verletzt. Die objektive Ungewissheit wird von den Parteien konkretisiert. Die potentielle Gesetzesinkongruenz ist in diesen Fällen bewertbar und überschaubar.

---

396 *Birk*, DStR 2014, 65, 70 nennt dies „Halbe-Halbe-Lösung“; kritisch *Müller-Franken*, Maßvolles Verwalten, S. 231 ff.

397 S. zu dieser Konstellation BFH, Urt. v. 30.4.2014 – XI R 34/12, BStBl. II 2015, 166 und *Birk*, DStR 2014, 65, 70.

398 S. dazu unter Kap. 4 F. II. 1. dieser Arbeit.

399 BFH, Beschl. v. 20.2.2014 – XI B 85/13, juris Rn. 16, 19.

Ein weiteres Beispiel ist der Umfang der Geschäftsführervergütung als zulässiger Gegenstand einer tatsächlichen Verständigung. Der Umfang, insbesondere der Verhältnisanteil der als angemessen anzusehenden variablen Bestandteile der Geschäftsführervergütung einer GmbH kann Gegenstand einer Einigung im Rahmen der tatsächlichen Verständigung sein[400].

b) Vergleiche über die Steuerpflicht dem Grunde nach

Denkbar ist es auch, dass Streit um das „ob" der Verwirklichung eines steuerrechtlichen Tatbestandes besteht. Beispiele sind die Ungewissheit darüber, ob der Steuerpflichtiger überhaupt persönlich steuerpflichtig ist, das heißt, ob er beispielsweise einen Wohnsitz im Inland hat. Weitere Beispiele sind der Streit über die Gewinnerzielungsabsicht[401] oder Einkünfteerzielungsabsicht, im Gegensatz zur Liebhaberei oder die Frage, ob steuerbare oder nichtsteuerbare Einnahmen erzielt wurden. Auch in diesem Fall ist es der Finanzbehörde nicht verwehrt sich über diesen Tatbestand zu einigen. Die Einigung liegt vielmehr in ihrem „pflichtgemäßen Ermessen". Es handelt sich bei der Besteuerung um keine Ermessensentscheidung, so dass die Verwaltung handeln *muss* und anderenfalls – ohne Entscheidungsmöglichkeit – zunächst vor einem unüberwindbaren Ergebnis steht. Eine potentielle Gesetzesinkongruenz kann sowohl einseitigem als auch konsensualem Handeln anhaften. Der Vergleichsvertrag bietet naturgemäß die angemessenere Lösung, weil sich durch den Einigungsprozess ein Ergebnis findet, welches sich dem Gesetz am besten annähert[402].

---

400 BFH, Urt. v. 13.8.1997 – I R 12/97, juris Rn. 12.

401 Eine tatsächliche Verständigung über die Gewinnerzielungsabsicht ist zulässig, s. BFH, Urt. v. 20.9.2007 – IV R 20/05, juris Rn. 34 ff.: „Zwar ist dem FG zuzugeben, dass die Verständigung über das Tatbestandsmerkmal ‚Gewinnerzielungsabsicht' auch eine rechtliche Würdigung der objektiven Umstände und Tatsachen beinhaltet, vergleichbar einer Schlussfolgerung tatsächlicher Art i.S. des § 118 Abs. 2 FGO. Dem Grunde nach basiert die Verständigung aber auf einer Einigung über diejenigen objektiven Umstände und Tatsachen, die ihrerseits die tatsächliche Grundlage für die Beurteilung der Gewinnerzielungsabsicht bilden und diese erst ermöglichen."

402 So im Ergebnis auch *Goebel*, Der Vergleich im Steuerrecht, S. 71; *Seer*, Verständigungen in Steuerverfahren, S. 238; *Achatz*, DStJG 27 (2004), S. 161, 172 f.; *Birk*, Steuerrecht (2011), Rn. 50–59; a.A. für tatsächliche Verständigungen über die Umsatzsteuer *Zaumseil*, UStB 2009, 39, 40, welcher nur rein quantitative Vereinbarungen als Inhalt der tatsächlichen Verständigung für zulässig halten möchte.

V. Der Grundsatz der Gleichmäßigkeit der Besteuerung als Maßstab für Verwaltungshandeln (Art. 3 Abs. 1 GG, § 85 S. 1 AO)

Ebenso wie der Gesetzmäßigkeitsgrundsatz wird der Gleichmäßigkeitsgrundsatz als Argument für die Annahme eines allgemeinen Vertragsformverbots im Steuerrecht herangezogen, so dass dessen Bedeutung im Steuerverfahrensrecht zu untersuchen ist. Der Grundsatz der Gleichmäßigkeit der Besteuerung folgt aus § 85 S. 1 AO und ist Ausfluss des Art. 3 Abs. 1 GG als wesentlicher rechtsstaatlicher Auftrag[403]. Der Gleichmäßigkeitsgrundsatz beinhaltet zwei Komponenten: Die Rechtsetzungs- und die Rechtsanwendungsgleichheit. Ein Verstoß gegen Art. 3 Abs. 1 GG ist damit sowohl beim Gesetzeserlass als auch bei dessen Anwendung durch die Verwaltung möglich. Praktisch bedeutsam ist im Steuerrecht vor allem die Nichtbeachtung des Gleichheitssatzes bei der Rechtsetzung[404]. Bei der Rechtsanwendung kommt dem Gleichheitssatz hauptsächlich bei Ermessensentscheidungen Bedeutung zu[405]. Gleichheitsrechtlicher Ausgangspunkt im Steuerrecht ist der Grundsatz der Lastengleichheit[406]. Nach der Rechtsprechung des BVerfG sind die Besteuerungsvorgaben in „strikter Legalität" umzusetzen, um Belastungsgleichheit zu gewährleisten[407]. Die normative Gleichheit muss auch der strukturellen Gleichheit im Vollzug entsprechen[408]. Der Gesetzgeber ist daher verpflichtet, zur Vermeidung der Verfassungswidrigkeit des materiellen Steuergesetzes, dieses in ein normatives Umfeld einzubetten, das die tatsächliche

---

403 *Dittmann* in FS Dürig, S. 222, 222 ff.; *Seer* in Tipke/Kruse, AO/FGO, § 85 Rn. 10 (Jan. 2017); *Wernsmann* in HHSp., AO/FGO, § 3 AO Rn. 201 (Apr. 2021); *Gersch* in Klein, AO, § 3 Rn. 12.

404 Rechtsetzungsgleichheit bedeutet, dass die vom Gesetzgeber beschlossenen Gesetze dem Gleichheitssatz entsprechen müssen; s. nur *Arndt/Jenzen/Fetzer,* Allgemeines Steuerrecht, S. 71 ff.; *Hey* in Tipke/Lang, Steuerrecht, Rn. 3.110.

405 *Arndt/Jenzen/Fetzer,* Allgemeines Steuerrecht, S. 72; *Wernsmann* in HHSp., AO/FGO, § 3 AO Rn. 203, 205 (Apr. 2021).

406 BVerfG, Urt. v. 17.12.2014 – 1 BvL 21/12, BStBl. II 2015, 50, juris Rn. 123; *Eichberger* in FS für den BFH, S. 501, 518; *Seer* in Tipke/Kruse, AO/FGO, § 85 AO Rn. 12 (Jan. 2017); *Wernsmann* in HHSp., AO/FGO, § 4 AO Rn. 410 (Apr. 2021).

407 BVerfG, Urt. v. 27.6.1991 – 2 BvR 1493/89, BStBl. II 1991, 654, BVerfGE 84, 239, juris Rn. 109 (Zinsurteil des BVerfG).

408 BVerfG, Urt. v. 27.6.1991 – 2 BvR 1493/89, BStBl. II 1991, 654, BVerfGE 84, 239, juris Rn. 109 (Zinsurteil des BVerfG); BVerfG, Urt. v. 9.3.2004 – 2 BvL 17/02, BVerfGE 110, 94, BStBl. II 2005, 56, juris Rn. 36 ff.; *Wernsmann* in HHSp., AO/FGO, § 3 AO Rn. 205 (Apr. 2021).

Lastengleichheit der Steuerpflichtigen gewährleistet, im Veranlagungsverfahren mit der Ergänzung des Deklarationsprinzips durch das Verifikationsprinzip[409]. Dabei ist allerdings auch der allgemeine Grundsatz zu beachten, wonach Zweifel an der Vollständigkeit und Richtigkeit des Mitwirkungsbeitrages der Steuerpflichtigen durch hinreichende („greifbare") Anhaltspunkte begründet sein müssen[410]. Dieser anerkannte Grundsatz der Beschränkung der Sachverhaltsermittlung im Steuerrecht erfüllt nicht nur wichtige Schutz- und Sicherungsfunktionen zu Gunsten der Steuerpflichtigen, sondern entspricht auch einer realitätsgerechten Ausgestaltung des Besteuerungsverfahrens als Massenverfahren, das durch sachgerechte Konzentration behördlicher Ermittlungsmaßnahmen praktikabel bleiben muss[411].

Der Grundsatz der Gleichmäßigkeit der Besteuerung wird der Zulässigkeit von Vergleichsverträgen im Steuerrecht deshalb entgegengehalten, weil ein gegenseitiges Nachgeben in einem gesetzwidrigen „Paktieren" oder „Feilschen" über die Höhe der Steuerschuld enden soll[412]. Der Vergleichsvertrag verstieße dann gegen den Grundsatz der Gleichmäßigkeit der Besteuerung, wenn er dazu führen würde, dass eine ungleichmäßige Steuerverteilung erfolgt. Dies hängt jedoch davon ab, wie hoch die Steuerbelastung durch einen Vergleichsvertrag im Verhältnis zu der Steuerbelastung durch einen Verwaltungsakt ist[413]. Aufgrund der ungewissen Sach- oder Rechtslage bleibt die exakte Höhe der Steuerschuld für die Beteiligten ungewiss[414]. Der Gleichheitsgrundsatz ist handlungsformneutral.

---

409 BVerfG, Urt. v. 9.3.2004 – 2 BvL 17/02, BStBl. II 2005, 56, BVerfGE 110, 94, juris Rn. 123 und die Begründung zum Gesetzesentwurf des Gesetzes zur Modernisierung des Besteuerungsverfahrens, BT-Drucks. 18/7457, S. 67.

410 BT-Drucks. 18/7457, S. 67; s. zur Massenverwaltung erneut unter Kap. 2 C. VI. 1. dieser Arbeit.

411 BT-Drucks. 18/7457, S. 67.

412 *Offerhaus*, DStR 2001, 2093, 2094; *Achatz*, DStJG 27 (2004), S. 161, 173; nach *Ehlers*, DStR 1965, 64, 66 sei der Grundsatz der Gleichmäßigkeit der Besteuerung nur ein Lückenbüßer für eine konkrete Begründung. Es sei kein Fall bekannt, in welchem durch die fehlende Beachtung der Gleichmäßigkeit der Besteuerung anderen Steuerpflichtigen eine zusätzliche Steuerlast aufgebürdet wurde. Dies überzeugt allerdings nicht, denn Art. 3 Abs. 1 GG ist bereits verletzt, wenn dem vertragsschließenden Steuerpflichtigen eine zu geringe Steuerlast auferlegt wird.

413 *Eich*, Verständigung im Steuerverfahren, S. 46.

414 S. dazu schon unter Kap. 2 C. III. dieser Arbeit. Ein Urteil des FG könnte auch zugunsten des Steuerpflichtigen erfolgen, so dass er besser stünde als bei einer einvernehmlichen, im gegenseitigen Nachgeben, getroffenen Vereinbarung, so *Eich*, Verständigung im Steuerverfahren, S. 33 f., S. 42 f.

Wie der Inhalt des Vergleichs gegen diesen verstoßen kann, so kann es auch der Vergleichsvertrag. Entscheidend ist folglich der Inhalt des Verwaltungshandelns, nicht die Form[415]. Die Gleichmäßigkeit der Besteuerung kann keine Handlungs- oder Rechtsform verbieten, auch nicht einen Vertrag, sie kann allein dessen Inhalt regeln und bestimmte Vertragsklauseln untersagen[416].

Dass ein Steuerpflichtiger einen Vergleich mit der Finanzbehörde schließen kann, wohingegen ein *anderer* Steuerpflichtiger diese Möglichkeit nicht hat, verletzt ebenfalls nicht den Gleichheitsgrundsatz. Entscheidend ist nicht, ob die konkret festgelegte Rechtsfolge auf einem Vergleich oder einem Verwaltungsakt beruht. Nur die konkrete Rechtsfolge, der Inhalt des Vergleichs, kann gegen den Grundsatz der Gleichmäßigkeit der Besteuerung verstoßen[417]. Zudem führt eine etwaige Verletzung des objektiven verfassungsmäßigen Auftrages zur Herstellung der Rechtsanwendungsgleichheit nicht zur Begründung *subjektiver* Rechte Dritter. Ein hypothetischer Eingriff in den Gleichheitssatz kann sich überdies durch sachliche Gründe rechtfertigen, wie etwa aus Gründen der Verwaltungsökonomie oder der Sicherung des Rechtsfriedens[418].

Für steuerrechtliche Vergleichsverträge besteht ein Bedürfnis, das „nicht auf der Absicht gleichheitswidriger Begünstigung" des Steuerpflichtigen beruht, sondern im Einklang mit dem Gleichheitssatz eine unsichere Rechts- und Faktenlage „auf eine neue und sichere Basis stellen soll"[419]. Vertragliche Absprachen können sich einer gleichheitskonformen Besteuerung mitunter besser annähern als hoheitliche Eingriffe, die nur vermeintlich den wahren Sachverhalt treffen[420]. Kooperatives Verwaltungshandeln ist damit nicht nur eine „Klugheitsregel", sondern auch ein „Postulat zur Herstellung der Lastengleichheit"[421]. Der

---

415 S. dazu schon unter Kap. 2 C. IV. 4. dieser Arbeit.

416 So *F. Kirchhof*, Grundriß des Abgabenrechts, 1991, S. 48; s. ebenso ausführlich *Eich*, Verständigung im Steuerverfahren, S. 42.

417 S. für den öffentlich-rechtlichen Vertrag *Sontheimer*, Der verwaltungsrechtliche Vertrag im Steuerrecht, S. 100; *Eich*, Verständigung im Steuerverfahren, S. 33 f., S. 42 f.

418 So *Achatz*, DStJG 27 (2004), S. 161, 174.

419 S. insgesamt *F. Kirchhof*, Grundriß des Abgabenrechts, 1991, S. 48. Nach *Kirchhof* bestehe ein Bedürfnis für die Steuervereinbarung, welche nicht automatisch zu einem Verstoß gegen den Grundsatz der gleichmäßigen Besteuerung führe. Die Vereinbarung über Zahlungsmodalitäten müsse zulässig sein, anderenfalls wären die Akte der Stundung und des Erlasses verfassungswidrig.

420 So z.B. *Schimpf*, Der verwaltungsrechtliche Vertrag, S. 228; s. zu Verständigungen als Mittel eines maßvollen Gesetzesvollzuges *Seer*, Verständigungen in Steuerverfahren, S. 237 ff.

421 So zutreffend *Birk/Desens/Tappe*, Steuerrecht (2021), Rn. 50 m.w.N.

Vergleichsvertrag schafft die Möglichkeit, eine vom Gesetzgeber nicht gewollte Wirkung bei einem Steuerpflichtigen durch allzu schematische Anwendung eines bestimmten Steuergesetzes abzuwenden[422].

Eine Gefahr für die Gesetz- und Gleichmäßigkeit der Besteuerung droht naturgemäß ohnehin weniger durch formalisierte, aktenkundige und damit nachprüfbare Verträge, sondern vielmehr durch informale (nicht dokumentierte) Absprachen, deren potentiell gesetzwidrigen Inhalt einseitige Steuerverwaltungsakte mit bestandskräftiger Wirkung umsetzen[423].

VI. Der Untersuchungsgrundsatz im Besteuerungsverfahren

1. Finanzbehördliche Aufklärungspflicht in der Massenverwaltung

Da Vergleichsverträge als mit dem Untersuchungsgrundsatz für unvereinbar gesehen werden, ist schließlich die Bedeutung des Untersuchungsgrundsatzes und dessen Vereinbarkeit mit steuerrechtlichen Vergleichsverträgen zu untersuchen[424]. Für den steuerrechtlichen Untersuchungsgrundsatz[425] sind die Bedingungen der Massenverwaltung prägend[426]. Im Mittelpunkt des § 88 AO steht schon lange nicht mehr der Amtsträger als derjenige, der nach sorgfältiger Prüfung auf der Grundlage eines typischen oder ausgeforschten Sachverhalts richtig entscheidet. Ergänzt bzw. weitestgehend ersetzt wird der Amtsträger in Massenverfahren durch automatisierte Prüfungsroutinen[427]. In der Vielzahl der

---

422 S. ebenso *Goebel*, Der Vergleich im Steuerrecht, S. 72: Das Steuerecht sei Massenfallrecht und erfordere eine pragmatische und einfache Anwendung des Rechts. Dennoch sei das Steuerrecht auch „Recht", welches unter Gerechtigkeitsgesichtspunkten verlangt, dass atypische und ungewisse Fälle zu einer für alle Parteien akzeptablen und umsetzbaren Lösung führen sollen.

423 Zu tatsächlichen Verständigungen *Seer*, BB 1999, 78, 84 f.; *Seer*, Verständigungen in Steuerverfahren, S. 124, 476 ff.; *Seer* in Tipke/Kruse, AO/FGO, Vorb. zu §§ 118–129 AO Rn. 9 (Aug. 2021).

424 Vgl. *Paulick*, JuS 1966, 21, 22; v. *Voigt*, Auskünfte, Zusagen und Vereinbarungen im Steuerrecht, S. 120 f.; *Isensee*, Die typisierende Verwaltung, S. 190; *Müller-Franken*, Maßvolles Verwalten, S. 207 f. m.w.N.; s. zum finanzgerichtlichen Untersuchungsgrundsatz unter Kap. 4 B. III. 1. dieser Arbeit.

425 Zum Untersuchungsgrundsatz s. unter Kap. 4 D. III. 3. dieser Arbeit.

426 *Söhn* in HHSp., AO/FGO, § 85 AO Rn. 44 (Aug. 2016); *Seer* in Tipke/Kruse, AO/FGO, § 85 AO Rn. 25 (Jan. 2017); *Drüen*, DStJG 42 (2019), S. 193, 196.

427 *Seer*, StuW 2003, 40, 46; *Ahrendt*, NJW 2017, 537, 540.

Veranlagungsfälle hat der Untersuchungsgrundsatz praktisch kaum eine Bedeutung[428]. Nach § 155 Abs. 4 AO[429] können die Finanzbehörden die Steuerfestsetzung ausschließlich automationsgestützt vornehmen, soweit kein Anlass dazu besteht, den Einzelfall durch Amtsträger zu bearbeiten. In Massenveranlagungsverfahren wird aufgrund der Mitwirkungspflichten von Steuerpflichtigen ohne weitere Ermittlung veranlagt[430]. Das finanzbehördliche Massenverwaltungsrecht steht im Spannungsfeld der Gleichmäßigkeit und Gesetzmäßigkeit der Besteuerung nach Art. 3 Abs. 1 GG, Art. 20 Abs. 3 GG und § 85 AO und der Einhaltung der Freiheitsrechte des Steuerpflichtigen nach Art. 2 Abs. 1 GG, Art. 12 Abs. 1, Art. 14 Abs. 1 GG[431]. Die verfassungsrechtlichen Maximen der Gleichmäßigkeit, Gesetzmäßigkeit und Verhältnismäßigkeit bilden den übergeordneten rechtsstaatlichen Rahmen und stellen ein „verfassungsrechtliches Abwägungsdreieck" dar[432]. Aus diesem Dreieck folgt die Optimierungsaufgabe des Gesetzgebers bei der Normierung der Steuergesetze und der Finanzverwaltung bei der verfahrensrechtlichen Umsetzung[433]. Im Massenfallrecht wandelt sich der Inhalt

---

428 *Kansteiner* in Kooperatives Verwaltungshandeln im Besteuerungsverfahren, S. 6: In der untersten Einkommenskategorie werden etwa 1 % der Steuerfälle intensiv geprüft; *Seer*, StuW 2003, 40, 42; *Eckhoff*, Rechtsanwendungsgleichheit im Steuerrecht, S. 461 f.; *Grashoff* in Grashoff, Grundzüge des Steuerrechts, Rn. 583; *Seer* in DWS Symposium 2014, S. 7, 10 ff.; *Arndt*, Allgemeines Steuerrecht, S. 153, vor allem wenn die Steuerfestsetzung unter Vorbehalt der Nachprüfung erfolgt.

429 Diese Vorschrift bildete das „Herzstück zur Modernisierung des Besteuerungsverfahrens" s. *v. Wedelstädt*, AO-StB 2016, 196, 198; *Seer* in Tipke/Kruse, AO/FGO, § 155 AO Rn. 43 (Apr. 2017); s. allgemein zu den Rahmenbedingungen eines automatischen Erlasses von Verwaltungsakten *Siegel*, VerwArch. 2014, 241, 255.

430 *Drüen*, Zukunftsfragen des deutschen Steuerrechts, S. 1, 14 f.; *Grashoff* in Grashoff, Grundzüge des Steuerrechts, Rn. 583.

431 *Seer*, FR 1997, 553, 557; *Seer*, SteuerStud 2010, 369; *Drüen*, DStJG 42 (2019), S. 193, 196; *Waldhoff*, DStJG 42 (2019), S. 59, 76; *Seer* in Tipke/Lang, Steuerrecht, Rn. 21.1; *Drüen* in HHSp., AO/FGO, § 88 AO Rn. 4 (Juni 2021); § 155 Abs. 4 AO solle einem wirtschaftlich zweckmäßigeren und risikoorientierten Einsatz der knappen Personalressourcen der Finanzverwaltung dienen. Die intensivierte Nutzung der Möglichkeiten der EDV, gepaart mit einem risikoorientierten Einsatz des Personals, gefährde nicht, sondern diene der verbesserten Verwirklichung der Gesetz- und Gleichmäßigkeit der Besteuerung, so *Seer* in Tipke/Kruse, AO/FGO, § 155 AO Rn. 43 (Apr. 2017).

432 Dieser Begriff geht zurück auf *Seer*, Verständigungen in Steuerverfahren, S. 295 ff.; *Seer*, DStJG 31 (2008), S. 7, 14; *Seer*, StuW 2015, 315, 318 f.; *Seer* in Tipke/Kruse, AO/FGO, § 85 AO Rn. 26 (Jan. 2017); *Seer* in Tipke/Lang, Steuerrecht, Rn. 21.3.

433 *Seer*, DStJG 31 (2008), S. 7, 13 ff.; *Seer* in Tipke/Kruse, AO/FGO, § 85 AO Rn. 26 (Jan. 2017); *Seer* in Tipke/Lang, Steuerrecht, Rn. 21.2.

des Untersuchungsgrundsatzes von einer unrealistischen individuellen und 100-prozentigen Gewährleistung zu einer strukturellen Vollzugssicherungspflicht der Finanzbehörde[434]. Teilweise wurde in der Literatur gefordert, dass die Finanzbehörde den wahren Sachverhalt in jedem Einzelfall feststellen muss, das heißt, dass der Sachverhalt mit an Sicherheit grenzender Wahrscheinlichkeit, also zur vollen Überzeugung des Beamten feststehen müsse[435]. Diese „100-Prozent Doktrin" ist allerdings wirklichkeitsfremd[436]. Die vollständige Kontrolle und flächendeckende Ermittlung der materiellen Wahrheit (sog. Totalvollzug) ist schlicht nicht umsetzbar[437]. Aufklärungspflicht und Aufklärungsmöglichkeit fallen auseinander, ein teilweiser Verzicht auf gesetzmäßige Besteuerung ist unvermeidlich[438]. Die Ressourcen der Finanzbehörden reichen nicht aus, um die massenweise anfallenden steuererheblichen Sachverhalte unterschiedslos und wahrheitsgemäß aufzuklären, die Aufklärungspflicht stößt an ihre tatsächlichen Grenzen[439]. Die Misere der Finanzverwaltung ist im erheblichen Anstieg der Steuerfälle, bei teilweise rückläufigen Personalausstattungen und den häufigen, teilweise umfangreichen Änderungen des Steuerrechts und der Vielzahl gerichtlicher und außergerichtlicher Rechtsbehelfe zu sehen[440]. Selbst bei erheblicher Personalerhöhung wäre eine Einzelfallprüfung unmöglich[441]. Doch auch

434 Dies ist kein neues, aber ein nach wie vor relevantes Problem s. nur *Seer*, DStJG 31 (2008), S. 7, 11 ff.; *Mann*, DStR 2009, 506; *Seer* in Tipke/Kruse, AO/FGO, § 85 AO Rn. 24 ff. (Jan. 2017); *Drüen*, DStJG 42 (2019), S. 193, 198; *Waldhoff*, DStJG 42 (2019), S. 59, 76.

435 Diese unrealistische Forderung stellten auf: *Nierhaus*, Beweismaß und Beweislast, S. 62 f.; *Lambrecht*, DStJG 21 (1998), S. 79, 81; *Müller-Franken*, Maßvolles Verwalten, S. 279 ff.; 305 ff., s. aber nun relativierend *Müller-Franken*, StuW 2018, 113, 114 Fußnote 16.

436 *Seer*, DStJG 31 (2008), S. 7, 9 ff.; *Seer*, StuW 2015, 315, 317; *Söhn* in HHSp., AO/FGO, § 85 AO Rn. 46 (Aug. 2016).

437 Ausführlich *Isensee*, Die typisierende Verwaltung, S. 155 ff.; *Söhn* in HHSp., AO/FGO, § 85 AO Rn. 44 (Aug. 2016); *Drüen* in HHSp., AO/FGO, § 88 AO Rn. 174 (Juni 2021).

438 *Isensee*, Die typisierende Verwaltung, S. 155 ff.; *Seer*, DStR 2008, 1553, 1554; *Drüen* in HHSp., AO/FGO, § 88 AO Rn. 174 (Juni 2021).

439 *Isensee*, Die typisierende Verwaltung, S. 155 ff.; *Stolterfoht*, DStJG 21 (1998), S. 233, 236 ff.; *Seer*, FR 2012, 1000, 1001; *Hummel*, beck.digitax 2020, 60, 61.

440 S. etwa *Isensee*, Die typisierende Verwaltung, S. 155 ff.; *Weingarten* in Kooperatives Recht, S. 149, 150; *Meyding/Bühler*, DStR 1991, 488, 489; *Drüen*, Zukunftsfragen des deutschen Steuerrechts, S. 1, 2 ff.; s. ebenso *Seer*, StuW 2003, 40, 45.

441 *Seer*, FR 1997, 553, 556 ff.; *Seer*, StbJb. 2004/2005, S. 53, 54; *Nagel/Waza*, DStZ 2008, 321, 322; *Seer* in Tipke/Kruse, AO/FGO, § 85 AO Rn. 25 (Jan. 2017); *Hummel*, beck. digitax 2020, 60, 61; *Drüen* in HHSp., AO/FGO, § 88 AO Rn. 177 (Juni 2021).

die rechtlichen Grenzen stehen einer vollständigen Aufklärung entgegen. Die Finanzverwaltung kann selbst bei bester personeller und technischer Ausstattung nicht vollständig in den Privatbereich des Steuerpflichtigen eindringen[442]. Wäre die Finanzverwaltung gezwungen, jeden Steuerfall zu überprüfen, so könnte sie nur einige Fälle umfassend, andere Fälle aber überhaupt nicht behandeln[443]. Dieses Vorgehen würde überdies gegen das Gebot der Rechtsanwendungsgleichheit, welches aus Art. 3 Abs. 1 GG folgt, verstoßen[444]. Es stellt damit keinen Verstoß gegen den Untersuchungsgrundsatz dar, wenn sich die Finanzbehörde und der Steuerpflichtige auf einen Sachverhalt einigen, sofern dieser nach Ausschöpfung der Sachverhaltsaufklärungsmöglichkeiten ungewiss bleibt[445].

2. Der Untersuchungsgrundsatz und die Strukturprinzipien der Verifikation und Kooperation im Rahmen der Massenverwaltung

Der Untersuchungsgrundsatz kann nicht isoliert ohne die Strukturprinzipien[446] des deutschen Steuerrechts gesehen werden: die Kooperationsmaxime und die Verifikation. Die Verifikation ist dabei das „Gegengewicht" zur Kooperation[447] und die Kooperation das „Gegengewicht" zum Untersuchungsgrundsatz. Die Kooperationsmaxime ist nicht als vorrangiges Prinzip dergestalt einzuordnen, dass die Steuerverwaltung Konflikte möglichst vermeiden soll[448]. Kooperation bedeutet nicht eine möglichst umfassende Harmonie ohne die Durchführung

442 S. dazu schon unter Kap. 2 C. V. dieser Arbeit; *Seer* in Tipke/Kruse, AO/FGO, § 85 AO Rn. 25 (Jan. 2017); *Birk/Desens/Tappe*, Steuerrecht (2021), Rn. 50.

443 S. dazu schon unter Kap. 2 C. V. dieser Arbeit; *Seer*, FR 1997, 553, 556; *Seer*, StbJb. 2004/2005, S. 53, 54; *Seer*, DStR 2008, 1553, 1554.

444 *Seer*, FR 1997, 553, 556 f.; *Seer*, DStJG 31 (2008), S. 7, 11; *Seer* in Tipke/Kruse, AO/FGO, § 85 AO Rn. 25 (Jan. 2017).

445 A.A. beispielsweise *Müller-Franken*, Maßvolles Verwalten, S. 207 f.; s. zum Tatbestandsmerkmal der Sachverhaltsungewissheit des steuerrechtlichen Vergleichsvertrages unter Kap. 4 D. III. 3. dieser Arbeit.

446 *Drüen*, Zukunftsfragen des deutschen Steuerrechts, S. 1, 8, 18; zur verfassungsrechtlichen Herleitung des Untersuchungsgrundsatzes und seiner „systemprägenden Prinzipien" *Kobor*, Kooperative Amtsermittlung im Verwaltungsrecht, S. 55 ff.

447 BFH, Urt. v. 17.1.1956 – I 242/54 U, juris Rn. 5; *Wünsch* in Koenig, AO, § 90 Rn. 1: „Spiegelbild"; *Drüen*, Zukunftsfragen des deutschen Steuerrechts, S. 1, 18; s. ebenso *Seer* in Tipke/Lang, Steuerrecht, Rn. 21.7: „Beschränkung".

448 So aber *Birk*, Steuerrecht (2011), Rn. 50–59. Mittel der Kooperation seien nicht nur tatsächliche Verständigungen, sondern auch Erörterungen nach § 364a AO und in engen Grenzen auch der Vergleich bei zweifelhafter Rechtslage.

eines eventuellen Rechtsstreits[449]. Kooperation und Verifikation stehen vielmehr auf gleicher Stufe.

a) *Verifikation und Untersuchungsgrundsatz*

Auf die Verifikation der Steuererklärungen durch die Finanzbehörde, das heißt auf die Kontrolle des Sachverhalts auf dessen Richtigkeit[450], darf nach der Rechtsprechung des BVerfG nicht gänzlich verzichtet werden[451]. Nach dieser Rechtsprechung bedarf die Deklaration des Steuerpflichtigen der Verifikation der Finanzverwaltung. Die Finanzbehörde darf mithin nicht nur auf die gesetzmäßige Erfüllung der Selbstdeklaration durch den Steuerpflichtigen vertrauen[452]. Sie hat vielmehr die verfassungsrechtliche Pflicht die steuerliche Belastungsgleichheit durch Kontrolle zu gewährleisten[453]. § 88 AO dient damit der nachvollziehenden Verifikation der für die einzelnen Steuergesetze erheblichen Sachverhalte durch die zuständige Finanzbehörde[454]. Durch das Verifikationsprinzip wird jedoch kein eigener materieller Gestaltungsspielraum der Finanzbehörden geschaffen, vielmehr gibt der Gesetzgeber den Finanzbehörden mit den Steuergesetzen das materielle Vollzugsprogramm vor, die „Verifikationsverwaltung" hat dieses dann im Rahmen ihrer Möglichkeiten umzusetzen[455]. Die Kontrolle wird durch eine stichprobenhafte Überprüfung durchgeführt bzw. durch die Installierung eines strukturellen Kontrollsystems, das am jeweiligen Kontrollbedürfnis ausgerichtet

---

449 *Drüen*, Zukunftsfragen des deutschen Steuerrechts, S. 1, 20; das Zusammenwirken der beiden Strukturprinzipien wird durch das Verhältnismäßigkeitsprinzip bestimmt, s. *Drüen*, FR 2011, 101, 109.

450 *Seer* in Tipke/Kruse, AO/FGO, § 85 AO Rn. 14 (Jan. 2017); zur Relevanz des Verifikationsprinzips für den Tatbestand der Steuerhinterziehung s. *Salditt*, wistra 2021, 217.

451 S. schon unter Kap. 2. C. V. dieser Arbeit; z.B. BVerfG, Urt. v. 27.6.1991 – 2 BvR 1493/89, BVerfGE 84, 239, juris Rn. 115 (Zinsurteil des BVerfG); BVerfG, Urt. v. 9.3.2004 – 2 BvL 17/02, BVerfGE 110, 94, juris Rn. 65.

452 BVerfG, Urt. v. 27.6.1991 – 2 BvR 1493/89, BVerfGE 84, 239, juris Rn. 115 (Zinsurteil des BVerfG); *Drüen*, FR 2011, 101, 106; *Seer* in Tipke/Lang, Steuerrecht, Rn. 21.7.

453 BT-Drucks. 18/7457, S. 67; *Seer*, FR 1997, 553, 557; *Seer* in Tipke/Lang, Steuerrecht, Rn. 21.7.

454 BVerfG, Urt. v. 27.6.1991 – 2 BvR 1493/89, BStBl. II 1991, 654, BVerfGE 84, 239, juris Rn. 115 (Zinsurteil des BVerfG); *Drüen*, Zukunftsfragen des deutschen Steuerrechts, S. 1, 8 f.; *Drüen*, FR 2011, 101, 106; *Drüen*, DStJG 42 (2019), S. 193, 199.

455 *Drüen*, FR 2011, 101, 106; *Drüen*, DStJG 42 (2019), S. 193, 197. *Drüen* prägte den Begriff der „Verifikationsverwaltung".

ist[456]. Zweifel, welche sich durch die stichprobenhaften Überprüfung ergeben, erfordern eine weitergehende Ermittlung. Eine Vollkontrolle ist aufgrund der Massenverwaltung nur bedingt umsetzbar, ausreichend ist die Kontrollmöglichkeit[457] bzw. eine Plausibilitätskontrolle[458]. Aufgrund der Bedingungen der Massenverwaltung und dem daraus resultierenden Spannungsverhältnis zwischen Aufklärungspflicht und Aufklärungsmöglichkeit ist der Einsatz der Ressourcen und Instrumenten der Verifikation eine Verteilungsentscheidung[459]. Gesetzliches Ziel ist stets die gesetzmäßige und gleichmäßige Festsetzung und Erhebung, § 85 S. 1 AO.

b) Kooperationsmaxime und Untersuchungsgrundsatz

aa) Überblick zur Kooperationsmaxime

Ferner ist auf das Verhältnis zwischen der Kooperationsmaxime und dem Untersuchungsgrundsatz einzugehen. Die Finanzbehörde kann den Sachverhalt schon der Natur der Sache nach nicht ohne Mitwirkung des Steuerpflichtigen ermitteln, der Steuervollzug ist keine rein staatliche Aufgabe[460]. Der Alleingang der Steuerbehörde ist faktisch nicht möglich und widerspricht überdies den gesetzlichen Mitwirkungspflichten[461]. Ausdruck der Kooperationsmaxime sind die Mitwirkungspflichten, welche dem Steuerpflichtigen eine sphärenorientierte Mitverantwortung für die Sachverhaltsaufklärung zuweisen[462]. In der Außenprüfung wird die Kooperationsmaxime besonders deutlich[463]. Die Finanzbehörden können ihren gesetzlichen Auftrag, Steuern gesetzmäßig festzusetzen und zu erheben, § 85 S. 1 AO, nur in Zusammenarbeit mit dem Steuerpflichtigen

---

456 *Tipke*, Die Steuerrechtsordnung III, S. 1460 ff.; *Seer* in Tipke/Kruse, AO/FGO, § 85 AO Rn. 14 (Jan. 2017); die Digitalisierung des Besteuerungsverfahrens beschäftigt die aktuelle Literatur, so z.B. die 43. Jahrestagung der DStJG 2019; s. ebenso *Hummel*, beck.digitax 2020, 60; *Zaumseil/Stöhr*, VR 2021, 217; ebenso die offenen Fragen um elektronische Risikomanagementsysteme, s. *Seer* in Tipke/Lang, Steuerrecht, Rn. 21.7.

457 *Drüen*, DStJG 42 (2019), S. 193, 198; *Seer* in Tipke/Lang, Steuerrecht, Rn. 21.7.

458 *Seer*, FR 1997, 553, 559; *Seer* in Tipke/Lang, Steuerrecht, Rn. 21.7.

459 *Drüen*, Zukunftsfragen des deutschen Steuerrechts, S. 1, 8.

460 *Seer*, StuW 2003, 40, 42; *Drüen*, DStJG 31 (2008), S. 167, 168 ff.; *Drüen*, FR 2011, 101, 102; *Seer* in Tipke/Lang, Steuerrecht, Rn. 21.171.

461 *Drüen*, FR 2011, 101, 104; *Drüen* in HHSp., AO/FGO, § 88 AO Rn. 14 (Juni 2021).

462 S. zu Beweismaß und Beweislast nach Sphärenverantwortung im Steuerrecht unter Kap. 4 D. III. 3. c).

463 Vgl. zu Mitwirkungspflichten in der Außenprüfung *Streck/Kamps*, Die Außenprüfung, Rn. 404 ff.; *Pflaum*, StBp 2021, 222.

erfüllen. Ohne die durch den Steuerpflichtigen durchzuführende Steueranmeldung wäre die Besteuerung in der Massenverwaltung schlicht unmöglich[464]. Der Steuerpflichtige muss damit zur Sachverhaltsaufklärung beitragen, oft ist dieser der einzige Wissensträger. Die Letztverantwortung für die Aufklärung des Sachverhalts bleibt aber bei der Finanzbehörde als „Treuhänderin der Gemeinwohlinteressen“[465]. Die Mitwirkung des Steuerpflichtigen ist dabei kein „Notbehelf“, sondern Folge der materiellen Grundwertungen des Gesetzgebers[466].

bb) Kooperation als gemeinsame Zusammenarbeit

Schon aus dem Begriff „Kooperation“[467] lässt sich schließen, dass die Kooperationsmaxime nicht als einseitiges Prinzip zu interpretieren ist. Unter „Kooperation“ ist in erster Linie nur die Zusammenarbeit bzw. Arbeitsteilung zwischen verschiedenen Akteuren[468] zu verstehen bzw. eine gegenseitige Unterstützung[469]. Zum Untersuchungsgrundsatz gehört es auch, den Steuerpflichtigen zur Mitwirkung anzuhalten und diesem rechtliches Gehör zu gewähren[470]. Die Kooperationsmaxime beschränkt ihren Anwendungsbereich folglich nicht nur in den Mitwirkungspflichten des Steuerpflichtigen und der Erfüllung der gesetzmäßigen Besteuerung, sondern erstreckt sich umgekehrt auch auf die Unterstützung des Steuerpflichtigen bei der Durchsetzung von Rechten und Pflichten[471]. Kooperation erfordert ein Umdenken „vom konfrontativen zum kooperativen Steuerstaat“[472]. Sie findet teilweise in den gesetzlichen

---

464 *Drüen*, Zukunftsfragen des deutschen Steuerrechts, S. 1, 18 f.; *Drüen*, FR 2011, 101, 104 m.w.N.

465 *Jansen*, Das Steuerverfahren im Spannungsfeld von Europa- und Verfassungsrecht, S. 31; *Roser* in Gosch, AO/FGO, § 88 AO Rn. 6 spricht von „Verfahrensherrschaft“; *Drüen*, DStJG 42 (2019), S. 193, 200: „Herrin des Verwaltungsverfahrens“; *Seer* in Tipke/Kruse, AO/FGO, § 88 AO Rn. 1, 3 (Jan. 2017); *Seer* in Tipke/Lang, Steuerrecht, Rn. 21.170.

466 *Drüen*, Zukunftsfragen des deutschen Steuerrechts, S. 1, 18.

467 Wobei der Begriff „Kooperation“ deutungsoffen ist, vgl. *Drüen*, FR 2011, 101, 103.

468 So *Drüen*, FR 2011, 101, 103; s. in diese Richtung ebenso *Seer*, StuW 2003, 40, 42: kooperative Verantwortungsgemeinschaft; *Seer* in Tipke/Lang, Steuerrecht, Rn. 21.170; *kritisch* Söhn in HHSp., AO/FGO, § 90 AO Rn. 28 (Apr. 2020), zur Tax Compliance sogleich.

469 *Spilker*, Behördliche Amtsermittlung, S. 169.

470 *Wagner* in Kühn/v. Wedelstädt, AO/FGO, § 88 AO Rn. 5.

471 *Spilker*, Behördliche Amtsermittlung, S. 16.

472 *Eckhoff*, StuW 1996, 107, 107 ff.; *Seer*, Verständigungen in Steuerverfahren, S. 1 ff., 176 ff.; *Eckhoff*, Rechtsanwendungsgleichheit im Steuerrecht, S. 273, 319 ff.; zum

Nebenpflichten[473] Berücksichtigung, wonach dem Steuerpflichtigen beispielsweise nach § 89 Abs. 1 S. 2 AO Auskünfte zu erteilen sind. Die gegenseitige Unterstützung bzw. Beratung und der gemeinschaftliche Austausch dienen der wechselseitigen Interessenwahrung im Steuerrechtsverhältnis. Aus § 89 Abs. 1 AO[474] folgt die Fürsorgepflicht der Finanzbehörde, welche Teil der Kooperationsmaxime ist[475]. § 89 Abs. 1 S. 1 AO betrifft die allgemeine Betreuungspflicht, § 89 Abs. 1 S. 2 AO die besondere Verfahrensfürsorgepflicht. Die Betreuungspflicht dient der gesetzmäßigen Besteuerung nach § 85 S. 1 AO sowie der Verwirklichung der Grundrechte des Bürgers durch wirksame Teilhabe am Verfahren zur Herstellung der Waffengleichheit[476].

cc) Kooperationsmaxime und Tax-Compliance-Strategie

Im Zusammenhang mit der Kooperationsmaxime wird neuerdings häufiger der Begriff „Tax-Compliance-Strategie" oder „Tax-Compliance-Konzept" verwendet. Unter dem schillernden Begriff der „Compliance" sind vor allem Maßnahmen zur Gewähr von Rechtstreue des Steuerpflichtigen, also die Beachtung geltender Steuergesetze und die Erfüllung steuerlicher Pflichten, zu verstehen[477]. Unter dem Aspekt des zitierten Wandels vom „konfrontativen zum kooperativen Steuerstaat", hat die Tax Compliance zunehmende Relevanz. Konsensuale Handlungsformen sind als Element der Tax-Compliance-Strategie zu verorten und dienen ihrer Implementierung in nicht unerheblichem Maße.

Aus Sicht der Finanzbehörde ist Ziel der Tax Compliance den Steuerpflichtigen zu einer verbesserten Einhaltung der Steuergesetze zu motivieren[478].

Wandel vom konfrontativen zum kooperativen Steuerstaat bereits unter Kap. 1 B. I. dieser Arbeit.

473 *Spilker*, Behördliche Amtsermittlung, S. 16.

474 § 89 Abs. 1 AO entspricht § 25 Abs. 1 VwVfG und §§ 13, 14 SGB I.

475 *Seer* in Tipke/Kruse, AO/FGO, § 89 AO Rn. 1 (Febr. 2018); *Roser* in Gosch, AO/FGO, § 89 AO Rn. 1 (Aug. 2018): § 89 Abs. 1 AO fußt auf dem Rechtsstaatsprinzip; so auch *Volquardsen* in SP, AO/FGO, § 89 AO Rn. 1 (Juli 2017); vgl. zum Verhältnis zu der Prozessfürsorgepflicht des Gerichts unter Kap. 4 F. I. dieser Arbeit.

476 *Söhn* in HHSp., AO/FGO, § 89 AO Rn. 14 (Aug. 2016); *Seer* in Tipke/Kruse, AO/FGO, § 89 AO Rn. 3 (Febr. 2018); *Hahlweg* in Koenig, AO, § 89 Rn. 2.

477 Zur Begriffsbestimmung anschaulich *Streck/Binnewies*, DStR 2009, 229, 229 ff., s. ebenfalls *Mann*, DStR 2009, 506; *Seer*, StbJb. 2004/2005, S. 53, 57 ff.; *Spilker*, Behördliche Amtsermittlung, S. 16 f.; *Seer* in Tipke/Kruse, AO/FGO, § 85 AO Rn. 28 (Jan. 2017); *Drüen* in HHSp., AO/FGO, § 88 AO Rn. 16 (Juni 2021).

478 *Seer*; StuW 2003, 40, 52; *Streck/Binnewies*, DStR 2009, 229, 230; *Kaiser*, IWB 2016, 638, 638 ff.

Insbesondere Risikomanagementsysteme, § 88 Abs. 5 AO, sollen Steuerpflichtige zur eigenmotivierten Erfüllung ihrer umfassenden Mitwirkungspflichten bewegen[479]. Gleichzeitig sollen Finanzbehörden Steuerpflichtige bei der Einhaltung der Mitwirkungspflichten unterstützen. Mittlerweile haben sich einige „Service-Maßnahmen“ etabliert, wie beispielsweise sog. Klimagespräche mit Steuerberatern über Bürgerbüros sowie Telefon-Hotlines bis hin zu verbesserten Internet-Leistungen[480]. Im Dialog mit ausländischen Finanzverwaltungen führt Compliance zu einem besseren gegenseitigen Verständnis[481]. Für steuerpflichtige Unternehmen meint Compliance Risikobeherrschung und Einhaltung von Normen[482]. Aus Sicht des steuerpflichtigen Bürgers hat die Tax-Compliance-Strategie zwei Wirkmechanismen: Einerseits die Nebenpflichten der Behörde zur Unterstützung des Steuerpflichtigen im Sinne von Servicemaßnahmen und Anreize zur Mitwirkung an der Sachverhaltsaufklärung[483] und andererseits eine zuverlässige Sanktionierung bei einer etwaigen Pflichtverletzung[484]. Durch einvernehmliche Streitbeilegung im Wege des steuerrechtlichen Vergleichsvertrages

479 *Seer* in Tipke/Kruse, AO/FGO, § 85 AO Rn. 28 (Jan. 2017); *Tipke*, Die Steuerrechtsordnung III, S. 1479; zur digitalisierten Tax Compliance *Risse* in FS Kroppen, S. 65 ff.; s. ebenfalls zur Zielsetzung der Finanzverwaltung *Kansteiner* in Kooperatives Verwaltungshandeln im Besteuerungsverfahren, S. 5 f.

480 Zu diesen „Service-Maßnahmen“ *Seer*, StuW 2003, 40, 53 f.; *Schmidt*, DStJG 31 (2008), S. 37, 42; *Widmann* in FS Spindler, S. 563, 565; *Seer* in Tipke/Kruse, AO/FGO, § 85 AO Rn. 29 (Jan. 2017); *Seer* in Tipke/Lang, Steuerrecht, Rn. 21.183; s. zu Fürsorgepflichten zur Realisation von Indienstnahmezielen *Drüen*, Die Indienstnahme Privater für den Vollzug von Steuergesetzen, S. 357 ff.

481 *Kaiser*, Ubg 2012, 631; *Kaiser*, IWB 2010, 774; zu internationalen Verständigungsverfahren s. unter Kap. 4 H. I. dieser Arbeit.

482 *Streck/Binnewies*, DStR 2009, 229, 229 ff.; *Seer* in Tipke/Kruse, AO/FGO, § 85 Rn. 28 (Jan. 2017). Steigende Relevanz hat die Tax Compliance in Unternehmen, so dass sich die neuere Literatur häufig mit dieser Thematik beschäftigt, s. nur *Risse*, Tax Compliance und Tax Risk Management, 2015; *Fischer/Schwab*, DStR 2018, 2040; *Niemann/Dodos*, Tax Compliance Management System, 2021; *Rainer*, Der Weg zum steuerlichen innerbetrieblichen Kontrollsystem aus kommunaler Sicht, eine empirische Untersuchung zur Etablierung eines Tax Compliance Management Systems, 2021.

483 *Spilker*, Behördliche Amtsermittlung, S. 16; s. ebenso *Seer*, StuW 2003, 40, 51; *Seer*, StbJb. 2004/2005, S. 53, 56.

484 *Seer*, StuW 2003, 40, 51; *Seer*, DStR 2008, 1553, 1554; *Schmidt*, DStJG 31 (2008), S. 37, 42: „zwei Säulen“; *Seer* in Tipke/Kruse, AO/FGO, § 85 AO Rn. 28 (Jan. 2017): „Doppelstrategie“; *Drüen*, Zukunftsfragen des deutschen Steuerrechts, S. 1, S. 22: „Zuckerbrot und Peitsche“.

oder der tatsächlichen Verständigung wird die Tax Compliance gefördert[485], weil dies zu einer größeren Akzeptanz des Steuerpflichtigen bei der Begleichung der Steuerlast führt. Einvernehmliche Regelungen haben für den Steuerpflichtigen eine größere Legitimationskraft als das Steuergesetz, welches einseitig hoheitlich in einem Steuerbescheid mündet.

3. Der steuerrechtliche Vergleichsvertrag als Instrument der Massenverwaltung

Nachdem auf die Strukturprinzipien der Verifikation und Kooperation eingegangen wurde, ist nun zu beleuchten, ob und inwieweit der Vergleichsvertrag Instrument der Massenverwaltung ist respektive sein kann. Stimmen in der Literatur sind der Auffassung, dass der öffentlich-rechtliche Vertrag und der Vergleichsvertrag für die Massenverwaltung von vornherein ungeeignet sein sollen[486]. Begründet wird dies damit, dass die Vorteile des öffentlich-rechtlichen Vertrages nicht realisierbar seien, weil dies mit typisierten Vertragsformularen verbunden wäre. Das Gebot einer einfachen und zweckmäßigen Durchführung des Verwaltungsverfahrens wäre mit typisierten Vertragsformularen zwar nicht eingeschränkt, dies würde allerdings dem Charakter des öffentlich-rechtlichen Vertrages als konsensualer Regelung widersprechen[487]. Der typisierte

---

485 *Streck*, StuW 1993, 366; *Kansteiner* in Kooperatives Verwaltungshandeln im Besteuerungsverfahren, S. 7: Konsensuale Handlungsformen können dem Bürger das Gefühl geben, es lohne sich „brav" zu sein; *Seer*, StuW 2003, 40, 53: Dies gelte für alle Formen des kooperativen Steuerstaates, mithin auch für die Zusage; *Hölzer*, ZKM 2012, 119, 126; *Drüen* in HHSp., AO/FGO, § 88 AO Rn. 16 (Juni 2021).

486 *V. Voigt*, Auskünfte, Zusagen und Vereinbarungen im Steuerrecht, S. 122; *Isensee*, Die typisierende Verwaltung, S. 120; *Maurer* in Verwaltungshandeln durch Verträge und Absprachen, S. 15, 35; *Schmidt-Aßmann*, Das Allgemeine Verwaltungsrecht als Ordnungsidee, S. 345 Rn. 119 ff. allerdings „nur" mit der Begründung, dass das Schriftformerfordernis für Massenverkehrsvorgänge mit standardisierten Leistungsbeziehungen ungeeignet sei.

487 *Schliesky* in Knack/Henneke, VwVfG, § 54 Rn. 73. Dieses Argument kann allerdings so nicht überzeugen, weil es auch in der Massenverwaltung Anwendungsfälle für den öffentlich-rechtlichen Vertrag gibt, auf welche standardisierte Formulare gerade nicht anwendbar sind; *Waechter*, JZ 2006, 166, 168; von *Baur*, GVwR II, S. 1287 wird diese Auffassung als „wirklichkeitswissenschaftlich eher uninformiert" bezeichnet. Weitere Stimmen der Literatur sehen den öffentlich-rechtlichen Vertrag als quantitativ unbedeutend an, vgl. etwa *Schlette*, Die Verwaltung als Vertragspartner, S. 254; *Ziekow/Siegel*, VerwArch. 2003, 593; *Söhn* in FS Selmer, S. 911, 923.

öffentlich-rechtliche Vertrag würde weitgehend einem Verwaltungsakt entsprechen und nur zusätzlich eine Unterschrift des Bürgers enthalten[488]. Jedoch ist der öffentlich-rechtliche Vertrag seit den sog. Eingliederungsvereinbarungen[489] in der Massenverwaltung angekommen[490], zumindest im Bereich der Sozialleistungsverwaltung[491]. Es ist auch vielmehr so, dass die Massenverwaltung ohne Vergleichsverträge und konsensuale Handlungsformen, wie die tatsächliche Verständigung, gar nicht zu bewältigen wäre[492]. Der Vergleichsvertrag ermöglicht in nicht standardisierten Fällen, trotz unzumutbaren Ermittlungsaufwands, eine Einigung und damit die Vermeidung weiteren Streits, der nicht nur die Finanzbehörde und den Steuerpflichtigen, sondern auch die Steuergerichte belasten würde[493].

Der Vergleichsvertrag stellt dabei nicht den Anspruch ein standardisiertes vollzugsfähiges Instrument der Massenverwaltung zu sein. Für die Bewältigung der überwiegenden Veranlagung ist der Steuerverwaltungsakt das etablierte und geeignete Instrument. Die automatisierte Veranlagung stellt nicht den Anwendungsbereich des Vergleichsvertrages dar. Der Vergleichsvertrag bietet flexiblere Möglichkeiten auf den spezifischen *Einzelfall* einzugehen, um so für eine rechtssichere und zukunftsgewandte Lösung zu sorgen. Er ist elastischer[494] als der einseitige Hoheitsakt. Der Vergleichsvertrag findet seinen Anwendungsbereich erst dort, wo der Steuerverwaltungsakt als Regelungsinstrument nicht ausreichend ist. Sei es, weil der Sachverhalt ungewiss, die beabsichtigte Lösung zu kompliziert ist oder sei es, weil im Rahmen eines größeren Gesamtpaketes auch

---

488 *Schliesky* in Knack/Henneke, VwVfG, vor § 54 Rn. 73; s. ebenso *Spannowsky*, Grenzen des Verwaltungshandelns durch Verträge und Absprachen, S. 71.

489 Die Eingliederungsvereinbarungen verlangen von der Sozialverwaltung mit jeder erwerbsfähigen leistungsberechtigten Person, die für ihre Eingliederung erforderlichen Leistungen zu vereinbaren.

490 *Baur*, GVwR II, S. 1287 f.; *Gurlit* in Ehlers/Pünder, Allgemeines Verwaltungsrecht, § 29 Rn. 3; *Fuks/Alpha*, DÖV 2020, 226.

491 *Maurer/Waldhoff*, Allgemeines Verwaltungsrecht, § 14 Rn. 6 mit weiteren Beispielen zum Sozialhilferecht.

492 So *Streck*, StuW 1993, 366; *Schuster* in HHSp., AO/FGO, § 38 AO Rn. 70 (Juni 2005).

493 *Schuster* in HHSp., AO/FGO, § 38 AO Rn. 70 (Juni 2005); *Söhn* in HHSp., AO/FGO, § 78 AO Rn. 129 (Nov. 2017); s. ebenso *Mues* in Gosch, AO/FGO, § 78 AO Rn. 35 (Mai 2018).

494 Vgl. die Begründung zum Gesetzesentwurf der Bundesregierung, BT-Drucks. 7/910, S. 80; *Schliesky* in Knack/Henneke, VwVfG, § 54 Rn. 70 f.; *Isensee*, Die typisierende Verwaltung, S. 120.

künftige Besteuerungszeiträume einer Regelung unterfallen sollen oder sei es, dass die Rechtslage nicht ermittelt werden kann, so dass eine Lösung innerhalb der gesetzlich vorgesehenen Grenzen gefunden werden muss[495]. Innerhalb dieses Anwendungsbereichs kann der Vergleichsvertrag als Instrument in der Massenverwaltung zweckdienlich sein, um pragmatische Lösungen zur Vermeidung eines Streitfalls zu finden und Rechtsfrieden herzustellen. Im Folgenden ist nun zu untersuchen, ob dem Vergleichsvertrag nicht das allgemeine Vertragsformverbot im Steuerrecht entgegensteht.

VII. Das allgemeine Vertragsformverbot im Steuerrecht

Vielfach wird in der Literatur pauschal von einem allgemeinen Vertragsformverbot des Steuerrechts ausgegangen. Der Steueranspruch sei als „obligatio ex lege" resistent gegenüber Steuerverträgen[496]. Die Begründungen hinter dieser Annahme sind unterschiedlich. Teilweise wird schlicht auf die Grundsätze der Gesetzmäßigkeit und Gleichmäßigkeit der Besteuerung verwiesen, häufig auch auf das Fehlen einer den §§ 54 ff. VwVfG entsprechenden Regelung[497].

Von Vertragsformverboten spricht man, wenn der Vertragsabschluss ohne Rücksicht auf den Inhalt, also seiner inhaltlichen Vereinbarkeit mit den maßgebenden gesetzlichen Bestimmungen auf einem bestimmten Gebiet, kategorisch ausgeschlossen sein soll[498]. Dieses Verbot muss nicht notwendigerweise ausdrücklich erfolgen, sondern kann sich auch im Wege der Auslegung ergeben. Echte Vertragsformverbote sind selten. Sie liegen vor, wenn das Gesetz die Regelung eines Rechtsverhältnisses durch Vertrag zwingend untersagt[499]. Beispiele

---

495 S. dazu schon unter Kap. 2 A. dieser Arbeit.

496 So *Jakob*, Abgabenordnung, Rn. 21; s. ebenso zum Vertragsformverbot *Bauer*, Der „Vergleich" im Steuerveranlagungsverfahren, S. 64 ff.; *Bosse*, Der subordinationsrechtliche Verwaltungsvertrag, S. 50; *Martens*, StuW 1986, 97, 102; *Kunig*, DVBl. 1992, 1193, 1196; *Offerhaus*, DStR 2001, 2093, 2094; *Müller-Franken*, Maßvolles Verwalten, S. 223; *Pflaum*, Kooperative Gesamtbereinigung, S. 126; offen *Söhn* in HHSp., AO/FGO, § 78 AO Rn. 160 (Nov. 2017): Ob ein allgemeines Vertragsformverbot bestehe, lasse sich aus den Gesetzesmaterialien nicht entnehmen; differenzierend *Schübel-Pfister* in Eyermann, VwGO, § 106 Rn. 14; *Spieth* in BeckOK VwVfG, § 55 Rn. 15.

497 S. zu den Auffassungen in der Literatur unter Kap. 2 C. II.

498 *Gurlit*, Verwaltungsvertrag und Gesetz, S. 251 ff.; *Rozek* in Schoch/Schneider, VwVfG, § 54 Rn. 65 (Juli 2020); *Tegethoff* in Kopp/Ramsauer, VwVfG, § 54 Rn. 42; *Thiele* in Pautsch/Hoffmann, VwVfG, § 54 Rn. 77.

499 *Kunig*, DVBl. 1992, 1193, 1194; *Gurlit* in Ehlers/Pünder, Allgemeines Verwaltungsrecht, § 31 Rn. 4: Der Gesetzgeber könne seiner Regelungsprärogative durch die Regelung gesetzlicher Vertragsform- oder Vertragsinhaltsverbote nachkommen; *Rozek*

finden sich im Städtebaurecht, der Wirtschaftsverwaltung und der Umweltverwaltung[500]. Gesetzliche Vertragsformverbote beziehen sich auf bestimmte hoheitliche Maßnahmen, nicht aber auf das ganze Rechtsgebiet[501]. Im Folgenden ist die Annahme zu hinterfragen, im Steuerrecht würde ein allgemeines Vertragsformverbot bestehen (dazu unter 1., 2.) und auf etwaige besondere Vertragsformverbote einzugehen (dazu unter 3.).

1. *Erörterungstermine als Argument für die Fortbildung des Verfahrensrechts (§§ 201 AO, 364a AO, § 79 Abs. 1 S. 2 FGO)*

Die Einführung eines öffentlich-rechtlichen Vergleichsvertrages in die Abgabenordnung und die Fortbildung des Verfahrensrechts drängt sich insbesondere dort auf, wo die AO und die FGO normativ die Möglichkeit zu Erörterungsterminen zwischen der Finanzbehörde und dem Steuerpflichtigen geschaffen haben. Die Erörterungstermine in der AO und der FGO, §§ 201, 364a AO, § 79 Abs. 1 S. 2 Nr. 1 FGO, besitzen eine Befriedigungsfunktion[502].

a) *Die Schlussbesprechung (§ 201 AO)*

Die Schlussbesprechung[503] bietet das Paradebeispiel für die Einigung im Besteuerungsverfahren, § 201 AO[504]. Sie bezweckt den Prüfungsfall im Einigungswege soweit möglich zu erledigen. Die in der Schlussbesprechung erzielte Einigung ist in der Regel noch unverbindlich. Eine tatsächliche Verständigung oder sonstige Bindung der Finanzbehörde nach Treu und Glauben erfolgt durch eine

---

in Schoch/Schneider, VwVfG, § 54 Rn. 65 (Juli 2020); *Thiele* in Pautsch/Hoffmann, VwVfG, § 54 Rn. 77.

500 Exemplarisch *Kunig*, DVBl. 1992, 1193, 1194; *Bonk/Neumann/Siegel* in Stelkens/Bonk/Sachs, VwVfG, § 2 Rn. 99 ff.; *Rozek* in Schoch/Schneider, VwVfG, § 54 Rn. 66 (Juli 2020); *Thiele* in Pautsch/Hoffmann, VwVfG, § 54 Rn. 77.

501 *Tegethoff* in Kopp/Ramsauer, VwVfG, § 54 Rn. 43 f.; vgl. z.B. § 1 Abs. 3 S. 2 BauGB, welcher vertragliche Regelungen zur Aufstellung von Bauleitplänen verbietet.

502 Exemplarisch *Wassermeyer*, DStZ 1985, 159, 162 f.; *Krüger*, DStZ 2015, 478, 482; *Rüsken* in Klein, AO, § 201 Rn. 2.

503 Nach § 201 Abs. 1 S. 1 AO ist über das Ergebnis der Außenprüfung eine Besprechung abzuhalten (Schlussbesprechung).

504 *Schick*, Vergleiche und sonstige Vereinbarungen zwischen Staat und Bürger im Steuerrecht, S. 27; *Martens*, Die Praxis des Verwaltungsverfahrens, Rn. 341; *Seer*, StuW 1995, 213, 224; *Osterloh* in Jahrbuch des öffentlichen Rechts der Gegenwart, 2008, S. 141, S. 156 f.; *Achatz*, DStJG 27 (2004), S. 161, 162; zur Verbindlichkeit der Schlussbesprechung *Baur*, BB 1988, 602, 606 ff.

Erörterung grundsätzlich nicht[505]. In der Schlussbesprechung wirkt der Steuerpflichtige nach § 200 AO bei der Sachverhaltsfeststellung mit, während der Prüfer ihn gleichsam umgekehrt über den Stand der Sachverhaltsaufklärung informiert, § 199 Abs. 2 AO[506]. Daher kommt es bereits bei der Prüfung häufig zu sog. Arbeits- oder Zwischenbesprechungen, in denen der Prüfer strittige Sachverhalte und Rechtsfragen mit dem Steuerpflichtigen und dessen steuerlichen Berater einvernehmlich klärt[507]. Die Erörterung in der Schlussbesprechung und die damit verbundene Kooperationen weist Vergleichselemente auf. Es handelt sich um einen kommunikativen Prozess, welcher in der Einigung über strittige oder unbekannte Tatsachen und Rechtsfragen mündet. Eine Außenprüfung erstreckt sich auf eine Vielzahl steuerlich relevanter Sachverhalte, deren umfassende Aufklärung keineswegs immer möglich ist. Es besteht damit eine Situation wie sie in § 55 VwVfG, § 54 Abs. 1 SGB X vorgesehen ist[508]. Die Beteiligten tauschen ihre Argumente zu den einzelnen Prüfungsfeststellungen aus. Es wird eine Übereinkunft erzielt, welche von ihnen aufrechterhalten, fallengelassen oder im Rechtsbehelfsverfahren weiterverfolgt wird. Beweiswürdigungs-, Beurteilungs-, Bewertungs-, und Schätzungsspielräume lassen einvernehmliche Lösungen von

505 BFH, Urt. v. 5.10.1993 – III R 19/88, BStBl. II 1991, 45, juris Rn. 17: „Insbesondere bei Schlußbesprechungen bedarf es der Möglichkeit, Ungewißheiten und Unklarheiten auf tatsächlichem Gebiet – wie sie vor allem bei Schätzungen auftreten – in einvernehmlicher Weise auszuräumen. In vielen derartigen Fällen wäre es unangemessen, die Ungewißheiten mit einem unverhältnismäßigen Aufwand an Mitteln und Zeit beseitigen zu wollen und möglicherweise einen zeitraubenden Prozeß mit erheblichen Prozeßkostenrisiken und mit für beide Seiten ungewissem Ausgang zu führen."; BFH, Urt. v. 12.6.2001 – V R 33/99, juris Rn. 22; *Schallmoser* in HHSp., AO/FGO, § 201 AO Rn. 12 (Febr. 2011); *Streck/Kamps*, Die Außenprüfung, Rn. 643 ff.; *Seer* in Tipke/Kruse, AO/FGO, § 201 AO Rn. 13 (Aug. 2019): Für eine gegenseitige Rechtsbindung spreche es, wenn die Parteien die Vereinbarung gesondert festhalten und als „Vertrag" oder als „tatsächliche Verständigung" unterschreiben würden; *Rüsken* in Klein, AO, § 201 Rn. 2.

506 *Rößler*, DB 1985, 1861; *Seer*, StuW 1995, 213, 215; s. ebenso *Rüsken* in Klein, AO, § 201 Rn. 1; *Inetmann* in Koenig, AO, § 201 Rn. 18.

507 *Latsch/Honemann*, StBp 1980, 1, 3; *Papperitz*, StBp 1985, 241, 243; *Seer* in Tipke/Kruse, AO/FGO, § 201 AO Rn. 6, 12 (Aug. 2019); *Pieske-Kontny*, StBp 2020, 210, 210 ff.

508 So auch *Martens*, Die Praxis des Verwaltungsverfahrens, Rn. 341; *Wiese*, BB 1994, 333; *Eckhoff*, Rechtsanwendungsgleichheit im Steuerrecht, S. 451; *Osterloh* in Jahrbuch des öffentlichen Rechts der Gegenwart, 2008, S. 141, 156 f.: Jeder, der die Praxis der Außenprüfung kenne, wisse, dass nahezu jede größere Schlussbesprechung mit einem Vergleich ende; kritisch v. *Groll*, FR 1995, 814, 818.

strittigen Sachverhaltsfragen in der Schlussbesprechung nach § 201 AO möglich werden[509]. Durch die erzielte Einigung in der Schlussbesprechung wird die Anwendung der FGO vorweggenommen, weil die Schlussbesprechung der außergerichtlichen Erledigung des Streits dient. In der Schlussbesprechung erfolgt eine Disposition der Beteiligten über den Verfahrensgegenstand, was dazu führt, dass die Geltung der FGO, d.h. die Handlungsmöglichkeiten im finanzgerichtlichen Verfahren, antizipiert wird[510].

b) Gerichtliche und außergerichtliche Erörterungstermine

Durch § 364a AO[511] soll die einvernehmliche Erledigung des Einspruchsverfahrens gefördert[512] und Streitfälle von den Finanzgerichten ferngehalten werden[513], vergleichbar mit der Schlussbesprechung nach § 201 AO. Die gesetzlich vorgesehene Verständigung kann sich nach ihrem Inhalt sowohl auf Sachverhalts- als auch auf Rechtsfragen beziehen, die zwischen dem Einspruchsführer und dem Finanzamt umstritten sind[514]. Entsteht nach der Erörterung eine Verständigung, was das Ziel des § 364a AO ist, hilft das Finanzamt dem Klagebegehren teilweise

---

509 FG München, Beschl. v. 2.5.1995 – 1 V 4197/92, juris Rn. 28; *Martens*, Die Praxis des Verwaltungsverfahrens, Rn. 341; *Pieske-Kontny*, StBp 2020, 210, 211; dazu ausführlich unter Kap. 2 C. IV. 5. dieser Arbeit.

510 Diesen Gedanken entwickelte *Kruse* in FS Vogel, S. 517, 524; s. dazu ausführlicher unter Kap. 4 B. V. 2. dieser Arbeit.

511 Eingeführt durch Gesetz vom 24.6.1994, BGBl. I 1994, 1395, 1401. Nach § 364a Abs. 1 S. 1 AO soll die Erörterung bei einer Beantragung durch den Einspruchsführer durchgeführt werden. Die Finanzbehörde kann auch ohne Antrag zur Erörterung laden, § 364a Abs. 1 S. 3 AO. *Birkenfeld* in HHSp., AO/FGO, § 364a AO Rn. 3 (Mrz. 2022) sieht in der Norm nicht viel Neues enthalten, sondern nur das was „vernünftigerweise" auch ohne Vorschrift zugelassen sei. Die AO habe das, was in § 364a geregelt ist, nie untersagt. Nützlich sei die Vorschrift als Zusammenfassung von dem was ohnehin erlaubt sei.

512 BT-Drucks. 12/6959, S. 131; BT-Drucks. 12/7427, S. 37; AEAO Nr. 1 zu § 364a, BStBl. I 14, 290, 525.

513 *Seer*, Verständigungen in Steuerverfahren, S. 41; *Harder*, DStZ 1996, 397; *Birkenfeld* in HHSp., AO/FGO, § 364a AO Rn. 2 (Mrz. 2022); *Krüger*, DStZ 2015, 478, 482.

514 *Birkenfeld/Daumke*, Das neue außergerichtliche Rechtsbehelfsverfahren, S. 115; *Seer*, StuW 1995, 213, 219 m.w.N.; *Seer*, Verständigungen in Steuerverfahren, S. 41; *Steinhauff*, SteuK 2013, 160, 163: Für eine Mediation im außergerichtlichen Rechtsbehelfsverfahren sehe die Finanzverwaltung nur in Ausnahmefällen über die Möglichkeit des § 364a AO hinaus einen Anlass; zur Mediation im außergerichtlichen Besteuerungsverfahren *Westermann*, Stbg 2017, 27, 27 ff.

ab, indem es den angefochtenen belastenden Verwaltungsakt nach §§ 172 Abs. 1 S. 1 Nr. 2a, 132 AO korrigiert oder einen begünstigenden Verwaltungsakt erlässt[515].

Die Erörterungstermine, §§ 201, 364a AO, weisen auf einen, durch den Gesetzgeber gewünschten, Einigungsgedanken in der AO hin[516]. Deutlich wird dies in der Zusammenschau mit § 79 Abs. 1 S. 2 Nr. 1 FGO. Nach § 79 Abs. 1 S. 2 Nr. 1 FGO kann der Vorsitzende oder der Berichterstatter zur Erörterung des Sach- und Streitstandes und zur gütlichen Beilegung des Rechtsstreits laden. Das FGO-Änderungsgesetz vom 21.12.1992 hat für den Erörterungstermin das Ziel der einvernehmlichen Streitbeendigung besonders hervorgehoben. Das Ziel ist und war es, die Finanzgerichte zu entlasten und durch eine Verfahrensbeschleunigung den Rechtsschutzanspruch der Bürger zu stärken. Die Erörterung soll zur gütlichen Beilegung des Rechtsstreits führen und das Verfahren ohne streitige Entscheidung beenden[517]. Im Rahmen der Verständigung über die Sach- und Rechtslage verpflichtet sich das beklagte Finanzamt den streitgegenständlichen Verwaltungsakt nach den Korrekturvorschriften der AO zu ändern oder einen neuen Verwaltungsakt zu erlassen, der dem Klagebegehren im Ansatz entspricht[518]. In der Praxis wird durch gegenseitiges Nachgeben eine Einigung über die Sach- und Rechtslage erzielt. Die Verständigung über Tatsächliches und Rechtliches im Erörterungstermin enthält damit Elemente des Prozessvergleichs[519].

Zusammenfassend ist festzustellen, dass durch die gerichtlichen und außergerichtlichen Erörterungstermine normativ Verständigungsmöglichkeiten geschaffen worden sind, welche zur einvernehmlichen Verfahrensbeendigung führen sollen. Sieht das Gesetz gleich in mehreren Verfahrensstadien (Abschlussprüfung, Einspruchsverfahren, Finanzgerichtsprozess) Erörterungstermine mit

---

515 *Seer*, StuW 1995, 213, 220; *Seer*, Verständigungen in Steuerverfahren, S. 43 f., 110.

516 S. ebenso *Boochs*, DStR 2006, 1062, 1063.

517 Begründung des Gesetzesentwurfs der Bundesregierung, BT-Drucks. 12/1061, S. 16 zu § 79 FGO.

518 S. dazu die vorhergehenden Ausführungen zu § 364a AO.

519 *Wassermeyer*, DStZ 1985, 159, 162; *Birk*, StuW 1993, 296, 301 f. Nach der Parallelnorm des § 87 Abs. 1 S. 2 Nr. 1 VwGO hat der Vorsitzende oder der Berichterstatter im Erörterungstermin ausdrücklich die Möglichkeit einen Prozessvergleich entgegenzunehmen. In § 106 Abs. 3 Nr. 7 SGG ist der Erörterungstermin vorgesehen, ohne die ausdrückliche Möglichkeit des Vergleichs festzulegen. Der Vergleichsschluss im Erörterungstermin ist jedoch möglich, vgl. z.B. *B. Schmidt* in MKLS, SGG, § 106 Rn. 15, s. zu Erörterungsterminen nochmals unter Kap. 4 A. II. 1. dieser Arbeit.

dem Ziel einer streitvermeidenden oder -beendigenden Einigung vor, kann daraus ein allgemeiner Rechtsgedanke abgeleitet werden. Obschon aus diesem Rechtsgedanken allein noch nicht zwangsläufig die Zulässigkeit von steuerrechtlichen Vergleichsverträgen folgt. Im Verwaltungsverfahren und Sozialverfahren ist eine dem § 364a AO vergleichbare Norm nicht vorgesehen. Aus § 68 Abs. 1 und Abs. 2 VwGO, § 78 Abs. 1 und Abs. 3 SGG folgt zwar die Notwendigkeit eines Vorverfahrens vor Einreichung der Klage. Diese Vorverfahren kennen jedoch keinen Erörterungstermin[520]. Zudem sind in den Regelungen zu verwaltungsrechtlichen Vorverfahren weitreichende Ausnahmen anerkannt, § 78 Abs. 1 S. 2 SGG, § 68 Abs. 1 S. 2 VwGO. In Bayern beispielsweise ist das Vorverfahren durch Art. 15 Abs. 2 AGVwGO weitgehend entfallen[521]. Das Einspruchsverfahren wird indessen als verlängertes Veranlagungsverfahren angesehen[522] und die Normen der §§ 347 ff. AO sehen grundsätzlich keine Abweichungsmöglichkeit vom außergerichtlichen Rechtsbehelfsverfahren vor[523].

2. *Punktuelle Normierung von Verträgen im Steuerrecht*

Die AO nennt den öffentlich-rechtlichen Vertrag punktuell in § 78 Nr. 3 AO und § 224a AO[524]. Auch außerhalb der AO finden oder fanden sich steuerrechtliche Vertragsformen. Damit stellt sich die Frage, ob aus § 78 Nr. 3 AO und der punktuellen Normierung steuerrechtlicher Verträge Argumente für oder gegen die Zulässigkeit von Vergleichsverträgen abgeleitet werden können. Der BFH entschied in seiner Grundsatzentscheidung zur tatsächlichen Verständigung

---

520 Mit Gemeinsamkeiten und Unterschiede der außergerichtlichen Vorverfahren haben sich zwei Dissertationen beschäftigt: *Heyne*, Das Vorverfahren nach der Verwaltungsgerichtsordnung, der Finanzgerichtsordnung und dem Sozialgerichtsgesetz und *Poschenrieder*, Außergerichtliche Vorverfahren im Verwaltungsrecht; daneben *Steinbeiß-Winkelmann/Ott*, NVwZ 2011, 914.

521 In § 15 Abs. 1 S. 1 Nr. 1 AGVwGO ist eine fakultative Widerspruchsmöglichkeit im Bereich der Kommunalabgaben vorgesehen. Soweit in § 15 Abs. 1 AGVwGO nichts Abweichendes geregelt ist, entfällt das Vorverfahren nach § 68 VwGO.

522 *Tappe* in HHSp., AO/FGO, Vorb. zu §§ 347–368 AO Rn. 61 (Nov. 2014); *Seer* in Tipke/Kruse, AO/FGO, Vorb. zu §§ 347–367 AO Rn. 24 (Febr. 2021).

523 Eine Ausnahme stellt etwa § 348 Nr. 4 AO dar (Entscheidungen in Angelegenheiten des Zweiten und Sechsten Abschnitts des Zweiten Teils des Steuerberatergesetzes). Die FGO sieht in § 45 Abs. 1 S. 1 zudem die Möglichkeit der Sprungklage vor.

524 Teilweise wird angenommen, der Zuschlag im Zwangsvollstreckungsverfahren sei ein öffentlich-rechtlicher Vertrag, vgl. m.w.N. zur Rechtsnatur *Müller-Eiselt* in HHSp., AO/FGO, § 299 AO Rn. 3 (Mai 2017).

vom 11.12.1984[525] nicht, ob § 78 Nr. 3 AO[526], eine andere Beurteilung des steuerrechtlichen Vertragsformverbots gebietet oder ob die Vorschrift, „weil auf einem Redaktionsversehen beruhend und unreflektiert in die AO 1977 übernommen", keine Änderung der Rechtslage bewirkt hat, weil die streitgegenständliche Entscheidung die Zeit vor dem 1.1.1977 betraf[527]. Die Nennung des öffentlich-rechtlichen Vertrages in § 78 Nr. 3 AO als mögliche Handlungsform scheint eher beiläufig, im Rahmen der Definition des Beteiligten, so dass aus ihr *allein* keine gesetzgeberische Entscheidung für die Zulässigkeit des öffentlich-rechtlichen Vertrages in der AO abgeleitet werden kann[528]. Gleichsam erscheint es aber als zu vorschnell, die Norm als Redaktionsversehen abzutun, weil die Parallelnorm des § 13 VwVfG nicht identisch in die AO übernommen wurde und ihre Tauglichkeit für das Steuerverfahren überprüft wurde[529]. § 78 Nr. 3 AO kann auch nicht nur für den Fall, in welchem die Behörde rechtswidrig Verträge schließen will, gedacht sein[530]. Vielmehr ist es überzeugend, zumindest eine Art

---

525 BFH, Urt. v. 11.12.1984 – VIII R 131/76, BStBl. II 1985, 354.

526 Nach § 78 Nr. 3 AO ist Beteiligter derjenige, der mit der Finanzbehörde einen öffentlich-rechtlichen Vertrag schließen will oder geschlossen hat.

527 BFH, Urt. v. 11.12.1984 – VIII R 131/76, BStBl. II 1985, 354, juris Rn. 31.

528 So auch *Heilmeier*, DStZ/A 1982, 190, 191; BFH, Urt. v. 11.12.1984 – VIII 131/76, HFR 1985, 212, 213; *Sontheimer*, Der verwaltungsrechtliche Vertrag im Steuerrecht, S. 8; *Vogel* in FS Döllerer, S. 677, 689; *Seer*, StuW 1995, 213, 224; *Förster* in Koch/Scholtz, AO, § 118 Rn. 10; *Söhn* in FS Selmer, S. 911; *Drüen* in Tipke/Kruse, AO/FGO, § 78 AO Rn. 22 (Febr. 2021); vgl. zum Streitstand *Maurer* in Verwaltungshandeln durch Verträge und Absprachen, S. 15, 24; a.A. FG Bremen, Beschl. v. 15.11.1999 – 299166Ko2, juris Rn. 19 f.; FG Hamburg, Gerichtsbescheid v. 15.6.2011 – 3 K 135/10, juris Rn. 103; *Meyer*, NJW 1977, 705, 708; *Mohr*, NJW 1978, 790; *Schimpf*, Der verwaltungsrechtliche Vertrag, S. 114; *Allesch*, DÖV 1988, 103, 103 f.; *Iwanek*, DStR 1993, 1394, 1397, mit der Begründung, dass der Gesetzgeber, trotz mehrfacher Änderung der AO, den § 78 Nr. 3 AO in seiner Fassung belasse; *Grziwotz* in FS Spiegelberger, S. 178, 180; unklar *Tiedemann*, DÖV 1995, 594, 597.

529 *Kruse* in FS Vogel, S. 517, 523; *Seer*, Verständigungen in Steuerverfahren, S. 136 f.; *Seer*, StuW 1995, 213, 224; a.A. *Erichsen*, VerwArch. 1979, 349, 356; *Allesch*, DÖV 1988, 103, 104; *Müller-Franken*, Maßvolles Verwalten, S. 195 Fußnote 409; nach dem Bericht des Finanzausschusses BT-Drucks. 7/4292, S. 23, wurde die Vorschrift wörtlich an § 13 Abs. 1 Nr. 1 bis 3 EVwVfG angepasst, sachliche Änderungen seien damit nicht verbunden.

530 So *Heun*, DÖV 1989, 1053 m.w.N. zur a.A. Eine Beteiligtenstellung entsteht aber auch, wenn die Behörde unzulässigerweise einen öffentlich-rechtlichen Vertrag mit dem Steuerpflichtigen abschließen will, s. *Söhn* in HHSp., AO/FGO, § 78 AO Rn. 176 (Nov. 2017); *Drüen* in Tipke/Kruse, AO/FGO, § 78 AO Rn. 25 (Febr. 2021).

gesetzgeberische Akzeptanz für das Vorhandensein eines öffentlich-rechtlichen Vertrages abzuleiten. Das Gesetz hat eine Grundlage für eine Entwicklung eines Vertragsrechts durch Praxis, Wissenschaft und Rechtsprechung geschaffen[531]. § 78 Nr. 3 AO regelt zudem die Fälle, in denen ein öffentlich-rechtlicher Vertrag nach derzeitiger Rechtslage schon zulässig ist[532], z.B. nach § 224a AO[533].

Das Fehlen eines Vertragsformverbots lässt sich ferner vorsichtig mit § 224a AO[534] stützen. Durch § 224a AO hat der Gesetzgeber sogar den Austauschvertrag in das Gesetz aufgenommen. Diese Norm wurde durch das sog. Kultur- und Stiftungsförderungsgesetz vom 13.12.1990[535] in die AO eingefügt. § 224a AO ist eine spezielle Norm mit einem sehr engen Anwendungsbereich[536], so dass diese nicht als „Antwort“ auf die Frage der Zulässigkeit des öffentlich-rechtlichen Vertrages gesehen werden sollte. Dies vor allem auch deswegen, weil die Annahme an Erfüllung statt nach § 364 Abs. 1 BGB einen zivilrechtlichen Vertrag voraussetzt. Die Funktion des § 224a AO ist es, diesen Vertrag als öffentlich-rechtlichen zu qualifizieren. Für Streitigkeiten, welche die zivilrechtliche Ebene betreffen (den Eigentumsübergang oder den Streit über Sach- und Rechtsmängel), ist zudem der Zivilrechtsweg gegeben[537]. Würde der Gesetzgeber – in Kenntnis der divergierenden Auffassungen um das Vertragsformverbot – davon ausgehen, der öffentlich-rechtliche Vertrag im Steuerrecht stelle eine unzulässige Rechtsform dar, hätte er diesen wohl nicht punktuell eingeführt. Auch die Begründung zum Gesetzesentwurf äußert sich nicht dazu, weshalb an dieser Stelle ein öffentlich-rechtlicher Vertrag zulässig sein soll. Die Begründung der Bundesregierung

531 Überzeugend *Sontheimer*, Der verwaltungsrechtliche Vertrag im Steuerrecht, S. 8; *Jachmann*, BayVBl. 1993, 326, 329; *Raupach*, DStJG 21 (1998), S. 175, 193; *Maurer/Waldhoff*, Allgemeines Verwaltungsrecht, § 14 Rn. 4.

532 *Stadie*, BB 1977, 1648, 1650; *Müller-Franken*, Maßvolles Verwalten, S. 197 f.; *Liehr*, StBW 2011, 226, 229.

533 Zur Rechtsnatur der tatsächlichen Verständigung s. unter Kap. 1 B. III. 1. dieser Arbeit.

534 Nach § 224a AO ist die Hingabe von Kunstgegenständen an Zahlungs statt durch öffentlich-rechtlichen Vertrag möglich.

535 BGBl. I 1990, 2775.

536 *Fritsch* in Koenig, AO, § 224a Rn. 1 und *Schlette*, Die Verwaltung als Vertragspartner, S. 325 ordnen der Norm nur eine geringe praktische Bedeutung zu; zur kritischen Würdigung der Norm *Carl/Klos*, StVj. 1992, 156, 167 ff.; *Eckhoff*, Rechtsanwendungsgleichheit im Steuerrecht, S. 452 Fußnote 179; *Alber* in HHSp., AO/FGO, § 224a AO Rn. 50 ff. (Juni 2015).

537 *Loose* in Tipke/Kruse, AO/FGO, § 224a AO Rn. 10 (Febr. 2019); *Fritsch* in Koenig, AO, § 224a Rn. 13; a.A. *Rüsken* in Klein, AO, § 224a Rn. 7.

befasst sich nur oberflächlich mit dem öffentlich-rechtlichen Vertrag und verweist in den Rechtsfolgen auf die entsprechende Anwendung der Vorschriften des BGB[538].

Dass vertragliche Vereinbarungen dem Abgabenrecht nicht völlig fremd sind, zeigt zudem § 33 Abs. 2 Gewerbesteuergesetz[539], ferner Vertragsregelungen und insbesondere Vergleiche im Kommunalabgabenrecht, die bis in das 19. Jahrhundert zurückreichen[540] und § 79 Abs. 3 des mittlerweile aufgehobenen Zollgesetzes[541]. Die Erhebung von kommunalen Abgaben unterliegt ebenfalls dem Gesetzmäßigkeits- und Gleichmäßigkeitsgrundsatz und ist im Ausgangspunkt mit dem Steuerrecht vergleichbar[542]. Ausdruck eines öffentlich-rechtlichen Vertrages sind die im Zusammenhang mit sog. Advance Pricing Agreements (APA) von deutschen Finanzbehörden gemachten sog. Vorabzusagen[543]. Ob das schriftliche Anerkenntnis nach § 42d Abs. 4 Nr. 2 EStG eine tatsächliche Verständigung[544] oder einen Steuerverwaltungsakt[545] darstellt, ist umstritten.

---

538 Begründung der Bundesregierung zum Gesetzesentwurf in BT-Drucks. 11/7584, 11 f. zu Art. 6 Nr. 2.

539 § 33 Abs. 2 GewStG besagt: „Einigen sich die Gemeinden mit dem Steuerschuldner über die Zerlegung, so ist der Steuermessbetrag nach Maßgabe der Einigung zu zerlegen"; s. dazu *Drüen* in Brandis/Heuermann, EStG, KStG, GewStG, § 1 GewStG Rn. 23 (Mai. 2022); für die zu den Realsteuern gehörende Gewerbesteuer war in § 5 Abs. 1 EinfGRealStG eine Vereinbarung über die Höhe der Steuer zulässig. Zu den Realsteuern s. unter Kap. 3 A. I. 1. c) dieser Arbeit.

540 *Tiedemann*, DÖV 1996, 594, 594 ff.; *Maurer/Waldhoff*, Allgemeines Verwaltungsrecht, § 14 Rn. 4; *Gurlit* in Ehlers/Pünder, Allgemeines Verwaltungsrecht, § 29 Rn. 3; z.B. die Ablösung von Erschließungsbeiträgen nach § 133 Abs. 3 S. 5 BauGB.

541 BGBl. I 1961, 738, 760; § 79 Abs. 3 ZollG (a.F.) besagte: „In einzelnen Fällen können Vereinbarungen mit dem Zollbeteiligten getroffen werden, die die Zollbehandlung vereinfachen. Diese Vereinfachungen sind nur zulässig, wenn dadurch die Höhe der insgesamt zu entrichtenden Eingangsabgaben nicht wesentlich geändert und der Wettbewerb nicht wesentlich beeinträchtigt wird."

542 Zu den kommunalrechtlichen Abgaben unter Kap. 3 A. I. 1. c) dieser Arbeit.

543 *Raupach*, DStJG 21 (1998), S. 175, 194; *Seer* in Tipke/Kruse, AO/FGO, § 204 AO Rn. 1 (Febr. 2018), § 89a AO Rn. 57 f. (Nov. 2021); a.A. *Hendricks* in Gosch, AO/FGO, § 204 AO Rn. 11 (Febr. 2018); zu Advance Pricing Agreement (APA) s. z.B. *Puscher* in Festgabe Wassermeyer, S. 519.

544 So *Schlette*, Die Verwaltung als Vertragspartner, S. 323 Fußnote 357.

545 BFH, Beschl. v. 28.11.1990 – VI R 56/87, juris Rn. 29; *Eisgruber* in Kirchhof/Seer, EStG, § 42d Rn. 54.

In § 220 Nr. 3 RAO war ferner eine Ermächtigung für den Bundesminister der Finanzen normiert, Bestimmungen zu treffen „über Zulässigkeit und Rechtswirkungen von Vereinbarungen und vereinbarungsähnlichen Rechtsformen im Besteuerungsverfahren". Solche Vereinbarungen konnten nur für Fälle zugelassen werden, in denen die Vereinbarungen die Besteuerung vereinfachen und das steuerliche Ergebnis bei dem Steuerpflichtigen nicht wesentlich ändern. Die Ermächtigungsvorschrift diente der Praktikabilität und der Vereinfachung des Besteuerungsverfahrens. Von ihr wurde nicht Gebrauch gemacht. Unter „Vereinbarung" waren Verträge zivilrechtlicher Art zu verstehen. Weniger eindeutig ist, was unter „vereinbarungsähnlichen Rechtsformen" zu verstehen war. Dieser Begriff wurde „aus Rücksicht" darauf in das Gesetz aufgenommen, dass in den allgemeinen Rahmen des Verwaltungsrechts eine dem zivilrechtlichen Vertrag entsprechende Vereinbarung weniger hineinpasst als eine vereinbarungsähnliche Rechtsform[546]. In der Literatur wurde aus dieser Norm teilweise die Zulässigkeit von Vergleichen im Besteuerungsverfahren abgeleitet. Es sei undenkbar, dass dem Bundesminister der Finanzen die Befugnis zum Erlass von Bestimmungen über die Zulässigkeit von Vereinbarungen oder vereinbarungsähnlichen Rechtsformen vom Gesetzgeber übertragen wurde, wenn der Gesetzgeber nicht zugleich die Zulässigkeit solcher Vereinbarungen implizit bejaht hätte[547]. Nach der Auffassung des BFH folgte aus § 220 Nr. 3 RAO keine Grundlage für die Zulässigkeit des Vergleichs. § 220 Nr. 3 RAO könne nur diejenigen Fälle erfassen, in denen eine Besteuerung vereinfacht und das steuerliche Ergebnis bei den Steuerpflichtigen nicht wesentlich geändert wird[548].

Die Möglichkeit des Vertragsschlusses wird im Besteuerungsverfahren für die Verrechnungsverträge ausdrücklich anerkannt. Wenn eine Aufrechnung, § 226 AO, nicht möglich ist, können Verrechnungsverträge abgeschlossen werden,

546 So *Metz*, Industrie und Steuer, 1932, 480, 481; *Spohr*, Industrie und Steuer, 1938, 164.

547 So *Ehlers*, DStR 1965, 64, 66; *Maassen*, Regelungen mit dem Finanzamt, S. 43; *Mutze*, Das Zivilrecht in der Steuer- und Verwaltungspraxis, S. 157; v. *Voigt*, Auskünfte, Zusagen und Vereinbarungen im Steuerrecht, S. 118 f.; für den Prozessvergleich *Weitemeyer*, Der verwaltungsprozessuale Vergleich, S. 15; a.A. *Salzwedel*, Die Grenzen der Zulässigkeit, S. 209 f.: „zuständigkeitsbestimmende, nicht […] unmittelbar oder mittelbar materielles Recht konstituierende Norm", dem folgend *Sontheimer*, Der verwaltungsrechtliche Vertrag im Steuerrecht, S. 131; s. ebenso *Paulick*, JuS 1966, 21, 26 und *Spohr*, Industrie und Steuer 1938, 164.

548 BFH, Urt. v. 13.7.1955 – II 38/55 S, juris Rn. 15.

welche als öffentlich-rechtliche Verträge zu qualifizieren sind[549]. Der Abschluss eines derartigen Abkommens ist zulässig, wenn die Voraussetzungen für eine Aufrechnung im Einzelfall nicht erfüllt sind. Insbesondere dann, wenn die Forderung des Fiskus noch nicht fällig war oder die Forderungen nicht gegenseitig sind[550]. Gegen die Zulässigkeit des Verrechnungsvertrages werden durch den BFH keine Bedenken geäußert, weil der Staat als Steuergläubiger auf seinen Steueranspruch nicht verzichtet und der Steuerpflichtige bis zur Tilgung seiner Schuld Steuerschuldner bleibe[551]. Auch durch die Literatur werden Verrechnungsverträge weitgehend gebilligt[552].

3. *Besondere Vertragsformverbote*

a) § 155 Abs. 1 S. 1 AO

Ein besonderes Vertragsformverbot wird überwiegend aus § 155 Abs. 1 S. 1 AO abgeleitet[553]. §§ 155 Abs. 1 S. 1, 167 AO regeln, dass die Steuern, *soweit nichts anderes vorgeschrieben ist*, von der Finanzbehörde durch Steuer*bescheid* festgesetzt werden. Andere Vorschriften im Sinne der Norm sind z.B. die bloße Anmeldung einer Steuer nach § 150 Abs. 1 S. 3 AO oder die Entrichtung durch

---

549 Z.B. BFH, Urt. v. 13.10.1972 – III R 11/72, BStBl. II 1973, 66, juris Rn. 18 ff.; *Bahlau*, Die Aufrechnung im Steuerrecht, S. 145; *Leisner-Egensperger*, Die Verwaltung 2018, 467, 474.

550 Z.B. BFH, Urt. v. 13.10.1972 – III R 11/72, BStBl. II 1973, 66, juris Rn. 18 ff.

551 BFH, Urt. v. 21.3.1978 – VIII R 60/73, BStBl. II 1978, 606, juris Rn. 25; kritisch *Martens*, StuW 1989, 69, 69 f.

552 Vgl. etwa *Pump*, DStR 1987, 606; *Bahlau*, Die Aufrechnung im Steuerrecht, S. 147 ff.; *Kögel* in Gosch, AO/FGO, § 226 AO Rn. 102 (Mrz. 2005); *Rozek* in HHSp., AO/FGO, § 226 AO Rn. 150 ff. (Apr. 2023).

553 *Bauer*, Der „Vergleich" im Steuerveranlagungsverfahren, S. 64 ff., weil dies einen Verstoß gegen das Legalitätsprinzip und den Amtsermittlungsgrundsatz darstelle. *Bauer* untersucht in seiner Arbeit, ob Steuervergleiche zulässig wären, wenn sie als Verwaltungsakt qualifiziert werden würden, S. 78 ff., s. zum „einseitigen Vergleich" unter Kap. 2 C. IV. 4. dieser Arbeit; *Schick*, Vergleiche und sonstige Vereinbarungen zwischen Staat und Bürger im Steuerrecht, S. 18; *Sontheimer*, Der verwaltungsrechtliche Vertrag im Steuerrecht, S. 141 ff., 212 f.; *Seer*, Verständigungen in Steuerverfahren, S. 144 ff.; *Förster* in Koch/Scholtz, AO, § 118 Rn. 11; *Raupach*, DStJG 21 (1998), S. 175, 194; *Maurer* in Verwaltungshandeln durch Verträge und Absprachen, S. 15, 24; *Englisch*, Bindende „tatsächliche" und „rechtliche" Verständigungen zwischen Finanzamt und Steuerpflichtigem, S. 34; *Korte* in Wolff/Bachof/Stober/Kluth, Verwaltungsrecht I, § 54 Rn. 15; *Tegethoff* in Kopp/Ramsauer, VwVfG, § 54 Rn. 5.

Steuermarken[554]. Ein besonderes Vertragsformverbot kann aus § 155 Abs. 1 S. 1 AO abgeleitet werden, wenn der Norm zu entnehmen ist, dass ein Steuerbescheid durch Verwaltungsakt zu erlassen ist und nicht durch einen Vertrag ersetzt werden kann, was § 54 S. 2 VwVfG, § 53 Abs. 1 S. 2 SGB X grundsätzlich ermöglichen. Dass eine Norm aufgrund ihres Wortlauts die Rechtsform des Verwaltungsaktes vorsieht, kann nicht als alleiniges Argument für ein besonderes Vertragsformverbot genügen. Nach verbreiteter Auffassung liegt nicht bereits deshalb ein Vertragsformverbot nahe, dass Ermächtigungen für den Erlass des Verwaltungsaktes vorgesehen sind, aber die Einsetzbarkeit eines Vertrages verschwiegen wird[555]. Der ausdrücklichen gesetzlichen Bereitstellung einer „anderen" Handlungsform kann nicht einmal Indizwirkung beigemessen werden[556]. Im allgemeinen Verwaltungsrecht bestehen eine Reihe von Vorschriften, die nur den Verwaltungsakt vorsehen, über deren Inhalt aber auch ein (Vergleichs-) Vertrag abgeschlossen werden kann. Anderenfalls wäre Satz 2 der § 54 VwVfG, § 53 Abs. 1 SGB X sinnlos[557]. Um ein Vertragsformverbot für einen subordinationsrechtlichen Vertrag annehmen zu können, müssen daher besondere Anhaltspunkte gegeben sein[558], welche über den schlichten Wortlaut der Norm hinausgehen. Es ist daher anhand der systematischen Stellung und des Sinn und Zweckes[559] einer Norm zu ermitteln, ob aus dieser ein Vertragsformverbot

---

554 *F. Kirchhof*, Grundriß des Steuer- und Abgabenrechts, 2001, S. 100.

555 *Bauer*, Der „Vergleich" im Steuerveranlagungsverfahren, S. 22; *Kunig*, DVBl. 1992, 1193, 1196; *Krebs*, VVDStRL 52 (1993), S. 248, 261 m.w.N.; *Gurlit*, Verwaltungsvertrag und Gesetz, S. 256; *Schmidt-Aßmann* in FS Kruse, S. 65, 71; *Ziekow/Siegel*, VerwArch. 2003, 593, 604; *Meyer* in Meyer/Borgs, VwVfG, § 54 Rn. 70; *Gurlit* in Ehlers/Pünder, Allgemeines Verwaltungsecht, § 31 Rn. 4; *Bonk/Neumann/Siegel* in Stelkens/Bonk/Sachs, VwVfG, § 2 Rn. 100; *Tegethoff* in Kopp/Ramsauer, VwVfG, § 54 Rn. 42; a.A. *Söhn* in FS Selmer, S. 911, 919; nach *Fehling* solle in Gesetzen nach Inkrafttreten des VwVfG die einseitige Verwendung von Begriffen wie „Bescheid" oder Verfügung" als schwaches Indiz für ein Vertragsformverbot gewertet werden, so *Fehling* in Fehling/Kastner/Störmer, VwVfG, VwGO, § 54 VwVfG Rn. 47.

556 *Schmidt-Aßmann* in FS Kruse, S. 65, 71 m.w.N.; a.A. *Fehling* in Fehling/Kastner/Störmer, VwVfG, VwGO, § 54 VwVfG Rn. 47.

557 *Meyer* in Meyer/Borgs, VwVfG, § 54 Rn. 70; *Maurer*, Verwaltungshandeln durch Verträge und Absprachen, 15, 25; *Gurlit* in Ehlers/Pünder, Allgemeines Verwaltungsrecht, § 31 Rn. 4; enger wohl *Bosse*, Der subordinationsrechtliche Verwaltungsvertrag, S. 49 f.

558 *Meyer* in Meyer/Borgs, VwVfG, § 54 Rn. 70; *Rozek* in Schoch/Schneider, VwVfG, § 54 Rn. 65 (Juli 2020); *Schliesky* in Knack/Henneke, VwVfG, § 54 Rn. 17 ff.

559 *Kunig*, DVBl. 1992, 1193, 1196; *Ziekow/Siegel*, VerwArch. 2003, 593, 604 f.; *Gurlit* in Ehlers/Pünder, Allgemeines Verwaltungsrecht, § 31 Rn. 4 m.w.N.; *Rozek* in Schoch/Schneider, VwVfG, § 54 Rn. 65 (Juli 2020); *Schliesky* in Knack/Henneke, VwVfG, § 54

abgeleitet werden kann. § 155 Abs. 1 S. 1 AO steht am Ende des Besteuerungsverfahrens und hat den Zweck, die Steuer verbindlich festzusetzen. Der Steuerbescheid zieht einen Schlussstrich unter die durch den Bürger vorgenommene Rechtsanwendung (Abschlussfunktion)[560]. An den Steuerbescheid knüpft eine Vielzahl von (verfahrensrechtlichen) Besonderheiten an, wie z.B. die Korrekturvorschriften, die Festsetzungsverjährung und die Möglichkeit des Einspruchs. Der Steuerverwaltungsakt bietet zudem einen Titel für die Verwaltungsvollstreckung, § 249 Abs. 1 AO, wohingegen ein Vergleichsvertrag keinen Vollstreckungstitel bietet.

Weiterhin ist für die Ermittlung eines besonderen Vertragsformverbots danach zu fragen, ob die Norm eine gleichberechtigte Mitwirkung Privater bei der Gestaltung von Rechtsfolgen zulässt[561]. Das ist der Fall, wenn das Handlungsprogramm der Verwaltung inhaltliche Gestaltungsspielräume enthält[562]. Für die Finanzbehörde bestehen zwar teilweise Dispositionsbefugnisse[563], diese gehen aber nicht so weit, dass die Finanzbehörde in ihrem Ermessen über die Festsetzung der Steuer entscheiden kann. Der Abschluss des Besteuerungsverfahrens durch einen Vergleichsvertrag ist daher aufgrund des besonderen Verfahrensregimes zumindest de lege lata nicht möglich. Dasselbe gilt für den Freistellungs- und Ablehnungsbescheid, § 155 Abs. 1 S. 3 AO[564].

Rn. 17; nach *Bosse*, Der subordinationsrechtliche Verwaltungsvertrag, S. 50 und *Sontheimer*, Der verwaltungsrechtliche Vertrag im Steuerrecht, S. 142 sei der Sinn und Zweck des § 155 AO die Vollstreckung, woraus das Handlungsformverbot folgen solle.

560 *P. Kirchhof*, NJW 1985, 2977, 2978; *Gurlit*, Verwaltungsvertrag und Gesetz, S. 256; *Hey*, Steuerplanungssicherheit als Rechtsproblem, S. 743 f. Aus dieser Schlussfunktion folgt die Verbindlichkeit, als Ausfluss der materiellen Bestandskraft des Steuerbescheides und dessen Bindungswirkung.

561 So *Scherzberg*, JuS 1992, 205, 208; *Ziekow/Siegel*, VerwArch. 2003, 593, 604 f.; *Gurlit* in Ehlers/Pünder, Allgemeines Verwaltungsrecht, § 31 Rn. 4.

562 *Scherzberg*, JuS 1992, 205, 208; *Gurlit* in Ehlers/Pünder, Allgemeines Verwaltungsrecht, § 31 Rn. 4.

563 S. dazu unter Kap. 2 C. IV. 5. b) dieser Arbeit.

564 Dasselbe gilt für § 184 Abs. 1 S. 1 AO. Nach § 184 Abs. 1 S. 1 AO sind die Steuermessbeträge durch Steuermessbescheide festzusetzen. Der Wortlaut sieht, wie bei § 155 Abs. 1 S. 1 AO, explizit die Rechtsform des Steuerbescheides vor. An den Steuermessbescheid sind, wie an den Steuerbescheid, eine Vielzahl von Konsequenzen, wie etwa dessen Vollstreckbarkeit, geknüpft. Aufgrund dessen ist auch aus dieser Norm de lege lata ein besonderes Vertragsformverbot zu entnehmen. Verwaltungsaktvorbereitende Vergleichsverträge sind jedoch möglich.

Der Finanzbehörde ist es jedoch zum einen möglich, das Ermittlungsverfahren durch einen Vergleichsvertrag als verwaltungsaktvorbereitenden Vertrag „abzuschließen“ und das Festsetzungsverfahren dennoch mit einem Steuerbescheid zu beenden. Der Vergleichsvertrag steht dann nicht am Ende des Besteuerungsverfahrens, sondern wird auf dem Weg dorthin geschlossen[565]. Es handelt sich um einen Fall des Zusagevertrages. Ein Verwaltungsträger kann sich in einem Vergleichsvertrag zum Erlass eines Verwaltungsaktes *verpflichten*, ohne, dass dadurch der Vertragscharakter verloren ginge[566]. Die Verpflichtung wird durch späteren Erlass des entsprechenden (verfügenden) Verwaltungsaktes erfüllt[567]. Den Materialien zum VwVfG lässt sich entnehmen, dass der Gesetzgeber dies, trotz der Formulierung von §§ 9, 54 S. 2 VwVfG, die von einer Alternativität zwischen Vertrag und Verwaltungsakt ausgehen, durchaus für zulässig erachtete[568], eine nähere Ausgestaltung aber nicht für erforderlich hielt[569].

---

565 *Schick*, Vergleiche und sonstige Vereinbarungen zwischen Staat und Bürger im Steuerrecht, S. 18: Die Tatsache des Vertragsformverbots sei mithin nicht überzubewerten, weil nicht der formale Abschluss des Verfahrens entscheidend sei, sondern die Frage, wo die eigentlichen Entscheidungen fallen; mit vergleichbarer Argumentation auch *Sontheimer*, Der verwaltungsrechtliche Vertrag im Steuerrecht, S. 143; s. ebenso *Heun*, DÖV 1989, 1053, 1056; *Maurer*, Verwaltungshandeln durch Verträge und Absprachen, S. 15, 24, ohne jedoch zu erörtern, wie diese Tatsache im Verhältnis zu § 155 Abs. 1 AO steht; *Seer*, StuW 1995, 213, 215; *Seer*, Verständigungen in Steuerverfahren, S. 143 ff.; *Raupach*, DStJG 21 (1998), S. 175, 194; für diese Möglichkeit bei der Beamtenernennung *Löwer*, VerwArch. 1965, 236, 259; *Müller-Franken*, Maßvolles Verwalten, S. 202; *Meyer* in Meyer/Borgs, VwVfG, § 54 Rn. 70; kritisch *Bauer*, Der „Vergleich“ im Steuerveranlagungsverfahren, S. 68 ff.: Entscheidungen über die Besteuerungsgrundlagen seien auch außerhalb der Grundlagenbescheide nicht schlechthin unzulässig, allerdings seien Entscheidungen über Besteuerungsgrundlagen einseitig hoheitlich durch Bescheid zu treffen. Diese Auffassung *Bauers* kann seit der Anerkennung der tatsächlichen Verständigung so nicht (mehr) überzeugen.

566 BGH, Urt. v. 25.4.2014 – RiZ (R) 2/13, juris Rn. 24; *Gurlit*, Verwaltungsvertrag und Gesetz, S. 257.

567 *Schlette*, Die Verwaltung als Vertragspartner, S. 23 ff., 192; Beispiele aus der Verwaltungspraxis bei *Bartscher*, Verwaltungsvertrag in der Behördenpraxis, S. 135.

568 BT-Drucks. 7/910, S. 79: „In bestimmten Fällen wird die Erfüllung des öffentlich-rechtlichen Vertrages den Erlaß eines Verwaltungsaktes für die vertragsschließende Behörde notwendig machen [...].“; *Punke*, Verwaltungshandeln durch Vertrag, S. 230 ff.; *Spannowsky*, Verwaltungshandeln durch Verträge und Absprachen, S. 239 ff.; *Schlette*, Die Verwaltung als Vertragspartner, S. 192 m.w.N.

569 Zum Verhältnis zwischen Vertrag und Verwaltungsakt unter Kap. 4 H. I. dieser Arbeit.

Der vertragserfüllende Verwaltungsakt verliert dadurch auch nicht seine ursprüngliche Rechtsnatur und wird zur schlichten Vertragserklärung[570]. Die Aufspaltung in Verpflichtungsvertrag und erfüllendem Verwaltungsakt ist die Folge des Vertragsformverbots, womit es nicht vereinbar wäre, allein aufgrund der Vorschaltung des Verpflichtungsvertrages die Rechtsnatur der Erfüllungshandlung abweichend zu qualifizieren[571]. Maßgeblich ist somit allein, ob der Steuerbescheid die Merkmale des Steuerverwaltungsaktes erfüllt, § 118 S. 1 AO. Unabhängig von der Frage, ob der Verpflichtungsvertrag und der vertragserfüllende Verwaltungsakt aufgrund eines Verwaltungsverfahrens ergehen oder mit Abschluss des Verpflichtungsvertrages eine neues Verwaltungsverfahren beginnt, sind auf den vertragserfüllenden Verwaltungsakt die allgemeinen Verfahrensvorschriften anwendbar[572]. Die Pflichten nach dem Untersuchungsgrundsatz aus § 88 Abs. 1 AO, etwaige Mitwirkungspflichten und Beratungs- und Auskunftspflichten, § 89 AO, gelten ohne Weiteres für den vertragserfüllenden Verwaltungsakt. Die Besonderheit besteht lediglich darin, dass den gesetzlichen Anforderungen regelmäßig durch den vorgeschalteten Verpflichtungsvertrag Genüge getan wurde, welcher in verfahrensgesetzlich rechtmäßigem Maße zustande gekommen ist[573].

Es ist zum anderen möglich, dass ein Steuerverwaltungsakt zwar im Rahmen eines öffentlich-rechtlichen Vergleichsvertrages ausgesprochen wird, aber gleichwohl rechtlich als selbständiger Verwaltungsakt zu werten ist[574]. In diesem Fall enthält die Vertragsurkunde neben den eigentlichen vertraglichen Regelungen eine rein äußerlich verbundene behördliche Erklärung, die den Charakter eines Steuerverwaltungsaktes nicht verliert[575]. Ist die Form eines Steuerverwaltungsaktes vorgeschrieben, schließt das nicht aus, dass im Zusammenhang mit einem solchen Verwaltungsakt ein Vertrag geschlossen wird[576].

Über den Anwendungsbereich hinaus, lassen sich aus § 155 Abs. 1 S. 1 AO keine Schlüsse für die Zulässigkeit vertraglichen Handelns schließen. § 155 Abs. 1 S. 1 AO erfasst nur die Steuerfestsetzung, die Freistellung von einer Steuer

570 So vorgeschlagen von *Bullinger* in Gedächtnisschrift Peters, S. 667, 678.

571 So *Punke*, Verwaltungshandeln durch Vertrag, S. 231.

572 So *Punke*, Verwaltungshandeln durch Vertrag, S. 231 ff.

573 *Punke*, Verwaltungshandeln durch Vertrag, S. 233 f.

574 *Schlette*, Die Verwaltung als Vertragspartner, S. 191 ff.; *Niesler* in Brandt/Domgörgen, Handbuch Verwaltungsverfahren und Verwaltungsprozess, D. Rn. 391; *Maurer/Waldhoff*, Allgemeines Verwaltungsrecht, § 14 Rn. 30.

575 *Maurer/Waldhoff*, Allgemeines Verwaltungsrecht, § 14 Rn. 30.

576 *Maurer/Waldhoff*, Allgemeines Verwaltungsrecht, § 14 Rn. 31.

und die Ablehnung eines Antrags auf Steuerfestsetzung. Vereinbarungen, die die Erhebung oder Vollstreckung der Steuer erfassen oder sich im Vorfeld der Steuerfestsetzung bewegen, werden von § 155 Abs. 1 S. 1 AO nicht berührt[577].

Dem stehen auch §§ 157 Abs. 2, 179 AO nicht entgegen[578]. Das Gesetz bestimmt, dass die Feststellungen der Besteuerungsgrundlagen einen nicht selbstständig anfechtbaren Teil des Steuerbescheides bilden, soweit die Besteuerungsgrundlagen nicht gesondert festgestellt werden. § 199 Abs. 1 AO definiert die Besteuerungsgrundlagen als die tatsächlichen und rechtlichen Verhältnisse, die für die Steuerpflicht und für die Bemessung der Steuer maßgebend sind. Der Vergleichsvertrag über die Ungewissheit einer Sach- oder Rechtslage enthält jedoch keinen Teilsteuerbescheid, sondern geht als öffentlich-rechtlicher Vertrag in die Steuerfestsetzung ein[579]. Es handelt sich um die inzidente Feststellung der Besteuerungsgrundlagen innerhalb des Vertrages. Der Vergleichsvertrag bereitet, wie die tatsächliche Verständigung oder die verbindliche Zusage, den Steuerbescheid vor.

b) § 191 Abs. 1 AO

Aus § 191 Abs. 1 AO ergibt sich kein besonderes Vertragsformverbot. Nach § 191 Abs. 1 S. 1 AO *kann*, wer kraft Gesetzes für eine Steuer haftet, durch Haftungsbescheid in Anspruch genommen werden und wer kraft Gesetzes verpflichtet ist, die Vollstreckung zu dulden, durch Duldungsbescheid. § 191 Abs. 1 S. 1 AO dient der Sicherung eines Steueranspruchs durch einen Dritten[580] und dient damit der Vollstreckung. Einzig durch den Erlass eines Steuerverwaltungsaktes ist es der Finanzbehörde möglich, einen Anspruch zu vollstrecken. Da bei Haftungsbescheiden somit die Vollstreckungsfunktion im Vordergrund steht, könnte aus dem Sinn und Zweck der Norm ein besonderes Vertragsformverbot geschlossen werden[581]. Die Inanspruchnahme des Dritten steht jedoch im

577 *Sontheimer*, Der verwaltungsrechtliche Vertrag im Steuerrecht, S. 143; *Heun*, DÖV 1989, 1053, 1057; *Gurlit*, Verwaltungsvertrag und Gesetz, S. 257.

578 S. dazu *Bauer*, Der „Vergleich" im Steuerveranlagungsverfahren, S. 68 ff.; *Müller-Franken*, Maßvolles Verwalten, S. 201; a.A. *Sontheimer*, Der verwaltungsrechtliche Vertrag im Steuerrecht, S. 153.

579 *Seer*, Verständigungen in Steuerverfahren, S. 147; *Seer* in Tipke/Kruse, AO/FGO, § 157 AO Rn. 27 (Nov. 2022), Vorb. zu §§ 118–129 AO Rn. 8 ff., 28 (Aug. 2021); im Ergebnis auch *Sontheimer*, Der verwaltungsrechtliche Vertrag im Steuerrecht, S. 186 f.

580 *Jatzke* in Gosch, AO/FGO, § 191 AO Rn. 2 (Mai 2019); *Rüsken* in Klein, AO, § 191 Rn. 7; *Boeker* in HHSp., AO/FGO, § 191 AO Rn. 4 (Juni 2021).

581 *Seer*, Verständigungen in Steuerverfahren, S. 153.

Ermessen der Finanzbehörde[582]. Ist der Verwaltung ein Ermessen eingeräumt, zu entscheiden, ob bei Vorliegen eines bestimmten Sachverhalts überhaupt eine bestimmte Rechtsfolge eintritt, ist dies als Indiz dafür zu werten, dass das Gesetz kein ausdrückliches Gebot des Handelns durch Verwaltungsakt vorsieht[583].

D. Zusammenfassung der Ergebnisse

Der Einführung eines Vergleichsvertrages in der AO steht kein allgemeines steuerrechtliches Vertragsformverbot entgegen. Vielmehr folgt dem Vergleichsbedarf die Vergleichsfähigkeit des materiellen Steuerrechts. Partiell sind in der AO öffentlich-rechtliche Verträge bereits de lege lata normiert, die zwar die generelle Zulässigkeit des öffentlich-rechtlichen Vertrages nicht isoliert indizieren können, aber erkennen lassen, dass die öffentlich-rechtlichen Verträge durch den Gesetzgeber nicht generell ausgeschlossen werden. Vergleiche sind in der AO seit jeher ein nicht wegzudiskutierendes Faktum. Vor allem in Erörterungsterminen werden faktisch Vergleichsverhandlungen im Rahmen der tatsächlichen Verständigungen geführt, die regelmäßig als (Tatsachen-)Vergleiche einzuordnen sind. Dem Verdikt der Nichtigkeit der Vergleiche im Steuerrecht kann so nicht (mehr) gefolgt werden. Es bedarf zudem der Unterscheidung zwischen Rechtsform und Inhalt einer Verwaltungsentscheidung. Die Rechtsform ist für die Beurteilung des Inhalts des Verwaltungshandelns und damit dessen Rechtmäßigkeit unerheblich. Der Inhalt eines öffentlich-rechtlichen Vertrages kann ebenso wie der Inhalt eines Verwaltungsaktes rechtmäßig oder rechtswidrig sein. Der Steuerbescheid als standardisiertes Instrument der Massenverwaltung weist sogar regelmäßig eine besondere Fehleranfälligkeit auf. Gesetz- und Gleichmäßigkeit der Besteuerung erfordern daher nicht die Unzulässigkeit der Vertragsform, sondern nur die Kontrolle und wirksame Sanktion, wenn der Vertrag inhaltlich dem Gesetz widerspricht. Die Literatur und Rechtsprechung zu Vergleichen im Steuerrecht sind häufig pauschal auf deren Ablehnung beschränkt, ohne vertieft zu erörtern, wie etwa punktuelle normative Öffnungen der strikten Gesetzmäßigkeit das Unzulässigkeitsdogma relativeren könnten. Das Steuerrecht ist, wie gezeigt wurde, vergleichsfähig. Auch besondere Vertragsformverbote stehen der

582 Die Behörde hat Entschließungs- und Auswahlermessen, pars pro toto *Boeker* in HHSp., AO/FGO, § 191 AO Rn. 29 ff. (Juni 2021).

583 *Bosse*, Der subordinationsrechtliche Verwaltungsvertrag, S. 50; *Sontheimer*, Der verwaltungsrechtliche Vertrag im Steuerrecht, S. 145; *Seer*, Verständigungen in Steuerverfahren, S. 153.

Zulässigkeit eines steuerrechtlichen Vergleichs nicht entgegen. Aus § 155 Abs. 1 S. 1 AO folgt de lege lata ein besonderes Vertragsformverbot. Der Finanzbehörde ist es jedoch nicht verwehrt, einen Vergleichsvertrag als verwaltungsaktvorbereitenden Akt abzuschließen und das Festsetzungsverfahren dennoch mit einem Steuerbescheid zu beenden. Der Vergleichsvertrag steht dann nicht am Ende des Besteuerungsverfahrens, sondern wird auf dem Weg (im vorausgehenden Ermittlungsverfahren) dorthin geschlossen. Ein Verwaltungsträger kann sich auch in einem Vergleichsvertrag zum Erlass eines Verwaltungsaktes *verpflichten*, ohne dass dadurch der Vertragscharakter verloren ginge. Die Verpflichtung wird durch späteren Erlass des entsprechenden (verfügenden) Verwaltungsaktes erfüllt. Es ist zum anderen möglich, dass ein Steuerverwaltungsakt zwar im Rahmen eines öffentlich-rechtlichen Vergleichsvertrages ausgesprochen wird, rechtlich aber als selbständiger Verwaltungsakt zu werten ist. In diesem Fall enthält die Vertragsurkunde neben den eigentlichen vertraglichen Regelungen eine rein äußerlich verbundene behördliche Erklärung, die den Charakter eines Steuerverwaltungsaktes nicht verliert.

Im materiellen Steuerrecht besteht auch Vergleichsbedarf. Die Anerkennung einer weiteren Handlungsform der Verwaltung ist – auch neben der Anerkennung der tatsächlichen Verständigung – erforderlich. Die Rechtsprechung des BFH möchte die Terminologie des Vergleichs in besonders ausgeprägtem Maße vermeiden, wenngleich sie Vergleichsverträge – teilweise sogar über Rechtsfragen – im Ergebnis zulässt und diese unter dem Deckmantel der Verständigung schließen lässt. Vor allem seit der Grundsatzentscheidung des BFH zur tatsächlichen Verständigung muss das Nichtigkeitsdogma des steuerrechtlichen Vertrages – insbesondere über Tatsächliches – überdacht werden. Die tatsächliche Verständigung wird längst nicht mehr nur über Tatsachenfragen geschlossen, denn die Differenzierung zwischen Tatsächlichem und Rechtlichem ist meist nur vordergründig. Hinzukommt, dass konsensuale Einigungen aus dem Alltag der Finanzämter und der Finanzgerichte nicht mehr wegzudenken sind. Der steuerrechtliche Vergleichsvertrag könnte inhaltlich weiter gehen und zudem de lege ferenda anstelle eines Verwaltungsaktes erlassen werden. Die Komplexität des Steuerrechts und die Beschränktheit der personellen exekutiven Mittel führen in der Massenverwaltung vielfach zu ausweglosen Situationen. Das Steuerrecht weist im Vergleich zu anderen Rechtsbereichen eine besondere Komplexität auf, welche einen gesteigerten Bedarf an Vereinfachung begründet. Das materielle Steuerrecht zeigt wie andere verwaltungsrechtliche Dauerschuldverhältnisse einen besonderen Vergleichsbedarf. Auf Reibungslosigkeit sind Bürger und Behörde vor allem dann angewiesen, wenn sie sich nicht nur einmalig begegnen, sondern in einer Dauerbeziehung eingespannt sind.

Es ist eine reine ideelle Vorstellung, dass das Gesetz immer eindeutige Lösungsmöglichkeiten bietet. Zunächst ist, entgegen einer häufigen Annahme, oft nicht nur der Sachverhalt strittig respektive nicht aufklärbar, sondern auch die Rechtslage. Das Steuerrecht bietet, aufgrund diverser Handlungsspielräume der Verwaltung, Raum für gleichsam vertretbare Entscheidungen. Die punktuell gesetzlich determinierte Steuer ist demgegenüber eine Fiktion. Der AO ist dieses Dilemma auch nicht fremd, weil die Schätzung, § 162 AO, Abhilfe für Aufklärungsdefizite schaffen kann. Um im Rahmen des konsensualen Verwaltungshandelns zu einvernehmlichen Lösungen zu kommen und auch die Finanzgerichte weitestgehend möglich wenig zu belasten, ist die Anerkennung des Vergleichsvertrages erforderlich.

Die besondere Vergleichsfähigkeit und der besondere Vergleichsbedarf des materiellen Steuerrechts folgen damit aus 1) der tatsächlichen und / oder rechtlichen Ungewissheit der Beteiligten darüber, welcher Sachverhalt der richtige ist respektive welche Rechtslage dem Gesetz in der Vergleichssituation entspricht; 2) dem Privileg gesteigerter Unempfindlichkeit gegenüber Gesetzesverletzungen des Vergleichsvertrages; 3) dem Rechtsfrieden und der Verfahrensökonomie, welche sich aus einer besonderen Komplexität und Konkretisierungsbedürftigkeit des materiellen Steuerrechts und dem verwaltungsrechtlichen Dauerschuldverhältnis ergeben und 4) dem normativ verankerten Einigungsgedanken der AO.

Kapitel 3: Der materielle steuerrechtliche Vergleichsvertrag

Im Folgenden soll geprüft werden, wie das Vergleichsvertragsrecht in der AO etabliert werden könnte. Konkret stellt sich die Frage nach einer möglichen Rechtsfortbildung oder einer Forderung an den Gesetzgeber de lege ferenda. Zudem ist auf die möglichen Erscheinungsformen steuerrechtlicher Vergleiche im Besteuerungsverfahren einzugehen. Die Voraussetzungen des materiellen Vergleichs werden schließlich im Rahmen der Ausführungen zum Prozessvergleich in Kapitel 4 herausgearbeitet[584].

A. Einführung des Vergleichsvertrages in die AO: Lösungsmöglichkeiten

Es stellt sich die Frage, ob eine analoge Anwendung der §§ 54 ff. VwVfG, §§ 53 ff. SGB X im Steuerrecht möglich wäre. Dies setzt eine planwidrige Regelungslücke und eine vergleichbare Interessenlage voraus.

I. Möglichkeit einer analogen Anwendung der §§ 54 ff. VwVfG, §§ 53 ff. SGB X

1. Planwidrige Regelungslücke?

a) Die Rechtsfortbildung einer weiteren Handlungsform in der AO

Eine planwidrige Regelungslücke bedeutet das Fehlen einer bestimmten, nach dem Regelungsplan oder Gesamtzusammenhang des Gesetzes zu erwartenden Regel[585]. Der Gesetzgeber hat im VwVfG und im SGB X den öffentlich-rechtlichen Vertrag normiert, ohne diesen in die gleichzeitig erlassene AO 1977 zu übernehmen. Die AO wiederholt teilweise wörtlich die Vorschriften des VwVfG, lässt aber die Normen über den öffentlich-rechtlichen Vertrag aus. Aufgrund dessen werden Zweifel an der Absicht des Gesetzgebers geäußert, den Vertrag im Steuerrecht zuzulassen[586]. Diese Zweifel sind jedoch nur prima facie

---

584 S. Kap. 4 D. III. dieser Arbeit.

585 So *Larenz/Canaris*, Methodenlehre der Rechtswissenschaft, S. 191 ff.

586 *Martens*, JuS 1978, 607, 610 Fußnote 41; nach *Erichsen*, VerwArch. 1979, 349, 353 habe sich der Gesetzgeber bemüht, das steuerrechtliche Verfahrensrecht dem VwVfG anzupassen. Jedoch sei die kodifikatorische Selbstständigkeit der AO erhalten geblieben.

berechtigt. Zwar ist anzuerkennen, dass der Wille des Gesetzgebers Vorrang vor dogmatischen Lehren genießt[587]. Der Wille des Gesetzgebers muss aber auch *positiv* zum Ausdruck kommen[588]. Dass der Gesetzgeber zwar eine bestimmte Handlungsform vor Augen hatte, diese aber nicht zwingend vorschrieb, ist so lange unschädlich, wie die Handlungsform nicht in Widerspruch zur Ratio des Gesetzes steht[589]. Die Grenze der richterlichen Rechtsfortbildung ist erst überschritten, wenn die vom Gericht zur Begründung seiner Entscheidung angestellten Erwägungen eindeutig erkennen lassen, dass es sich aus der Rolle des Normanwenders in die einer normsetzenden Instanz begeben hat, also objektiv nicht bereit war, sich Recht und Gesetz zu unterwerfen[590]. Aus den Gesetzesmaterialien kann keine bewusste Nichtregelung des Gesetzgebers geschlossen werden, weil der öffentlich-rechtliche Vertrag schlicht nicht angesprochen wird[591].

Daher sei davon auszugehen, dass die AO dort, wo sie vom VwVfG abweiche, bewusst eine andere Regelung oder keine hat treffen wollen; *Martens*, StuW 1986, 97, 98 f., 103; *Tipke* in Tipke/Lang, Steuerrecht, 12. Auflage 1989, Rn. 3.132; *Füllsack*, Informelles Verwaltungshandeln im Steuerrecht, S. 152; vgl. zum Streitstand auch *Maurer* in Verwaltungshandeln durch Verträge und Absprachen, S. 15, 24; *Carl/Klos*, StVj. 1992, 156, 163 Fußnote 33 a.a.O.; *Offerhaus*, DStR 2001, 2093, 2094; a.A. *Rathjen*, DStR 1977, 472; *Vogel* in FS Döllerer, S. 677, 685 ff.; *Mohr*, NJW 1978, 790, 791; *Meyer* in Meyer/Borgs, VwVfG, § 54 Rn. 11.

587 Zutreffend *Beinhardt*, VerwArch. 1964, 212.

588 *Bosse*, Der subordinationsrechtliche Verwaltungsvertrag, S. 49.

589 So *Bosse*, Der subordinationsrechtliche Verwaltungsvertrag, S. 49 f. Allerdings nimmt *Bosse* an, dass aus dem Wortlaut von § 155 Abs. 1 AO klar hervorgehe, dass der Gesetzgeber nur den Verwaltungsakt gewollt habe; s. zum besonderen Vertragsformverbot des § 155 Abs. 1 S. 1 AO unter Kap. 2 C. VII. 3. a) dieser Arbeit.

590 BVerfG, Beschl. v. 3.11.1992 – 1 BvR 1243/88, BVerfGE 87, 273, juris Rn. 21.

591 Begründung zum Entwurf einer Abgabenordnung der Bundesregierung v. 19.3.1971, BT-Drucks. VI/1982, in unveränderter Form in der nachfolgenden Legislaturperiode eingebracht als BT-Drucks. 7/79 v. 25.1.1973; Bericht des Finanzausschusses v. 7.11.1975 zum Entwurf der Abgabenordnung 1976, BT-Drucks. 7/4292, S. 4 f.; *Eich*, Verständigung im Steuerverfahren, S. 45. Nach *Wassermeyer*, FR 1987, 513, 521 sollen die Entwürfe zur AO 1977 ursprünglich eine Parallelregelung zu § 55 VwVfG vorgesehen haben, die jedoch später gestrichen wurde. Die Zulässigkeit der öffentlich-rechtlichen Verträge sei in der AO durch den Gesetzgeber offengelassen worden; s. ebenso *Martens*, Die Praxis des Verwaltungsverfahrens, Rn. 340 Fußnote 70; *Füllsack*, Informelles Verwaltungshandeln im Steuerrecht, S. 152 ff.; kritisch dazu *Müller-Franken*, Maßvolles Verwalten, S. 196 Fußnote 418, der feststellt, dass der Zweck des Gesetzes nicht nur aus den Materialien, sondern auch aus der Gesetzessystematik geschlossen werden könne, welche entgegenstehen würde.

Die Nichtregelung kann auf keiner gesicherten Grundlage als *bewusst* eingestuft werden. Sicher ist nur, dass die Verfahrensvorschriften der Abgabenordnung an die Regelungen des VwVfG angepasst werden sollten und die Vorschriften der §§ 54 ff. VwVfG nicht übernommen worden sind. Allerdings wurde dabei mit „sehr heißer Feder genäht" und gründliche Überlegungen nicht angestellt[592]. Es ist vielmehr anzunehmen, dass die Frage der Zulässigkeit von Verträgen im Steuerrecht der Entwicklung der Rechtsprechung und Literatur überlassen werden sollte[593]. Darauf deutet auch die Übernahme von § 78 Nr. 3 AO hin[594]. Zudem die Tatsache, dass sich der Gesetzgeber, in Kenntnis der Streitigkeiten um das steuerrechtliche Vertragsformverbot, weder zu einer Klarstellung im Gesetz noch den Gesetzesmaterialien hat durchringen können[595].

Selbst wenn unterstellt werden würde, dass der Gesetzgeber die Vorschriften über die öffentlich-rechtlichen Verträge bewusst nicht in die AO aufgenommen hat, weil er sie nicht in seiner Gesamtheit übernehmen wollte, lässt sich daraus noch nicht schließen, dass er gegebenenfalls nicht als Einzelnes Vergleichsverträge für zulässig gehalten hat[596]. Die fehlende Übernahme der §§ 54 ff. VwVfG bzw. §§ 53 ff. SGB X ist somit kein Ausdruck eines beredten Schweigens des Gesetzgebers, aus welchem ein allgemeines Vertragsformverbot geschlossen werden könnte[597]. Mangels erkennbarem Regelungsplan, weder als Einordnung einer bewussten oder unbewussten Regelung, steht der Rechtsanwender vielmehr vor einer Lücke praeter legem[598], einem „juristischen Vakuum des Gesetzes", einer „planlosen Lücke"[599].

---

592 So ausdrücklich *Vogel* in FS Döllerer, S. 677, 690.

593 *Vogel* in FS Döllerer, S. 677, 690; ebenso *Sontheimer*, Der verwaltungsrechtliche Vertrag im Steuerrecht, S. 135 f.; *Eich*, Verständigung im Steuerverfahren, S. 46.

594 S. dazu unter Kap. 2 C. VII. 2. dieser Arbeit.

595 Gl.A. *Sontheimer*, Der verwaltungsrechtliche Vertrag im Steuerrecht, S. 135 f.

596 So *Eich*, Verständigung im Steuerverfahren, S. 46.

597 So aber z.B. v. *Groll*, FR 1995, 814, 818; *Müller-Franken*, Maßvolles Verwalten, S. 196 m.w.N.; die AO hat sich für die öffentlich-rechtliche Vertragsform aber auch nicht ausdrücklich entschieden, s. zu den Auswirkungen des § 78 AO unter Kap. 2 C. VII. 2. dieser Arbeit.

598 Zur Begrifflichkeit *Canaris*, Die Feststellung von Lücken im Gesetz, S. 129 ff.; *Crezelius*, FR 2008, 889, 895; *Drüen* in Tipke/Kruse, AO/FGO, § 4 AO Rn. 350 f. (Okt. 2020); *Wernsmann* in HHSp., AO/FGO, § 4 AO Rn. 697 (Okt. 2020).

599 Zu dieser Erkenntnis *Seer*, Verständigungen in Steuerverfahren, S. 131 ff., 137 ff. und ihm folgend etwa *Hey* in Tipke/Lang, Steuerrecht, Rn. 3.241; zu dieser Art von Lücken allgemein *Lang* in FS Höhn, S. 159, 164 ff.

Da der Gesetzgeber untätig geblieben ist und somit eine Gesetzeslücke besteht, kann eine Rechtsfortbildung[600] ohne Verstoß gegen Art. 20 Abs. 3 GG erfolgen[601]. Anderenfalls – bei positiver Entscheidung des Gesetzgebers für ein steuerrechtliches Vertragsrecht – wäre auch die Etablierung des Institutes der tatsächlichen Verständigung jedenfalls kritisch zu hinterfragen[602].

Das BVerfG sieht die Rechtsfortbildung des BFH aufgrund von Entwicklungen der Besteuerung sogar als erforderlich an[603] und nennt die richterliche Rechtsfortbildung nicht nur „Befugnis", sondern „*Aufgabe*" der Gerichte[604]. Das

---

600 Eine Rechtsfortbildung setzt eine Lücke im Gesetz voraus, s. dazu im Allgemeinen *Larenz/Canaris*, Methodenlehre der Rechtswissenschaft, S. 187 ff.; *Canaris*, Die Feststellungen von Lücken im Gesetz, S. 73.

601 Gl.A. *Drüen* in Tipke/Kruse, AO/FGO, § 4 AO Rn. 345 (Okt. 2020) m.w.N.; *Hey* in Tipke/Lang, Steuerrecht, Rn. 3.241; a.A. *Füllsack*, Informelles Verwaltungshandeln im Steuerrecht, S. 152 ff.; kritisch *Müller-Franken*, Maßvolles Verwalten, S. 196, der annimmt, dass der Gesetzgeber die Klärung nicht der Rechtsprechung und Rechtslehre überlassen wollte.

602 Die h.M. in der Literatur stuft die Rechtsnatur in einem öffentlich-rechtlichen Vertrag bzw. in einem Vergleichsvertrag ein. Zur Rechtsnatur der tatsächlichen Verständigung unter Kap. 1 B. III. 1. dieser Arbeit. Alternativ hätte etwa eine Verständigung im Prozess (wie in der StPO in § 257c) vorgesehen etabliert werden können.

603 BVerfG, Beschl. v. 12.3.1985 – 1 BvR 571/81, BStBl. II 1985, 475, BVerfGE 69, 188, juris Rn. 51: „Der finanzgerichtlichen Rechtsprechung ist es insbesondere nicht von vornherein verwehrt, im Wege der Rechtsfortbildung veränderten wirtschaftlichen Situationen Rechnung zu tragen […]". Nach dem BVerfG sind die Grenzen der Rechtsfortbildung für jedes Rechtsgebiet gesondert zu bestimmen, BVerfG, Beschl. v. 14.2.1973 – 1 BvR 112/65, BVerfGE 34, 269, juris Rn. 40.

604 BVerfG, Beschl. v. 14.2.1973 – 1 BvR 112/65, BVerfGE 34, 269, juris Rn. 39; BVerfG, Beschl. v. 11.10.1978 – 1 BvR 84/74, BVerfGE 49, 304, juris Rn. 27 ff. m.w.N.; BVerfG, Beschl. v. 12.3.1985 – 1 BvR 571/81, BStBl. II 1985, 475, BVerfGE 69, 188, juris Rn. 51, ein Beispiel aus der Rechtsprechung des BVerfG ist „das Zurückbleiben der Gesetzgebung hinter dem Fluß der sozialen Entwicklung" im Arbeitsrecht; *Vogel*, DStZ/A 1977, 5, 10, nimmt an, dass eine Eigenart des Steuerrechts eine ausgedehntere Kompetenz zur Rechtsschöpfung sei; ausführlich zur Rechtsfortbildung und insbesondere zu einer dadurch erreichbaren Steuervereinfachung *Barth*, Richterliche Rechtsfortbildung im Steuerrecht; *Fischer*, StVj. 1998, 3; *Raupach*, DStJG 21 (1998), S. 175, 196 ff.; zur verfassungsrechtlichen Rechtsfortbildung *Drüen*, StuW 2012, 269; zur Gestaltungsfreiheit des Steuergesetzgebers *Tipke*, StuW 2014, 273, 273 ff.; kritisch *Sangmeister*, BB 1988, 609, 612 weil in das dem Gesetzgeber vorbehaltene „Konkretisierungsprimat" eingegriffen werden könnte und dem Gesetzgeber muss es, soweit kein „Rechtsnotstand" abgewendet werden soll, überlassen bleiben, die Voraussetzungen für steuerrechtliche

Spektrum der Handlungs- und Rechtsformen in der AO ist in der Konsequenz nicht beschränkt[605]. Die AO definiert die möglichen Handlungsformen auch in keiner Norm ausdrücklich, anders als die Parallelnormen § 9 VwVfG und § 8 SGB X[606]. Aufgrund dessen war auch die Rechtsfortbildung bzw. die Rechtsentwicklung der tatsächlichen Verständigung möglich[607].

Teilweise wird sogar vertreten, die analoge Anwendung der §§ 54 ff. VwVfG entspreche dem vermeintlichen Willen des Gesetzgebers, wie er in der AO zum Ausdruck gekommen ist und wie der Gesetzgeber – müsste er heute entscheiden – mutmaßlich auch entscheiden würde. Begründet wird dies mit §§ 201 Abs. 1 S. 2, 224a AO und § 364a AO und dem daraus folgenden Einigungsgedanken auch über Rechtsfragen[608]. Die AO ist in besonderer Weise konsensualen Einigungen zugänglich, nicht nur aufgrund der normativ verankerten Erörterungsmöglichkeiten[609], sondern auch aufgrund des hohen Maßes der Konkretisierungsbedürftigkeit des materiellen Steuerrechts.

b) Entgegenstehen des VwVfG

Es wird vertreten, dass eine analoge Anwendung der Vorschriften der §§ 54 ff. VwVfG aufgrund von § 2 Abs. 2 Nr. 1 VwVfG nicht möglich sei[610]. Nach § 2 Abs. 2 Nr. 1 VwVfG gilt das VwVfG nicht für Verfahren der Bundes- oder Landesfinanzbehörden nach der Abgabenordnung. Der Wortlaut der Norm deutet

---

Vereinbarungen festzulegen; gl.A. *Füllsack*, Informelles Verwaltungshandeln im Steuerrecht, S. 154.

605 Zutreffend *Schmidt-Aßmann*, DVBl. 1989, 533, 541, der erkennt, dass die Lehre der Handlungsformen keine fertige, sondern eine stets zu reformierende Lehre sei; ebenso zuzustimmen ist *Burmeister*, VVDStRL 52 (1993), S. 190, 195 ff., welcher annimmt, es sei Aufgabe einer Handlungslehre der Verwaltung, alle Erscheinungen administrativen Handelns in der Verwaltungsrealität zu erfassen. Es bedürfe einer umfassenden Modernisierung, insbesondere einer dogmatischen Umformung der gegenwärtigen Handlungsformen öffentlicher Verwaltung; vgl. dazu ebenfalls *Seer*, Verständigungen in Steuerverfahren, S. 47 ff., 138 f.; ebenso *Hey* in Tipke/Lang, Steuerrecht, Rn. 3.241.

606 In § 9 VwVfG und § 8 SGB X ist der Begriff des Verwaltungsverfahrens definiert und sieht den Erlass eines Verwaltungsaktes und den Abschluss eines öffentlich-rechtlichen Vertrages vor.

607 Dazu und zum Entgegenstehen des Parlamentsvorbehalts sogleich unter Kap. 3 A. II. dieser Arbeit.

608 So etwa *Meyer* in Meyer/Borgs, VwVfG, § 54 Rn. 11; *Greite*, NWB 2004, 1421, 1428.

609 S. dazu unter Kap. 2 C. VII. 1. dieser Arbeit.

610 *Tegethoff* in Kopp/Ramsauer, VwVfG, § 54 Rn. 5; a.A. *Wassermeyer*, FR 1987, 513, 522.

auf einen umfassenden Ausschluss hin[611]. Die Ausnahme für die Verfahren der Finanzbehörden wurde deshalb gemacht, weil für diesen Bereich schon vor dem Erlass des VwVfG eine umfassende bundesrechtliche Kodifizierung des Verfahrensrechts vorhanden war, die AO bzw. die RAO[612]. Überdies bestehen zahlreiche steuergesetzliche Besonderheiten[613]. Sofern und soweit keine steuergesetzlichen Besonderheiten auszumachen waren, wurden die Vorschriften des VwVfG in die AO 1977 übernommen[614]. Die Vorschriften der AO entsprechen demnach weitestgehend dem VwVfG. Das VwVfG ist insoweit nicht subsidiär oder sinngemäß entsprechend anwendbar[615]. Der Rückgriff auf die §§ 54 ff. VwVfG ist jedenfalls nicht durch § 224a AO[616] ausgeschlossen. Zwar wäre die Anordnung der Schriftform, § 224a Abs. 2 S. 1 AO, entbehrlich gewesen, wenn ohnehin auf § 57 VwVfG zurückgegriffen werden könnte[617]. Es handelt sich mit § 224a AO aber um eine Norm mit einem sehr engen Anwendungsbereich, so dass hier nur sehr vorsichtig Argumente für oder gegen die Zulässigkeit öffentlich-rechtlicher Verträge in der AO abgeleitet werden sollten[618].

Die AO ist aber ähnlich wie das VwVfG im Lichte der allgemeinen Grundsätze des Verwaltungsverfahrensgesetzes im Rechtsstaat, die der AO und dem VwVfG gemeinsam vorgegeben sind, auszulegen und anzuwenden und, soweit sie keine abschließenden Regelungen enthält, zu ergänzen[619]. Den Bedürfnissen

---

611 *Erichsen*, VerwArch. 1979, 349, 351 f.

612 Begründung zum Gesetzesentwurfs der Bundesregierung, BT-Drucks. 7/910, S. 33.

613 So die Begründung zum Gesetzesentwurf der Bundesregierung, BT-Drucks. 7/910, S. 33.

614 So die Begründung zum Gesetzesentwurf der Bundesregierung, BT-Drucks. 7/910, S. 33.

615 *Erichsen*, VerwArch. 1979, 349, 353; *Greite*, NWB 2004, 1421, 1428; *Schoch* in Schoch/Schneider, VwVfG, § 2 Rn. 42 (Juli 2020); eine analoge Anwendung befürwortend, z.B. *Schlette*, Die Verwaltung als Vertragspartner, S. 404 ff., 566; *Greite*, NWB 2004, 1421, 1428.

616 Zu dieser Norm unter Kap. 2 C. VII. 2. dieser Arbeit.

617 So ausdrücklich *Schliesky* in Knack/Henneke, VwVfG, § 54 Rn. 53.

618 S. dazu unter Kap. 2 C. VII. 2. dieser Arbeit.

619 *Mohr*, NJW 1978, 790, 791; *Gurlit*, Verwaltungsvertrag und Gesetz, S. 347; *Ramsauer* in Kopp/Ramsauer, VwVfG, § 2 Rn. 18; für die Anwendung der allgemeinen Grundsätze des Verwaltungsrechts hinsichtlich des öffentlich-rechtlichen Vertrages in der AO wohl auch *Maurer/Waldhoff*, Allgemeines Verwaltungsrecht, § 14 Rn. 4; *Schoch* in Schoch/Schneider, VwVfG, § 2 Rn. 129 f. (Juli 2020) schränkt die Ermittlung allgemeiner Grundsätze des Verwaltungsverfahrensrechts auf verfassungsrechtliche Verfahrensgrundsätze ein.

der Praxis entspricht eine möglichst einheitliche Auslegung gleicher oder ähnlicher Regelungen in der AO und im VwVfG unter Berücksichtigung auch der Rechtsprechung zu den parallelen Regelungen und zu Lückenausfüllungsproblemen[620]. Der Wortlaut des § 2 Abs. 2 Nr. 1 VwVfG steht damit einer analogen Anwendung der §§ 54 ff. VwVfG in der AO insoweit nicht entgegen, als eine Anwendung der §§ 54 ff. VwVfG über die allgemeinen Grundsätze des Verwaltungsrechts hinsichtlich des öffentlich-rechtlichen Vertrages erfolgt.

Nach teilweiser Auffassung ist eine Heranziehung der Vorschriften als allgemeine Rechtsgrundsätze oder durch die entsprechende Anwendung der §§ 54 ff. VwVfG nur möglich, soweit Verträge ausdrücklich für zulässig erklärt werden[621]. Nach dieser Auffassung müsste konsequenterweise eine Vorschrift in die AO eingeführt werden, welche die Handlungsform des Vertrages ausdrücklich zulässt. Denkbar wäre eine Vorschrift nach dem Vorbild des § 9 VwVfG.

c) *Steuern, die durch die Gemeinden verwaltet werden und Kommunalabgaben*

Nach § 2 Abs. 2 Nr. 1 VwVfG gilt das VwVfG nicht für Verfahren der Bundes- oder Landesfinanzbehörden nach der Abgabenordnung. Eine Ausnahme des Anwendungsbereichs erfolgt mithin nicht für die Verwaltung durch Gemeindebehörden, was bei den zu den Kommunalabgaben gehörenden Realsteuern, Aufwands- oder Verbrauchersteuern der Fall ist[622]. Weil die von den Gemeinden zu verwaltenden Steuern nicht dem Ausnahmebereich des § 2 Abs. 2 Nr. 1 VwVfG unterfallen, gilt § 1 Abs. 2 VwVfG. Das VwVfG des Bundes wäre nur dann nicht anwendbar, wenn und soweit nach § 1 Abs. 3 VwVfG die landesrechtliche Unterwerfung unter die Abgabenordnung als „Regelung durch ein Verwaltungsverfahrensgesetz" aufzufassen wäre. Wenn man dies unter dem Gesichtspunkt der Einheitlichkeit des Steuerverfahrens annimmt, bleiben für die Verwaltung durch die Gemeinden §§ 54 ff. VwVfG anwendbar, weil „soweit" keine Regelung in der AO vorhanden ist[623]. Im Kommunalabgabenrecht sind §§ 54 ff. VwVfG

---

620 So *Ramsauer* in Kopp/Ramsauer, VwVfG, § 2 Rn. 18.

621 S. unter Kap. 2 C. II. dieser Arbeit.

622 *Meyer*, NJW 1977, 1705, 1707; *Mohr*, NJW 1978, 790, 791; *Erichsen*, VerwArch. 1979, 349, 353; *Schimpf*, Der verwaltungsrechtliche Vertrag, S. 116; *Schübel-Pfister* in Eyermann, VwGO, § 106 Rn. 14; nach § 3 Abs. 2 AO sind Realsteuern die Grundsteuer und die Gewerbesteuer.

623 *Meyer*, NJW 1977, 1705, 1707; *Mohr*, NJW 1978, 790, 791; *Schimpf*, Der verwaltungsrechtliche Vertrag, S. 116; *Schmitz* in Stelkens/Bonk/Sachs, VwVfG, § 2 Rn. 60; *Schoch*

grundsätzlich analog anwendbar, sofern es das jeweilige Landesrecht zulässt[624]. Teilweise wird auch vertreten, §§ 54 ff. VwVfG und § 106 VwGO nicht analog, sondern aufgrund der Geltung der allgemeinen Rechtsgrundsätze für die Kommunalabgaben anzuwenden[625].

2. Vergleichbarkeit der Interessenlage

Nach der Feststellung der „planlosen Regelungslücke" bedarf es im Folgenden der Überprüfung, inwieweit die Interessenslage vergleichbar ist. Dafür soll eine verfahrensvergleichende Betrachtung vorgenommen werden. Vor dem Inkrafttreten der AO 1977 wurde das Steuerrecht meist selbstverständlich in die

---

in Schoch/Schneider, VwVfG, § 2 Rn. 36 (Juli 2020); für die Gewerbesteuer ist die speziellere Norm des § 33 Abs. 2 GewStG zu berücksichtigen.

624 *Allesch*, DÖV 1988, 103, 103 ff. mit der Begründung, dass kommunale Abgaben vielfach im Rahmen eines Sonderrechtsverhältnisses erhoben werden, innerhalb dessen bestimmte Leistungen erbracht oder sonstige Vorteile gewährt werden, was die Möglichkeit zur vertraglichen Vereinbarung der Gegenleistung eröffne; *Ziekow/Siegel*, VerwArch. 2003, 593, 600: Sofern das betreffende Kommunalabgabengesetz die Vorschriften des VwVfG Anwendung finden lasse; *Fehling* in Fehling/Kastner/Störmer, VwVfG, VwGO, § 55 VwVfG Rn. 8; *Gurlit* in Ehlers/Pünder, Allgemeines Verwaltungsrecht, § 30 Rn. 9: Der Ausschluss des § 2 Abs. 2 Nr. 1 VwVfG komme im Kommunalabgabenrecht zum Tragen, soweit diese Verfahren maßgeblich durch die AO geprägt werden, was z.B. nicht für § 11 Abs. 1 S. 2 Nr. 1, § 133 Abs. 3 S. 5 BauGB gelte; ohne Differenzierung und stets für anwendbar haltend *Dolderer* in Sodan/Ziekow, VwGO, § 106 Rn. 46; differenzierend nach den einzelnen landesrechtlichen Vorschriften *Schmitz* in Stelkens/Bonk/Sachs, VwVfG, § 2 Rn. 61 ff.; *Hettich/Beichel-Benedetti* in Obermayer/Funke-Kaiser, VwVfG, § 55 Rn. 36 f.; *Schliesky* in Knack/Henneke, VwVfG, § 2 Rn. 29; *Korte*, Verwaltungsrecht I, § 54 Rn. 31; a.A. *Tiedemann*, DÖV 1996, 594, 595 ff.; *Heun*, DÖV 1989, 1053, 1055.

625 Z.B. Hessischer Verwaltungsgerichtshof, Urt. v. 15.2.1996 – U E 2836/95, juris Rn. 45, 58: „Da nach § 2 Abs. 2 Nr. 1 HVwVfG dieses Gesetz nicht gilt für Verwaltungsverfahren, in denen Rechtsvorschriften der Abgabenordnung anzuwenden sind, würde die analoge Anwendung auch nur einzelner Vorschriften des Verwaltungsverfahrensgesetzes in Abgabesachen dem erkennbaren Willen des Gesetzgebers zuwiderlaufen. Die Zulässigkeit von Vergleichsverträgen in Abgabesachen ist deshalb nicht mit einer Analogie zu den Regelungen im Verwaltungsverfahrensgesetz zu begründen, sondern allein mit der – von den Regelungen im Verwaltungsverfahrensgesetz unabhängigen – Existenz eines allgemeinen Rechtsgrundsatzes im Verwaltungsrecht, wonach Vergleichsverträge, die der Beseitigung einer bei verständiger Würdigung des Sachverhalts oder der Rechtslage bestehenden Ungewißheit durch gegenseitiges Nachgeben dienen, zulässig sind."; *Budach/Johlen*, JuS 2002, 371, 372 f. m.w.N.

Darstellungen des Verwaltungsrechts einbezogen als eine Materie neben anderen besonderen Bereichen des Verwaltungsrechts[626]. Eine Erklärung für die gegenläufigen Richtungen bei der Beurteilung der AO 1977 ist in den unterschiedlichen allgemeinen Tendenzen von RAO und AO 1977 zu finden. Die RAO tendierte in starkem Maße auf eine Verselbständigung des Steuerrechts, während die Abgabenordnung 1977 grundsätzlich auf die Einheit der Rechtsordnung abzielte. Die AO 1977 ist unter dem Aspekt der „Anpassung" an das etwa zur gleichen Zeit kodifizierte Verwaltungsverfahrensgesetz des Bundes zu sehen. Unter dem Aspekt einer einheitlichen Rechtsordnung wurde die AO 1977 weitgehend an das Verwaltungsverfahrensrechts des Bundes angeglichen[627]. Mit der durch die Anpassung erfolgten Harmonisierung habe deutlich gemacht werden sollen, dass auch das Steuerverfahren – trotz aller Besonderheiten – ein öffentliches Verwaltungsverfahren sei und daher grundsätzlich den Bestimmungen über das allgemeine Verwaltungsrecht unterliege. Auf der anderen Seite steht die ausdrückliche Warnung vor einem kritiklosen Rückgriff auf das Verwaltungsverfahrensgesetz angesichts der Besonderheiten des Steuerrechts[628]. Damit sind die Probleme der Anpassung zwischen beiden Gesetzen aber allenfalls teilweise zu erklären. Das Fortbestehen nicht unerheblicher Unsicherheiten trotz weitgehender terminologischer Angleichungen beruht in erster Linie auf den Ungewissheiten, die mit dem Begriff der „Besonderheiten" des Steuerrechts ausgedrückt sind[629]. Die „Besonderheit" des Steuerverwaltungsrechts kann sich aus der Eigenart der Rechtsgebiete ableiten lassen: Verwirklichung des konkreten Verwaltungszwecks im allgemeinen Verwaltungsverfahren, Deckung des staatlichen Haushalts und Finanzbedarfs im Steuerverfahren[630] und Herstellung

626 So *Fiedler*, NJW 1981, 2093, 2093.

627 *Fiedler*, NJW 1981, 2093, 2094. Die Vereinheitlichungsbestrebung war keinesfalls das einzige Motiv des Gesetzgebers, vgl. *Sontheimer*, Der verwaltungsrechtliche Vertrag im Steuerrecht, S. 135.

628 BT-Drucks. VI/1982, S. 94: „Soweit Abweichungen vorliegen, sind sie auf die Besonderheiten des Steuerrechts und auf seine bisherige eigenständige Entwicklung zurückzuführen. Es soll vermieden werden, ohne Not in eine durch Rechtsprechung gesichere [sic] langjährige Verwaltungspraxis einzugreifen. Das gilt vor allem für die Vorschriften über die Aufhebung und Änderung von Verwaltungsakten [...]".

629 *Fiedler*, NJW 1981, 2093, 2100 m.w.N: Die Harmonisierung oder Abgrenzung der beiden Gesetze könne nur erreicht werden, wenn Klarheit über die Bedeutung der „Besonderheit" des Steuerrechts herrsche; s. ebenso *Jochum* in FS Fiedler, S. 794. Zu dem Versuch der Analyse der Besonderheiten des Steuerrechts insbesondere im Hinblick auf die Gleichmäßigkeit und Gesetzmäßigkeit s. unter Kap. 2 C. III. dieser Arbeit.

630 *Vogel*, DStZ/A 1977, 5, 6 ff.; *Fiedler*, NJW 1981, 2093, 2100.

der Gerechtigkeit[631]. Offen bleibt dabei aber letztlich, inwieweit und in welchen Aspekten die Eigenständigkeit des Steuerrechts, trotz der gewollten Harmonisierung an das VwVfG, fortbestehen soll.

Die fehlende Übernahme der §§ 54 ff. VwVfG mit den Besonderheiten des Steuerrechts zu begründen, ist indes nicht vollkommen überzeugend, insbesondere aufgrund der Nennung des öffentlich-rechtlichen Vertrages in § 78 Nr. 3 AO[632]. Der Gesetzgeber wird sich – für die Beurteilung der Besonderheiten des Steuerrechts – an der bereits bestehenden Rechtsprechung und Literatur zum öffentlich-rechtlichen Vertragsrecht orientiert haben[633]. Zieht man die bis 1977 ergangene Rechtsprechung und Literatur heran, zeigt sich ein, den öffentlich-rechtlichen Vertrag ablehnendes, Bild[634]. Ob die Besonderheiten des Steuerrechts aus gesetzgeberischer Sicht einem steuerrechtlichen Vertragsrecht damit tatsächlich entgegenstehen, ist offen. Die Entwicklung der tatsächlichen Verständigung, welche letztlich den Charakter eines Tatsachenvergleichs aufweist, zeigt mithin, dass die Interessenlage insoweit durchaus vergleichbar ist. Eine analoge Anwendung des § 55 VwVfG, § 54 Abs. 1 SGB X im Rahmen der Sachverhaltsungewissheit steht steuerrechtlichen Besonderheiten jedenfalls nicht entgegen. Die Normen über die Möglichkeit der Unterwerfung unter die sofortige Vollstreckung, § 61 VwVfG, § 60 SGB X, passen für den verwaltungsaktvorbereitenden Vergleichsvertrag allerdings nicht und sind daher auf diesen nicht anzuwenden. Der verwaltungsaktvorbereitende Vergleichsvertrag weist keine weitere Bestandskraft als der nachfolgende Steuerbescheid auf. Die Regelungen des Austauschvertrages, § 56 VwVfG, § 55 SGB X, können ebenfalls analog angewendet werden, wenngleich diesem im Steuerrecht nur ein enger Anwendungsbereich zukommt[635].

---

631 *Vogel*, DStZ/A 1977, 5, 6 f.

632 *Fiedler*, NJW 1981, 2093, 2095.

633 Zum Stand der Rechtsprechung und Literatur s. unter Kap. 2 C.; s. zur Einordnung für den Prozessvergleich unter Kap. 4 C. II. dieser Arbeit.

634 Obgleich die Rechtsprechung Vereinbarungen keinesfalls pauschal ausschloss, sondern deren Bindungswirkung aus Treu und Glauben ableitete. Die Literatur lehnte das steuerrechtliche Vertragsrecht mithin nicht pauschal ab, s. z.B. *Ehlers*, DStR 1965, 64, 64 ff.; *Schick*, Vergleiche und sonstige Vereinbarungen zwischen Staat und Bürger im Steuerrecht.

635 S. dazu unter Kap. 3 C. II. dieser Arbeit; a.A. *Martens*, StuW 1986, 97, 105.

II. Entgegenstehen des Gesetzesvorbehalts oder des Parlamentsvorbehalts?

Es mehren sich Stimmen, die Vergleichsverträge im Steuerrecht[636] respektive konsensuales Verwaltungshandeln[637] nur für zulässig erachten, wenn dies durch das Gesetz ausdrücklich gestattet wird[638]. Auch für die Beantwortung der Frage einer ausdrücklichen gesetzlichen Ermächtigung wird richtigerweise zwischen Handlungs*form* und Handlungs*inhalt* zu differenzieren sein[639]. Um zu beantworten, ob eine gesetzliche Ermächtigung für den steuerrechtlichen Vergleichsvertrag notwendig ist, ist zu prüfen, ob *durch* die Handlungs*form* ein Grundrechtseingriff erfolgt. Die Handlungsform führt isoliert zu keinem Grundrechtseingriff[640]. Weder durch den Vergleich noch durch den Verwaltungsakt

---

636 *Schick*, Vergleiche und sonstige Vereinbarungen zwischen Staat und Bürger im Steuerrecht, S. 16 m.w.N.; *Paulick*, JuS 1966, 21, 25; *Stadie*, BB 1977, 1648, 1650; *Heun*, DÖV 1989, 1053, 1060; nach *Erichsen*, VerwArch. 1979, 349, 356 handele es sich um eine Umkehrung der Regelung des § 54 S. 1 VwVfG. Allenfalls soweit Verträge ausdrücklich für zulässig erklärt werden würden, werde eine entsprechende Anwendung der §§ 54 ff. VwVfG oder die Heranziehung der in diesen Vorschriften zum Ausdruck kommenden allgemeinen Rechtsgrundsätze in Betracht kommen; nach *Papier*, Die finanzrechtlichen Gesetzesvorbehalte, S. 164 sei eine gesetzliche Ermächtigung zum Abschluss von Vergleichsverträgen unzulässig; *Füllsack*, Informelles Verwaltungshandeln im Steuerrecht, S. 154 f.; *Söhn* in FS Selmer, S. 911, 919.

637 Für den Vertrag im Rahmen der tatsächlichen Verständigung *Müller-Franken*, Maßvolles Verwalten, S. 211 f.; a.A. *Rathjen*, DStR 1977, 472, 472 f.; *Förster* in Koch/Scholtz, AO, § 118 Rn. 11.

638 Vor Erlass des VwVfG wurde im Verwaltungsrecht diskutiert, ob der Verwaltungsvertrag einer gesetzlichen Grundlage bedürfe. Diese Auffassung wurde als „normative Ermächtigungslehre" bezeichnet. Dieser Begriff ist auf *Stern*, VerwArch. 1958, 106, 114 zurückzuführen.

639 S. exemplarisch *Bleckmann*, VerwArch. 1972, 404, 405 f.; *Erichsen*, VerwArch. 1977, 65, 72; *Maurer*, DVBl. 1989, 798, 804 f.; *Seer*, Verständigungen in Steuerverfahren, S. 157, 160; *Müller-Franken*, Maßvolles Verwalten, S. 211 f.; *Fehling*, GVwR Bd. II, § 38 Rn. 71, 73 ff.

640 *Sontheimer*, Der verwaltungsrechtliche Vertrag im Steuerrecht, S. 104; *Göldner*, JZ 1976, 352, 354: „Die Formwahl ist vorbehaltsneutral, bleibt aber vorranggebunden."; *Seer*, Verständigungen in Steuerverfahren, S. 158 ff.; *Schlette*, Die Verwaltung als Vertragspartner, S. 100 f., 566; *Gurlit* in Ehlers/Pünder, Allgemeines Verwaltungsrecht, § 31 Rn. 4 m.w.N.; a.A. *Erichsen*, VerwArch. 1977, 65, 72, wonach ein Eingriff in die Freiheit und Eigentum des Bürgers immer in bestimmter Form erfolgen müsse. Form und Inhalt seien nach *Erichsen* eine Einheit und verlangen gleichermaßen ein Gesetz.

kann pauschal ein Grundrechtseingriff erfolgen, man denke an den begünstigenden Verwaltungsakt. Dies ist auch trotz eines etwaigen „Grundrechts auf Steuervermeidung und Steuerminimierung" des Steuerpflichtigen[641] anzunehmen, denn der Vergleichsvertrag führt nicht zwangsläufig zu einer höheren Steuer als der Verwaltungsakt. Zwar sind an eine Handlungsform bestimmte Rechtsfolgen geknüpft, der maßgebliche Grundrechtseingriff wird aber durch den Inhalt der vergleichsweise erzielten Regelung erfolgen[642]. Der Handlungsformvorbehalt eines Verwaltungsaktes resultiert maßgeblich aus der Vollstreckungsfunktion, der Fähigkeit zur Bestandskraft und aus der Verteilung der Prozessführungslasten[643]. Einen formspezifischen Eingriffsgehalt besitzt der Vergleichsvertrag nicht, weil der Steuerpflichtige zum Vertragsschluss nicht gezwungen ist[644].

Es erfolgt auch kein Grundrechtseingriff aufgrund einer etwaigen gleichheitssatzrechtlichen Bedeutung des Vertrages. Zwar gibt es in der Literatur Ansichten, die annehmen, aufgrund der fehlenden gesetzlichen Regelung erhalte nicht jeder dieselbe Chance zum Abschluss eines Vergleichsvertrages und es würde dadurch zu Ungleichheiten in den Verfahrenschancen und zu Ungleichheiten in der Rechtsanwendung kommen[645]. Solange das Rechtsinstitut des Vergleichsvertrages anerkannt wird, hat indessen jeder dieselbe Chance auf dessen Abschluss. Gleich, ob eine Regelung durch den Gesetzgeber oder eine Rechtsfortbildung durch die Gerichte erfolgt. Zwar ist zuzustimmen, dass derjenige im Vorteil ist, welcher „gut beraten" ist und in den Verhandlungen am stärksten

---

641 Von diesem Grundrecht spricht beispielsweise *Felix*, Stbg 1996, 200, 202; dem folgend etwa *Stöber*, BB 2018, 1559, 1562; Das BVerfG betont, dass es „grundsätzlich jedem freisteht, seine Angelegenheiten so einzurichten, da[ss] er möglichst wenig Steuer zu zahlen braucht", s. BVerfG, Beschl. v. 14.4.1959 – 1 BvL 23/57, BVerfGE 9, 237, juris Rn. 46. Auch der BFH nimmt an, dass die Steuerpflichtigen grundsätzlich frei darin sind, ihre rechtlichen Verhältnisse so zu gestalten, dass sich eine geringere Steuerbelastung ergibt, so BFH, Urt. v. 12.9.1995 – IX R 54/93, BStBl. II 1996, 158, juris Rn. 12.

642 Zutreffend *Sontheimer*, Der verwaltungsrechtliche Vertrag im Steuerrecht, S. 104; *Eich*, Verständigung im Steuerverfahren, S. 34.

643 *Maurer*, DVBl. 1989, 798, 804 f.; *Seer*, Verständigungen in Steuerverfahren, S. 160; *Fehling*, GVwR Bd. II, § 38 Rn. 71; *Gurlit* in Ehlers/Pünder, Allgemeines Verwaltungsrecht, § 31 Rn. 4.

644 *Maurer*, DVBl. 1989, 798, 804 f.; *Scherzberg*, JuS 1992, 205, 208; *Gurlit*, Verwaltungsvertrag und Gesetz, S. 295; *Seer*, Verständigungen in Steuerverfahren, S. 158 ff.; *Gurlit* in Ehlers/Pünder, Allgemeines Verwaltungsrecht, § 31 Rn. 4.

645 *Stern*, VerwArch. 1958, 106, 164 f.; *Müller-Franken*, Maßvolles Verwalten, S. 216 m.w.N.; angedeutet *Söhn* in HHSp., AO/FGO, § 78 AO Rn. 120 (Nov. 2017).

oder geschicktesten argumentiert[646]. Dieses Argument greift aber gleichermaßen für einen ausgehandelten Steuerverwaltungsakt, bei welchem der Berater seine Rechtsauffassung gegenüber der Finanzbehörde kundtut. Der ausgehandelte Verwaltungsakt unterscheidet sich zwar in der äußeren Erscheinungsform, aber kaum in der Entstehung und im Regelungsinhalt vom öffentlich-rechtlichen Vergleich[647]. Überdies liegt der Abschluss eines Vergleichsvertrages im pflichtgemäßen Ermessen der Verwaltung, so dass ein Anspruch nur innerhalb dieses Ermessens besteht.

Es besteht auch kein Erfordernis einer ausdrücklichen Ermächtigung aufgrund der Normierung des öffentlich-rechtlichen Vertrages im SGB X und im VwVfG aufgrund eines Parlamentsvorbehalts[648]. Der Gesetzesvorbehalt erweitert sich zu einem Parlamentsvorbehalt, wenn der Vertragsinhalt wesentliche Angelegenheiten des Gemeinwesens betrifft[649], wie etwa Vereinbarungen, in denen Regelungen über Art und Maß der Erfüllung staatlicher Aufgaben von substantiellem Gewicht getroffen werden, wie Verträge zur funktionalen oder materiellen Privatisierung von Gemeinwohlaufgaben[650]. Der Parlamentsvorbehalt hindert nicht das Zustandekommen des Vertrages, sondern steht nur dessen Wirksamkeit entgegen[651]. Im Übrigen hat es der Gesetzgeber in der Hand, seine Regelungsprärogative für das Wesentliche durch Vertragsform- oder Vertragsinhaltsverbote abzusichern[652]. Der steuerrechtliche subordinationsrechtliche Vergleich zwischen Bürger und Staat löst mangels besonderen Gemeinwohlbelangen keinen Parlamentsvorbehalt aus[653].

---

646 *Müller-Franken*, Maßvolles Verwalten, S. 216 m.w.N.; *Söhn* in HHSp., AO/FGO, § 88 AO Rn. 120, 122 (Nov. 2017).

647 S. zur Abgrenzung des Vertrages vom Verwaltungsakt unter Kap. 4 H. I. dieser Arbeit.

648 S. ebenso *Seer*, Verständigungen in Steuerverfahren, S. 158 ff. m.w.N.; *Meyer* in Meyer/Borgs, VwVfG, § 54 Rn. 11.

649 Ähnlich *Schmidt-Aßmann*, Das Allgemeine Verwaltungsrecht als Ordnungsidee, S. 343 Rn. 116; *Gurlit* in Ehlers/Pünder, Allgemeines Verwaltungsrecht, § 31 Rn. 4; kritisch zur „Wesentlichkeitstheorie" s. *Schimpf*, Der Verwaltungsrechtliche Vertrag, S. 142 f.

650 *Burmeister*, VVDStRL 52 (1993), S. 190, 212; *Scherzberg*, JuS 1992, 205, 211; *Gurlit*, Verwaltungsvertrag und Gesetz, S. 394; *Gurlit* in Ehlers/Pünder, Allgemeines Verwaltungsrecht, § 31 Rn. 4.

651 *Gurlit*, Verwaltungsvertrag und Gesetz, S. 419; *Gurlit* in Ehlers/Pünder, Allgemeines Verwaltungsrecht, § 31 Rn. 4.

652 So *Gurlit* in Ehlers/Pünder, Allgemeines Verwaltungsrecht, § 31 Rn. 4.

653 A.A. *Füllsack*, Informelles Verwaltungshandeln im Steuerrecht, S. 155: Steuerrechtliche Verträge würden zwar keine Individualgrundrechtsverletzungen einzelner

Im Steuerverfahrensrecht gilt auch kein erweiterter Parlamentsvorbehalt, aufgrund eines „spezifischen Gehalts“ der Gesetzmäßigkeit und Gleichmäßigkeit der Besteuerung[654]. Ein erweiterter Parlamentsvorbehalt im Steuerrecht würde einer Rechtsfortbildung und einer Analogie entgegenstehen[655]. Ein Parlamentsvorbehalt besteht nur insoweit, als keine Steuertatbestände erweitert oder geschaffen werden dürfen und das Steuerrecht aus dem „Diktum des Gesetzgebers“ lebt[656]. Das heißt, dass eine *materielle* Rechtsfortbildung dem Parlamentsvorbehalt entgegensteht. Die Rechtsfortbildung einer neuen Handlungsform ist indessen rein begünstigend für den Steuerpflichtigen[657] und erweitert keinen

---

Steuerpflichtiger begründen, aber eine mögliche Verletzung „übergeordneter verfassungstragender Rechtsgrundsätze“. Offen bleibt bei *Füllsack* aber, welche Rechtsgrundsätze verletzt werden sollen; ähnlich auch *Söhn* in FS Selmer, S. 911, 924, der annimmt, dass die Verwendung konsensualer Handlungsformen im Besteuerungsverfahren jedenfalls so „wesentlich“ sei, dass eine gesetzliche Grundlage unerlässlich sei.

654 So aber *Heun*, DÖV 1989, 1053, 1058. *Heun* geht davon aus, dass sich die Gesetz- und Gleichmäßigkeit der Besteuerung von allgemeinen verwaltungsrechtlichen Prinzipien abhebe; *Papier*, Die finanzrechtlichen Gesetzesvorbehalte, S. 104 ff.; *Füllsack*, Informelles Verwaltungshandeln im Steuerrecht, S. 154 f.; s. dazu weitergehend *Seer*, Verständigungen in Steuerverfahren, S. 163 ff.; *Osterloh*, Gesetzesbindung, S. 159 ff.; *Seiler*, Der einheitliche Parlamentsvorbehalt, S. 320; s. zu den Postulaten der Gesetz- und Gleichmäßigkeit der Besteuerung im Vergleich zu anderen verwaltungsrechtlichen Gebieten, unter Kap. 2 C. III. dieser Arbeit.

655 Zum steuerrechtlichen Analogieverbot bzw. Rechtsfortbildungsverbot *Papier*, Die finanzrechtlichen Gesetzesvorbehalte, S. 171 ff.; *Kruse*, DStJG 5 (1982), S. 71, 71 f.; *Schön*, DStJG 33 (2010), S. 29, 54; *Englisch* in Tipke/Lang, Steuerrecht, Rn. 5.81; *Drüen* in Tipke/Kruse, AO/FGO, § 4 AO Rn. 360 ff. m.w.N. (Okt. 2020) und Fußnote 556 dieser Arbeit.

656 BVerfG, Urt. v. 24.1.1962 – 1 BvR 232/60, BVerfGE 13, 318, juris Rn. 29 das Steuerrecht ist von der Idee „der primären Entscheidung des Gesetzgebers über die Steuerwürdigkeit bestimmter generell bezeichneter Sachverhalte“ getragen und lebt „aus dem Diktum des Gesetzgebers“; BVerfG, Beschl. v. 13.12.1966 – 1 BvR 512/65, BVerfGE 21, 1, juris Rn. 10; BFH, Urt. v. 21.10.1969 – II 210/65, BStBl. II 1969, 736, juris Rn. 13; BVerfG, Beschl. v. 20.5.1988 – 1 BvR 273/88, juris Rn. 6; BFH, Urt. v. 26.4.1978 – I R 97/76, BStBl. II 1978, 628, juris Rn. 16; BVerfG, Urt. v. 5.11.2014 – 1 BvF 3/11, BVerfGE 137, 350, juris Rn. 33; *Papier*, Die finanzrechtlichen Gesetzesvorbehalte, S. 171 ff.; *Flume*, StbJb. 1985/86, S. 290, 290 ff.; *Drüen*, StuW 2008, 154, 160; vgl. zum Tatbestandsmäßigkeitsprinzip der Besteuerung unter Kap. 2 C. IV. 2. dieser Arbeit.

657 In der Literatur und Rechtsprechung wird häufig danach differenziert, ob die steuerrechtliche Analogie begünstigend oder belastend für den Steuerpflichtigen ist. Gegen eine belastende Analogie: BFH, Urt. v. 21.12.1977 – I R 20/76, juris Rn. 15; BFH, Urt. v. 5.12.1979 – I R 184/76, BStBl. II 1980, 119, juris Rn. 15; BFH, Urt. v. 11.6.1980 – I

Steuertatbestand. Sie ist vielmehr als eine *verfahrensrechtliche, formelle* Rechtsfortbildung zu klassifizieren. Dass diese Form der Rechtsfortbildung möglich ist, zeigt die Entwicklung des richterlichen Instituts der tatsächlichen Verständigung[658]. Der Inhalt des Vergleichsvertrages ist nicht eingriffsintensiver als es der eines abgesprochenen Steuerverwaltungsaktes oder einer sog. tatsächlichen Verständigung wäre[659]. Nachdem festgestellt wurde, dass der Vergleichsvertrag in die AO eingeführt werden kann, ist auf die Erscheinungsformen eines steuerrechtlichen Vergleichsvertrages im Besteuerungsverfahren einzugehen.

B. Erscheinungsformen eines steuerrechtlichen Vergleichsvertrages im Besteuerungsverfahren

Der steuerliche Vergleichsvertrag kann vor allem in Verfahrenssituationen, in denen der AO- und FGO-Gesetzgeber Erörterungen der Sach- und Rechtslage mit dem Ziel einer Einigung vorgesehen hat, abgeschlossen werden. Das heißt z.B. im Rahmen einer Schlussbesprechung nach einer Außenprüfung, § 201 Abs. 1 S. 2 AO, im Rechtsbehelfsverfahren, § 364a Abs. 1 S. 1 AO und im finanzgerichtlichen Erörterungstermin, § 79 Abs. 1 S. 2 Nr. 1 FGO[660].

R 253/78, BStBl. II 1980, 577, juris Rn. 21; *Friauf*, DStJG 5 (1982), S. 53, 62 ff.; *Schön*, DStJG 33 (2010), S. 29, 54 ff.; eine belastende Analogie befürwortend etwa *Beisse*, StuW 1981, 1, 9 f.; *Felix*, DStJG 5 (1982), S. 99, 99 ff.; *Pelka*, DStJG (1982), S. 209, 212 ff.; *Woerner*, DStJG 5 (1982), S. 23, 36 ff.; zum früher angenommenen Verbot der Analogie im Steuerrecht *Lange* in FS Höhn, S. 159, 168 ff.

658 S. dazu ausführlich unter Kap. 1 B. III. dieser Arbeit.

659 De lege lata wird der Steuervergleich immer in einem nachfolgenden Steuerverwaltungsakt münden, s. dazu unter Kap. 2 C. VII. 3. a) dieser Arbeit. Mit einem weiteren historischen Argument lässt sich der Annahme eines Parlamentsvorbehalts vorsichtig begegnen. In § 220 Nr. 3 RAO war die Ermächtigung des Bundesministers der Finanzen normiert, Bestimmungen über die Zulässigkeit und Rechtswirkungen von Vereinbarungen und vereinbarungsähnlichen Rechtsformen zu treffen. § 220 Nr. 3 RAO sah damit eine Ermächtigung der Exekutive vor, Bestimmungen über Vereinbarungen im Besteuerungsverfahren zu erlassen, so dass zumindest der historische Gesetzgeber innerhalb der Voraussetzungen des § 220 Nr. 3 RAO nicht von einem Parlamentsvorbehalt ausgegangen ist, sondern schlicht einen Rechtssatz für die Schaffung einer Rechtsgrundlage genügen lässt.

660 Zu den Erörterungsterminen unter Kap. 3 C. VII. 1. dieser Arbeit. Für eine umfassende Darstellung der Erscheinungsformen der tatsächlichen Verständigung sei auf *Seer*, Verständigungen in Steuerverfahren, S. 8 ff. verwiesen.

I. Der steuerrechtliche Vergleichsvertrag nach Verfahrensstadien

1. Der steuerrechtliche Vergleich im Erhebungsverfahren

Das steuerrechtliche Erhebungsverfahren, §§ 218 ff. AO, schließt an das Ermittlungs- und Festsetzungsverfahren an. Im Erhebungsverfahren geht es, im Unterschied zum Veranlagungsverfahren, nicht mehr um die Festsetzung der Höhe der Steuerschuld, sondern um die Verwirklichung, Fälligkeit und Erlöschen von Ansprüchen aus dem Steuerschuldverhältnis, mithin um die Anwendung von Erlass-, Befreiungs- und Ausnahmevorschriften[661]. Im Rahmen einer Aufrechnung, § 226 AO[662] oder Stundung, § 222 AO, sind Vergleichsverträge möglich, weil es nicht um die Festsetzung der Höhe der Steuerschuld geht, sondern um die Modalitäten der Begleichung derselben. Dasselbe gilt für Vergleichsverträge über gerichtliche oder außergerichtliche Kosten, weil keine Einigung über die Festsetzung der Steuern getroffen wird[663]. Möglich sind auch sog. „Abschöpfungsvereinbarungen", das heißt Verträge zwischen Finanzamt, Steuerschuldner und Geldinstitut, welche die Modalitäten der Erfüllung einer Steuerschuld regeln und in denen insbesondere festgelegt werden kann, dass das Geldinstitut einen gewissen Anteil, der auf dem Geschäftskonto des Schuldners eingehenden Zahlungen direkt an das Finanzamt überweist. Das Finanzamt verrechnet die Geldeingänge dann auf die laufenden Steuern (Lohnsteuer, Umsatzsteuer) sowie überschießende Beträge auf die bestehenden Steuerschulden. Der Steuerschuldner ist verpflichtet, sämtliche Umsätze über das fragliche Girokonto abzuwickeln. Die Mitwirkung des Geldinstitutes ist freiwillig. Dieses wird indes ein Interesse an der Ordnung der finanziellen Verhältnisse des Steuerschuldners haben[664].

---

661 FG Hamburg, Gerichtsbescheid v. 15.6.2011 – 3 K 135/10, juris Rn. 102; *Raupach*, DStJG 21 (1998), S. 175, 194; *P. Kirchhof* in Isensee/P. Kirchhof, Handbuch des Staatsrechts, Bd. V, § 118 Rn. 31; *Schübel-Pfister* in Eyermann, VwGO, § 106 Rn. 14; *Mues* in Gosch, AO/FGO, § 78 AO Rn. 30 (Mai 2018).

662 Zur Aufrechnung vgl. BayVGH, Urt. v. 14.7.2016 – 4 BV 15.1540, juris Rn. 19 ff.; *Seer*, Verständigungen in Steuerverfahren, S. 25 ff., 113 ff.

663 FG Bremen, Beschl. v. 15.11.1999 – 299166Ko2, juris Rn. 19 ff.; *Mues* in Gosch, AO/FGO, § 78 AO Rn. 30 (Mai 2018); für die Einigung im Rahmen einer übereinstimmenden Erledigungserklärung BFH, Beschl. v. 23.2.1968 – VI R 35/67, BStBl. II 1968, 352, juris Rn. 10.

664 So insgesamt *Bartscher*, Der Verwaltungsvertrag in der Behördenpraxis, S. 79 f., es handelt sich dabei aber nicht zwingend um Vergleichsverträge; s. ebenso *Schlette*, Die Verwaltung als Vertragspartner, S. 325.

2. *Der steuerrechtliche Vergleich über vollstreckungsrechtliche Regelungen*

a) *Inhalt einer vollstreckungsrechtlichen Vergleichsvereinbarung*

Ein vollstreckungsrechtlicher Vergleich kommt in Betracht, wenn die Durchsetzung der zweifelsfreien Ansprüche des Staates in Frage steht. Nach § 249 Abs. 1 AO *kann* die Finanzbehörde bestimmte Verwaltungsakte vollstrecken. Die Finanzbehörde entscheidet nach pflichtgemäßem Ermessen, ob sie von der Vollstreckung Gebrauch macht[665]. Dieser Grundsatz wird durch § 258 AO gemildert, wonach eine einstweilige Einstellung oder Beschränkung der Vollstreckung oder eine Aufhebung von Vollstreckungsmaßnahmen im Fall der Unbilligkeit zugelassen ist. Aus dieser Vorschrift wird eine Dispositionsermächtigung über den Abschluss von Vergleichsverträgen abgeleitet. Vereinbart werden können beispielsweise längere Zahlungsziele im Ausgleich für eine vorläufige Stundung oder kleinere Raten[666].

b) *Rechtswegeröffnung für Streitigkeiten aus dem Vergleich*

Grundsätzlich bleibt die Eröffnung des Rechtsweges unberührt, wenn die Parteien einen öffentlich-rechtlichen Vergleichsvertrag abschließen[667], sofern der Vergleichsvertrag das Abgabenrecht im Sinne des § 33 FGO zum Gegenstand hat. Auch für den Vergleichsvertrag mit vollstreckungsrechtlichen Regelungen ist, sofern es zu einem Prozess kommt, der Finanzrechtsweg in der Regel gegeben, weil es sich um Abgabenangelegenheiten im Sinne des § 33 FGO handelt[668]. Vergleiche im Vollstreckungsverfahren können sich auch mit Inhalten befassen, die in entsprechender Form im Zivilrecht vorkommen können. Der Staat kann

---

665 BFH, Urt. v. 27.10.2004 – VII R 65/03, BStBl. II 2005, 198, juris Rn. 8; *Beermann* in HHSp., AO/FGO, § 249 AO Rn. 45 (Aug. 2006); *Drüen* in Tipke/Kruse, AO/FGO, § 249 AO Rn. 13 (Mai 2023); enger *Schick*, Vergleiche und sonstige Vereinbarungen zwischen Staat und Bürger im Steuerrecht, S. 38.

666 FG Hamburg, Gerichtsbescheid v. 15.6.2011 – 3 K 135/10, juris Rn. 102; *Schick*, Vergleiche und sonstige Vereinbarungen zwischen Staat und Bürger im Steuerrecht, S. 3; *Meyding/Bühler*, DStR 1991, 488, 490; ausführlich *Seer*, Verständigungen in Steuerverfahren, S. 30 ff.; s. ebenso *Seer* in Kooperatives Verwaltungshandeln im Besteuerungsverfahren, S. 70; wohl ebenso *Raupach*, DStJG 21 (1998), S. 175, 194.

667 *Krumm* in Tipke/Kruse, AO/FGO, § 33 FGO Rn. 6 (Nov. 2021).

668 *V. Beckerath* in Gosch, AO/FGO, § 33 FGO Rn. 122 ff. (Apr. 2017); *Braun* in HHSp., AO/FGO, § 33 FGO Rn. 65, 175 ff. (Nov. 2022); *Krumm* in Tipke/Kruse, AO/FGO, § 33 FGO Rn. 6 (Nov. 2021).

sich etwa im Vergleich verpflichten, die Bewilligung zum Löschen einer Hypothek zu erteilen[669]. Der Zivilrechtsweg ist beispielsweise wiederum eröffnet für das Begehren auf Einstellung des Zwangsversteigerungsverfahrens, wenn es nur noch der Durchsetzung des vom Grundbuchamt verfolgten Anspruchs auf Zahlung der Eintragungskosten dient[670].

3. *Der steuerrechtliche Vergleich im außergerichtlichen Rechtsbehelfsverfahren*

Im außergerichtlichen Rechtsbehelfsverfahren ist ein Erörterungstermin vorgesehen, in welchem Vergleichsverträge nach Einlegung eines Einspruchs durch den Steuerpflichtigen geschlossen werden können, § 364a AO[671]. Das Rechtsbehelfsverfahren hat unter anderem das Ziel Streitigkeiten von der Finanzgerichtsbarkeit fernzuhalten. Dieser Filterwirkung wird das außergerichtliche Rechtsbehelfsverfahren gerecht, weniger als 2 % der Einsprüche führen zu einer Klage[672]. Die meisten Rechtsstreitigkeiten, in welchen ein Einspruch eingelegt wird, erledigen sich im außergerichtlichen Rechtsbehelfsverfahren.

a) Der Vergleichsbeitrag der Finanzbehörde

Sofern die Beteiligten des außergerichtlichen Rechtsbehelfsverfahrens die tatsächliche oder rechtliche Ungewissheit durch gegenseitiges Nachgeben beseitigen, kann der Einspruch durch steuerrechtlichen Vergleich erledigt werden. Ein Vergleichsvertrag findet seinen Anwendungsbereich dann, wenn sich die

---

669 *Schick*, Vergleiche und sonstige Vereinbarungen zwischen Staat und Bürger im Steuerrecht, S. 42; v. *Beckerath* in Gosch, AO/FGO, § 33 FGO Rn. 123 (Apr. 2017).

670 BFH, Beschl. v. 8.4.1987 – VII B 142/86, juris Rn. 7; vgl. ein anderes Beispiel bei BFH, Urt. v. 27.3.1979 – VII R 106/75, BStBl. II 1979, 442, juris Rn. 17 ff. Im vom BFH zu beurteilenden Fall wurde ein Vertrag zwischen der Finanzbehörde und dem Steuerpflichtigen über die Verpflichtung der Finanzbehörde auf eine weitere Vollstreckung in das Vermögen des Steuerpflichtigen zu verzichten, geschlossen, während der Steuerpflichtige dieser eine Hypothekenforderung abgetreten hatte. Der Vertrag war nach dem BFH aufgrund seines Inhalts nicht als öffentlich-rechtlicher, sondern als privatrechtlicher einzuordnen.

671 S. dazu schon unter Kap. 2 C. VII. 1. b) dieser Arbeit. Vergleiche sind ebenfalls im vorläufigen gerichtlichen Rechtsschutz denkbar, s. dazu *Seer*, Verständigungen in Steuerverfahren, S. 45 f.

672 Vgl. Monatsbericht des BMF zur Statistik über die Einspruchsbearbeitung in Finanzämtern (Okt. 2016): weniger als 1,8 %; vgl. Monatsbericht des BMF zur Statistik über die Einspruchsbearbeitung in Finanzämtern (Sept. 2022): etwa 1,9 %.

Finanzbehörde im außergerichtlichen Rechtsbehelfsverfahren zum Erlass eines Teilabhilfebescheides, § 367 Abs. 2 S. 3 AO, verpflichtet, während der Steuerpflichtige sein Einspruchsbegehren einschränken wird[673]. Dem steuerrechtlichen Vergleichsvertrag steht nicht entgegen, dass der Teilabhilfebescheid nach seiner Rechtsnatur ein Steuerverwaltungsakt ist, § 367 Abs. 2 S. 3 AO. Der Vergleich kann verwaltungsaktvorbereitend sein oder den Steuerverwaltungsakt aufnehmen[674]. Aus der gesetzlichen Konzeption der „Einspruchsentscheidung" folgt zudem keine zwingende Verpflichtung zum Erlass eines Verwaltungsaktes, § 367 Abs. 1 S. 1 AO[675].

b) *Der Vergleichsbeitrag des Steuerpflichtigen*

Der Vergleichsbeitrag des Steuerpflichtigen kann in einem Rechtsmittelverzicht münden. Der Steuerpflichtige hat die Dispositionsbefugnis darüber, dass er ein gegebenes Rechtsmittel nicht nutzt[676]. Die Möglichkeit des Rechtsmittelverzichts folgt aus § 50 FGO für die wichtigsten Fälle der Klage und aus § 354 AO[677] für den Einspruch[678]. Auch eine Klagerücknahme kann im Vergleichsvertrag vereinbart werden. Die dabei gemachten Einschränkungen für den Rechtsmittelverzicht müssen ergänzend herangezogen werden und gelten entsprechend für die Klagerücknahme nach § 72 FGO[679]. Verpflichtet sich der

---

673 S. so insgesamt *Seer*, Verständigungen in Steuerverfahren, S. 43 ff., 110 ff.; *Cöster* in Koenig, AO, § 367 Rn. 47; *Bartone* in Gosch, AO/FGO, § 367 AO Rn. 45 (Aug. 2019); *Birkenfeld* in HHSp., AO/FGO, § 364a AO Rn. 113 (Mrz. 2022).

674 Vgl. zu diesen Möglichkeiten unter Kap. 2 C. VII. 3. a) dieser Arbeit.

675 Über den Einspruch entscheidet die Finanzbehörde, die den Verwaltungsakt erlassen hat, durch Einspruchsentscheidung, § 367 Abs. 1 S. 1 AO; a.A. exemplarisch *Birkenfeld* in HHSp., AO/FGO, § 364a AO Rn. 230 f. (Mrz. 2022) mit dem Verweis auf die Gesetzmäßigkeit der Besteuerung.

676 *Schick*, Vergleiche und sonstige Vereinbarungen zwischen Staat und Bürger im Steuerrecht, S. 30; s. ebenso *Drüen* in HHSp. AO/FGO, § 88 AO Rn. 282 (Nov. 2021); kritisch *Stolterfoht*, DStJG 21 (1998), S. 233, 254. Die Verzichtserklärung ist allerdings auslegungsfähig. Mit einer tatsächlichen Verständigung über einen Teilsachverhalt wird nicht auf einen Rechtsbehelf in der gesamten Steuerangelegenheit verzichtet, vgl. *Werth* in Gosch, AO/FGO, § 354 AO Rn. 18 (Sept. 2021).

677 *Achatz*, DStJG 27 (2004), S. 161, 169 leitet aus § 354 AO Anhaltspunkte für die Zulässigkeit von Vereinbarungen im Steuerrecht ab.

678 Eine nachträgliche Klage wäre aufgrund unzulässiger Rechtsausübung unzulässig vgl. *Schenke* in Kopp/Schenke, VwGO, § 106 Rn. 21.

679 *Schick*, Vergleiche und sonstige Vereinbarungen zwischen Staat und Bürger im Steuerrecht, S. 31.

Kläger zur Klagerücknahme, ist die weitere Prozessführung unwirksam[680]. Klageverzicht und Klagerücknahme stellen einen Verzicht auf die Geltendmachung von Ansprüchen, nicht auf diese selbst dar[681]. Es stellt sich ferner die Frage, ob der Rechtsmittelverzicht mit einer „Gegenleistung“ der Behörde in Zusammenhang gebracht werden darf. Diese Koppelung ist nur dann bedenklich, wenn sie zu einer unzulässigen Beeinflussung der Entscheidung des Betroffenen führt[682]. Bei anderen Fällen der Vergleichsvereinbarung ist die Zusage des Steuerpflichtigen individuell und anhand des Einzelfalls überprüfbar[683].

II. Der steuerrechtliche Austausch(vergleichs-)vertrag

Die Zulässigkeit des Austauschvertrages (§ 56 VwVfG, § 55 SGB X) im Steuerrecht wird nur vereinzelt diskutiert[684]. Der Austauschvertrag (§ 56 VwVfG, § 55 SGB X) kann auch als Vergleichsvertrag vorkommen[685], so dass er gleichzeitig den Anforderungen der § 55 VwVfG, § 54 Abs. 1 SGB X unterliegt. Allerdings müssen die Voraussetzungen des § 56 VwVfG, § 55 SGB X im Lichte der vergleichsimmanenten Ungewissheitssituation angewandt werden[686]. Die Angemessenheit der Gegenleistung i.S.v. § 56 Abs. 1 S. 2 VwVfG ist auf Grundlage

680 *Leitherer* in Meyer/Ladewig, SGG, § 101 Rn. 18a; *Dolderer* in Sodan/Ziekow, VwGO, § 106 Rn. 78; *Kothe* in Redeker/v. Oertzen, VwGO, § 106 Rn. 18.

681 *Ziemer/Birkholz,* FGO, § 50 Rn. 4; so auch *Schick*, Vergleiche und sonstige Vereinbarungen zwischen Staat und Bürger im Steuerrecht, S. 31.

682 *Ziemer/Birkholz*, FGO, § 50 Rn. 10; s. zudem *Schick*, Vergleiche und sonstige Vereinbarungen zwischen Staat und Bürger im Steuerrecht, S. 31.

683 *Schick*, Vergleiche und sonstige Vereinbarungen zwischen Staat und Bürger im Steuerrecht, S. 31.

684 Z.B. *Schick*, Vergleiche und sonstige Vereinbarungen zwischen Staat und Bürger im Steuerrecht, S. 25 ff., *Rathjen*, DStR 1977, 472, 472 ff.; *Mohr*, NJW 1978, 790, 790 ff.; *Schimpf*, Der verwaltungsrechtliche Vertrag, S. 115; *Martens*, Die Praxis des Verwaltungsverfahrens, Rn. 342; *Sontheimer*, Der verwaltungsrechtliche Vertrag im Steuerrecht, S. 35 ff.; *Wassermeyer*, FR 1987, 513, 522; *Heun*, DÖV 1989, 1053, 1060; *Carl/Klos*, StVj. 1992, 156, 164; *Füllsack*, Informelles Verwaltungshandeln im Steuerrecht, S. 122 f.; *Seer*, Verständigungen in Steuerverfahren, S. 20 f., 222 ff., 278 ff.; *Gurlit*, Verwaltungsvertrag und Gesetz, S. 346; *Schliesky* in Knack/Henneke, VwVfG, § 54 Rn. 50; teilweise wird die typische Fallgruppe der Ansiedlung von gewerblichen Betrieben in Gemeinden im Austausch gegen Steuerbefreiungen auch thematisiert, ohne diese in den Kontext des Austauschvertrages zu stellen, s. etwa *Martens*, Die Praxis des Verwaltungsverfahrens, Rn. 342.

685 S. dazu und allgemein zum Austauschvertrag unter Kap. 1 B. II. 2. dieser Arbeit.

686 S. dazu unter Kap. 2 B. II. dieser Arbeit.

des vergleichsweise zugrunde gelegten Sachverhalts zu beurteilen. Der Austauschvertrag hat das Charakteristikum des Austauschs zweier Leistungen. Das gegenseitige Entgegenkommen des Vergleichsvertrages hat als solches noch keinen Leistungscharakter[687]. Durch die Verpflichtung der Finanzbehörde im Vergleichsvertrag einen Steuerverwaltungsakt zu erlassen, wird ebenfalls noch keine Leistungspflicht begründet[688]. Der Austauschvergleichsvertrag hat ein erhöhtes Potential das Gleichmäßigkeits- oder Gesetzmäßigkeitspostulat zu tangieren, weil die Gefahr eines rechtswidrigen oder gleichheitswidrigen Austauschs von Leistungen begründet werden kann. Gegenstand eines steuerrechtlichen Austauschvertrages ist in der Regel eine Steuervergünstigung durch Erlass oder Teilerlass oder eine niedrigere Festsetzung von Steuern. Denkbar sind auch Steuervergünstigungen durch Dispositionen über andere Ansprüche aus dem Steuerschuldverhältnis, wie z.B. den steuerlichen Haftungsanspruch, §§ 69 ff. AO, oder Ansprüche auf steuerliche Nebenleistungen[689]. Der Austauschvertrag ist im Steuerrecht daher nur in einem engen Anwendungsbereich zulässig.

In einem Fall, welcher vom BVerwG zu entscheiden war, kam der Austauschvertrag als Ansiedlungsvertrag zwischen einem Unternehmen und einer Gemeinde vor. Gegen Erlass der hälftigen Gewerbesteuer wurde die Zusage der Standortverlegung ins Gemeindegebiet vereinbart[690]. Diese Vereinbarung über eine abweichende Steuerhöhe gegen Erteilung einer Gegenleistung ist nichtig, weil sie gegen die Gleichmäßigkeit und Gesetzmäßigkeit der Besteuerung verstößt. In einem obiter dictum hat sich das BVerwG zugleich zu der Zulässigkeit des Austauschvertrages mit einer Steuerbehörde geäußert. Ein Austauschvertrag ist nach Auffassung des BVerwG über Realsteuern zulässig, sofern die Voraussetzungen des Erlasses nach § 227 AO gegeben sind[691]. Steuervereinbarungen können nach dem BVerwG nur dann in eine rechtswirksame Erklärung über den Erlass der Gewerbesteuer umgedeutet werden, wenn die Voraussetzung der Erlassvorschrift vorliegen. § 227 AO lässt jedoch eine Steuerbefreiung nur zu, wenn die Einziehung der Steuer zu einer durch Prüfung des Einzelfalls angenommenen Unbilligkeit führt. Ein Steuererlass, den die Gemeinde ohne eine solche Einzelfallprüfung generell oder nicht aus Unbilligkeitsgründen, sondern aus

687 *Tegethoff* in Kopp/Ramsauer, VwVfG, § 55 Rn. 8.
688 *Tegethoff* in Kopp/Ramsauer, VwVfG, § 55 Rn. 8.
689 *Mohr*, NJW 1978, 790, 791.
690 BVerwG, Urt. v. 18.4.1975 – VII C 15.73, BStBl. II 1975, 679.
691 BVerwG, Urt. v. 18.4.1975 – VII C 15.73, BStBl. II 1975, 679, juris Rn. 19 ff.; *Mohr*, NJW 1978, 790, 792 f.; a.A. *Martens*, Die Praxis des Verwaltungsverfahrens, Rn. 342.

wirtschaftspolitischen Erwägungen gewährt, verstößt gegen das aus § 227 AO zu entnehmende gesetzliche Verbot, durch Verwaltungsmaßnahmen Steuerbefreiungen über den Rahmen dieser Vorschrift hinaus zu gewähren, und ist deshalb ebenfalls nichtig[692]. Gleiches gilt für die behördliche Zusage eines Steuererlasses oder eine entsprechende mit Bindungswillen erteilte Auskunft der Behörde[693]. Das BVerwG hat sich im Urteil nicht dazu geäußert, auf welcher Grundlage diese „Vereinbarung" beruht[694]. Nach in dieser Arbeit vertretenen Auffassung können §§ 54 ff. VwVfG, §§ 53 ff. SGB X und insbesondere § 56 VwVfG, § 55 SGB X analog auf Gemeindesteuern bzw. Kommunalabgaben angewendet werden[695].

Zusammenfassend ist festzuhalten, dass die Finanzbehörde über den Vertragsgegenstand im Einzelfall eine Dispositionsbefugnis im Sinne der §§ 163, 227 AO und § 222 AO[696] aufweisen muss. Der steuerrechtliche Austauschvertrag ist folglich nur im Ausnahmefall zulässig. Seine Grenzen ergeben sich aus dem Koppelungsverbot[697].

C. Zusammenfassung der Ergebnisse

Das Spektrum der Handlungsformen in der AO ist nicht beschränkt, sondern – wie die Etablierung des Institutes der tatsächlichen Verständigung zeigt – einer Weiterentwicklung respektive Rechtsfortbildung zugänglich. Der Gesetzgeber bzw. die Gerichtsbarkeit stehen vor einer Optimierungs- respektive Rechtsfortbildungsaufgabe. Einer analogen Anwendung der §§ 54 ff. VwVfG, §§ 53 ff. SGB X steht § 2 Abs. 2 Nr. 1 VwVfG entgegen. Die AO ist aber ähnlich wie das VwVfG im Lichte der allgemeinen Grundsätze des Verwaltungsverfahrensgesetzes im Rechtsstaat, die der AO und dem VwVfG gemeinsam vorgegeben sind,

692 BVerwG, Urt. v. 18.4.1975 – VII C 15.73, BStBl. II 1975, 679, juris Rn. 19.

693 BVerwG, Urt. v. 18.4.1975 – VII C 15.73, BStBl. II 1975, 679, juris Rn. 20.

694 BVerwG, Urt. v. 18.4.1975 – VII C 15.73, BStBl. II 1975, 679, juris Rn. 19 f. Das BVerwG geht wohl von einem Vertrag aus, weil es im Urteil weiterhin darlegt, dass Gleiches auch für „behördliche Zusage[n]" oder „mit Bindungswillen erteilte Auskunft der Behörde" gelten solle.

695 S. dazu unter Kap. 3 A. I. 1. c) dieser Arbeit.

696 So *Schick*, Vergleiche und sonstige Vereinbarungen zwischen Staat und Bürger im Steuerrecht, S. 25 f.; *Mohr*, NJW 1978, 790, 792; angedeutet *Füllsack*, Informelles Verwaltungshandeln im Steuerrecht, S. 122 f.

697 S. zum Koppelungsverbot unter Kap. 4 F. II. 1. c) dieser Arbeit; zu weiteren Beispielsfällen eines zulässigen Austauschvertrages s. *Sontheimer*, Der verwaltungsrechtliche Vertrag im Steuerrecht, S. 37 ff.; *Füllsack*, Informelles Verwaltungshandeln im Steuerrecht, S. 122 f.

auszulegen und anzuwenden und, soweit sie keine abschließenden Regelungen enthält, zu ergänzen. Der Wortlaut des § 2 Abs. 2 Nr. 1 VwVfG steht damit einer Anwendung der §§ 54 ff. VwVfG in der AO insoweit nicht entgegen, als eine Anwendung der §§ 54 ff. VwVfG über die allgemeinen Grundsätze des Verwaltungsrechts hinsichtlich des öffentlich-rechtlichen Vertrages erfolgt. Ein Erfordernis einer gesetzlichen Ermächtigung aufgrund des Entgegenstehens eines Gesetzesvorbehalts besteht nicht. Die Wahl der Vertragsform führt noch nicht zu einem Grundrechtseingriff. Zwar sind an eine Rechts*form* bestimmte Rechtsfolgen geknüpft, der maßgebliche Grundrechtseingriff wird aber durch den *Inhalt* der vergleichsweisen erzielten Regelung erfolgen. Es erfolgt auch kein zum Gesetzesvorbehalt führender Eingriff aufgrund einer gleichheitssatzrechtlichen Bedeutung des Vertrages. Im Steuerverfahrensrecht gilt auch kein erweiterter Parlamentsvorbehalt, aufgrund eines „spezifischen Gehalts" der Gesetzmäßigkeit und Gleichmäßigkeit der Besteuerung.

Der steuerrechtliche Vergleich kann in allen Verfahrensstadien abgeschlossen werden. Möglich sind Vergleiche im Erhebungsverfahren, über vollstreckungsrechtliche Vereinbarungen und im außergerichtlichen Rechtsbehelfsverfahren. Steuerrechtliche Austauschvergleichsverträge sind nur im Ausnahmefall zulässig, wenn der Finanzbehörde gesetzliche Dispositionsbefugnisse zustehen.

Kapitel 4: Der finanzgerichtliche Prozessvergleich

Nachdem die Legitimation des materiellen steuerrechtlichen Vergleichs in den Anfangskapiteln herausgearbeitet wurde, kann im Folgenden auf die Besonderheiten des prozessualen Vergleichs eingegangen werden. Der Prozessvergleich ist ein vor dem Gericht geschlossener Vertrag mit Doppelwirkung[698]. Neben den prozessualen Anforderungen an die Zulässigkeit und Wirksamkeit des Vergleichs als Prozesshandlung unterliegt er den materiell-rechtlichen Anforderungen an Vergleichsverträge, §§ 55 VwVfG, 54 ff. VwVfG, §§ 54 SGB X, 53 ff. SGB X[699]. Der Prozessvergleich kann im materiellen Teil auch ein einfacher öffentlich-rechtlicher Vertrag sein[700]. Die Doppelnatur wird in § 106 S. 1 VwGO, § 101 Abs. 1 S. 1 SGG dadurch zum Ausdruck gebracht, dass ein Prozessvergleich nur soweit zulässig ist, wie die Beteiligten über seinen Gegenstand *verfügen* können[701]. Es ist zwischen der im Prozessvergleich enthaltenen vertraglichen Regelung (für welche §§ 54 ff. VwVfG, §§ 53 ff. SGB X gelten) und den Bestimmungen des Prozessrechts (§ 106 VwGO, § 101 Abs. 1 SGG) zu differenzieren. Der Prozessvergleich führt zur Verfahrensbeendigung ex nunc, wohingegen ein außergerichtlicher Vergleich eine weitere Prozesshandlung, wie die übereinstimmende Erledigungserklärung oder die Klagerücknahme, für die Beendigung des Verfahrens voraussetzt. Im Unterschied zum außergerichtlichen Vergleich ist der Prozessvergleich auch Vollstreckungstitel[702].

---

698 Exemplarisch BSG, Urt. v. 17.5.1989 – 10 RKg 16/88, SozR 1500, § 101 Nr. 8; *Löwer*, VerwArch. 1965, 142, 145; *Schröder*, Der Prozeßvergleich in den verwaltungsgerichtlichen Verfahrensarten, S. 32 ff.; *Meyer-Hesemann*, DVBl. 1980, 869, 871 f.; *Eisenlohr*, Der Prozeßvergleich in der Praxis der Verwaltungsgerichtsbarkeit, S. 1; *Nielsson* in Schlegel/Voelzke, jurisPK-SGB X, § 54 Rn. 36; *Engelmann* in Schütze, SGB X, § 54 Rn. 3; *Maurer/Waldhoff*, Allgemeines Verwaltungsrecht, § 14 Rn. 18; *Hau* in Staudinger, BGB, § 779 Rn. 195 (Juli 2021).

699 *Ortloff* in Schoch/Schneider, VwGO, § 106 Rn. 27 (Mai 2010); *Maurer/Waldhoff*, Allgemeines Verwaltungsrecht, § 14 Rn. 19; *Stuhlfauth* in Bader/Funke-Kaiser/Stuhlfauth/von Albedyll, VwGO, § 106 Rn. 6.

700 S. dazu unter Kap. 4 E. IV. 4. dieser Arbeit.

701 Exemplarisch *Meyer-Hesemann*, DVBl. 1980, 869, 872; zur Verfügungsberechtigung unter Kap. 4 D. II. dieser Arbeit.

702 S. zur Vollstreckbarkeit unter Kap. 4 G. dieser Arbeit.

Eine Prozessbeendigung durch Prozessvergleich sieht die FGO anders als die ZPO (§ 794 Abs. 1 Nr. 1 ZPO) und die anderen Prozessordnungen (§ 106 VwGO, § 101 Abs. 1 SGG) nicht vor[703]. Sogar der Strafprozess kennt die Möglichkeit einer Verständigung, § 257c StPO. Aus der fehlenden normativen Verankerung wird häufig gefolgert, dass der finanzgerichtliche Prozessvergleich unzulässig sei[704]. Dennoch gehören Prozessvergleiche zum Gerichtsalltag und werden von der Rechtsprechung auch teilweise akzeptiert. Dieses Unzulässigkeitsdogma des steuerrechtlichen Vergleichsvertrages wurde für das Verwaltungsverfahren in den vorherigen Kapiteln bereits widerlegt. Für den finanzgerichtlichen Vergleich bedarf das Verdikt der Nichtigkeit einer besonders kritischen Überprüfung, weil die Beteiligten im Finanzprozess aufgrund der Dispositionsmaxime freier gestellt sind als im Verwaltungsverfahren. Kläger und Beklagter können über das Verfahren frei disponieren, Klagen zurücknehmen, für erledigt erklären und Steuerverwaltungsakte ändern. Anders als im Besteuerungsverfahren besteht im finanzgerichtlichen Prozess eine „Gleichordnung" zwischen Finanzbehörde und Steuerpflichtigem, weil sie im Hinblick auf das Klagebegehren dem Richterspruch unterworfen sind und sich insoweit auf Augenhöhe begegnen[705]. Diese Art Gleichordnung ist nicht in dem Sinne misszuverstehen, dass das Subordinationsverhältnis zwischen den Beteiligten aufgehoben wird, vielmehr begibt sich

703 In der Vergangenheit wurde die Vereinheitlichung der Verwaltungs-, Sozial- und Finanzgerichtsbarkeit diskutiert respektive gefordert, s. z.B. *Stüer/Hermanns*, ZRP 2002, 164; s. jüngst zur Aktualität der Vereinheitlichungsbestrebungen *Poschenrieder*, Außergerichtliche Vorverfahren im Verwaltungsrecht, S. 47 ff. m.w.N.; vgl. zum Gesetzesentwurf der Bundesregierung zum Entwurf einer Verwaltungsprozessordnung (VwPO), BT-Drucks. 9/1851, neu gefasst durch BT-Drucks. 10/3437. § 117 des Entwurfs der VwPO sah den Vergleich vor, im ähnlichen Wortlaut wie er nun in § 106 VwGO, § 101 Abs. 1 SGG zu finden ist.

704 BFH, Beschl. v. 23.2.1968 – VI R 35/67, BStBl. II 1968, 352, juris Rn. 5; *Schick*, Vergleiche und sonstige Vereinbarungen zwischen Staat und Bürger im Steuerrecht, S. 29; *Sontheimer*, Der verwaltungsrechtliche Vertrag im Steuerrecht, S. 216; *Sangmeister*, BB 1988, 2289, 2291; *Ziemer/Birkholz*, FGO, § 95 FGO Rn. 2, 22; § 40 Rn. 39; *Steinhauff*, SteuK 2013, 160, 163; *Herbert* in Gräber, FGO, § 76 FGO Rn. 4; a.A. *Heilmeier*, DStZ/A 1982, 190, 191 ff.; *Schröder*, Der Prozeßvergleich in den verwaltungsgerichtlichen Verfahrensarten, S. 200 ff.; für eine analoge Anwendung des § 106 VwGO in der FGO *Greite*, NWB 2004, 1421, 1428.

705 *Weitemeyer*, Der verwaltungsprozessuale Vergleich, S. 151; *Pflaum*, StBp 2013, 105, 107; *Birk*, DStR 2014, 65, 69.

die Behörde nur insofern auf die gleiche Ebene mit dem Steuerpflichtigen[706]. Geschieht dies, wie in der Regel, durch gegenseitiges Nachgeben, wird eine vergleichsweise Einigung erzielt, welche im Verwaltungsverfahren nicht erzielt werden konnte[707].

A. Konsensuale Streitbeilegung im finanzgerichtlichen Verfahren

I. Bestandsaufnahme der erledigten Verfahren vor den Finanzgerichten im Vergleich mit der Verwaltungsgerichtsbarkeit

Erstaunlich ist, dass im Jahr 2019 nur 18,1 % der Verfahren durch Urteil beendet wurden, während 34,1 % der Verfahren durch Beschluss nach § 138 FGO und 33,0 % der Verfahren wegen der Zurücknahme der Klage, § 72 FGO, erledigt wurden. Im Jahr 2020 wurden 17,4 % der Verfahren durch Urteil erledigt, in 33,9 % der Fälle erging ein Beschluss nach § 138 FGO und in 31,6 % der Fälle wurde die Klage zurückgenommen[708]. Im Vergleich zu den Verwaltungsgerichten wird die verhältnismäßig geringe quantitative Relevanz des Abschlusses

---

706 *Weitemeyer*, Der verwaltungsprozessuale Vergleich, S. 151: Der Steuerpflichtige und das Finanzamt seien Prozessparteien und stünden prozessual in „Koordination"; *Löwer*, VerwArch. 1965, 236, 258; *Schröder*, Der Prozeßvergleich in den verwaltungsgerichtlichen Verfahrensarten, S. 139; es wird sogar vertreten, dass die Beteiligten nach Abschluss des Prozessvergleichs nicht mehr im Subordinationsverhältnis stünden, s. *Löwer*, VerwArch. 1965, 236, 261 m.w.N.

707 *Kruse* in FS Vogel, S. 517, 524.

708 Statistisches Bundesamt, Finanzgerichte, abrufbar unter https://www.destatis.de/DE/Themen/Staat/Justiz-Rechtspflege/Publikationen/Downloads-Gerichte/finanzgerichte-2100250207004.html, zuletzt aufgerufen am 1.2.2021. Die Zahlen beziehen sich auf die gesamten Verfahren in Deutschland; vor dem FG Hamburg (exemplarisch) betrug die Zahl der einvernehmlich erledigten Verfahren im Jahr 2019 43,4 %, s. die Jahresbilanz des FG Hamburg 2019, S. 11 unter https://justiz.hamburg.de/finanzgericht/13637346/aktuelles-finanzgericht/, zuletzt aufgerufen am 1.2.2021. Ausgehend von dieser Erkenntnis lässt sich der Sorge begegnen, Prozessvergleiche würden angeregt werden, um Urteile zu vermeiden (aus der Intention des Gerichts oder der Finanzbehörde, s. zur Strategie der Vermeidung höchstrichterlicher Urteile der Finanzbehörde unter Kap. 4 B. III. 2. c) bb) dieser Arbeit). Denn es zeigt sich, dass die Praxis bereits andere Wege geht, um zu alternativen einvernehmlichen Lösungen zu kommen und es ein Charakteristikum des Steuerprozesses ist, dass dieser im Verhältnis zur allgemeinen Verwaltungsgerichtsbarkeit seltener mit einem Urteil endet.

eines Verfahrens durch Urteil vor den Finanzgerichten noch deutlicher. Vor den Verwaltungsgerichten wurden im Jahr 2019 41,9 % der Verfahren durch Urteil bzw. 47,3 % durch Beschluss und nur 2 % durch Prozessvergleich beendet[709].

Vor den Sozialgerichten stellt sich die Sachlage ähnlich zu der Finanzgerichtsbarkeit dar. Von den erledigten Verfahren im Jahr 2019 wurden nur 9,3 % durch ein Urteil abgeschlossen, während 7,0 % durch Prozessvergleich, 9,0 % durch übereinstimmende Erledigungserklärung, 13,4 % durch angenommenes Anerkenntnis und 45,0 % durch Zurücknahme beendet wurden[710].

II. Phänomenologie der prozessualen konsensualen Streitbeilegung

Das Gericht ist in jeder Verfahrenslage dazu berufen, eine gütliche Beilegung des Rechtsstreits oder einzelner Streitpunkte herbeizuführen, § 155 S. 1 FGO, § 278 Abs. 1 ZPO. Auch aus § 79 Abs. 1 S. 2 Nr. 1 FGO folgt der Auftrag des Gerichts auf eine gütliche Beilegung des Rechtsstreits hinzuwirken[711]. Möglichkeiten zur einvernehmlichen Streitbeilegung in der FGO gibt es de lege lata in der Form der Verständigung im Erörterungstermin, § 79 Abs. 1 S. 2 Nr. 1 FGO oder der übereinstimmenden Erledigungserklärung, § 138 Abs. 1 FGO, verbunden mit der tatsächlichen Verständigung. Prozessuale Einigungsmöglichkeiten sind zudem durch die Einführung des Güterichters oder der außergerichtlichen Mediation geschaffen worden. Zur einvernehmlichen Streitbeilegung im weiteren Sinne können auch die Möglichkeiten der Klagerücknahme und die Beschränkung des Klageantrages gehören. Ob Anerkenntnisurteile und Verzichtsurteile in der FGO zugelassen sind, ist umstritten. Gerade tatsächliche Verständigungen (und übereinstimmende Erledigungserklärungen) gehören zum Gerichtsalltag, allerdings mit einer Vielzahl unbeantworteter Fragen[712]. Die Zusammenschau

---

709 Statistisches Bundesamt, Verwaltungsgerichte, abrufbar unter https://www.destatis.de/DE/Themen/Staat/Justiz-Rechtspflege/Publikationen/Downloads-Gerichte/verwaltungsgerichte-2100240207004.html, zuletzt aufgerufen am 1.2.2021. Die Zahlen beziehen sich auf die gesamten Verfahren in Deutschland.

710 Statistisches Bundesamt, Sozialgerichte, abrufbar unter https://www.destatis.de/DE/Themen/Staat/Justiz-Rechtspflege/Publikationen/Downloads-Gerichte/sozialgerichte-2100270207004.html, zuletzt aufgerufen am 1.2.2021. Die Zahlen beziehen sich auf die gesamten Verfahren in Deutschland.

711 *Seer* in Tipke/Kruse, AO/FGO, Einführung zur FGO Rn. 41 (Okt. 2019); *Krumm* in Tipke/Kruse, AO/FGO, § 79 FGO Rn. 4 f. (Febr. 2023).

712 *Loschelder*, StuW 2018, 329, 329 f. mit Beispielen aus der Praxis; zur tatsächlichen Verständigung anstelle von Prozessvergleichen vgl. ebenso *Just*, DStR 2014, 2079.

dieser Möglichkeiten zeigt, dass die einvernehmliche Streitbeilegung der FGO nicht fremd ist. Auch aus empirischen Gesichtspunkten zeigt sich eine besondere Streitbeilegungsaffinität vor den Finanzgerichten. Die Möglichkeiten zur gütlichen Einigung im finanzgerichtlichen Verfahren sind jedoch im Vergleich mit den anderen verwaltungsrechtlichen Verfahren normativ unterausgeprägt.

1. *Erörterungstermine*

Ein Ausdruck konsensualer Streitbeilegung ist der Erörterungstermin. Nach § 79 Abs. 1 S. 2 Nr. 1 FGO kann der Vorsitzende oder der Berichterstatter die Beteiligten zur Erörterung des Sach- und Streitstandes und zur gütlichen Beilegung des Rechtsstreits laden[713]. Im Rahmen der mündlichen Verhandlung hat der Vorsitzende die streitige Sache ebenfalls zu erörtern, § 93 Abs. 1 FGO. Auch in diesem Rahmen kann eine Streitbeilegung erfolgen. Die verhältnismäßig geringe Verfahrensdauer von nur 10,9 Monaten für Klageverfahren vor den Finanzgerichten im Jahr 2019 ist im Wesentlichen darauf zurückzuführen, dass die Richter kurz nach Eingang der Klageerwiderungen Erörterungstermine, § 79 Abs. 1 S. 2 Nr. 1 FGO, anberaumen, in denen es in zahlreichen Fällen zu einer (tatsächlichen) Verständigung kam[714].

2. *Übereinstimmende Erledigungserklärung*

Ein gängiges Mittel der konsensualen Streitbeilegung ist die tatsächliche Verständigung verbunden mit der übereinstimmenden Erledigungserklärung[715] nach § 138 Abs. 1 FGO[716]. Der Anwendungsbereich des § 138 Abs. 1 FGO ist eröffnet, wenn die Beteiligten (Kläger und Beklagter) den Rechtsstreit in der Hauptsache übereinstimmend für erledigt erklären. Voraussetzung ist, dass die Beteiligten über den Streitgegenstand der Hauptsache *verfügen*[717]

---

713 S. dazu bereits unter Kap. 2 C. VII. 1. b) dieser Arbeit.

714 Vgl. die Jahresbilanz des FG Hamburg 2019, S. 10, über https://justiz.hamburg.de/finanzgericht/13637346/aktuelles-finanzgericht/ abrufbar, zuletzt aufgerufen am 1.2.2021.

715 Vgl. zur Erledigungserklärung allgemein *Göppinger*, Die Erledigung des Rechtsstreits in der Hauptsache; *Prömse*, Die Erledigung der Hauptsache im Verfahren nach der Finanzgerichtsordnung.

716 St. Rspr., seit BFH, Beschl. v. 23.2.1968 – VI R 35/67, BStBl. II 1968, 352, juris Rn. 3 ff.; BFH, Urt. v. 11.12.1984 – VIII 131/76, HFR 1985, 212, 213; *Rauda* in HHSp., AO/FGO, § 95 FGO Rn. 21 (Apr. 2021); *Herbert* in Gräber FGO, § 76 FGO Rn. 4; *Offerhaus*, DStR 2001, 2093, 2096.

717 Insofern deckt sich diese Voraussetzung mit der des Prozessvergleichs.

können[718]. Das Finanzgericht muss nur noch darüber entscheiden, wem die Kosten des Verfahrens aufzuerlegen sind. Die Wirkung des Prozessvergleichs lässt sich durch eine tatsächliche Verständigung, die mit beiderseitigen übereinstimmenden Erledigungserklärungen verbunden ist, annähernd erreichen[719]. Denn es wird bei beiden Instituten eine einvernehmliche Prozessbeendigung erzielt. Die Erledigungserklärung nach § 138 Abs. 1 FGO hat, wie der Prozessvergleich, eine Doppelnatur. Einerseits einigen sich die Beteiligten über die Sachlage. Andererseits wird verfahrensrechtlich über den Rechtsstreit disponiert[720]. Nach § 138 Abs. 1 FGO entscheidet das Gericht nach billigem Ermessen über die Kosten des Verfahrens, wenn der Rechtsstreit in der Hauptsache *erledigt* ist. „Erledigung" setzt an sich das Eintreten eines erledigenden Ereignisses voraus, welches in § 138 Abs. 2 S. 1 FGO[721] auch exemplarisch bestimmt ist. In der FGO ist nicht vorgesehen, dass die übereinstimmende Erklärung der Beteiligten genügt, um die Hauptsache als erledigt anzusehen. Die Rechtsprechung des BFH erkennt die übereinstimmende Erledigungserklärung der Beteiligten indessen als außergerichtlichen Vorgang an, mit welchem das Verfahren ex nunc beendet wird[722]. Der BFH begründet diese – vom Gesetz nicht ausdrücklich

718 Dies gilt nicht für den Beigeladenen, st. Rspr. des BFH, z.B. BFH, Beschl. v. 4.8.1988 – IV B 165–166/87, juris Rn. 5; BFH, Beschl. v. 31.8.2000 – VIII R 33/00, juris Rn. 4; *Ratschow* in Gräber, FGO, § 138 FGO Rn. 5.

719 *Sangmeister*, BB 1988, 2289; *Seer*, StuW 1995, 215, 220; *Seer*, Verständigungen in Steuerverfahren, S. 44 f., 110 ff.; vgl. ebenfalls *Greite*, NWB 2004, 1421, 1428 f.; *Seer* in Tipke/Kruse, AO/FGO, Einführung zur FGO Rn. 41 (Okt. 2019); *Krumm* in Tipke/Kruse, AO/FGO, § 76 FGO Rn. 8 (Febr. 2022). Zu Streitigkeiten nach einer übereinstimmenden Erledigungserklärung s. die folgenden Ausführungen unter Kap. 4 A. III. 2. dieser Arbeit.

720 *Seer*, StuW 1995, 213, 220; *Seer*, Verständigungen in Steuerverfahren, S. 45; *Liehr*, StBW 2011, 226.

721 Z.B. Rücknahme oder Änderung des angefochtenen Verwaltungsaktes oder Erlass des beantragten Verwaltungsaktes, § 138 Abs. 2 S. 1 FGO.

722 Es sei aber im Einzelfall durch Auslegung zu ermitteln, was die Beteiligten mit der Erledigungserklärung zum Ausdruck bringen wollten, vgl. BFH, Beschl. v. 23.2.1968 – VI R 35/67, BStBl. II 1968, 352, juris Rn. 3 ff.; BFH, Urt. v. 29.10.1987 – X R 1/80, BStBl. II 1988, 121, juris Rn. 16; *Liehr*, StBW 2011, 226; *Ziemer/Birkholz*, FGO, § 138 FGO Rn. 2a; *Brandis* in Tipke/Kruse, AO/FGO, § 138 FGO Rn. 29 (Aug. 2019); die Erledigungserklärung ohne Rücksicht auf die wirkliche Erledigung genügen zu lassen, sei Ausdruck der Dispositionsmaxime. Wonach es den Beteiligten überlassen sei, das Verfahren zu beenden, wenngleich der Amtsermittlungsgrundsatz das finanzgerichtliche Verfahren determiniert, vgl. etwa *Schwarz* in HHSp., AO/FGO, § 138 FGO Rn. 45 (Apr. 2018).

vorgesehene – Möglichkeit einerseits mit § 161 Abs. 2 VwGO. § 138 Abs. 1 FGO ist § 161 Abs. 2 VwGO nachgebildet. In der verwaltungsrechtlichen Literatur zu § 161 Abs. 2 VwGO werde die Auffassung vertreten, die übereinstimmende Erledigungserklärung der Beteiligten sei für die Erledigung maßgebend[723]. Andererseits begründet der BFH dies mit der Möglichkeit in der VwGO Vergleiche in der Hauptsache und über die Kosten abzuschließen[724]. Aus Sicht des BFH darf der Richter nicht einmal prüfen, ob die Erledigung materiell eingetreten ist. Er ist an die übereinstimmende Erledigungserklärung gebunden[725].

In einem vom BFH zu beurteilenden Fall traf eine übereinstimmende Erledigungserklärung, § 138 Abs. 1 FGO, mit § 138 Abs. 2 FGO zusammen. Der Rechtsstreit hatte sich dadurch erledigt, dass dem Antrag des Steuerpflichtigen durch Änderung des angefochtenen Verwaltungsaktes stattgegeben wurde. Die Beteiligten hatten sich abweichend von § 138 Abs. 2 FGO[726] über die Kostenverteilung geeinigt[727]. Der BFH erkannte dies an: „Haben sich die Beteiligten wie im vorliegenden Fall über die Kostenverteilung geeinigt, so ist es in aller Regel billig und trotz der Regelung des § 138 Abs. 2 FGO unbedenklich, der Einigung der Beteiligten zu folgen[728].“ Der BFH begründete die streitgegenständliche

---

723 BFH, Beschl. v. 23.2.1968 – VI R 35/67, BStBl. II 1968, 352, juris Rn. 4 unter Berufung auf *Fröhler* in Eyermann, VwGO, 4. Auflage, § 161 Rn. 6.

724 BFH, Beschl. v. 23.2.1968 – VI R 35/67, BStBl. II 1968, 352, juris Rn. 4.

725 BFH, Urt. v. 14.6.2017 – I R 38/15, BStBl. II 2018, 2, juris Rn. 17: „ständige Rechtsprechung“, mit Verweis auf BFH, Urt. v. 29.10.1987 – X R 1/80, BStBl. II 1988, 121, wo eine solche Aussage nicht ausdrücklich zu finden ist; s. dazu ebenso *Wulf*, Stbg 2018, 408; in der Verwaltungsgerichtsbarkeit können dem Kläger, der den Rechtsstreit für erledigt erklärt, ohne objektiven Vorliegen eines erledigenden Ereignisses, die Kosten auferlegt werden („Flucht in die Erledigungserklärung“), vgl. BVerwG, Beschl. v. 24.6.2008 – 3 C 5/07, juris Rn. 3; BayVGH, Beschl. v. 13.4.2017 – 15 N 16.825, juris Rn. 2; *Clausing* in Schoch/Schneider, VwGO, § 161 Rn. 24 (Juli 2019) m.w.N.; *Schübel-Pfister* in Eyermann, VwGO, § 161 Rn. 18a.

726 § 138 Abs. 2 FGO sieht vor, dass die Kosten der Behörde aufzuerlegen sind, soweit der Rechtsstreit dadurch erledigt wird, dass dem Antrag des Steuerpflichtigen durch Rücknahme oder Änderung des angefochtenen Verwaltungsaktes stattgegeben oder, dass im Fall der Untätigkeitsklage gemäß § 46 Abs. 1 S. 3 Hs. 2 FGO innerhalb der gesetzten Frist dem außergerichtlichen Rechtsbehelf stattgegeben oder der beantrage Verwaltungsakt erlassen wird.

727 Die Verfahrensbeteiligten einigten sich dergestalt, dass jeder Beteiligte seine außergerichtlichen Kosten zu tragen habe und die Gerichtskosten jedem Beteiligten zur Hälfte zur Last fallen sollen.

728 BFH, Beschl. v. 23.2.1968 – VI R 35/67, BStBl. II 1968, 352, juris Rn. 9 f.; s. zur Einigung über die Kosten, sofern diese dem Verfahrensrecht nicht widerspricht, ebenso

Aufteilung der Kosten nach einer übereinstimmenden Erledigungserklärung sogar ausdrücklich mit § 160 VwGO, welcher die Kostenpflicht bei Vergleichen (nur) der Hauptsache festlegt[729], „wenngleich im Steuerprozeßrecht ein Vergleich nicht vorgesehen ist, vielmehr uneingeschränkt der Untersuchungsgrundsatz gilt und das Gericht an das Vorbringen der Beteiligten nicht gebunden ist, § 76 Abs. 1 FGO, kann das Gericht doch über das Klagebegehren nicht hinausgehen, § 96 Abs. 1 S. 2 FGO[730]." Auf den Fall der überstimmenden Erledigungserklärung, die (infolge einer außergerichtlichen Einigung) abgegeben werden, sei § 160 VwGO zumindest entsprechend anwendbar[731]. Der BFH stellte in diesem Zusammenhang zutreffend fest, dass in der FGO, anders als in § 98 ZPO, § 160 VwGO, § 195 SGG, keine Möglichkeit vorgesehen ist, eine Einigung über die Kosten zu treffen. Eine Anwendung der zivilprozessualen Vorschrift des § 98 ZPO über § 155 S. 1 FGO soll im Hinblick auf die Vorschrift des § 138 FGO und die Tatsache, dass in der FGO eine dem § 160 VwGO entsprechende Vorschrift fehlt, nicht möglich sein[732]. Der BFH ließ im Streitfall somit einen Vergleich über die Kosten zu: „wenngleich das Gericht bei seiner Kostenentscheidung an die Anträge der Beteiligten nicht gebunden ist, kann die Kosteneinigung der Beteiligten doch jedenfalls dort als Anregung berücksichtigt werden, wo eine Entscheidung nach billigem Ermessen zu treffen ist[733]."

3. *Mediation und Güterichtermodell*

Ein Ausdruck konsensualer Streitbeilegung ist weiterhin die (außergerichtliche) Mediation. Das Gesetz zur Förderung der Mediation und anderer Verfahren der außergerichtlichen Konfliktbeilegung hat durch einen Verweis in § 155 S. 1 FGO auf §§ 278 Abs. 5, 278a ZPO die Möglichkeit einer Mediation auch

---

BFH, Urt. v. 19.2.1970 – I B 48/69, BStBl. II 1970, 431, juris Rn. 10; BFH, Beschl. v. 16.2.1993 – VII B 254/91, juris Rn. 10; BFH, Beschl. v. 14.7.2006 – V R 57/03, juris Rn. 2; *Schwarz* in HHSp., AO/FGO, § 138 FGO Rn. 150 (Apr. 2018); *Brandis* in Tipke/Kruse, AO/FGO, § 138 FGO Rn. 78 (Aug. 2019).

729 BFH, Beschl. v. 23.2.1968 – VI R 35/67, BStBl. II 1968, 352, juris Rn. 4; § 160 VwGO ist eine Norm innerhalb der Kostenvorschriften der VwGO und gilt für den verwaltungsgerichtlichen Prozessvergleich, für den die Beteiligten keine Kostenregelung getroffen haben; zur Vergleichsgebühr, vgl. Kap. 4 J. I. dieser Arbeit.

730 BFH, Beschl. v. 23.2.1968 – VI R 35/67, BStBl. II 1968, 352, juris Rn. 5.

731 *Olbertz* in Schoch/Schneider, VwGO, § 160 Rn. 13 m.w.N. (Okt. 2005).

732 BFH, Beschl. v. 23.2.1968 – VI R 35/67, BStBl. II 1968, 352, juris Rn. 9.

733 BFH, Beschl. v. 23.2.1968 – VI R 35/67, BStBl. II 1968, 352, juris Rn. 10.

für den Finanzprozess eröffnet[734]. Eine Mediation ist ein vertrauliches, strukturiertes Verfahren, bei dem die Parteien mithilfe eines Mediators freiwillig und eigenverantwortlich eine einvernehmliche Beilegung ihres Streits anstreben, § 1 MediationsG, § 278a Abs. 1 ZPO. Entscheiden sich die Parteien für eine Mediation, ist das Verfahren auszusetzen, § 278a Abs. 2 ZPO. Ob eine Mediation vor den Finanzgerichten möglich ist, wird unterschiedlich beurteilt. Teilweise wird diese als für den Finanzprozess ungeeignet gehalten, weil die Ergebnisoffenheit des Mediationsverfahrens mit der Gesetzesgebundenheit des Steuerrechts, zumindest bei gebundenen Entscheidungen, nicht im Einklang stehen soll[735]. Im Bereich von Handlungsspielräumen der Verwaltung[736] und beispielsweise im Familienrecht, sind Mediationen aber durchaus denkbar[737]. Wenngleich der Anwendungsbereich eher überschaubar sein wird[738]. Jedenfalls hat die Finanzgerichtsbarkeit im Unterschied zu anderen Gerichtsbarkeiten nach aktuellem Stand wenig Erfahrung mit einer steuerrechtlichen Mediation[739]. Dies mag

734 S. zur Gesetzgebungshistorie *Stiepel* in Gosch, AO/FGO, § 155 FGO Rn. 48 (Nov. 2019) m.w.N. Der Referentenentwurf zum Mediationsförderungsgesetz berücksichtigte die Finanzgerichtsbarkeit und führte aus, dass der Grundsatz der Gesetzmäßigkeit der Besteuerung und die Tatsache, dass dem „Finanzprozessrecht das Institut des Prozessvergleichs" unbekannt sei nicht entgegenstehe. Der Bundesrat trat im Ergebnis dem Gesetzesentwurf der Bundesregierung entgegen, welche die Finanzgerichtsbarkeit wegen „Besonderheit der Verfahrensarten" ausgeklammert haben wollte.

735 *Tipke* in Tipke/Lang, Steuerrecht, 12. Auflage 1989, Rn. 3.132 hält eine „Schlichtung" vor den Finanzgerichten als mit der Gleichmäßigkeit der Besteuerung unvereinbar. Offen bleibt, wie diese Auffassung mit der Pflicht der Gerichte zur gütlichen Streitbeilegung hinzuwirken, § 155 S. 1 FGO, § 278 Abs. 1 ZPO, zu vereinbaren ist; s. ebenso *Paul*, DStR 2008, 1111, 1114; unklar *Pflaum*, StBp 2013, 105, 107; *Rätke* in Klein, AO, § 88 Rn. 21; Mediationen befürwortend *Boochs*, DStR 2006, 1062; *Hölzer*, ZKM 2012, 119; *Westermann*, Stbg 2017, 27; allgemein für das öffentliche Recht *Voß* in Johlen/Oerder, MAH Verwaltungsrecht, § 3 Rn. 69 f.

736 S. dazu ausführlich unter Kap. 2 C. IV. 5. dieser Arbeit.

737 *Haunhorst*, DStZ 2004, 868, 873; *Liehr*, StBW 2011, 226, 227; *Pflaum*, StBp 2013, 105, 111; zu mediationsgeeigneten Fallgruppen *Westermann*, Stbg 2018, 304, 305 ff.; s. ebenso *Brandis* in Tipke/Kruse, AO/FGO, § 155 FGO Rn. 9 (Aug. 2019); *Stiepel* in Gosch, AO/FGO, § 155 FGO Rn. 49 (Nov. 2019). S. zur Mediation bei Verrechnungspreiskonflikten als alternativer Streitbeilegungsansatz *Baumhoff/Puls*, IStR 2010, 802.

738 Ausführlich *Paul*, DStR 2008, 1111, 1115 ff.; *Hölzer*, ZKM 2012, 119, 125; *Westermann*, Stbg 2018, 304, 310 ff.

739 *Paul*, DStR 2008, 1111, 1116; *Hölzer*, ZKM 2012, 119; *Stapperfend* in Gräber, FGO, § 155 Rn. 30; *Stiepel* in Gosch, AO/FGO, § 155 FGO Rn. 48 f. (Nov. 2019); zur

eventuell auch damit begründbar sein, dass der Erörterungstermin ein „kongruentes Ziel" verfolgt[740] und Finanzgerichte von der Möglichkeit der konsensualen Einigung in Erörterungsterminen gerne Gebrauch machen[741]. Nach § 79 Abs. 1 S. 2 Nr. 1 FGO kann die Ladung zum Erörterungstermin zwecks gütlicher Beilegung des Rechtsstreits erfolgen. Beim Erörterungstermin handelt es sich um eine Art „gerichtsinterne Mediation"[742]. Im Übrigen unterscheiden sich beide Arten der Konfliktbeilegung aber erheblich voneinander. Im Erörterungstermin steht den Beteiligten der entscheidungsbefugte Richter gegenüber. Die Beteiligten verhandeln in der Kenntnis, dass dessen Meinung maßgeblich, im Fall der Nichteinigung, in die Entscheidungsfindung einfließen wird. In der Konsequenz erwarten die Beteiligten seine Einschätzung zur Streitfrage und regelmäßig einen darauf basierenden Einigungsvorschlag. Die Mediation verfolgt demgegenüber einen anderen Ansatz und zeichnet sich durch ihre Offenheit aus. Aufgabe des Mediators ist es, die Beteiligten dabei zu unterstützen, dass diese ihre eigenen Interessen herausarbeiten. Eine Entscheidungsbefugnis kommt dem Mediator nicht zu und er möchte auch nicht über seine rechtlichen Hinweise zu einer von ihm favorisierten Konfliktlösung leiten. Der Inhalt des Erörterungstermins wird überdies durch den Streitgegenstand bestimmt, während die Mediation keine inhaltlichen Einschränkungen vorsieht[743].

Nach § 155 S. 1 FGO, § 278 Abs. 5 ZPO kann eine Güteverhandlung durchgeführt werden. Der Güterichter[744] wird nur auf übereinstimmenden Antrag der

---

Mediation allgemein *Caspar*, DVBl. 1995, 992; *Schäfer*, NVwZ 2006, 39; *Voß* in Johlen/Oerder, MAH Verwaltungsrecht, § 3.

740 Diese These entwickelt *Stiepel* in Gosch, AO/FGO, § 155 FGO Rn. 50 (Nov. 2019).

741 Die geringe Verfahrensdauer für Klageverfahren vor den Finanzgerichten im Jahr 2019 ist im Wesentlichen darauf zurückzuführen, dass die Richter kurz nach Eingang der Klageerwiderungen Erörterungstermine (§ 79 Abs. 1 S. 2 Nr. 1 FGO) anberaumen, in denen es in zahlreichen Fällen zu einer tatsächlichen Verständigung kam, vgl. schon die Ausführungen zuvor unter Kap. 4 A. II. 1. dieser Arbeit.

742 So etwa *Just*, DStR 2014, 2079, 2080.

743 Vgl. insgesamt *Stiepel* in Gosch, AO/FGO, § 155 FGO Rn. 50 (Nov. 2019); zum Verhältnis Mediation/Güterichter und Erörterungstermin ebenso *Stalbold* in Gosch, AO/FGO, § 79 FGO Rn. 18 (Aug. 2018).

744 Der Güterichter ist ein durch den Geschäftsverteilungsplan des Gerichts als solcher bestellter, nicht für die Sache zuständiger Richter, vgl. *Stalbold* in Gosch, AO/FGO, § 79 FGO Rn. 18 (Juli 2023); *Brandis* in Tipke/Kruse, AO/FGO, § 155 FGO Rn. 9 (Aug. 2019).

Beteiligten tätig[745]. In der Güteverhandlung kann der Güterichter alle Methoden der Konfliktbeilegung, insbesondere eine Mediation einsetzen, § 278 Abs. 5 ZPO. In der nicht öffentlichen Güteverhandlung gelten nicht die strengen Verfahrensanforderungen der FGO. Die Beteiligten können die Verfahrensfragen vielmehr selbst bestimmen. So können sie beispielsweise entscheiden, ob ein Protokoll geführt werden soll, ob Dritte hinzugezogen werden sollen oder in welchem Umfang Vertraulichkeit vereinbart werden soll[746]. Die Güteverhandlung ist freiwillig und kann von den Beteiligten, aber auch vom Güterichter, jederzeit abgebrochen werden[747]. Anders als ein Mediator darf der Güterichter rechtliche, allerdings für das Streitverfahren nicht bindende, Bewertungen vornehmen[748]. Gelingt die Güteverhandlung, wird das gefundene Ergebnis Grundlage für die Beendigung des gerichtlichen Verfahrens. Scheitert die Güteverhandlung, bleibt dies ohne Einfluss auf die zu treffende Entscheidung in der Sache[749]. Die Vorteile der Güteverhandlung werden in der Transparenz des Verfahrens und in der Offenheit der Konfliktlösung aufgrund der fehlenden Entscheidungsbefugnis des Güterichters, im Vergleich zum Erörterungstermin, § 79 Abs. 1 S. 2 Nr. 1 FGO, gesehen[750].

III. Notwendigkeit der Anerkennung des finanzgerichtlichen Prozessvergleichs

Nachdem die Phänomenologie der prozessualen Streitbeilegung herausgearbeitet wurde, sind Argumente für die Notwendigkeit der Anerkennung des Prozessvergleichs zu entwickeln. In der FGO sind zwar einige Möglichkeiten das Verfahren einvernehmlich zu beenden vorgesehen, diese bleiben aber, was zu zeigen sein wird, in ihrem Umfang hinter denen der allgemeinen Verwaltungsgerichtsbarkeit zurück. Dies erstaunt, weil empirische Betrachtungen zeigten, dass nur verhältnismäßig wenige Verfahren durch Urteil beendet werden, nur 18,1 % im Jahr 2019, während die überwiegende Anzahl der Verfahren einvernehmlich

---

745 *Steinhauff*, SteuK 2013, 160, 161; s. zum Ablauf der öffentlich-rechtlichen Mediation s. *Voß* in Johlen/Oerder, MAH Verwaltungsrecht, § 3 Rn. 147 ff.

746 *Steinhauff*, SteuK 2013, 160.

747 *Greger* in Zöller, ZPO, § 278 ZPO Rn. 31.

748 *Steinhauff*, SteuK 2013, 160, 161; *Brandis* in Tipke/Kruse, AO/FGO, § 155 FGO Rn. 9 (Aug. 2019).

749 *Steinhauff*, SteuK 2013, 160, 163; *Greger* in Zöller, ZPO, § 278 ZPO Rn. 32; *Stiepel* in Gosch, AO/FGO, § 155 FGO Rn. 50 (Nov. 2019).

750 *Hölzer*, ZKM 2012, 119, 122; *Steinhauff*, SteuK 2013, 160, 161.

erledigt wurden[751]. Zu untersuchen ist, ob die derzeitigen konsensualen Streitbeilegungsformen „ausreichend" sind, namentlich die übereinstimmende Erledigungserklärung und die gerichtliche oder außergerichtliche gütliche Einigung. Würde die FGO derzeit genug „angemessene" Mittel zur einvernehmlichen Verfahrensbeendigung bereitstellen, das heißt Mittel, die sowohl Kläger- als auch Beklagteninteressen befriedigen können, wäre die Anerkennung des Prozessvergleichs gegebenenfalls entbehrlich.

1. Änderungs-/Aufhebungszusagen der Finanzbehörde und übereinstimmende Erledigungserklärung

Ein erheblicher Teil der Verfahrenserledigungen ist auf tatsächliche Verständigungen in Kombination mit übereinstimmenden Erledigungserklärungen zurückzuführen (seit Jahren kommt diese Methode in 40 % der erledigten Fälle zum Einsatz)[752]. Die Erledigung des Verfahrens[753] nach der übereinstimmenden Erledigungserklärung basiert in der Regel auf einer tatsächlichen Verständigung mit einer (ungeschriebenen) Zusage[754] zwischen Kläger und Beklagten. Die Finanzbehörde sagt rechtsverbindlich zu, den angefochtenen Steuerbescheid zu ändern, gleichsam verpflichtet sich der Steuerpflichtige, seine Klage fallen zu lassen[755].

Einigen sich die Parteien über die Aufhebung oder Änderung des angefochtenen Verwaltungsaktes, wird die beklagte Behörde diesen nur selten im Termin erlassen[756]. In der Regel wird die Behörde den Erlass eines Änderungs- oder Aufhebungsbescheides zu Protokoll geben[757]. Gibt die Finanzbehörde in der

751 S. dazu schon die vergleichende Betrachtung unter Kap. 4 A. I. dieser Arbeit.

752 S. zu dieser Erkenntnis die einleitenden Ausführungen unter Kap. 4 A. I., II. dieser Arbeit.

753 Wobei materiell bei bloßer Zusage des Erlasses des Änderungsbescheides keine Erledigung eintritt. Die Abgabe einer Erledigungserklärung ist aber dennoch möglich, vgl. etwa *Wulf*, Stbg 2018, 408; *Brandis* in Tipke/Kruse, AO/FGO, § 138 FGO Rn. 9 f. (Aug. 2019).

754 Zur Begrifflichkeit *Hölzer*, ZKM 2012, 119, 120; *Seer* in Tipke/Kruse, AO/FGO, § 89 AO Rn. 116 (Febr. 2018).

755 Z.B. BFH, Urt. v. 29.10.1987 – X R 1/89, BStBl. II 1988, 121, juris Rn. 26; BFH, Beschl. v. 1.7.2014 – VIII B 21/14, juris Rn. 14; BFH, Beschl. v. 23.7.2020 – V R 37/18, BStBl. II 2021, 20, juris Rn. 29; *Hölzer*, ZKM 2012, 119, 120; *Seer* in Tipke/Kruse, AO/FGO, § 89 AO Rn. 116 (Febr. 2018).

756 S. dazu unter Kap. 4 E. III. 1. dieser Arbeit.

757 Zur Protokollierung s. die Ausführungen sogleich.

mündlichen Verhandlung oder in einem Erörterungstermin die Zusage[758] ab, den streitgegenständlichen Verwaltungsakt zu ändern oder aufzuheben, und erklärt deshalb die Erledigung der Hauptsache, kann der Kläger – neben der Abgabe einer eigenen Erledigungserklärung – seine Klage zurücknehmen. Dies wird allerdings aufgrund der Kostenfolge des § 136 Abs. 2 FGO nicht seinen Interessen entsprechen. Einer Fortsetzung des Verfahrens, bis zur Bekanntgabe des Änderungs- oder Aufhebungsbescheides, soll nach teilweiser Auffassung der Wegfall des Rechtsschutzinteresses nach § 40 Abs. 2 FGO entgegenstehen[759], so dass eine Klageabweisung wegen Unzulässigkeit durch ein Prozessurteil droht. Allerdings ist eine dem Klagebegehren entsprechende Änderungs- bzw. Aufhebungs*zusage* nicht mit dem noch zu erlassenden Änderungs- oder Aufhebungsbescheid gleichzustellen[760]. Der streitgegenständliche Verwaltungsakt existiert bis zu seiner Änderung oder Aufhebung fort, so dass auch das Rechtsschutzinteresse weiter besteht[761].

Ob der Kläger seine Erledigungserklärung bereits vor Erlass des Änderungs- oder Aufhebungsbescheides abgeben sollte, wird unterschiedlich beurteilt. Die Erledigungserklärungen können aufgrund der Bedingungsfeindlichkeit prozessualer Erklärungen jedenfalls nicht unter der aufschiebenden Bedingung des tatsächlichen Erlasses des Änderungsbescheides stehen[762]. Nach einer Ansicht sollte der Kläger bei einer von der Finanzbehörde im Prozess erklärten Änderungs- bzw. Aufhebungszusage seine Erledigungserklärung nur für den Fall ankündigen, dass der Änderungs- bzw. Aufhebungsbescheid tatsächlich von

---

758 *Hendricks/Paß*, DStR 2015, 2589, 2591 nennen diese Zusage „verfahrensimmanente Absprache".

759 BFH, Beschl. v. 31.8.2010 – III B 95/09, juris Rn. 4; s. nähergehend *Hendricks/Hildebrand*, Ubg 2018, 124, 125. Ob diese Auffassung nach BFH, Urt. v. 14.6.2017 – I R 38/15, BStBl. II 2018, 2 noch haltbar ist, ist fraglich. Vgl. ebenso *Wulf*, Stbg 2018, 408, 409. Im Ergebnis ließ sich die Berechnung von Aussetzungszinsen nach der „korrigierten" Bemessungsgrundlage nur noch durch die Fortführung des Rechtsstreits bis zum Erlass der Änderungsbescheide erreichen. Durch die bloße Zusage des Finanzamts könne daher keinesfalls das Rechtsschutzbedürfnis entfallen. Zu diesem Urteil s. die folgenden Ausführungen.

760 *Hendricks/Hildebrand*, Ubg 2018, 124, 125; *Wulf*, Stbg 2018, 408, die Erledigungserklärung, die vor wirksamer Bekanntgabe des Änderungsbescheides abgegeben wird, wäre inhaltlich falsch; *Jesse*, BB 2020, 151, 152.

761 So *Jesse*, BB 2020, 151; s. ebenso *Wulf*, Stbg 2018, 408.

762 BFH, Urt. v. 11.12.1996 – X R 123/95, juris Rn. 22; *Brandis* in Tipke/Kruse, AO/FGO, § 138 FGO Rn. 18 (Aug. 2019); *Böwing-Schmalenbrock* in Gosch, AO/FGO, § 138 FGO Rn. 60 (Nov. 2021).

der Finanzbehörde erlassen wird, anderenfalls könnte ein Rechtsverlust drohen, der allein schon darin besteht, dass sich der Kläger in Folge um die Umsetzung der Zusage mit der Finanzbehörde streiten muss[763], was dem Rechtsfrieden widerspricht. Nach anderer Auffassung muss das Ausstehen des zugesagten Änderungs- oder Aufhebungsbescheides nicht als Hinderungsgrund für eine Erledigungserklärung gesehen werden. Die Finanzbehörde wird sich im Regelfall an ihre Zusage halten[764]. Die Zuverlässigkeit des Beklagten in Zweifel zu ziehen, kann zudem das Dauerschuldverhältnis der Beteiligten belasten[765]. Hinzukommt, dass die Finanzbehörde an ihre Zusage zum Erlass des Bescheides nach den Grundsätzen von Treu und Glauben gebunden ist[766]. Sollte die Zusage nicht umgesetzt werden, kann bei einem Streit über die Erledigung das Verfahren fortgesetzt werden. Häufig ermutigt das Gericht die Prozessbeteiligten jedenfalls dazu, den Rechtsstreit schon vor Erlass des Abhilfebescheides in der Hauptsache für erledigt zu erklären[767].

Wird der Bescheid nicht so erlassen, wie er zugesagt worden ist, kann der Kläger nach dem BFH entsprechend den Rechtsgedanken, die den §§ 68 und 100 Abs. 1 S. 4 FGO zugrunde liegen, den Rechtsstreit mit dem Begehren fortführen, die Finanzbehörde zur Einhaltung seiner Zusage zu verpflichten[768]. Ergeht ein Änderungsbescheid, der nach Ansicht des Steuerpflichtigen bestimmte Gegenstände der Zusage nicht enthält, kann alternativ eine darauf beschränkte

763 *Binnewies/Wollweber*, NJW 2016, 283, 287; *Wulf*, Stbg 2018, 408; *Jesse*, BB 2020, 151, 152.

764 *Krömker*, AO-StB 2014, 306, 308; *Kühnen*, BB 2017, 1639, 1640; *Hendricks/Hildebrand*, Ubg 2018, 124, 125; *Schwarz* in HHSp., AO/FGO, § 138 FGO Rn. 49 (Apr. 2018); *Brandis* in Tipke/Kruse, AO/FGO, § 138 FGO Rn. 27 (Aug. 2019).

765 Diesen naheliegenden Grund nennen *Hendricks/Hildebrand*, Ubg 2018, 124, 125.

766 BFH, Urt. v. 29.10.1987 – X R 1/80, BStBl. II 1988, 121, juris Rn. 24; *Hendricks/Hildebrand*, Ubg 2018, 124, 125; *Schwarz* in HHSp., AO/FGO, § 138 FGO Rn. 49 (Apr. 2018); *Brandis* in Tipke/Kruse, AO/FGO, § 138 FGO Rn. 27 (Aug. 2019).

767 *Mack*, AO-StB 2004, 443, 447; *Hendricks/Hildebrand*, Ubg 2018, 124, 125; *Wulf*, Stbg 2018, 408; *Binnewies/Wollweber*, NJW 2016, 283, 287.

768 BFH, Urt. v. 29.10.1987 – X R 1/80, BStBl. II 1988, 121, juris Rn. 20; BFH, Urt. v. 16.11.2000 – XI R 28/99, BStBl. II 2001, 303, juris Rn. 15; BFH, Beschl. v. 14.12.2011 – X B 42/11, juris Rn. 11 f.; *Schwarz* in HHSp., AO/FGO, § 138 FGO Rn. 49 (Apr. 2018); *Binnewies/Wollweber*, NJW 2016, 283, 287; *Hendricks/Hildebrand*, Ubg 2018, 124, 125; *Ratschow* in Gräber, FGO, § 138 FGO Rn. 28; *Brandis* in Tipke/Kruse, AO/FGO, § 138 FGO Rn. 34 (Aug. 2019); kritisch *Jesse*, BB 2020, 151, 152; s. zur etwaigen analogen Anwendung im Rahmen eines Prozessvergleichs unter Kap. 4 G. II. dieser Arbeit.

Anfechtung des Änderungsbescheides erfolgen[769]. Zwar würden sich die Fälle der §§ 68 und 100 Abs. 1 S. 4 FGO und der Fall der Nichteinhaltung der Zusage dadurch unterscheiden, dass im letzteren Fall mit der Abgabe der übereinstimmenden Erledigungserklärung eine prozessbeendigende Handlung der Beteiligten vorliegt. Dieser Unterschied sei aber nicht so bedeutsam, dass er die rechtsanaloge Anwendung der den §§ 68 und 100 Abs. 1 S. 4 FGO zugrunde liegenden Rechtsgedanken hindern könnte. Der Kläger müsste wegen Nichteinhaltung der Zusage eine Verpflichtungsklage erheben, denn eine Vollstreckung, wie sie in der ZPO aus einem Vergleich möglich ist, § 794 Abs. 1 Nr. 1 ZPO, scheide im Steuerrecht aus[770]. Allerdings wandelt sich das ursprüngliche Anfechtungsbegehren des Klägers in der Folge zu einem Verpflichtungsbegehren. Im fortgesetzten Verfahren kann der Kläger nicht mehr die unmittelbare Änderung des Bescheides durch das Gericht erreichen. Er ist vielmehr darauf beschränkt, dass das Gericht die entsprechende Verpflichtung der Finanzbehörde tituliert[771]. In diesem Fall kommt dem Sitzungsprotokoll eine zentrale Bedeutung zu. Nur in dem Umfang, wie die Verpflichtung in das Protokoll gelangt ist, kann der Kläger später bei der Fortsetzung des Verfahrens auch erfolgreich Rechtsschutz geltend machen[772]. In diesem Kontext ist auch die Änderungsbeschränkung des § 351 Abs. 2 AO für den Verwaltungsakt zu beachten, welcher einen unanfechtbaren Verwaltungsakt ändert.

---

769 FG München, Urt. v. 18.7.1997 - 8 K 3436/96, EFG 1998, 78.

770 So die Begründung bei BFH, Urt. v. 29.10.1987 - X R 1/80, BStBl. II 1988, 121, juris Rn. 21; zur Vollstreckung vgl. die Ausführungen unter Kap. 4 G. dieser Arbeit.

771 So insgesamt *Wulf*, Stbg 2018, 408, 409.

772 S. ausführlich *Hendricks/Hildebrand*, Ubg 2018, 124, 126. *Hendricks/Hildebrand* empfehlen, dass neben der Festhaltung des gemeinsamen Sachverhaltsverständnisses, aufgenommen werden solle, welche Besteuerungsgrundlagen zu ändern sind und diese sollen konkret beziffert werden. Zudem solle ein Vorschlag für die Kostenentscheidung unterbreitet werden. Dem ist zuzustimmen. Die Relevanz der präzisen schriftlichen Festlegung der Einigung darf auch für das Besteuerungsverfahren nicht unterschätzt werden. Vgl. etwa BFH, Urt. v. 8.10.2008 - I R 63/07, BStBl. II 2009, 21, juris Rn. 12, wo eine inhaltliche Streitigkeit explizit über den Wortlaut der „Verständigungsurkunde“ gelöst wurde. Allgemein zu formellen Anforderungen an die Verständigung vgl. BMF v. 30.7.2008 - IV A 3 - S 0223/07/10002, BStBl. I 2008, 831, Tz. 5.5 und Kap. 4 D. I. dieser Arbeit.

2. *Die Änderungs-/Aufhebungszusage der Finanzbehörde unter Berücksichtigung der Festsetzungsverjährung und Aussetzungszinsen*

Die Finanzbehörde kann den Ausgangsbescheid nach §§ 164, 172 ff. AO ändern, sofern die Voraussetzungen gegeben sind. Anderenfalls fehlt der Finanzbehörde verfahrensrechtlich die Möglichkeit, ihre Zusage umzusetzen. Nach Eintritt der Festsetzungsverjährung, § 169 Abs. 1 S. 1, S. 2 AO, besteht ein Erlass-, Änderungs-, Aufhebungs- und Berichtigungsverbot[773]. Dies ist vor allem für die übereinstimmende Erledigungserklärung von besonderer Bedeutung, weil die Hemmungswirkung des § 171 Abs. 3a AO entfällt. § 171 Abs. 3a AO sieht eine Ablaufhemmung vor, wenn ein Steuerbescheid mit einem Einspruch oder einer Klage angefochten wird. Die Festsetzungsfrist läuft nicht ab, bis über den Rechtsbehelf unanfechtbar entschieden wird, was auch gilt, wenn der Rechtsbehelf erst nach Ablauf der Rechtsbehelfsfrist eingelegt wird. Bei der üblichen Dauer von Gerichtsverfahren ist, ohne Hemmungstatbestand, die Festsetzungsfrist zum maßgeblichen Zeitpunkt regelmäßig abgelaufen, was eine Änderung oder Aufhebung des Verwaltungsaktes an sich ausschließt. Der BFH hält es aber für möglich, dass die Änderung bzw. Aufhebung des ursprünglichen Verwaltungsaktes selbst keinen Verwaltungsakt darstellt, sondern nur einen der Erledigungserklärung entsprechenden Zustand herstellt[774].

Umstritten ist, ob § 171 Abs. 3a AO auf die Situation der übereinstimmenden Erledigungserklärung analog anzuwenden ist. Der Wortlaut geht von einer echten Kassationsentscheidung aus, so dass die analoge Anwendung häufig verneint wird[775]. Vom eindeutigen Wortlaut sei ein Tätigwerden der Finanzbehörde, welches nicht von einer finanzgerichtlichen Entscheidung veranlasst ist, nicht erfasst[776]. Die analoge Anwendung wird mit der Begründung befürwortet, dass

---

773 BFH, Urt. v. 28.3.2012 – VI R 68/10, BStBl. II 2012, 711, juris Rn. 10; *Paetsch* in Gosch, AO/FGO, § 169 AO Rn. 19 (Jan. 2017); *Drüen* in Tipke/Kruse, AO/FGO, § 169 AO Rn. 35 (Okt. 2017); *Jesse*, BB 2020, 151, 152. Dies gilt auch für begünstigende Bescheide.

774 Offenlassend BFH, Urt. v. 29.10.1987 – X R 1/80, BStBl. II 1988, 121, juris Rn. 25; BFH, Urt. v. 14.5.2003 – XI R 21/01, BStBl. II 2003, 888, juris Rn. 17; bejaht BFH, Urt. v. 24.1.2002 – III R 49/00, BStBl. II 2002, 408, juris Rn. 9.

775 BFH, Urt. v. 5.10.2004 – VII R 77/03, BStBl. II 2005, juris Rn. 13 ff.; BFH, Urt. v. 18.7.2013 – II R 46/11, BStBl. II 2016, 631, juris Rn. 15; *Jesse*, BB 2020, 151, 152 m.w.N.

776 BFH, Urt. v. 5.10.2004 – VII R 77/03, BStBl. II 2005, juris Rn. 13 m.w.N.; *Rüsken* in Klein, AO, § 171 Rn. 35.

die Sachlage mit den in § 171 Abs. 3a S. 3 AO geregelten Fällen vergleichbar sei und der drohende Ablauf der Festsetzungsfrist das Verfahren nicht belasten solle[777]. Dies überzeugt, denn der Wortlaut der Norm als solcher macht eine Analogie erst diskussionswürdig und steht dieser nicht entgegen. Das Parallelproblem stellt sich ebenfalls bei einem Prozessvergleich. Dort liegt die analoge Anwendung noch näher, weil der Prozessvergleich zwar keiner „unanfechtbaren" Entscheidung gleichsteht, ihm aber eine rechtskraftähnliche Wirkung zukommt[778]. Die Rechtsprechung „überschreibt" die Festsetzungsfrist jedenfalls mit den Grundsätzen von Treu und Glauben, so dass der Bindungswirkung der Zusage Vorrang vor verfahrensrechtlichen Änderungsverboten zukommen soll[779]. Erlässt die Finanzbehörde einen Änderungsbescheid, trotz eingetretener Festsetzungsverjährung, ist dieser ferner nicht nichtig, sondern nur rechtswidrig[780].

Neue Brisanz gewann das Thema des Zeitpunktes der Erledigungserklärung (vor oder nach Erlass eines Änderungs-, oder Aufhebungsbescheides) durch die Entscheidung des BFH vom 14.6.2017[781]. Im Streitfall hatte das Finanzamt für die Steuerforderungen die Aussetzung der Vollziehung ohne Sicherheitsleistung gewährt. Die Beteiligten erklärten das Verfahren vor dem Finanzgericht im Dezember 2009, nach Abschluss einer tatsächlichen Verständigung, für erledigt. Bei Erlass der Änderungsbescheide kam es zu Verzögerungen, welche dazu führten, dass erst im Juli 2013 Bescheide über die Festsetzung von Aussetzungszinsen nach § 237 AO[782] erlassen wurden. Damit missachtete das Finanzamt jedoch die Festsetzungsfrist für Aussetzungszinsen, § 239 Abs. 1 Nr. 5 AO[783].

---

777 FG Düsseldorf, Urt. v. 14.9.2018 – 1 K 542/17 U, juris Rn. 46; *Gercke* in Koenig, AO, § 171 Rn. 51.

778 S. unter Kap. 4 IV. dieser Arbeit.

779 BFH, Urt. v. 29.10.1987 – X R 1/80, BStBl. II 1988, 121, juris Rn. 25; BFH, Urt. v. 24.1.2002 – III R 49/00, BStBl. II 2002, 408, juris Rn. 13; BFH, Beschl. v. 1.7.2014 – VIII B 21/14, juris Rn. 14; kritisch *Jesse*, BB 2020, 151, 152.

780 BFH, Beschl. v. 20.5.1992 – V B 73/91, juris Rn. 14; *Paetsch* in Gosch, AO/FGO, § 169 AO Rn. 21 (Jan. 2017); *Jesse*, BB 2020, 151, 152; *Rüsken* in Klein, AO, § 169 AO Rn. 46.

781 BFH, Urt. v. 14.6.2017 – I R 38/15, BStBl. II 2018, 2.

782 S. jüngst zur Verfassungskonformität der Höhe von Aussetzungszinsen v. *Streit/Streit*, DStR 2022, 121; *Loose* in Tipke/Kruse, AO/FGO, § 237 AO Rn. 2a (Mai 2022), § 238 AO Rn. 2 (Apr. 2019).

783 Nach § 239 Abs. 1 Nr. 5 AO beginnt die Festsetzungsfrist in den Fällen des § 237 mit Ablauf des Kalenderjahrs, in dem ein Einspruch oder eine Anfechtungsklage endgültig erfolglos geblieben ist.

Der BFH stellte fest, dass die Anfechtungsklage im Zeitpunkt der übereinstimmenden Erledigungserklärung „endgültig erfolglos" im Sinne der Norm war[784]. Dies gelte auch, sofern der angefochtene Bescheid im Anschluss an eine übereinstimmende Erledigungserklärung auf Grundlage einer tatsächlichen Verständigung geändert werde. Eine „endgültige Erfolglosigkeit" liege nicht erst dann vor, wenn die geänderte Steuerfestsetzung bestandskräftig geworden ist[785]. Damit könnte die Entscheidung für die Finanzbehörde zum Anlass genommen werden, von Erledigungserklärungen vor Erlass von Änderungsbescheiden künftig abzusehen[786].

Der BFH nahm jedoch weiterhin an: „Aussetzungszinsen sind nicht zu erheben, soweit der angefochtene Verwaltungsakt antragsgemäß geändert wird und der Rechtsstreit in der Folge übereinstimmend für erledigt erklärt wird. Wird jedoch der Rechtsstreit ohne vorherige Änderung des angefochtenen Bescheides übereinstimmend für erledigt erklärt, steht mit Abgabe der Erledigungserklärungen der geschuldete – und damit nach § 237 Abs. 1 S. 1 AO zu verzinsende – Betrag, [...], bestandskräftig fest. Eine nachfolgende Änderung des angefochtenen Bescheides – sei sie auch im Rahmen einer tatsächlichen Verständigung vereinbart – ist dabei unbeachtlich. Eine verständigungswidrige Nichtbeachtung führt lediglich zu einem rechtswidrigen Steuerbescheid."[787]

Danach droht bei der Erledigungserklärung in den Fällen, in denen die streitige Steuer von der Vollziehung ausgesetzt ist, ein gravierender Nachteil. Nach Auffassung des I. Senats haben sich die Bemessungsgrundlagen für die Aussetzungszinsen an dem Zustand zu bemessen, der bei Abschluss des Rechtsbehelfsverfahrens vorlag. Die konsensual erreichte Herabsetzung oder Aufhebung des Steuerbescheides würde sich nicht auf die festzusetzenden Aussetzungszinsen auswirken. Die Aussetzungszinsen wären vielmehr zwingend auf der Basis des „rechtswidrigen" und angefochtenen Steuerbescheides zu berechnen[788]. Vor Erlass des Änderungsbescheides, kann es für den Steuerpflichtigen, bei bestehender Aussetzung der Vollziehung, daher nur im Ausnahmefall ratsam sein, eine Erledigungserklärung abzugeben. Nur sofern die streitigen Steuerforderungen bereits bezahlt wurden und § 237 AO keine Rolle spielt, kann diese Vorgehensweise im Einzelfall in Betracht kommen[789].

---

784 BFH, Urt. v. 14.6.2017 – I R 38/15, BStBl. II 2018, 2, juris Rn. 14.

785 BFH, Urt. v. 14.6.2017 – I R 38/15, BStBl. II 2018, 2, juris Rn. 15.

786 S. ebenso *Wulf*, Stbg 2018, 408, 409.

787 BFH, Urt. v. 14.6.2017 – I R 38/15, BStBl. II 2018, 2, juris Rn. 19 f.

788 S. so insgesamt *Wulf*, Stbg 2018, 408, 409.

789 S. näher *Wulf*, Stbg 2018, 408, 409.

3. *Die Mediation und Güterichtermodell als angemessene Mittel zur Streitbeilegung?*

Das Verfahren vor dem Güterichter hat vor den Finanzgerichten eine untergeordnete Bedeutung. Im Jahr 2019 wurden nur 36 der erledigten Verfahren an den Güterichter verwiesen[790]. Unabhängig von der Frage, ob die Mediation im finanzgerichtlichen Verfahren zulässig ist[791], hat diese ebenfalls auch nur eine zu vernachlässigende Relevanz im Rahmen der finanzprozessualen konsensualen Streitbeilegung. Bei tatsächlichen Verständigungen, Verfahren vor dem Güterichter oder einem Mediator handelt es sich zudem um Modalitäten zur einvernehmlichen Streitbeilegung, die das Verfahren selbst nicht beenden, sondern nur Raum für eine Klagerücknahme oder übereinstimmende Erledigungserklärung bieten können.

4. *Stellungnahme*

Im Finanzprozess sind die konsensualen Streitbeilegungsmöglichkeiten normativ unterausgeprägt, obschon nur eine – im Vergleich der Gerichtsbarkeiten – geringe Anzahl der Verfahren durch Urteil beendet wird[792]. Aus dieser Erkenntnis folgt, dass der Finanzprozess aufgrund der Dispositionsmaxime einvernehmlichen Erledigungsmöglichkeiten in vielerlei Facetten zugänglich ist und auch die Prozessmaterie eine besondere Vergleichsgeeignetheit aufweist[793]. Bei Verhandlungen vor den Finanzgerichten sind einvernehmliche Regelungen tägliche Praxis. Die Verwaltungsgerichte regen überdies unter Hinweis auf § 106 VwGO im kommunalen Steuerrecht ausdrücklich Vergleiche an und protokollieren diese auch unter dieser Überschrift[794]. Der BFH akzeptiert Konstruktionen, welche einem Prozessvergleich nahekommen, wie die Prozessbeendigung durch die übereinstimmende Erledigungserklärung nach § 138 Abs. 1 FGO und die vergleichsweise Kostenregelung in Anlehnung an § 160 VwGO. Zudem akzeptiert er die tatsächliche Verständigung verbunden mit übereinstimmenden Erledigungserklärungen. Durch die Kombination verschiedener, im Gesetz

790 Statistisches Bundesamt, Finanzgerichte, die Zahlen beziehen sich auf die gesamten Verfahren in Deutschland.

791 S. dazu unter Kap. 4 A. II. 3. dieser Arbeit.

792 Vgl. die vergleichende Betrachtung unter Kap. 4 A. I. dieser Arbeit.

793 S. dazu und zum Inhalt finanzgerichtlicher Prozessvergleiche unter Kap. 4 E. I. dieser Arbeit.

794 *Stolterfoht*, DStJG 21 (1998), S. 233, 253 f.; vgl. zudem *Meier*, KStZ 1997, 152; s. zum kommunalen Steuerrecht unter Kap. 3 A. I. 1. c) dieser Arbeit.

sämtlich nicht ausdrücklich vorgesehener, Möglichkeiten, wurde von der Rechtsprechung gar ein „prozessvergleichsähnliches Institut" „geschaffen" respektive dieses gebilligt. Durch die „bloße" Erledigungserklärung, ohne Vorliegen eines erledigen Ereignisses, einer vergleichsweisen Kostenregelung und der Möglichkeit, bei Streit um die Umsetzung der Zusage, zum ursprünglichen Verfahren zurückzukehren[795], besteht faktisch nur noch der Unterschied in der Betitelung der Einigung[796].

Aufgrund dessen bestehen berechtigte Zweifel an der Zulässigkeit des Ausschlusses des Prozessvergleichs in der FGO[797]. Die Konstruktionen, welche der BFH zur vergleichsähnlichen Prozessbeendigung zulässt, haben den Zweck, die fehlende gesetzliche Regelung des Prozessvergleichs weitestgehend zu kompensieren. Nur durch diese, im Gesetz nicht ausdrücklich vorgesehenen, Verhandlungsgestaltungen, wird das Bedürfnis der Praxis annähernd erfüllt. Es stellt sich die Frage, worin genau der Unterschied zwischen einer tatsächlichen Verständigung verbunden mit der übereinstimmenden Erledigungserklärung und dem Prozessvergleich für die Gewährleistung der gesetzmäßigen Verwaltung besteht. Denn, dass diesem „prozessvergleichsähnlichen Institut" die Gefahr gesetzwidriger Einigungen unlängst stärker anhaftet, bleibt unberücksichtigt. Betrachtet man den Umfang der Prozessfürsorgepflichten, ist der Prozessvergleich gesetzmäßigen Einigungen besonders zugänglich[798].

Dieses „prozessvergleichsähnliche Institut" bringt nicht nur auf der Ebene der Gewährleistung der Gesetzmäßigkeit Nachteile. Denn die übereinstimmende Erledigungserklärung ist zwar das derzeit am häufigsten gewählte Mittel zur einvernehmlichen Verfahrensbeendigung, gleichwohl ist bei einigen Fragestellungen eine gewisse Rechtsunsicherheit nicht von der Hand zu weisen. Insbesondere bestehen Rechtsunsicherheiten, wenn die Finanzbehörde eine Zusage abgibt, einen Änderungs- oder Aufhebungsbescheid zu erlassen. Die Situation für den Steuerpflichtigen, welcher im Verfahren bereits eine übereinstimmende Erledigungserklärung abgeben soll, ist nicht einfach zu bewerten. Einerseits

---

795 Die Rechtsprechung lässt eine Fortsetzung des bisherigen Verfahrens bei Streit über die Nichteinhaltung der Zusage zu. So dass eine Möglichkeit zur Durchsetzung der Einigung eröffnet wird. Es handelt sich zwar nicht um eine Vollstreckung der Einigung, jedoch um eine Sicherstellung der Einhaltung der Zusage. Im Gesetz vorgesehen ist keine dieser Möglichkeiten, wenngleich das Gesetz auch nicht entgegensteht. S. dazu unter Kap. 4 A. II. 2. dieser Arbeit.

796 S. zu den prozessualen Nachteilen sogleich.

797 S. dazu und zum Meinungsstand der Literatur sogleich.

798 S. zu den Prozessfürsorgepflichten ausführlich unter Kap. 4 F. I. dieser Arbeit.

riskiert er eine Klageabweisung aufgrund des Wegfalls des Rechtsschutzinteresses. Andererseits besteht die Gefahr eines weiteren Streits bei der Umsetzung der Zusage. Wie er sich verhält, wird auch Auswirkungen auf die Beziehung im Dauerschuldverhältnis haben. Bei Abschluss eines Prozessvergleichs wird die getroffene Einigung protokolliert, ein Streit über deren Umsetzung ist unwahrscheinlich[799]. Eine Fortsetzung des Verfahrens bei fehlender oder unzureichender Umsetzung, ist aufgrund der Möglichkeit der Vollstreckbarkeit, entbehrlich. Zwar ist auch der Prozessvergleich nicht der Rechtskraft fähig, allerdings hat er rechtskraftähnliche Wirkung, weil er einem neuen Verfahren entgegenstehen würde[800]. Ein weiteres Verfahren über denselben Streitgegenstand ist nach einer übereinstimmenden Erledigungserklärung dagegen nicht ausgeschlossen[801]. Aus prozessualer Perspektive ist der Vergleich daher effektiver als die übereinstimmende Erledigungserklärung. Materiell-rechtlich können sich unter dem Gesichtspunkt der Verjährung oder hinsichtlich etwaiger Zinsforderungen vergleichbare Probleme ergeben, welche aber aufzulösen sind[802]. Die tatsächliche Verständigung bietet zudem letztlich nur die Möglichkeit der Einigung über Sachverhaltsfragen, obgleich die Unterscheidung zwischen Tatsachen und Rechtsfragen meist nur eine vordergründige Differenzierung ist[803].

Das Ziel des Prozessvergleichs ist die Wiederherstellung des Rechtsfriedens, was durch diesen besser gewährleistet werden kann als durch ein Urteil[804]. Die Urteilsentscheidung hat zwar den Vorteil, dass der Fall rechtskräftig entschieden wird und daraus mehr Rechtssicherheit resultiert als aus einer Verständigung

---

799 Bei einer außergerichtlichen Einigung kann und sollte auf den Inhalt der Verständigungsurkunde besonders Wert gelegt werden, s. dazu die vorhergehenden Ausführungen unter Kap. 4 A. III. 1. dieser Arbeit.

800 Teilweise wird dem Prozessvergleich sogar Rechtskraft nachgesagt, vgl. *Schimpf*, Der verwaltungsrechtliche Vertrag, S. 388 m.w.N.

801 BFH, Urt. v. 11.12.2001 – VIII R 23/01, BStBl. II 2004, 474, juris Rn. 19; *Ratschow* in Gräber, FGO, § 138 Rn. 25.

802 Die Rechtsprechung „umgeht" die Festsetzungsverjährung entweder mit der Begründung, dass die Änderung bzw. Aufhebung des ursprünglichen Verwaltungsaktes selbst keinen Verwaltungsakt darstelle oder mit der Annahme, die Bindung aus Treu und Glauben der Finanzbehörde sei „vorrangig".

803 S. dazu unter Kap. 1 B. III. 2. dieser Arbeit.

804 *Dolderer* in Sodan/Ziekow, VwGO, § 106 Rn. 2; *Birk*, DStR 2014, 65, 69; *Seer* in Tipke/Kruse, AO/FGO, Einführung zur FGO Rn. 41 (Okt. 2019); *Schmitt*, NZS 2020, 649; s. ebenso und zur verfahrensordnungsübergreifenden Herausarbeitung der alternativen Streitbeilegung *Caspar*, DVBl. 1995, 992.

ohne Urteil[805]. Der gerichtliche Vergleich ist aber ein besonders effizientes Mittel zur Sicherung des Rechtsfriedens, weil er bei den Beteiligten weniger Unzufriedenheit als eine Verurteilung hinterlassen wird. Er gestattet es, in geeigneten Fällen, die Beziehung der Parteien über den Streitgegenstand hinaus zu regeln und dadurch weitere Streitigkeiten zu verhindern bzw. zu beseitigen. Nicht selten ermöglicht der Vergleich auch eine billigere Entscheidung als ein Urteil. Er weist größere Gestaltungsmöglichkeiten als ein Urteil oder eine außergerichtliche Vereinbarung auf[806]. Im Gegensatz zu den übrigen – zur Erledigung der Streitsache führenden – Prozessgestaltungen, haben die Beteiligten bei der Verfahrensbeendigung durch Prozessvergleich nicht nur den Fortgang des Rechtsstreits, sondern auch den Inhalt des Titels und die Kostengrundregelung vollständig in der Hand[807]. In der FGO gibt es derzeit folglich kein angemessenes und anerkanntes Institut zur konsensualen Prozessbeendigung[808]

B. Argumente für und wider die Zulässigkeit eines finanzgerichtlichen Prozessvergleichs

Wenngleich der materielle Vergleich für die steuerrechtliche Rechtsprechung und Literatur ein altes und teilweise viel diskutiertes Thema ist, wird dem prozessualen Vergleich vor den Finanzgerichten erstaunlich selten Beachtung geschenkt[809]. Nur punktuell wird der Prozessvergleich erwähnt oder gar

805 So ausdrücklich *Birk*, DStR 2014, 65, 69.

806 So insgesamt *Keßler*, DRiZ 1978, 79; s. zur nachlassenden Akzeptanz des Steuerrechts in der Rechtswirklichkeit schon *Meyding*, DStJG 21 (1998), S. 219, 224 f.; vgl. zur Akzeptanz für das gerichtliche Handeln und Befriedigung der Beziehungen zwischen den Beteiligten als Folge des Prozessvergleichs *Eisenlohr*, Der Prozeßvergleich in der Praxis der Verwaltungsgerichtsbarkeit, S. 155 ff.

807 Vgl. *Hahn*, NZS 2014, 368.

808 So im Übrigen auch der Berichterstatter zum Grundsatzurteil des BFH zur tatsächlichen Verständigung, welcher feststellt, dass im hiesigen Verfahren ein Prozessvergleich angemessen gewesen wäre, vgl. BFH, Urt. v. 11.12.1984 – VIII 131/76, HFR 1985, 212, 213; *Eckhoff*, StuW 1996, 107, 112 Fußnote 41: Die Protokollformel für das Ergebnis eines dennoch vor dem FG geschlossenen Vergleichs soll z.B. lauten.: „Nach Erörterung des Rechtsstreits in tatsächlicher und rechtlicher Hinsicht erklären die Prozessbeteiligten, wir wollen uns außergerichtlich einigen (…) und erklären deshalb den Rechtsstreit in der Hauptsache für erledigt."; vgl. ebenso *Eckhoff*, Rechtsanwendungsgleichheit im Steuerrecht, S. 451; *Liehr*, StbW 2011, 226.

809 S. die Nachweise unter Kap. 2 C. I., II. dieser Arbeit.

detaillierter thematisiert[810]. Erstaunlich ist dies deswegen, weil die FGO die einzige deutsche Verfahrensordnung ist, welche eine Verständigung respektive einen Vergleich ungeregelt lässt[811]. Erklärbar ist diese Erkenntnis allenfalls mit der etablierten – vom BFH anerkannten – „vergleichsähnlichen" Möglichkeit zur konsensualen Streitbeilegung: Der übereinstimmenden Erledigungserklärung, verbunden mit der tatsächlichen Verständigung. Diese Vorgehensweise macht die überwiegende Form der Verfahrensbeendigung aus[812]. Die Unzulässigkeit des Prozessvergleichs wird – sofern auf diesen eingegangen wird – vor allem aus dem finanzgerichtlichen Untersuchungsgrundsatz, § 76 FGO und den Grundsätzen der Gleichmäßigkeit und Gesetzmäßigkeit der Verwaltung abgeleitet, § 85 S. 1 AO[813]. Diese Argumente bedürfen für den Finanzprozess – wie bereits erwähnt – einer besonders kritischen Überprüfung, weil sich die Verfahrenssituationen des Besteuerungsverfahrens und des Prozesses durch die Geltung der Dispositionsmaxime unterscheiden[814]. Zum Zwecke dieser Überprüfung ist der Entwicklungsstand der Rechtsprechung und Literatur herauszuarbeiten.

I. Entwicklungsstand der Rechtsprechung

In der Rechtsprechung des BFH wird die Zulässigkeit des Prozessvergleichs teilweise negativ beurteilt, mit der Begründung, dass Vergleiche über Steueransprüche nicht zulässig sind[815]. Jedoch hat der BFH Prozessvergleiche auch bereits geduldet und diese teilweise als öffentlich-rechtlichen Vertrag bezeichnet[816].

---

810 Z.B. *Schick*, Vergleiche und sonstige Vereinbarungen zwischen Staat und Bürger im Steuerrecht, S. 29; *Schröder*, Der Prozeßvergleich in den verwaltungsgerichtlichen Verfahrensarten, S. 200 ff.; *Heilmeier*, DStZ/A 1982, 190; *Sontheimer*, Der verwaltungsrechtliche Vertrag im Steuerrecht, S. 216 ff., zu empirischen Nachweisen der tatsächlichen Verständigung im Finanzprozess *Loschelder*, StuW 2018, 329, 330.

811 Selbst die StPO sieht die Verständigung vor, obgleich auch „nur" zwischen „Gericht und Verfahrensbeteiligten". S. zum Strafprozess unter Kap. 4 C. III. dieser Arbeit.

812 S. ausführlich dazu unter Kap. 4 A. II. 2. und III. 3. dieser Arbeit.

813 *Sontheimer*, Der verwaltungsrechtliche Vertrag im Steuerrecht, S. 216 ff.; *Herbert* in Gräber FGO, § 76 FGO Rn. 4.

814 Für die Auseinandersetzung mit dem Besteuerungsverfahren in den Anfangskapiteln dieser Arbeit.

815 BFH, Urt. v. 27.1.1955 – IV 281/54 U, juris Rn. 13; zum Vergleich über die Verfahrenskosten BFH, Urt. v. 15.12.1964 – VII 145/60, HFR 1965, 234, 235.

816 BFH, Beschl. v. 20.9.2012 – VII R 42/11, juris Rn. 14; BFH, Urt. v. 6.7.2013 – X R 57/13, BStBl. II 2017, 334, juris Rn. 19 ff.

Deren Bindungswirkung leitete der BFH aus Treu und Glauben oder der Vereinbarung selbst ab.[817]

Die Rechtsprechung der Finanzgerichte steht einem finanzgerichtlichen Prozessvergleich aufgeschlossener gegenüber[818]. Das FG Hamburg[819] hat zutreffend in Frage gestellt, wieso Vergleiche nur im Steuerrecht nicht zugelassen sein sollen, während die anderen Gerichtsbarkeiten bei ebenso weitreichenden und massenhaften Rechtsverhältnissen Vergleiche oder öffentlich-rechtliche Verträge nicht im Widerspruch zur Gesetzesbindung und zum Gleichbehandlungsgrundsatz sehen[820].

II. Meinungsstand der Literatur

Sofern und soweit sich die Literatur mit dem finanzgerichtlichen Prozessvergleich beschäftigt, wird dieser meist – mit unterschiedlicher Begründung – abgelehnt. Die Literatur legt stellenweise den Schwerpunkt zutreffend auf die Frage, ob die Parteien über den Gegenstand des Verfahrens „verfügen" können (entsprechend dem Wortlaut der § 106 S. 1 VwGO, § 101 Abs. 1 S. 1 SGG) und weniger auf die Tatsache der fehlenden Rechtsgrundlage[821]. *Schick*[822] hält den Prozessvergleich vor allem aufgrund der fehlenden Normierung im materiellen Recht für unzulässig. Umgekehrt folge aus prozessualen Regelungen keine Verfügungsbefugnis zum Abschluss eines materiellen Vergleichs. Überwiegend

---

817 BFH, Beschl. v. 20.9.2012 – VII R 42/11, juris Rn. 14; BFH, Urt. v. 6.7.2013 – X R 57/13, BStBl. II 2017, 334, juris Rn. 19 ff.

818 FG Hamburg, Beschl. v. 14.2.2011 – 3 KO 197/10, juris Rn. 14; FG Hamburg, Gerichtsbescheid v. 15.6.2011 – 3 K 135/10, juris Rn. 102 ff.; für den Vergleich über die Kosten FG Bremen, Beschl. v. 15.11.1999 – 299166Ko 2, juris Rn. 21; einschränkend FG Niedersachsen, Vorlagebeschl. v. 14.5.2001 – 3 K 264/95, juris Rn. 48.

819 FG Hamburg, Beschl. v. 14.2.2011 – 3 KO 197/10, juris Rn. 14; FG Hamburg, Gerichtsbescheid v. 15.6.2011 – 3 K 135/10, juris Rn. 102 ff.

820 S. zu dieser Rechtsprechung bereits unter Kap. 2 C. III. dieser Arbeit.

821 *Eisenberg*, BB 1963, 867, 870; *Weitemeyer*, Der verwaltungsprozessuale Vergleich, S. 150 ff.; *Schröder*, Der Prozeßvergleich in den verwaltungsgerichtlichen Verfahrensarten, S. 201 ff.; *Heilmeier*, DStZ/A 1982, 190, 191; BFH, Urt. v. 11.12.1984 – VIII 131/76, HFR 1985, 212, 213; *Sontheimer*, Der verwaltungsrechtliche Vertrag im Steuerrecht, S. 216; *Rauda* in HHSp., AO/FGO, § 95 FGO Rn. 21 (Apr. 2021); wohl auch *Müller-Franken*, Maßvolles Verwalten, S. 199; im Ergebnis auch *Birk*, DStR 2014, 65, 70.

822 *Schick*, Vergleiche und sonstige Vereinbarungen zwischen Staat und Bürger im Steuerrecht, S. 29.

wird die Unzulässigkeit des Prozessvergleichs hingegen pauschal damit begründet, dass die FGO diesen nicht vorsieht und Vergleiche gegen die Gesetzmäßigkeit und Gleichmäßigkeit der Besteuerung verstoßen[823]. *Kruse* verneinte den Prozessvergleich (zunächst), weil ihm die Tatbestandsmäßigkeit der Steuer entgegenstehe[824]. Nach *Sontheimer*[825] sei der Prozessvergleich im Anwendungsbereich der FGO unzulässig, weil wesentliche prozessuale Wirkungen des Prozessvergleichs ausgeschlossen seien.

Teilweise werden, aufgrund der durch eine übereinstimmende Erledigungserklärung herbeigeführten Wirkung, berechtigte Zweifel an der Ablehnung des Prozessvergleichs geäußert[826]. Dass sich der BFH noch nicht zur Anerkennung des Prozessvergleichs hat durchringen können, obwohl dafür keine Hindernisse bestehen, wurde vor Jahrzehnten etwa von *Rößler* bedauert[827]. Wenn es zulässig sei, über die steuerliche Tatsachenbehandlung eine verbindliche Vereinbarung zu schließen, weil dieser Vereinbarungsgegenstand zur Disposition der Beteiligten steht, müsse im gleichen Umfang auch über das Prozessrechtsverhältnis

---

823 So z.B. *Tipke* in Tipke/Lang, Steuerrecht, 12. Auflage 1989, Rn. 3.132: „Um die Gleichmäßigkeit wäre es schlecht bestellt, würde man zulassen, daß Steuerpflichtige Verträge mit den Finanzämtern abschließen und Finanzgerichte eine Art Schlichtung betreiben dürften, zumal auf der Grundlage kommerziellen Denkens, einer Angebots- und Nachfragementalität, eines Feilschens um die Höhe der Steuerschuld […].“; *Franke*, Der gerichtliche Vergleich im Verwaltungsprozeß, S. 41 ff.; *Liehr*, StBW 2011, 226; *Krumm* in Tipke/Kruse, AO/FGO, § 79 FGO Rn. 5 (Jan. 2020); *Herbert* in Gräber, FGO, § 76 Rn. 4; unklar *Hölzer*, ZKM 2012, 119, 120; offen *Knepper*, BB 1986, 168, 170; a.A. *Kothe* in Redeker/v. Oertzen, VwGO, § 106 Rn. 4. *Seer* beschränkte sich auf einen Verweis auf die „bislang h.M.“, welche aufgrund fehlender Regelung in der FGO von einer Unzulässigkeit des Prozessvergleichs ausgehe, vgl. *Seer*, StuW 1995, 215, 220; *Seer*, Verständigungen in Steuerverfahren, S. 44.

824 *Kruse*, Steuerrecht, Allgemeiner Teil, 3. Auflage 1973, S. 38, 296 f.; später bejahte *Kruse* in FS Vogel, S. 517, 522 ff. die Zulässigkeit des Vergleichs im Besteuerungsverfahren aufgrund der Antizipation des Verfahrensrechts, dazu unter Kap. 4 B. V. dieser Arbeit.

825 *Sontheimer*, Der verwaltungsrechtliche Vertrag im Steuerrecht, S. 217, *Sontheimer* stützt sich dabei insbesondere auf die fehlende Möglichkeit der Vollstreckung. S. dazu unter Kap. 4 B. III. 4. und zur Vollstreckung unter Kap. 4 G. dieser Arbeit; in diese Richtung ebenfalls *Franke*, Der gerichtliche Vergleich im Verwaltungsprozeß, S. 41 ff.

826 *Schröder*, Der Prozessvergleich in den verwaltungsgerichtlichen Verfahren, S. 200 ff.; *Rößler*, DB 1985, 1861, 1863; angedeutet ebenso *Sangmeister*, BB 1988, 2289; s. zudem *Seer* in Tipke/Kruse, AO/FGO, Einführung zur FGO Rn. 41 (Okt. 2018); *Seer* in Tipke/Lang, Allgemeines Steuerrecht, Rn. 22.163; *Krumm* in Tipke/Kruse, AO/FGO, § 76 FGO Rn. 8 (Febr. 2022).

827 *Rößler*, DB 1985, 1861, 1863.

zwecks Abschlusses eines verfahrensbeendenden Prozessvergleichs verfügt werden können. Dass man diesen Weg nicht gegangen ist, könne nur mit der „typisch deutschen Juristenmentalität" erklärt werden. Jede einfache, unkomplizierte Lösung strikt zu meiden, wenn sich auch eine umständliche, mit Schwierigkeiten verbundene, finden lässt[828].

Dass Prozessvergleiche dem Praxisalltag der Gerichte entsprechen und hierfür auch ein enormes praktisches Bedürfnis besteht, wird sowohl von Literatur und Rechtsprechung oftmals anerkannt[829].

III. Prozessrechtliche Argumente

1. *Der finanzgerichtliche Untersuchungsgrundsatz*

Der finanzgerichtliche Untersuchungsgrundsatz wird teilweise als Argument gegen den Prozessvergleich herangezogen[830].

a) *Der Untersuchungsgrundsatz in der Erstinstanz*

Das Finanzgericht ist nach § 76 Abs. 1 FGO gehalten, den Sachverhalt so vollständig wie möglich aufzuklären, damit eine Sachentscheidung gefällt werden kann. Dabei sind, soweit erforderlich, alle verfügbaren Beweismittel bis zur Grenze des Zumutbaren, heranzuziehen[831]. Die Zumutbarkeit ist nach den Einzelfallumständen zu ermitteln und deren Umfang grundsätzlich keiner allgemeinen Klärung zugänglich[832]. Ziel der gerichtlichen Aufklärungspflicht ist die Erforschung

828 So insgesamt *Rößler*, DB 1985, 1861, 1863, welcher annimmt, dass das kunstvolle juristische Gebäude in Deutschland schon immer wichtiger als das Ergebnis gewesen sei.

829 FG Hamburg, Beschl. v. 14.2.2011 – 3 KO 197/10, juris Rn. 14; *Rößler*, DB 1985, 1861, 1863; *Just*, DStR 2014, 2079; *Loschelder*, StuW 2019, 329, 330; *Kothe* in Redeker/v. Oertzen, VwGO, § 106 Rn. 4; *Birk*, DStR 2014, 65, 70; *Schenke* in Kopp/Schenke, VwGO, § 106 Rn. 12; s. zum Inhalt der möglichen Protokollierung einer vergleichsweise erzielten Einigung *Martens*, Mustertexte zum Verwaltungsprozess, Muster 153.

830 Z.B. BFH, Beschl. v. 23.2.1968 – VI R 35/67, juris Rn. 5; s. zum Untersuchungsgrundsatz im Besteuerungsverfahren unter Kap. 2 C. VI. dieser Arbeit.

831 St. Rspr., s. nur BFH, Urt. v. 1.12.1967 – VI 379/65, BStBl. II 1968, 145, juris Rn. 21; BFH, Beschl. v. 9.12.1969 – II B 39/69, BStBl. II 1970, 97, juris Rn. 8; BFH, Urt. v. 26.6.1996 – X R 53/95, juris Rn. 15; BFH, Beschl. v. 12.11.2003 – VII B 347/02, juris Rn. 7; BFH, Urt. v. 29.11.2006 – VI R 70/05, juris Rn. 11; BFH, Beschl. v. 24.5.2012 – IV B 58/11, juris Rn. 6; vgl. zu „Bedenken" hinsichtlich des Untersuchungsgrundsatzes im Finanzgerichtsprozess *Ziemer/Birkholz*, FGO, § 76 FGO Rn. 6 f. m.w.N.

832 BFH, Beschl. v. 11.3.2008 – VII B 214/06, juris Rn. 12. § 76 Abs. 1 S. 1 FGO legt es in das Verfahrensermessen des Gerichts, Art und Umfang der Sachaufklärung

der prozessualen Wahrheit[833]. Der gerichtliche Untersuchungsgrundsatz erfordert nicht, dass, nach der Klageerhebung, die dem Gericht obliegende Erforschung des Sachverhalts bis zum Abschluss des Prozesses durchgeführt werden muss. Denn die prozessrechtlichen Ausformungen der Dispositionsmaxime (Klagerücknahme, Erledigung der Hauptsache, Klageänderung) und aus der AO resultierende Durchbrechungen des Grundsatzes der Amtsermittlung führen dazu, dass die gerichtliche Untersuchungspflicht eingeschränkt oder aufgehoben wird[834].

Mit dem Untersuchungsgrundsatz korrespondiert die Prozessfürsorgepflicht des Gerichts nach § 76 Abs. 2 FGO[835]. Die Vorschrift entspricht weitgehend § 139 ZPO[836], stimmt im Wortlaut mit § 86 Abs. 3 VwGO überein und ähnelt § 106 Abs. 1 SGG. Die Prozessfürsorgepflicht dient vor allem der Gewährung eines fairen Verfahrens und nachrangig dem Ziel der Sachverhaltsermittlung[837]. Aus § 76 Abs. 4 FGO folgt, dass die finanzbehördliche Aufklärungspflicht auch im Prozess bestehen bleibt, so dass die Wahrung des Untersuchungsgrundsatzes sowohl von der Finanzbehörde als auch vom Prozessgericht gewährleistet wird.

---

im Einzelfall zu bestimmen, s. *Krumm* in Tipke/Kruse, AO/FGO, § 76 FGO Rn. 24 (Febr. 2022). Zum Verfahrensermessen der Finanzbehörde im Rahmen von § 88 AO vgl. unter Kap. 4 D. III. 3. a) cc) dieser Arbeit.

833 *Marx*, Die Notwendigkeit und Tragweite der Untersuchungsmaxime in den Verwaltungsprozessgesetzen (VwGO, SGG, FGO), S. 56 f., 88 ff.; *Thürmer* in HHSp., AO/FGO, § 76 FGO Rn. 15 (Aug. 2019); *Krumm* in Tipke/Kruse, AO/FGO, § 76 FGO Rn. 3 (Febr. 2022); a.A. BFH, Urt. 15.10.1976 – VI R 32/76, BStBl. II 1976, 767, juris Rn. 12.

834 *Löwer*, VerwArch. 1965, 142, 144; Auswirkungen auf die gerichtlichen Ermittlungspflichten haben ebenfalls Pauschalierungen, Typisierungen, gesetzliche Vermutungen und Beweislastregelungen, s. dazu *Herbert* in Gräber, FGO, § 76 Rn. 15; tatsächliche Verständigungen bzw. Vergleiche über Sachverhaltsfragen schränken die Sachaufklärungspflicht des Gerichts ein. Einigen sich die Parteien darauf, einen bestimmten Sachverhalt der Besteuerung zugrunde zu legen, ist das Gericht daran gebunden, s. dazu unter Kap. 4 F. I. dieser Arbeit.

835 *Nieland*, AO-StB 2004, 253, 254; *Krumm* in Tipke/Kruse, AO/FGO, § 76 FGO Rn. 96 (Febr. 2022).

836 Wenngleich im Zivilprozess der Untersuchungsgrundsatz keine Anwendung findet. S. zu Divergenzen zwischen § 139 ZPO und der richterlichen Hinweispflicht im Steuerprozess *Grube*, DStZ 2015, 35.

837 So BFH, Beschl. v. 8.10.1998 – III B 21/98, juris Rn. 9. S. ausführlich zur Prozessfürsorgepflicht unter Kap. 4 F. I. dieser Arbeit.

b) *Der Untersuchungsgrundsatz im Revisionsverfahren*

Der finanzgerichtliche Untersuchungsgrundsatz kann im Revisionsverfahren nicht mehr pauschal als Argument gegen die Zulässigkeit eines Prozessvergleichs herangezogen werden. Die Sachverhaltsaufklärungspflicht obliegt originär dem Finanzgericht als Erstinstanz und alleiniger Tatsacheninstanz. Im Revisionsverfahren findet grundsätzlich keine Sachverhaltsermittlung statt, der BFH ist vielmehr nach § 118 Abs. 2 FGO an die im finanzgerichtlichen Urteil getroffenen tatsächlichen Feststellungen gebunden[838]. Im Revisionsverfahren findet § 76 Abs. 1 FGO[839] nur Anwendung, wenn der BFH selbst als Tatsacheninstanz eigene Ermittlungen vornehmen muss[840]. In besonderen Einzelfällen, wie etwa in Beschwerdesachen, ist auch der BFH zur Sachverhaltsaufklärung angehalten. § 76 Abs. 3 und 4 FGO haben nur in der Erstinstanz Bedeutung, was sich aus dem Wortlaut und daraus ergibt, dass im Revisionsverfahren grundsätzlich keine Sachverhaltsaufklärung stattfindet[841].

c) *Mitwirkungspflichten im finanzgerichtlichen Verfahren*

Der finanzgerichtliche Untersuchungsgrundsatz kann nur im Zusammenhang mit den Mitwirkungspflichten des Steuerpflichtigen im Prozess gesehen werden. Das Gericht kann den Untersuchungsauftrag – genauso wie die Finanzbehörde – nur in Zusammenarbeit mit dem Steuerpflichtigen erfüllen.

§ 76 Abs. 1 S. 2 FGO bringt wie § 90 Abs. 1 AO einen allgemeinen Rechtsgedanken zum Ausdruck. Es handelt sich ebenso nicht um eine Rechtsgrundlage[842]. Die prozessualen Mitwirkungspflichten dienen einer möglichst umfassenden Sachverhaltsaufklärung und der Prozessökonomie[843]. Wie im Besteuerungsverfahren ist der Steuerpflichtige im Prozess oftmals einziger Wissensträger, so dass ein Informationsgefälle besteht[844]. § 76 Abs. 1 S. 3 FGO normiert eine besondere

---

838 *Schaumburg* in Schaumburg/Hendricks, Steuerrechtsschutz, Die Durchführung des Verfahrens, Rn. 3.636; *Stalbold* in Gosch, AO/FGO, § 76 FGO Rn. 11 (Mrz. 2019); *Krumm* in Tipke/Kruse, AO/FGO, § 76 FGO Rn. 22 (Febr. 2022).

839 Für das Revisionsverfahren gilt die Vorschrift über § 121 S. 1 FGO entsprechend.

840 *Thürmer* in HHSp., AO/FGO, § 76 FGO Rn. 26 (Aug. 2019); *Krumm* in Tipke/Kruse, AO/FGO, § 76 FGO Rn. 22 (Febr. 2022).

841 *Stalbold* in Gosch, AO/FGO, § 76 FGO Rn. 11 (Mrz. 2019); *Thürmer* in HHSp., AO/FGO, § 76 FGO Rn. 28 (Aug. 2019).

842 *Krumm* in Tipke/Kruse, AO/FGO, § 76 FGO Rn. 52 (Febr. 2022); zur Mitwirkungspflicht im Besteuerungsverfahren s. unter Kap. 2 B. III. 2. dieser Arbeit.

843 *Krumm* in Tipke/Kruse, AO/FGO, § 76 FGO Rn. 49 f. (Febr. 2022); *Thürmer* in HHSp., AO/FGO, § 76 FGO Rn. 15 (Aug. 2019).

844 *Krumm* in Tipke/Kruse, AO/FGO, § 76 FGO Rn. 50 (Febr. 2022).

Mitwirkungspflicht in der Form der Auskunfts- und Erklärungspflicht. Die Prozessbeteiligten haben ihre Erklärungen vollständig und der Wahrheit nach abzugeben[845]. § 76 Abs. 1 S. 4 FGO verweist auf die besonderen Mitwirkungspflichten der AO. Aus der entsprechenden Anwendung der §§ 158, 160, 162 AO ergeben sich weitere Erklärungs- bzw. Nachweispflichten, § 96 Abs. 1 S. 1 Hs. 2 FGO. Eine Verletzung der Mitwirkungspflicht nimmt der BFH erst dann an, wenn das Finanzgericht den Beteiligten ausdrücklich zur Mitwirkung aufgefordert hat[846]. Nach § 96 Abs. 1 Hs. 2 FGO gilt § 162 AO sinngemäß, als Folge der Verletzung der Mitwirkungspflicht. Dadurch wird auch dem Finanzgericht eine eigene, selbstständige Schätzungsbefugnis eingeräumt, die aufgrund des Verweises auf § 162 AO in gleicher Weise ausgestaltet ist wie die Schätzungsbefugnis der Finanzbehörde[847]. Inhalt eines Prozessvergleichs kann demzufolge auch eine Schätzung sein.

2. *Die Dispositionsmaxime im finanzgerichtlichen Verfahren*

a) *Inhalt der finanzgerichtlichen Dispositionsmaxime*

Der Prozessvergleich ist Ausfluss der Dispositionsmaxime[848]. Er ist in allen Verfahrensordnungen, in welchen die Dispositionsmaxime gilt, anerkannt[849]. Im Finanzprozess gilt ebenfalls die Dispositionsmaxime[850]. Diese beinhaltet den Grundsatz, dass die Verfahrensbeteiligten die Verfügungsmacht über den Gang

845 Diese prozessuale Wahrheitspflicht entspricht § 138 Abs. 1, Abs. 2 ZPO.

846 BFH, Urt. v. 19.10.2011 – X R 65/09, juris Rn. 60: Beispielsweise dann, wenn das Finanzgericht den Beteiligten ausdrücklich, § 79 Abs. 1 S. 2 Nr. 2 FGO, zur Tatsachenäußerung oder zur Herausgabe von Unterlagen auffordert, die sich in seinem Besitz befinden, die sich bei ordnungsgemäßer Erfüllung der gesetzlichen Aufbewahrungspflichten der ordnungsgemäßen Führung des Verfahrens in seinem Besitz hätten befinden müssen oder die er sich in zumutbarer Weise beschaffen könnte.

847 *Schmidt-Troje* in Gosch, AO/FGO, § 96 FGO Rn. 32 (Febr. 2013); *Seer* in Tipke/Kruse, AO/FGO, § 96 FGO Rn. 58 (Aug. 2018); *Ratschow* in Gräber, FGO, § 96 FGO Rn. 90.

848 S. zum Anerkenntnis- und Verzichtsurteil als Ausfluss der Dispositionsmaxime unter Kap. 4 B. VI. dieser Arbeit.

849 Der Prozessvergleich ist einzig in der StPO nicht vorgesehen, in welcher es die Möglichkeit der Verständigung gibt, § 257c StPO. Vgl. zum Strafprozess unter Kap. 4 C. III. dieser Arbeit.

850 *Thürmer* in HHSp., AO/FGO, § 76 FGO Rn. 47 (Aug. 2019); *Krumm* in Tipke/Kruse, AO/FGO, § 76 FGO Rn. 7 (Febr. 2022); zu den verwaltungsrechtlichen Prozessgrundsätzen im Zusammenhang mit dem Prozessvergleich *Löwer*, VerwArch. 1965, 142, 143 ff.

und den Inhalt des Verfahrens haben[851]. Das Gericht entscheidet nur, wenn es angerufen wird. Es beendet das Verfahren, wenn der Kläger die Klage zurücknimmt, § 72 FGO oder die Parteien das Verfahren übereinstimmend für erledigt erklären, § 138 FGO.

b) Die Dispositionsmaxime des Steuerpflichtigen

Der Kläger kann sich entscheiden, ob er den Klageweg beschreiten will. Er kann durch seine Anträge den Inhalt der gerichtlichen Entscheidung begrenzen und durch Klagerücknahme sowie Klage- und/oder Rechtsmittelverzicht den Gang sowie das Ende des Verfahrens bestimmen. Er kann ebenfalls den Rechtsstreit für erledigt erklären. Der Kläger hat auch die Möglichkeit – anstelle der Klage auf Aufhebung des angefochtenen Steuerverwaltungsaktes, § 40 Abs. 1 Alt. 1 FGO, – die sog. Änderungsklage zu erheben. Soweit die Voraussetzungen des § 100 Abs. 2 S. 1 FGO gegeben sind, kann der Kläger wählen, ob er die gänzliche Aufhebung oder nur die betragsmäßige Änderung des angefochtenen Bescheides erreichen will. Der Kläger kann den Änderungsantrag, § 40 Abs. 1 Alt. 1 FGO, auch hilfsweise stellen[852]. Aufgrund der Bindung an das Klagebegehren, § 96 Abs. 1 S. 2 FGO, hat das Finanzgericht festzustellen, was der Kläger mit seiner Klage begehrt.

c) Ausprägungen der Dispositionsmaxime für die Finanzbehörde

Zwar kann die Finanzbehörde nicht frei über die Höhe der Steuerschuld disponieren. Sie kann jedoch über das Verfahren als solches disponieren. Neben der übereinstimmenden Erledigungserklärung, § 138 FGO, ist auf die Besonderheit des § 100 Abs. 2 S. 2 FGO hinzuweisen.

aa) Die Besonderheit des § 100 Abs. 2 S. 2 FGO

Nach § 100 Abs. 2 S. 2 FGO kann das Gericht die Betragsfestsetzung der Behörde überlassen, indem es die Änderung des Verwaltungsaktes durch Angabe der zu Unrecht berücksichtigten oder nicht berücksichtigten tatsächlichen oder rechtlichen Verhältnisse so bestimmt, dass die Behörde den Betrag aufgrund

---

851 *Thürmer* in HHSp., AO/FGO, § 76 FGO Rn. 47 (Aug. 2019); *Seer* in Tipke/Lang, Steuerrecht, Rn. 22.162; *Krumm* in Tipke/Kruse, AO/FGO, § 76 FGO Rn. 7 (Febr. 2022). Eingeschränkt ist die Dispositionsmaxime durch den Grundsatz der Gesetzmäßigkeit der Besteuerung, vgl. *Fu* in SP, AO/FGO, § 76 FGO Rn. 2 (Mrz. 2016).

852 *Lange* in HHSp., AO/FGO, § 100 FGO Rn. 66 (Jan. 2023); *Stapperfend* in Gräber, FGO, § 100 Rn. 30.

der Entscheidung errechnen kann, wenn die Ermittlung des festzusetzenden oder festzustellenden Betrags einen nicht unerheblichen Aufwand erfordert. § 100 Abs. 2 S. 2 FGO normiert eine Art „Arbeitsteilung" zwischen Gericht und Finanzbehörde[853]. Das Gericht entscheidet den Rechtsstreit in rechtlicher und tatsächlicher Hinsicht, die betragsmäßige Festsetzung der Steuer wird der Finanzbehörde überlassen. Es handelt sich dabei um eine prozessökonomische Ausnahme zu § 100 Abs. 2 S. 1 FGO[854]. Die Ermittlung muss für das Gericht schwierig und mit einer nicht nur unwesentlichen Belastung verbunden sein. Das ist etwa der Fall, wenn die Berechnung zeitaufwendig ist und von der Behörde routinierter erledigt werden kann[855]. Der Finanzbehörde verbleibt nur die Berechnung der Steuer, ein Wertungs-, Beurteilungs- oder Entscheidungsspielraum ist ihr nicht eröffnet[856]. Diese Form der Berechnung der Steuer ist zwar nicht als originäre Ausprägung der Dispositionsmaxime anzusehen, weil durch diese das Verfahren als solches nicht beeinflusst wird. Gleichwohl wird der Behörde die Berechnungshoheit über die Festsetzung der Höhe der Steuer überlassen, so dass aus dieser Befugnis jedenfalls eine mittelbare Möglichkeit zur (verfahrensnachgehenden) Disposition abgeleitet werden kann. Obgleich der Finanzbehörde kein Entscheidungsspielraum verbleibt, ist doch erkennbar, dass das Gesetz Lösungsmöglichkeiten und den Gedanken der sachnächsten Entscheidung für komplizierte respektive umfangreiche Fälle vorsieht.

bb) Verhinderung von BFH-Entscheidungen

Die Finanzverwaltung hat jüngst[857] eine Vorgehensweise entwickelt, um höchstrichterliche Entscheidungen zu vermeiden und einer der Verwaltungsauffassung

---

853 *Stapperfend* in Gräber, FGO, § 100 Rn. 43; *Lange* in HHSp., AO/FGO, § 100 FGO Rn. 80 (Jan. 2023); zur Rechtskraft dieser Entscheidung *Jesse*, BB 2020, 87, 92; von dieser Möglichkeit wird in der Praxis häufig Gebrauch gemacht, s. *Schaumburg* in Schaumburg/Hendricks, Steuerrechtsschutz, Die Durchführung des Verfahrens, Rn. 3.1043.

854 *Schmidt-Troje* in Gosch, AO/FGO, § 100 FGO Rn. 73 (Febr. 2013); *Stapperfend* in Gräber, FGO, § 100 Rn. 43; *Brandis* in Tipke/Kruse, AO/FGO, § 100 FGO Rn. 29 (Nov. 2022): § 100 Abs. 2 S. 2 FGO entspricht den Bedürfnissen des Steuerprozesses; *Lange* in HHSp., AO/FGO, § 100 FGO Rn. 82 (Okt. 2019).

855 *Brandis* in Tipke/Kruse, AO/FGO, § 100 FGO Rn. 30 (Nov. 2022); *Lange* in HHSp., AO/FGO, § 100 FGO Rn. 84 (Okt. 2019); a.A. *Schmidt-Troje* in Gosch, AO/FGO, § 100 FGO Rn. 74 (Febr. 2013).

856 BFH, Urt. v. 20.2.2019 – II R 28/15, BStBl. II 2019, 555, juris Rn. 41.

857 Im Sozialrecht ist die Verhinderung von Grundsatzentscheidungen ein älteres Phänomen, s. *Rüfner*, DRiZ 1992, 457, 458; s. ebenso *Herder* in FS Spindler, S. 445 ff. und

widersprechenden Entscheidung des BFH entgegenzuwirken[858]. Im Einzelfall wird seitens der Finanzverwaltung gegen einen für diese nachteiligen Gerichtsbescheid des BFH Antrag auf mündliche Verhandlung gestellt, § 90a Abs. 2 FGO. Ein Gerichtsbescheid wirkt als rechtskräftiges Urteil, wenn keiner der Beteiligten innerhalb von vier Wochen die mündliche Verhandlung beantragt. Wird die mündliche Verhandlung beantragt, so gilt der Gerichtsbescheid als nicht ergangen, § 90a Abs. 3 FGO, und kann nicht als Präjudiz Wirkung entfalten[859]. Die Finanzverwaltung beantragt die mündliche Entscheidung, die sie eigentlich gar nicht will[860] und die auch nicht stattfinden wird. Vor der Durchführung der mündlichen Verhandlung wird der Steuerpflichtige im Einzelfall durch den Erlass eines Abhilfebescheides klaglos gestellt und die Hauptsache für erledigt erklärt, § 138 Abs. 1 FGO[861]. Der Steuerpflichtige wird sich der Erledigungserklärung anschließen, um Kosten zu vermeiden, weil sein Begehren

---

Desens, Bindung der Finanzverwaltung an die Rechtsprechung, S. 72 ff.: Eine solche Vorgehensweise lässt sich erstmalig 2002 und seitdem in mindestens zehn weiteren Revisionsverfahren nachweisen. Eine prozessuale Lösung für dieses Problem scheint sich dergestalt langsam durchzusetzen, dass der BFH bei grundsätzlichen Entscheidungen nicht mehr durch Gerichtsbescheid entscheidet.

858 Diese Verhinderung missliebiger Entscheidungen wird „Nichtanwendungsprophylaxe" genannt, s. *Desens*, Bindung der Finanzverwaltung an die Rechtsprechung, S. 72 m.w.N.; s. ebenso *Suck*, Das Nichtanwendungsgesetz als Instrument der Steuerpolitik, S. 51.

859 *Desens*, Bindung der Finanzverwaltung an die Rechtsprechung, S. 72; *Herder* in FS Spindler, S. 445, 457 ff.; *Suck*, Das Nichtanwendungsgesetz als Instrument der Steuerpolitik, S. 52.

860 Eine „Lösung" für dieses Problem wäre, einen Antrag als rechtsmissbräuchlich anzusehen, wenn das Finanzamt gar nicht mündlich verhandeln will, so *Desens*, Bindung der Finanzverwaltung an die Rechtsprechung, S. 75; s. zu weiteren Strategien gegen die Verhinderung einer Entscheidung des BFH *Suck*, Das Nichtanwendungsgesetz als Instrument der Steuerpolitik, S. 55 ff.

861 BFH, Urt. v. 17.12.2002 – I R 87/00, juris Rn. 3; *Spindler*, DStR 2007, 1061, 1063; *Heilgeist*, DStR 2009, 2625, 2629; *Desens*, Bindung der Finanzverwaltung an die Rechtsprechung, S. 72 ff.; *Beinert* in FS für den BFH, 1781, 1787. Rechtsfolge ist die Kostenfolge des § 138 Abs. 2 FGO, weil sich der Rechtsstreit nach Erlass eines Änderungsbescheides ändert. Bedenklich sei es aber, wenn die Kostenfolge des § 138 Abs. 1 FGO herangezogen werde, um in der Billigkeitsprüfung ein Präjudiz als obiter dictum unterzubringen, so *Desens*, Bindung der Finanzverwaltung an die Rechtsprechung, S. 75; s. ebenso *Suck*, Das Nichtanwendungsgesetz als Instrument der Steuerpolitik, S. 52 f.

durch den Abhilfebescheid erfüllt wurde[862]. Diese Vermeidungsstrategie wird für die Verwaltung vor allem dann attraktiv sein, wenn abzusehen ist, wie der BFH entscheiden wird. Das Phänomen des Klaglosstellens ist als Ausprägung der Dispositionsmaxime zu bewerten, denn die Finanzbehörde verfügt über Beendigung und Fortgang des Verfahrens in die höhere Instanz.[863] Ähnlich zu beurteilen sind Fälle, in welchen nicht das Ergehen der erstinstanzlichen Entscheidung, jedoch eine BFH-Entscheidung verhindert wird, indem keine Revision eingelegt wird. Trotz der erstinstanzlich festgestellten grundsätzlichen Bedeutung des Falls[864]. Diese Vorgehensweisen sind mit dem Legalitätsprinzip nur schwer vereinbar[865]. Zudem werden dadurch zu Lasten der Rechtssicherheit weitere Rechtsmittel an den BFH, insbesondere bei notwendig zu klärenden Grundsatzfragen, provoziert[866]. Vergleichbar ist der Fall, wenn die Finanzverwaltung eine eingelegte Revision zurücknimmt. Die Kosten hat nach §§ 143 Abs. 1, 138 Abs. 2 S. 1 Alt. 2 FGO die Finanzverwaltung zu tragen[867].

3. *Die Grundsätze der Mündlichkeit, Unmittelbarkeit und Öffentlichkeit*

Die FGO geht ebenso wie die anderen deutschen Gerichtsverfahrensordnungen vom Grundsatz der Mündlichkeit aus und schreibt vor, dass Entscheidungen grundsätzlich aufgrund mündlicher Verhandlung ergehen, § 90 Abs. 1 S. 1 FGO[868]. Der Mündlichkeitsgrundsatz steht im Zusammenhang mit der Garantie

---

862 *Desens*, Bindung der Finanzverwaltung an die Rechtsprechung, S. 72; *Suck*, Das Nichtanwendungsgesetz als Instrument der Steuerpolitik, S. 51

863 S. zuletzt der Vorlagebeschluss zur Abgeltungsteuer des FG Niedersachsen, vgl. FG Niedersachsen, Vorlagebeschl. v. 18.3.2022 – 7 K 120/21.

864 Für konkrete Beispiele s. *Beinert* in FS für den BFH, S. 1781, 1787; s. zu Instrumenten zur Steuerung der Rechtsanwendung entgegen einer missliebigen BFH-Rechtsprechung *Desens*, Bindung der Finanzverwaltung an die Rechtsprechung, S. 54 ff.

865 *Christiansen*, DStR 2005, 1485, 1488 f.; *Kanzler*, FR 2006, 691, 694; *Spindler*, DStR 2007, 1061, 1063, *Eggesieker/Ellerbeck*, DStR 2007, 1427, 1427 ff.; *Walpert*, UR 2017, 502; 505; a.A. BFH, Urt. v. 30.3.2006 – V R 12/04, BStBl. II 2006, 542, juris Rn. 19 ff.

866 So *Spindler*, DStR 2007, 1061, 1063 mit einem Beispiel.

867 *Beinert* in FS für den BFH, S. 1781, 1787 f. m.w.N.; *Suck*, Das Nichtanwendungsgesetz als Instrument der Steuerpolitik, S. 52.

868 Zur mündlichen Verhandlung im Steuerprozess *Lemaire*, AO-StB 2002, 348; *Krömker*, AO-StB 2014, 306; *Schaumburg* in FS Schaumburg, S. 111, 112 ff.; *Seer* in Tipke/Lang, Steuerrecht, Rn. 22.164 m.w.N.

einer öffentlichen Verhandlung, dem Grundsatz der Unmittelbarkeit[869] und der Gewährleistung des rechtlichen Gehörs. Zweck der mündlichen Verhandlung ist es, den Prozessstoff in tatsächlicher und rechtlicher Hinsicht zu ordnen und eine zuverlässige Entscheidungsgrundlage zu schaffen[870]. Dadurch erfahren die Beteiligten die Auffassung des Gerichts und können aufgrund richterlicher Hinweise (neue) Chancen für eine Einigung erhalten[871]. Die mündliche Verhandlung ist grundsätzlich öffentlich, § 52 Abs. 1 FGO, § 169 GVG. Das Gericht kann die Öffentlichkeit zur Wahrung des Steuergeheimnisses jedoch ausschließen, § 52 Abs. 1 FGO, § 172 Nr. 2 GVG. Das Mündlichkeitsprinzip wird in der FGO häufig durchbrochen. Eine mündliche Verhandlung ist nur für Urteile obligatorisch, § 90 Abs. 1 S. 2 FGO und kann mit Einverständnis der Beteiligten unterbleiben, § 90 Abs. 2 FGO. In geeigneten Fällen kann das Gericht oder der Einzelrichter (§ 6 FGO) ohne mündliche Verhandlung durch Gerichtsbescheid entscheiden, § 90a Abs. 1 FGO. Dies gilt ebenso im vorbereitenden Verfahren, § 79a Abs. 2, 4 FGO. Die Beteiligten können innerhalb eines Monats nach Zustellung des Gerichtsbescheides nach § 90a Abs. 2 FGO eine mündliche Verhandlung beantragen. Wird ein Prozessvergleich ohne mündliche Verhandlung im vorbereitenden Verfahren geschlossen, widerspricht dies nicht dem Grundsatz der Mündlichkeit, weil dieser Grundsatz zahlreiche Ausnahmen im Gesetz vorsieht. Dasselbe gilt für die Grundsätze der Unmittelbarkeit und der Öffentlichkeit.

4. *Der Prozessvergleich in Abstimmung mit bestehenden Regelungen der FGO*

Zu untersuchen ist, ob das Institut des Prozessvergleichs bereits vorhandenen Bestimmungen der FGO – wie § 151 und § 95 FGO – widerspricht. Würde der Prozessvergleich bisherigem Recht entgegenstehen, wären die Grenzen zulässiger Rechtsfortbildung überschritten und der Gesetzgeber de lege ferenda gefordert.

Eine Norm, nach welcher der Prozessvergleich vollstreckt werden kann, enthält die FGO nicht. § 151 Abs. 1 FGO erklärt das achte Buch der ZPO sinngemäß und damit an sich auch § 794 ZPO[872] für anwendbar, wenn gegen die öffentliche

---

869 Zum Unmittelbarkeitsgrundsatz vgl. *Seer*, Der Einsatz von Prüfungsbeamten durch das FG, S. 203 ff.

870 BFH, Beschl. v. 1.2.2010 – XI B 50/09, juris Rn. 10.

871 So *Wendl* in Gosch, AO/FGO, § 90 FGO Rn. 3 (Mrz. 2018); *Brandis* in Tipke/Kruse, AO/FGO, § 90 FGO Rn. 1 (Febr. 2023) m.w.N.

872 Nach § 794 Abs. 1 Nr. 1 ZPO findet die Zwangsvollstreckung aus Vergleichen statt.

Hand vollstreckt wird. Jedoch ist § 151 Abs. 2 FGO abschließend, was sich aus der Tatsache ergibt, dass die FGO die im Katalog des § 794 ZPO enthaltenen Kostenfestsetzungsbeschlüsse in § 151 Abs. 2 Nr. 3 FGO nennt[873]. § 794 ZPO ist demnach nicht entsprechend anwendbar. § 151 FGO steht der Rechtsfortbildung des Prozessvergleichs aber nicht zwingend entgegen[874]. Der Begriff „gerichtliche Entscheidung" ist zwar nicht legaldefiniert. Darunter zu fassen sind jedoch Urteile, Vorbescheide und Beschlüsse[875]. Der Prozessvergleich ist keine gerichtliche Entscheidung. Die fehlende Nennung des Prozessvergleichs ist aber der Tatsache geschuldet, dass die FGO einen Vergleich nicht vorsieht. Nicht jeder Prozessvergleich muss zudem einen vollstreckbaren Inhalt haben[876]. Sofern man aufgrund der abschließenden Aufzählung in § 151 Abs. 2 FGO auf dem Standpunkt beharren möchte, dass dies einer Vollstreckbarkeit des Prozessvergleichs und damit der Rechtsfortbildung im Wege stehen soll, so bleibt doch die Erweiterung de lege ferenda.

§ 95 FGO sieht vor, dass über die Klage, *soweit nichts anderes bestimmt ist*, durch Urteil entschieden wird. § 95 FGO steht dem Institut des Prozessvergleichs deshalb nicht entgegen, weil eine andere Form der Verfahrensbeendigung normativ ausdrücklich zugelassen ist.

IV. Materiell-rechtliche Argumente

1. Der Grundsatz der Gesetzmäßigkeit (Art. 20 Abs. 3 GG, § 85 S. 1 AO)

Eine verfahrensordnungsübergreifende Untersuchung ergab, dass der Inhalt des Finanzprozesses nicht zwangsläufig gesetzessensibler als der Inhalt des

---

873 BFH, Beschl. v. 30.1.1973 – VII B 128/71, juris Rn. 4; BFH, Beschl. v. 16.5.2000 – VII B 200/98, juris Rn. 9; BFH, Urt. v. 29.10.1987 – X R 1/80, BStBl. II 1988, 121, juris Rn. 21; FG Düsseldorf, Urt. v. 6.5.1980 – XI 301/79 BG, EFG 1981, 166; *Brandt* in Gosch, AO/FGO, § 151 FGO Rn. 30 (Nov. 2018); *Loose* in Tipke/Kruse, AO/FGO, § 151 FGO Rn. 6 (Mai 2023).

874 A.A. *Sontheimer*, Der verwaltungsrechtliche Vertrag im Steuerrecht, S. 217: Der Prozessvergleich im Anwendungsbereich der FGO sei unzulässig, weil wesentliche prozessuale Wirkungen des Prozessvergleichs ausgeschlossen seien. Die Unzulässigkeit des Prozessvergleichs beruhe aber nur auf prozessualen Vorschriften, öffentlichrechtliche Verträge im Steuerrecht seien zulässig.

875 *Loose* in Tipke/Kruse, AO/FGO, § 151 FGO Rn. 6 (Mai 2023).

876 *Lackmann* in Musielak/Voit, ZPO, § 794 Rn. 2; s. dazu ausführlich unter Kap. 4 G. dieser Arbeit.

Verwaltungs- oder Sozialverfahrens ist[877]. Steht der Finanzbehörde ein Spielraum hinsichtlich vertretbarer Entscheidungen zu[878], so muss dies erst recht bzw. auch für die Einigung unter der Mitwirkung eines Gerichts gelten. Das Bedürfnis einer richterlichen Kontrolle einer Entscheidung sinkt dort, wo das Gericht an dieser mitwirkt[879]. Das Gericht steht als objektive und unabhängige Partei dem Steuerpflichtigen und der Behörde gegenüber und kann sogar Vergleichsvorschläge anbieten. Der Prozessvergleich ist als Institut einzuordnen, welches für die Gesetzmäßigkeit der Besteuerung besonders zweckdienlich ist, weil die Prozessfürsorgepflichten viel umfassender als bei der übereinstimmenden Erledigungserklärung sind. Einigen sich die Parteien (außergerichtlich) und erklären daraufhin den Prozess für erledigt, ist das Verfahren ex nunc beendet. Das Gericht an diese Erledigungserklärung gebunden und prüft den Inhalt der Einigung nicht. Das Vorliegen eines erledigenden Ereignisses ist nicht erforderlich, es genügt die Erklärung als solche[880].

2. *Der Grundsatz der Gleichmäßigkeit (Art. 3 Abs. 1 GG, § 85 S. 1 AO)*

Der Gleichheitssatz wird einem steuerrechtlichen Vergleichsvertrag, welcher im Besteuerungsverfahren geschlossen wird, vielfach entgegengehalten[881]. Die Situation im Besteuerungsverfahren einerseits und im Finanzprozess andererseits ist jedoch grundverschieden. Die Situation nach Festsetzung der Steuer ist eine andere als die des Veranlagungs- und Festsetzungsverfahrens. Dies vor allem aufgrund dessen, weil es nicht mehr primär um ein „Feilschen" über die Höhe der Steuer geht. Im Gerichtsverfahren wird vielmehr die Rechtmäßigkeit eines Steuerverwaltungsaktes, welchem ein Vorverfahren mit der Finanzbehörde vorausgegangen ist, überprüft[882].

Das Argument, es sei als Verstoß gegen den Gleichheitssatz anzusehen, dass bestimmte Steuerpflichtige einen Vergleichsvertrag abschließen, andere

---

877 S. zu den Postulaten der Gesetzmäßigkeit und Gleichmäßigkeit in anderen verwaltungsrechtlichen Materien unter Kap. 3 C. III. dieser Arbeit.
878 S. dazu unter Kap. 2 C. IV. 1., 5. dieser Arbeit.
879 S. ausführlich zu den Prozessfürsorgepflichten des Gerichts unter Kap. 4 F. I. dieser Arbeit.
880 S. ausführlich zu den Prozessfürsorgepflichten des Gerichts unter der Berücksichtigung der derzeit gängigen Praxis unter Kap. 4 F. I. dieser Arbeit.
881 S. dazu schon unter Kap. 2 C. V. dieser Arbeit.
882 *Heilmeier*, DStZ/A 1982, 190, 192.

hingegen nicht, ist für den Prozessvergleich zu widerlegen. Der Gleichmäßigkeitsgrundsatz gebietet im Allgemeinen, dass wesentlich Gleiches gleich und wesentlich Ungleiches nicht ungleich behandelt wird. Durch die Schaffung eines Prozessvergleichs wird allerdings nicht wesentlich Gleiches ungleich behandelt. Die Vergleichsgruppen „Steuerpflichtiger, welcher das Gerichtsverfahren bestreitet" und „Steuerpflichtiger, welcher untätig bleibt oder sich außergerichtlich einigt" sind nicht wesentlich gleich. Steuerpflichtige, welche einen Prozessvergleich abschließen, sind nicht mit „untätig" bleibenden Steuerpflichtigen vergleichbar, welche beispielsweise antragsgemäß veranlagt wurden oder sich über die Modalitäten der Erhebung mit der Finanzbehörde einigen. Dem Prozessvergleich haftet ein vorausgegangener Konflikt zwischen Steuerpflichtigen und Behörde an, welcher sich außergerichtlich nicht beilegen ließ. Durch den Prozessvergleich wird mithin (erneut) die Möglichkeit einer gleichmäßigen Besteuerung geschaffen, indem gegebenenfalls gleichheitswidrige Steuerverwaltungsakte einvernehmlich aufgehoben oder geändert werden. Das bedeutet, dass schon auf Tatbestandsseite keine Ungleichbehandlung vorliegt.

Ferner kann auf eine Handlungsform der Verwaltung, welche in deren Ermessen steht, ein Anspruch nur bestehen, wenn ein Ausnahmefall der Ermessensreduktion auf Null vorliegt[883]. Auch aus dem Grundsatz der Selbstbindung der Verwaltung kann ein Anspruch allenfalls dann abgeleitet werden, wenn die Voraussetzungen des Vergleichsvertrages vorliegen und die Fälle vergleichbar sind. Dies ist streng genommen auch kein Argument dafür, dass der Vergleich den Gleichbehandlungsgrundsatz nicht verletzt, sondern betrifft die Frage, inwiefern der Gleichheitsgrundsatz beim Vergleichsabschluss beachtet werden muss. Dass diese Berücksichtigung möglich ist, spricht aber wiederum für die Zulässigkeit des Vergleichs.

V. Korrelation zwischen materiellem Recht und dem Prozessrecht?

In der Literatur wird teilweise versucht, Verbindungen zwischen materiellem und prozessualem Recht zu schaffen, um Argumente für oder gegen (Prozess-)Vergleiche zu finden.

883 S. für das Besteuerungsverfahren schon unter Kap. 2 C. V. dieser Arbeit.

1. Auswirkungen der fehlenden prozessualen Normierung des Vergleichs

Schick folgerte aus den fehlenden Regelungen des Prozessvergleichs in der FGO zugleich einen Ausschluss desselben und schließt eine planwidrige Regelungslücke des Gesetzes demzufolge aus. Nach *Schick* sei die Frage der Zulässigkeit des Prozessvergleichs dem materiellen Recht überlassen, weil an einen materiellen Vergleich keine prozessualen Folgen geknüpft werden. Gerade dies sei die Funktion der prozessualen Vergleichsvorschriften, welche schlicht auf das materielle Recht verweisen und an einen materiellen Vergleich prozessuale Modalitäten knüpfen. Aus den prozessualen Vergleichsvorschriften soll eine derartige Verfügungsberechtigung[884] aber gerade nicht folgen. Umgekehrt könnte das Fehlen einer entsprechenden Regelung jedoch auch nicht „als Absage an den materiellen Vergleich gewertet werden“[885].

2. Antizipation des Verfahrensrechts

Nach der durch *Kruse* entwickelten Auffassung lasse sich die Zulässigkeit von materiellen Vergleichen aus den antizipierten Vorschriften der FGO ableiten, die den Parteien die Disposition über den Streitgegenstand eröffnen. Im Prozess sind die Beteiligten aufgrund der Dispositionsmaxime freier gestellt als im Verwaltungsverfahren. Den Parteien stehen zahlreiche Möglichkeiten zur Verfügung, über den Streitgegenstand zu disponieren, wie z.B. die übereinstimmende Erledigungserklärung, § 138 FGO – gegebenenfalls verbunden mit einer tatsächlichen Verständigung – oder die Klagerücknahme, § 72 FGO. Um Prozessrisiken und langjährige Prozesse zu vermeiden, ist eine präventive außergerichtliche Streiterledigung durch Vergleich zulässig[886].

---

884 S. zur Verfügungsberechtigung unter Kap. 4 D. II. dieser Arbeit.

885 So *Schick*, Vergleiche und sonstige Vereinbarungen zwischen Staat und Bürger im Steuerrecht, S. 29.

886 Zutreffend *Kruse* in FS Vogel, S. 517, 522 ff.; anders noch *Kruse*, Steuerrecht, Allgemeiner Teil, 3. Auflage 1973, S. 38, 296 f.; daran knüpft *Drüen* in Tipke/Kruse, AO/FGO, § 78 AO Rn. 22 (Febr. 2021); *Drüen* in HHSp., AO/FGO, § 88 AO Rn. 276 (Juni 2021) an; die a.A. vertritt deutlich *Müller-Franken*, Maßvolles Verwalten, S. 198 f. unter anderem mit Verweis auf die fehlende Statthaftigkeit des Prozessvergleichs in der FGO.

3. *Einführung einer reinen prozessualen Lösung*

Die Etablierung einer reinen prozessualen Lösung würde bedeuten, nur den prozessualen Vergleich einzuführen und den materiellen Vergleich ungeregelt zu lassen. Anstatt den materiellen Vergleich in der AO zuzulassen, könnte eine analoge Anwendung der §§ 54 ff. VwVfG, §§ 53 ff. SGB X in Kombination mit einer prozessualen Vergleichsnorm der FGO erfolgen, welche *nur* für den Prozess Anwendung findet. Diese Lösung wäre de lege lata jedenfalls ein Novum, weil keine Prozessordnung isoliert die Möglichkeit eines prozessualen Vergleichs gewährt[887]. Vor der Einführung des materiellen Vergleichsvertrages im Verwaltungsverfahrensgesetz[888] gab es keine gesetzliche materiell-rechtliche Regelung über den verwaltungsrechtlichen Vergleich. Die Gerichte, die über die Wirksamkeit gerichtlicher Vergleiche zu befinden hatten, waren gezwungen, selbst Grundsätze über die Wirksamkeit solcher Vergleiche aufzustellen[889]. Einige Stimmen in der Literatur ordnen die Frage der Möglichkeit des Prozessvergleichs dem materiellen Recht zu[890]. Dem ist insofern zuzustimmen, als, sofern das materielle Recht keine Berechtigung zum Vergleichsabschluss vorsieht, auch kein Prozessvergleich geschlossen werden darf. Damit ist gemeint, dass die § 106 VwGO, § 101 SGG keine Verfügungsberechtigung schaffen, sondern eine solche voraussetzen. Dies würde allerdings einen Abschluss des Prozessvergleichs, sofern die materielle Verfügungsbefugnis vorliegt, nicht ausschließen. Obschon diese Lösung an der bekannten Doppelnatur des Prozessvergleichs nichts ändern würde, sind an dieser Stelle die älteren Auffassungen zu erwähnen, welche in einem Prozessvergleich eine reine Prozesshandlung sehen und diesen somit ausschließlich dem Prozessrecht zuordnen[891]. Wenngleich diese Lösung nicht übersehen sollte, dass den Beteiligten insoweit der Weg in den Prozess aufgezwungen werden könnte, sofern sie einen Vergleich schließen möchten.

---

887 Der Strafprozess sieht jedoch die Möglichkeit einer Verständigung *im Prozess* vor, § 257c StPO.

888 S. zur Entwicklung bis zum Inkrafttreten des VwVfG und des SGB X *Franke*, Der gerichtliche Vergleich im Verwaltungsprozeß, S. 53 ff.

889 *Franke*, Der gerichtliche Vergleich im Verwaltungsprozeß, S. 61.

890 Vgl. *Schick*, Vergleiche und sonstige Vereinbarungen zwischen Staat und Bürger im Steuerrecht, S. 29; *Schröder*, Der Prozeßvergleich in den verwaltungsgerichtlichen Verfahrensarten, S. 117; *Schimpf*, Der verwaltungsrechtliche Vertrag, S. 89; *Tiedemann*, DÖV 1996, 594, 598 f.

891 *Höpker*, Der Prozeßvergleich in der Verfassungsgerichtsbarkeit, S. 31 f. m.w.N.

VI. Das finanzgerichtliche Anerkenntnis- und Verzichtsurteil

Ähnlich umstritten wie der finanzgerichtliche Prozessvergleich sind das sog. Anerkenntnisurteil und das sog. Verzichtsurteil. Anerkenntnis und Verzicht sind nicht Ausfluss des Untersuchungsgrundsatzes, sondern Institute der Dispositionsmaxime als Gegenstück des Offizialprinzips[892]. Die Zulässigkeit von Anerkenntnis und Verzicht hängt – wie die des Prozessvergleichs – weitgehend vom materiellen Recht ab. Anerkenntnis und Verzicht sind insoweit möglich, als der Erklärende materiell über den Gegenstand der Klage verfügen kann[893]. Die Rechtsprechung des BFH hat für das, ebenfalls in der FGO nicht normierte Anerkenntnisurteil, § 155 S. 1 FGO, § 307 ZPO, ausdrücklich offengelassen, ob dieses zulässig ist[894]. Dasselbe gilt für den Verzicht im Finanzprozess, § 155 S. 1 FGO, § 306 ZPO[895]. Ergänzend in einem obiter dictum hat der BFH entschieden, dass „an Form und Inhalt eines prozessualen Anerkenntnisses gewisse Mindestanforderungen gestellt werden“[896]. Dass ein Anerkenntnis ebenfalls nur möglich ist, wenn die Parteien über den Streitgegenstand disponieren[897] respektive verfügen können, bleibt vom BFH unberücksichtigt. Jedenfalls hat er die Zulässigkeit des Anerkenntnisurteils nicht an einer fehlenden Verfügungsbefugnis der Partei scheitern lassen. Damit kann, sofern ein Anerkenntnis in der FGO für zulässig

---

892 *Schröder*, Der Prozeßvergleich in der Verwaltungsgerichtlichen Verfahrensarten, S. 148 f. m.w.N.; *Rauda* in HHSp., AO/FGO, § 95 FGO Rn. 52 (Apr. 2021).

893 *Schröder*, Der Prozeßvergleich in der Verwaltungsgerichtlichen Verfahrensarten, S. 148 f. m.w.N.

894 BFH, Urt. v. 28.4.1983 – IV R 122/79, BStBl. II 1983, 566, juris Rn. 21; in der Literatur wird diese Frage unterschiedlich beurteilt, Anerkenntnisurteile befürwortend: *Martens*, StuW 1968, 615; *Ziemer/Haarmann/Lohse/Beermann*, Rechtsschutz in Steuersachen, Tz. 8607 (Juni 1977); *Schmidt-Troje* in Gosch, AO/FGO, § 95 FGO Rn. 11 (Juni 2012); *Rauda* in HHSp., AO/FGO, § 95 FGO Rn. 53 (Apr. 2021); ablehnend: *Ziemer/Birkholz*, § 95 FGO Rn. 22 f.; *Herbert* in Gräber, FGO, § 95 Rn. 5, § 76 Rn. 5; *Brandis* in Tipke/Kruse, AO/FGO, § 95 FGO Rn. 6 (Febr. 2021).

895 BFH, Beschl. v. 2.4.1968 – VII B 57/67, BStBl. II 1968, 471, juris Rn. 9; befürwortend *Rauda* in HHSp., AO/FGO, § 95 FGO Rn. 52 (Apr. 2021); ablehnend *Stapperfend* in Gräber, FGO, § 95 Rn. 5; *Brandis* in Tipke/Kruse, AO/FGO, § 95 FGO Rn. 6 (Febr. 2019).

896 BFH, Urt. v. 28.4.1983 – IV R 122/79, BStBl. II 1983, 566, juris Rn. 22, es muss erkennbar sein, dass das Finanzamt eine die Wirkungen eines Anerkenntnisurteils (vgl. § 307 ZPO) auslösende Erklärung abgeben wollte und das Finanzamt muss den Grund für das Anerkenntnis erkennen lassen.

897 So *Ziemer/Birkholz*, FGO, § 95 Rn. 22; *Herbert* in Gräber, FGO, § 76 Rn. 4.

gehalten wird, auch dem Prozessvergleich dieses Argument nicht ohne Weiteres entgegengehalten werden.

C. Einführung eines Prozessvergleichs in die FGO: Lösungsmöglichkeiten

I. Möglichkeit einer analogen Anwendung der § 106 VwGO, § 101 Abs. 1 SGG

Es stellt sich die Frage, ob die § 106 VwGO, § 101 SGG im Steuerprozessrecht analog angewendet werden könnten. Dies setzt eine planwidrige Regelungslücke voraus. Als Vorfrage ist zu klären, ob nicht über die Verweisungsnorm des § 155 S. 1 FGO ohnehin auf die ZPO zurückgegriffen werden könnte.

1. Anwendbarkeit der zivilprozessualen Vergleichsvorschriften

Über die Verweisungsnorm des § 155 S. 1 FGO könnten die zivilprozessualen Regeln über den Prozessvergleich herangezogen werden, §§ 160 Abs. 3 Nr. 1, 794 Abs. 1 Nr. 1 ZPO und 278 Abs. 6 ZPO. Nach § 155 S. 1 FGO sind die Vorschriften der ZPO einschließlich § 278 Abs. 5 ZPO und § 278a ZPO sinngemäß anwendbar, soweit die FGO keine Bestimmungen enthält und, soweit es die grundsätzlichen Unterschiede der beiden Verfahrensarten nicht ausschließen. § 155 S. 1 FGO verweist zwar ausdrücklich auf § 278 Abs. 5 ZPO, nicht jedoch auf § 278 Abs. 6 ZPO, so dass eine Anwendung von § 278 Abs. 6 ZPO ausscheidet.

Auch ein Rückgriff auf §§ 160 Abs. 3 Nr. 1, 794 Abs. 1 Nr. 1 ZPO ist nicht möglich. Das FG Düsseldorf begründete dies damit, dass der Finanzgerichtsprozess, wie der Zivilprozess, weitgehend von der Dispositionsmaxime bestimmt werde. Allerdings sei der Zivilprozess stärker von einer Gleichordnung der Beteiligten geprägt als die Verwaltungsgerichtsbarkeit, welche sich durch ein Über-/Unterverhältnis kennzeichnet[898]. Der BFH verwies schlicht auf die fehlende

898 FG Düsseldorf, Urt. v. 6.5.1980 – XI 301/79 BG, EFG 1981, 166, das FG erörtert jedoch die Voraussetzungen des Vergleichs nicht und stellt im Ergebnis nur auf das fehlende Über-/Unterverhältnis im Finanzprozess ab und darauf, dass die Finanzbehörde ohne Mitwirkung des Gerichts oder des Steuerpflichtigen einen neuen Steuerverwaltungsakt erlassen könnte, was zutrifft. Dass der Vergleich jedoch eine ungewisse Sach- oder Rechtslage voraussetzt und somit nicht jede Einigung zugleich ein Vergleich im Rechtssinne ist, wird nicht berücksichtigt. Was ebenfalls zutrifft ist, dass die Behörde nicht auf die Mitwirkung des Gerichts angewiesen ist, um einen neuen Steuerverwaltungsakt zu erlassen. Diese Erkenntnis bleibt durch den Prozessvergleich

Möglichkeit der „Vollstreckung, wie sie im Zivilprozeß etwa aus einem Vergleich möglich ist“[899]. Die vollstreckungsrechtliche Norm des § 794 Abs. 1 Nr. 1 ZPO kann auch aufgrund der abschließenden Aufzählung der Vollstreckungstitel in § 151 Abs. 2 FGO keine Anwendung finden[900].

2. *Planwidrige Regelungslücke*

Die in der FGO bestehende Regelungslücke müsste planwidrig sein. Das Vorhandensein einer planwidrigen Regelungslücke bedeutet das Fehlen einer bestimmten, nach dem Regelungsplan oder Gesamtzusammenhang des Gesetzes zu erwartenden Regel[901]. Die Ausarbeitung der FGO im Jahr 1965 hatte das Ziel das Prozessrecht weitgehend zu vereinheitlichen. So wurde die FGO in zahlreichen Bestimmungen an die Verfahrensordnungen für die anderen Gerichtsbarkeiten, insbesondere an die VwGO angepasst[902]. Abweichungen zur VwGO bestehen nach der Begründung des Gesetzesentwurfs dort, wo dem finanzgerichtlichen Verfahren Eigengesetzlichkeiten innewohnen, die sich aus der Natur des Steuerrechts ergeben[903]. Diese Abweichungen wurden in der Begründung des Gesetzesentwurfs unter anderem mit der Rechtsprechung des BFH gerechtfertigt „welche […] die rechtsstaatliche Entwicklung der Finanzgerichtsbarkeit [fordert][904]“. Die Rechtsprechung des BFH und des RFH ist im Jahr 1965 überwiegend von der grundsätzlichen Unzulässigkeit eines steuerrechtlichen Vergleichs ausgegangen[905]. Zwar musste der Gesetzgeber der Ansicht der Rechtsprechung nicht folgen. In der Begründung des Gesetzesentwurfs wurden die Besonderheiten der Rechtsprechung des BFH aber ausdrücklich als leitende Erwägungen genannt, so dass folglich davon auszugehen ist, dass der Gesetzgeber diese Rechtsprechung unangetastet lassen wollte.

---

unberührt, in welchem in der Regel nur die entsprechende Einigung der Parteien protokolliert wird.

899 Vgl. BFH, Urt. v. 29.10.1987 – X R 1/80, BStBl. II 1988, 121, juris Rn. 21. Vgl. zu diesem Urteil die Ausführungen unter Kap. 4 A. III. 3. dieser Arbeit.

900 S. zum Prozessvergleich in Abstimmung mit bestehenden Regelungen der FGO unter Kap. 4 B. III. 4. dieser Arbeit. Zur Vollstreckbarkeit des Prozessvergleichs s. unter Kap. 4 G. dieser Arbeit.

901 S. dazu schon unter Kap. 3 A. I. 1. a) dieser Arbeit.

902 BT-Drucks. IV/1446, S. 35; *Bauer*, Der „Vergleich“ im Steuerveranlagungsverfahren, S. 158.

903 BT-Drucks. IV/1446, S. 36 ff.

904 BT-Drucks. IV/1446, S. 35.

905 Vgl. zur Entwicklung der Rechtsprechung unter Kap. 2 C. I. 1. und 2. dieser Arbeit.

Besonderheiten des Finanzprozesses, welche die Abweichungen des Finanzgerichtsverfahrens gegenüber dem allgemeinen Verwaltungsgerichtsverfahren rechtfertigen, sind z.B. der zweistufige Instanzenzug, der sich daraus rechtfertigt, dass Tatsachen vor den Finanzgerichten im Allgemeinen weniger umstritten sind, als in der allgemeinen Verwaltungsgerichtsbarkeit, weil die Sachaufklärung durch die Einrichtungen der Finanzverwaltung vorgenommen wurde[906]. Eine weitere Eigengesetzlichkeit des finanzgerichtlichen Verfahrens wird nach der Begründung des Gesetzesentwurfs durch die besondere Natur der Aufgabe der Finanzbehörde bedingt. Die Festsetzung der Steuer wird in einer außerordentlich großen Zahl von in tatsächlicher und rechtlicher Hinsicht vielfach sehr komplizierten Fällen durchgeführt. Eine weitere Besonderheit ergibt sich bei der Regelung der Ermittlungsbefugnisse des Finanzgerichts, z.B. im Hinblick auf die Pflichten der Steuerpflichtigen, Dritten, Behörden und Sachverständigen zur Erteilung von Auskünften. Zudem bestehen formelle Unterschiede in der Spruchkörperbesetzung und der aufschiebenden Wirkung des Einspruchs/Widerspruchs. Weitere Abweichungen finden sich etwa in den Fristen von Anträgen und Rechtsmitteln und der Anwendbarkeit eines Normenkontrollverfahrens, § 47 VwGO[907].

In der Begründung des Gesetzesentwurfs wird auf den Prozessvergleich nicht eingegangen, ebenso wenig auf das Anerkenntnisurteil. Der Gesetzgeber hat zwar die Eigengesetzlichkeit der Finanzgerichtsbarkeit herausgearbeitet, sich aber mit dem Prozessvergleich offenbar nicht beschäftigt. Auch die genannten Besonderheiten der Finanzgerichtsbarkeit lassen nicht auf einen – dem Prozessvergleich entgegenstehenden – Willen des Gesetzgebers schließen. Die Abweichungen zum allgemeinen Verwaltungsgerichtsverfahren werden mit dem Instanzenzug, der Massenverwaltung und den Ermittlungsbefugnissen der Finanzbehörde begründet. All diese Besonderheiten stehen dem Prozessvergleich jedoch nicht entgegen. Vielmehr ist es so, dass das Massenverfahren durchaus mit Vergleichen vereinbar ist[908], wie etwa das Sozialgerichtsverfahren zeigt. Es kann daher nicht angenommen werden, dass der Wille des Gesetzgebers, den Prozessvergleich und auch das Anerkenntnisurteil auszuschließen, positiv zum Ausdruck gekommen ist[909]. Der Gesetzgeber hatte auch die Beendigung des Verfahrens *durch Urteil* nicht zwingend vor Augen. Zu § 92 a.F. oder § 128 a.F. FGO, die

906 BT-Drucks. IV/1446, S. 36.

907 Vgl. zu den Besonderheiten etwa *Redeker*, NJW 2004, 496, 497.

908 S. dazu unter Kap. 2 C. VI. 1. dieser Arbeit.

909 Dies ist zwingende Voraussetzung, s. dazu unter Kap. 3 A. I. 1. dieser Arbeit.

sich mit der Erledigung des Verfahrens beschäftigten, finden sich keine positive Äußerung des Gesetzgebers, nur bestimmte Formen der Verfahrensbeendigung zuzulassen. Mangels erkennbarem Regelungsplan, weder als Einordnung einer bewussten oder unbewussten Regelung, steht der Rechtsanwender, wie in der AO, vielmehr vor einer Lücke praeter legem, einem „juristischen Vakuum des Gesetzes", einer „planlosen Lücke"[910]. Da der Gesetzgeber untätig geblieben ist und somit eine planwidrige Gesetzeslücke besteht, kann auch eine Rechtsfortbildung ohne Verstoß gegen Art. 20 Abs. 3 GG erfolgen. Dem steht auch das bereits bestehende Recht nicht entgegen[911].

3. *Vergleichbarkeit der Interessenlage*

Bei der Verwaltungsgerichtsbarkeit, der Finanzgerichtsbarkeit und Sozialgerichtsbarkeit handelt es sich um drei Zweige von Gerichtsbarkeiten, denen der Rechtsschutz gegenüber der öffentlichen Gewalt im Sinne von Art. 19 Abs. 4 GG anvertraut ist[912]. Die FGO, das SGG und die VwGO weisen dieselben Prinzipien und Grundstrukturen auf[913]. In allen drei Gerichtszweigen gilt die Dispositionsmaxime, der Amtsermittlungsgrundsatz[914], der Öffentlichkeitsgrundsatz und in allen drei bestehen Mitwirkungspflichten des Bürgers. Die drei Verfahrensordnungen haben so viele Gemeinsamkeiten, dass bereits mehrfach deren Vereinheitlichung gefordert wurde, beispielsweise durch den Erlass einer Verwaltungsprozessordnung (VwPO)[915]. Der Entwurf der Verwaltungsprozessordnung sah eine gemeinsame Prozessordnung für Verwaltungs-, Sozial- und

---

910 Ausführlich mit Nachweisen unter Kap. 3 I A. 1. dieser Arbeit.

911 Zum Nachweis, dass die Grenzen der zulässigen Rechtsfortbildung eingehalten werden würden, unter Kap. 4 B. III. 4. dieser Arbeit.

912 *Naumann*, Verw 3 (1970), 179, 180.

913 *Ule*, NJW 1968, 967, 969; *Hermanns*, Einheit der Verwaltungsgerichtsbarkeit, S. 40 f.; *Meyer-Ladewig*, NVwZ 2007, 1262, 1263; *Redeker*, NJW 2004, 496, 497.

914 Zum Amtsermittlungsgrundsatz der Verfahrensordnungen *Marx*, Die Notwendigkeit und Tragweite der Untersuchungsmaxime in den Verwaltungsprozeßgesetzen (VwGO, SGG, FGO).

915 Gesetzesentwurf der Bundesregierung zum Entwurf einer Verwaltungsprozessordnung (VwPO), BT-Drucks. 9/1851, neu gefasst durch BT-Drucks. 10/3437. Der Entwurf der VwPO wurde zweimal in den Bundestag eingebracht, eine Verabschiedung erfolgte jedoch nicht. Es wurde neben der Forderung einer gemeinsamen Prozessordnung auch die Forderung an die Zusammenlegung der Gerichtszweige gestellt, zur immer wieder aufkeimenden rechtspolitischen Diskussion exemplarisch *Meyer-Ladewig*, NVwZ 2007, 1262, 1263.

Finanzgerichtsbarkeit vor. In der Begründung zum Gesetzesentwurf wurde für den Prozessvergleich ausgeführt, dass die Regelung für die Finanzgerichtsbarkeit neu sei, jedoch § 106 VwGO und § 101 Abs. 1 SGG den Parteien nicht mehr Rechte einräumen, als ihnen nach materiellem Recht zustehe. Dies werde durch den Nebensatz „soweit sie über den Gegenstand des Vergleichs verfügen können" ausdrücklich klargestellt. Die Vorschrift laufe leer, soweit ihre Voraussetzungen nicht vorliegen. Es bleibe dabei, dass Vergleiche über Ansprüche aus dem Steuerschuldverhältnis – wie in der Rechtsprechung des BFH klargestellt – ausgeschlossen sind[916]. § 117 VwPO enthielt folglich (wie § 106 VwGO, § 101 SGG) keine materielle Dispositionsbefugnis zum Abschluss eines Vergleichs, sondern ermöglichte den prozessualen Vergleichsabschluss nur, sofern sich dies zugleich aus dem materiellen Recht ergibt[917].

Die Ähnlichkeit der Verfahrensordnungen ist die Konsequenz dessen, dass sich der Gesetzgeber bei Erlass der FGO an der VwGO orientierte, die wiederum am SGG und der Verwaltungsgerichtsgesetze der Länder orientiert war[918]. Die Finanz- und die allgemeine Verwaltungsgerichtsbarkeit waren zunächst insofern miteinander verknüpft, als die allgemeinen Verwaltungsgerichte auch Rechtsschutz in steuerrechtlichen Streitigkeiten gewährten. Eine eigene, getrennte Finanzgerichtsbarkeit ist erst dadurch geschaffen worden, dass für bestimmte steuerrechtliche Streitigkeiten der RFH errichtet wurde[919]. Dort wo Unterschiede bestehen, sind diese auf die Eigengesetzlichkeit der jeweiligen Rechtsordnung zurückzuführen[920]. Die bisherigen Unterschiede erklären sich durch die historische Entwicklung, wie sie im GG angelegt ist[921]. Die wesentlichen formellen Unterschiede wurden in den vorherigen Ausführungen genannt. Vor allem in der Praxis relativieren sich jedoch diese Unterschiede[922].

---

916 § 117 des Entwurfs der VwPO, BT-Drucks. 9/1851, neu gefasst durch BT-Drucks. 10/3437 § 117, S. 131.

917 S. zur Voraussetzung der Verfügungsbefugnis unter Kap. 4 D. II. 1. dieser Arbeit.

918 *Hermanns*, Einheit der Verwaltungsgerichtsbarkeit, S. 40 m.w.N.

919 *Ule*, NJW 1968, 967.

920 Zu den Unterschieden zwischen der VwGO und der Sozialgerichtsbarkeit *Tabbara*, NZS 2009, 483, 486; zu weiteren Unterschieden der Verfahrensordnungen *Hermanns*, Einheit der Verwaltungsgerichtsbarkeit, S. 38 ff.; *Redeker*, NJW 2004, 496.

921 *Ule*, NJW 1968, 967; *Stüer/Hermanns*, ZRP 2002, 164, 165.

922 *Meyer-Ladewig*, NVwZ 2007, 1262, 1263.

II. Regelung durch den Gesetzgeber oder richterliche Rechtsfortbildung

Soweit ersichtlich, hat sich die Literatur noch nicht mit der Frage auseinandergesetzt, ob die Regelung durch den Gesetzgeber Vorteile gegenüber einer richterlichen Rechtsfortbildung haben könnte. Die Grenzen der zulässigen Rechtsfortbildung wären jedenfalls einzuhalten[923]. Würde der Gesetzgeber den Prozessvergleich ausdrücklich normieren, entsprechend § 106 VwGO, § 101 Abs. 1 SGG, wäre wie in den anderen verwaltungsgerichtlichen Prozessordnungen eine Rechtsgrundlage geschaffen[924]. Für die Zulässigkeit des Prozessvergleichs kommt es mithin nicht auf eine formelle Rechtsgrundlage an, sondern allein darauf, ob die Parteien über den Streitgegenstand verfügen[925] können. Auch aus verfassungsrechtlicher Perspektive ist eine gesetzliche Normierung nicht zwingend, denn weder der Gesetzesvorbehalt noch der Parlamentsvorbehalt statuieren dieses Erfordernis[926].

Es stellt sich zunächst die Frage, welche Wirkung eine richterliche Rechtsfortbildung durch ein höchstrichterliches Urteil hätte. An sich haben höchstrichterliche Urteile im Steuerrecht eine „normgleiche Präjudizienwirkung"[927], weil Entscheidungen des BFH oftmals eine Breitenwirkung entfalten, wie sie bei

---

923 S. dazu unter Kap. 4 B. III. 4. und Kap. 4 C. I. 2. dieser Arbeit.

924 Dabei müssten im Gesamtsystem der FGO Anpassungen vorgenommen werden, wodurch der Wille des Gesetzgebers unmittelbar festgeschrieben werden würde. Anpassungen würden im Rahmen der Kosten, der Vollstreckbarkeit und in der Vorschrift zum vorbereitenden Verfahren, § 79a FGO, erfolgen.

925 S. zur Voraussetzung der „Verfügungsberechtigung" unter Kap. 4 D. II. dieser Arbeit. Für die tatsächliche Verständigung wird vielfach ebenso deren gesetzliche Regelung gefordert, vgl. dazu unter Kap. 1 B. III. 2. dieser Arbeit.

926 Für diese Feststellungen zum materiellen Teil des Prozessvergleichs unter Kap. 3 A. II. dieser Arbeit.

927 Der umfassenden Wirkung der Präjudizien im Steuerrecht widmen sich unter anderem *Kruse*, Steuerrecht, Allgemeiner Teil, 3. Auflage 1973, S. 298; *Kruse*, DStZ/A 1975, 373, 377; *Leisner*, Die allgemeine Bindung der Finanzverwaltung an die Rechtsprechung, S. 33 ff.; *Jesse*, BB 2020, 87; zur Bedeutung der „Präjudizien" für die Bildung von „Richterrecht" s. *Larenz/Canaris*, Methodenlehre der Rechtswissenschaft, S. 252 ff.; s. zuletzt allgemein *Payandeh*, Judikative Rechtserzeugung, 2017 und für das Steuerrecht *Suck*, Das Nichtanwendungsgesetz als Instrument der Steuerpolitik, S. 45 ff.; *Maciejewksi*, Nichtanwendungsgesetze, 2021, S. 48 ff.; enger *Wieland*, DStR 2004, 1, 4. Umstritten ist mithin, ob die weitreichenden Wirkungen der Präjudizien des Bundesfinanzhofs allein faktischer Wirkung sind oder auf einen normativen Zusammenhang zurückgeführt werden können, s. dazu *Maciejewksi*, Nichtanwendungsgesetze, S. 53 ff.

anderen Gerichtsbarkeiten nicht gleichermaßen zu finden ist. Es kommt vor, dass ein einziges Urteil eine Entscheidung über einige Millionen Fälle bedeutet[928], wohingegen Gerichte in anderen Gerichtsbarkeiten üblicherweise über Einzelfälle entscheiden. Präjudizien sind „in einem Richterspruch zur Entscheidungsfindung herangezogene Rechtsauffassungen, die nicht nur zur Beurteilung des Einzelfalls dienen und die deshalb geeignet sind, für die Entscheidung in künftigen Streitfällen einen Maßstab zu bilden. Präjudizien sind in Präzedenzfällen durch den erkennenden Richter gefundene und verallgemeinerungsfähige Rechtsauffassungen“[929]. Präjudiziell ist nicht die in Rechtskraft erwachsende Entscheidung des Einzelfalls, sondern nur die im Rahmen der Urteilsbegründung vom Gericht gegebene Antwort auf eine Rechtsfrage[930]. Solche Präjudizien spielen bei der Fortbildung des Rechts eine nicht zu unterschätzende Rolle, denn Präjudizien der obersten Gerichte werden häufig nach geraumer Zeit wie „geltendes Recht“ angesehen[931].

Der Vorteil einer gesetzlichen Kodifikation wäre zweifelsohne die parlamentarische Legitimation und die Schaffung von Rechtsklarheit. Sie würde dazu beitragen, etwaige Streitfragen zu klären. Auch die tatsächliche Verständigung hat keine gesetzliche Festschreibung erfahren, was dazu führt, dass offene Rechtsfragen Literatur und Rechtsprechung nach wie vor beschäftigen[932].

---

928 *Kruse*, Steuerrecht, Allgemeiner Teil, 3. Auflage 1973, S. 298; *Kruse*, DStJG 19 (1995), S. 115, 124 f.; *Schmid* in HHSp., AO/FGO, FGO Einführung Rn. 135 (Aug. 2019); *Jesse*, BB 2020, 87 m.w.N., s. zu dieser Erkenntnis nochmals unter Kap. 4 III. 2. dieser Arbeit.

929 Diese Definition geht zurück auf *Badura* in: Die Bedeutung von Präjudizien im deutschen und französischen Recht, S. 49, 50; zum Begriff des Präjudizes ebenfalls *Larenz/Canaris*, Methodenlehre der Rechtswissenschaft, S. 252; *Payandeh*, Judikative Rechtserzeugung, S. 46 ff.

930 *Larenz/Canaris*, Methodenlehre der Rechtswissenschaft, S. 252

931 *Larenz/Canaris*, Methodenlehre der Rechtswissenschaft, S. 252. Im Steuerrecht liegt die präjudizielle Wirkung von Entscheidungen des BFH weiteren steuerverfahrensrechtlichen Regelungen zugrunde, die „Musterverfahren“ vor dem BFH ermöglichen. Ist die Auslegung eines Steuergesetzes Gegenstand eines Verfahrens vor dem BFH, können Steuerfestsetzungen insoweit nach § 165 Abs. 1 S. 2 Nr. 4 AO vorläufig erfolgen. Einspruchsverfahren ruhen nach § 363 Abs. 2 S. 2 AO. Klageverfahren vor den FG können nach § 155 S. 1 FGO i.V.m. § 251 S. 1 ZPO bis zur Entscheidung des BFH ruhen. Die präjudizielle Wirkung höchstrichterlicher Entscheidungen liegt auch der kontinuitätswahrenden Regelung in § 176 Abs. 1 S. 1 Nr. 3 AO zugrunde, vgl. so insgesamt m.w.N. *Maciejewksi*, Nichtanwendungsgesetze, S. 51 f.

932 S. z.B. zur ungeklärten Rechtsnatur unter Kap. 1 B. III. 1. dieser Arbeit.

Lässt man einen Blick in das Strafrecht zu, lassen sich Argumentationsansätze hinsichtlich der Frage der Normierung der Verständigungen in Strafprozessen fruchtbar machen, § 257c StPO. Das Steuerverfahren und das Strafverfahren weisen durchaus Parallelen auf, wenngleich die Verfahrenskonzeptionen einen wesentlichen Unterschied erkennen lassen. Im Strafprozess sind die Aufgaben der Strafverfolgung und der Entscheidung über den Strafanspruch getrennt, personell aufgeteilt zwischen weisungsgebundenem Staatsanwalt und unabhängigem Richter. Der weisungsgebundene Finanzbeamte nimmt die Funktion der „Steuerverfolgung" wie die Festsetzung der Steuer wahr. Er übt in einer Personalunion die Rolle des Fiskalanwalts und die des Richters aus. Das Finanzverfahrensrecht ist, verglichen mit dem Strafprozess, auf der Stufe des „Inquisitionsprozesses stehen geblieben"[933]. Aufgrund der strikten Gesetzesbindung ist anzunehmen, dass der Finanzbeamte in richterähnlicher Weise fungiert[934].

Das Bundesverfassungsgericht hat sich mit der Frage der Verfassungsmäßigkeit des Gesetzes zur Regelung der Verständigung im Strafverfahren auseinandergesetzt[935]. Der Gesetzgeber war der Auffassung, dass das in der Praxis entstandene und dort bedeutsame Institut der Verständigung zur Herstellung von Rechtssicherheit und der Gewährleistung einer gleichmäßigen Rechtsanwendung dringend klarer gesetzlicher Vorgaben bedurfte[936]. Dem Gesetzgeber war bewusst, dass sich auf das Urteil bezogene Verständigungen des Gerichts mit den Verfahrensbeteiligten nicht ohne Weiteres mit den verfassungsrechtlichen Vorgaben für das Strafverfahren würden in Einklang bringen lassen[937]. Es war demnach Ziel des Gesetzgebers, die Verständigungen, in einer den verfassungsrechtlichen Vorgaben gerecht werdenden Weise, in das Strafverfahrensrecht zu integrieren, ohne die den Strafprozess dominierenden Grundsätze der richterlichen Sachverhaltsaufklärungspflicht und Überzeugungsbildung anzutasten[938].

933 So insgesamt *Isensee*, Die typisierende Verwaltung, S. 102; s. ebenso *Jesse*, DB 2013, 1803 ff.

934 So *Isensee*, Die typisierende Verwaltung, S. 102 f.; *Flume* in FS Smend, S. 59, 74, 78: Die Feststellung des Steuerbescheides unterscheide sich materiell in nichts vom Zivilurteil. Dem wird insoweit zuzustimmen sein, dass das Gesetz das Fundament des behördlichen Handelns stellt, gleichwohl Handlungsspielräume einen – auch fiskusfreundlichen – Auslegungsspielraum gewähren. Der Auftrag des Finanzbeamten ist damit nicht ausschließlich durch das Gesetz vorgegeben, sondern von mehreren Determinanten bestimmt.

935 BVerfG, Urt. v. 19.3.2013 – 2 BvR 2628/10, BVerfGE 133, 168.

936 BT-Drucks. 16/12310, S. 1.

937 BT-Drucks. 16/12310, S. 1.

938 So BVerfG, Urt. v. 19.3.2013 – 2 BvR 2628/10, BVerfGE 133, 168, juris Rn. 67.

Mit den Vorschriften des Verständigungsgesetzes hat die Zulassung von Verständigungen in Strafverfahren eine abschließende Regelung erfahren. Außerhalb des gesetzlichen Regelungskonzepts erfolgende informelle Absprachen sind unzulässig[939]. Der Gesetzgeber hat es geschafft, mit dem Verständigungsgesetz eine verfassungsmäßige Regelung für den Strafprozess zu finden. Im Strafprozess hat er ein gesetzgeberisches Tätigwerden für notwendig erachtet, um für das, in der Praxis gängige Institut, rechtssichere Vorgaben festzulegen. Für den Finanzprozess scheint der Gesetzgeber ein Tätigwerden entweder nicht für erforderlich zu halten oder er möchte die Rechtsfortbildung der Rechtsprechung überlassen[940]. Erkennbar ist, dass klare gesetzliche Vorgaben für die gleichmäßige und rechtssichere Rechtsanwendung auch im Finanzprozess zweckdienlich wären. Teilweise wird in der Literatur kritisiert, durch die fehlende gesetzliche Regelung des Vergleichs (oder auch der tatsächlichen Verständigung) würde ein Eingriff in die Gleichmäßigkeit der Besteuerung erfolgen, der sich darin äußert, dass nicht jeder Steuerpflichtige die gleiche Chance zum Abschluss des Vergleichs erhalten würde[941]. Auch wenn dieser Auffassung nicht gefolgt werden kann, würde die Herstellung der Gleichmäßigkeit der Besteuerung jedenfalls *gefördert* werden. Die gesetzliche Normierung des Prozessvergleichs würde es außerdem ermöglichen, eine informelle Aushandlungs- und Verständigungspraxis auf den Boden eines gesetzlichen Streitbeilegungsmodells zu heben.

Ein „Vorteil" einer gesetzlichen Regelung wäre ferner, dass der Verwaltung die Möglichkeit des Erlasses eines Nichtanwendungsgesetzes[942] genommen werden würde. Ein Nichtanwendungsgesetz ist ein Gesetz im formellen Sinn, das die Rechtsprechung des BFH dergestalt überschreibt, dass diese aufgrund der gesetzgeberischen Tätigkeiten in Fällen, die dem vom BFH entschiedenen

---

939 BVerfG, Urt. v. 19.3.2013 – 2 BvR 2628/10, BVerfGE 133, 168, juris Rn. 75.

940 Für den AO- und FGO-Gesetzgeber war es wohl ein maßgeblicher Beweggrund, den Vergleich ungeregelt zu lassen, dass die Rechtsprechung steuerrechtliche Vergleiche ablehnt, s. dazu unter Kap. 3 A. I. 1. a) und Kap. 4 C. I. 1. Der Entwurf der VwPO verwies für den finanzgerichtlichen Vergleich ausdrücklich auf die bestehende Rechtsprechung des BFH, s. BT-Drucks. 10/3437, S. 131.

941 S. dazu unter Kap. 3 C. V. dieser Arbeit.

942 Zur ausführlichen Beurteilung von Nichtanwendungsgesetzen *Suck*, Das Nichtanwendungsgesetz als Instrument der Steuerpolitik, S. 155 ff.; *Desens*, Bindung der Finanzverwaltung an die Rechtsprechung, S. 65 ff.; s. ebenso die jüngst erschienene Dissertation von *Maciejewski* mit dem Thema: Nichtanwendungsgesetze, Eine verfassungsrechtliche Verortung zwischen Rechtskontinuität, Gewaltenteilung, Rechtsschutzgebot und Rückwirkungsverbot, 2021.

Fall vergleichbar sind, nicht mehr zur Anwendung gelangen kann. Ein Nichtanwendungsgesetz ist als Rechtsnorm i.S.v. § 4 AO zu qualifizieren[943]. Die durch Nichtanwendungsgesetze erfolgte Gesetzesänderung revidiert höchstrichterliche Rechtsprechung. Durch ein Nichtanwendungsgesetz wird die Entscheidung des Gerichts und die Entscheidung zur höchstrichterlichen Rechtsfortbildung „beseitigt"[944], denn in künftigen Prozessen ist die Rechtsprechung dem Diktum des Gesetzgebers unterworfen und kann die Auffassung der Finanzverwaltung nicht erneut verwerfen[945]. Auch für die FGO sind bereits Nichtanwendungsgesetze ergangen[946]. Nichtanwendungsgesetze werden aus verfassungsrechtlichen Gründen kritisiert. Der erste Kritikpunkt betrifft das Gesetzgebungsverfahren und die Gesetzgebungspraxis selbst[947]. Aus der Dominanz des BMF wird gefolgert, es führe gerade bei punktuellen Nichtanwendungsgesetzen die Hand des Gesetzgebers[948]. Der zweite Kritikpunkt betrifft die materielle Verfassungsmäßigkeit von Nichtanwendungsgesetzen[949]. Nachdem zur Einführung eines

943 Definition insgesamt nach *Suck*, Das Nichtanwendungsgesetz als Instrument der Steuerpolitik, S. 129; s. zur Begriffsbestimmung ebenfalls *Desens*, Bindung der Finanzverwaltung an die Rechtsprechung, S. 66 ff. und ausführlich *Maciejewski*, Nichtanwendungsgesetze, S. 13 ff. Die Terminologie des „Nichtanwendungsgesetzes" hat sich durchgesetzt.

944 Genau genommen wird nicht die Entscheidung, sondern deren Präjudizienwirkung beseitigt.

945 *Lang*, StuW 1992, 14, 15; *Wernsmann* in HHSp., AO/FGO, § 4 AO Rn. 754 (Okt. 2020).

946 S. zur Verteilung der Nichtanwendungsgesetze auf die einzelnen Steuergesetze *Suck*, Das Nichtanwendungsgesetz als Instrument der Steuerpolitik, S. 211; s. ebenfalls *Pezzer*, DStR 2004, 525, 526; *Englisch* in Tipke/Lang, Steuerrecht, Rn. 5.40.

947 S. *Desens*, Bindung der Finanzverwaltung an die Rechtsprechung, S. 68. Überdies seien Nichtanwendungsgesetze ein weiterer Grund für die Kompliziertheit des Steuerrechts, weil sie regelmäßig nur mit dem Hintergrundwissen verständlich werden würden, dass auf eine missliebige BFH-Entscheidung reagiert wurde, vgl. *Desens*, ebenda, S. 66 mit Beispielen; s. ebenso *Pezzer*, DStR 2004, 525, 526: Die Beherrschbarkeit des Steuerrechts werde durch die auch für Fachleute kaum noch überschaubare Vielzahl der jedes Jahr erlassenen Änderungsgesetze erschwert, deren häufig durchaus fantasievollen Bezeichnungen meist nur in losem Zusammenhang mit dem Gesetzesinhalt stünden.

948 *Flume*, StbJb. 1985/86, 277, 302; *Spindler*, DStR 2007, 1061, 1062; *Desens*, Bindung der Finanzverwaltung an die Rechtsprechung, S. 68 m.w.N.

949 Nähergehend *Desens*, Bindung der Finanzverwaltung an die Rechtsprechung, S. 69 ff.; s. ebenso *Lange* in HHSp., AO/FGO, § 110 FGO Rn. 121 (Juli 2020).

Prozessvergleichs in die FGO Stellung genommen wurde, gilt es nun, die Voraussetzungen eines finanzgerichtlichen Prozessvergleichs zu bestimmen.

D. Voraussetzungen eines finanzgerichtlichen Prozessvergleichs

I. Prozessuale Voraussetzungen

Die prozessualen Voraussetzungen des Prozessvergleichs sind überschaubar. Der Prozessvergleich kann entweder zu Protokoll des Gerichts, mithin in einem förmlichen Gerichtstermin (§ 106 S. 1 Hs. 2 VwGO, § 101 Abs. 1 S. 1 Hs. 2 SGG) oder schriftlich (§ 106 S. 2 VwGO, § 101 Abs. 1 S. 2 SGG) geschlossen werden[950]. Die praktische Bedeutung des „erweiterten Prozessvergleich" kann in folgenden Fallkonstellationen relevant werden: 1) In einem förmlichen Termin sind nicht alle Beteiligten erschienen, gleichwohl konnten die Möglichkeiten eines Vergleichs erörtert werden. Um einen weiteren Termin für eine Protokollierung zu vermeiden, wechselt man in das schriftliche Verfahren. 2) In einem förmlichen Termin sind zwar alle Beteiligten erschienen und verhandeln auch über eine Konfliktlösung, doch sind sie zu einem protokollierten Vergleich (noch) nicht bereit oder in der Lage. Der richterliche Beschluss fasst das Ergebnis der Vergleichsverhandlungen zusammen und leitet in das schriftliche Verfahren über. 3) Im Laufe des vorbereitenden Verfahrens kommt der Richter auf den Gedanken einer vergleichsweisen Lösung und unterbreitet diese den Beteiligten „von Amts wegen", er kann aber auch Vorschläge oder Anregungen der Beteiligten aufgreifen und in einem Beschluss formulieren[951].

---

950 Zu dieser Möglichkeit ausführlich *Hahn*, NZS 2014, 368. Mit der Neuregelung wollte der Gesetzgeber den Streit um die Anwendbarkeit von § 278 Abs. 6 ZPO im sozialgerichtlichen Verfahren beenden. Die Gerichte sind aber nicht gehindert, den Beteiligten formlose und damit prozessual unwirksame Vergleichsvorschläge zu unterbreiten oder Beteiligtenvorschläge zur Annahme weiterzuleiten. Ratsam ist dieser Weg etwa um bei fehlender Ortsnähe zum Gericht Reisekosten zu vermeiden, s. dazu *Johlen* in Johlen/Oerder, MAH Verwaltungsrecht, § 2 Rn. 143. Zu formellen Anforderungen an den materiellen Vergleich bzw. die tatsächliche Verständigung vgl. BMF v. 30.7.2008 – IV A 3 – S 0223/07/10002, BStBl. I 2008, 831, Tz. 5.5 (schriftlich unter Darstellung der Sachlage); *Seer*, Verständigungen in Steuerverfahren, S. 344 ff.; der BFH verneint ein Formerfordernis, s. z.B. BFH, Urt. v. 31.7.1996 – XI R 78/95, BStBl. II 1996, 625; s. ebenso *Sontheimer*, Der verwaltungsrechtliche Vertrag im Steuerrecht, S. 194 f.

951 S. insgesamt *Ortloff/Riese* in Schoch/Schneider, VwGO, § 106 Rn. 37 (Aug. 2022).

Für den Abschluss des Vergleichs zu Protokoll des Gerichts in einem Erörterungstermin, einer mündlichen Verhandlung oder einen Termin zur Beweisaufnahme, ist zu erwähnen, dass das Protokoll auch in elektronischer Form erstellt werden kann. Geregelt sind die Anforderungen an das Protokoll in den nach § 94 FGO anwendbaren §§ 159 bis 165 ZPO. § 160a Abs. 4 ZPO ermöglicht die endgültige Erstellung des Protokolls durch Aufzeichnung auf Datenträger in der Form des § 130b ZPO[952], was für die Führung der elektronischen Prozessakten notwendig ist, § 52b FGO[953]. Bei einem protokollierten Vergleich werden regelmäßig Nebenbestimmungen (Widerrufsvorbehalt, Bedingungen) in Betracht kommen. Bei einem schriftlichen Vergleich hingegen besteht dafür kein Bedürfnis, denn den Beteiligten steht eine Frist für die schriftliche Annahme des Vergleichsvorschlages zu[954]. Überdies müssen die Prozesshandlungsvoraussetzungen (Beteiligtenfähigkeit, Prozessfähigkeit, Postulationsfähigkeit) gegeben sein. Bei einer Vertretung bedarf es des Vorliegens einer entsprechenden Vollmacht, § 80 AO. Eine uneingeschränkte Vollmacht umfasst auch die Befugnis zum Abschluss eines Prozessvergleichs, § 80 Abs. 1 S. 2 AO[955]. Diese kann sich auch aus einer Untervollmacht[956] oder einer Anscheins- und Duldungsvollmacht ergeben[957]. Für den Abschluss auf Seiten der Behörde ist zu verlangen, dass der innerbehördlich zur Entscheidung über die Steuerfestsetzung zustände Amtsträger am Abschluss des Vergleichs beteiligt sein muss[958].

---

952 Übertragen auf den Finanzgerichtsprozess: § 52a Abs. 7 FGO.

953 Für das sozialgerichtliche Verfahren *Hofmann* in Ory/Weth, jurisPK-ERV, Bd. 3, § 101 SGG Rn. 15 (Jan. 2021).

954 Vgl. *Ortloff/Riese* in Schoch/Schneider, VwGO, § 106 Rn. 35, 44 (Aug. 2022).

955 BMF v. 30.7.2008 – IV A 3 – S 0223/07/10002, BStBl. I 2008, 831, Tz. 5.2 für die tatsächliche Verständigung.

956 FG Düsseldorf, Urt. v. 17.3.2010 – 15 K 4737/07 F, juris Rn. 21; FG Niedersachsen, Urt. v. 20.11.2012 – 15 K 268/10, juris Rn. 40 ff.

957 FG Niedersachsen, Urt. v. 19.9.2007 – 12 K 334/05, juris Rn. 21.

958 BFH, Urt. v. 5.10.1990 – III R 19/88, BStBl. II 1991, 45, juris Rn. 18; BFH, Urt. v. 31.7.1996 – XI R 78/95, BStBl. II 1996, 625, juris Rn. 11; BFH, Urt. v. 8.10.2008 – I R 63/07, BStBl. II 2009, 121, juris Rn. 10; s. zur Vertretungsmacht im Rahm der tatsächlichen Verständigung ausführlich *Seer*, Verständigungen in Steuerverfahren, S. 331 ff.; *Seer* in Tipke/Kruse, AO/FGO, Vorb. zu §§ 118–129 AO Rn. 24 f. (Aug. 2021) m.w.N.; zur gespaltenen Verfügungsbefugnis sogleich.

II. Die Voraussetzung der „Verfügungsbefugnis“

1. *Begriffliche und inhaltliche Einordnung der „Verfügungsbefugnis“*

Die Normen des verwaltungsrechtlichen Prozessvergleichs setzen voraus, dass die Beteiligten über den Gegenstand der Klage, das heißt über den Streitgegenstand[959], *verfügen*[960] können (§ 106 S. 1 Hs. 3 VwGO, § 101 Abs. 1 S. 1 Hs. 3 SGG)[961]. Die Bedeutung der Verfügungsberechtigung wird unterschiedlich beurteilt, wobei nur die Verfügungsberechtigung der Finanzbehörde problematisch ist[962]. Überwiegend wird vertreten, dass der Verfügungsberechtigung nach § 106 S. 1 Hs. 3 VwGO, § 101 Abs. 1 S. 1 Hs. 3 SGG keine eigenständige Bedeutung zukommt, weil sich die Verfügungsberechtigung nach den materiell-rechtlichen Vorschriften der § 55 VwVfG, § 54 Abs. 1 SGB X bestimmt[963]. Teilweise wird wiederum angenommen, dass sich primär aus § 106 S. 1 VwGO, § 101 Abs. 1 S. 1 SGG eine Verfügungsberechtigung ergibt[964]. Überzeugend ist es, dass § 106 S. 1 VwGO, § 101 Abs. 1 S. 1 SGG keine Befugnis schafft, sondern diese voraussetzt. Die Verwaltung kann prozessual nur über das disponieren, was ihr materiell-rechtlich zusteht. Die Voraussetzungen der § 55 VwVfG, § 54 Abs. 1 SGB X sind unter der Mitwirkung des neutralen Richters aufgrund der Prozessfürsorgepflichten indessen modifiziert[965].

---

959 Zum Gegenstand der Klage *Löwer*, VerwArch. 1965, 142, 150; *Höpker*, Der Prozeßvergleich in der Verfassungsgerichtsbarkeit, S. 36 f., die im Gegenstand des Prozessvergleichs nicht den Streitgegenstand, sondern eine bestimmte Rechtsfolge des materiellen Rechts sehen.

960 Zum Begriff der Verfügungsberechtigung *Franke*, Der gerichtliche Vergleich im Verwaltungsprozeß, S. 51 f.; zu dieser Voraussetzung für die Verwaltungsprozessordnungen *Schröder*, Prozeßvergleich in den verwaltungsgerichtlichen Verfahrensarten, S. 201.

961 Auch § 117 VwPO (Entwurf einer Verwaltungsprozessordnung) sah eine Verfügungsbefugnis vor.

962 Die Verfügungsberechtigung des Steuerpflichtigen als Privaten weist keine größeren Probleme auf, s. etwa *Dolderer* in Sodan/Ziekow, VwGO, § 106 Rn. 40; *Schübel-Pfister* in Eyermann, VwGO, § 106 Rn. 11.

963 *Schick*, Vergleiche und sonstige Vereinbarungen zwischen Staat und Bürger im Steuerrecht, S. 29; *Heilmeier*, DStZ/A 1982, 190, 191; *Sontheimer*, Der verwaltungsrechtliche Vertrag im Steuerrecht, S. 211 f.; *Budach/Johlen*, JuS 2002, 371, 372; *Höpker*, Der Prozeßvergleich in der Verfassungsgerichtsbarkeit, S. 41; *Fehling* in Fehling/Kastner/Störmer, VwVfG, VwGO, § 106 VwGO Rn. 20.

964 S. dazu ausführlich *Tiedemann*, DÖV 1996, 594, 598 f. m.w.N. zu dieser Auffassung.

965 S. zu Prozessfürsorgepflichten unter Kap. 4 F. I. dieser Arbeit.

Es bietet sich an, zwischen der materiellen, formellen und prozessualen Verfügungsbefugnis zu differenzieren. An anderer Stelle wurde bereits herausgearbeitet, dass die Begriffe der Ermessens- und Konkretisierungsspielräume, der Dispositionsbefugnis und der Verfügungsberechtigung teilweise synonym genutzt werden. Die Begriffe der (materiellen) Verfügungsberechtigung und der Dispositionsbefugnis können an sich synonym verwendet werden, wenngleich die „Verfügungsbefugnis" wörtlich aus den prozessualen Normen der § 106 VwGO, § 101 SGG entnommen ist und somit aus Klarheitsgründen im Rahmen der Prozessvergleiche zu verwenden ist. Aus der Doppelnatur des Prozessvergleichs folgt ein Abhängigkeitsverhältnis zwischen der prozessualen Verfügungsbefugnis der Prozessparteien über den Streitgegenstand des finanzgerichtlichen Verfahrens einerseits und der materiell rechtlichen Verfügungsbefugnis der Prozesspartei über den Gegenstand der Klage andererseits[966]. Unter „prozessualer Verfügungsbefugnis" kann die, aus der Dispositionsmaxime resultierende, Verfahrensherrschaft verstanden werden.

Nur die formelle Verfügungsberechtigung ist als echte bzw. eigenständige Tatbestandsvoraussetzung einzuordnen. Bei Abschluss eines Vergleichs ist es erforderlich, dass dessen Gegenstand in die Kompetenz der Finanzbehörde fällt. Die Behörde muss berechtigt sein, über den Vergleichsgegenstand verbindliche Erklärungen abzugeben[967]. Die Kompetenz ist in eine materielle und formelle Komponente aufzuteilen. Unter formeller Kompetenz ist die sachliche und örtliche Zuständigkeit der Behörde zu verstehen[968]. Das BVerwG hat die Verfügungsbefugnis der Behörde bejaht, wenn die Behörde formell befugt ist, einen dem Vergleich entsprechenden Verwaltungsakt zu erlassen[969]. Formell befugt ist die Behörde dann, wenn sie für die betreffende Rechtsmaterie sachlich und örtlich zuständig ist. Für die fehlende örtliche Zuständigkeit gilt dies trotz §§ 125 Abs. 3 Nr. 1 AO, 127 AO, §§ 44 Abs. 3 Nr. 1 VwVfG, 46 VwVfG, §§ 40 Abs. 3 Nr. 1

966 So überzeugend *Weitemeyer*, Der Verwaltungsprozessuale Vergleich, S. 151. Genau genommen ist die Verfügungsbefugnis im Prozess von der materiellen Verfügungsbefugnis abhängig.

967 *Dolderer* in FS Maurer, S. 609, 617; *Ortloff/Riese* in Schoch/Schneider, VwGO, § 106 Rn. 42 (Aug. 2022).

968 *Schenke* in Kopp/Schenke, VwGO, § 106 Rn. 13; *Stuhlfauth* in Bader/Funke-Kaiser/Stuhlfauth/von Albedyll, VwGO, § 106 Rn. 13; zur sachlichen Zuständigkeit der Behörde und dem Prozessvergleich *Löwer*, VerwArch. 1965, 236, 255 ff.

969 BVerwG, Urt. v. 28.3.1962 – V C 100.61, juris Rn. 21 ff.; s. ebenso *Dolderer* in Sodan/Ziekow, VwGO, § 106 Rn. 42; *Fehling* in Fehling/Kastner/Störmer, VwVfG, VwGO, § 106 VwGO Rn. 19.

SGB X, 42 SGB X, wonach die fehlende örtliche Zuständigkeit weder zur Nichtigkeit noch zur Aufhebung des Verwaltungsaktes führt. Der Grund ist, dass der Prozessvergleich weiterreichende Rechtswirkungen, prozessualer und vollstreckungsrechtlicher Art, hat als ein Verwaltungsakt[970]. Eine Ausnahme kann aber jedenfalls dann anerkannt werden, wenn sich die für den Vergleich notwendige Ungewissheit auf die formelle Befugnis bezieht[971].

Die materiell-rechtliche Komponente der Verfügungsbefugnis ist in gleichem Umfang umstritten wie die materielle Dispositionsbefugnis der Behörde. Diese wird häufig bejaht, wenn die Behörde hinsichtlich ihrer Entscheidung einen Ermessensspielraum hat[972]. Andere sehen die materielle Verfügungsberechtigung dann erfüllt, wenn über das Vorliegen oder Nichtvorliegen der tatsächlichen oder rechtlichen Voraussetzungen eines Verwaltungsaktes erhebliche Zweifel bestehen[973]. Es handelt sich dabei nach der hier vertretenen Auffassung um keine eigenständige Voraussetzung, sondern schlicht um die materiell-rechtliche Dispositionsbefugnis, die sich aus dem Vorliegen der Voraussetzungen des Vergleichsvertrages, §§ 54 ff. VwVfG, §§ 53 ff. SGB X, ergibt. Diese materiell-rechtliche Dispositionsbefugnis kann auch innerhalb der gebundenen Verwaltung eröffnet sein[974]. Dahinstehen kann, inwieweit es der Verfügungsberechtigung schadet, wenn dem Vergleich zwingende gesetzliche Regelungen oder allgemeine Grundsätze des öffentlichen Rechts entgegenstehen[975], weil insofern die Nichtigkeitsregeln den materiellen Teil des Prozessvergleichs beseitigen, was in der Konsequenz zum Verlust der materiellen Disposition der Behörde führt.

---

970 So *Dolderer* in Sodan/Ziekow, VwGO, § 106 Rn. 42.

971 Zu den unterschiedlichen Ansichten *Löwer*, VerwArch. 1965, 142, 149 m.w.N.; *Schübel-Pfister* in Eyermann, VwGO, § 106 Rn. 12; *Stuhlfauth* in Bader/Funke-Kaiser/Stuhlfauth/von Albedyll, VwGO, § 106 Rn. 13.

972 Zu dieser Auffassung *Löwer*, VerwArch. 1965, 142, 149; *Sangmeister*, BB 1988, 2289, 2290; *Tiedemann*, DÖV 1996, 594, 598, der anerkennt, dass dies der Rechtspraxis widerspricht; *Dolderer* in Sodan/Ziekow, VwGO, § 106 Rn. 43, 46, will die Verfügungsberechtigung im Abgabenrecht jedenfalls im Bereich der Ermessensverwaltung bejahen; *Schübel-Pfister* in Eyermann, VwGO, § 106 Rn. 12; *Schenke* in Kopp/Schenke, VwGO, § 106 Rn. 13; zu Ermessens-, Konkretisierungsspielräumen s. unter Kap. 2 C. IV. 5. dieser Arbeit; zur gebundenen Verwaltung s. unter Kap. 2 C. IV. 6. dieser Arbeit.

973 S. *Schenke* in Kopp/Schenke, VwGO, § 106 Rn. 13; *Dolderer* in Sodan/Ziekow, VwGO, § 106 Rn. 46; a.A. und ausführlich *Löwer*, VerwArch. 1965, 236, 255 ff.

974 S. dazu unter Kap. 2 C. IV. 5. dieser Arbeit.

975 S. *Schenke* in Kopp/Schenke, VwGO, § 106 Rn. 13, der für das Vorliegen der Verfügungsberechtigung sogar fordert, dass der Verwaltungsakt, zu dessen Erlass sich die Behörde verpflichtet, nach Art und Inhalt zulässig ist.

2. *Gespaltene „Verfügungsbefugnis" im Drittverhältnis und behördliche Mitwirkungspflicht*

Greift der Vergleich in die Rechte Dritter ein, ist deren Zustimmung nach § 58 Abs. 1 VwVfG, § 57 Abs. 1 SGB X erforderlich, so dass die Berechtigung zur Verfügung insoweit geteilt ist. Öffentlich-rechtliche Vergleichsverträge sind nicht immer dualistisch auf das Verhältnis Bürger-Behörde beschränkt[976]. Obschon das Steuerrecht weitgehend auf bipolare Verhältnisse ausgelegt ist, sind Mehrpersonenverhältnisse nicht gänzlich ausgeschlossen[977].

Ein Vergleichsvertrag entfaltet ausschließlich zwischen den Vertragspartnern Bindungswirkung. Vertragseintritte sind aber bei der Gesamtrechtsnachfolge, § 45 AO, möglich. Der Vergleich bedarf, wenn er in Rechte Dritter eingreift, der Zustimmung dieses Dritten, § 58 Abs. 1 VwVfG, § 57 Abs. 1 SGB X („kein Vertrag zulasten Dritter"). Das Zustimmungserfordernis besteht für Verfügungsverträge. Die Zustimmungsbedürftigkeit für Verpflichtungsverträge ist dann zu bejahen, wenn die Behörde aufgrund des Verpflichtungsvertrages rechtlich verpflichtet ist, den Erfüllungsakt ohne Rücksicht auf die fehlende Zustimmung des betroffenen Dritten zu erlassen. Sie ist dagegen zu verneinen, wenn der Dritte sich noch wehren und seine fehlende Zustimmung geltend machen kann[978]. Dritte können aus dem Vergleichsvertrag keinerlei Ansprüche gegenüber der Finanzbehörde geltend machen („kein Vertrag zugunsten Dritter")[979]. Wird ein Dritter und das für diesen Dritten zuständige Finanzamt hinzugezogen, müssen vielmehr auch für diesen Dritten und das zuständige Finanzamt die Voraussetzungen für einen steuerrechtlichen Vergleichsvertrag vorliegen[980]. Schließt ein Ehegatte einen Vergleichsvertrag, ist im Fall einer Zusammenveranlagung nach § 26b EStG keine Hinzuziehung des anderen Ehegatten erforderlich[981]. Nach

---

976 S. zu dieser Erkenntnis schon unter Kap. 2 A. dieser Arbeit.

977 S. ausführlich mit Beispielen *Seer*, Verständigungen in Steuerverfahren, S. 22 f., 255 ff.

978 So *Maurer*, Allgemeines Verwaltungsrecht, § 14 Rn. 34; *Stuhlfauth* in Bader/Funke-Kaiser/Stuhlfauth/von Albedyll, VwGO, § 106 Rn. 15 ohne Differenzierung.

979 BFH, Urt. v. 7.7.2004 – X R 24/03, BStBl. II 2004, 975, juris Rn. 40 ff.; *Mues* in Gosch, AO/FGO, § 78 AO Rn. 60 (Mai 2018); *Seer* in Tipke/Kruse, AO/FGO, Vorb. zu §§ 118–129 AO Rn. 34 (Aug. 2021) zur tatsächlichen Verständigung. Einem Vertrag zugunsten Dritter mit entsprechender Mitwirkung der Beteiligten steht aber nichts entgegen, vgl. *Thiele* in Pautsch/Hoffmann, VwVfG, § 55 Rn. 7.

980 BFH, Urt. v. 7.7.2004 – X R 24/03, BStBl. II 2004, 975, juris Rn. 40 ff. zur tatsächlichen Verständigung.

981 BFH, Beschl. v. 31.1.2019 – VIII B 41/18, juris Rn. 6.

dem Grundsatz der Individualbesteuerung erfolgt die Einkünfteermittlung auch bei der Zusammenveranlagung für jeden Ehegatten getrennt[982]. Mit dem Abschluss eines Vergleichsvertrages wird deshalb nicht zu Lasten oder zu Gunsten des anderen Ehegatten entschieden[983].

Wird anstatt eines Verwaltungsaktes, bei dessen Erlass nach einer Rechtsvorschrift die Genehmigung, die Zustimmung oder das Einvernehmen einer anderen Behörde erforderlich ist, ein Vertrag geschlossen, so ist nach § 58 Abs. 2 VwVfG, § 57 Abs. 2 SGB X ein Vertrag erst wirksam, wenn die andere Behörde in der vorgeschriebenen Form mitgewirkt hat. Schutzzweck der Regelung ist die Wahrung der Kompetenzordnung. Diese soll nicht zur Disposition der Parteien stehen und durch einen öffentlich-rechtlichen Vertrag verändert werden können[984]. Die Mitwirkungspflicht der Behörde muss allerdings in Rechtsvorschriften vorgesehen sein. Dies erfasst Gesetze, Satzungen und Verordnungen, nicht jedoch Verwaltungsvorschriften, unabhängig davon, ob ihnen aufgrund der Selbstbindung der Verwaltung, Art. 3 Abs. 1 GG, eine Außenwirkung zukommt[985]. Aufgrund von Verwaltungsanweisungen eröffnen unter anderem Billigkeitsmaßnahmen, Erlasse und Stundungen bei der Festsetzung oder Erhebung von Steuern, die von den Landesfinanzbehörden im Auftrag des Bundes verwaltet werden, ein Recht zur Mitwirkung einer höheren Behörde[986]. Die Finanzämter sind danach insbesondere zur abweichenden Festsetzung nach §§ 163, 227 AO für Beträge bis einschließlich 20.000 Euro in eigener Zuständigkeit befugt. Darüber hinaus bedarf es der Zustimmung der obersten Landesfinanzbehörde. Stundungen sind stets unter Widerrufsvorbehalt auszusprechen und bedürfen abhängig von Dauer der Stundung und Höhe des Betrags der Zustimmung der Oberfinanzdirektion oder der obersten Landesfinanzbehörde. Eine fehlende Zustimmung der anderen Behörde führt folglich nicht zur schwebenden Unwirksamkeit des Vertrages.

---

982 *Ettlich* in Brandis/Heuermann, EStG, KStG, GewStG, § 26b EStG Rn. 1 (Nov. 2019); *Seiler* in Kirchhof/Seer, EStG, § 26b EStG Rn. 3.

983 *Seer* in Tipke/Kruse, AO/FGO, Vorb. zu §§ 118–129 AO Rn. 34 (Aug. 2021) zur tatsächlichen Verständigung.

984 *Rozek* in Schoch/Schneider, VwVfG, § 58 Rn. 37 (Juli 2020) m.w.N.; s. zum Fall, wenn die Finanzbehörde von § 17 Abs. 2 S. 3 FVG Gebrauch gemacht hat, *Seer*, Verständigungen in Steuerverfahren, S. 337 ff.; *Seer*, BB 1999, 78, 82.

985 *Thiele* in Pautsch/Hoffmann, VwVfG, § 58 Rn. 23; *Bonk/Neumann/Siegel* in Stelkens/Bonk/Sachs, VwVfG, § 58 Rn. 28; *Schliesky* in Knack/Henneke, VwVfG, § 58 Rn. 29; *Fehling* in Fehling/Kastner/Störmer, VwVfG, VwGO, § 58 VwVfG Rn. 31.

986 BMF v. 2.11.2021, IV A 3 – S 0336/20/10004:001, 2021/1103127, BStBl. I. S. 1253; s. zum Insolvenzverfahren unter Kap. 4 E. III. 5. c) cc) dieser Arbeit.

Im Innenverhältnis ist die vertragsschließende Finanzbehörde allerdings an die Verwaltungsvorschrift gebunden[987].

III. Materiell-rechtliche Voraussetzungen

1. Gegenseitiges Nachgeben

Das „gegenseitige Nachgeben" setzt voraus, dass die Beteiligten von ihrem anfänglichen Standpunkt – unabhängig, ob vom materiell-rechtlichen oder verfahrensrechtlichen Bereich – abrücken[988]. Dies setzt denklogisch voraus, dass sich die Finanzbehörde vor Abschluss des Vergleichs eine Meinung über die geforderte Höhe der Steuerschuld bildet, welche jedoch einer tatsächlichen oder rechtlichen Unsicherheit unterliegt[989]. In der Literatur wird vielfach die Tatbestandsvoraussetzung des „gegenseitigen Nachgebens" i.S.v. § 55 VwVfG, § 54 Abs. 1 SGB X für das öffentliche Recht kritisiert[990]. Die aus der zivilrechtlichen Norm des § 779 Abs. 1 BGB übernommene Formulierung soll für das öffentliche Recht nicht passen, weil dadurch eine Vertragsfreiheit suggeriert werde[991]. Die öffentliche Verwaltung habe an sich keine Freiheit über das Recht zu disponieren, sondern unterliege strenger Gesetzesbindung. Aus der Formulierung des „gegenseitigen Nachgebens" könnte geschlossen werden, die Verwaltung dürfte beliebig von der für sie richtig angenommenen Steuerschuld abweichen. Das „gegenseitige Nachgeben" ist jedoch nicht die einzige Tatbestandsvoraussetzung der Vergleichsverträge, sondern diese Voraussetzung muss kumulativ zu

987 So im Ergebnis auch *Seer*, Verständigungen in Steuerverfahren, S. 342 ff.

988 S. zu dieser Voraussetzung unter Kap. 2 B. I. 2. dieser Arbeit.

989 *Sontheimer*, Der verwaltungsrechtliche Vertrag im Steuerrecht, S. 28; *Füllsack*, Informelles Verwaltungshandeln im Steuerrecht, S. 120.

990 So z.B. von *Metz*, Industrie und Steuer 1931, 480; *Keßler*, DRiZ 1978, 79, 79 f.; *Martens*, StuW 1986, 97, 104 mit einer alternativen Formulierung einer Vorschrift für das Steuerrecht; *Eich*, Verständigung im Steuerverfahren, S. 40; *Seer*, StuW 1995, 213, 223; *Seer*, Verständigungen in Steuerverfahren, S. 212 ff. m.w.N., nach *Seer* spielt das gegenseitige Nachgeben für die AO keine Rolle, der Begriff des „Vergleichs" sollte daher im Abgabenrecht nicht verwendet werden, vorzugswürdig sei der Begriff des „Feststellungsvertrages"; kritisch zur Auffassung *Seers*: *Höpker*, Der Prozeßvergleich in der Verfassungsgerichtsbarkeit, S. 79 ff.; *Englisch*, Bindende „tatsächliche" und „rechtliche" Verständigungen zwischen Finanzamt und Steuerpflichtigem, S. 35; *Söhn* in FS Selmer, S. 911, 916 f.

991 *Martens*, StuW 1986, 97, 104 Fußnote 83 a.a.O.; *Seer*, StuW 1995, 213, 223; *Seer*, Verständigungen in Steuerverfahren, S. 212 ff.; a.A. und eine Orientierung an § 779 Abs. 1 BGB für zulässig haltend *Weitemeyer*, Der verwaltungsprozessuale Vergleich, S. 151.

weiteren Voraussetzungen erfüllt sein, welche so einer Vertragsfreiheit der Verwaltung entgegenstehen. Überdies sind an das gegenseitige Nachgeben geringe Anforderungen zu stellen[992]. Es bedarf schlicht eines *irgendwie* gearteten Nachgebens von beiden Seiten. Das Nachgeben kann sich auf den Inhalt der Verpflichtung oder beispielsweise auf den Fälligkeitszeitpunkt, auf Teilleistungen oder auf die Kostenfolge beziehen[993]. Das gegenseitige Nachgeben ist damit auch schon erfüllt, wenn der Kläger mit seinem Anspruch in vollem Umfang durchringt und prozessual nachgibt, z.B. seine Klage zurücknimmt[994]. Bedenken, diese Formulierung auch für das Steuerrecht zu übernehmen, greifen damit nicht durch. Fehlt es an einem gegenseitigen Nachgeben, etwa weil sich eine Partei von der Rechtsauffassung der anderen überzeugen lässt und auch ansonsten keine Zugeständnisse macht, ist der materiell-rechtliche Teil des Prozessvergleichs ein einfacher öffentlich-rechtlicher Vertrag[995].

2. *Ungewissheit über die steuerrechtliche Rechtslage*

Für den steuerrechtlichen Vergleichsvertrag kann die Rechtslage ungewiss sein, wenn divergierende finanzgerichtliche Urteile[996] vorliegen und die Verwaltung nicht in eine bestimmte Richtung gebunden ist. Zudem kann die Rechtslage ungewiss sein, wenn eine Rechtsfrage noch ungeklärt ist und eine eindeutige Rechtsprechung fehlt[997]. Trotz der differenzierenden Auffassungen zur

992 Vgl. nur BGH, Urt. v. 31.1.1963 – III ZR 117/62, juris Rn. 13; *Schliesky* in Knack/Henneke, VwVfG, § 55 Rn. 16 f.; *Schübel-Pfister* in Eyermann, VwGO, § 106 Rn. 8; *B. Schmidt* in MKLS, § 101 SGG Rn. 4.

993 *Siewert* in GK-SGB X 1, § 54 SGB X Rn. 10.

994 VGH Baden-Württemberg, Beschl. v. 3.4.1990 – 8 S 341/90, juris Rn. 4; *B. Schmidt* in MKLS, § 101 SGG Rn. 4.

995 S. zu diesem Fall unter Kap. 4 E. III. 4. dieser Arbeit.

996 Möglich sind auch divergierende Ansichten zwischen BFH und BVerfG, so z.B. zu sog. Treaty Overrides BVerfG, Beschl. v. 15.12.2015 – 2 BvL 1/12, BVerfGE 141, 1, juris Rn. 61 ff. und BFH, Vorlagebeschl. v. 10.6.2015 – I R 66/09.

997 S. zur rechtlichen Ungewissheit unter Kap. 4 D. III. 2. dieser Arbeit. Ein Beispiel eines Vergleichs aufgrund rechtlicher Ungewissheit ist das Urteil des BFH vom 11.1.1963 – VI 97/61 U. In welchem der BFH feststellt, dass es „bei der damals jedoch zweifelhaften Rechtslage" verständlich war, dass das Finanzamt und der Steuerpflichtige bestrebt waren, diese Frage für einen Zeitraum von fünf Jahren zu regeln. Es ging um die Frage, ob und in welcher Höhe Aufwendungen eines unterhaltsverpflichteten geschiedenen Ehemanns notwendig und angemessen sind. Ungeklärt war die Anwendbarkeit des § 33 EStG (a.F.) bei einmaligen, als Ablösung oder Abfindung

rechtlichen Ungewissheit besteht weitgehend Einigkeit, dass, sofern ein (gesichertes) höchstrichterliches Präjudiz besteht, die Rechtslage grundsätzlich nicht mehr ungewiss ist, obwohl die Rechtsprechung nicht derart bindet wie eine Rechtsnorm. Die Finanzverwaltung ist nicht absolut an die höchstrichterliche Judikatur gebunden und kann von dieser im Ausnahmefall auch abweichen, grundsätzlich muss sie sich aber an dieser orientieren[998]. Die Urteile der Finanzgerichte und die des BFH sind nur für die am jeweiligen Verfahren Beteiligten bindend und haben keine allgemeine rechtliche Verbindlichkeit[999]. Dennoch kommt finanzgerichtlichen Entscheidungen für die Finanzverwaltung eine erhebliche Orientierungsfunktion zu[1000]. Höchstrichterliche Entscheidungen haben in der Regel grundsätzliche Bedeutung (vgl. § 115 Abs. 2 Nr. 1 FGO) und dienen der Steuerrechtswissenschaft und der Verwaltung als richtungsweisendes Präjudiz[1001], so dass im Fall des Vorliegens eines höchstrichterlichen Urteils nur im Ausnahmefall von einer ungewissen Rechtslage auszugehen ist.

a) *Auswirkungen von Nichtanwendungserlassen für die Ungewissheit der Rechtslage*

Nur im Ausnahmefall weicht die Finanzverwaltung von der Rechtsprechung durch Nichtanwendungserlasse ab[1002]. Möchte die Finanzverwaltung von der

---

geleisteten Zahlungen des unterhaltsverpflichteten Ehemannes, zu diesem Urteil bereits unter Kap. 2 C. I. 1. dieser Arbeit.

998 *Kreft*, Der Nichtanwendungserlass, S. 80; *Lang*, StuW 1992, 14, 17; *Seer*, Verständigungen in Steuerverfahren, S. 393; *Wieland*, DStR 2004, 1, 4; *Drüen* in Tipke/Kruse, AO/FGO, § 4 AO Rn. 114 (Okt. 2020).

999 *Pezzer*, DStR 2004, 525, 530; *Jachmann* in FS Spindler, S. 115, 119 ff.; *Englisch* in Tipke/Lang, Die Steuerrechtsordnung, Rn. 5.37; *Drüen* in Tipke/Kruse, AO/FGO, § 4 AO Rn. 111.

1000 *Wieland*, DStR 2004, 1, 4 f.; *Spindler*, DStR 2007, 1061, 1065; *Englisch* in Tipke/Lang, Die Steuerrechtsordnung, Rn. 5.37.

1001 *Englisch* in Tipke/Lang, Die Steuerrechtsordnung, Rn. 5.37; *Seer*, Verständigungen in Steuerverfahren, S. 394; im Steuerrecht ist eine „normgleiche Präjudizienwirkung" der Rechtsprechung zu konstatieren, zum Richterrecht unter Kap. 4 C. II. dieser Arbeit.

1002 *Krüger*, Die Bindung der Verwaltung, S. 15; *Seer*, Verständigungen in Steuerverfahren, S. 394; *Lange*, NJW 2002, 3657, 3657 f.; die verschiedenen Auffassungen darstellend *Spindler*, DStR 2007, 1061, 1064 f.; *Versin*, SteuerStud 2011, 430, 430 ff.; *Lange* in HHSp., AO/FGO, § 110 FGO Rn. 101, 104 (Juli 2020); einem Nichtanwendungserlass ist es gleichgestellt, wenn eine BFH-Entscheidung nicht oder verspätet im Bundessteuerblatt II veröffentlicht wird, s. *Spindler*, DStR 2007, 1061, 1062 und

höchstrichterlichen Rechtsprechung abweichen, muss sie der Rechtsprechung aber Gelegenheit geben, ihre Judikatur zu ändern[1003]. Einen von der Rechtsprechung abweichenden Vergleichsvertrag darf die Finanzverwaltung somit nicht ohne Weiteres schließen, anderenfalls hätte die Rechtsprechung keine Gelegenheit die Rechtslage zu beurteilen, weil sie im Fall der Verfahrensbeendigung durch Prozessvergleich oder außergerichtlichen Vergleich kein Urteil fällt.

Es ergibt sich hier die Besonderheit, dass die Rechtslage durch einen Nichtanwendungserlass zwischen Finanzverwaltung und Rechtsprechung, welcher sich der Steuerpflichtige anschließen will, gespalten sein kann. Teilweise wird vertreten, dass eine Vermutung der Richtigkeit der Entscheidungen des BFH bestehen würde[1004]. Die höchstrichterliche Rechtsprechung des BFH klärt jedoch, wie die der anderen obersten Bundesgerichte auch, Rechtsfragen. Ob die Entscheidung richtig oder falsch ist, darauf kommt es nicht in erster Linie an. Maßgebend ist die Überzeugungskraft der Begründung[1005]. Es besteht weitgehend Einigkeit darüber, dass Nichtanwendungserlasse im Ausnahmefall möglich sind[1006]. Die Finanzverwaltung ist an den Nichtanwendungserlass gebunden und wird von diesem nicht abweichen. Für die Gerichte hat ein Nichtanwendungserlass grundsätzlich keine Bedeutung[1007].

Desens, Bindung der Finanzverwaltung an die Rechtsprechung, S. 55; *Englisch* in Tipke/Lang, Steuerrecht, Rn. 5.39; s. zur beispielhafter Nichtanwendung höchstrichterlicher Rechtsprechung *Gosch* in FS Spindler, S. 379, 379 ff.

1003 So *Seer*, Verständigungen in Steuerverfahren, S. 394; in der Praxis kommt es aber auch vor, dass die Finanzverwaltung eine höchstrichterliche Entscheidung vermeiden will, s. dazu unter Kap. 4 B. III. 2. c) bb) dieser Arbeit. Wendet die Finanzverwaltung bei der Entscheidung eines konkreten Steuerfalls ein einschlägiges veröffentlichtes BFH-Urteil aufgrund eines Nichtanwendungserlasses zu Lasten des Steuerpflichtigen nicht an, hat sie darauf im Steuerbescheid zu verweisen, s. *Lange* in HHSp., AO/FGO, § 110 FGO Rn. 110 (Juli 2020).

1004 So *Rüfner*, DRiZ 1992, 457, 460 für alle obersten Bundesgerichte, wenngleich die Vermutung entkräftet werden könne; *Lange*, NJW 2002, 3657, 3659.

1005 Klarsichtig *Wieland*, DStR 2004, 1, 5; *Jesse*, BB 2020, 151, 153.

1006 *Wieland*, DStR 2004, 1, 1 ff.; *Spindler*, DStR 2007, 1061, 1063 ff.; *Koenig* in Koenig, AO, § 4 Rn. 66; kritisch *Lange*, NJW 2002, 3657; *Birk/Desens/Tappe*, Steuerrecht (2021), Rn. 58: Sie seien jedenfalls insoweit zulässig, als die Finanzverwaltung eine widersprüchliche oder umstrittene Einzelfallentscheidung des BFH nochmals höchstrichterlich überprüft haben möchte; weitergehend zu Nichtanwendungserlassen *Desens*, Bindung der Finanzverwaltung an die Rechtsprechung, S. 5 ff.; *Lange* in HHSp., AO/FGO, § 110 FGO Rn. 101 (Juli 2020).

1007 Vgl. etwa BFH, Beschl. v. 18.3.2010 – IX B 227/09, BStBl. II 2010, 627, juris Rn. 4; BFH, Urt. v. 17.11.2010 – I R 83/09, BStBl. II 2011, 812, juris Rn. 16; BFH, Beschl.

Das Bestehen eines Nichtanwendungserlasses führt jedoch nicht automatisch dazu, dass die Rechtslage objektiv ungewiss i.S.v. § 55 VwVfG, § 54 Abs. 1 SGB X ist. Diese ist zunächst einmal nur strittig. Eine objektive Ungewissheit muss bei sämtlichen Vertragsparteien bestehen[1008] und unterscheidet diese von der subjektiven. Möchte der Steuerpflichtige der Auffassung der Rechtsprechung folgen, ist die Lage für diesen nicht ungewiss. Ist sich der Steuerpflichtige unsicher, welche Rechtslage zugrunde zu legen ist, ist die Rechtslage jedenfalls für die Finanzbehörde insoweit eindeutig als sie den Nichtanwendungserlass zugrunde legt. Selbst bei subjektiven Zweifeln, welche Rechtslage richtig respektive überzeugend ist, bleibt die Finanzbehörde objektiv an den Nichtanwendungserlass gebunden. Im Rahmen ihrer Rechtsauffassung ist es aber denkbar, dass schlicht über einzelne Besteuerungsgrundlagen gestritten wird, so dass in diesem Fall Raum für einen Vergleich bleibt. Das Gericht wird den vertragsschließenden Parteien eine abweichende Rechtsmeinung auch nicht aufoktroyieren, wenn das Gericht im Rahmen eines Prozessvergleichs prozessfürsorgend agiert[1009].

b) Auswirkungen von norminterpretierenden Verwaltungsvorschriften für die Ungewissheit der Rechtslage

Hat die Finanzverwaltung die Rechtsprechung in norminterpretierende Verwaltungsvorschriften übernommen oder durch die Veröffentlichung im Bundessteuerblatt II dokumentiert, dass sie allgemein für die Besteuerung angewendet werden sollen, sind die nachrangigen Finanzbehörden an diese gebunden[1010]. Norminterpretierende Verwaltungsvorschriften klären vor allem die Bedeutung unbestimmter Rechtsbegriffe und führen so zu einer einheitlichen Gesetzesanwendung und Gesetzesauslegung[1011]. Die Verwaltungsvorschriften haben keine

---

v. 19.3.2014 – X R 28/12, BStBl. II 2014, 929, juris Rn. 52; *Lange* in HHSp., AO/FGO, § 110 FGO Rn. 115 (Juli 2020).

1008 BVerwG, Urt. v. 14.2.1975 – IV C 79.37, juris Rn. 27; *Ziekow/Siegel*, VerwArch. 2004, 133, 142; *Bonk/Neumann/Siegel* in Stelkens/Bonk/Sachs, VwVfG, § 55 Rn. 21; *Brüning/Bosesky* in Mann/Sennekamp/Uechtritz, VwVfG, § 55 Rn. 40; a.A. *Meyer* in Meyer/Borgs, VwVfG, § 55 Rn. 9.

1009 Zur Prozessfürsorgepflicht unter Kap. 4 F. I. dieser Arbeit.

1010 *Wernsmann* in HHSp., AO/FGO, § 4 AO Rn. 85 (Okt. 2020); *Drüen* in Tipke/Kruse, AO/FGO, § 4 AO Rn. 84 (Okt. 2020); *Koenig* in Koenig, AO, § 4 Rn. 54; *Gersch* in Klein, AO, § 4 Rn. 9.

1011 *Helbich*, Vertrauensschutz in Verwaltungsvorschriften des Steuerrechts, S. 87 ff.; *Maurer/Waldhoff*, Allgemeines Verwaltungsrecht, § 24 Rn. 11; *Drüen* in Tipke/Kruse, AO/FGO, § 4 AO Rn. 84 (Okt. 2020); *Englisch* in Tipke/Lang Steuerrecht, Rn. 5.28 ff.; *Birk/Desens/Tappe*, Steuerrecht (2021), Rn. 55; *Koenig* in Koenig, AO, § 4 Rn. 54.

Außenwirkung und binden daher weder den Steuerpflichtigen noch die Gerichte, weil ihnen keine Rechtsnormqualität zukommt[1012]. Norminterpretierende Verwaltungsvorschriften können weder eine einer Rechtsverordnung vergleichbare Bindung aller Rechtsanwender noch eine Bindung nach dem Grundsatz von Treu und Glauben herbeiführen[1013]. Sie können aber mittelbar über das Gleichbehandlungsgebot des Art. 3 Abs. 1 GG Außenwirkung erlangen[1014]. Dadurch werden Leitsätze für die massenweise Rechtsanwendung gebildet und die Rechtsungewissheit beseitigt, weil die Rechtsanwendung insoweit klar ist[1015]. Die Rechtsanwendung ist somit für die Finanzverwaltung grundsätzlich nicht ungewiss, obgleich die Rechtsprechung an diese Rechtsauffassung nicht gebunden ist. Eine Ausnahme besteht jedoch dann, wenn beispielsweise ein in den EStR oder LStR vorgesehener Höchstbetrag aufgrund einer Rechtsprechung des BFH als nicht bindend angesehen wird[1016]. Die Behörde steht dann ein Entscheidungsspielraum im Einzelfall zu.

c) Auswirkungen von Pauschalierungs- und Typisierungsrichtlinien für die Ungewissheit der Rechtslage

Das Einkommensteuerrecht berührt nahezu alle Bereiche des Wirtschaftslebens und ist mit einer Fülle unterschiedlicher Konstellationen konfrontiert, was einen im Vergleich zu anderen Rechtsgebieten gesteigerten Bedarf an Vereinfachungsvorschriften begründet[1017]. Pauschalierungs- und Typisierungsrichtlinien

---

1012 St. Rspr., z.B.: BFH, Urt. v. 4.4.1986 – III R 245/83, BStBl. II 1986, 852, juris Rn. 18 und ganz h.M.: *Kruse*, DStJG 18 (1995), S. 115, 116; *Helbich*, Vertrauensschutz in Verwaltungsvorschriften des Steuerrechts, S. 87 ff., das gilt auch für „typuskonkretisierende" Verwaltungsvorschriften; *Wernsmann* in HHSp., AO/FGO, § 4 AO Rn. 88 (Okt. 2020); *Drüen* in Tipke/Kruse, AO/FGO, § 4 AO Rn. 84 (Okt. 2020); *Birk/Desens/Tappe*, Steuerrecht (2021), Rn. 55; *Gersch* in Klein, AO, § 4 Rn. 9; s. zu Verständigungen und Verwaltungsvorschriften zur Sachverhaltsermittlung *Seer*, Verständigungen in Steuerverfahren, S. 247 ff.

1013 St. Rspr., z.B. BFH, Urt. v. 26.4.1995 – XI R 81/93, BStBl. II 1995, 754, juris Rn. 13; BFH, Urt. v. 16.9.2015 – XI R 27/13, juris Rn. 30.

1014 *Birk/Desens/Tappe*, Steuerrecht (2021), Rn. 55; *Wernsmann* in HHSp., AO/FGO, § 4 AO Rn. 87 (Okt. 2020).

1015 *Schick*, Vergleiche und sonstige Vereinbarungen zwischen Staat und Bürger im Steuerrecht, S. 34 f.; *Seer*, Verständigungen in Steuerverfahren, S. 394 f.

1016 Zu diesem Fall s. BFH, Urt. v. 11.1.1963 – VI 97/61 U, juris Rn. 19. Es handelt sich dabei um norminterpretierende Verwaltungsvorschriften.

1017 S. exemplarisch *Seiler*, Der einheitliche Parlamentsvorbehalt, S. 324; *Osterloh* in Jahrbuch des öffentlichen Rechts der Gegenwart, 2008, S. 141, 151 ff.

(Bewertungsrichtlinien, AfA-Tabellen, Richt- und Pauschsätze) dienen, neben der Vereinfachung der Sachverhaltsermittlung, dem gleichmäßigen Gesetzesvollzug[1018]. Anders als bei den norminterpretierenden Verwaltungsvorschriften bemüht sich der BFH, mit unterschiedlicher Begründung, die von der Verwaltung festgesetzten Durchschnittssätze anzuwenden[1019]. Eine Bindung besteht nicht, jedoch reicht die richterliche Erfahrung in der Regel nicht für eine Widerlegung aus[1020]. Auch für den Steuerpflichtigen sind sie nicht bindend, sondern nur insofern begünstigend, als sie ein Angebot der Finanzbehörde für einen Vergleichsvertrag im Rahmen einer Schätzung enthalten[1021]. Nur wenn die Anwendung der jeweiligen Verwaltungsvorschrift im Einzelfall zu einer offensichtlich unzutreffenden Besteuerung führt, ist eine Abweichung geboten[1022], so dass nur insoweit die Rechtslage ungewiss sein kann.

d) Auswirkungen von Ermessensrichtlinien für die Ungewissheit der Rechtslage

Verwaltungsvorschriften, welche die Ausübung des Ermessens regeln, entfalten Außenwirkung[1023]. Die in ihnen enthaltenen und ständig weiterentwickelten Grundsätze können den Niederschlag derjenigen Rechtsgedanken darstellen,

---

1018 BFH, Urt. v. 30.11.1979 – VI R 129/78, BStBl. II 1980, 141, juris Rn. 16; BFH, Urt. v. 9.7.2003 – I R 48/02, juris Rn. 16; *Martens*, DStJG 5 (1982), S. 165, 201; *Seiler*, Der einheitliche Parlamentsvorbehalt, S. 324; *Wernsmann* in HHSp., AO/FGO, § 4 AO Rn. 86 (Okt. 2020); enger *Wollenschläger* in v. Mangoldt/Klein/Starck, GG, Art. 3 GG Rn. 201 ff.; zur Gesetzmäßigkeit von Verwaltungsvorschriften im Steuerrecht s. *Leisner*, StuW 2007, 241 ff.; ausführlich ebenfalls *Helbich*, Vertrauensschutz in Verwaltungsvorschriften des Steuerrechts, S. 73 ff.

1019 *Kruse*, DStJG 18 (1995), S. 115, 117; *Drüen* in Tipke/Kruse, AO/FGO, § 4 AO Rn. 87 (Okt. 2020) m.w.N.; *Wernsmann* in HHSp., AO/FGO, § 4 AO Rn. 88 (Okt. 2020).

1020 *Wernsmann* in HHSp., AO/FGO, § 4 AO Rn. 88 (Okt. 2020); *Englisch* in Tipke/Lang, Steuerrecht, Rn. 5.34.

1021 FG Niedersachsen, Urt. v. 9.7.2014 – 9 K 98/14, juris Rn. 31.

1022 St. Rspr., BFH, Urt. v. 29.1.1971 – VI R 6/68, BStBl. II 1971, 495, juris Rn. 7; BFH, Urt. v. 26.1.1973 – VI R 148/69, juris Rn. 8; BFH, Urt. v. 20.3.1980 – IV R 11/76, BStBl. II 1980, 455, juris Rn. 13; *Drüen* in Tipke/Kruse, AO/FGO, § 4 AO Rn. 87 (Okt. 2020).

1023 Sie sind damit gerichtlich voll überprüfbar, s. nur BFH, Urt. v. 26.4.1995 – XI R 81/93, BStBl. II 1995, 754, juris Rn. 13; BFH, Urt. v. 9.12.1999 – III R 74/97, BStBl. II 2011, 311, juris Rn. 28; BFH, Urt. v. 13.1.2011 – V R 12/08, BStBl. II 2012, 61, juris Rn. 66; *Drüen* in Tipke/Kruse, AO/FGO, § 4 AO Rn. 93 (Okt. 2020); *Gersch* in Klein, AO, § 4 Rn. 10; *Koenig* in Koenig, AO, § 4 Rn. 55; *Englisch* in Tipke/Lang, Steuerrecht, Rn. 5.28.

die eine jahrelange Ermessenspraxis hervorgebracht hat[1024]. Die Verwaltung darf aufgrund des Gleichheitssatzes, Art. 3 Abs. 1 GG, im Einzelfall nicht ohne triftigen Grund von der durch die Verwaltungsvorschrift bestimmten tatsächlichen Verwaltungsübung abweichen (Selbstbindung der Verwaltung[1025]). Zu einer Selbstbindung der Verwaltung kommt es aber nur, wenn die Verwaltungspraxis mit dem Gesetz in Einklang steht und das eingeräumte Ermessen fehlerfrei anwendet[1026]. Im Regelfall wird eine ungewisse Rechtslage – unter der Anwendung von Ermessensrichtlinien – daher nicht anzunehmen sein.

e) *Auswirkungen von Ermessensentscheidungen für die Ungewissheit der Rechtslage*

Zu klären ist, wie eine Ermessensentscheidung im Hinblick auf die rechtliche Ungewissheit zu bewerten ist. Teilweise wird vertreten, dass kein Vergleichsvertrag i.S.d. § 55 VwVfG, 54 SGB X, sondern ein einfacher öffentlich-rechtlicher Vertrag nach § 54 S. 1 VwVfG, § 53 Abs. 1 S. 1 VwVfG vorliege, wenn die Verwaltung einen Entscheidungsspielraum besitzt (z.B. Ermessen, Beurteilungsspielräume) und sich vertraglich bindet, diesen in einer bestimmten Form auszuüben[1027]. Dem ist insoweit zuzustimmen, als die Rechtslage dennoch einer objektiven Ungewissheit bedarf, damit die Voraussetzungen eines Vergleichsvertrages vorliegen. Wenn der Finanzbehörde die Klärung der Frage, welche von mehreren vertretbaren und rechtmäßigen Entscheidungen im Rahmen

---

1024 BFH, Urt. v. 27.3.1958 – V z 181/57 U, juris Rn. 17; *Drüen* in Tipke/Kruse, AO/FGO, § 4 AO Rn. 93 (Okt. 2020). Sie prägen die Besteuerungspraxis in ganz entscheidendem Maße, vgl. *Hey*, Steuerplanungssicherheit als Rechtsproblem, S. 24 ff.; *Helbich*, Vertrauensschutz in Verwaltungsvorschriften des Steuerrechts, S. 77 f.

1025 Vgl. nur BFH, Urt. v. 26.4.1995 – XI R 81/93, BStBl. II 1995, 754, juris Rn. 14; BFH, Urt. v. 28.6.2000 – X R 24/95, BStBl. II 2000, 514, juris Rn. 51; BFH, Urt. v. 21.7.2009 – VII R 52/08, BStBl. II 2010, 51, juris Rn. 9; BFH (GrS) Beschl. v. 28.11.2016 – GrS 1/15, BStBl. II 2017, 393, juris Rn. 41; *Drüen* in Tipke/Kruse, AO/FGO, § 4 AO Rn. 93 (Okt. 2020); *Koenig* in Koenig, AO, § 4 Rn. 55. Für den Beginn der Selbstbindung bedarf es indes einer antizipierten Verwaltungspraxis, vgl. BVerwG, Urt. v. 24.3.1977 – I RA 211/68, BVerwGE 52, 193, juris Rn. 20.

1026 BFH, Urt. v. 10.10.2001 – XI R 52/00, BStBl. II 2002, 201, juris Rn. 17; *Drüen* in Tipke/Kruse, AO/FGO, § 4 AO Rn. 94 (Okt. 2020).

1027 *Siewert* in GK-SGB X 1, § 54 SGB X Rn. 15; *Meyer* in Meyer/Borgs, VwVfG, § 55 Rn. 12; *Fehling* in Fehling/Kastner/Störmer, VwVfG, VwGO, § 55 VwVfG Rn. 24; enger *Bonk/Neumann/Siegel* in Stelkens/Bonk/Sachs, VwVfG, § 55 Rn. 27, danach handelt es sich nur um die Wahrnehmung von Entscheidungsverantwortung bzw. die Ausübung eines Gestaltungsrechts.

des Beurteilungsspielraums oder Ermessens der Vorzug gegeben werden soll, schwerfällt, sind Vergleichsverträge möglich[1028]. Ein Beispiel für diesen Fall liefert ein Urteil des IV. Senats des BFH, in welchem die Finanzbehörde einen Handlungsspielraum innehatte, ob und in welcher Höhe Aufwendungen eines unterhaltsverpflichteten geschiedenen Ehemanns notwendig und angemessen sind[1029].

f) Zwischenergebnis

Die Rechtslage ist in der Regel nicht mehr ungewiss, wenn ein gesichertes höchstrichterliches Präjudiz besteht. Daran ändert grundsätzlich auch ein Nichtanwendungserlass nichts. Gleichsam genügt das Fehlen höchstrichterlicher Rechtsprechung zu einer bestimmten Rechtsfrage nicht für eine objektive Ungewissheit. Die Rechtslage ist ferner grundsätzlich nicht ungewiss, wenn die Finanzbehörde durch norminterpretierende Verwaltungsvorschriften, Pauschalierungs- und Typisierungsrichtlinien oder Ermessensrichtlinien gebunden ist. Anders kann sich die Situation darstellen, wenn die Behörde im Einzelfall abweichen will.

3. Ungewissheit über die steuerrechtliche Sachlage

Die Finanzbehörde ist von ihrem Auftrag den Sachverhalt zu ermitteln auch in der Vergleichssituation nicht befreit[1030]. Der Anwendungsbereich des steuerrechtlichen Vergleichsvertrages beginnt dort, wo der Sachverhalt nicht mehr,

---

1028 BFH, Urt. v. 11.12.1984 – VIII 131/76, HFR 1985, 212, 214; einschränkend *Wolff*, VerwArch. 2017, 197, 198; *Engelmann* in Schütze, SGB X, § 54 Rn. 10. Zu Verständigungen im Bereich der Ermessensverwaltung BFH, Urt. v. 11.12.1984 – VIII 131/76, HFR 1985, 212, 214; *Seer*, Verständigungen in Steuerverfahren, S. 217 ff.; im Ergebnis auch v. *Wedelstädt*, AO-StB 2001, 190.

1029 BFH, Urt. v. 11.1.1963 – VI 97/61 U, juris Rn. 19, s. zu diesem Urteil bereits unter Kap. 2 C. I. 1. dieser Arbeit.

1030 BFH, Urt. v. 7.7.2004 – X R 24/03, BStBl. II 2004, 975, juris Rn. 50; *Spannowsky*, Verwaltungshandeln durch Verträge und Absprachen, S. 212; *Caspar*, DVBl. 1995, 992; *Spilker*, Behördliche Amtsermittlung, *Seer*, Verständigungen in Steuerverfahren, S. 387 ff.; S. 114 f.; *Fehling* in Fehling/Kastner/Störmer, VwVfG, VwGO, § 55 VwVfG Rn. 3, spricht von „qualifizierten Ungewissheitsbedingungen"; *Meyer* in Meyer/Borgs, VwVfG, § 55 Rn. 11; *Bonk/Neumann/Siegel* in Stelkens/Bonk/Sachs, VwVfG, § 55 Rn. 25; *Thiele* in Pautsch/Hoffmann, VwVfG, § 55 Rn. 3.

nur unter unangemessenem oder unzumutbarem Aufwand aufgeklärt werden kann oder mehrere Sachverhaltsmöglichkeiten denkbar sind[1031].

a) Unangemessener, unzumutbarer oder unmöglicher Aufklärungsaufwand

Ein Anwendungsfall der Ungewissheit über die steuerrechtliche Sachlage ist die erschwerte Sachverhaltsermittlung. Das heißt, dass die Sachverhaltsermittlung übermäßig schwer, aber zur Festsetzung der Steuer erforderlich sein muss. Vor allem bei komplexen Sachverhalten ist es häufig denkbar, dass sich ein Teil nicht vollständig aufklären lässt[1032], wenngleich die Kompliziertheit des Sachverhalts allein nicht für das Bestehen der Sachverhaltsungewissheit genügt. Die Finanzbehörde hat diesbezüglich eine Einschätzungsprärogative[1033]. Verletzt die Finanzbehörde jedoch ihre Ermittlungspflicht, fehlt es am Tatbestandsmerkmal der objektiven Ungewissheit. Dasselbe gilt, wenn der Steuerpflichtige Informationen bewusst zurückhält[1034] und es anderenfalls, bei Erfüllung der Mitwirkungspflichten, nicht zum Abschluss eines Vergleichsvertrages gekommen wäre.

Für die Bestimmung der Sachverhaltsungewissheit muss der Umfang des finanzbehördlichen Amtsermittlungsgrundsatzes erörtert werden[1035]. Der Sachverhalt lässt sich ohne die Mitwirkung des Steuerpflichtigen nicht aufklären, so dass auch die Mitwirkungspflichten für die Bestimmung der

---

1031 *Schimpf*, Der verwaltungsrechtliche Vertrag, S. 221 ff.; *Bonk/Neumann/Siegel* in Stelkens/Bonk/Sachs, VwVfG, § 55 Rn. 25; *Brüning/Bosesky* in Mann/Sennekamp/Uechtritz, VwVfG, § 55 Rn. 41; *Schliesky* in Knack/Henneke, VwVfG, § 55 Rn. 11 f.; *Spieth* in BeckOK VwVfG, § 55 Rn. 37 (Apr. 2021); *Fehling* in Fehling/Kastner/Störmer, VwVfG, VwGO, § 55 VwVfG Rn. 3; *Thiele* in Pautsch/Hoffmann, VwVfG, § 55 Rn. 3.

1032 *Wernsmann* in HHSp., AO/FGO, § 5 AO Rn. 78 (Apr. 2018) nennt als Beispiel den privaten Nutzungsanteil eines Wirtschaftsguts oder die Frage in welchem Umfang ein Freiberufler auch gewerblich tätig ist.

1033 *Seer*, Verständigungen in Steuerverfahren, S. 388, in diese Prognose seien der Grundsatz der Gesetzmäßigkeit, die Rechtsanwendungsgleichheit und die Freiheitsgrundrechte einzustellen. Vgl. zu diesem verfassungsrechtlichen Abwägungsdreieck unter Kap. 2 C. VI. 1. dieser Arbeit; s. zum sog. Verfahrensermessen sogleich; s. für das allgemeine Verwaltungsrecht etwa *Schliesky* in Knack/Henneke, VwVfG, § 55 Rn. 11 f.; *Brüning/Bosesky* in Mann/Sennekamp/Uechtritz, VwVfG, § 55 Rn. 41.

1034 S. zu diesem Fall unter Kap. 4 F. II. 3. dieser Arbeit.

1035 S. zum finanzgerichtlichen Untersuchungsgrundsatz unter Kap. 4 B. III. 1. dieser Arbeit.

Sachverhaltsungewissheit eine maßgebliche Rolle spielen. Auch die Mitwirkungspflichten bleiben von der Möglichkeit des Vertragsschlusses unberührt[1036].

aa) Auswirkungen der Beweislast für die Sachverhaltsungewissheit

Die Behörde darf durch den Vergleichsvertrag keine Beweislastregel übergehen[1037]. Das öffentliche Recht und das Steuerrecht kennen keine positiven (ausdrücklichen) Vorschriften über die Beweislast[1038]. Ausgehend von der Normenbegünstigungstheorie als Beweislastgrundregel trägt jeder Beteiligte für die ihn begünstigenden Tatsachen die objektive Beweislast. Das heißt, der Steuerpflichtige hat die steuerentlastenden oder steuermindernden Tatsachen zu beweisen, der Steuergläubiger, vertreten durch die Finanzbehörde, die steuerbegründenden und steuererhöhenden Tatsachen[1039]. Die Normenbegünstigungstheorie allein führt jedoch nicht zu sachgerechten Ergebnissen. Die Rechtsprechung greift aufgrund dessen auf den Sphärengedanken zur Bestimmung der Beweislast zurück[1040]. Liegt die Ursache für die mangelnde Aufklärbarkeit des entscheidungserheblichen Sachverhalts in der Sphäre eines Beteiligten, so hat dieser auch die prozessualen Folgen zu tragen[1041]. Nach Maßgabe der sphärenorientierten Beweisrisikoverteilung ist die Beweislastgrundregel zu den folgenden Beweisregeln fortzuentwickeln: 1) Liegt das Sachverhaltsaufklärungsdefizit innerhalb der Sphäre des nach der Normenbegünstigungstheorie Beweisbelasteten, so hat die Finanzbehörde eine *Beweislastentscheidung* zu treffen. 2) Liegt das Sachverhaltsaufklärungsdefizit

---

1036 *Bonk/Neumann/Siegel* in Stelkens/Bonk/Sachs, VwVfG, § 55 Rn. 25; *Ziekow*, VwVfG, § 55 Rn. 7; kritisch zur Verhandlung über den Sachverhalt *Müller-Franken*, Maßvolles Verwalten, S. 231 f.

1037 *Spannowsky*, Verwaltungshandeln durch Verträge und Absprachen, S. 215; *Seer*, Verständigungen in Steuerverfahren, S. 390, 191 ff.

1038 Vgl. etwa BVerwG, Urt. v. 28.1.1965 – VIII C 293.63, BVerwGE 20, 211, juris Rn. 7 ff.

1039 BFH, Urt. v. 25.7.2000 – IX R 93/97, BStBl. II 2001, 9, juris Rn. 13; *Seer* in Tipke/Kruse, § 96 FGO Rn. 89 (Aug. 2018); *Seer* in Tipke/Lang, Steuerrecht, Rn. 22.191.

1040 *Seer* in Tipke/Lang, Steuerrecht, Rn. 22.191.

1041 Z.B. BFH, Urt. v. 15.1.1989 – X R 16/86, BStBl. II 1989, 462, juris Rn. 22; BFH, Urt. v. 19.7.2011 – X R 26/10, BStBl. II 2012, 856, juris Rn. 61; *Seer* in Tipke/Lang, Steuerrecht, Rn. 22.191 m.w.N.

außerhalb der Sphäre des nach der Normenbegünstigungstheorie Beweisbelasteten, so ist das Beweismaß nach § 162 AO *herabzusetzen*[1042].

bb) Bestimmung des Umfangs der Ermittlungen

Um zu bestimmen, wann der Sachverhalt nur unter unangemessenen oder unzumutbaren Aufwand ermittelt werden kann, muss der Umfang der Ermittlungspflicht der Finanzbehörden bestimmt werden, welcher einerseits durch den Untersuchungsgrundsatz[1043] und andererseits durch die Strukturprinzipien der Kooperationsmaxime und der Verifikation umrissen wird[1044]. § 88 AO normiert Art, Inhalt und Umfang des Untersuchungsgrundsatzes für die finanzbehördliche Ermittlungstätigkeit im Besteuerungsverfahren. Dabei definiert Absatz 1 Satz 1 diesen Grundsatz, während Absatz 1 Satz 2 diesen konkretisiert, indem er den anzuwendenden Prüfungsumfang vorgibt[1045]. Nach Absatz 1 Satz 2 hat die Finanzbehörde alle für den Beteiligten günstigen Umstände zu berücksichtigen. Nach Absatz 2 Satz 1 AO bestimmt die Finanzbehörde Art und Umfang der Ermittlungen nach den Umständen des Einzelfalls sowie nach den Grundsätzen der Gleichmäßigkeit, Gesetzmäßigkeit und Verhältnismäßigkeit, an das Vorbringen und an die Beweisanträge der Beteiligten ist sie nicht gebunden. Bei der Entscheidung über Art und Umfang der Ermittlungen können allgemeine Erfahrungen der Finanzbehörden sowie Wirtschaftlichkeit und Zweckmäßigkeit berücksichtigt werden, § 88 Abs. 2 AO. Die Finanzbehörde prüft anhand des feststehenden oder vermuteten Sachverhalts, ob es Anlass zu Ermittlungen gibt. Es besteht keine Verpflichtung, den Sachverhalt auf alle denkbaren Fallgestaltungen zu erforschen[1046].

1042 *Seer*, Verständigungen in Steuerverfahren, S. 194 (Hervorhebungen im Original); *Seer* in Tipke/Kruse, § 96 FGO Rn. 89 (Aug. 2018); *Seer* in Tipke/Lang, Steuerrecht, Rn. 22.191.

1043 Teilweise auch: Amtsmaxime, Prinzip der Amtswegigkeit, Untersuchungsgrundsatz, Inquisitionsmaxime oder Inquisitionsgrundsatz oder amtliche Ermittlungspflicht. Der Untersuchungsgrundsatz findet sich in unterschiedlichen Ausprägungen in § 24 VwVfG, § 21 SGB X, § 86 VwGO, § 76 FGO und § 103 SGG.

1044 S. dazu unter Kap. 2 C. VI. 2. dieser Arbeit.

1045 So *Drüen* in HHSp., AO/FGO, § 88 AO Rn. 4 (Juni 2021).

1046 *Rätke* in Klein, AO, § 88 Rn. 29; *Seer* in Tipke/Kruse, AO/FGO, § 88 AO Rn. 7 (Jan. 2017); *Roser* in Gosch, AO/FGO, § 88 AO Rn. 7 (Juli 2021).

(i) Umstände des Einzelfalls, Abs. 1

Der Umfang der Ermittlungen richtet sich insbesondere nach den Umständen des Einzelfalls, vgl. § 88 Abs. 1, Abs. 2 S. 1 AO. Zu diesen Umständen gehören unter anderem die Aufklärungsbedürftigkeit, der Ermittlungsaufwand, der mögliche Ermittlungserfolg, der erforderliche Eingriff in die Grundrechte des Steuerpflichtigen, eine etwaige Verletzung der Mitwirkungspflicht des Steuerpflichtigen[1047] und die verfahrensermessensleitenden Vorgaben nach Absatz 2[1048]. Ferner gehört zu den Einzelfallumständen die Frage, ob die Finanzbehörde Zweifel am Sachverhalt bzw. der Vollständigkeit und Richtigkeit der Steuererklärung hat. Sofern nicht greifbare Anhaltspunkte für falsche oder unvollständige Angaben bestehen, kann die Finanzbehörde den Angaben des Steuerpflichtigen Glauben schenken und muss diesem nicht mit Misstrauen begegnen[1049].

(ii) Wahrheitsgemäße Aufklärung des Sachverhalts, Abs. 1

Ziel des Ermittlungsverfahrens ist die gesetzmäßige (richtige) Entscheidung, solange nicht bestimmte Vorschriften etwas anderes zulassen[1050]. Dies entspricht dem materiellen Wahrheitsprinzip. Die Finanzbehörde muss solange und soweit ermitteln, bis keine Zweifel mehr bestehen. Dies gilt aber nur, soweit eine weitere Aufklärung verhältnismäßig ist[1051].

(iii) Neutralitäts-, Objektivitäts- und Vollständigkeitsgebot

Die Aufklärung muss umfassend, objektiv und neutral erfolgen. Der Grundsatz der Objektivität verdeutlicht, dass die Finanzbehörde nicht nur Beauftragte und Vollstrecker des Staates ist, sondern ein neutrales und objektives Organ[1052]. Die Finanzbehörde muss demgemäß auch die für den Beteiligten günstigen Umstände berücksichtigen, § 88 Abs. 1 S. 2 AO. Zweck des § 88 Abs. 1 S. 2 AO ist nicht die Steuermaximierung. Ein „in dubio pro fisco" im Sinne einer

---

1047 *Wagner* in Kühn/v. Wedelstädt, AO/FGO, § 88 Rn. 3; *Rätke* in Klein, AO, § 88 Rn. 20, 43.

1048 Dazu sogleich.

1049 S. dazu schon unter Kap. 2 C. VI. 2. a) dieser Arbeit.

1050 *Drüen* in HHSp., AO/FGO, § 88 Rn. 135 (Juni 2021); *Roser* in Gosch, AO/FGO, § 88 AO Rn. 7 (Juli 2021).

1051 Vgl. dazu *Drüen* in HHSp., AO/FGO, § 88 Rn. 135 (Juni 2021) m.w.N.

1052 *Spilker*, Behördliche Amtsermittlung, S. 88; *Volquardsen* in SP, AO/FGO, § 88 AO Rn. 3 (Juli 2017); *Roser* in Gosch, AO/FGO, § 88 AO Rn. 6.1 (Juni 2018).

Meistbegünstigung des Staates ist unzulässig[1053]. § 88 Abs. 1 Abs. 2 AO wird durch die Fürsorgepflicht aus § 89 AO ergänzt[1054].

cc) *Verfahrensermessen*

Bei der Entscheidung über Art und Umfang der Ermittlungen können allgemeine Erfahrungen der Finanzbehörde sowie die Wirtschaftlichkeit und Zweckmäßigkeit berücksichtigt werden, § 88 Abs. 2 S. 2 AO. Das Steuerverfahrensrecht weist der Finanzbehörde somit einen Ermessensspielraum hinsichtlich Art und Umfang der Sachverhaltsaufklärung zu[1055], im Unterschied zum materiellen Steuerrecht, das streng gesetzesgebunden ist[1056] und keine Spielräume lässt.

Unter verfahrensermessensleitenden Vorgaben (teilweise auch Ermittlungsgrundsätze[1057] genannt) sind zu verstehen:

- Gesetzmäßigkeitsgrundsatz, Art. 20 Abs. 3 GG, § 85 S. 1 AO;
- Gleichmäßigkeitsgrundsatz, Art. 3 Abs. 1 GG, § 85 S. 1 AO;
- Verhältnismäßigkeitsgrundsatz, bzw. Übermaßverbot;
- Zweckmäßigkeitsgrundsatz;
- Wirtschaftlichkeitsgrundsatz;
- Erfahrungen der Finanzbehörden.

(i) Verhältnis der verfahrensermessensleitenden Vorgaben

Die verfassungsrechtlichen Grundprinzipien der Verhältnismäßigkeit, Gleichmäßigkeit und Rechtmäßigkeit nach Art. 3 Abs. 1, Art. 20 Abs. 3 GG und § 85 S. 1 AO und die erhebungs- und verwaltungstechnischen Grundsätze der

1053 *Spilker*, Behördliche Amtsermittlung, S. 88; *Seer* in Tipke/Kruse, AO/FGO, § 88 Rn. 10 (Jan. 2017); *Roser* in Gosch, AO/FGO, § 88 AO Rn. 6.1 (Juni 2018).

1054 S. dazu unter Kap. 2 C. VI. 2. b) aa) dieser Arbeit.

1055 *Meyding/Bühler*, DStR 1991, 488, 492: „Wertungsspielraum durch das Verfahrensrecht"; *Jansen*, Das Steuerverfahren im Spannungsfeld von Europa- und Verfassungsrecht, S. 29; *Drüen*, DStJG 42 (2019), S. 193, 199; *Rätke* in Klein, AO, § 88 Rn. 20; *Hahlweg* in Koenig, AO, § 88 Rn. 17; *Seer* in Tipke/Lang, Steuerrecht, Rn. 21.170.

1056 *Drüen* in Tipke/Kruse, AO/FGO, § 5 AO Rn. 24 m.w.N. (Okt. 2018); *Drüen*, DStJG 42 (2019), S. 193, 199. Das Ziel des Gesetzgebers ist es, Einzelfallgerechtigkeit zu gewährleisten, vgl. *Drüen* in HHSp., AO/FGO, § 88 Rn. 130 (Juni 2021) m.w.N.

1057 *Volquardsen* in SP, AO/FGO, § 88 AO Rn. 5a ff. (Juli 2017); die Grundsätze der Zweckmäßigkeit und Wirtschaftlichkeit galten schon vor der Neufassung des § 88 AO zum 1.1.2017 und der ausdrücklichen Normierung, s. BVerfG, Urt. v. 20.6.1973 – 1 BvL 9/71, 1 BvL 10/71, BVerfGE 35, 283, 293, BStBl. II 1973, 720, juris Rn. 32 ff.; *Rätke* in Klein, AO, § 88 Rn. 21, 27.

Wirtschaftlichkeit und Zweckmäßigkeit sind nicht auf einer gleichrangigen Stufe einzuordnen. Die Komponenten der Wirtschaftlichkeit und Zweckmäßigkeit finden im Rahmen einer Verhältnismäßigkeitsbetrachtung bzw. Güterabwägung nachrangig Beachtung. Vorrang haben die Grundprinzipien der Gleichmäßigkeit und Gesetzmäßigkeit der Steuerfestsetzung und Steuererhebung sowie das Prinzip der Verhältnismäßigkeit[1058]. Das Wirtschaftlichkeitsprinzip dient der Gesetzmäßigkeit und Gleichmäßigkeit der Besteuerung und steht nicht eigenständig neben diesen Prinzipien[1059], auch wenn es ausdrücklich in den Gesetzestext aufgenommen wurde und verfassungsrechtliches Gewicht hat[1060]. Die Prinzipien sind im Einzelfall gegeneinander abzuwägen und in einen angemessenen Ausgleich zu bringen[1061]. Kein Prinzip darf auf Kosten eines anderen so stark gewichtet werden, dass ein Prinzip faktisch entwertet wird[1062]. Dies entspricht dem Grundsatz der praktischen Konkordanz. Die Ermittlungsgrundsätze sind also nicht isoliert zu betrachten, sondern stehen in einem wechselseitigen Austauschverhältnis. Weitere Erörterung bedürfen die Grundsätze der Verhältnismäßigkeit, Zweckmäßigkeit, der Wirtschaftlichkeitsgrundsatz und die allgemeinen Verwaltungserfahrungen[1063].

(ii) Verhältnismäßigkeitsgrundsatz

Bei den Grundsätzen der Verhältnismäßigkeit und Zweckmäßigkeit gibt es inhaltlich große Überschneidungen[1064]. Der Verhältnismäßigkeitsgrundsatz bzw. das Übermaßverbot ist verfassungsrechtlich verankert. Nach diesem

---

1058 *Volquardsen* in SP, AO/FGO, § 88 AO Rn. 3b (Juli 2017); *Drüen*, DStJG 42 (2019), S. 193, 209 f.; *Ahrendt*, NJW 2017, 537, 538; *Seer* in Tipke/Lang, Steuerrecht, Rn. 21.3; *Roser* in Gosch, AO/FGO, § 88 AO Rn. 6.4 (Juli 2021).

1059 *Seer*, StuW 2015, 315, 321; *Müller-Franken*, StuW 2018, 112, 118.

1060 S. dazu sogleich.

1061 AEAO zu § 88 AO Tz. 3; *Baum*, NWB 2016, 2336, 2339; *Gröpl* in Isensee/P. Kirchhof, Handbuch des Staatsrechts, Bd. V, § 121 Rn. 35 ff.; *Seer* in Tipke/Kruse, AO, § 85 AO Rn. 26 (Jan. 2017); *Gröpl* in Isensee/P. Kirchhof, Handbuch des Staatsrechts, Bd. V, § 121 Rn. 35 ff.

1062 *Baum*, NWB 2016, 2336, 2339; *Seer* in Tipke/Kruse, AO/FGO, § 85 AO Rn. 26 (Jan. 2017) m.w.N.; die Grundsätze von Verfassungsrang lassen sich als die „herrschenden" und die Grundsätze des einfachen Rechts als die „dienenden" Grundsätze verstehen, vgl. *Volquardsen* in SP, AO/FGO, § 88 AO Rn. 3b (Juli 2017).

1063 Zum Gleichmäßigkeits- und Gesetzmäßigkeitsgrundsatz unter Kap. 2 C. IV., V. dieser Arbeit.

1064 *Volquardsen* in SP, AO/FGO, § 88 AO Rn. 3b (Juli 2017).

Prinzip ist das Mittel zu wählen, das bei gleichem Erkenntniswert den geringsten Eingriff in die Rechte des Beteiligten mit sich bringt[1065]. Die Finanzbehörde darf keine Ermittlungshandlungen vornehmen, die zu dem angestrebten Erfolg außer Verhältnis stehen[1066]. Zudem soll der Eingriff möglichst schonend verlaufen, dies gilt sowohl gegenüber dem Steuerpflichtigen als auch gegenüber einem Dritten[1067]. An bestimmten Stellen hat der Grundsatz Eingang in die AO gefunden, beispielsweise in der Gewährung von rechtlichem Gehör und in dem Grundsatz, dass nach § 93 Abs. 1 S. 3 AO die Inanspruchnahme von Dritten erst dann zulässig ist, wenn Anlass zur Annahme besteht, dass der Steuerpflichtige seiner Mitwirkungspflicht nicht genügen wird. § 150 Abs. 8 AO normiert Erleichterungen für Form und Inhalt der Steuererklärungen, in den Fällen, in denen die Befolgung der gesetzlich vorgeschriebenen Erklärungsform eine unzumutbare Härte für die Steuerpflichtigen bedeutet. Vergleichbares gilt für die Erleichterungen der Buchführungs-, Aufzeichnungs- und Aufbewahrungspflichten nach § 148 AO[1068].

(iii) Wirtschaftlichkeitsgrundsatz

§ 88 Abs. 2 S. 2 AO nennt den Wirtschaftlichkeits- und den Zweckmäßigkeitsgrundsatz. Die beiden Prinzipien sind nicht deckungsgleich, fallen aber häufig zusammen[1069]. Die Gesetzesmotive des § 88 Abs. 2 S. 2 AO (BestVModG 2016[1070]) knüpfen an eine Entscheidung des BVerfG aus dem Jahr 1973[1071] zur Kostenfreiheit des Einspruchsverfahrens an. Der Wirtschaftlichkeitsgrundsatz ist ein verfassungsrechtlicher Grundsatz, der alle Staatsgewalt bindet[1072] und

---

1065 *Jakob*, Abgabenordnung, Rn. 170; *Volquardsen* in SP, AO/FGO, § 88 AO Rn. 5c (Juli 2017).

1066 AEAO zu § 88 AO Tz. 2; *Rätke* in Klein, AO, § 88 Rn. 21.

1067 AEAO zu § 88 AO Tz. 2; *Rätke* in Klein, AO, § 88 Rn. 21.

1068 S. zu den Beispielen *Volquardsen* in SP, AO/FGO, § 88 AO Rn. 5c (Juli 2017).

1069 *Seer* in Tipke/Kruse, AO/FGO, § 88 AO Rn. 16 (Jan. 2017); *Bruschke*, AO-StB 2020, 87.

1070 BT-Drucks. 18/7457, S. 67. Schon vor der Gesetzesänderung konnten Zweckmäßigkeit- und Wirtschaftlichkeitserwägungen angestellt werden. S. die vorhergehenden Ausführungen.

1071 BVerfG, Beschl. v. 20.6.1973 – 1 BvL 9/71, 1 BvL 10/71, BVerfGE 35, 283, 293 ff., BStBl. II 1973, 720, juris Rn. 32 ff.

1072 BVerfG, Urt. v. 9.3.2004 – 2 BvL 17/02, BVerfGE 110, 94, BStBl. II 2005, 56, juris Rn. 65; *Seer*, SteuerStud 2010, 369, 373; v. *Arnim*, Wirtschaftlichkeit als Rechtsprinzip, S. 71 ff.; *Müller-Franken*, Maßvolles Verwalten, S. 74 ff.; *Gröpl* in Isensee/P. Kirchhof, Handbuch des Staatsrechts, Bd. V, § 121 Rn. 16 ff.; s. ebenso *Seer* in

den schonenden und ökonomischen Umgang mit den mit steuerfinanzierten Ressourcen gebietet[1073]. Die Exekutive kann über ihre sachlichen und personellen Mittel nur als Treuhänderin[1074] der Allgemeinheit verfügen und hat sie deshalb möglichst effizient einzusetzen[1075]. Im Interesse des Steuerpflichtigen und der Finanzverwaltung ist ein rascher und finanziell angemessener Vollzug anzustellen[1076]. Die Finanzverwaltung muss und kann daher Aspekte der Verwaltungsökonomie in ihre Abwägungsentscheidung einbeziehen[1077]. Die Gemeinwohlverpflichtung der öffentlichen Verwaltung darf sich allerdings nicht allein auf den finanziellen Nutzen stützen und als reine Rentierlichkeit verstanden werden[1078]. Nach dem Wirtschaftlichkeitsgrundsatz kann die Finanzbehörde von Ermittlungen absehen, wenn der voraussichtliche fiskalische Nutzen der Ermittlungen außer Verhältnis zu dem zu erwartenden Ertrag steht[1079]. Gerade bei einer erschwerten Sachverhaltsermittlung ist der voraussichtliche Arbeits- und Zeitaufwand für die Sachverhaltsermittlung im Verhältnis zum steuerlichen Nutzen abzuschätzen[1080]. Eine Rolle spielen kann ebenfalls, ob die Belastung der Finanzbehörde durch ein zu erwartendes finanzgerichtliches Verfahren in einer angemessenen Relation zum Erfolg steht[1081]. Ein Verstoß gegen § 85 S. 1 AO wäre jedoch dann anzunehmen, wenn die Finanzbehörde nur in Fällen mit geringen Mehrsteuern nicht mehr ermitteln würde[1082]. Zur Sicherung der Gesetzmäßigkeit der Besteuerung muss immer eine hinreichende Anzahl

---

Tipke/Lang, Steuerrecht, Rn. 21.3; für den Haushaltsplan des Bundes gemäß Art. 110 GG ist unmittelbarer verfassungsrechtlicher Anknüpfungspunkt Art. 114 Abs. 2 S. 1 GG, *Kube* in Dürig/Herzog/Scholz, GG, Art. 110 Rn. 152 ff.; *Müller-Franken*, StuW 2018, 113, 117 f.

1073 *Schmidt-Aßmann*, Das Allgemeine Verwaltungsrecht als Ordnungsidee, S. 337 Rn. 65 ff.; *Drüen*, FR 2011, 101, 110, *Müller-Franken*, Maßvolles Verwalten, S. 69.

1074 Vgl. zum Treuhandverhältnis zwischen Staat und Bürger *Kube* in Dürig/Herzog/Scholz, GG, Art. 110 Rn. 65 ff., 153.

1075 *Seer*, SteuerStud 2010, 369, 373.

1076 BVerfG, Beschl. v. 31.5.1988 – 1 BvR 520/83, juris Rn. 42.

1077 *Seer*, DStJG 31 (2008), S. 7, 17; *Seer*, StuW 2015, 315, 319.

1078 *Schmidt-Aßmann*, Das Allgemeine Verwaltungsrecht als Ordnungsidee, S. 337 Rn. 65; *Baum*, NWB 2016, 2336, 2338; *Seer* in Tipke/Kruse, AO/FGO, § 88 AO Rn. 14 (Jan. 2017).

1079 *Volquardsen* in SP, AO/FGO, § 88 AO Rn. 5e (Juli 2017).

1080 BMF von 30.7.2008 – IV A 3 – S 0223/07/10002, BStBl. I 2008, 831, Tz. 3.

1081 *Bruschke*, DStR 2010, 2611; *Bruschke*, AO-StB 2020, 87, 88.

1082 *Rätke* in Klein, AO, § 88 Rn. 26; *Müller-Franken*, StuW 2018, 113, 114.

zufällig ausgewählter Fälle durch die Finanzbehörde vertieft geprüft werden[1083]. Der Wirtschaftlichkeitsgrundsatz ist eine Spielart des Verhältnismäßigkeitsgrundsatzes, der zunächst den Aufwand der Verwaltung ins Verhältnis zum zu erwartenden Ertrag setzt, andererseits aber eine zu erbringende Mitwirkungshandlung und den damit verbundenen Aufwand auf Seiten des Steuerpflichtigen bzw. des Mitwirkungspflichtigen nur dann erforderlich macht, wenn dies durch den damit verbundenen Erfolg gerechtfertigt scheint[1084].

(iv) Zweckmäßigkeitsgrundsatz

Trotz des in § 85 S. 1 AO festgelegten Legalitätsprinzips können bei den Entscheidungen der Finanzbehörden Zweckmäßigkeitserwägungen einbezogen werden. Dies war in der Rechtsprechung des BFH[1085] und der des BVerfG[1086] schon vor der Änderung von § 88 Abs. 2 S. 2 AO[1087] anerkannt. Für die Anforderungen, die an die Aufklärungspflicht der Finanzbehörde zu stellen sind, kann die Erwägung eine Rolle spielen, dass die Aufklärung einen nicht mehr vertretbaren Zeitaufwand erfordert. Dabei kann unter Wirtschaftlichkeitsgesichtspunkten auf das Verhältnis zwischen voraussichtlichem Arbeitsaufwand und steuerlichem Erfolg abgestellt werden[1088]. Eine weitergehende Sachverhaltsermittlung muss erfolgsdienlich und sachgerecht sein[1089].

(v) Allgemeine Verwaltungserfahrungen

Im Rahmen der Ermittlungen sind außerdem allgemeine Erfahrungen der Finanzbehörden, die aus vergleichbaren Lebenssachverhalten gewonnen worden

1083 S. zur Verifikation unter Kap. 2 C. VI. 2. a) dieser Arbeit; AEAO zu § 88 Nr. 3; *Rätke* in Klein, AO, § 88 AO Rn. 26; *Hahlweg* in Koenig, AO, § 88 AO Rn. 26.

1084 *Volquardsen* in SP, AO/FGO, § 88 AO Rn. 5c (Juli 2017).

1085 S. z.B. BFH, Beschl. v. 5.3.2007 – IX B 29/06, juris Rn. 3 ff.

1086 BVerfG, Urt. v. 20.6.1973 – 1 BvL 9/71, 1 BvL 10/71, BVerfGE 35, 283, 293 ff., BStBl. II 1973, 720, juris Rn. 32 ff.

1087 Der Gesetzgeber nannte die Änderung des § 88 AO – neben der Regelung in § 155 Abs. 4 AO – als eine der Kernpunkte der Modernisierung des Besteuerungsverfahrens, s. BT-Drucks. 18/7457, S. 67.

1088 BT-Drucks. 18/7457, S. 68. Als taugliche Zwecke, nach denen sich der Zweckmäßigkeitsgrundsatz ausrichtet, seien die Gesetzmäßigkeit und die Gleichmäßigkeit der Besteuerung zu nennen, an denen sich die, seitens der Finanzverwaltung zu ergreifende Ermittlungshandlung, zu messen habe. Ebenfalls Erfahrungen aus vergleichbaren Sachverhalten, s. *Volquardsen* in SP, AO/FGO, § 88 AO Rn. 3b, c (Juli 2017).

1089 *Volquardsen* in SP, AO/FGO, § 88 AO Rn. 5d (Juli 2017).

sind, zu berücksichtigen[1090]. Gerade in steuerlichen Massenfällen haben Erfahrungen und vergleichbare Fälle eine hohe praktische Relevanz. Sie sind geeignet, Schwerpunkte für ein etwaiges Kontrollbedürfnis zu bilden und können zudem in Risikomanagementsysteme Eingang finden[1091]. Die Finanzbehörde darf auf die allgemeinen Erfahrungen in vergleichbaren Fällen zurückgreifen und zwischen ihren steuerlichen Mehreinnahmen andererseits abwägen[1092].

Aus den allgemeinen Verwaltungserfahrungen lässt sich ableiten, dass die Behörde nicht in jedem Einzelfall verpflichtet sein kann, den Streitfall vor die Finanzgerichte zu bringen. Aus den verfahrensermessensleitenden Vorgaben folgt für diese die Möglichkeit eines „konzepthaften" Vorgehens[1093]. Im materiellen Steuerrecht können Streitfälle häufig eine Breitenwirkung entfalten, wie sie bei anderen Gerichtsbarkeiten nicht zu finden ist. Es kommt vor, dass ein einziges Urteil eine Entscheidung über einige Millionen Fälle bedeutet[1094]. Das heißt, dass die Finanzbehörde das Recht haben soll, sich bei gehäuft auftretenden strittigen Fallkonstellationen den passenden Fall auszusuchen und nur diesen, aus ihrer Sicht aussichtsreichen, Leitfall exemplarisch auszufechten. In den restlichen Fällen darf die Finanzbehörde ohne umfassende Sachverhaltsaufklärung in die Vergleichssituation ausweichen und eine gerichtliche Befassung mit der streitigen Einzelfallkonstellation umgehen. Somit wird erheblicher Aufklärungsaufwand vermieden und der einvernehmliche Umgang mit Unsicherheiten führt zur höheren Rechtsbeständigkeit und früheren Rechtssicherheit[1095].

b) *Sachverhaltsaufklärung als Mitwirkungspflicht im Rahmen des Vergleichsvertrages*

Die bestehende kooperative Sachaufklärungsgemeinschaft bietet dem Steuerpflichtigen die Möglichkeit zur besonderen Konsensbildung in Gestalt des

1090 BT-Drucks. 18/7457, S. 68.

1091 *Seer* in Tipke/Kruse, AO, § 88 AO Rn. 17.

1092 AEAO § 88 Tz. 3; *Rätke* in Klein, AO, § 88 Rn. 27.

1093 So *Drüen* in HHSp., AO/FGO, § 88 AO Rn. 277 (Juni 2021) mit einer Parallele zur Beseitigung von Schwarzbauten im Bauordnungsrecht, vgl. BVerwG, Beschl. v. 24.7.2014 – 4 B 34/14, juris Rn. 4.

1094 S. zu dieser Erkenntnis im Rahmen der „normgleichen Präjudizienwirkung" höchstrichterlicher Entscheidungen unter Kap. 4 C. III. dieser Arbeit.

1095 So insgesamt *Drüen* in HHSp., AO/FGO, § 88 AO Rn. 277 (Juni 2021); s. ebenso BMF v. 30.7.2008 – IV A 3 – S 0223/07/10002, BStBl. I 2008, 831, Tz. 3: tatsächliche Verständigungen sind auch dazu geeignet finanzgerichtliche Verfahren zu vermeiden.

Vergleichsvertrages, als Ausfluss der Kooperationsmaxime[1096]. Die Finanzbehörden können den gesetzlichen Auftrag, Steuern gleichmäßig und gesetzmäßig zu erheben (§ 85 S. 1 AO) nur im Zusammenwirken mit dem Steuerpflichtigen erfüllen[1097]. Der Amtsermittlungsgrundsatz und die Mitwirkungspflicht des Steuerpflichtigen hängen wechselseitig voneinander ab[1098] und bilden jeweils das Gegenstück[1099] zueinander. Der Mitwirkungspflicht des Beteiligten liegt schon der Umstand zugrunde, dass sich die entscheidungserheblichen Sachverhalte in dessen unmittelbarer Nähe abspielen (sog. „Beweisnähe“[1100]) und er deshalb am besten zur Sachverhaltsaufklärung beitragen kann[1101].

Trotz des bestehenden Kooperationsverhältnisses bleibt die Letztverantwortung für die Sachverhaltsermittlung bei der Finanzbehörde[1102]. Diese Mitwirkungspflicht[1103] besteht aber nur für die Sachverhaltsaufklärung, nicht für die

---

1096 *Seer*, Verständigungen in Steuerverfahren, S. 215, 389; *Achatz*, DStJG 27 (2004), S. 161, 171; kritisch *Söhn* in HHSp., AO/FGO, § 78 AO Rn. 162 (Nov. 2017), nach *Söhn* sei der Steuerpflichtige nicht mit-verantwortlich für die Sachverhaltsermittlung und könne es auch nicht sein, weil er immer eigennützige Ziele verfolgen wird.

1097 BFH, Urt. v. 17.1.1956 – I 242/54 U, juris Rn. 5; BFH, Urt. v. 28.10.2009 – VIII R 78/05, BStBl. II 2010, 455, juris Rn. 33; *Drüen*, Zukunftsfragen des deutschen Steuerrechts, S. 1, S. 8; *Söhn* in HHSp., AO/FGO, § 90 AO Rn. 24 (Apr. 2020); zur Gesetzmäßigkeit und Gleichmäßigkeit der Besteuerung unter Kap. 2 C. IV., V. dieser Arbeit.

1098 Nach *Eckhoff*, Rechtsanwendungsgleichheit im Steuerrecht, S. 324 effektuieren bzw. überlagern die Mitwirkungspflichten den Untersuchungsgrundsatz; *Kobor*, Kooperative Amtsermittlung im Verwaltungsrecht, S. 73 f., 111 ff. m.w.N.; dabei „vermindert sich die Ermittlungspflicht der Finanzbehörde keineswegs in dem Maße, wie der Beteiligte weniger mitwirkt als er müsste“ so *Söhn* in HHSp., AO/FGO, § 90 AO Rn. 29 (Apr. 2020) m.w.N.

1099 S. dazu schon unter Kap. 2 C. VI. 2. b) dieser Arbeit.

1100 BFH, Urt. v. 15.2.1989 – X R 16/86, BStBl. II 1989, 462, juris Rn. 22; BFH, Urt. v. 28.10.2009 – VIII R 78/05, BStBl. II 2010, 455, juris Rn. 33; *Volquardsen* in SP, AO/FGO, § 90 AO Rn. 6, 15 f. (Jan. 2020); zur Auswirkung der Beweisnähe auf die Verschiebung der Grenze zumutbarer Mitwirkung *Söhn* in HHSp., AO/FGO, § 90 AO Rn. 107 (Apr. 2020).

1101 *Roser* in Gosch, AO/FGO, § 90 AO Rn. 4 (Aug. 2017); *Seer* in Tipke/Kruse, AO/FGO, § 90 AO Rn. 8 (Okt. 2017); *Rätke* in Klein, AO, § 90 Rn. 7.

1102 S. dazu unter Kap. 2 C. VI. 2. b) aa) dieser Arbeit.

1103 Es ist zwischen Mitwirkungspflicht, Mitwirkungsobliegenheit und Mitwirkungsrecht zu unterscheiden. Innerhalb der Mitwirkungspflichten ist zwischen allgemeinen, besonderen, erhöhten und gesteigerten Mitwirkungspflichten zu differenzieren. Zur Mitwirkung der Verfahrensbeteiligten als integrales Prinzip des Untersuchungsgrundsatzes vgl. *Kobor*, Kooperative Amtsermittlung im Verwaltungsrecht, S. 91 ff.

rechtliche Würdigung des festgestellten Sachverhalts[1104], weil die richtige Anwendung des Rechts nicht in die Mitverantwortungssphäre des Steuerpflichtigen fällt. Die allgemeine Mitwirkungspflicht ist in § 90 Abs. 1 AO abstrakt normiert, es handelt sich um eine Generalklausel[1105]. Die Bedeutung dieser Generalklausel wird zum einen durch die besonderen Mitwirkungspflichten, also den in der AO und in Einzelsteuergesetzen normierten Pflichten, zum anderen durch die Literatur und Rechtsprechung ausgefüllt[1106]. In der AO sind in den §§ 90 ff. AO zahlreiche Mitwirkungspflichten verankert, die durch ihre Anzahl und Intensität – im Vergleich zum allgemeinen Verwaltungsrecht – herausstechen[1107]. Die besonderen Mitwirkungspflichten sind dabei als Spezialvorschriften gegenüber § 90 Abs. 1 AO anzusehen und konkretisieren die allgemeine Mitwirkungspflicht[1108]. Der Mitwirkungspflicht kommt der Steuerpflichtige ausweislich § 90 Abs. 1 S. 2 AO dadurch nach, dass er die erheblichen Tatsachen vollständig und wahrheitsgemäß offenlegt und die ihm bekannten Beweismittel angibt[1109]. Welche Tatsachen erheblich sind, bestimmt die Finanzbehörde[1110]. § 90 Abs. 1 S. 2 AO normiert eine Wahrheitspflicht, welche in jeder Phase des Steuerverfahrens gilt[1111]. Die Mitteilung geeigneter Beweismittel ist wichtiger Bestandteil der

---

1104 *Seer*, Verständigungen in Steuerverfahren, S. 215; *Volquardsen* in SP, AO/FGO, § 90 AO Rn. 1 (Jan. 2020).

1105 *Spilker*, Behördliche Amtsermittlung, S. 275; *Jansen*, Das Steuerverfahren im Spannungsfeld von Europa- und Verfassungsrecht, S. 37; *Söhn* in HHSp., AO/FGO, § 90 Rn. 6, 15 (Apr. 2020); s. ebenso *Seer* in Tipke/Lang, Steuerrecht, Rn. 21.171.

1106 BFH, Urt. v. 11.10.1989 – I R 101/87, BStBl. II 1990, 280, 282; *Volquardsen* in SP, AO/FGO, § 90 AO Rn. 13 (Jan. 2020); *Welker* in Zugmaier/Nöcker, AO Kommentar Online, § 90 Rn. 2 (Okt. 2021); § 90 Abs. 1 AO wird in den folgenden Vorschriften (unter anderem §§ 93–100 AO) konkretisiert.

1107 *Drüen*, Zukunftsfragen des deutschen Steuerrechts, 1, 8; *Grashoff* in Grashoff, Grundzüge des Steuerrechts, Rn. 566; *Söhn* in HHSp., AO/FGO, § 90 AO Rn. 25 (Apr. 2020); für einen Vergleich der Mitwirkungspflichten *Poschenrieder*, Außergerichtliche Vorverfahren im Verwaltungsrecht, S. 156 ff.

1108 BFH, Urt. v. 11.10.1989 – I R 101/87, BStBl. II 1990, 280, juris Rn. 17 ff., vgl. zum Verhältnis der Mitwirkungspflichten *Roser* in Gosch, AO/FGO, § 90 AO Rn. 11 ff. (Aug. 2017).

1109 *Volquardsen* in SP, AO/FGO, § 90 AO Rn. 18 f. (Jan. 2020).

1110 *Seer* in Tipke/Kruse, AO/FGO, § 90 AO Rn. 8 (Okt. 2017); a.A. *Volquardsen* in SP, AO/FGO, § 90 AO Rn. 18 f. (Jan. 2020): objektive Maßstäbe seien heranzuziehen. Eine potentielle Steuererheblichkeit reiche jedoch aus; s. ebenso *Söhn* in HHSp., AO/FGO, § 90 AO Rn. 53 (Apr. 2020).

1111 *Jansen*, Das Steuerverfahren im Spannungsfeld von Europa- und Verfassungsrecht, S. 36; *Seer* in Tipke/Kruse, AO/FGO, § 90 AO Rn. 3; *Rätke* in Klein, AO, § 90 Rn. 6.

Mitwirkungspflicht, § 90 Abs. 1 S. 2 AO. Die Mitteilung der Beweismittel dient dabei der Erfüllung der Erforschung der materiellen Wahrheit durch die Finanzbehörde[1112]. Der Umfang der Mitwirkungspflicht ergibt sich aus den Umständen des Einzelfalls, § 90 Abs. 1 S. 3 AO. Diese Einzelfallumstände sind dabei parallel zu § 88 Abs. 1 S. 1 AO zu bestimmen[1113].

c) *Mehrere Sachverhaltsvarianten und gesetzliche Beweismaßreduktion*

Sofern das Beweismaß abgesenkt ist, muss die Finanzbehörde vom Sachverhalt nicht mit an Sicherheit grenzender Wahrscheinlichkeit überzeugt sein. Es können mehrere Sachverhaltsalternativen richtig und gleich wahrscheinlich sein. Das Beweismaß orientiert sich ebenfalls wie die Beweislast an der Sphärenverantwortlichkeit[1114]. Für steuerbegründende oder steuererhöhende Tatsachen gilt: Beruht das Sachverhaltsaufklärungsdefizit auf unzureichender Mitwirkung des Steuerpflichtigen, so reduziert sich das Beweismaß entsprechend der Pflichtverletzung auf eine größtmögliche Wahrscheinlichkeit. Ansonsten bleibt es beim Regelbeweismaß. Für steuerentlastende oder steuermindernde Tatsachen gilt: Beruht das Sachverhaltsaufklärungsdefizit auf unzureichender Mitwirkung des Steuerpflichtigen, so bleibt es beim Regelbeweismaß. Ansonsten ist das Beweismaß auf eine größtmögliche Wahrscheinlichkeit nach § 162 Abs. 1 AO zu reduzieren[1115]. Es gibt zudem Sachverhalte, neben dem Fall der gesetzlichen Beweismaßreduktion, die ihrer Natur nach nicht mit an Sicherheit grenzender Wahrscheinlichkeit aufgeklärt werden können. Dazu gehören etwa die als Grundlage für die Bewertung eines Wirtschaftsguts dienenden Tatsachen[1116], Aufteilungen- oder Abgrenzungen[1117] oder Kalkulationen[1118].

Die AO kennt weitere Wahrheitspflichten, z.B. in § 150 Abs. 2 AO. Im Steuerrecht gilt allgemein der Grundsatz der Wahrheitspflicht vgl. *Volquardsen* in SP, AO/FGO, § 90 AO Rn. 22 (Jan. 2020) und *Söhn* in HHSp., AO/FGO, § 90 AO Rn. 54 (Apr. 2020).

1112 *Wagner* in Kühn / v. Wedelstädt, AO/FGO, § 88 AO Rn. 1.

1113 S. dazu unter Kap. 3 B. III. 1. dieser Arbeit; die Tatsache, dass sich der Umfang der Mitwirkungspflichten nach den Umständen des Einzelfalls richtet, hätte im Gesetz nicht gesondert erwähnt werden müssen, vgl. ebenso *Volquardsen* in SP, AO/FGO, § 90 AO Rn. 15 (Jan. 2020).

1114 S. dazu unter Kap. 3 B. III. 1. a) dieser Arbeit.

1115 Inhaltlich entnommen von *Seer* in Tipke/Lang, Steuerrecht, Rn. 21.207, 22.190.

1116 Zu Fallgruppen verständigungsrelevanter Beweismaßsenkungen *Seer*, Verständigungen in Steuerverfahren, S. 196 ff.

1117 *Seer*, Verständigungen in Steuerverfahren, S. 201 ff.

1118 *Seer*, Verständigungen in Steuerverfahren, S. 202 ff.

d) *Pflichtgemäßes Ermessen*

Wenngleich Ermessensentscheidungen im materiellen Steuerrecht über Entstehen und Höhe der Steuerlast nicht möglich sind, sind Ermessensentscheidungen der Verwaltung im Steuerverfahrensrecht zulässig. Möglich ist die Beachtung fachspezifischer Erwägungen im Rahmen des Ermessens. Im Sozialrecht kann etwa der Gesundheitszustand oder das Alter der Beteiligten berücksichtigt werden[1119]. Für den steuerrechtlichen Vergleichsvertrag können daher auch unterschiedliche Gesichtspunkte in das Ermessen der Finanzbehörde einfließen. Neben dem Sachverhaltsaufklärungsaufwand kann etwa die Befriedigungswirkung des Vergleichsvertrages für beide Parteien berücksichtigt werden. Damit gehen die Besonderheiten, die aus den Eigenschaften des Dauerschuldverhältnisses zwischen Behörde und Steuerpflichtiger folgen, einher. Nachdem die Voraussetzungen eines finanzgerichtlichen Prozessvergleichs dargestellt wurden, ist sich nun der Frage nach Inhalt und Erscheinungsformen eines finanzgerichtlichen Prozessvergleichs zu widmen.

E. Inhalt und Erscheinungsformen eines finanzgerichtlichen Prozessvergleichs

I. Vergleichseignung der Prozessmaterie?

Die Streitigkeiten, mit welchen der Finanzrichter befasst ist, eignen sich in unterschiedlichem Maße für eine gütliche Beilegung. Dies liegt im Grundsätzlichen an geringeren oder umfangreicheren Dispositionsbefugnissen der Behörde[1120]. Der steuerliche Prozessvergleich kann, wie die tatsächliche Verständigung, für unterschiedliche Streitgegenstände das geeignete Mittel zur Prozessbeendigung sein. Für den Verwaltungsprozess wird die These aufgestellt, dass der Verwaltungsrichter den Prozessvergleich deswegen scheuen könnte, weil er sich als Verwaltungsrichter des ersten Rechtszuges als Vollstreckungsgericht um die Vollstreckung gerichtlicher Titel „kümmern" muss[1121]. Wenn der Richter erreichen kann, die Sache durch eine gerichtlich nicht vollstreckbare Einigung

1119 S. dazu unter Kap. 2 B. I. 3. dieser Arbeit.

1120 S. für den Verwaltungsprozess *Ortloff* in Schoch/Schneider, VwGO, § 106 Rn. 21 (Mai 2010); zu mediationsgeeigneten Fallgruppen *Westermann*, Stbg 2018, 304, 305 ff.; das Abgabenrecht ist einer der häufigsten Vergleichsgegenstände von Prozessvergleichen vor den Verwaltungsgerichten, vgl. *Eisenlohr*, Der Prozeßvergleich in der Praxis der Verwaltungsgerichtsbarkeit, S. 41.

1121 So *Ortloff* in Schoch/Schneider, VwGO, § 106 Rn. 23 (Mai 2010).

abzuschließen, erhöhe das seine Bereitschaft, auf diese Lösung hinzuarbeiten[1122]. Für den Finanzprozess lässt sich feststellen, dass die Befolgungsbereitschaft der vergleichsweisen Einigung – jedenfalls der Finanzbehörde – naturgemäß sehr hoch sein wird, so dass die Vergleichsbereitschaft darunter nicht leiden wird. Dies gilt unabhängig von der Zuständigkeit des Vollstreckungsorgans[1123]. Die Finanzbehörde wird sich im Regelfall an einen Vergleich halten. Dies nicht nur aufgrund dessen, weil diese an einer endgültigen Streitbeendigung interessiert ist, sondern auch deshalb, weil a priori eine Vermutung des „rechtmäßigen" bzw. vergleichskonformen staatlichen Handelns besteht.

Die Prozessmaterie weist in der Gesamtbetrachtung unter empirischen Gesichtspunkten eine besondere Vergleichsgeeignetheit auf, weil die konsensuale Streitbeilegung des Verfahrens den Regelfall darstellt[1124]. Die Finanzgerichtsordnung ist damit Einigungen besonders zugänglich. Auch im Besteuerungsverfahren ist, im Vergleich zum allgemeinen Verwaltungsrecht, durch die Erörterungstermine, §§ 201, 364a AO, eine besondere normative Verankerung eines Einigungsgedankens erkennbar geworden[1125].

II. Erscheinungsformen des finanzgerichtlichen Prozessvergleichs

Nach § 79 Abs. 1 S. 2 Nr. 1 FGO kann der Vorsitzende oder der Berichterstatter die Beteiligten zur Erörterung des Sach- und Streitstandes und zur gütlichen Beilegung des Rechtsstreits laden. Aus § 87 Abs. 1 S. 2 Nr. 1 VwGO folgt, dass ein Prozessvergleich auch im Erörterungstermin geschlossen werden kann. In § 106 Abs. 3 Nr. 7 SGG ist der Erörterungstermin vorgesehen, ohne die ausdrückliche Möglichkeit des Vergleichs festzulegen. Der Vergleichsschluss im Erörterungstermin ist jedoch möglich[1126]. Ein Prozessvergleich kann somit auch

---

1122 *Ortloff/Riese* in Schoch/Schneider, VwGO, § 106 Rn. 23 (Aug. 2022).

1123 Zur Vollstreckbarkeit des finanzgerichtlichen Vergleichs s. unter Kap. 4 G. dieser Arbeit.

1124 Zu dieser Erkenntnis unter Kap. 4 A. I. dieser Arbeit.

1125 Zu dieser Erkenntnis unter Kap. 2 C. VII. 2. dieser Arbeit. Der besondere Vergleichsbedarf des materiellen Steuerrechts resultiert unter anderem aus den Besonderheiten des Steuerrechts, welche sich in den Bedürfnissen des Dauerschuldverhältnisses im Massenverfahren zeigen können. Aus der Komplexität des Steuerrechts und den oftmals bestehenden Rechtsunsicherheiten folgt ein ausgeprägtes Rechtsschutzbedürfnis der Beteiligten.

1126 S. dazu bereits unter Kap. 2 C. VII. 1. dieser Arbeit; zur Unzulässigkeit von Vergleichsverhandlungen durch Prüfungsbeamte *Seer*, Der Einsatz von Prüfungsbeamten durch das Finanzgericht, S. 182 f.

außerhalb der mündlichen Verhandlung in einem hierfür bestimmten Termin protokolliert werden[1127]. Dies wird der Funktion des gerichtlichen Erörterungstermins gerecht. Im Erörterungstermin setzt erstmalig die wesentliche Aufgabe der Gerichte ein, denn die Finanzbehörde tritt dem Steuerpflichtigen im Verfahren zum ersten Mal gleichgeordnet gegenüber. Vor allem im Erörterungstermin geraten verhärtete Fronten oftmals unerwartet wieder in Bewegung, weil sich die Finanzbehörde ernsthaft mit dem Vorbringen des Steuerpflichtigen befassen muss[1128]. Das Gericht kann als „Kommunikationsbrücke" zwischen den Beteiligten fungieren und als unparteiischer Entscheidungsträger als Schlichter tätig werden[1129]. Die Finanzbehörde wird sich verpflichten, den angefochtenen Verwaltungsakt zu ändern oder einen neuen Steuerverwaltungsakt zu erlassen[1130], so dass der Prozessvergleich im Erörterungstermin zur Erledigung des Verfahrens führt. Der Prozessvergleich kann auch in der mündlichen Verhandlung zu Protokoll des Gerichts (§ 106 S. 1 Hs. 2 VwGO, § 101 Abs. 1 S. 1 Hs. 2 SGG) oder schriftlich (§ 106 S. 2 VwGO, § 101 Abs. 1 S. 2 SGG) geschlossen werden.

III. Inhalt finanzgerichtlicher Prozessvergleiche

1. Umsetzung der Einigung

Die Umsetzung der erzielten Einigung der Parteien kann auf unterschiedliche Weise erfolgen. Die Finanzbehörde kann den angefochtenen Steuerbescheid in der mündlichen Verhandlung aufheben. Gegenstand des Verfahrens wird in der Folge der Änderungsbescheid, § 68 S. 1 FGO[1131]. Die Änderung des angefochtenen Steuerverwaltungsaktes ist zulässig, weil die Klage nichts an der Dispositionsmöglichkeit der Behörde über den Verwaltungsakt ändert[1132]. Es kann

---

1127 *Seer*, Verständigungen in Steuerverfahren, S. 44, der Termin kann auch im Finanzamt erfolgen; *Riese* in Schoch/Schneider, VwGO, § 87 Rn. 13 (Jan. 2020); *Peters* in Sodan/Ziekow, VwGO, § 87 Rn. 17.

1128 So *Birk*, DStR 2014, 65, 69; s. *Stalbold* in Gosch, AO/FGO, § 79 FGO Rn. 18 (Juli 2023) zu den Vorteilen des Erörterungstermins.

1129 *Birk*, DStR 2014, 65, 69; zum Erörterungstermin zuletzt *Schmitz-Herscheidt*, Stbg 2020, 400: Der Erörterungstermin eigne sich besonders gut, um das Dauerschuldverhältnis zwischen Finanzverwaltung und Steuerpflichtigem zu verbessern.

1130 Zum Inhalt des Prozessvergleichs sogleich.

1131 *Bartone*, AO-StB 2001, 56; *Drüen*, AO-StB 2001, 87; *Nieland*, AO-StB 2002, 26, 27; *Hildebrand*, BB 2017, 1763, 1765.

1132 *Drüen*, AO-StB 2001, 87; *Krumm* in Tipke/Kruse, AO/FGO, § 68 FGO Rn. 1 (Mai 2023): „Herrschaft über ihren VA".

allerdings auch eine Einigung dergestalt getroffen werden, dass die Finanzbehörde einen Änderungs- oder Aufhebungsbescheid zu erlassen hat, was der Regelfall sein wird[1133]. An diese Einigung ist die Behörde nicht nur nach den Grundsätzen von Treu und Glauben[1134] gebunden, sondern auch aufgrund des Grundsatzes pacta sunt servanda. Ob die Änderung bzw. Aufhebung des ursprünglichen Verwaltungsaktes selbst einen eigenständigen Verwaltungsakt darstellt, oder nur einen der Vergleichserklärung entsprechenden Zustand herstellt, ist umstritten[1135].

2. *Belastende Steuerverwaltungsakte als Vertragsbestandteil*

Der Prozessvergleich im Finanzprozess kann die Einigung über die Besteuerungsgrundlagen einer bereits festgesetzten Steuer betreffen. Es ist jedoch auch nicht ausgeschlossen, dass die Finanzbehörde als Vertragsbestandteil einen künftigen Steuerverwaltungsakt zu erlassen hat. Die Verpflichtung, einen Steuerverwaltungsakt zu erlassen, steht dem Charakter eines Prozessvergleichs nicht entgegen[1136]. Es handelt sich um einen Verpflichtungsvertrag (Verpflichtung zum Erlass eines Verwaltungsaktes). Die Finanzbehörde kann den Verwaltungsakt auch im Prozessvergleich als Vertragserklärung verlautbaren. Dem steht nicht entgegen, dass der Verwaltungsakt eine einseitige hoheitliche Regelung ist. Der Vertrag bietet dem Verwaltungsakt einen zusätzlichen Rechtsgrund[1137].

3. *Begünstigende Steuerverwaltungsakte als Vertragsbestandteil*

Auch begünstigende Steuerverwaltungsakte können Bestandteil eines Prozessvergleichs sein (z.B. Fristverlängerung, Erlass, Stundung, Einräumung einer

---

1133 S. dazu etwa *Mack*, AO-StB 2004, 443, 447; *Hildebrand*, BB 2017, 1763, 1765; *Hendricks/Hildebrand*, Ubg 2018, 124, 125.

1134 Zur Bindungswirkung einer Zusage vor dem FG über den Erlass eines Änderungsbescheides mit übereinstimmender Erledigungserklärung s. z.B. BFH, Urt. v. 29.10.1987 – X R 1/80, BStBl. II 1988, 121, juris Rn. 12 ff.; *Hendricks/Hildebrand*, Ubg 2018, 124, 125; es ist jedoch als Ausnahme anzusehen, wenn sich die Behörde nicht an die von ihr gegebene Zusage hält, vgl. *Schwarz*, HHSp., AO/FGO, § 138 FGO Rn. 49 (Apr. 2018).

1135 S. dazu unter Kap. 4 A. III. 2. dieser Arbeit.

1136 S. dazu unter Kap. 2 C. VII. 3. a) dieser Arbeit.

1137 BVerwG, Urt. v. 18.7.2012 – 8 C 4/11, BVerwGE 143, 335, juris Rn. 43, diese Verpflichtung führt nicht dazu, dass der Vertrag den Charakter eines Austauschvertrages erhält.

Buchführungserleichterung). Sofern der Bürger Anspruch auf einen Verwaltungsakt hat, so ist die Behörde verpflichtet, diesen zu erlassen und darf nicht auf einen Vergleich ausweichen[1138]. Die genannten Steuerverwaltungsakte stehen aber im Ermessen („kann") der Finanzbehörde, so dass der Steuerpflichtige keinen Anspruch auf den Erlass dieser begünstigenden Steuerverwaltungsakte hat. Der Erlass im Rahmen eines Prozessvergleichs oder die Einigung über die Verpflichtung des Erlasses ist unproblematisch. Sofern die Voraussetzung der genannten Steuerverwaltungsakte nicht vorliegen, ist die Finanzbehörde berechtigt, diese nicht zu erlassen[1139]. Die Finanzbehörde ist im Rahmen ihrer Ermessenserwägungen jedoch nicht verpflichtet, den Erlass abzulehnen.

4. *Öffentlich-rechtliche Verträge als materieller Vertragsbestandteil des Prozessvergleichs*

Der Prozessvergleich muss aufgrund seiner Doppelnatur die materiellrechtlichen Vergleichsvoraussetzungen erfüllen. Der materielle Teil des Prozessvergleichs muss jedoch nicht zwingend ein Vergleichsvertrag, sondern kann auch ein schlichter öffentlich-rechtlicher Vertrag sein[1140]. Denkbar ist das reine Vorliegen eines Vertrages nach einer Ansicht beispielsweise dann, wenn es an einem gegenseitigen Nachgeben der Finanzbehörde fehlt. Dies kommt in Betracht, wenn sich die Finanzbehörde bereit erklärt, aufgrund geänderter Ansichten einen Steuerverwaltungsakt zurückzunehmen und dafür einen anderen Steuerverwaltungsakt zu erlassen und der Steuerpflichtige sich verpflichtet, diesen Steuerverwaltungsakt nicht anzufechten[1141]. Die Finanzbehörde kann ebenfalls eine aus ihrer Sicht fehlerfreie Ermessensentscheidung zurücknehmen und durch eine andere, ebenfalls ermessensfehlerfreie Entscheidung ersetzen[1142]. In diesem Fall fehlt es am gegenseitigen Nachgeben und/oder an der Ungewissheit der Sach- oder Rechtslage. Der Prozessvergleich kann daher inhaltlich weiter

---

1138 So *Löwer*, VerwArch. 1965, 236, 240. In diesem Fall sind auch die Vergleichsvorschriften nicht erfüllt.

1139 *Löwer*, VerwArch. 1965, 236, 240.

1140 *Schimpf*, Der verwaltungsrechtliche Vertrag, S. 91; *Sontheimer*, Der verwaltungsrechtliche Vertrag im Steuerrecht, S. 213 f.; *Meyer* in Meyer/Borgs, VwVfG, § 54 Rn. 62 f.

1141 *Sontheimer*, Der verwaltungsrechtliche Vertrag im Steuerrecht, S. 213; *Meyer* in Meyer/Borgs, VwVfG, § 54 Rn. 62 f.; *Kothe* in Redeker/v. Oertzen, VwGO, § 106 Rn. 4.

1142 *Sontheimer*, Der verwaltungsrechtliche Vertrag im Steuerrecht, S. 213.

gehen als der materielle Vergleichsvertrag, § 55 VwVfG, § 54 Abs. 1 SGB X[1143]. Nach anderer Ansicht setzt jeder Vergleich nach § 106 VwGO begrifflich ein – wenigstens geringfügiges – gegenseitiges Nachgeben voraus[1144]. § 779 BGB wird von § 106 VwGO rezipiert angesehen[1145] oder entsprechend angewandt[1146]. Das Nachgeben könne zwar auch lediglich prozessualer Natur sein, doch erfülle der materiell-rechtliche Teil des Vergleichs die Voraussetzungen des § 55 VwVfG erst, wenn das gegenseitige Nachgeben auch das materiell-rechtliche Rechtsverhältnis betreffe[1147].

5. *Ausgewählte Anwendungsfälle*

a) *Aufteilungen, Abgrenzungen, (Be-)Wertungen, Schätzungen*

Die Anwendungsfälle für Vergleichsverträge sind zahlreich[1148]. Beispielfälle sind Aufteilungen, z.B. zwischen privater und betrieblicher Nutzung, zwischen steuerpflichtiger und steuerfreier oder nicht steuerbarer Einkunftssphäre und zwischen verschiedenen Einkunftsarten, zum Umfang, insbesondere zum Verhältnisanteil der als angemessen anzusehenden variablen Bestandteile der Geschäftsführervergütungen einer GmbH; Abgrenzung zwischen Herstellungs- und Erhaltungsaufwand, Nutzungsdauer eines Wirtschaftsguts; Bewertungen wie Teilwert, Verkehrswert oder gemeiner Wert; Festlegungen von Pauschalierungsgrundlagen bei der Pauschbesteuerung, z.B. nach § 40 Abs. 1 EStG[1149] und

---

1143 *Schimpf*, Der verwaltungsrechtliche Vertrag, S. 91; *Sontheimer*, Der verwaltungsrechtliche Vertrag im Steuerrecht, S. 214; *Meyer* in Meyer/Borgs, VwVfG, § 54 Rn. 63.

1144 *Blind*, Die Voraussetzungen, S. 140; vgl. zu weiteren Nachweisen ebenso *Schröder*, Der Prozessvergleich in den verwaltungsgerichtlichen Verfahrensarten, S. 147 f.; *Weitemeyer*, Der verwaltungsprozessuale Vergleich, S. 71. Teilweise wird diese Auffassungen aus § 160 VwGO abgeleitet, weil diese Norm wohl davon ausgeht, dass sich die Parteien „entgegenkommen". § 160 VwGO hat insoweit allerdings nur einen subsidiären Charakter, vgl. *Blind*, Die Voraussetzungen, S. 136.

1145 So *Suchan*, Materiell-rechtliche Probleme, S. 54 f.; s. ebenso *Eisenlohr*, Der Prozeßvergleich in der Praxis der Verwaltungsgerichtsbarkeit, S. 150.

1146 S. nähergehend *Schimpf*, Der verwaltungsrechtliche Vertrag, S. 91 m.w.N.; s. ebenso *Blind*, Die Voraussetzungen, S. 140.

1147 So *Schimpf*, Der verwaltungsrechtliche Vertrag, S. 91.

1148 S. schon unter Kap. 1 B. III. 2. dieser Arbeit; ausführlich *Seer*, Verständigungen in Steuerverfahren, S. 8 ff.; s. ebenso BFH, Urt. v. 11.12.1984 – VIII 131/76, HFR 1985, 212, 214; v. *Wedelstädt*, AO-StB 2001, 190.

1149 *Boochs*, DStR 2006, 1162, 1164; *Söhn* in HHSp., AO/FGO, § 78 AO Rn. 125 f. (Nov. 2017); *Seer* in Tipke/Lang, Steuerrecht, Rn. 21.146.

sonstige Schätzungen. Auch Vergleiche über Billigkeitsmaßnahmen sind denkbar, § 163 AO[1150].

b) Vergleiche in Insolvenz und Restrukturierung

aa) Das Verhältnis von Steuer- und Insolvenzrecht

Auch im Insolvenzverfahren ist die Finanzbehörde grundsätzlich an die Grundsätze der Gesetzmäßigkeit und Gleichmäßigkeit der Besteuerung gebunden[1151]. Trotz der Bindung an das Gesetzmäßigkeitsprinzip hat die Finanzbehörde aber aufgrund des übergreifenden und der AO vorgehenden Zwecks des Regelinsolvenzverfahrens[1152], die Gläubiger eines Schuldners gemeinschaftlich zu befriedigen (§ 1 InsO), weitergehende Freiheiten[1153]. Das Insolvenzverfahren geht dem Steuerrecht grundsätzlich vor, was aus § 251 Abs. 2 S. 1 AO folgt und einen Anhaltspunkt für die Systematik des Steuer- und Insolvenzrechts liefert[1154]. Danach bleiben die Vorschriften der InsO unberührt. Jedoch ist weder im Insolvenz- noch im Steuerrecht systematisch geregelt, wie sich ein Insolvenzverfahren auf das formelle und materielle Steuerrecht auswirkt[1155]. Die Geltung des Insolvenzrechts wird durch das Steuerrecht weder eingeschränkt noch verdrängt. Vielmehr richtet sich die Geltendmachung von steuerrechtlichen

---

1150 S. dazu *Seer*, Verständigungen in Steuerverfahren, S. 19 f.

1151 *Loose* in Tipke/Kruse, AO/FGO, § 251 AO Rn. 15, 109 (Nov. 2021); *Klüger* in Koenig, AO, § 251 Rn. 42; *Uhländer* in Waza/Uhländer/Schmittmann, Insolvenzen und Steuern, Rn. 461.

1152 Im Insolvenzrecht sind das Regelinsolvenzverfahren (§§ 1–285 InsO), das Verbraucherinsolvenzverfahren (§§ 304–314 InsO) und das Nachlassinsolvenzverfahren und andere besondere Insolvenzverfahren (§§ 315–334 InsO) auseinanderzuhalten. Als Regelfall ist die Unternehmensinsolvenz anzusehen.

1153 S. zu den insolvenzspezifischen Dispositionsbefugnissen *Krumm*, Steuervollzug und formelle Insolvenz, S. 143 ff.

1154 *Jatzke* in HHSp., AO/FGO, § 251 AO Rn. 28 (Nov. 2013); *Werth* in Klein, AO, § 251 Rn. 9; *Loose* in Tipke/Kruse, AO/FGO, § 251 AO Rn. 5 (Nov. 2021); kritisch zu diesem „Grundsatz" *Roth*, Insolvenz im Steuerrecht, Rn. 1.1 und *Frotscher*, Besteuerung bei Insolvenz, S. 20. Aufgrund der bestehenden Rechtsunsicherheiten wird eine Harmonisierung des Steuer- und Insolvenzrechts gefordert, s. eingehend *Kahlert/Kayser/Bornemann*, Perspektiven für eine kohärente und praxisgerechte Verzahnung von Steuerrecht und Insolvenzrecht.

1155 *König* in Buth/Hermanns, Restrukturierung, Sanierung, Insolvenz, § 36 Rn. 1; *Schüppen/Schlösser* in Münchener Kommentar zur Insolvenzordnung, Bd. 3, Insolvenzsteuerrecht Rn. 1; *Uhländer* in Waza/Uhländer/Schmittmann, Insolvenzen und Steuern, Rn. 462.

Forderungen in der Insolvenz des Schuldners nach den Verfahrensbestimmungen der InsO[1156]. Das Steuerrecht ist nach der Eröffnung des Insolvenzverfahrens materiell rechtlich insoweit heranzuziehen, dass sich Grund und Höhe des Steueranspruchs nach dem Steuerrecht richten, während sich die Art und Weise der Geltendmachung des Anspruchs nach dem Insolvenzrecht richtet[1157]. Das bedeutet, dass das Insolvenzrecht das materielle Steuerrecht nicht grundsätzlich ersetzt, sondern hierauf nur insoweit einwirkt, wenn und soweit eine unveränderte Geltung der steuerrechtlichen Vorschriften dem Zweck des Insolvenzverfahrens widersprechende Wirkung hätte. Es gibt also insoweit keinen generellen Vorrang des einen Rechtsgebiets vor dem anderen, sondern (nur) unterschiedliche Regelungsbereiche der beiden Rechtsgebiete[1158].

Für das Handeln der Finanzbehörde ist es dabei entscheidend, ob eine Steuerforderung als insolvenzfreie Forderung, als Insolvenzforderung oder als Masseverbindlichkeit einzustufen ist. Liegt eine Insolvenzforderung vor, hat sich der Fiskus, wie jeder andere Gläubiger auch, den insolvenzrechtlichen Verfahrensvorschriften zu unterwerfen, das heißt, dass die Finanzbehörden nach der Eröffnung des Insolvenzverfahrens an der Geltendmachung ihrer Forderungen durch den Erlass eines Steuerbescheides und an der Durchführung der Einzelzwangsvollstreckung gehindert sind[1159]. § 251 Abs. 3 AO gestattet allerdings, dass eine Insolvenzforderung erforderlichenfalls durch schriftlichen Verwaltungsakt festgestellt werden kann. Ein derartiges Erfordernis besteht, wenn der Insolvenzverwalter oder ein sonstiger Insolvenzgläubiger die Feststellung einer zur Tabelle angemeldeten Steuerforderung bestreitet, die nicht schon vorher bestandskräftig

1156 *Jatzke* in HHSp., AO/FGO, § 251 AO Rn. 28 (Nov. 2013); *Werth* in Klein, AO, § 251 Rn. 9.

1157 *Jatzke* in HHSp., AO/FGO, § 251 AO Rn. 29 (Nov. 2013); *Sonnleitner* in Sonnleitner/Witfeld, Insolvenzsteuerrecht, Kap. 3 Rn. 1; *Frotscher*, Besteuerung bei Insolvenz, S. 21; *Klüger* in Koenig, AO, § 251 Rn. 17; *Roth*, Insolvenz im Steuerrecht, Rn. 1.1; aufgrund dessen sei der Grundsatz „Insolvenzrecht geht vor Steuerrecht“ mit Vorsicht zu genießen.

1158 *Sonnleitner* in Sonnleitner/Witfeld, Insolvenzsteuerrecht, Kap. 3 Rn. 1 ff.; *Frotscher*, Besteuerung bei Insolvenz, S. 21.

1159 *Jatzke* in HHSp., AO/FGO, § 251 AO Rn. 28 (Nov. 2013); *Neumann* in Gosch, AO/FGO, § 251 AO Rn. 144 ff. (Jan. 2023); *Sonnleitner* in Sonnleitner/Witfeld, Insolvenzsteuerrecht, Kap. 3 Rn. 3; *Werth* in Klein, AO, § 251 Rn. 9, 14, 23 ff.; *Witfeld*, NZI 2021, 821. S. zu Auswirkungen ausländischer Insolvenzverfahren auf deutsche Steuerforderungen etwa *Mankowski*, DStR 2019, 1927.

festgesetzt wurde[1160]. Durch die Eröffnung des Insolvenzverfahrens werden zudem alle anhängigen Rechtsbehelfs- und Rechtsmittelverfahren nach § 240 S. 1 ZPO, § 155 S. 1 FGO unterbrochen. Liegen dagegen Masseverbindlichkeiten nach § 55 InsO vor, können die Finanzbehörden ihre Ansprüche durch Steuerbescheid festsetzen und auch im Wege der Zwangsvollstreckung durchsetzen[1161]. Als Masseverbindlichkeit sind die Steuerverbindlichkeiten nach § 53 InsO aus der Masse vorweg zu berichtigen. Der Fiskus kann seine Forderung in diesem Fall weitgehend realisieren, soweit keine Massearmut, § 207 InsO, oder Masseunzulänglichkeit, § 208 InsO, vorliegt[1162].

Die Finanzbehörde muss bei einer Insolvenzforderung einerseits auf die Befriedigung der Steueransprüche drängen und dabei die Zerschlagung sämtlicher Vermögensgegenstände des Insolvenzschuldners in Kauf nehmen[1163]. Andererseits muss die Finanzbehörde auf die gesamtwirtschaftliche Situation Rücksicht nehmen und auf den Fortbestand des Unternehmens, insbesondere auf dessen Arbeitsplätze, bedacht sein[1164]. Die Finanzbehörde hat bei Insolvenzforderungen folglich nicht nur fiskalische, sondern auch dem Gemeinwohl dienende Erwägungen anzustellen.

bb) Auswirkungen des Insolvenzverfahrens auf die Dispositionsbefugnis der Finanzbehörde

Dispositionen sind gekennzeichnet durch die Umgestaltung rechtlicher Beziehungen oder durch einen vorübergehenden oder endgültigen Rechtsverzicht[1165].

1160 *Sonnleitner* in Sonnleitner/Witfeld, Insolvenzsteuerrecht, Kap. 3 Rn. 4; *Klüger* in Koenig, AO, § 251 Rn. 53.

1161 BFH, Urt. v. 29.8.2007 – IX R 4/07, BStBl. II 2010, 145, juris Rn. 19 ff.; *Jatzke* in HHSp., AO/FGO, § 251 AO Rn. 217 (Nov. 2013); *Neumann* in Gosch, AO/FGO, § 251 AO Rn. 160 (Jan. 2023); *Sonnleitner* in Sonnleitner/Witfeld, Insolvenzsteuerrecht, Kap. 3 Rn. 3; *Werth* in Klein, AO, § 251 Rn. 14, 21 f.; *Lapp*, Der privatrechtliche Vertrag als Handlungsform im Steuerverfahrensrecht, S. 120 ff.

1162 *Sonnleitner* in Sonnleitner/Witfeld, Insolvenzsteuerrecht, Kap. 3 Rn. 3.

1163 *Loose* in Tipke/Kruse, AO/FGO, § 251 AO Rn. 15, 109 (Nov. 2021).

1164 *Loose* in Tipke/Kruse, AO/FGO, § 251 AO Rn. 15 (Nov. 2021): Welcher dieser Gesichtspunkte den Ausschlag gebe, bestimme sich nach den Umständen des Einzelfalls; s. ebenso *Uhländer* in Waza/Uhländer/Schmittmann, Insolvenzen und Steuern, Rn. 201; das in § 61 Abs. 1 Nr. 1 KO a.F. bestehende Fiskusprivileg hat der Gesetzgeber im Rahmen der Insolvenzrechtsreform beseitigt, vgl. *Jatzke* in HHSp., AO/FGO, § 251 AO Rn. 66 (Nov. 2013); einschränkend *Neumann* in Gosch, AO/FGO, § 251 AO Rn. 33 (Jan. 2023).

1165 So *Krumm*, Steuervollzug und formelle Insolvenz, S. 155.

Dem Steuerrecht sind Dispositionen nicht fremd[1166]. Der behördliche Handlungsrahmen im Insolvenzverfahren steigt gegenüber der regulären Steuerfestsetzung, die sich allein anhand des Legalitätsprinzips ausrichten muss. Der Sinn und Zweck des Insolvenzverfahrens erweitert die Handlungsmöglichkeiten der Finanzbehörde[1167]. Die Finanzbehörde wird nicht allein ihr (vollständiges) Befriedigungsinteresse im Sinn haben und kann auch auf den Fortbestand des Unternehmens Rücksicht nehmen. So steht die Zustimmung zu einem Insolvenzplan[1168] beispielsweise im Ermessen der Finanzbehörde[1169]. Bei der Annahme eines Insolvenzplanes ist die Finanzbehörde nicht an die Voraussetzungen der §§ 163, 222, 227 AO gebunden[1170].

Bei einem Prozessvergleich im Insolvenzverfahren kann die Finanzbehörde demnach freier gestellt sein und die strikte Gesetzesbindung wird durch den Vorrang des Insolvenzrechts gelockert. Der Dispens von der strikten Bindung an die Gesetzmäßigkeit- und Gleichmäßigkeit der Besteuerung ist zur Verwirklichung der Zwecke des Insolvenzverfahrens auch unter verfassungsrechtlichen Gesichtspunkten gerechtfertigt[1171].

cc) *Besonderheiten der föderalen Verwaltungskooperation im Insolvenzverfahren*

Von dem vorgenannten Außenverhältnis sind die Strukturen des Innenverhältnisses zu unterscheiden. Von besonderer Bedeutung sind die Konstellationen, in denen Dispositionsgegenstand Ansprüche aus dem Steuerschuldverhältnis sind, bei denen Ertrags- und Verwaltungshoheit nicht deckungsgleich sind[1172]. Dies

---

1166 S. zu den gesetzlichen Dispositionsmöglichkeiten unter Kap. 2 C. IV. 5. b) dieser Arbeit. S. zu Dispositionen in völkerrechtlichen Verständigungsverfahren unter Kap. 4 H. V. dieser Arbeit.

1167 *Lapp*, Der privatrechtliche Vertrag als Handlungsform im Steuerverfahrensrecht, S. 180 ff. mit weiteren Ansichten.

1168 Zum Handeln der Finanzverwaltung im Insolvenzplanverfahren, s. *Lapp*, Der privatrechtliche Vertrag als Handlungsform im Steuerverfahrensrecht, S. 120 ff.

1169 *Loose* in Tipke/Kruse, AO/FGO, § 251 AO Rn. 109 (Nov. 2021); *Werth* in Klein, AO, § 251 Rn. 36.

1170 *Frotscher*, Besteuerung bei Insolvenz, S. 350; *Neumann* in Gosch, AO/FGO, § 251 AO Rn. 204 (Jan. 2023); *Oellerich* in Gosch, AO/FGO, § 163 AO Rn. 43 (Jan. 2017); ausführlich *Lapp*, Der privatrechtliche Vertrag als Handlungsform im Steuerverfahrensrecht, S. 180 ff. mit weiteren Ansichten.

1171 S. dazu *Krumm*, Steuervollzug und formelle Insolvenz, S. 197 ff.; 217 ff.

1172 *Krumm*, Steuervollzug und formelle Insolvenz, S. 229.

betrifft insbesondere Gemeinschaftssteuern oder von Ländern verwaltete Abgaben, die nicht vollständig dem Bund zufließen. In diesen Fällen ist durch das Grundgesetz eine Landesverwaltung im Auftrag des Bundes vorgesehen, Art. 108 Abs. 3 S. 1 GG[1173]. Die Folge ist ein Weisungsrecht nach Art. 85 Abs. 3 und Abs. 4 GG, welches sich auf eine Gesetzmäßigkeit und Zweckmäßigkeit der Ausführung erstreckt. Gegenstand der Weisung kann beispielsweise die nach außen hin zu treffende Entscheidung und damit ein konkretes Abstimmungsverhalten oder eine insolvenzspezifische Dispositionsentscheidung sein[1174]. Im Bund-Länder-Verhältnis bedarf es grundsätzlich der Zusammenarbeit und Rücksichtnahme bei der Ausübung der insolvenzspezifischen Dispositionsbefugnis[1175]. Die Bindungen der Finanzbehörde gegenüber dem Bund sind aufgrund der Ziele des Insolvenzverfahrens gelockert. Während für allgemeine Billigkeitsmaßnahmen ab einer bestimmten Größenordnung ein Zustimmungserfordernis der obersten Finanzbehörden der Länder gegenüber dem Bundesministerium besteht, ist nach dem Ergebnis der Erörterung des BMF mit den obersten Finanzbehörden der Länder die Zustimmung des Bundes bei Insolvenzforderungen im Verbraucherinsolvenzverfahren und im Regelinsolvenzverfahren nicht einzuholen[1176]. Das Insolvenzplanverfahren ist nach dem Wortlaut des BMF-Schreibens nicht erfasst, gleichwohl wird eine Ausdehnung auf die Abstimmung zum Insolvenzplanverfahren vertreten[1177]. Die Bindungen der Finanzbehörde sind folglich aufgrund der Regelungen des Insolvenzverfahrens überlagert. Die föderalen Ab- und Zustimmungsregeln sind in Anbetracht der insolvenzspezifischen Dispositionsbefugnis als nachrangig einzustufen. Die besonderen betragsmäßigen Grenzen der Zustimmungen sind Ausdruck des Grundsatzes der Gesetzmäßigkeit und der Steuergerechtigkeit; die Billigkeitsmaßnahmen, für die diese Grenzen gelten, sind eine Durchbrechung der Steuerpflicht und als Ausnahmeregelung zu verstehen[1178].

1173 *Krumm*, Steuervollzug und formelle Insolvenz, S. 229.

1174 *Krumm*, Steuervollzug und formelle Insolvenz, S. 230; s. zu den allgemeinen Auswirkungen auf Prozessvergleiche unter Kap. 4 D. II. 2. dieser Arbeit.

1175 *Krumm*, Steuervollzug und formelle Insolvenz, S. 230 f.

1176 BMF v. 2.11.2021, IV A 3 – S 0336/20/10004:001, 2021/1103127, BStBl. I. S. 1253.

1177 *Frotscher*, Besteuerung bei Insolvenz, S. 344; *Lapp*, Der privatrechtliche Vertrag als Handlungsform im Steuerverfahrensrecht, S. 194 m.w.N.

1178 So *Lapp*, Der privatrechtliche Vertrag als Handlungsform im Steuerverfahrensrecht, S. 194 f.

dd) Parteien des Vergleichs

Besonderheiten bringt die Rollenverteilung der am Insolvenzverfahren Beteiligten mit sich. Im eröffneten Insolvenzverfahren bleibt der Insolvenzschuldner Beteiligter nach § 78 AO, was zur Mitwirkungspflicht und der Pflicht zur Erteilung von Auskünften gegenüber der Behörde führt. Zur Vorlage von Urkunden ist er hingegen nicht verpflichtet und auch nicht befugt, weil insoweit der Insolvenzverwalter das alleinige Verfügungsrecht hat[1179]. Der Insolvenzverwalter ist Vermögensverwalter im Sinne des § 34 Abs. 3 AO[1180]. Nach der Amtstheorie handelt er kraft des ihm übertragenen Amtes über die Insolvenzmasse im eigenen Namen. Die durch sein Handeln hervorgerufenen Rechtswirkungen treffen nicht ihn persönlich, sondern den Insolvenzschuldner als Träger der Insolvenzmasse. Im Prozess ist er Partei kraft Amtes[1181]. Der Pflichtenkreis des Insolvenzverwalters umfasst alles, was ohne Insolvenzverfahren den Schuldner betroffen hätte. Das heißt insbesondere die Pflicht zur Ermittlung des Sachverhalts und Buchführungs- und Steuererklärungspflichten. Die Steuererklärungspflichten treffen den Insolvenzverwalter aufgrund der auf ihn übergangenen Verwaltungs- und Verfügungsbefugnis über das Vermögen des Schuldners, auch für die Zeiträume, die vor Insolvenzeröffnung liegen[1182]. Praktisch ist diese Pflicht für den Insolvenzverwalter teilweise schwer zu erfüllen, weil er auf die Auskunftsfreudigkeit und die geordnete Buchhaltung des Insolvenzschuldners angewiesen ist[1183]. Aufgrund der Eigenschaft des Insolvenzverwalters als Partei kraft Amtes und dem Übergang des Verfügungsrechts ist der steuerrechtliche Vergleich mit dem Insolvenzverwalter über die Steuerschuld des Steuerschuldners zu schließen.

1179 *Roth*, Insolvenz im Steuerrecht, Rn. 1.6.

1180 *Sonnleitner* in Sonnleitner/Witfeld, Insolvenzsteuerrecht, Kap. 3 Rn. 13; *Rüsken* in Klein, AO, § 34 Rn. 22; *Koenig* in Koenig, AO, § 34 Rn. 28.

1181 S. insgesamt unter Nennung der weiteren Theorien *Sonnleitner* in Sonnleitner/Witfeld, Insolvenzsteuerrecht, 3. Kap. 3 Rn. 15 ff. m.w.N.

1182 S. zu den Pflichten des Insolvenzverwalters *Sonnleitner* in Sonnleitner/Witfeld, Insolvenzsteuerrecht, Kap. 3 Rn. 12, 18; *Jatzke* in Gosch, AO/FGO, § 34 AO Rn. 20, 28 (Aug. 2018); *Roth*, Insolvenz im Steuerrecht, Rn. 1.6; *Koenig* in Koenig, AO, § 34 Rn. 30: Dies kann auch die Pflicht zur Begleichung der Steuerschuld erfassen.

1183 S. näher *Roth*, Insolvenz im Steuerrecht, Rn. 1.6; s. zu den Praxisproblemen ebenso *Happe* in BeckOK Insolvenzrecht, Steuerrecht in der Insolvenz – Steuerverfahrensrecht, Rn. 45 ff.

ee) Besonderheiten der außergerichtlichen Schuldenbereinigung

Die Verbraucherinsolvenz kann durch einen Schuldenbereinigungsplan abgewendet werden. Die Möglichkeit zur außergerichtlichen Schuldenbereinigung bietet die Insolvenzordnung in den §§ 305 ff. InsO. Der gerichtliche Schuldenbereinigungsplan hat nach § 308 Abs. 1 S. 2 InsO die Wirkungen eines Prozessvergleichs, § 794 Abs. 1 Nr. 1 ZPO, das bedeutet, er entfaltet materiell-rechtliche und prozessuale Wirkungen. Einer außergerichtlichen Schuldenbereinigungsvereinbarung fehlt mithin die prozessuale Wirkung, so dass sie einen schuldrechtlichen Vertrag darstellt, der die Vertragstypen des Vergleichs, der Stundung und des Erlasses vereint[1184]. Der außergerichtliche Schuldenbereinigungsplan beinhaltet eine typische Vergleichssituation, weil das außergerichtliche Schuldenbereinigungsverfahren durch ein gegenseitiges Nachgeben geprägt ist[1185]. Das außergerichtliche Schuldenbereinigungsverfahren zielt auf einen Vertrag zwischen dem Schuldner und einem oder mehreren seiner Gläubiger ab und unterliegt uneingeschränkt der Vertragsfreiheit[1186]. In der Praxis ergeben sich wenige Abweichungen zum gerichtlichen Insolvenzverfahren, weil der Schuldner den Gläubigern nicht mehr anbieten wird, als er im Regelverfahren zu zahlen verpflichtet ist und sich die Gläubiger auch nicht mit weniger einverstanden erklären werden[1187]. Nach überwiegender Auffassung sind die Vorschriften der InsO zur außergerichtlichen Schuldenbereinigung nicht anwendbar, vielmehr sind die §§ 227, 163 AO die Rechtsgrundlage für die Zustimmung der Finanzbehörde zu einem Erlass von Ansprüchen aus dem Steuerschuldverhältnis unter Einbeziehung der Zielsetzung des Insolvenzverfahrens[1188]. Es wird zudem vertreten, dass ein entsprechendes Vorgehen auch gerechtfertigt sein kann, wenn die Einziehung der Steuer zwar nicht unbillig, eine vergleichsweise Regelung für den Fiskus aber vorteilhaft ist[1189].

1184 *Kelterborn*, AO-StB 2015, 331, 333; *Klüger* in Koenig, AO, § 251 Rn. 127.

1185 *Kelterborn*, AO-StB 2015, 331, 333; *Vuia* in Münchener Kommentar zur Insolvenzordnung, § 305 Rn. 30; *Klüger* in Koenig, AO, § 251 Rn. 128.

1186 *Ehlers*, DStR 2010, 2523, 2524; *Kelterborn*, AO-StB 2015, 331, 333.

1187 *Kelterborn*, AO-StB 2015, 331, 333.

1188 BFH, Urt. v. 26.10.2011 – VII R 50/10, juris Rn. 24; BMF v. 27.1.2021 – IV A 3 – S 0550/20/10008:001, FMNR08e000021, BStBl. I 2021, 152; *Becker*, DStZ 2001, 381, 382; v. *Usslar*, DStZ 2009, 242; *Kelterborn*, AO-StB 2015, 331, 334; *Jatzke* in HHSp., AO/FGO, § 251 AO Rn. 88 f. (Nov. 2013); *Klüger* in Koenig, AO, § 251 Rn. 127; a.A. *Loose* in Tipke/Kruse, AO/FGO, § 251 AO Rn. 126 (Febr. 2021).

1189 Vgl. *v. Usslar*, DStZ 2009, 242, 245.

ff) Besonderheiten bei Restrukturierungsplan und Sanierungsvergleich

Mit Art 1 SanInsFoG hat der Gesetzgeber das StaRUG[1190] geschaffen und darin zwei potentiell insolvenzabwendende Institute geregelt. Mit einem Restrukturierungsplan wird das Ziel verfolgt, eine drohende Zahlungsunfähigkeit des Schuldners zu beseitigen und dessen Bestandsfähigkeit sicher- oder wiederherzustellen, § 14 Abs. 1 StaRUG. Mit dem Sanierungsvergleich wird das Ziel verfolgt, (bloße) wirtschaftliche oder finanzielle Schwierigkeiten des Schuldners zu überwinden, § 97 StaRUG i.V.m. § 96 Abs. 1 StaRUG. Zu den Instrumenten gehört die Gestaltung gegen den Schuldner gerichteter Forderungen, vgl. § 2 Abs. 1 Nr. 1 StaRUG[1191]. Restrukturierungsplan und Sanierungsvergleich haben „vertragsähnliche Strukturelemente“[1192]. Es stellt sich folglich die Frage, inwieweit Steuerforderungen in die Vertragskonstrukte einbezogen werden und Steuerzahlungspflichten im Einzelfall gemindert werden können. Vergleiche zur Durchsetzung der Steueransprüche sind möglich, insbesondere über vollstreckungsrechtliche Regelungen[1193], weil es um die Modalitäten der Begleichung der Steuerschuld geht. Der Restrukturierungsplan stellt einen zulässigen Anwendungsbereich eines steuerrechtlichen Vergleichsvertrages dar, weil er der Durchsetzung der Steuerforderung dient. Diese Rechtfertigung ergibt sich daraus, dass der Restrukturierungsplan nur unter bestimmten gesetzlichen Voraussetzungen die Rechtswirkungen hat, eine Steuerforderung als undurchsetzbar zu gestalten[1194]. Die gesetzlichen Voraussetzungen und die Tatsache, dass die Steuerforderung als im Wert gemindert anzusehen ist[1195], berechtigen die Finanzbehörde, ihre Zustimmung zum Restrukturierungsplan zu erteilen, in welchem die Steuerforderung teilweise oder vollständig als undurchsetzbar gestaltet werden soll, ohne, dass damit ein Verstoß gegen die Grundsätze der Gleichmäßigkeit oder Gesetzmäßigkeit der Besteuerung einhergeht[1196].

1190 Unternehmensstabilisierungs- und Restrukturierungsgesetz. Zum Gesetzesentwurf allgemein *Thole*, ZIP 2020, 1985; kritisch zum Titel des Gesetzes *Bork*, ZRI 2021, 345, 347.

1191 Ausdrücklich für den Restrukturierungsplan.

1192 So ausdrücklich jüngst *Kahlert/Schumann*, DStR 2021, 2741; s. ebenso *Madaus*, NZI-Beilage, 2021, 35.

1193 S. für das Besteuerungsverfahren unter Kap. 3 B. I. 2. dieser Arbeit.

1194 *Kahlert/Schumann*, DStR 2021, 2741, 2743.

1195 S. zum Auslösetatbestand ausführlich, welcher meist die drohende Zahlungsunfähigkeit sein wird *Bork*, ZRI 2021, 345, 348.

1196 So *Kahlert/Schumann*, DStR 2021, 2741, 2743 f.

Bei einem Sanierungsvergleich handelt es sich um einen Vergleich[1197], vgl. § 97 Abs. 1 S. 1 StaRUG, in den Steuerforderungen nach den Vorschriften der AO über die Stundung, § 222 AO oder den Erlass, § 227 AO, einbezogen werden[1198]. Auch in der Sanierungssituation kann die Finanzbehörde auf den Fortbestand des Unternehmens Rücksicht nehmen, so dass sie gegebenenfalls einen Teil der Forderungen erlassen wird[1199].

c) *Inhalt und Ausgestaltung möglicher Vertragsklauseln*

Grundelemente der Gestaltung des materiellen Teils des Prozessvergleichs sind leistungsbezogene, feststellende und gestaltende Erklärungen der Vertragsparteien, welche die Neuordnung der ursprünglich zwischen ihnen bestehenden Beziehungen erzielen[1200]. Zu unterscheiden ist zudem zwischen verfügenden und verpflichtenden Verträgen[1201] und solchen, die eine Unterlassungspflicht[1202] beinhalten.

aa) *Abgeltungsklauseln*

Die Parteien können, um den Streit endgültig beizulegen, Abgeltungsklauseln, das heißt Verzichtserklärungen, in den Prozessvergleich aufnehmen. Obgleich die Finanzbehörde auf die Geltendmachung eines Steueranspruchs grundsätzlich nicht verzichten kann, kommen Abgeltungsklauseln etwa bei mehrseitigen Sanierungsvergleichen in Betracht. Im Krisenfall können Steuerschuldner, wie etwa Unternehmen, Sanierungsvergleiche mit Gläubigern und der Finanzbehörde schließen, welche auch einen (teilweisen) Steuererlass beinhalten können[1203].

1197 Zur Rechtsnatur ausführlich *Hänel* in BeckOK StaRUG, § 97 Rn. 20 ff.; *Habersack* in MüKo BGB, § 779 Rn. 55. Der Sanierungsvergleich sei ein schuldrechtlicher Vergleich. Daher sei die freie Wahl der Vergleichsparteien möglich. Vor dem Vergleich kann die sog. Sanierungsmoderation durchgeführt werden, vgl. *Ringelspacher/Heidenfelder*, ZRI 2021, 527.

1198 *Meyding/Bühler*, DStR 1991, 488, 492; *Seer*, Verständigungen in Steuerverfahren, S. 29 f.; *Kahlert/Schumann*, DStR 2021, 2741, 2750.

1199 S. zu dieser Rücksichtnahme die vorhergehenden Ausführungen.

1200 S. ausführlich für den Verwaltungsprozess *Eisenlohr*, Der Prozeßvergleich in der Praxis der Verwaltungsgerichtsbarkeit, S. 115 ff.

1201 Z.B. die Verpflichtung zum Erlass eines Verwaltungsaktes.

1202 Z.B. die Pflicht einen Verwaltungsakt nicht zu erlassen.

1203 Zu diesem Fall und zum Insolvenzrecht s. die vorhergehenden Ausführungen.

Ein Vergleich kann zum Ausgleich der Klageforderung oder der wechselseitigen Ansprüche der Parteien aus dem im Rechtsstreit vorgetragenen Sachverhalt geschlossen werden, aber auch zum Ausgleich sämtlicher gegenseitiger Ansprüche der Parteien, seien sie rechtshängig oder nicht, fällig, von Gegenleistungen abhängig oder nicht, gleich auf welchem Rechtsgrund sie beruhen, sofern sie nur in ihrer Entstehung vor dem Vergleichsschluss angelegt waren[1204]. Werden nicht streitgegenständliche Ansprüche in den Prozess einbezogen, entsteht der sogenannte Mehrwert des Vergleichs[1205].

bb) Abwicklungsmodi, Fälligkeitsbestimmungen und Verfallklauseln

Für die Abwicklung leistungsbezogener Erklärungen, können besondere Modi vereinbart werden. Dies dient dazu, auf die Umstände des Einzelfalls Rücksicht zu nehmen und Hindernissen in der Abwicklung vorzubeugen[1206].

Die Parteien können insbesondere vereinbaren, dass Zahlungen bis zu einem bestimmten Termin bei dem Gläubiger eingegangen sein müssen. Dies kann Auswirkung auf Prozesszinsen haben. Nach § 236 Abs. 1 AO können Prozesszinsen auf Erstattungsbeträge vom Tag der Rechtshängigkeit bis zum Auszahlungstag anfallen. Voraussetzung ist, dass durch oder aufgrund einer gerichtlichen Entscheidung eine festgesetzte Steuer herabgesetzt oder eine Steuervergütung gewährt wird. Da dem Prozessvergleich nicht die Qualität einer rechtskräftigen gerichtlichen Entscheidung zukommt, ist § 236 Abs. 1 AO nicht einschlägig. § 236 Abs. 2 Nr. 1 AO könnte jedoch (entsprechend) angewendet werden. Danach fallen Prozesszinsen auf Erstattungsbeträge an, wenn sich der Rechtsstreit durch Aufhebung oder Änderung des angefochtenen Verwaltungsaktes oder durch Erlass des beantragten Verwaltungsaktes erledigt. § 236 Abs. 2 Nr. 1 AO stellt die Erledigung des Rechtsstreits ohne gerichtliche Entscheidung gleich zu den Fällen, dass eine Steuer durch oder aufgrund einer rechtskräftigen gerichtlichen Entscheidung herabgesetzt oder eine Steuervergütung durch eine ebensolche Entscheidung gewährt wird[1207]. Das Gesetz verlangt, dass der Rechtsstreit „erledigt" ist. Der Begriff „Erledigung" ist ein prozessualer (vgl. § 138 FGO) und auch prozessrechtlich auszulegen[1208]. Das bedeutet, dass eine „Erledigung" des

---

1204 *Treffer*, MDR 1999, 520, 523.

1205 S. dazu unter Kap. 4 J. VI. dieser Arbeit.

1206 S. für den Verwaltungsprozess *Eisenlohr*, Der Prozeßvergleich in der Praxis der Verwaltungsgerichtsbarkeit, S. 123.

1207 S. *Heuermann* in HHSp., AO/FGO, § 236 AO Rn. 22 (Apr. 2021).

1208 BFH, Urt. v. 14.7.1993 – I R 33/93, juris Rn. 18; *Heuermann* in HHSp., AO/FGO, § 236 AO Rn. 22 (Apr. 2021).

Rechtsstreits im Sinne von § 236 Abs. 2 Nr. 1 AO die Beendigung der Rechtshängigkeit des Verfahrens voraussetzt[1209]. Wird die Steuer erst nach Beendigung der Rechtshängigkeit aufgrund eines Vorläufigkeitsvermerks herabgesetzt, fehlt es an der erforderlichen Kausalität zwischen dem erledigenden Ereignis und der Herabsetzung der Steuer. Ausreichend ist es aber, wenn die Finanzbehörde eine Zusage abgibt, einen Änderungsbescheid zu erlassen und daraufhin die Beteiligten den Rechtsstreit in der Hauptsache für erledigt erklären[1210]. Wird ein Teilabhilfebescheid erlassen, hat der Kläger einen Zinsanspruch, wenn die Beteiligten übereinstimmend für erledigt erklären[1211]. Tritt anderenfalls der Änderungsbescheid nach § 68 FGO an die Stelle des ursprünglich angefochtenen Bescheides, so wird der Rechtsstreit und die Rechtshängigkeit nicht beendet[1212].

Wird vereinbart, dass die Restforderung sofort und in einer bestimmten Summe zur Zahlung fällig sein soll, wenn der Schuldner den Zahlungstermin nicht einhält, ist regelmäßig von einer sog. Verfallklausel und nicht von einer auflösenden Bedingung auszugehen. Anderenfalls könnte der Prozessvergleich durch Nichtzahlung auflösend bedingt beseitigt werden[1213]. Vereinbaren die Parteien nichts Abweichendes, tritt die Wirkung der Verfallklausel nur bei Verschulden des Schuldners ein, der Gläubiger muss seinen Rücktritt in angemessener Frist erklären[1214].

cc) Klauseln über ein etwaiges Rückgewährschuldverhältnis

Der Prozessvergleichsvertrag kann ex tunc, etwa durch Anfechtung, oder ex nunc, etwa durch Kündigung, nichtig werden. In der Konsequenz entsteht ein Rückgewährschuldverhältnis, die jeweilig empfangenen Leistungen sind zurückzugewähren. Sind aufgrund nichtigen Vertrages Leistungen erbracht worden, entstehen ebenfalls Rückgewähransprüche. Es ist denkbar, präventiv Klauseln

---

1209 BFH, Urt. v. 14.7.1993 – I R 33/93, juris Rn. 18; *Heuermann* in HHSp., AO/FGO, § 236 AO Rn. 22 (Apr. 2021).

1210 So insgesamt *Heuermann* in HHSp., AO/FGO, § 236 AO Rn. 22 (Apr. 2021), allerdings folgt hier der Änderungsbescheid der Erledigung des Rechtsstreits nach.

1211 *Heuermann* in HHSp., AO/FGO, § 236 AO Rn. 22 (Apr. 2021).

1212 BFH, Urt. v. 14.7.1993 – I R 33/93, juris Rn. 18; *Niewerth* in Lippross/Seibel, Basiskommentar Steuerrecht, § 236 AO Rn. 5 (Juni 2016); *Rüsken* in Klein, AO, § 236 Rn. 18; *Heuermann* in HHSp., AO/FGO, § 236 AO Rn. 22 (Apr. 2021); *Koenig* in Koenig, AO, § 236 Rn. 28; a.A. *Loose* in Tipke/Kruse, AO/FGO, § 236 AO Rn. 16 (Mai 2022).

1213 *Knütel*, MDR 1995, 437, 439, *Treffer*, MDR 1999, 520, 523.

1214 *Treffer*, MDR 1999, 520, 523.

zur Ausgestaltung dieses Rückgewährschuldverhältnisses aufzunehmen. Im Fall der Rückgewähr der Leistungen geht es im Regelfall um den Austausch von Geldleistungen, so dass Klauseln über eine Aufrechnung denkbar sind.

dd) Feststellungen

Zur Klärung eines strittigen Sachverhalts können die Parteien des Vergleichs Feststellungserklärungen abgeben. Dadurch klären die Parteien ungewisse Sachverhaltsfragen, die den leistungsbezogenen Erklärungen anderenfalls im Weg stehen würden[1215]. Feststellende Einigungen können sich auch auf den Streit über die Auslegung einer Rechtsfrage beziehen[1216].

F. Umfang, Reichweite und Grenzen eines finanzgerichtlichen Prozessvergleichs

Aufgrund der Doppelnatur des Prozessvergleichs sind die Fehlerfolgen für jede „Seite" des Vergleichs getrennt zu betrachten. Ist der Prozessvergleich als Prozesshandlung unwirksam, bleibt zu prüfen, ob die Beteiligten nicht einen wirksamen außergerichtlichen materiell-rechtlichen Vergleichsvertrag geschlossen haben[1217]. Der Prozessvergleich kann unwirksam sein, wenn er wegen Verletzung zwingenden Rechts unzulässig ist, die Voraussetzungen der §§ 58, 57 VwVfG, §§ 57, 56 SGB X nicht vorliegen oder den Vergleichserklärungen Willensmängel anhaften, §§ 116 ff. BGB. Zudem, wenn der Prozessvergleich bedingt abgeschlossen wurde und die Bedingung weggefallen oder nicht eingetreten ist oder wenn er bei Widerrufsvorbehalt widerrufen worden ist. Auf den prozessualen Teil können prozessrechtliche Fehler Anwendung finden, wie etwa Protokollierungsfehler oder das Fehlen von Prozesshandlungsvoraussetzungen.

Ist der Vergleich von Anfang an unwirksam, so beendet er den Prozess nicht und das Verfahren ist von Amts wegen fortzusetzen[1218]. Das Gericht wird über die Unwirksamkeit des Vergleichs als auch gegebenenfalls in der Sache selbst

---

1215 S. mit Formulierungsvorschlägen *Eisenlohr*, Der Prozeßvergleich in der Praxis der Verwaltungsgerichtsbarkeit, S. 123 f.

1216 S. *Eisenlohr*, Der Prozeßvergleich in der Praxis der Verwaltungsgerichtsbarkeit, S. 123 f. mit einem Beispiel über ein umstrittenes Abgabenschuldverhältnis.

1217 S. insgesamt *Dolderer* in Sodan/Ziekow, VwGO, § 106 Rn. 50.

1218 *Stuhlfauth* in Bader/Funke-Kaiser/Stuhlfauth/von Albedyll, VwGO, § 106 Rn. 28; *Leitherer* in Meyer/Ladewig, SGG, § 101 Rn. 17; *Dolderer* in Sodan/Ziekow, VwGO, § 106 Rn. 68; a.A. *Kothe* in Redeker/v. Oertzen, VwGO, § 106 Rn. 16.

entscheiden[1219]. Entfällt die Wirksamkeit des Vergleichs nachträglich, so bleibt das alte Verfahren beendet[1220]. Ist nach Abschluss des Prozessvergleichs ein Steuerverwaltungsakt zu erlassen, gegen dessen Übereinstimmung mit dem Vergleich Bedenken bestehen, so sind die Rechtsbehelfe wie gegen jeden anderen Steuerverwaltungsakt gegeben[1221].

I. Auswirkungen der Prozessfürsorgepflicht auf den Prozessvergleich

An den Abschluss des Prozessvergleichs sind im Ergebnis geringere Anforderungen als an den des rein materiellen Vergleichs zu stellen, weil am Vergleichsabschluss das zuständige Prozessgericht und damit eine richterliche Kontrollinstanz mitwirkt[1222]. Die Nichtigkeitsregeln, die sonst für Vergleichsverträge von zentraler Bedeutung sind, sind in einem Gerichtsverfahren nur von theoretischer Relevanz[1223]. Vergleichen sich die Beteiligten gerichtlich, agieren sie unter der Aufsicht eines Richters, so dass die Gefahr gesetzwidriger Vereinbarungen schwindet[1224]. Die unparteiische Stellung des Gerichts und dessen besondere rechtliche Expertise rechtfertigen insoweit einen größeren „Vergleichsspielraum", weil die Gefahr der Umgehung des Rechts geringer ist und die

---

1219 *Spannowsky*, Grenzen des Verwaltungshandelns durch Verträge und Absprachen, S. 216.

1220 *Kothe* in Redeker/v. Oertzen, VwGO, § 106 Rn. 16; *Leitherer* in Meyer/Ladewig, SGG, § 101 Rn. 17b; *Dolderer* in Sodan/Ziekow, VwGO, § 106 Rn. 70.

1221 *Kothe* in Redeker/v. Oertzen, VwGO, § 106 Rn. 16 m.w.N.

1222 *Schimpf*, Der verwaltungsrechtliche Vertrag, S. 220, 234 ff.; *Sontheimer*, Der verwaltungsrechtliche Vertrag im Steuerrecht, S. 214, 217; *Spannowsky*, Grenzen des Verwaltungshandelns durch Verträge und Absprachen, S. 216; *Fehling* in Fehling/Kastner/Störmer, VwVfG, VwGO, § 55 VwVfG Rn. 11, 23, § 106 VwGO Rn. 21; *Thiele* in Pautsch/Hoffmann, VwVfG, § 55 Rn. 20; in diese Richtung auch *Ortloff/Riese* in Schoch/Schneider, VwGO, § 106 Rn. 14 (Aug. 2022).

1223 Zutreffend *Sontheimer*, Der verwaltungsrechtliche Vertrag im Steuerrecht, S. 214; s. ebenso *Schröder*, Der Prozeßvergleich in den verwaltungsgerichtlichen Verfahrensarten, S. 153; *Spannowsky*, Grenzen des Verwaltungshandelns durch Verträge und Absprachen, S. 216.

1224 *Sontheimer*, Der verwaltungsrechtliche Vertrag im Steuerrecht, S. 217; *Spannowsky*, Grenzen des Verwaltungshandelns durch Verträge und Absprachen, S. 216; *Fehling* in Fehling/Kastner/Störmer, VwVfG, VwGO, § 55 VwVfG Rn. 11, 23; *Thiele* in Pautsch/Hoffmann, VwVfG, § 55 Rn. 20; in diese Richtung auch *Ortloff/Riese* in Schoch/Schneider, VwGO, § 106 Rn. 14 (Aug. 2022).

Befriedigungsfunktion des Prozesses gewährleistet wird[1225]. Nicht selten nehmen die Parteien auch den in der Form eines Beschlusses ergangenen Vorschlag des Gerichts über den gerichtlichen Vergleich an, § 106 S. 2 VwGO, § 101 Abs. 1 S. 2 SGG[1226].

Auch im Finanzprozess hat der Vorsitzende eine Prozessfürsorgepflicht, § 76 Abs. 2 FGO[1227]. Aus dieser folgt die Pflicht, den Rechtssuchenden bei der Verwirklichung des Rechtsschutzbegehrens behilflich zu sein[1228]. So soll Waffengleichheit und ein faires Verfahren gewährleistet werden[1229]. Der Umfang der Hinweis- und Aufklärungspflichten bemisst sich nach der Rechtskunde der Beteiligten, wenngleich die Prozessfürsorgepflicht bei einem fachkundig vertretenen Beteiligten nicht entfällt[1230]. Das Gericht muss auch einem rechtskundigen Beteiligten immer dann einen Hinweis erteilen, wenn es erkennt, dass dieser aus Versehen oder in Verkennung der Rechtslage Anträge nicht oder nicht richtig vorgebracht hat[1231]. Die Hinweis- und Fürsorgepflicht des Gerichts wird durch

---

1225 So zutreffend *Thiele* in Pautsch/Hoffmann, VwVfG, § 55 Rn. 20.

1226 S. dazu unter Kap. 4 D. I. dieser Arbeit; zu diesem Fall allgemein *Hahn*, NZS 2014, 368. Im Strafprozess gibt das Gericht bekannt, „welchen Inhalt die Verständigung haben könnte", vgl. § 257c Abs. 3 S. 1 StPO. Vgl. zur phasenspezifischen Untersuchung des Verfahrens zum Zustandekommen eines Prozessvergleichs, *Eisenlohr*, Der Prozeßvergleich in der Praxis der Verwaltungsgerichtsbarkeit, S. 45 ff.

1227 Im Verwaltungsprozess folgt dies aus § 86 Abs. 3 VwGO, § 106 Abs. 1 SGG, für den Zivilprozess aus § 139 Abs. 1 ZPO; weitere gesetzlich vorgeschriebene richterliche Hinweispflichten finden sich in § 52a Abs. 2 S. 3, § 65 Abs. 1, 2, § 91 Abs. 2, § 93 Abs. 1 FGO, s. zu richterlichen Hinweispflichten allgemein *Grube*, DStZ 2015, 36; s. jüngst zu § 65 Abs. 1, 2 FGO BFH, Beschl. v. 10.3.2022 – VII B 174/20.

1228 *Kottke*, DStR 1996, 1720; *Herbert* in Gräber, FGO, § 76 Rn. 64; *Stalbold* in Gosch, AO/FGO, § 76 FGO Rn. 65 ff. (Mrz. 2019); zum richterlichen Hinweis bei Verständigungen s. *Streck*, NJW 2001, 1541, 1545.

1229 BFH, Urt. v. 19.10.1993 – VIII R 61/92 Rn. 26; zuletzt BFH, Beschl. v. 16.3.2016 – X B 202/15, juris Rn. 15; *Herbert* in Gräber, FGO, § 76 Rn. 64 m.w.N.; *Schaumburg* in Schaumburg/Hendricks, Steuerrechtsschutz, Die Durchführung des Verfahrens, Rn. 3.639; *Krumm* in Tipke/Kruse, AO/FGO, § 76 FGO Rn. 97 (Febr. 2022).

1230 Z.B. BFH, Beschl. v. 22.5.2006 – X B 187/05, juris Rn. 3 f.; BFH, Beschl. v. 16.8.2007 – VIII B 211/06, juris Rn. 16; BFH, Beschl. v. 4.10.2016 – II B 24/16, juris Rn. 4; *Kottke*, DStR 1996, 1720, 1721; *Grube*, DStZ 2015, 36, 40; *Herbert* in Gräber, FGO, § 76 Rn. 64; a.A. *Nieland*, AO-StB 2004, 253, 258; *Krumm* in Tipke/Kruse, AO/FGO, § 76 FGO Rn. 104 (Febr. 2022).

1231 BFH, Beschl. v. 4.6.2003 – X B 16/02, juris Rn. 21 ff.; *Thürmer* in HHSp., AO/FGO, § 76 FGO Rn. 135 (Aug. 2019); *Krumm* in Tipke/Kruse, AO/FGO, § 76 FGO Rn. 104 (Febr. 2022).

die Mitwirkung der Beteiligten begrenzt, weil sie mit dieser in einer Wechselwirkung steht[1232]. Weiterhin gilt über § 155 S. 1 FGO auch die zivilprozessuale Hinweispflicht des § 139 Abs. 2 ZPO[1233].

Der Wille der Beteiligten ist aufgrund der Dispositionsmaxime bindend. Das Gericht muss diesen Willen grundsätzlich in einem Vergleich protokollieren und darf den Beteiligten keine abweichende Rechtsmeinung oder Verhandlungsgestaltung oktroyieren. Unklar ist jedoch, inwieweit die gerichtlichen Prozessfürsorgepflichten auch eine Art Überprüfungspflicht oder Überprüfungsfähigkeit begründen. Es stellt sich konkret die Frage, inwieweit das Finanzgericht an einem Prozessvergleich mitwirken *muss*, obgleich es an dessen Inhalt oder Voraussetzungen zweifelt. Vor allem in der zivilprozessualen Literatur finden sich (auch neuere) Ausarbeitungen über den Umfang der richterlichen Prüfungspflicht im Rahmen eines Prozessvergleichs[1234]. Der Umfang dieser richterlichen Prüfungspflicht ist nicht unumstritten. Er reicht vom Umfang einer einfachen Wirksamkeitsprüfung bis hin zu Pflichten eines Notars aus dem BeurkG[1235].

In der verwaltungsgerichtlichen Literatur finden sich eher vereinzelt Ausführungen zu einer materiell-rechtlichen Prüfungspflicht des Gerichts. Dies erstaunt, weil der Streitgegenstand im Zivilprozess der Privatautonomie unterliegt, während der öffentlich-rechtliche Vergleichsgegenstand nicht von einer Vertragsfreiheit, sondern von der Gesetzesbindung geprägt ist. Teilweise wird vertreten, dass das Gericht den Vergleich zu protokollieren *hat*, wenn es ihn nicht inhaltlich für materiell-rechtlich unzulässig hält[1236]. Nach einer Ansicht sind die Beteiligten vom Gericht schlicht auf die etwaige Unzulässigkeit hinzuweisen. Eine Protokollierungspflicht bestünde trotz der bestehenden Zweifel[1237]. Andere sind wiederum der Auffassung, dass das Gericht die Mitwirkung am Prozessvergleich dann verweigern muss, wenn der Inhalt des Vergleichs gegen zwingende

1232 BFH, Beschl. v. 29.10.1999 – III B 32/99, juris Rn. 10; *Thürmer* in HHSp., AO/FGO, § 76 FGO Rn. 167 (Aug. 2019); *Krumm* in Tipke/Kruse, AO/FGO, § 76 FGO Rn. 112 (Febr. 2022).

1233 BFH, Beschl. v. 8.6.2005 – III S 11/05, juris Rn. 16; *Drüen*, AO-StB 2002, 196, 198; *Schmidt-Troje* in Gosch, AO/FGO, § 96 FGO Rn. 87 (Febr. 2013).

1234 S. z.B. *Keßler*, DRiZ 1978, 79, 80; *Rakete-Dombek*, NJW 2012, 1689, 1690 f.; *Schramm*, Richterliche Pflichten und Haftung beim Prozessvergleich der ZPO, S. 41 ff.; *Greger* in Zöller, ZPO, § 278 ZPO Rn. 38 ff.

1235 *Schramm*, Richterliche Pflichten und Haftung beim Prozessvergleich der ZPO, S. 41 ff. m.w.N.

1236 *Kothe* in Redeker/v. Oertzen, VwGO, § 106 Rn. 8.

1237 *Haueisen*, NJW 1963, 1329, 1333.

gesetzliche Vorschriften verstößt[1238]. Teilweise wird innerhalb dieser Auffassung differenziert und angenommen, die Verfügungsbefugnis der Parteien sei jedoch nicht nachzuprüfen. Es sei der beklagten Verwaltungsbehörde selbst überlassen, zu prüfen und zu entscheiden, ob sie den angefochtenen Verwaltungsakt aufheben oder abändern oder den beantragten Verwaltungsakt erlassen dürfe[1239]. Eine andere Ansicht sieht das Gericht bei einer etwaigen fehlenden Verfügungsbefugnis der Parteien in der Pflicht, diesen seine Bedenken mitzuteilen. Bestehen die Beteiligten auf die Beurkundung, kann das Gericht seine Mitwirkung versagen, wenn es nach eingehender Prüfung zur Überzeugung gelangt, dass die Verfügungsbefugnis fehlt[1240].

In welchem Umfang die Prozessfürsorgepflichten im Finanzprozess beim Abschluss eines Prozessvergleichs einzuordnen sind, ist, soweit ersichtlich, noch nicht diskutiert worden. Die Frage nach einer Überprüfungspflicht respektive einem Überprüfungsrecht, lässt sich mit der Frage verbinden, welche Aufgabe der Finanzgerichtsbarkeit zukommt[1241]. Sieht man in ihr eine Art „Hüter des Gesetzmäßigkeitsprinzips", ist das Gericht in einem weiteren Umfang verpflichtet zu überprüfen, ob der Prozessvergleich seinen Voraussetzungen entspricht. Sieht man in der Finanzgerichtsbarkeit auch die Funktion des Rechtsschutzes gegenüber der Staatsgewalt, so ist die Vergleichswilligkeit des Bürgers gegebenenfalls als Verzicht auf weiteren Rechtsschutz zu deuten, für eine umfassende gerichtliche Kontrolle des Vergleichsvorganges bliebe dann ein eingeschränkterer Raum[1242]. Die Aufgabe der Finanzgerichtsbarkeit ist in der Vergleichssituation in beiden Bereichen gleichermaßen zu verorten[1243]. Das Gericht ist an das Gesetz gebunden. Gleichsam ist es aufgrund der Dispositionsmaxime

---

1238 *Fehling* in Fehling/Kastner/Störmer, VwVfG, VwGO, § 106 VwGO Rn. 25.

1239 So insgesamt *Ule*, DVBl. 1954, 137, 145, *Ule* geht wohl von einem (rein) formellen Verständnis der Verfügungsbefugnis aus. Zum Begriff der Verfügungsbefugnis unter Kap. 4 D. II. dieser Arbeit.

1240 So insgesamt *Schröder*, Der Prozeßvergleich in den verwaltungsgerichtlichen Verfahrensarten, S. 152.

1241 Diesen Gedanken hat *Schröder* für den Verwaltungsprozess entwickelt, vgl. *Schröder*, Der Prozeßvergleich in den verwaltungsgerichtlichen Verfahrensarten, S. 150 f.

1242 So *Ule*, DVBl. 1954, 137, 144; *Linn*, DVBl. 1956, 816, 818; *Schröder*, Der Prozeßvergleich in den verwaltungsgerichtlichen Verfahrensarten, S. 150 f.

1243 Nach e.A. diene der Steuerprozess nicht der Durchsetzung des gesetzmäßigen Steueranspruchs des Staates, sondern dem Individualrechtsschutz des Einzelnen gegen rechtswidrige Verwaltungsakte, Art. 19 Abs. 4 S. 1 GG, vgl. *Fu* in SP, AO/FGO, § 76 FGO Rn. 6 (Mrz. 2016).

verpflichtet, den Willen der Beteiligten umzusetzen. Konsensuales Vorgehen allein rechtfertigt keinen Rückzug richterlicher Prüfung. Für den finanzgerichtlichen Prozessvergleich ist es überzeugend anzunehmen, dass das Gericht bei schlichten Zweifeln an der Rechtmäßigkeit keine Überprüfungs*pflicht* innehat und den Prozessvergleich protokollieren kann. Ein Überprüfungs- und ein Hinweis*recht* steht dem Gericht daneben stets offen. Es kann im Rahmen seiner Fürsorgepflicht aktiv am Inhalt des Vergleichs mitwirken. Dabei spielt auch die Kompliziertheit des materiellen Steuerrechts in der Prozesssituation eine besondere Rolle, der „neutrale Richter" kann insoweit Hilfestellungen bieten[1244]. Eine Überprüfungs*pflicht* besteht allerdings im Hinblick auf etwaige Nichtigkeitsgründe[1245]. Das Gericht wirkt beispielsweise daran mit, dass das Koppelungsverbot nicht missachtet wird[1246]. Dasselbe gilt für Vergleiche, welche zu einer „unzutreffenden Besteuerung" führen[1247]. Diese Lösung entspricht auch dem Grundsatz der Gewaltenteilung und Gewaltenverschränkung. Die Judikative ist berechtigt und verpflichtet, die Exekutive zu überprüfen[1248]. Im Bereich des Verwaltungsermessens und dem Bereich von Handlungsspielräumen wird sich das Gericht auf die Prüfung von Ermessensfehlern beschränken. Eine Grenze der Prozessfürsorge besteht in der richterlichen Unabhängigkeit, so dass das Gericht die Grenze zur Neutralität durch entsprechende Hinweise nicht überschreiten darf[1249].

Im Rahmen eines Prozessvergleichs ist die Sachverhaltsermittlungspflicht des Gerichts reduziert. An sich können Materien in die gerichtliche Prüfung einbezogen werden, die zwischen den Parteien nicht streitig sind und vom Gericht

---

1244 S. etwa *Kottke*, DStR 1996, 1720, 1722; *Herbert* in Gräber, FGO, § 76 Rn. 65; *Krumm* in Tipke/Kruse, AO/FGO, § 76 FGO Rn. 97 (Febr. 2022).

1245 S. zu Nichtigkeitsgründen im Folgenden unter Kap. 4 F. II.

1246 So *Spannowsky*, Grenzen des Verwaltungshandelns durch Verträge und Absprachen, S. 216; in diese Richtung auch *Seer* in Tipke/Kruse, AO/FGO, Einführung zur FGO Rn. 42 (Okt. 2019).

1247 Dies ist etwa dann der Fall, wenn der Vergleich gegen die Regeln der Logik oder allgemeine Erfahrungssätze verstößt, s. zu dieser materiell-rechtlichen Grenze sogleich unter Kap. 4 F. II. 3. a) aa) dieser Arbeit.

1248 *Stern/Sachs/Dietlein* in Stern, Staatsrecht, Die einzelnen Grundrechte, Bd. IV/2, S. 1879.

1249 *Nieland*, AO-StB 2004, 253, 258; *Stalbold* in Gosch, AO/FGO, § 76 FGO Rn. 67 (Mrz. 2019); *Krumm* in Tipke/Kruse, AO/FGO, § 76 FGO Rn. 109 (Febr. 2022); s. zu Bedenken, welche gegen den finanzgerichtlichen Untersuchungsgrundsatz aus Gründen der Gewaltenteilung erhoben wurden *Ziemer/Birkholz*, FGO, § 76 Rn. 6 m.w.N.

aber als ungewiss eingestuft werden und entscheidungserheblich sind[1250]. Haben sich die Beteiligten indes durch einen Vergleichsvertrag auf einen bestimmten Sachverhalt geeinigt, so ist das Gericht an diesen gebunden[1251]. Nach engerer Auffassung, der verwaltungsrechtlichen Literatur, können Parteien nicht durch einen Vergleich ein „Tatbestandsmerkmal der gerichtlichen Überprüfung entziehen und das Gericht dazu verpflichten, die Parteimeinungen zwingend zugrunde zu legen"[1252]. Das Zusammenspiel der gerichtlichen und der behördlichen Untersuchungsmaxime folgt normativ aus § 76 Abs. 4 FGO.

Prozessfürsorgepflichten kommen auch als sog. Prozess*förderungs*pflichten vor, welche sich in erster Linie aus § 76 Abs. 1 S. 2–4 FGO ergeben. Die Konzentrationsmaxime ist im Finanzgerichtsprozess in einem besonderen Maße ausgeprägt[1253]. § 76 Abs. 1 FGO möchte dafür Sorge tragen, dass das finanzgerichtliche Verfahren nicht weniger (aber auch nicht mehr) effizient als das Besteuerungsverfahren ist[1254]. Prozessförderungspflichten resultieren neben § 76 Abs. 1 FGO z.B. aus § 79b FGO. Diese Norm sieht die Möglichkeit vor, den Beteiligten für die Auskunft und Urkundenvorlage zur Beschleunigung und Konzentration des Verfahrens Fristen zu setzen und ein verspätetes Vorbringen zurückzuweisen, um so einer Prozessverschleppung vorzubeugen[1255]. Die richterliche Prozessförderungspflicht kann bei einer Vergleichsverhandlung als Katalysator der Konzentrationsmaxime fungieren und den Beteiligten den Weg zu einer effektiven Einigung ebnen[1256]. Das Gericht kann insoweit – zunächst vergleichsunwilligen Beteiligten – den Prozessvergleich nahelegen und somit – neben der Gewährung rechtlichen Gehörs (Art. 103 Abs. 1 GG) – eine gewisse Verhandlungsdynamik erzeugen. Dies korrespondiert mit der Pflicht des Gerichts in jeder Lage des Verfahrens auf eine gütliche Beilegung des Rechtsstreits hinzuwirken, § 155

1250 BFH, Urt. v. 17.5.1995 – X R 185/93, juris Rn. 15; *Krumm* in Tipke/Kruse, AO/FGO, § 76 FGO Rn. 20a (Febr. 2022).

1251 BFH, Urt. v. 12.8.1999 – XI I R 27/98, juris Rn. 30; *Fu* in SP, AO/FGO, § 76 FGO Rn. 34 (Mrz. 2016); *Thürmer* in HHSp., AO/FGO, § 76 FGO Rn. 91 (Aug. 2019) m.w.N.; *Krumm* in Tipke/Kruse, AO/FGO, § 76 FGO Rn. 3, 46 (Febr. 2022).

1252 *Löwer*, VerwArch. 1965, 142, 144.

1253 So *Krumm* in Tipke/Kruse, AO/FGO, § 76 FGO Rn. 17, 49 ff., 97 (Febr. 2022); s. ebenso *Herbert* in Gräber, FGO, § 76 Rn. 66.

1254 *Krumm* in Tipke/Kruse, AO/FGO, § 76 FGO Rn. 51 (Febr. 2022).

1255 *Krumm* in Tipke/Kruse, AO/FGO, § 76 FGO Rn. 51 (Febr. 2022).

1256 Mit anderen Worten sei es grundsätzlich Aufgabe der Gerichte, auf die Entscheidungsreife des Rechtsstreits hinzuwirken, s. *Krumm* in Tipke/Kruse, AO/FGO, § 76 FGO Rn. 97 (Febr. 2022).

S. 1 FGO, § 278 Abs. 1 ZPO. Daneben scheint es auch nicht ausgeschlossen, dass das Gericht weniger vergleichsgeeignete Fälle klassifiziert und andere Verhandlungsgestaltungen nahelegt.

Die finanzbehördliche Betreuungspflicht steht neben der Prozessfürsorgepflicht des Gerichts. § 76 Abs. 4 FGO verweist ausdrücklich auf § 89 Abs. 1 AO. Aus § 89 Abs. 1 AO folgt die Fürsorgepflicht der Finanzbehörde, welche Teil der Kooperationsmaxime ist[1257]. Die beklagte Finanzbehörde ist auch während des Prozesses berechtigt und verpflichtet, die ihm im Besteuerungsverfahren obliegenden Maßnahmen zu treffen[1258]. Ermittlungsmaßnahmen dürfen zwar nicht in Konkurrenz zu Maßnahmen des Gerichts treten[1259], gegen eine parallel bestehende Fürsorgepflicht bestehen insoweit aber keine Bedenken. Die Ausprägungen des kooperativen Steuerstaates können damit in der Prozesssituation einen „doppelten Boden" erhalten.

Der Umfang der Prozessfürsorgepflichten bei Abschluss eines finanzgerichtlichen Prozessvergleichs spricht zudem für dessen Zulässigkeit unter dem Gesichtspunkt der Gleichmäßigkeit und Gesetzmäßigkeit der Besteuerung[1260]. Deutlich wird dies im Vergleich mit den Prüfungsrechten des Gerichts bei übereinstimmenden Erledigungserklärungen. Geben die Beteiligten eine übereinstimmende Erledigungserklärung (in der Regel nach einer tatsächlichen Verständigung, mithin einem außergerichtlichen Vergleich) ab, so ist der Richter an diese gebunden und darf nicht einmal prüfen, ob die Erledigung materiell eingetreten ist[1261]. Durch Abgabe der Erledigungserklärung ist das Verfahren vielmehr unmittelbar beendet. Das Gericht hat bei einer übereinstimmenden Erledigungserklärung, § 138 Abs. 1 FGO, keinerlei Prüfungsrechte mehr. Es muss den Willen der Beteiligten unmittelbar umsetzen und dessen Einfluss- oder

---

1257 S. dazu unter Kap. 2 C. VI. 2. b) bb) dieser Arbeit.

1258 *Krumm* in Tipke/Kruse, AO/FGO, § 76 FGO Rn. 139 (Febr. 2022); *Stalbold* in Gosch, AO/FGO, § 76 FGO Rn. 98 (Mrz. 2019); *Thürmer* in HHSp., AO/FGO, § 76 FGO Rn. 189 (Aug. 2019); *Herbert* in Gräber, FGO, § 76 Rn. 94 leitet aus der Vorschrift eine verstärkte Mitwirkungspflicht des Beklagten ab; *Krömker* in Lippross/Seibel, Basiskommntar Steuerrecht, § 76 FGO Rn. 40 (Nov. 2021).

1259 Vgl. etwa FG Baden-Württemberg, Urt. v. 21.2.2001 – 5 K 325/00, juris Rn. 65; *Krumm* in Tipke/Kruse, AO/FGO, § 76 FGO Rn. 139 (Febr. 2022); *Thürmer* in HHSp., AO/FGO, § 76 FGO Rn. 189 (Aug. 2019).

1260 Zur Gesetzmäßigkeit und Gleichmäßigkeit der Besteuerung im Besteuerungsverfahren s. unter Kap. 2 C. III., IV. dieser Arbeit, zur Gesetzmäßigkeit und Gleichmäßigkeit der Besteuerung im Prozess, s. unter Kap. 4 B. IV. 1. dieser Arbeit.

1261 S. dazu die Nachweise unter Kap. 4 A. II. 1. dieser Arbeit.

Kontrollmöglichkeiten sind gering. Für die Gesetzmäßigkeit und Gleichmäßigkeit der Besteuerung ist es allerdings weniger zweckdienlich, wenn das Gericht auch „sehenden Auges" eine, aus seiner Perspektive zweifelhafte, (außergerichtliche) Einigung akzeptieren muss, als wenn es am Einigungsprozess unterstützend und kontrollierend mitwirken kann. Zwar hat der Prozessvergleich insoweit stärkeres Gewicht als eine (außergerichtliche) Einigung, welche durch die überstimmende Erledigungserklärung zur Verfahrensbeendigung führt, weil der gerichtliche Vergleich einen Vollstreckungstitel darstellt, so dass der Rückzug der richterlichen Prüfung gerechtfertigt erscheinen könnte. Dies wird jedoch allenfalls im Nachgang bei etwaigem Streit um die Umsetzung relevant und kann eine, auf Tatbestandsebene bestehende, Verletzung der Gesetzmäßigkeit durch den Wegfall richterlicher Mitwirkung nicht relativieren.

II. Der fehlerhafte steuerrechtliche Vergleichsvertrag

Nichtigkeitsregeln für Vergleichsverträge sind in § 59 VwVfG, § 58 SGB X zu finden. Für eine Heranziehung des verwaltungsrechtlichen Fehlerfolgenrechts wäre für jede Fehlerfolge zu prüfen, nachdem die analoge Anwendung der Vorschriften des VwVfG abgelehnt wurde, ob eine Übertragung in das Steuerrecht als allgemeiner Rechtsgrundsatz erfolgen könnte[1262]. Denkbar wäre es ebenso auf die allgemeinen Grundsätze zurückzugreifen, die Rechtsprechung und Literatur vor Erlass des VwVfG und des SGB X herausgearbeitet haben. Der maßgebliche Unterschied zu den heutigen Fehlerfolgen liegt darin, dass die früheren allgemeinen Grundsätze keinen Rechtsfolgendualismus verfolgten und rechtswidrige Verträge überwiegend als nichtig ansahen[1263]. Nach heutigem Verständnis ist die reine Rechtswidrigkeit von der Nichtigkeit zu unterscheiden[1264]. *Sontheimer*[1265] und *Seer*[1266] entwickelten für den steuerrechtlichen Vertrag

1262 Vgl. zu dieser Erkenntnis und zur Möglichkeit der analogen Anwendung Kap. 2 C. I. dieser Arbeit. S. dazu ebenso *Sontheimer*, Der verwaltungsrechtliche Vertrag im Steuerrecht, S. 192 ff.; *Seer*, Verständigungen in Steuerverfahren, S. 375 ff.

1263 S. dazu schon *Sontheimer*, Der verwaltungsrechtliche Vertrag im Steuerrecht, S. 192 ff. und *Seer*, Verständigungen in Steuerverfahren, S. 375 ff.

1264 Zur Entstehungsgeschichte und Kritik an § 59 VwVfG s. *Brosius-Gersdorf* in Schoch/Schneider, VwVfG, § 59 Rn. 1, 47 (Juli 2020); zu perspektivischen Flexibilisierungsmöglichkeiten *Ziekow/Siegel*, VerwArch. 2004, 281, 287 ff.; im Hinblick auf § 58 VwVfG, § 57 SGB X ist zur schwebenden Unwirksamkeit abzugrenzen.

1265 *Sontheimer*, Der verwaltungsrechtliche Vertrag im Steuerrecht, S. 192 ff.

1266 *Seer*, Verständigungen in Steuerverfahren, S. 369 ff.; zu *Seers* Fehlerfolgenlehre sogleich.

eigene Fehlerfolgenlehren. *Sontheimer* zieht für steuerrechtliche Verträge den Grundsatz heran, dass rechtswidrige Verträge zugleich nichtig sind, versagt ihnen in der Konsequenz jedoch nicht die Rechtsbindung. Eine Ausnahme will er indessen für den steuerrechtlichen Vergleichsvertrag machen. Der Grund ist, dass der Vergleich auch dann wirksam sei, wenn der Vergleichsinhalt nicht mit dem materiellen Recht in Einklang steht. Der Zweck des Vergleichs, eine bestehende Ungewissheit über die Sach- oder Rechtslage ohne langwierige Gerichtsverfahren mit ungewissem Ausgang im Wege des gegenseitigen Nachgebens verbindlich zu regeln, fordere die rechtliche Verbindlichkeit des Vertrages auch dann, wenn die Parteien die „tatsächliche" Rechtslage durch ihr gegenseitiges Nachgeben nicht zufällig treffen. Vergleiche, die mit der materiellen Rechtslage nicht in Einklang stünden, seien rechtmäßig. Nichtig seien Vergleichsverträge allerdings dann, wenn die Voraussetzungen des Vergleichs nicht vorliegen[1267]. Wenig überzeugend möchte *Sontheimer* auch nichtige Verträge gleichwohl als verbindlich ansehen, sofern der Bürger auf den Bestand des Vertrages nur vertraut habe und aufgrund dessen Dispositionen getroffen habe[1268]. Offen bleibt auch, welche Voraussetzungen des Vergleichs zu dessen Nichtigkeit führen und inwieweit der Verstoß gegen eine Verbotsnorm zur Nichtigkeit oder zur bloßen Rechtswidrigkeit führt.

Für den steuerrechtlichen Vergleich ist de lege lata auf die differenzierte verwaltungsrechtliche Fehlerfolgenlehre zurückzugreifen und es ist zu überprüfen, welche Fehlerfolgen als allgemeine Rechtsgedanken übertragbar sind. Der Nichtigkeitskatalog des § 59 VwVfG lehnt sich in § 59 Abs. 2 Nr. 1 und Nr. 2 VwVfG an die Fehlerfolgenlehre rechtswidriger Verwaltungsakte an und nennt erweiternd in § 59 Abs. 2 Nr. 3 und Nr. 4 VwVfG Folgerungen aus den vertragsspezifischen Regelungen der §§ 55, 56 VwVfG[1269].

1. Nichtigkeitsregeln für den steuerrechtlichen Vergleichsvertrag

a) § 59 Abs. 1 VwVfG, § 58 Abs. 1 SGB X

Nach § 59 Abs. 1 VwVfG, § 58 Abs. 1 SGB X sind öffentlich-rechtliche Verträge nichtig, wenn sich die Nichtigkeit aus der entsprechenden Anwendung von

---

1267 S. insgesamt *Sontheimer*, Der verwaltungsrechtliche Vertrag im Steuerrecht, S. 192 ff.

1268 *Sontheimer*, Der verwaltungsrechtliche Vertrag im Steuerrecht, S. 201. Zum Verhältnis eines nichtigen Vergleichsvertrages und dem nachfolgenden Steuerverwaltungsakt unter Kap. 4 H. II. 2. dieser Arbeit.

1269 Vgl. *Seer*, Verständigungen in Steuerverfahren, S. 372 f., nach *Seer* handele es sich insoweit um Schutzvorschriften.

Vorschriften des Bürgerlichen Gesetzbuchs ergibt. Der Nichtigkeitsgrund des § 59 Abs. 1 VwVfG, § 58 Abs. 1 SGB X, § 134 BGB[1270] kann nach allgemeinen Rechtsgrundsätzen auf das Steuerrecht angewendet werden[1271]. § 134 BGB ist aufgrund seiner Offenheit auf das Steuerrecht übertragbar, weil eine Ausfüllung mit den spezifischen Regelungen des Steuerrechts möglich ist[1272].

Für das Eingreifen des Nichtigkeitsgrundes ist nach allgemeiner Auffassung eine qualifizierte Rechtsverletzung erforderlich, nicht jeder einfache Verstoß gegen materielles oder formelles Recht genügt[1273]. Dies folgt unter anderem aus dem Wortlaut des § 59 Abs. 2 Nr. 2 VwVfG, wonach zur Rechtswidrigkeit führende Fehler nur die Unwirksamkeit eines Vertrages begründen, wenn sie im Fall eines Verwaltungsaktes nicht wegen § 46 VwVfG unbeachtlich wären. Aus der Systematik des § 59 Abs. 2 VwVfG lässt sich damit ableiten, dass nicht jeder schlichte Gesetzesverstoß genügen kann, um den Anwendungsbereich der § 59 Abs. 1 VwVfG, § 134 BGB zu eröffnen. Dafür spricht § 59 Abs. 2 VwVfG letztlich auch deswegen, weil er weitere Nichtigkeitsgründe („ferner") benennt, so dass es systematisch wenig einleuchtend wäre, wenn rechtswidrige Verträge stets schon nach § 59 Abs. 1 VwVfG nichtig wären[1274]. *Seer* entwickelte in seiner Habilitationsschrift ein eigenes Fehlerfolgenrecht und leitet aus einer Gesamtschau der §§ 38, 85 AO das Verbot der gesetzesabweichenden Steuervereinbarung als gesetzliches Verbot nach § 134 BGB ab[1275]. Demnach führt im Ergebnis jeder Gesetzesverstoß zur Nichtigkeit des Vertrages. Nach *Seer* stehen die Parteien vor einer Bandbreite vertretbarer Entscheidungen. Einen Fixpunkt, von

---

1270 Nach § 134 BGB ist ein Rechtsgeschäft nichtig, wenn dieses gegen ein gesetzliches Verbot verstößt, soweit sich aus dem Gesetz nicht ein anderes ergibt.

1271 Zur Übertragbarkeit der Nichtigkeitsregelungen ausführlich *Seer*, Verständigungen in Steuerverfahren, S. 375 ff.

1272 So *Seer*, Verständigungen in Steuerverfahren, S. 377; wenngleich der Bereich möglich rechtswidrig bewerteter Handlungen ungleich größer als im Zivilrecht sei. Während § 134 BGB im Privatrecht der Interessenverwirklichung der Parteien äußerste Grenzen setze, verwirkliche die Verwaltung auch dann nicht autonome Interessen, sondern Gemeinwohlaufgaben, wenn sie vertraglich handele, so *Ziekow/Siegel*, VerwArch. 2004, 281, 284.

1273 BVerwG, Urt. v. 23.8.1991 – 8 C 61/90, BVerwGE 89, 7, juris Rn. 13; *Schlette*, Die Verwaltung als Vertragspartner, S. 551; *Ziekow/Siegel*, VerwArch. 2004, 281, 284; *Tegethoff* in Kopp/Ramsauer, VwVfG, § 59 VwVfG Rn. 10; *Brosius-Gersdorf* in Schoch/Schneider, VwVfG, § 59 Rn. 87 ff. (Juli 2020).

1274 So *Korte* in Wolff/Bachof/Stober/Kluth, Verwaltungsrecht I, § 54 Rn. 98 m.w.N.

1275 *Seer*, Verständigungen in Steuerverfahren, S. 375 ff.

welchem sich die Finanzbehörde entfernen kann, gibt es nicht. Die Parteien einigen sich im Wege einer Fiktion auf eine der dem Gesetz entsprechenden, aber allseits unbekannten Entscheidung. Das Gesetz werde so konkretisiert, ohne es zu verletzen[1276]. Dem ist insoweit zuzustimmen, dass sich die Parteien im Wege einer Fiktion auf eine vertretbare Entscheidung festlegen[1277]. Dies ist die spezifische Besonderheit des Vergleichsvertrages. Der steuerrechtliche Vergleichsvertrag muss jedoch, im Unterschied zum „einfachen" subordinationsrechtlichen Vertrag, im Zusammenhang mit dem Privileg gesteigerter Unempfindlichkeit gegenüber Gesetzesverletzungen gesehen werden, welches den Parteien gewährt, die Ungewissheit der Sach- oder Rechtslage zu überbrücken, nicht aber das Gesetz[1278]. Es erscheint daher zweckmäßig, nicht jeden Gesetzesverstoß genügen zu lassen. Würde man einen schlichten Gesetzesverstoß ausreichen lassen, wäre die Existenz des Vergleichsvertrages nicht ohne Weiteres erklärbar, weil er nach § 55 VwVfG, § 54 Abs. 1 SGB X bei rechtlichen Unsicherheiten und damit auch zulässig ist, wenn sich nachträglich die Rechtswidrigkeit herausstellt[1279]. *Seer* begründet das Verbot gesetzesabweichender Steuervereinbarungen mit der Funktionsfähigkeit des Gemeinwesens als Steuerstaat. Dabei sei es von vitalem Allgemeininteresse, dass die gesetzliche Steuerpflicht gegenüber möglichst vielen Bürgern flächendeckend durchgesetzt wird. Die Steuerpflicht bleibe für den Einzelnen nur erträglich, wenn er sicher sein kann, dass der Staat die gesetzliche Steuerpflicht auch gegenüber den anderen realisiert. Dem einzelnen sei es verwehrt, den mangelnden Vollzug der Steuergesetze gegenüber anderen im Wege des Individualrechtsschutzes zu rügen. Der Anspruch eines jeden auf Erfüllung seiner Steuerpflicht, bedarf der objektiv-rechtlichen Sicherung des Anspruchs. Dem Steuerpflichtigen muss deutlich signalisiert werden, dass die Rechtsordnung einer materiell vom Gesetz abweichenden Steuervereinbarung ihre Anerkennung versagt[1280]. Dem ist (nur) der Sache nach zuzustimmen. Für den steuerrechtlichen Vergleichsvertrag, im Unterschied zum einfachen subordinationsrechtlichen Vertrag, kann dieser Begründung indes mit einem Argument, welches für das Sozialrecht entwickelt wurde, begegnet bzw. abgeholfen werden.

1276 *Seer*, Verständigungen in Steuerverfahren, S. 375 ff.

1277 S. dazu unter Kap. 2 C. IV. 3. dieser Arbeit.

1278 S. dazu bereits unter Kap. 2 C. IV. 3. dieser Arbeit.

1279 *Korte* in Wolff/Bachof/Stober/Kluth, Verwaltungsrecht I, § 54 Rn. 98; *Schliesky* in Knack/Henneke, VwVfG, § 59 Rn. 43.

1280 *Seer*, Verständigungen in Steuerverfahren, S. 377; s. ebenso *Seer* in Tipke/Lang, Steuerrecht, Rn. 21.1.

Im Sozialrecht ist ein Verzicht auf Ansprüche auf Sozialleistungen unwirksam, soweit durch ihn andere Personen oder Leistungsträger belastet oder Rechtsvorschriften umgangen werden, § 46 Abs. 2 SGB I. Da jedoch ein Vergleichsvertrag nach § 54 SGB X stets eine Ungewissheit über Tatsächliches oder Rechtliches voraussetzt, kann ein Verzicht, der mit Wissen und Wollen ausgesprochen wird, in der Vergleichssituation des § 54 SGB X schon nicht vorliegen. Unter Beachtung der Zulässigkeitsvoraussetzungen des § 54 SGB X kann allenfalls ein potentieller Verzicht im Vergleichswege vereinbart werden. Ein solcher potentieller Verzicht fällt unter die Privilegierung des § 54 SGB X[1281]. Das „Privileg" (gesteigerter Unempfindlichkeit gegenüber Gesetzesverletzungen) erstreckt seinen Anwendungsbereich nur auf die Ungewissheit der Parteien. Nur insoweit können die Parteien eine vermittelnde Lösung finden. Missachten die Parteien jedoch die Voraussetzungen des Vergleichsvertrages, kann die Nichtigkeitsnorm des § 59 Abs. 2 Nr. 3 VwVfG, § 58 Abs. 2 Nr. 3 SGB X[1282] greifen. Reine Steuervereinbarungen, welche vom Gesetz abweichen, sind hingegen nichtig.

Somit lässt sich festhalten, dass allein ein qualifizierter Verstoß gegen Verbotsnormen zur Nichtigkeit des Vergleichsvertrages führt (im Wege der Übertragung des Rechtsgedankens aus § 59 Abs. 1 VwVfG, § 58 Abs. 1 SGB X, § 134 BGB). Ob ein qualifizierter Verstoß mit der Folge der Nichtigkeit des Vertrages anzunehmen ist, ist durch Auslegung oder Abwägung der widerstreitenden Interessen der Gesetzmäßigkeit der Verwaltung und dem Prinzip pacta sunt servanda zu ermitteln[1283]. Zur Orientierung, ob ein Verbotsgesetz vorliegt, kann auf drei Voraussetzungen zurückgegriffen werden: 1) Verletzung einer zwingenden, nicht disponiblen Norm, 2) unbedingte Missbilligung des durch den Vertrag herbeigeführten Erfolgs durch die Rechtsnorm, 3) Beeinträchtigung öffentlicher Interessen von einigem Gewicht durch den Vertrag[1284]. Verbotsgesetze für den steuerrechtlichen Vergleichsvertrag können sich z.B. aus der AO (z.B. §§ 88, 85 AO, § 38 AO[1285]), aus der Verfassung (z.B. Art. 108 Abs. 3 S. 1 GG, Art. 85 Abs. 3,

1281 S. dazu schon m.w.N. unter Kap. 2 C. III. dieser Arbeit.

1282 Dazu sogleich.

1283 *Schlette*, Die Verwaltung als Vertragspartner, S. 552; *Ziekow/Siegel*, VerwArch. 2004, 281, 284 m.w.N.; *Korte* in Wolff/Bachof/Stober/Kluth, Verwaltungsrecht I, § 54 Rn. 99; *Brosius-Gersdorf* in Schoch/Schneider, VwVfG, § 59 Rn. 88 (Juli 2020) m.w.N.; *Bonk/Neumann/Siegel* in Stelkens/Bonk/Sachs, VwVfG, § 59 Rn. 13.

1284 *Brosius-Gersdorf* in Schoch/Schneider, VwVfG, § 59 Rn. 89 (Juli 2020).

1285 *Seer*, Verständigungen in Steuerverfahren, S. 377 leitet aus einer Gesamtschau der §§ 38, 85 AO das Verbot der gesetzesabweichenden Steuervereinbarung als gesetzliches Verbot nach § 134 BGB ab.

Abs. 4 GG) oder aus dem Unionsrecht (Art. 107, 108 AEUV[1286]) ergeben. Es ist im Wege der Auslegung im Einzelfall zu ermitteln, wann der Gesetzesverstoß zur Nichtigkeit des Vergleichsvertrages führt. Denkbar ist ein qualifizierter Verstoß gegen § 88 AO etwa dann, wenn die Parteien einen rein fiktiven Sachverhalt zugrunde legen[1287]. Der Verstoß gegen § 85 S. 1 AO ist qualifiziert, wenn eine unzutreffende Besteuerung vorliegt, etwa wenn der Vergleichsvertrag gegen die Regeln der Logik oder allgemeine Erfahrungssätze verstößt[1288]. Ob eine Verletzung des Art. 108 AEUV allein zur Nichtigkeit oder nur zur Rechtswidrigkeit führt, ist umstritten[1289].

b) § 59 Abs. 2 Nr. 3 VwVfG, § 58 Abs. 2 Nr. 3 SGB X

Der spezielle Nichtigkeitsgrund für den subordinationsrechtlichen Vergleichsvertrag (§ 55 VwVfG, § 54 S. 2 VwVfG, § 54 SGB X, § 53 Abs. 1 S. 2 SGB X) findet sich in § 59 Abs. 2 Nr. 3 VwVfG, § 58 Abs. 2 Nr. 3 SGB X[1290]. Danach ist ein Vergleichsvertrag i.S.d. § 54 S. 2 VwVfG, § 53 Abs. 1 S. 2 SGB X nichtig, wenn die Voraussetzungen zum Abschluss eines Vergleichsvertrages nicht vorlagen und ein Verwaltungsakt mit entsprechendem Inhalt nicht nur wegen eines Verfahrens- oder Formfehlers i.S.d. § 46 VwVfG, § 42 SGB X rechtswidrig wäre und dies den Vertragsschließenden bekannt war. Nur unter diesen Voraussetzungen ist der Vergleichsvertrag nichtig, anderenfalls nur rechtswidrig, aber wirksam[1291]. Zum Schutz gegen einen gesetzesinkongruenten Vertrag ist in § 59 Abs. 2 Nr. 3 VwVfG, § 58 Abs. 2 Nr. 3 SGB X die Nichtigkeitsfolge bei fehlenden Voraussetzungen des Vergleichsvertrages statuiert. Diese Norm ist übereinstimmend mit dem Verwaltungsrecht auf das Steuerrecht übertragbar[1292].

1286 S. dazu im Folgenden unter Kap. 4 F. II. 3. b) dieser Arbeit.

1287 *Seer*, Verständigungen in Steuerverfahren, S. 386.

1288 So BMF von 30.7.2008 – IV A 3 – S 0223/07/10002, BStBl. I 2008, 831, Tz. 8.1 für die tatsächliche Verständigung. Vgl. dazu nochmals im Folgenden unter Kap. 4 F. II. 3. a) bb) dieser Arbeit.

1289 S. dazu *Brosius-Gersdorf* in Schoch/Schneider, VwVfG, § 59 Rn. 116 f. (Juli 2020) m.w.N.

1290 Diese enge Nichtigkeitsfolge gilt nur für den subordinationsrechtlichen Vertrag. Ob der koordinationsrechtliche Vertrag in weitergehendem Umfang zulässig ist bzw. § 55 VwVfG, § 54 SGB X analog anwendbar ist, ist umstritten, vgl. dazu unter Kap. 1 B. II. 2. dieser Arbeit.

1291 S. dazu unter Kap. 4 H. II. 2. dieser Arbeit.

1292 *Seer* möchte das in §§ 55, 59 Abs. 2 Nr. 3 VwVfG verwendete Ungewissheitsmerkmal einschließlich seiner Nichtigkeitssanktion sinngemäß in das Steuerverfahrensrecht übertragen. *Seer* wendet allerdings die Nichtigkeitsnorm des § 59 Abs. 1 VwVfG,

Umstritten ist, welche „Voraussetzungen des Vergleichsvertrages“ i.S.d. § 59 Abs. 2 Nr. 3 VwVfG, § 58 Abs. 2 Nr. 3 SGB X zur Nichtigkeit führen. Es werden im Wesentlichen drei Meinungen vertreten. Unklar ist, ob sich diese Voraussetzungen lediglich auf die Vergleichslage (Ungewissheit über Sach- oder Rechtslage), auf die Ermessensbetätigung der Behörde und das Zweckmäßigkeitskriterium oder auf sämtliche in § 55 VwVfG, § 54 SGB X enthaltenen Anforderungen beziehen[1293]. Überzeugend ist es, den Nichtigkeitsgrund auf sämtliche in § 55 VwVfG, § 54 SGB X enthaltenen Voraussetzungen zu erstrecken[1294], um einer dem Vergleichsvertrag anhaftenden Missbrauchsgefahr vorzubeugen[1295]; denn Vergleichslage, Zweckmäßigkeit des Vergleichs und rechtmäßige Ermessensausübung hängen eng miteinander zusammen[1296]. Teilweise wird gefordert, die Voraussetzungen des § 55 VwVfG besonders restriktiv im Rahmen einer ungewissen Rechtslage zu sehen. Dem ist zuzustimmen. Die Voraussetzungen des Vergleichsvertrages aufgrund von Rechtszweifeln müssen besonders eng ausgelegt werden, um den Gesetzmäßigkeitsgrundsatz nicht zu überspannen.

c) Koppelungsverbot, § 59 Abs. 2 Nr. 4 VwVfG, § 58 Abs. 2 Nr. 4 SGB X

aa) Anwendbarkeit im Steuerrecht

Ist ein Vergleichsvertrag zugleich ein Austauschvertrag i.S.d. § 56 VwVfG, § 55 SGB X findet nach dem Gesetz zudem § 59 Abs. 2 Nr. 4 VwVfG, § 58 Abs. 2 Nr. 4 SGB X Anwendung. Danach ist ein Vertrag i.S.d. § 54 S. 2 VwVfG nichtig, wenn sich die Behörde eine nach § 56 VwVfG, § 55 SGB X unzulässige Gegenleistung versprechen lässt. Unzulässig ist die Gegenleistung nach § 56 Abs. 1 S. 2 VwVfG, § 55 Abs. 1 S. 2 SGB X, wenn sie nicht den gesamten Umständen nach angemessen ist und nicht im sachlichen Zusammenhang mit der vertraglichen Leistung der Behörde steht. Dieses sog. Koppelungsverbot ist eine spezielle Ausprägung des Gesetzmäßigkeitsprinzips, welches in das Steuerrecht ebenfalls als

---

§ 134 BGB (konsequent) an, weil er das Verbot gesetzesabweichender Steuervereinbarungen entwickelte.

1293 S. ausführlich zum Streitstand *Schlette*, Die Verwaltung als Vertragspartner, S. 548; *Brosius-Gersdorf* in Schoch/Schneider, VwVfG, § 59 Rn. 165 (Juli 2020); *Spieth* in BeckOK VwVfG, § 59 VwVfG Rn. 34 ff.

1294 So *Schlette*, Die Verwaltung als Vertragspartner, S. 548 m.w.N. zu anderen Ansichten; *Ziekow/Siegel*, VerwArch. 2004, 281, 287.

1295 *Schlette*, Die Verwaltung als Vertragspartner, S. 548; *Ziekow/Siegel*, VerwArch. 2004, 281, 286 f.

1296 So überzeugend *Schlette*, Die Verwaltung als Vertragspartner, S. 548.

allgemeiner Rechtsgedanke übertragbar ist[1297]. Selbst wenn man den verfassungsrechtlichen Hintergrund des Koppelungsverbots verneinen will[1298], ist das Koppelungsverbot jedenfalls vor der Kodifizierung in § 56 Abs. 1 S. 2 VwVfG, § 55 Abs. 1 S. 2 SGB X, als allgemeiner Rechtsgedanke für das öffentliche Recht entwickelt worden[1299], welcher auf das Steuerrecht gleichermaßen übertragbar ist[1300].

bb) Inhalt und Ausprägungen im Steuerrecht

Aufgrund des Koppelungsverbots darf durch einen öffentlich-rechtlichen Vertrag nichts miteinander verknüpft werden, was nicht ohnehin in innerem Zusammenhang steht. Zudem dürfen hoheitliche Entscheidungen, ohne entsprechende gesetzliche Ermächtigung, nicht von wirtschaftlichen Gegenleistungen abhängig gemacht werden, es sei denn, erst die Gegenleistung würde ein der Entscheidung entgegenstehendes rechtliches Hindernis beseitigen[1301]. Das Koppelungsverbot soll dem „Verkauf von Hoheitsrechten" entgegenwirken und eine „Bereicherung" von Trägern öffentlicher Verwaltung verhindern[1302]. Zudem soll das Koppelungsverbot einer sachwidrigen Motivation und einem

1297 *Sontheimer*, Der verwaltungsrechtliche Vertrag im Steuerrecht, S. 158 f.; *Seer*, Verständigungen in Steuerverfahren, S. 222 ff., 279 ff., 378 ff., nach *Seer* sei das Koppelungsverbot nicht nur uneingeschränkt übertragbar, sondern sogar ausbaufähig. Der Grund dafür sei der Grundsatz der Gesetz- und Gleichmäßigkeit der Besteuerung sowie der Grundrechtsschutz des Steuerpflichtigen. Die Ausführungen gelten zwar nicht ausdrücklich für den Vergleichsvertrag, können aber entsprechend herangezogen werden, wenn es sich um einen Vergleichsvertrag mit Austauschcharakter handele, weil das Koppelungsverbot einen allgemeinen Rechtsgedanken bilde. Das Koppelungsverbot verstehe sich ferner als ein gesetzliches Verbot gemäß § 59 Abs. 1 VwVfG, § 134 BGB; *Pflaum*, StBp 2013, 105, 109; *Bonk/Neumann/Siegel* in Stelkens/Bonk/Sachs, VwVfG, § 56 Rn. 4; *Westermann*, Stbg 2017, 27, 29 m.w.N. für den Fall der Mediation.

1298 So etwa *Butzer*, DÖV 2002, 881, 882 ff.

1299 BGH, Urt. v. 14.7.1966 – III ZR 190/64, juris Rn. 17 ff.; BVerwG, Urt. v. 6.7.1973 – IV C 22.72, juris Rn. 24; v. *Campenhausen*, DÖV 1967, 662; *Göldner*, JZ 1976, 352, 356; *Butzer*, DÖV 2002, 881.

1300 *Sontheimer*, Der verwaltungsrechtliche Vertrag im Steuerrecht, S. 159.

1301 BGH, Urt. v. 14.7.1966 – III ZR 190/64, juris Rn. 17 ff.; BVerwG, Urt. v. 6.7.1973 – IV C 22.72, juris Rn. 24; zuletzt BVerwG, Beschl. v. 20.11.2013 – 4 B 7/12, juris Rn. 5.

1302 Begründung zum Gesetzesentwurf der Bundesregierung, BT-Drucks. 7/910, S. 83; v. *Campenhausen*, DÖV 1967, 662; zu Beispielen s. *Bonk/Neumann/Siegel* in Stelkens/Bonk/Sachs, VwVfG, § 56 Rn. 34.

Machtmissbrauch der Behörden, insbesondere der Ausnutzung der Überlegenheit des Staates, entgegenwirken[1303]. Das Koppelungsverbot verbietet es, dass die Behörde Leistungen von einer Gegenleistung des Bürgers abhängig macht, auf die der Bürger einen gebundenen Anspruch hat[1304]. Der Finanzbehörde ist es folglich nicht verwehrt, eine Stundung unter der Voraussetzung zu vereinbaren, dass der Steuerpflichtige entsprechende Sicherheiten bietet[1305]. Denn erst durch diese Gegenleistung wird ein entgegenstehendes Hindernis beseitigt. Das Koppelungsverbot wäre allerdings dann verletzt, wenn sich die Finanzbehörde und der Steuerpflichtige darauf einigen, die Stundung der Steuerforderung mit der Gegenleistung eines Rechtsbehelfsverzichts oder einer Klagerücknahme in einer anderen Sache zu verbinden[1306]. Vergleicht sich die Finanzbehörde über, gegebenenfalls im Gemeinwohlinteresse liegende Gegenleistungen (z.B. Standortsicherungen, Investitionsentscheidungen), indem sie gegenüber dem Steuerpflichtigen mit dem gesetzmäßigen Vollzug entgegenkommt, verstößt diese gegen das Koppelungsverbot[1307]. Dasselbe gilt, wenn die Finanzbehörde vertraglich eine Ausweitung der Steuerpflicht vereinbart und sich beispielsweise als Verpächterin eines Grundstücks darüber einigt, dass die in einem Unternehmen anfallende Gewerbesteuer ausschließlich der Gemeinde zufließt[1308]. Ebenfalls ist ein Verstoß gegen das Koppelungsverbot anzunehmen, wenn der Steuerpflichtige nach Abschluss der Betriebsprüfung eine Gewinnhinzuschätzung, § 162 AO, akzeptiert, weil der Prüfer auf die Einleitung eines Steuerstrafverfahrens verzichtet, was zu einer sachfremden Verkoppelung von Besteuerung und Strafverfahren führt[1309].

1303 BVerwG, Urt. v. 4.6.1973 – IV C 22.72, juris Rn. 9; BVerwG, Urt. v. 16.5.2000 – 4 C 4 /99, juris Rn. 9.

1304 BVerwG, Urt. v. 24.8.1994 – 11 C 14/93, juris Rn. 19; BVerwG, Urt. v. 16.5.2000 – 4 C 4/99, juris Rn. 24; *Bonk/Neumann/Siegel* in Stelkens/Bonk/Sachs, VwVfG, § 56 Rn. 3.

1305 *Sontheimer*, Der verwaltungsrechtliche Vertrag im Steuerrecht, S. 159.

1306 *Sontheimer*, Der verwaltungsrechtliche Vertrag im Steuerrecht, S. 160; *Seer*, Verständigungen in Steuerverfahren, S. 280.

1307 *Seer*, Verständigungen in Steuerverfahren, S. 378.

1308 Zu diesem Fall vgl. BGH, Urt. v. 14.4.1976 – VIII ZR 253/74, BGHZ 66, 199, 202, juris Rn. 18 ff., obgleich der BGH die Nichtigkeit dieser Vereinbarung nicht ausdrücklich mit dem Koppelungsverbot begründet hat, sondern damit, dass Steuertatbestände nicht durch Vereinbarungen geschaffen werden können und damit, dass es unzulässig sei, die Herbeiführung eines Sachverhalts zu vereinbaren, der eine bestimmte angestrebte Steuerfolge haben solle.

1309 FG München, Beschl. v. 22.5.2009 – 15 V 182/09, juris Rn. 31; *Achatz*, DStJG 27 (2004), S. 161, 185 f.; *Seer* in Tipke/Kruse, AO/FGO, Vorb. zu §§ 118–129 AO Rn. 31

2. *Analoge Anwendung der Korrekturvorschriften der AO*

Stimmen in der Literatur wollen die Korrekturvorschriften für Steuerverwaltungsakte analog für die tatsächliche Verständigung heranziehen. Der Grund ist, dass die tatsächliche Verständigung ansonsten stärker als ein endgültiger und bestandskräftiger Steuerbescheid wirken würde[1310]. Es stellt sich damit die Parallelfrage, ob die Korrekturvorschriften gegebenenfalls auch auf den steuerrechtlichen Vergleichsvertrag anzuwenden sind. Eine analoge Anwendung würde zunächst eine planwidrige Regelungslücke voraussetzen. Die Korrekturvorschriften der AO, §§ 129, 172 ff. AO, sind nur auf Verwaltungsakte anwendbar, nicht auf Verträge, für die eigene Nichtigkeitsregeln gelten[1311]. Eine Regelungslücke ist damit schon zu verneinen.

Überdies fehlt es auch an der Vergleichbarkeit der Interessenlage. Während Steuerbescheide oftmals automatisiert und ohne Prüfung ergehen, liegt einem Vergleichsvertrag denknotwendig ein kommunikativer Prozess zugrunde. Der Steuerbescheid, der auf dem Vergleichsvertrag beruht, kann im Einzelfall nach den §§ 172 ff. AO geändert werden[1312]. Diese Systematik würde umgangen werden, wenn die Korrekturvorschriften stets auf den Vergleichsvertrag analog anzuwenden wären.

3. *Materiell-rechtliche Grenzen des steuerrechtlichen Vergleichsvertrages*

Auch allgemeine öffentlich-rechtliche oder unionsrechtliche Grenzen können dem Vergleichsvertrag entgegenstehen.

(Aug. 2021); zu Verständigungen an der Schnittstelle von Steuer- und Steuerstrafverfahren s. z.B. *Pflaum*, Kooperative Gesamtbereinigung von Besteuerungs- und Steuerstrafverfahren, Die Verbindung von steuerrechtlicher- und strafprozessualer Verständigung; *Roth*, Stbg 2017, 124; *Wilke*, DStR 2018, 108.

1310 Offenlassend *Sangmeister*, BB 1988, 2289, 2292; eine Analogie befürwortend *Buciek*, DStZ 1999, 389, 400; *Reiß* in FS Grünwald, S. 495, 508; *Söhn* in HHSp., AO/FGO, § 78 AO Rn. 152 (Nov. 2017).

1311 In der AO sind aufgrund der fehlenden Normierung eines Vertragsrechts keine Fehlerfolgen vorgesehen. Es kann aber die verwaltungsrechtliche Fehlerfolgenlehre aufgrund allgemeiner Rechtsgrundsätze in das Steuerrecht übertragen werden, s. dazu unter Kap. 4 F. II. 1. dieser Arbeit.

1312 S. dazu unter Kap. 4 H. II. 1. dieser Arbeit.

a) *Allgemeine Grundsätze des öffentlichen Rechts und des Steuerrechts*

Auf den steuerrechtlichen Vergleichsvertrag finden die allgemeinen Grundsätze des öffentlichen Rechts und des Steuerrechts Anwendung. Diese nehmen der Finanzbehörde jedoch nur ausnahmsweise die Möglichkeit, über den Vergleichsgegenstand zu disponieren[1313].

aa) *Die Grenze des Rechtsmissbrauchs*

Eine Grenze der Vertragsbindung muss in Missbrauchsfällen gelten. Bei (kausalen) arglistigen Täuschungen bei Abgabe der vergleichsweisen Willenserklärungen kann der steuerrechtliche Vergleichsvertrag entsprechend § 62 VwVfG, § 61 S. 2 SGB X, § 123 Abs. 1 Alt. 1 BGB angefochten werden[1314]. Neben der Möglichkeit der Anfechtung muss sich der steuerrechtliche Vergleichsvertrag aber der Grenze des Rechtsmissbrauchs stellen. Die Ungewissheit der Sachlage als Tatbestandsmerkmal des Vergleichsvertrages bestimmt sich aus der Sicht eines objektiven Durchschnittsbetrachters, so dass im Missbrauchsfall zudem die Vergleichsvoraussetzungen nicht vorliegen. Die Missbrauchsgrenze hat aber dennoch einen eigenständigen Anwendungsbereich, wenngleich diese unter Mitwirkung des Gerichts selten greifen wird. Die Grenze des Rechtsmissbrauchs ist dann erreicht, wenn die Finanzbehörde ihre Ermittlungspflichten bewusst oder offenkundig verletzt. Dasselbe gilt, wenn der Steuerpflichtige bei den Verhandlungen bewusst den Sachverhalt verschleiert oder verfälscht und gegenüber der Finanzbehörde für die Besteuerung wesentliche Tatsachen verschweigt und es bei Kenntnis der Finanzbehörde von diesen Tatsachen unter einer objektivierten Betrachtung nicht zum Abschluss gekommen wäre[1315]. Parallel dazu muss sich auch der Steuerpflichtige der Gefahr der Versagung der Bindungswirkung stellen, wenn er seine Mitwirkungspflichten evident verletzt. Im Fall eines verwaltungsaktvorbereitenden Vergleichsvertrages kann der nachfolgende Steuerverwaltungsakt zudem nach § 173 Abs. 1 Nr. 1 AO korrigiert werden, wenn

1313 *Löwer*, VerwArch. 1965, 142, 155; *Spannowsky*, Verwaltungshandeln durch Verträge und Absprachen, S. 216; *Dolderer* in FS Maurer, S. 609, 618; *Schenke* in Kopp/Schenke, VwGO, § 106 Rn. 12.

1314 S. dazu unter Kap. 4 F. III. dieser Arbeit.

1315 BMF v. 30.7.2008 – IV A 3 – S 0223/07/10002, BStBl. I 2008, 831, Tz. 8.2: bei Vorliegen der Voraussetzungen des § 130 Abs. 2 AO; *Krüger*, DStZ 2015, 478, 481; *Seer* in Tipke/Kruse, AO/FGO, Vorb. zu §§ 118–129 AO Rn. 30 (Aug. 2021).

der Steuerpflichtige steuererhebliche Tatsachen gegenüber der Finanzbehörde verschweigt[1316].

bb) Inhaltliche Evidenzkontrolle des Vergleichsvertrages

Die tatsächliche Verständigung unterliegt einer Evidenzkontrolle aus der ex ante Perspektive der Beteiligten zum Zeitpunkt des Vertragsschlusses[1317]. Die Bindungswirkung wird nach dem Gedanken der unzutreffenden Besteuerung versagt. Eine unzutreffende Besteuerung wird vorliegen, wenn die tatsächliche Verständigung gegen die Regeln der Logik oder allgemeine Erfahrungssätze verstößt[1318]. Diese Evidenzkontrolle kann auf den Vergleichsvertrag zwar übertragen werden[1319], allerdings folgt aus dieser keine neue, eigenständige Grenze,

---

1316 S. dazu nochmals unter Kap. 4 H. II. 1. dieser Arbeit; BMF v. 30.7.2008 – IV A 3 – S 0223/07/10002, BStBl. I 2008, 831, Tz. 8.3.2; v. *Wedelstädt*, AO-StB 2001, 190, 192; *Seer* in Tipke/Kruse, AO/FGO, Vorb. zu §§ 118–129 AO Rn. 35 (Aug. 2021); a.A. *Iwanek*, DStR 1993, 1394, 1399 f.

1317 BFH, Urt. v. 11.1.1963 – VI 97/61 U, juris Rn. 19; *Englisch*, Bindende „tatsächliche" und „rechtliche" Verständigungen zwischen Finanzamt und Steuerpflichtigem, S. 54 ff.; *Seer* in Tipke/Kruse, AO/FGO, Vorb. zu §§ 118–129 AO Rn. 30 (Aug. 2021); a.A. *Buciek*, DStZ 1999, 389.

1318 BMF von 30.7.2008 – IV A 3 – S 0223/07/10002, BStBl. I 2008, 831, Tz. 8.1.

1319 Interessant in diesem Kontext ist, dass das BVerwG seine Missbrauchsrechtsprechung zu Ablöseverträgen nach § 133 Abs. 3 S. 5 BauGB mittlerweile (teilweise) aufgegeben hat. Das BVerwG entwickelte eine Rechtsprechung, wonach das Erschließungsbeitragsrecht Ablösungsverträgen eine absolute Missbilligungsgrenze setzte, die überschritten ist, wenn der im Rahmen der Beitragserhebung errechnete Beitrag das Doppelte (oder mehr) bzw. die Hälfte (oder weniger) des Ablösungsbetrags ergibt (BVerwG, Urt. v. 21.1.2015 – 9 C 1/14, BVerwGE 151, 171, juris Rn. 10, Abkehr von BVerwG, Urt. v. 9.11.1990 – 8 C 36/89, juris Rn. 15). Die Grenze, bis zu der ein Auseinanderfallen von Ablösungsbetrag und Erschließungsbeitrag hinzunehmen ist, bestimmt sich nach der neueren Rechtsprechung des BVerwG nun nach den Grundsätzen über den Wegfall der Geschäftsgrundlage anhand einer Abwägung aller sich im Zusammenhang mit Ablösungsverträgen ergebenden Umstände und gegenläufigen Interessen (BVerwG, Urt. v. 21.1.2015 – 9 C 1/14, BVerwGE 151, 171, juris Rn. 13). Das BVerwG stellt fest, dass das Gesetz abschließende Ablösungsvereinbarungen zu einem Zeitpunkt zulässt, in dem noch (erhebliche) Unsicherheiten über den Geschehensablauf einschließlich der Höhe des dafür entstehenden Aufwands bestehen, so dass Ablösungsverträgen Risiken – insbesondere die Gefahr einer Abweichung des Erschließungsbeitrags von der Ablösungssumme – immanent sind. Die Realisierung eines ablösungstypischen Risikos lässt die Wirksamkeit des Vertrages unberührt (BVerwG, Urt. v. 21.1.2015 – 9 C 1/14, BVerwGE 151, 171, juris Rn. 13). Die strikte Gesetzmäßigkeit und Gleichmäßigkeit der Abgabenerhebung

weil evident vom Gesetz abweichende Steuervergleiche schon der Gesetzmäßigkeit- und Gleichmäßigkeit widersprechen und damit nichtig sind[1320]. Für den Prozess ergibt sich daraus, dass das Gericht außergerichtliche Vergleiche dieser Evidenzkontrolle unterziehen wird. Einen Anwendungsbereich hat diese Kontrolle somit für außergerichtliche Vergleiche, deren Inhalt vom Gericht als unzutreffend eingestuft wird.

Für prozessuale Vergleiche geht die Evidenzkontrolle ohnehin mit den aus den Prozessfürsorgepflichten resultierenden Überprüfungspflichten einher[1321]. Diese für tatsächliche Verständigungen entwickelte Evidenzkontrolle ist somit als Verfeinerung des Gesetzmäßigkeitsprinzips zu verstehen. Damit steht fest, dass steuer*mindernde* Vereinbarungen nicht zulässig sind[1322]. Wie Vergleiche, durch welche der Steuerpflichtige eine *höhere* Steuer entrichten muss, zu handhaben sind, ist nicht ohne Weiteres beantwortbar. Grundsätzlich sind Fälle sog. Gesetzesabweichungen „nach oben" nicht pauschal, sondern differenziert anhand des einschlägigen Fachgesetzes zu betrachten[1323]. Versteht man die Grundsätze der Gleichmäßigkeit- und Gesetzmäßigkeit der Besteuerung als Schutzrechte gegen den Staat, könnten diese bei Einwilligung des Steuerpflichtigen als nicht entgegenstehend anzusehen sein. Im Steuerrecht folgt indes aus den Postulaten der Gleichmäßigkeit und Gesetzmäßigkeit, dass die Steuer (weder nach oben, noch nach unten) vom Gesetz abweichen darf[1324]. Zu berücksichtigen ist, abgesehen

ist damit zumindest im Fall der kommunalabgabenrechtlichen Vereinbarung nach § 133 Abs. 3 S. 5 BauGB aufgeweicht. Zu berücksichtigen ist jedoch, dass die Erschließungsbeiträge zu den Kommunalabgaben (genauer: kommunalen Beiträgen) gehören, für welche gilt, dass größere Dispositionsmöglichkeiten für vertragliche Gestaltungen bestehen, weil die Beiträge nicht voraussetzungslos geschuldet werden, sondern an eine Gegenleistung anknüpfen (s. exemplarisch *Heun*, DÖV 1989, 1053, 1061 ff.; *Gurlit*, Verwaltungsvertrag und Gesetz, S. 348 f.).

1320 S. zu den Nichtigkeitsregeln für steuerrechtliche Vergleiche unter Kap. 4 F. II. 1. dieser Arbeit.

1321 S. die vorhergehenden Ausführungen unter Kap. 4 F. I. dieser Arbeit.

1322 *Rathjen*, DStR 1977, 472, 474; *Müller-Franken*, Maßvolles Verwalten, S. 226; *P. Kirchhof* in Isensee/P. Kirchhof, Handbuch des Staatsrechts, Bd. XII, § 283 Rn. 46; *Söhn* in HHSp., AO/FGO, § 78 AO Rn. 143 (Nov. 2017); *Drüen* in HHSp., AO/FGO, § 88 AO Rn. 275 (Juni 2021); zu den Fehlerfolgen, welche zum selben Ergebnis gelangen, s. die vorherigen Ausführungen unter Kap. 4 F. II. 1. dieser Arbeit.

1323 Zu dieser Problematik der Gesetzesabweichung „nach oben" *Schlette*, Die Verwaltung als Vertragspartner, S. 90 ff.

1324 Zur Gesetz- und Gleichmäßigkeit der Besteuerung vgl. unter Kap. 2 C. IV., V. dieser Arbeit.

von der eher geringen praktischen Relevanz, dass ein Steuerpflichtiger wohl auch nur mit entsprechender Gegenleistung eine bewusst höhere Steuer entrichten würde[1325]. Gegenleistungen des Staates, die der Steuerpflichtige letztlich „bezahlt", werden in der Regel die Grenze zu unzulässigen Austauschvergleichsverträgen überschreiten. Es bleibt damit dabei, dass Vergleichsverträge, die zu einer höheren Steuerpflicht führen, unzulässig sind, weil diese dem Gesetz widersprechen, wenngleich der Steuerpflichtige eingewilligt hat.

b) Unionsrechtliche Grenzen

Steuervergleiche zwischen Steuerpflichtigen und Steuerverwaltung über die Höhe der Steuerschuld sind in einigen Mitgliedstaaten gängige Praxis[1326]. Aus Sicht der Europäischen Kommission kann beim Abschluss eines Steuervergleichs insbesondere dann eine Beihilfe vorliegen, wenn der geschuldete Steuerbetrag ohne klare Rechtfertigung (wie z.B. Optierung der Steuerbeitreibung) oder in unverhältnismäßiger Weise gesenkt wird und dies dem Steuerpflichtigen zugutekommt[1327]. In diesem Zusammenhang kann eine Transaktion zwischen einer Steuerverwaltung und einem Steuerpflichtigen besonders dann das Vorliegen eines selektiven Vorteils begründen, wenn die Verwaltung einem Steuerpflichtigen unverhältnismäßige Zugeständnisse macht und ihren Ermessensspielraum dazu nutzt, diesen Steuerpflichtigen im Vergleich zu anderen Steuerpflichtigen, die sich in einer ähnlichen Sach- und Rechtslage befinden, steuerlich „bevorzugt" zu behandeln; der Vergleich gegen die geltenden Steuervorschriften verstößt und zu einem in unangemessenen Maße niedrigeren Steuerbetrag geführt hat. Dies kann z.B. der Fall sein, wenn die festgestellten Tatsachen nach den geltenden Vorschriften eigentlich zu einer anderen Beurteilung der Steuer geführt haben sollten, der Steuerbetrag aber rechtswidrig gesenkt wurde[1328]. Dies führt in der Konsequenz dazu, dass die Voraussetzungen des Art. 107 und Art. 108

1325 Diesen Gedanken entnommen bei *Rathjen*, DStR 1977, 472, 474.

1326 S. zu sog. Tax Rulings unter Kap. 4 H. V. dieser Arbeit.

1327 Eine Beihilfenaufsicht besteht im Rahmen des verpflichtenden Informationsaustauschs zwischen den EU-Mitgliedstaaten nicht. Dem automatischen Informationsaustausch unterliegen in Deutschland z.B. verbindliche Auskünfte, § 89 Abs. 2 AO oder verbindliche Zusagen im Anschluss an eine Außenprüfung, § 204 AO, vgl. *Liebchen* in Mössner u.a., Steuerrecht international tätiger Unternehmen, APA, Rn. 13.114, 13.117.

1328 S. insgesamt Bekanntmachung der Kommission zum Begriff der staatlichen Beihilfe im Sinne des Artikels 107 Absatz 1 des Vertrags über die Arbeitsweise der Europäischen Union, 2016/C 262/01, Rn. 175 f.

AEUV zu wahren sind, sofern die Voraussetzung an eine staatliche Beihilfe nach Art. 107 Abs. 1 AEUV erfüllt sind[1329]. Art. 107 f. AEUV bildet ein spezielles Regime der Beihilfenkontrolle. Staatliche Maßnahmen, die vom grundsätzlichen Verbot der staatlichen Beihilfe betroffen sind, müssen von der Europäischen Kommission nach Art. 107 Abs. 2 und Abs. 3 AEUV für mit dem Binnenmarkt vereinbar erklärt werden. Verfahrensrechtlich abgerundet wird die Beihilfenkontrolle durch die Notifizierungspflichten der Mitgliedstaaten nach Art. 108 AEUV[1330]. Es handelt sich bei Art. 107, 108 AEUV[1331] um Verbotsgesetze, die zur Nichtigkeit des Vertrages führen, § 59 Abs. 1 VwVfG, § 58 Abs. 1 SGB X.

c) Zwischenergebnis

Zusammenfassend lässt sich festhalten, dass die Fehlerfolgen des steuerrechtlichen Vergleichsvertrages differenziert zu betrachten sind. Verletzt die Finanzbehörde beispielsweise ihre sich aus dem Untersuchungsgrundsatz, § 88 AO, ergebenden Pflichten, kommt eine Nichtigkeit des Vergleichsvertrages aus unterschiedlichen Gründen in Betracht. Wird die Ermittlungspflicht missbräuchlich nicht ausgeschöpft, ist der Gedanke des Rechtsmissbrauchs heranzuziehen und dem Vergleichsvertrag die Wirksamkeit zu versagen. Verletzt die Finanzbehörde qualifiziert die Ermittlungspflicht, ohne willkürlich zu agieren, kann dem Vergleichsvertrag § 59 Abs. 1 VwVfG, § 58 Abs. 1 SGB X, § 134 BGB aufgrund der Verletzung des § 88 AO entgegengehalten werden. Letztlich bleibt die spezielle Nichtigkeitsregel, § 59 Abs. 2 Nr. 3 VwVfG, § 58 Abs. 2 Nr. 3 SGB X[1332], zu berücksichtigen.

1329 Zum Begriff der staatlichen Beihilfe EuGH v. 26.9.1996, Rs. C-241/94 – Frankreich/Kommission, juris Rn. 23 ff.; *Ismer* in FS für den BFH, 845, 852 ff.; *Englisch* in Tipke/Lang, Steuerrecht, Rn. 4.115 ff.; zu verfahrensrechtlichen Aspekten steuerlicher Beihilfen *Krumm*, DStJG 41 (2018), S. 561; s. exemplarisch zur Rückforderung der Steuerbeihilfen gegen Apple aufgrund einer Tax Ruling zwischen dem Unternehmen und der irischen Finanzverwaltung *Geberth/Brügelmann*, GmbHR 2016, R282 ff.; s. jüngst zu Steuerentlastungen nach § 9b, 10 StromStG als Beihilfen im Sinne des Art. 107 Abs. 1 AEUV BFH, Urt. v. 19.1.2022 – VII R 28/19.; s. jüngst zu EU-Beihilfenrecht und Verrechnungspreisen sowie Tax Rulings *Ditz/Licht*, Ubg 2022, 277 ff.

1330 *Englisch* in Schaumburg/Englisch, Europäisches Steuerrecht, Rn. 9.1.

1331 S. zu den Auswirkungen materieller oder formeller Unionsrechtswidrigkeit der Beihilfe *Brosius-Gersdorf* in Schoch/Schneider, VwVfG, § 59 Rn. 114 ff. (Juli 2020) m.w.N.

1332 S. dazu unter dieser Arbeit.

III. Anfechtbarkeit von vergleichsweise abgegebenen Willenserklärungen

Die im Wege des steuerlichen Vergleichsvertrages abgegebene Willenserklärung ist bei nachträglich bekannt gewordenen Tatsachen oder Irrtümern anfechtbar. Die Prozesshandlung als solche bleibt unberührt und das Verfahren bleibt beendet. Dies gilt auch für den Rücktritt vom materiell-rechtlichen Vertrag oder dem Wegfall der Geschäftsgrundlage. Über die entsprechende Anwendung von § 62 S. 2 VwVfG, § 61 SGB X sind die Normen des BGB über die Anfechtung einschließlich der Anfechtungsfristen, §§ 119 ff. BGB, anwendbar[1333]. Hinsichtlich einer Bestimmung der Anfechtungsgründe kann unter anderem auf die Judikatur und Literatur zur Anfechtung der tatsächlichen Verständigung zurückgegriffen werden[1334]. Eine Anfechtung wegen arglistiger Täuschung, § 123 Abs. 1 Alt. 1 BGB, ist etwa denkbar, wenn die Betriebsprüfung ankündigt, bei Nichtabschluss der tatsächlichen Verständigung im Strafverfahren „alles auf den Kopf zu stellen"[1335] oder der Steuerbürger eine aus seiner Sphäre stammende Tatsache bewusst zurückhält und es bei wahrheitsgemäßer Angabe der Tatsache nicht zum Vertragsschluss gekommen wäre. Dies steht auch im Einklang mit der materiellen Grenze des Rechtsmissbrauchs. Eine Teilanfechtung und daraus resultierende Teilnichtigkeit des Vertrages sind möglich. Dies führt zu einer Aufrechterhaltung des Vertrages unter Berücksichtigung von § 139 BGB. Für den verwaltungsaktvorbereitenden steuerrechtlichen Vertrag hat dies zur Folge, dass der Steuerbescheid teilweise zu ändern ist.

IV. Anpassung und Kündigung des Vergleichsvertrages

Vergleichsverträge stehen unter der „clausula rebus sic stantibus", mithin unter dem Vorbehalt der nachträglichen Veränderung vertragswesentlicher

---

1333 Die Anwendbarkeit der §§ 119 ff. BGB auf den steuerrechtlichen Vertrag bzw. auf die sog. tatsächliche Verständigung wird von der inzwischen h.M. bejaht, vgl. BFH, Urt. v. 1.9.2002 – VIII R 78/06, juris Rn. 24 f.; BFH, Urt. v. 1.9.2009 – VIII R 78/06, juris Rn. 24 f.; BFH, Urt. v. 12.6.2017 – III B 144/16, BStBl. II 2017, 1165, juris Rn. 12; *Sontheimer*, Der verwaltungsrechtliche Vertrag im Steuerrecht, S. 205 f.; *Seer*, Verständigungen in Steuerverfahren, S. 351 ff.; *Buciek*, DStZ 1999, 389, 400.

1334 *Seer*, Verständigungen in Steuerverfahren, S. 351 ff.; *Seer* in Tipke/Kruse, AO/FGO, Vorb. zu §§ 118–129 AO Rn. 32 f. (Aug. 2021).

1335 BFH, Urt. v. 1.9.2009 – VIII R 78/06, juris Rn. 7, 25; s. zur Anfechtung der tatsächlichen Verständigung nach Drohung durch die Steuerfahndung *Roth*, AO-StB 2012, 213 ff.

Umstände[1336]. Ausdruck nachträglicher Änderungen der dem Vergleich zugrunde gelegten Umstände sind § 779 BGB und § 60 Abs. 1 S. 1 VwVfG, § 59 Abs. 1 S. 1 SGB X. Nachträgliche Änderungen können die Sachverhaltsebene betreffen[1337] oder die Rechtslage kann sich durch nachträgliche Änderung des Gesetzes oder das nachträgliche Ergehen höchstrichterlicher Rechtsprechung geändert haben[1338].

§ 779 BGB findet auf den verwaltungsrechtlichen Vergleich vorrangig vor § 60 Abs. 1 S. 1 VwVfG, § 59 Abs. 1 S. 1 SGB X Anwendung[1339]. Nach § 779 Abs. 1 BGB ist ein Vergleich nichtig, wenn beide Seiten über einen Umstand irren, der außerhalb des Streits oder der Ungewissheit steht, weil die Parteien ihn gemeinsam als feststehend erachtet haben und der Streit oder die Ungewissheit bei Kenntnis der Sachlage nicht entstanden wäre. § 779 BGB ordnet die Unwirksamkeit der Vereinbarung bei einem gemeinsamen Irrtum über die Vergleichsgrundlage an. Dies stellt einen besonderen Fall des Fehlens der (subjektiven) Geschäftsgrundlage dar, der von § 60 VwVfG, § 59 SGB X nicht ausdrücklich erfasst wird[1340]. Die Regelung des § 779 BGB greift nur bei Fehlen, nicht aber beim späteren Wegfall der Vergleichsgrundlage[1341]. Nachträgliche Änderungen

---

1336 S. ausführlich zu den Auswirkungen nachträglicher Veränderungen *Seer*, Verständigungen in Steuerverfahren, S. 367 f., 422 ff.; s. ebenso *Krüger*, DStZ 2015, 478, 485 f.; *Seer* in Tipke/Kruse, AO/FGO, Vorb. zu §§ 118–129 AO Rn. 36 (Aug. 2021); nach *Englisch*, Bindende „tatsächliche“ und „rechtliche“ Verständigungen zwischen Finanzamt und Steuerpflichtigem, S. 71 bestünde in der Regel kein Bedürfnis für einen Rückgriff.

1337 S. dazu exemplarisch BFH, Urt. v. 13.8.1997 – I R 12/97, juris Rn. 15; FG Münster, Urt. v. 26.2.1997 – 1 K 4356/94 U, EFG 1997, 929; *Seer*, Verständigungen in Steuerverfahren, S. 428 ff.

1338 S. ausführlich *Seer*, Verständigungen in Steuerverfahren, S. 432 ff.

1339 *Bonk/Neumann/Siegel* in Stelkens/Bonk/Sachs, VwVfG, § 55 Rn. 13; *Schliesky* in Knack/Henneke, VwVfG, § 60 Rn. 11; *Rozek* in Schoch/Schneider, VwVfG, § 55 Rn. 50 (Juli 2020); für die tatsächliche Verständigung wird die Anwendbarkeit vom FG Düsseldorf verneint, weil diese kein öffentlich-rechtlicher Vertrag sein solle, vgl. z.B. FG Düsseldorf, Urt. v. 2.12.2008 – 6 K 2722/06 K, juris Rn. 34; FG Düsseldorf, Urt. v. 29.7.2016 – 13 K 2088/14 E, U, juris Rn. 43.

1340 *Schlette*, Die Verwaltung als Vertragspartner, S. 493; *Schliesky* in Knack/Henneke, VwVfG, § 55 Rn. 27; *Habersack* in MüKo BGB, § 779 BGB Rn. 63; a.A. *Meyer* in Meyer/Borgs, VwVfG, § 55 Rn. 7.

1341 Für Gesetzesänderungen s. BGH, Beschl. v. 30.6.1958 – VII ZB 10/58, NJW 1958, 1540; für den Fortbestand der Rechtsprechung s. BGH, Urt. v. 8.12.1999 – I ZR 230/97, NJW 2000, 2497, 2498; *Habersack* in MüKo BGB, § 779 BGB Rn. 64.

der Rechtsprechung oder des Gesetzes fallen daher unter den Anwendungsbereich von § 60 Abs. 1 S. 1 Alt. 1 VwVfG, § 59 Abs. 1 S. 1 Alt. 1 SGB.

Nach § 60 Abs. 1 S. 1 Alt. 1 VwVfG, § 59 Abs. 1 S. 1 Alt. 1 SGB X kann eine Vertragspartei die Anpassung des Vertrages verlangen, wenn sich die Verhältnisse, die für die Festsetzung des Vertragsinhalts maßgebend gewesen sind, seit Abschluss des Vertrages so wesentlich geändert haben, dass das Festhalten an der ursprünglichen vertraglichen Regelung nicht zuzumuten ist. Dabei handelt es sich um den Fall der Störung der Geschäftsgrundlage entsprechend § 313 BGB[1342]. Ein beiderseitiger Motivirrtum ist nach § 60 Abs. 1 S. 1 Alt. 1 VwVfG, § 59 Abs. 1 S. 1 Alt. 1 SGB X nur beachtlich, wenn der jeweilige Umstand ausdrücklich zur rechtserheblichen Geschäftsgrundlage gemacht wird[1343]. Sofern eine Anpassung nicht möglich oder einer Vertragspartei nicht zuzumuten ist, kann diese Vertragspartei den Vertrag kündigen, § 60 Abs. 1 S. 1 VwVfG, § 59 Abs. 1 S. 1 SGB X[1344]. Nach § 60 Abs. 1 S. 2 Alt. 2 VwVfG, § 59 Abs. 1 S. 2 Alt. 2 SGB X kann die Behörde den Vertrag auch kündigen, um schwere Nachteile für das Gemeinwohl zu verhüten oder zu beseitigen[1345]. Diese Norm ist mit § 313 Abs. 3 BGB zu vergleichen. Nach § 313 Abs. 3 BGB ist, wenn eine Anpassung des Vertrages nicht möglich oder einem Teil nicht zumutbar ist, ein Rücktritt eines Teils vom Vertrag möglich. An die Stelle des Rücktrittsrechts tritt für Dauerschuldverhältnisse das Recht zur Kündigung.

1342 *Schlette*, Die Verwaltung als Vertragspartner, S. 606 ff.; *Schliesky* in Knack/Henneke, VwVfG, § 60 Rn. 14 ff.; zum Wegfall der Geschäftsgrundlage einer tatsächlichen Verständigung, s. BFH, Urt. v. 8.10.2008 – I R 63/07, BStBl. II 2009, 121, juris Rn. 15; BFH, Urt. v. 11.4.2017 – IX R 24/15, BStBl. II 2017, 1155, juris Rn. 20; BMF v. 30.7.2008 – IV A 3 – S 0223/07/10002, BStBl. I 2008, 831, Tz. 8.2; s. ebenso *Riegel/Amler*, BB 2018, 605, 605 ff.

1343 BFH, Urt. v. 8.10.2008 – I R 63/07, BStBl. II 2009, 121, juris Rn. 15; *Riegel/Amler*, BB 2018, 605, 607 ff.; *Seer* in Tipke/Kruse, AO/FGO, Vorb. zu §§ 118–129 AO Rn. 33 (Aug. 2021).

1344 S. dazu exemplarisch *Schliesky* in Knack/Henneke, VwVfG, § 60 Rn. 41 ff.; *Brosius-Gersdorf* in Schoch/Schneider, VwVfG, § 60 Rn. 73 ff. (Juli 2020).

1345 Nach *Schlette*, Die Verwaltung als Vertragspartner, S. 620 ff., tendiere die praktische Bedeutung dieser Vorschrift gegen Null; s. ebenso *Schliesky* in Knack/Henneke, VwVfG, § 60 Rn. 51 ff.; *Brosius-Gersdorf* in Schoch/Schneider, VwVfG, § 60 Rn. 79 (Juli 2020).

V. Umfang und Reichweite der Vertragsbindung

1. *Zeitliche Grenzen der Vertragsbindung*

Durch Vereinbarungen mit der Finanzverwaltung über künftige Besteuerungszeiträume wird das Prinzip der Jahressteuer, § 2 Abs. 7 EStG[1346], tangiert[1347]. Aufgrund dieses Prinzips haben Vergleichsverträge üblicherweise vergangene bzw. gegenwärtige Besteuerungszeiträume zum Gegenstand. Eine vergleichbare Problematik ergibt sich bei der Möglichkeit der Zwischenfeststellungsklage über die Generalverweisungsnorm des § 155 S. 1 FGO. Sofern über diese Klage erreicht werden kann, dass die rechtliche Beurteilung über spätere Veranlagungszeiträume festgelegt wird, wird dies teilweise mit Blick auf die Jahressteuer verneint[1348]. Vergleichsverträge über künftige Besteuerungszeiträume kommen, wie bei der tatsächlichen Verständigung[1349], bei allen Arten von Dauersachverhalten vor, das heißt bei Sachverhalten mit Dauerwirkung oder Dauerwiederkehr[1350]. Ein zukünftiger Charakter kann sich aus Sachverhalten mit Prognoseelementen ergeben, z.B. bei der Absetzung für Abnutzung (AfA) nach § 7 EStG, die sich immer auf mehrere Veranlagungszeiträume bezieht[1351] oder der zukunftsorientierten Unternehmensbewertung und den Rückstellungen, § 249 HGB[1352]. Für den Steuerpflichtigen sind Vergleiche über zukünftige Besteuerungsgrundlagen relevant, um über die steuerrechtlichen Folgen seines Verhaltens sicher

---

1346 S. zum Abschnittsprinzip *Ismer*, DStJG 34 (2011), S. 91; *Kube*, DStR 2011, 1781, 1783 ff.; v. *Wedelstädt*, AO-StB 2013, 219.

1347 *Stolterfoht*, DStJG 21 (1998), S. 233, 255.

1348 So *Stolterfoht*, DStJG 21 (1998), S. 233, 255 m.w.N. Aufgrund des Grundsatzes der Abschnittsbesteuerung ist z.B. darauf zu achten, dass die Betriebseinnahmen in dem Veranlagungszeitraum berücksichtigt werden, in welchem sie ertragsteuerlich zu erfassen sind, vgl. dazu FG München, Beschl. v. 22.5.2009 – 15 V 182/09, juris Rn. 30.

1349 S. dazu schon unter Kap. 1 B. III. 2. dieser Arbeit.

1350 S. dazu *Seer* in Tipke/Kruse, AO/FGO, Vorb. zu §§ 118–129 AO Rn. 12 (Aug. 2021) m.w.N.: Dabei müsse ein überperiodischer Rechtsbindungswille auf beiden Seiten erkennbar werden und die Umstände müssen gleichbleibend sein; s. ebenso v. *Wedelstädt*, AO-StB 2013, 219, 222; zum Sicherungsbedürfnis des Steuerpflichtigen *F. Kirchhof* in FS Spindler, S. 463, 468 f.

1351 Dazu BFH, Urt. v. 7.2.1975 – VI R 133/72, BStBl. II 1975, 478, juris Rn. 16; BMF v. 30.7.2008 – IV A 3 – S 0223/07/10002, BStBl. I 2008, 831, Tz. 4.2; *Söhn* in HHSp., AO/FGO, § 78 AO Rn. 133 (Nov. 2017).

1352 *Seer*, StuW 1995, 213, 217; *Seer*, Verständigungen in Steuerverfahren, S. 22 f.

disponieren zu können[1353]. Umgekehrt besitzt die Finanzbehörde ein aus Gründen der Verwaltungsökonomie und Rechtssicherheit legitimiertes Interesse daran, dass ein zukünftiger Streit über die rechtliche Behandlung des Dauersachverhalts möglichst ausgeschlossen wird[1354]. Vergleichsverträge über künftige Besteuerungssachverhalte sind einschränkend dahingehend auszulegen, dass ein besonderes Bedürfnis für den Vergleich zu fordern ist, das dann besteht, wenn eine gegenwärtige Disposition des Steuerpflichtigen betroffen ist[1355].

2. *Steuerübergreifende Vergleichsverträge*

Denkbar ist es, dass sich die Beteiligten – insbesondere im Nachgang zu Betriebsprüfungsverfahren – über verschiedene Sachverhalts- und Rechtsfragen (gegebenenfalls auch unterschiedlicher Besteuerungsperioden) einigen. Gleichsam ist es denkbar, dass sich diese Einigung sogar auf unterschiedliche Steuerarten erstreckt. Der Vergleichsgegenstand muss an den Streitgegenstand des Verfahrens anknüpfen, kann aber auch über diesen hinausgehen oder dahinter zurückbleiben (Teilvergleich)[1356].

a) „Paketlösungen" innerhalb einer Steuerart

Grundsätzlich sollte sich der Vergleichsvertrag, aus Sicht der Finanzverwaltung, nur auf einen Sachverhalt beziehen. Soll eine Einigung über mehrere Sachverhalte bzw. Regelungsgegenstände herbeigeführt werden, sind in der Regel auch mehrere, voneinander unabhängige Vergleichsverträge anzustreben[1357]. „Paketlösungen" sollten daher nach der Verwaltung nur herangezogen werden, wenn eine Klärung der offenen Sachverhaltsfragen nur auf diesem Weg erreichbar

---

1353 *Schick*, Vergleiche und sonstige Vereinbarungen zwischen Staat und Bürger im Steuerrecht, S. 36; *Seer* in Tipke/Lang, Rn. 21.147; *Seer* in Tipke/Kruse, AO/FGO, Vorb. zu §§ 118–129 AO Rn. 14 (Aug. 2021).

1354 *Seer*, StuW 1995, 213, 217 f.; *Seer*, Verständigungen in Steuerverfahren, S. 216; *Englisch*, Bindende „tatsächliche" und „rechtliche" Verständigungen zwischen Finanzamt und Steuerpflichtigem, S. 24.

1355 *Schick*, Vergleiche und sonstige Vereinbarungen zwischen Staat und Bürger im Steuerrecht, S. 36; für die verbindliche Zusage *Seer* in FS für den BFH, S. 1717, 1734; kritisch *Müller-Franken*, Maßvolles Verwalten, S. 210; ohne weitere Einschränkungen für möglich haltend BFH, Urt. v. 11.1.1963 – VI 97/61 U, juris Rn. 19.

1356 *Eisenlohr*, Der Prozeßvergleich in der Praxis der Verwaltungsgerichtsbarkeit, S. 115, 134 f.; *Fehling* in Fehling/Kastner/Störmer, VwVfG, VwGO, § 106 VwGO Rn. 17.

1357 So BMF v. 30.7.2008 – IV A 3 – S 0223/07/10002, BStBl. I 2008, 831, Tz. 5.4.

scheint[1358]. Voraussetzung ist jedoch, dass für jedes im Vertrag zu regelnde Element zu prüfen ist, ob die Voraussetzungen des Vergleichsvertrages vorliegen[1359]. Voraussetzung ist ferner, dass sich die aus dem Koppelungsverbot ergebenden Grenzen eingehalten werden[1360]. Da eine „Paketlösung" die Gesamtbereinigung des Steuerfalls beabsichtigt, ist auf diese die Teilnichtigkeitsregel der § 125 Abs. 4 AO, § 59 Abs. 3 VwVfG, § 58 Abs. 3 SGB X, § 139 BGB entsprechend anwendbar[1361].

b) *Steuerartübergreifender Vergleichsvertrag*

Im Rahmen des Vergleichsvertrages kann es vorkommen, dass sich der Steuerpflichtige mit der Finanzbehörde nicht nur über verschiedene Besteuerungszeiträume oder Elemente innerhalb eines Besteuerungszeitraumes, sondern über unterschiedliche Steuerarten einigen möchte. Ein steuerübergreifender Vergleichsvertrag ist in zwei Fällen denkbar. 1) Ein Sachverhalt ist für mehrere Steuerarten relevant[1362], 2) der Vergleichsvertrag soll sich auf mehrere Sachverhalte beziehen, die unterschiedliche Steuern unabhängig voneinander tangieren. Denkbar und sinnvoll erscheint der steuerartübergreifende Vergleichsvertrag unter dem Gesichtspunkt einheitlicher Auslegung, wenn ein Sachverhaltselement für mehrere Steuerarten Auswirkungen entfaltet

G. Vollstreckbarkeit des finanzgerichtlichen Prozessvergleichs

I. Bestimmung der für die Vollstreckung relevanten Normen

Die Finanzbehörde wird sich im Regelfall an die getroffene Vereinbarung halten, so dass die Vollstreckung des Prozessvergleichs insoweit eine eher theoretische Frage ist. Ein wesentliches Element des Prozessvergleichs ist indes seine

---

1358 BMF v. 30.7.2008 – IV A 3 – S 0223/07/10002, BStBl. I 2008, 831, Tz. 5.4.

1359 BFH, Urt. v. 20.9.2007 – IV R 20/05, juris Rn. 44; BFH, Beschl. v. 11.7.2012 – X B 136/11, juris Rn. 4; *Seer*, Verständigungen in Steuerverfahren, S. 391 f.; *Seer* in Tipke/Kruse, AO/FGO, § 201 AO Rn. 15 (Aug. 2019); *Hendricks/Wedel* in Gosch, AO/FGO, § 201 AO Rn. 27 (Okt. 2020).

1360 Zum Koppelungsverbot unter Kap. 4 F. II. 1. c) dieser Arbeit.

1361 *Seer*, Verständigungen in Steuerverfahren, S. 391 f.

1362 Ein denkbares Beispiel ist etwa die Ungewissheit über den Tatbestand einer Vermietung und Verpachtung. Dieses Sachverhaltselement kann für die Einkommensteuer (§ 21 Abs. 1 S. 1 Nr. 1 EStG) und die Erbschaftsteuer (§ 13d ErbStG) Relevanz haben. Ein weiteres Beispiel findet sich bei *Seer*, Verständigungen in Steuerverfahren, S. 22.

Vollstreckbarkeit, so dass diese Frage dennoch Berücksichtigung verdient. Der Prozessvergleich ist als Vollstreckungstitel in der FGO nicht vorgesehen, § 151 Abs. 2 FGO, was seiner Zulässigkeit de lege lata nicht entgegensteht[1363]. Würde man einem finanzgerichtlichen Prozessvergleich die Möglichkeit der Vollstreckbarkeit de lege lata versagen, wäre dem Prozessvergleich das (prozessuale) Fundament entzogen, auf welchem sich die Parteien einigen. Es entspricht der Prozessökonomie und dem Willen der Beteiligten, dass für eine etwaige Durchsetzung der Einigung kein neuer Prozess angestrebt werden muss[1364]. Für die Bestimmung der für die Vollstreckung relevanten Normen, kann auf die Verweisungsnorm des § 151 Abs. 1 FGO (und damit die ZPO) nicht zurückgegriffen werden. Daraus ergeben in der Konsequenz drei Lösungsmöglichkeiten: 1) die „Lösung" der Durchsetzbarkeit der Einigung wird innerhalb der von der FGO bereit gestellten Handlungsmöglichkeiten gesucht, 2) es wird auf die VwGO und das SGG[1365] zurückgegriffen, 3) es wird eine Lösung de lege ferenda bemüht.

II. Rückgriff auf bestehende Institute: Verpflichtungsklage oder Fortsetzung des ursprünglichen Verfahrens

Soll die „Lösung" nach einer Durchsetzbarkeit innerhalb der FGO „gefunden" werden, wie etwa von *Schröder* und *Schick* vorgeschlagen, müssen die Vertragsparteien auf die etablierten Institute des Verwaltungsverfahrens und des Prozesses zurückgreifen. Möchte die Finanzverwaltung die Verpflichtung einer Steuerschuld durchsetzen, so muss sie dies durch den Erlass eines Steuerverwaltungsaktes, § 118 S. 1 AO, umsetzen oder durch die Vollstreckung, §§ 249 ff. AO, eines bereits bestehenden Steuerverwaltungsaktes. Geht es um die Durchsetzung einer von der Behörde eingegangenen Verpflichtung und setzt sie diese nicht durch den Erlass eines Steuerverwaltungsaktes um, so hat der Steuerpflichtige die Möglichkeit, Verpflichtungsklage zu erheben, § 40 FGO[1366]. Besteht

1363 Vgl. dazu unter Kap. 4 B. III. 4. dieser Arbeit.

1364 So aber etwa und die Vollstreckbarkeit ablehnend FG Düsseldorf, Urt. v. 6.5.1980 – XI 301/79 BG, EFG 1981, 166, jedoch für die außergerichtliche Einigung; ebenso *Sontheimer*, Der verwaltungsrechtliche Vertrag im Steuerrecht, S. 217; *Schwarz* in HHSp., AO/FGO, § 154 FGO Rn. 12 (Apr. 2020).

1365 Es ist allerdings zu beachten, dass VwGO und SGG teilweise auch in die ZPO verweisen.

1366 *Schick*, Vergleiche und sonstige Vereinbarungen zwischen Staat und Bürger im Steuerrecht, S. 41; *Schröder*, Der Prozeßvergleich in den verwaltungsgerichtlichen Verfahrensarten, S. 206; zustimmend wohl auch *Pietzner/Möller* in Schoch/Schneider, VwGO, § 168 Rn. 19 Fußnote 47 a.a.O. (Juni 2011).

Streit um eine andere Leistung, welche nicht die Qualität eines Verwaltungsaktes besitzt, so muss der Bürger eine Leistungsklage (etwa auf Steuerrückzahlung) erheben[1367].

Denkbar wäre es ebenfalls, die, von der Rechtsprechung für die Erledigungserklärung etablierte Vorgehensweise, heranzuziehen. Hält die beklagte Finanzbehörde ihre Zusage für den Erlass eines Änderungsbescheides nicht ein, so kann das Verfahren fortgesetzt werden. Die Rechtsprechung greift dafür auf eine analoge Anwendung der §§ 68 und 100 Abs. 1 S. 4 FGO zurück[1368].

Mit diesen Lösungen ist allerdings für den Rechtsfrieden wenig gewonnen, weil sie entweder einen neuen oder jedenfalls fortgesetzten Prozess oder die Durchsetzung nach Erlass eines neuen Steuerbescheides erfordern. Am prozesswirtschaftlichsten erscheint allenfalls die Fortsetzung des ursprünglichen Verfahrens, um den Streit um die Umsetzung der Einigung auszutragen. Denn der Prozessstoff ist dem Gericht bekannt und den Beteiligten sowie dem Gericht können Kosten und Aufwand eines neuen Rechtsstreits erspart bleiben[1369].

III. Rückgriff auf VwGO, SGG oder eine Lösung de lege ferenda?

Wagt man einen Rückgriff auf die VwGO oder das SGG oder bemüht eine Lösung de lege ferenda, ist danach zu fragen, „wer gegen wen was“ vollstrecken möchte. Wie sich das Vollstreckungsverfahren gestaltet, bestimmt sich im Allgemeinen danach wer Vollstreckungsschuldner und wer Vollstreckungsgläubiger ist.

1. Vollstreckung einer Verpflichtung zum Erlass eines Steuerverwaltungsaktes oder einer Geldforderung

Kommt die Behörde der in einem Vergleich übernommenen Verpflichtung einen Steuerverwaltungsakt zu erlassen nicht nach, kann der Steuerpflichtige vollstrecken, wobei die Rechtsgrundlage (in VwGO und SGG) unklar ist. In § 172 VwGO, § 201 SGG, die sich mit der Vollstreckung gegen eine Behörde wegen einer Forderung, die keine Geldforderung ist, befassen, wird der Prozessvergleich als Vollstreckungstitel nicht erwähnt. Nach einer Ansicht ist § 172

1367 *Schick*, Vergleiche und sonstige Vereinbarungen zwischen Staat und Bürger im Steuerrecht, S. 41; *Schröder*, Der Prozeßvergleich in den verwaltungsgerichtlichen Verfahrensarten, S. 206.

1368 S. dazu m.w.N. unter Kap. 4 A. III. 2. dieser Arbeit.

1369 S. die Argumentation für die Erledigungserklärung bei BFH, Urt. v. 29.10.1987 – X R 1/80, BStBl. II 1988, 121, juris Rn. 21.

VwGO, § 201 SGG analog anwendbar, so dass nur ein Zwangsgeld angedroht, festgesetzt und vollstreckt werden kann, teilweise wird auf § 167 Abs. 1 S. 1 VwGO, §§ 883 ff. ZPO oder eine Kombination der Vorschriften verwiesen[1370]. Eine andere Ansicht hält Vergleiche, in denen sich die Behörde zum Erlass eines Verwaltungsaktes verpflichtet, für nicht vollstreckbar[1371].

Die Androhung eines Zwangsgeldes nach § 154 FGO kommt de lege lata, unabhängig von der abschließenden Aufzählung der Vollstreckungstitel in § 151 Abs. 2 FGO, nicht in Betracht. Nach § 154 S. 1 FGO kann der Finanzbehörde durch das Gericht des ersten Rechtszuges auf Antrag unter Fristsetzung ein Zwangsgeld bis eintausend Euro durch Beschluss angedroht werden, wenn sie in den Fällen des § 100 Abs. 1 S. 2 FGO und der §§ 101 und 114 FGO der ihr im Urteil oder in der einstweiligen Anordnung auferlegten Verpflichtung nicht nachkommt. Nach fruchtlosem Ablauf der Frist, kann das Zwangsgeld festgesetzt und von Amts wegen vollstreckt werden. Allerdings bedarf die Zwangsgeldandrohung einer Vollstreckungsklausel als Teil der Vollstreckung gegen die öffentliche Hand, so dass das Zwangsgeld de lege lata nicht als Durchsetzungsmöglichkeit nach Abschluss eines Prozessvergleichs herangezogen werden kann[1372]. Der Anwendungsbereich der Vorschrift passt folglich nicht, welcher ein Urteil oder eine einstweilige Anordnung voraussetzt. Einer entsprechenden Anwendung steht die Systematik des Steuerprozessrechts entgegen, namentlich § 151 Abs. 2 FGO.

Wird eine Geldforderung gegen die öffentliche Hand vollsteckt, richtet sich die Vollstreckung nach § 170 VwGO, was § 152 FGO weitgehend entspricht. Demnach verfügt das Vollstreckungsgericht auf Antrag des Gläubigers die Vollstreckung. Es bestimmt die vorzunehmenden Vollstreckungsmaßnahmen. Die Vollstreckung einer Geldforderung gegen die öffentliche Hand richtet sich im SGG nach § 198 Abs. 1 SGG, § 882a ZPO bei genauer Bezifferung, anderenfalls ist nach § 201 SGG vorzugehen und ein Zwangsgeld kann festgesetzt werden.

Es zeigt sich, dass, unabhängig von den gewählten Vollstreckungsvorschriften, im Fall der Vollstreckung zum Erlass eines Steuerverwaltungsaktes ein Zwangsgeld anzudrohen ist. Wird eine Geldforderung vollstreckt, bestimmt

---

1370 *Pietzner/Möller* in Schoch/Schneider, VwGO, § 172 Rn. 21 (Juni 2011); *Kraft* in Eyermann, VwGO, § 172 Rn. 9; *Schmidt-Kötters* in BeckOK VwGO, § 172 Rn. 15; zu § 201 SGG s. *B. Schmidt* in MKLS, SGG, § 201 Rn. 2.

1371 OVG Nordrhein-Westfalen, Beschl. v. 4.11.1975 – XII B 674/75, juris 1. Leitsatz; *Thomas*, BayVBl. 1967, 335, 339.

1372 Gl.A. und ausdrücklich *Loose* in Tipke/Kruse, AO/FGO, § 154 FGO Rn. 1 (Juli 2016).

das Vollstreckungsgericht auf Antrag des Gläubigers die vorzunehmenden Vollstreckungsmaßnahmen, § 170 Abs. 1 VwGO, § 152 Abs. 1 FGO. Diese Vollstreckungsformen wären auch de lege ferenda, unter Abänderung des § 151 Abs. 2 FGO, zu wählen.

2. *Vollstreckung einer Verpflichtung zu einem sonstigen Verwaltungshandeln*

Kommt die Finanzbehörde einer Verpflichtung zu einem sonstigen Verwaltungshandeln, das nicht in einer Geldzahlung oder in einem Erlass eines Verwaltungsaktes besteht, z.B. der Einstellung von Vollstreckungsmaßnahmen, nicht nach, so sind § 172 VwGO, § 201 SGG ebenfalls anwendbar und es kann ein Zwangsgeld angedroht werden. Die Vollstreckung richtet sich nicht nach §§ 167 Abs. 1, 168 Nr. 3 VwGO, § 887 oder § 888 ZPO[1373]. De lege ferenda könnte in diesem Fall auch ein Zwangsgeld nach § 154 FGO angedroht werden.

3. *Vollstreckung bei Abänderung oder Bestätigung des angefochtenen Steuerverwaltungsaktes*

Wird in einem Prozessvergleich der angefochtene Steuerverwaltungsakt teilweise geändert oder bestätigt, stellt sich die Frage, ob aus dem geänderten Steuerverwaltungsakt aus der Fassung des Vergleichs oder aus dem Prozessvergleich zu vollstrecken ist[1374]. Die Unterschiede ergeben sich daraus, dass Steuerverwaltungsakte durch die Behörde nach den §§ 249 ff. AO vollstreckt werden, der Prozessvergleich hingegen durch das Gericht. Zudem kann gegen einen Prozessvergleich die Vollstreckungsabwehrklage erhoben werden, § 167 Abs. 1 VwGO, § 198 Abs. 1 SGG, § 767 Abs. 1 ZPO, nicht aber gegen den Steuerverwaltungsakt.

Sofern im Prozessvergleich die Bestandskraft eines zuvor angefochtenen Steuerverwaltungsaktes vereinbart oder ein Rechtsmittel gegen den Steuerverwaltungsakt zurückgenommen wird, bleibt der nunmehr bestandskräftige Steuerverwaltungsakt Vollstreckungstitel[1375]. Bei Ergehen eines *Urteils* vollsteckt der Abgabenberechtigte auch nicht aus dem (abweisenden) Urteil oder Beschluss,

---

1373 *Pietzner/Möller* in Schoch/Schneider, VwGO, § 172 Rn. 18 (Juni 2011) m.w.N.; a.A. *Budach/Johlen*, JuS 2002, 371, 375.

1374 *Budach/Johlen*, JuS 2002, 371, 374; zur Frage der Vollstreckbarkeit und der Wirkung eines Prozessvergleichs auf ein nicht rechtskräftiges Urteil in der ZPO vgl. *Kniffka*, JuS 1990, 969.

1375 *Budach/Johlen*, JuS 2002, 371, 374; *Schmidt-Kötters* in BeckOK VwGO, § 168 Rn. 13.

sondern nach wie vor aus dem Steuerverwaltungsakt, dessen Regelungen und Leistungsgebot erhalten geblieben sind, § 254 AO. Die Vollstreckung richtet sich originär nach §§ 249 ff. AO. § 150 FGO gelangt nicht zur Anwendung[1376]. Gleiches gilt, wenn das Gericht die Steuer nach § 100 Abs. 2 S. 1 FGO neu festsetzt. Auch in diesem Fall wird aus dem Steuerverwaltungsakt und nicht aus dem Urteil vollstreckt, und zwar auch dann, wenn das Gericht die Berechnung der Steuer nach § 100 Abs. 2 S. 2 FGO überträgt[1377].

Vollstreckungstitel bleibt ebenfalls der Steuerverwaltungsakt, wenn der Prozessvergleich keinen vollstreckungsfähigen Inhalt hat. Dies ist beispielsweise möglich, wenn in einem Prozessvergleich die Höhe der festgesetzten Steuer reduziert wird. Der Steuerverwaltungsakt ist dann der Vollstreckungstitel in abgeänderter Form. Soll an die Stelle des Steuerverwaltungsaktes der Prozessvergleich treten, muss im Prozessvergleich die Verpflichtung zur Zahlung der reduzierten Steuer aufgenommen werden[1378].

Nach anderer Auffassung soll nur noch aus dem Prozessvergleich vollstreckt werden können. Der Grund dafür ist der Grundsatz der Einheit des Vollstreckungstitels[1379]. Der gerichtliche Vollstreckungstitel konsumiere den behördlichen und die Vollstreckungsbefugnis gehe insgesamt auf das Gericht über[1380]. Wird von mehreren in einem Steuerverwaltungsakt begründeten Verpflichtungen nur ein Teil durch den Prozessvergleich abgeändert, so sei das Gericht für die Vollstreckung insgesamt zuständig[1381]. Es ist jedoch überzeugend, nach dem Inhalt des Vergleichs zu differenzieren. Wird durch den Vergleich nur das Rechtsmittel gegen den Verwaltungsakt zurückgenommen oder der Umfang,

---

1376 BFH, Beschl. v. 26.9.2017 – IV B 57/17, juris Rn. 8; *Stapperfend* in Gräber, FGO, § 150 Rn. 2; *Schwarz* in HHSp., AO/FGO, § 150 FGO Rn. 18 (Apr. 2020); *Loose* in Tipke/Kruse, AO/FGO, § 150 FGO Rn. 3 (Mai 2023).

1377 *Stapperfend* in Gräber, FGO, § 150 Rn. 2; *Schwarz* in HHSp., AO/FGO, § 150 FGO Rn. 18 (Apr. 2020); *Loose* in Tipke/Kruse, AO/FGO, § 150 FGO Rn. 3 (Okt. 2020).

1378 *Budach/Johlen*, JuS 2002, 371, 374.

1379 *Wettlaufer*, Die Vollstreckung aus verwaltungs-, sozial- und finanzgerichtlichen Titeln, S. 56; *Pietzner/Möller* in Schoch/Schneider, VwGO, § 168 Rn. 25 (Juni 2011); *Kraft* in Eyermann, VwGO, § 168 Rn. 14; *Schmidt-Kötters* in BeckOK VwGO, § 168 Rn. 13.

1380 BayVGH, Beschl. v. 17.2.1987 – 15 CE 86.03680, juris 1. Leitsatz; *Pietzner/Möller* in Schoch/Schneider, VwGO, § 168 Rn. 25 (Juni 2011); *Schmidt-Kötters* in BeckOK VwGO, § 168 Rn. 13; *Pietzner/Möller* in Schoch/Schneider, VwGO, § 168 Rn. 23 (Juni 2011).

1381 *Budach/Johlen*, JuS 2002, 371, 374.

der sich aus dem Bescheid ergebenen Steuerschuld reduziert, bleibt der Steuerbescheid als Vollstreckungstitel erhalten[1382].

H. Verhältnis des (Prozess-)Vergleichsvertrages zum Steuerverwaltungsakt und etwaigen weiteren Vergleichsverträgen

I. Verhältnis, Gemeinsamkeiten und Unterschiede der Handlungsformen

Das Verhältnis eines steuerrechtlichen Prozessvergleichsvertrages zu einem Steuerverwaltungsakt bedarf der Überprüfung. Die tatsächliche Verständigung bereitet einen Verwaltungsakt nur vor. Den subordinationsrechtlichen Vergleichsvertrag kann die Behörde hingegen dann abschließen, wenn sie *stattdessen* einen Verwaltungsakt erlassen hätte, § 54 S. 2 VwVfG, 53 Abs. 1 S. 2 SGB X[1383]. Der öffentlich-rechtliche Vertrag ist – wie der Verwaltungsakt – eine verwaltungsrechtliche Regelung eines Einzelfalls mit Außenwirkung. Beide Handlungsformen sollen zum Verfahrensabschluss führen[1384]. Der Unterschied zwischen den beiden Handlungsformen besteht unter anderem in der Art und Weise des Zustandekommens. Der Verwaltungsakt wird einseitig durch die Finanzbehörde erlassen, der öffentlich-rechtliche Vertrag wird einvernehmlich von Behörde und Steuerpflichtigem abgeschlossen[1385]. Obgleich in der Praxis die Verfahren und Regelungsgehalt von Verwaltungsakt und öffentlich-rechtlichem Vertrag weniger unterschiedlich ausfallen, als die Regime der §§ 35 ff. VwVfG und §§ 54 ff. VwVfG vermuten lassen[1386]. Die Entscheidungsfindung beim Verwaltungsakt, verbunden mit den Einflussmöglichkeiten aus § 28 VwVfG, kann sich oftmals dem Aushandlungsprozess beim öffentlich-rechtlichen Vertrag

---

1382 Gl. A. *Budach/Johlen*, JuS 2002, 371, 374.

1383 De lege lata steht dem im Steuerrecht das besondere Vertragsformverbot des § 155 Abs. 1 S. 1 AO entgegen.

1384 *Martens*, Die Praxis des Verwaltungsverfahrens, Rn. 344; *Maurer/Waldhoff*, Allgemeines Verwaltungsrecht, § 14 Rn. 20; *Schliesky* in Knack/Henneke, VwVfG, vor § 54 Rn. 69.

1385 *Löwer*, VerwArch. 1965, 236, 257 f.; zur Abgrenzung zwischen öffentlich-rechtlichem Vertrag und Zusage s. *Maurer/Waldhoff*, Allgemeines Verwaltungsrecht, § 14 Rn. 23; zum ausgehandelten Verwaltungsakt s. *Schmidt-Salzer*, VerwArch. 1971, 135, 135 ff.; *Ziekow/Siegel*, VerwArch. 2003, 593, 595; *Gurlit* in Ehlers/Pünder, Allgemeines Verwaltungsrecht, § 29 Rn. 1.

1386 *Schliesky* in Knack/Henneke, VwVfG, vor § 54 Rn. 68.

annähern[1387]. Auch der Verwaltungsakt verfügt über eine Anpassungsfähigkeit und Flexibilität, denn die Verwaltung kann den Verwaltungsakt durch Beschränkungen der Regelungsdauer, Teilregelungen, Vorbescheide, vorläufige und vorsorgliche Regelungen sowie durch die Beifügung von Nebenbestimmungen ausgestalten[1388]. Die rechtlichen Unterschiede zwischen Verwaltungsakt und Vertrag zeigen sich in den Rechtmäßigkeitsvoraussetzungen, der Bindungswirkung, den Fehlerfolgen, der Aufhebungsmöglichkeit im Fall der Änderung der rechtlichen oder tatsächlichen Verhältnisse sowie der Vollstreckbarkeit[1389].

II. Verwaltungsaktvorbereitender Vergleichsvertrag und nachfolgender oder vorhergehender Steuerverwaltungsakt

Der Vergleichsvertrag kann *anstelle* eines Verwaltungsaktes geschlossen werden, § 54 S. 2 VwVfG, § 53 Abs. 1 S. 2 SGB X, was im Wesentlichen dem Grundgedanken des Gesetzes entspricht[1390]. Nach der Regelungssystematik des VwVfG erscheinen Vertrag und Verwaltungsakt als alternative Handlungsformen, zwischen welchen sich die Verwaltung im Einzelfall zu entscheiden hat[1391]. Eine kumulative Verwendung der Handlungsformen kommt in der Praxis aber durchaus vor und ist auch rechtlich zulässig. Es sind neben der herausgearbeiteten Konstellation des verwaltungsaktvorbereitenden Prozessvergleichsvertrages[1392] verschiedene weitere Konstellationen denkbar, welche zu einer Verschränkung zwischen Verwaltungsakt und Vertrag führen. Beispielsweise die vertragliche Verpflichtung zur Aufhebung oder zum Nichterlass eines Verwaltungsaktes[1393]. In diesen Fällen stellt sich die Frage nach dem Verhältnis zwischen Vertrag

---

1387 *Schliesky* in Knack/Henneke, VwVfG, vor § 54 Rn. 68 m.w.N.; s. ebenso *Martens*, Die Praxis des Verwaltungsverfahrens, Rn. 344.

1388 S. speziell für den Fall der steuerrechtlichen Vereinbarung *Martens*, Die Praxis des Verwaltungsverfahrens, Rn. 341; s. darüber hinaus *Spannowsky*, Grenzen des Verwaltungshandeln durch Verträge und Absprachen, S. 70 f.; *Schliesky* in Knack/Henneke, VwVfG, vor § 54 Rn. 68 m.w.N.; *Maurer/Waldhoff*, Allgemeines Verwaltungsrecht, § 14 Rn. 22.

1389 *Maurer/Waldhoff*, Allgemeines Verwaltungsrecht, § 14 Rn. 20; zu Unterschieden der Fehlerfolgenlehren *Schlette*, Die Verwaltung als Vertragspartner, S. 539 f.

1390 So ebenso *Schliesky* in Knack/Henneke, VwVfG, vor § 54 Rn. 79.

1391 *Schlette*, Die Verwaltung als Vertragspartner, S. 191.

1392 Aufgrund des Vertragsformverbots des § 155 Abs. 1 S. 1 AO kann an die Stelle des Steuerbescheides de lege lata kein Vergleichsvertrag treten; s. dazu unter Kap. 2 C. VII. 3. a) dieser Arbeit.

1393 *Schlette*, Die Verwaltung als Vertragspartner, S. 192 Fußnote 137.

und einem nachfolgenden Steuerverwaltungsakt. Das Verwaltungsaktrecht und das Vertragsrecht stehen zueinander in einem Spannungsverhältnis, weil es der Gesetzgeber unterlassen hat, diese beiden Rechtsregime aufeinander abzustimmen[1394]. Dieses gesetzgeberische Untätigbleiben führt zu erheblichen Rechtsunsicherheiten.

Aufgrund der Bindungswirkung des Vergleichsvertrages (pacta sunt servanda) ist die Finanzbehörde an den Inhalt des Vergleichs gebunden und kann keinen nachfolgenden Steuerverwaltungsakt mit abweichendem Inhalt erlassen[1395]. Der Steuerpflichtige unterliegt gleichermaßen der Vertragstreue und kann den Steuerverwaltungsakt nicht wieder in Frage stellen[1396]. Ein Steuerverwaltungsakt, welcher im Widerspruch zum Vergleichsvertrag steht, ist rechtswidrig[1397]. Ein Widerspruch zwischen Vergleichsvertrag und nachfolgendem Steuerverwaltungsakt tritt indes nicht eo ipso ein, wenn der Steuerverwaltungsakt unter dem Vorbehalt der Nachprüfung, § 164 AO, ergeht. Der Vergleichsvertrag ist hinsichtlich eines gegenständlich beschränkten Bereichs bindend und hindert die Finanzbehörde nicht, den Bescheid inhaltlich voll zu überprüfen[1398].

Für das Verhältnis zwischen einem verwaltungsaktvorbereitenden Vergleichsvertrag und nachfolgendem Steuerverwaltungsakt sind verschiedene Konstellationen zu differenzieren: 1) Der Vergleichsvertrag kann ex post rechtswidrig, jedoch nicht nichtig, sein, weil sich etwa herausstellt, dass dessen Tatbestandsvoraussetzungen nicht vorliegen, 2) der Vergleichsvertrag kann ex tunc oder ex nunc nichtig sein, 3) der nachfolgende Verwaltungsakt ergeht vertragswidrig

---

1394 *Fluck*, Die Erfüllung des öffentlich-rechtlichen Verpflichtungsvertrages, S. 87; *Seer*, Verständigungen in Steuerverfahren, S. 398 ff.; *Schlette*, Die Verwaltung als Vertragspartner, S. 193, 576 ff.

1395 St. Rspr., z.B. BFH, Beschl. v. 20.2.2014 – XI B 85/13, juris Rn. 18; *Seer*, Verständigungen in Steuerverfahren, S. 398 ff.; v. *Wedelstädt*, AO-StB 2001, 190, 192; *Englisch*, Bindende „tatsächliche" und „rechtliche" Verständigungen zwischen Finanzamt und Steuerpflichtigem, S. 73; *Payandeh*, DÖV 2012, 590, 593; *Seer* in Tipke/Kruse, AO/FGO, Vorb. zu §§ 118–129 AO Rn. 28, 35 (Aug. 2021).

1396 S. zur Anfechtung des vertragskonformen Steuerverwaltungsaktes durch den Steuerpflichtigen, welcher im Besteuerungsverfahren ergangen ist, *Seer*, Verständigungen in Steuerverfahren, S. 420 ff.

1397 Dazu sogleich.

1398 *V. Wedelstädt*, AO-StB 2001, 190, 192; *Englisch*, Bindende „tatsächliche" und „rechtliche" Verständigungen zwischen Finanzamt und Steuerpflichtigem, S. 73; *Seer* in Tipke/Kruse, AO/FGO, Vorb. zu §§ 118–129 AO Rn. 35 (Aug. 2021).

oder 4) der Vergleichsvertrag wird erst nach Erlass eines bestandskräftigen Steuerbescheides geschlossen.

1. *Rechtswidriger Vergleichsvertrag und nachfolgender Steuerverwaltungsakt*

Es ist nicht ohne Weiteres beantwortbar, welche Auswirkungen ein fehlerhafter Verpflichtungsvertrag auf einen nachfolgenden verfügenden Steuerverwaltungsakt hat[1399]. Die Handlungsformen des Vertrages und des Verwaltungsaktes weisen unterschiedliche Fehlerfolgensysteme auf. Die Rechtswidrigkeit des Vertrages hat dabei grundsätzlich keine Auswirkungen auf die Pflicht zur Erfüllung des Vertrages[1400]. Nur im absoluten Ausnahmefall, wenn etwa der zu erlassende Steuerverwaltungsakt nichtig wäre, kann eine Verpflichtung zum Erlass abgelehnt werden, § 125 AO[1401]. Bei der Kombination von Vertrag und Verwaltungsakt kann das sog. „Prinzip des Vorrangs der ersten Handlungsform“[1402] herangezogen werden. Nach diesem Ansatz bestimmen sich die Folgen der Fehlerhaftigkeit für alle Maßnahmen nach dem Rechtsregime der „Basishandlungsform“. So lassen sich Konflikte zwischen divergierenden Normgruppen vermeiden, wobei sich die Maßgeblichkeit der ersten Handlungsform damit begründen lässt, dass diese alle weiteren Maßnahmen im Keim enthält und

1399 Es bedarf der Unterscheidung zwischen rechtswidrigem und nichtigem Vergleichsvertrag, nicht jeder Fehler führt zur Nichtigkeit des Vertrages. Die Nichtigkeitsgründe des § 59 VwVfG, § 58 SGB X sind abschließend zu verstehen.

1400 *Tschaschnig*, Die Nichtigkeit subordinationsrechtlicher Verträge, S. 38 f.; *Ziekow/Siegel*, VerwArch. 2004, 281, 282, 297; a.A. *Bullinger*, DÖV 1977, 812, 815 f.; für das Steuerrecht *Seer*, Verständigungen in Steuerverfahren, S. 401 f., welcher annimmt, dass die Finanzbehörde aufgrund eines wirksamen Verpflichtungsvertrages nur dann zum Erlass eines rechtswidrigen Verwaltungsaktes gezwungen werden könne, wenn sich Sach- oder Rechtslage nach Abschluss des Vertrages geändert habe. *Seer* ordnet gesetzwidrige steuerrechtliche Verwaltungsverträge zugleich als nichtig ein, so dass diese Auffassung konsequent ist, weil aus nichtigen Verträgen keine Leistungspflichten folgen, dazu sogleich. S. zu *Seers* Fehlerfolgenlehre unter Kap. 4 F. II. 1. dieser Arbeit. Zu einem „Beseitigungsrecht der Behörde“ vgl. *Schimpf*, Der verwaltungsrechtliche Vertrag, S. 389 ff.

1401 *Tschaschnig*, Die Nichtigkeit subordinationsrechtlicher Verträge, S. 38 f.; *Seer*, Verständigungen in Steuerverfahren, S. 401 m.w.N.; s. zur Möglichkeit sog. salvatorischer Klauseln im Vertrag *Ziekow/Siegel*, VerwArch 2004, 281, 298 f.

1402 Begriff von *Schlette*, Die Verwaltung als Vertragspartner, S. 576.

damit vorzeichnet[1403]. Wird nachträglich bekannt, dass der verpflichtende Vergleichsvertrag rechtswidrig, aber nicht nichtig ist, kommen die Änderungsmöglichkeiten nach § 173 Abs. 1 AO (die Aufhebbarkeit bei nachträglich bekannt gewordenen Tatsachen) oder nach § 175 Abs. 1 S. 1 Nr. 2 AO (Eintritt eines rückwirkenden Ereignisses) nicht in Betracht. Die Rechtswidrigkeit eines Vergleichsvertrages ist weder eine solche Tatsache noch ein Ereignis mit Rückwirkung[1404]. Verschweigt der Steuerpflichtige jedoch gegenüber der Finanzbehörde bewusst steuererhebliche Tatsachen, kann der nachfolgende Steuerbescheid nach § 173 Abs. 1 Nr. 1 AO oder § 172 Abs. 1 Nr. 2 lit. c AO korrigiert werden[1405]. Ist der Vertrag wirksam, so ist es auch der darauf basierende verfügende Verwaltungsakt. Liegt ein rechtswidriger Verpflichtungsvertrag vor, so ist der Verwaltungsakt zwar ebenfalls rechtswidrig, aber wie der Vertrag von dauerhaftem Bestand[1406]. § 59 VwVfG sperrt hier den Rückgriff auf die Fehlerfolgenregelung der §§ 43 ff. VwVfG[1407]. Diese Vorschriften werden nur dann relevant, wenn beim Erlass des vertragserfüllenden Verwaltungsaktes Rechtsfehler unterlaufen, die keinen Vertragsbezug aufweisen[1408].

2. *Nichtigkeit des Vergleichsvertrages und nachfolgender Steuerverwaltungsakt*

Entfällt die Bindungswirkung des Vergleichsvertrages, etwa aufgrund eines Nichtigkeitsgrundes oder einer nachträglichen Anpassung, entfällt damit auch

1403 *Schlette*, Die Verwaltung als Vertragspartner, S. 576; ähnlich auch *Seer*, Verständigungen in Steuerverfahren, S. 400; zu potentiellen Kritikpunkten *Schlette*, Die Verwaltung als Vertragspartner, S. 577 f.

1404 So *Englisch*, Bindende „tatsächliche" und „rechtliche" Verständigungen zwischen Finanzamt und Steuerpflichtigem, S. 72 m.w.N. zur tatsächlichen Verständigung s. *Seer*, Verständigungen in Steuerverfahren, S. 406 ff.

1405 S. dazu unter Kap. 4 F. II. 3. a) aa) dieser Arbeit; zu sonstigen Steuerverwaltungsakten s. *Seer*, Verständigungen in Steuerverfahren, S. 415 ff., zur Außenprüfung s. *Seer*, Verständigungen in Steuerverfahren, S. 411 f., wo die Änderungssperre des § 173 Abs. 2 AO zu berücksichtigen ist.

1406 *Schlette*, Die Verwaltung als Vertragspartner, S. 577 f. m.w.N.; *Ziekow/Siegel*, VerwArch. 2004, 281, 297; *Punke*, Verwaltungshandeln durch Vertrag, S. 251 f.; a.A. und den Vertrag für rechtmäßig haltend *Fluck*, Die Erfüllung des öffentlich-rechtlichen Verpflichtungsvertrages, S. 62 ff.; *Spannowsky*, Grenzen des Verwaltungshandelns durch Verträge und Absprachen, S. 242.

1407 *Schlette*, Die Verwaltung als Vertragspartner, S. 578.

1408 *Schlette*, Die Verwaltung als Vertragspartner, S. 578 m.w.N.

die Grundlage des Steuerverwaltungsaktes. Der nichtige öffentlich-rechtliche Vertrag vermag die ihm zugedachten Rechtswirkungen nicht mehr zu entfalten. Er begründet als Verpflichtungsvertrag keine Leistungspflichten und führt als Verfügungsvertrag keine Rechtsänderungen herbei[1409]. Wird auf dieser Grundlage der Verwaltungsakt erlassen, weil etwa die Nichtigkeit zunächst unerkannt bleibt, ist die Rechtsfolge für den nachfolgenden Verwaltungsakt umstritten. Nach teilweise vertretener Auffassung soll der Verwaltungsakt nur rechtswidrig, aber nicht nichtig sein[1410]. Teilweise wird sogar angenommen, dass der aufgrund eines nichtigen Vertrages ergehende Verwaltungsakt nicht zwangsläufig rechtswidrig sein müsse, sondern die Frage seiner Rechtmäßigkeit nach den allgemeinen Vorschriften zu bestimmen sei[1411]. Nach anderer Auffassung schlägt die Nichtigkeit des Vertrages auf den nachfolgenden Verwaltungsakt durch, die Behörde muss den Verwaltungsakt auch nicht mehr erlassen[1412]. Dies wird damit begründet, dass die §§ 43 ff. VwVfG nicht anwendbar seien. Die auf § 59 VwVfG beruhende Unwirksamkeit des Vertrages schlage unmittelbar auf den darauf basierenden Verwaltungsakt durch, der wie der Vertrag nichtig wird[1413]. Dieser Auffassung ist insbesondere im Steuerrecht für verwaltungsaktvorbereitende Verträge zu folgen, deren Inhalt in die Form des Verwaltungsaktes „gegossen" wird.

Die Beteiligten sind an den Vergleichsvertrag jedenfalls nicht mehr gebunden. Der Steuerverwaltungsakt *kann*, abhängig vom konkreten Einzelfall, nach § 130 AO zurückgenommen werden[1414] bzw. nach § 131 AO widerrufen werden. Teilweise wird auch eine behördliche Rücknahme*pflicht* angenommen[1415] und

---

1409 *Ziekow/Siegel*, VerwArch. 2004, 281; *Maurer/Waldhoff*, Allgemeines Verwaltungsrecht, § 14 Rn. 49; *Lenz* in Obermayer/Funke-Kaiser, VwVfG, § 59 Rn. 5; a.A. für den steuerrechtlichen Vertrag, sofern der Bürger auf den Bestand vertraut habe *Sontheimer*, Der verwaltungsrechtliche Vertrag im Steuerrecht, S. 201, s. dazu ausführlicher unter Kap. 4 F. II. dieser Arbeit.

1410 *Tschaschnig*, Die Nichtigkeit subordinationsrechtlicher Verträge, S. 39; *Spannowsky*, Grenzen des Verwaltungshandelns durch Verträge und Absprachen, S. 241; *Ziekow/Siegel*, VerwArch. 2004, 281, 297: in der Regel rechtswidrig.

1411 *Ule/Laubinger*, Verwaltungsverfahrensrecht, § 70 Rn. 57 m.w.N.

1412 *Maurer/Waldhoff*, Allgemeines Verwaltungsrecht, § 14 Rn. 53.

1413 *Fluck*, Die Erfüllung des öffentlich-rechtlichen Verpflichtungsvertrages, S. 99 ff., 112 ff. mit anderer Begründung; *Schlette*, Die Verwaltung als Vertragspartner, S. 577.

1414 So auch *Tschaschnig*, Die Nichtigkeit subordinationsrechtlicher Verträge, S. 39; *Ziekow/Siegel*, VerwArch. 2004, 281, 297 f.

1415 *Spannowsky*, Grenzen des Verwaltungshandelns durch Verträge und Absprachen, S. 241 f.

vertreten, dass die Fehlerfolgen nach allgemeinen Vorschriften bestimmt werden sollen[1416]. Hinsichtlich einer rechtssichereren Lösung wäre de lege ferenda der Gesetzgeber gefragt, welcher an dieser Stelle vor einer Optimierungsaufgabe steht.

3. *Vertragswidriger Steuerverwaltungsakt*

Ist der verwaltungsaktvorbereitende Vergleichsvertrag nicht nichtig, ist die Finanzbehörde nach dem Grundsatz pacta sunt servanda an diesen gebunden. Welches Schicksal der nachfolgende vertragswidrige Steuerverwaltungsakt ereilt, ist nicht ohne Weiteres zu erkennen. Obschon anzunehmen ist, dass sich die Finanzbehörde in der Regel an die im Vergleich erzielte Einigung halten wird, verdient die Frage, ebenso wie die der Vollstreckbarkeit des Prozessvergleichs[1417], Beachtung. Weicht der vertragserfüllende Verwaltungsakt seinem Inhalt nach vom verpflichtenden Vertrag ab, so ist er jedenfalls vertragswidrig. Ob ein solcher Verwaltungsakt auch rechtswidrig ist, wird sich allein mit dem Hinweis auf die Funktion des öffentlich-rechtlichen Vertrages als Rechtsgrund nicht beantworten lassen[1418]. Denn mit dem Rechtsgrund wird nur bezeichnet, wodurch die Zuwendung, also der Verwaltungsakt, als Zuwendung im Verhältnis der Partner des Rechtsgeschäfts gerechtfertigt wird[1419]. Ob Vertragswidrigkeit als Widerspruch zum Recht begriffen wird, ist eine Frage der allgemeinen Rechtsquellenlehre[1420]. Jedenfalls seit Inkrafttreten des VwVfG hat der Gesetzgeber durch Gestaltung der positiven Rechtsordnung Umfang und Geltungsgrund des Vertrages als Instrument verbindlicher Rechtsgestaltung zwischen Rechtssubjekten anerkannt[1421]. Ob der Vertrag insoweit originäre oder abgeleitete Rechtsquelle ist[1422], kann dahinstehen. Denn im Ergebnis räumt jedenfalls auch

1416 A.A. *Ule/Laubinger*, Verwaltungsverfahrensrecht, § 70 Rn. 57 m.w.N. zu beiden Ansichten.

1417 S. dazu unter Kap. 4 G. dieser Arbeit; zur Anfechtung eines vertragswidrigen Steuerverwaltungsaktes, der im Besteuerungsverfahren ergangen ist, *Seer*, Verständigungen in Steuerverfahren, S. 417 ff.

1418 *Punke*, Verwaltungshandeln durch Vertrag, S. 250.

1419 *Flume*, Das Rechtsgeschäft, Bd. 2, S. 152; der Vertrag bildet für den nachfolgenden Steuerverwaltungsakt einen vorgelagerten Rechtsgrund, s. *Seer*, Verständigungen in Steuerverfahren, S. 400 m.w.N.

1420 So *Punke*, Verwaltungshandeln durch Vertrag, S. 251.

1421 *Punke*, Verwaltungshandeln durch Vertrag, S. 251.

1422 *Spannowsky*, Grenzen des Verwaltungshandelns durch Verträge und Absprachen, S. 241; ausführlich *Seer*, Verständigungen in Steuerverfahren, S. 398 ff.; *Seer* in Tipke/Kruse, AO/FGO, Vorb. zu §§ 118–129 AO Rn. 35 (Aug. 2021): Der Vergleichsvertrag

die positive Rechtsordnung dem Vertrag die Kraft ein, einen von der abstrakten Idee des Gesetzgebers abweichenden rechtlichen Ordnungsrahmen zu errichten[1423]. Mit der gesetzlichen Anerkennung ist die „normative Kraft des Vertrages, seine Funktion als Rechtsquelle, Produkt der Rechtsordnung geworden"[1424]. Im Ergebnis ist damit der wirksame Vergleich der Maßstab des Rechts und ein vertragswidriger nachfolgender Verwaltungsakt zugleich rechtswidrig[1425].

Nach *Fluck* ist ein vertragswidriger Verwaltungsakt nicht nur rechtswidrig, sondern sogar nichtig nach § 44 Abs. 1 VwVfG[1426]. Dabei begründet *Fluck* diese Auffassung damit, dass es der Behörde grundsätzlich verwehrt sei, ihre Vertragsansprüche mittels Verwaltungsaktes durchzusetzen. Weil also die Behörde darauf angewiesen sei, einen Leistungstitel zu erstreiten, muss bei Kollision von Verwaltungsakt und Vertrag die Nichtigkeit des Vertrages gegeben sein[1427]. *Fluck* diskutiert, ob der vertragswidrige Verwaltungsakt eine (konkludente) Kündigung i.S.d. § 60 VwVfG sei, was er im Ergebnis aber ablehnt[1428]. Die Erklärung nach § 60 VwVfG stelle für sich keinen Verwaltungsakt dar und eine angenommene Doppelnatur spreche gegen die vom VwVfG durchgeführte Trennung zwischen Vertragsrecht und Verwaltungsakt und auch gegen die Qualifikation der Kündigung als vertragliche Willenserklärung[1429]. Die schwere Fehlerhaftigkeit, welche § 44 Abs. 1 VwVfG voraussetzt, ergebe sich aus dem „Widerspruch zur gesetzlichen Trennung in Koordinationsrecht und Subordinationsrecht", die eine

---

sei nicht als selbstständige normative Grundlage für den Erlass des Steuerverwaltungsaktes anzusehen, ihm komme jedoch eine normative Ergänzungsfunktion zu. Die Vertragsverbindlichkeit und die damit ausgelöste Rechtsgrundwirkung hingen davon ab, dass die Rechtsordnung erstere anerkenne; *Löwer*, VerwArch. 1965, 142, 144: Zwischen den Parteien stelle der Vergleich jedenfalls das für sie „geltende Recht" dar. Ihre Abrede siehe vor, sie entsprechend des Vergleichs „zu behandeln".

1423 *Punke*, Verwaltungshandeln durch Vertrag, S. 251.

1424 So *Schimpf*, Der verwaltungsrechtliche Vertrag, S. 194. *Schimpf* widmet sich auf den vorhergehenden Seiten der Frage, inwieweit der Vertrag als eigenständige Rechtsquelle zu begreifen ist.

1425 BFH, Urt. v. 14.6.2017 – I R 38/15, BStBl. II 2018, 2, juris Rn. 20; *Punke*, Verwaltungshandeln durch Vertrag, S. 251; *Scherzberg*, JuS 1992, 205, 215; *Seer*, Verständigungen in Steuerverfahren, S. 403; *Seer* in Tipke/Kruse, AO/FGO, Vorb. zu §§ 118–129 AO Rn. 28 (Aug. 2021). S. zur Auswirkung des § 175a AO auf den vertragswidrigen Steuerverwaltungsakt unter Kap. 4 I. III. dieser Arbeit.

1426 *Fluck*, Die Erfüllung des öffentlich-rechtlichen Verpflichtungsvertrages, S. 86.

1427 *Fluck*, Die Erfüllung des öffentlich-rechtlichen Verpflichtungsvertrages, S. 86.

1428 *Fluck*, Die Erfüllung des öffentlich-rechtlichen Verpflichtungsvertrages, S. 91.

1429 *Fluck*, Die Erfüllung des öffentlich-rechtlichen Verpflichtungsvertrages, S. 91.

Vermengung beider Bereiche nicht zulasse[1430]. Auch die Offenkundigkeit des Fehlers i.S.v. § 44 Abs. 1 VwVfG liege ferner vor. Es sei erlaubt, diese anzunehmen, wenn der Fehler schon dem juristisch nicht geschulten Durchschnittsbürger auffalle. Dieser Auffassung kann nicht gefolgt werden. Der Verwaltungsakt kann nichts an der vertraglichen Bindung der Parteien ändern, so dass sich der Verwaltungsakt nicht systemwidrig gegenüber dem Vertragsversprechen durchsetzen kann[1431]. Die Vertragswirkungen sind mit dem Erlass des vertragserfüllenden Verwaltungsaktes nicht beendet[1432]. Ebenso greift die Argumentation zu § 44 VwVfG zu kurz. Wieso das inhaltliche Abweichen vom Vertrag evidenter und offensichtlicher sein soll, als das Abweichen eines Verwaltungsaktes vom Gesetzesversprechen, ist nicht ersichtlich[1433].

4. Änderung eines Steuerbescheides durch nachfolgenden Vergleichsvertrag?

Es stellt sich ferner die Frage, ob der Vergleichsvertrag eine Änderung bereits erlassener bestandskräftiger Steuerverwaltungsakte legitimieren kann. Diese Frage wurde von der Rechtsprechung bisher offengelassen und wird für die Praxis nur Bedeutung haben, wenn die Finanzbehörde den Steuerverwaltungsakt nicht nach den Korrekturvorschriften, §§ 172 ff. AO, ändern kann[1434]. Im konkreten Streitfall[1435] stützte das Finanzamt die Änderung des Einkommensteuerbescheides nicht auf die tatsächliche Verständigung, sondern auf die Vorschrift des § 173 Abs. 1 Nr. 1 AO, die eine Aufhebung oder Änderung bestandskräftiger Steuerbescheide im Fall nachträglichen Bekanntwerdens von Tatsachen, die zu einer höheren Steuer führen, ermöglicht. Derartige Tatsachen waren aus Sicht des Finanzamtes mit dem Abschluss der tatsächlichen Verständigung bekannt geworden. Ob die Änderung des bestandskräftigen Steuerbescheides durch eine tatsächliche Verständigung als originärer Rechtsgrund möglich ist, wurde unbeantwortet gelassen.

1430 *Fluck*, Die Erfüllung des öffentlich-rechtlichen Verpflichtungsvertrages, S. 95.

1431 *Punke*, Verwaltungshandeln durch Vertrag, S. 254 f.; s. ebenso *Seer*, Verständigungen in Steuerverfahren, S. 405.

1432 So *Punke*, Verwaltungshandeln durch Vertrag, S. 254.

1433 *Punke*, Verwaltungshandeln durch Vertrag, S. 255; s. dazu ebenso *Seer*, Verständigungen in Steuerverfahren, S. 405.

1434 Vgl. zu dieser Frage im Rahmen der tatsächlichen Verständigung BFH, Urt. v. 31.1.2019 – VIII B 41/18, juris Rn. 8.

1435 BFH, Urt. v. 31.1.2019 – VIII B 41/18.

Wie sich die Rechtsprechung, sollte sie sich zu dieser Problematik nochmals äußern, entscheiden wird, bleibt offen. Eine Änderung eines bestandskräftigen Steuerbescheides, ohne Vorliegen einer Änderungsvorschrift, scheint jedoch nicht ohne Weiteres rechtlich haltbar. In Betracht kommt zunächst nur eine Berichtigung von materiellen Fehlern nach § 177 AO, sofern das Finanzamt den Steuerbescheid nicht ohnehin unter Vorbehalt der Nachprüfung, § 164 AO, erlassen hat. Wenn der Abschluss eines Vergleichsvertrages oder einer tatsächlichen Verständigung als „neue Tatsache" i.S.v. § 173 Abs. 1 Nr. 1 AO gewertet wird, wird die Änderung des Steuerbescheides in den meisten Fällen nach dieser Änderungsvorschrift möglich sein. Der BFH ließ eine konkrete Bewertung dieses Vorgehens jedoch offen, indem er „die Sicht des Finanzamts" schlicht nicht beanstandete.

Es stellt sich weiterhin die Frage, ob durch den Vergleichsvertrag auch die Festsetzungsverjährung, § 169 AO, ausgehebelt werden könnte. Nach Eintritt der Festsetzungsverjährung, § 169 Abs. 1 S. 1, S. 2 AO, besteht ein Erlass-, Änderungs-, Aufhebungs- und Berichtigungsverbot[1436]. Die Ablaufhemmung des § 171 Abs. 3a AO sieht vor, dass die Festsetzungsfrist nicht abläuft, bis über einen Rechtsbehelf unanfechtbar entschieden wird, was auch gilt, wenn der Rechtsbehelf erst nach Ablauf der Rechtsbehelfsfrist eingelegt wird. Wird der Steuerbescheid indes nicht mit einem Einspruch oder einer Klage angefochten, läuft die Festsetzungsfrist – ohne einschlägigen Hemmungstatbestand – ab. Die Rechtsprechung hat argumentative Wege entwickelt, die Festsetzungsfrist nach der Zusage des Erlasses eines Änderungs- oder Aufhebungsbescheides aufgrund einer übereinstimmenden Erledigungserklärung zu „umgehen"[1437]. Ob diese Argumentationsansätze auch gelten, wenn die Festsetzungsfrist für die Änderung des Steuerverwaltungsaktes, ohne nachfolgenden Rechtsstreit, abläuft, ist offen.

III. Prozessvergleich und nachfolgender (Vergleichs-)Vertrag

Durch den Abschluss des Prozessvergleichs wird die Möglichkeit der nachfolgenden Vereinbarungen in der Form eines weiteren außergerichtlichen Vergleichsvertrages nicht ausgeschlossen. Den im Prozessvergleich enthaltenen materiell-rechtlichen Vergleichsvertrag, § 55 VwVfG, § 54 SGB X, können die Vertragspartner durch einen ergänzenden Vertrag ändern oder aufheben.

1436 S. dazu m.w.N. unter Kap. 4 A. III. 2. dieser Arbeit.

1437 S. ausführlich unter Kap. 4 A. III. 2. dieser Arbeit.

Änderungs- oder Aufhebungsverträge haben jedoch rein materiell-rechtliche Wirkung und beseitigen die durch den Prozessvergleich ausgelösten Folgen nicht[1438]. Der nachträglich abgeschlossene Vergleichsvertrag kann Gegenstand eines selbstständigen Klageverfahrens werden. Die Bindungswirkung des dadurch ergehenden rechtskräftigen Urteils kann nicht weiter gehen als die des Prozessvergleichs[1439].

IV. Zwischenergebnis

Aufgrund der fehlenden Harmonisierung der §§ 54 ff. VwVfG und der §§ 35 ff. VwVfG bzw. §§ 118 ff. AO wird in der Literatur vertreten, dass die Kombination von Verwaltungsakt und Vertrag zurückhaltend eingesetzt werden soll, sofern der Gesetzgeber derartige Konstellationen nicht ausdrücklich vorsieht und einer rechtlichen Regelung unterwirft[1440]. De lege ferenda wäre es jedoch auch möglich, das besondere Vertragsformverbot des § 155 Abs. 1 S. 1 AO aufzuheben[1441], um so den Weg für verwaltungsaktersetzende Vergleiche zu schaffen. Der Gesetzgeber steht insoweit vor einer Optimierungsaufgabe.

V. Prozessvergleich und vorhergehender im Ausland geschlossener Vertrag

1. Rechtsfolgen eines im Ausland geschlossenen Steuervertrages auf das nationale materielle Recht

Es stellt sich die Frage, welche potentiellen (materiellen) Rechtsfolgen ein im Ausland geschlossener Steuervertrag für das nationale Recht haben kann. Steuerverträge stellen im Ausland keine Seltenheit dar. Der Abschluss sog. Tax Rulings hat jüngst eine enorme Bedeutung erlangt. Die Bezeichnung der Tax Rulings fungiert als Oberbegriff für verbindliche Absprachen zwischen Steuerpflichtigem und einer Finanzverwaltung. Diese Absprachen unilateralen Ursprungs können dabei rein innerstaatliche oder auch grenzüberschreitende Sachverhalte betreffen[1442].

1438 BSG, Urt. v. 26.4.1963 – 2 RU 2289, BSGE 19, 112, juris Rn. 28 ff.; BGH, Urt. v. 15.4.1964 – Ib ZR 201/62, BGHZ 41, 310, juris Rn. 26 ff.

1439 So *Schenke* in Kopp/Schenke, VwGO, § 106 Rn. 7.

1440 S. etwa *Schlette*, Die Verwaltung als Vertragspartner, S. 193.

1441 S. dazu Kap. 2. C. VII. 3. a) dieser Arbeit.

1442 S. so insgesamt zur Definition *Strotkemper*, Das Spannungsverhältnis zwischen Schiedsverfahren in Steuersachen und einem Internationalen Steuergerichtshof, S. 165. Tax Rulings können sogar den Anlass für die Einleitung von

Eine denkbare Rechtsfolge eines zwischen deutschen Staatsangehörigen und einer ausländischen Finanzbehörde geschlossenen Vertrages ist der Eintritt einer Vorzugsbesteuerung im Sinne des § 2 Abs. 2 Nr. 2 AStG. Unter Vorzugsbesteuerung sind Sondervorschriften in ausländischen Staaten zu verstehen, nach denen bestimmte Personen bzw. Personengruppen im Vergleich zur allgemeinen Besteuerung erheblich günstiger besteuert werden können, das heißt persönliche Steuervergünstigungen für den Wegziehenden. Darunter können auch Steuerverträge fallen[1443]. Für die Beurteilung der erheblichen Minderung muss geprüft werden, unter welchen Voraussetzungen der Steuervertrag im Ausland abgeschlossen wurde. Rechtsfolge ist die sog. erweiterte beschränkte Steuerpflicht des Wegziehenden nach § 2 AStG.

Eine weitere nationale Rechtsfolgenanknüpfung stellt die sog. Lizenzschranke (§ 4j EStG) dar. Der Tatbestand des § 4j Abs. 2 S. 1 EStG fordert für die Anwendung der Lizenzschranke eine „von der Regelbesteuerung abweichende Besteuerung" (sog. „IP-Box"). Im Ausland erlangte Tax Ruling (bzw. abgeschlossene Steuerverträge) können eine solche Abweichung von der Regelbesteuerung darstellen[1444].

2. *Rechtsfolgen ausländischer Steuerverträge für nationale Gerichte*

Schließt der deutsche Steuerpflichtige in grenzüberschreitenden Sachverhalten einen ausländischen Steuervertrag oder Steuervergleich ab, stellt sich im Fortgang die Frage, inwieweit nationale Gerichte an diesen Vertrag gebunden respektive verpflichtet sind, den Inhalt dieses Vertrages inhaltlich zu überprüfen. Finanzgerichte werden, sofern der „ausländische Steuervertrag" für den nationalen Sachverhalt entscheidungserheblich ist, diesen einer Prüfung unterziehen[1445]. Eine Bindungswirkung der getroffenen vertraglichen Einigung besteht

---

Verständigungs- und Schiedsverfahren geben, vgl. *Naumann*, IStR 2011, 683, 686 und ebenso *Strotkemper*, Das Spannungsverhältnis zwischen Schiedsverfahren in Steuersachen und einem Internationalen Steuergerichtshof, S. 171.

1443 BMF 14.5.2004, BStBl. I 2004 Sondernr. 1/2004 S. 3, Tz. 2.2.2. Nr. 2; *Hahn* in Lademann, AStG, § 2 Rn. 94; *Zimmermann/Könemann* in Strunk/Kaminski/Köhler, Außensteuergesetz/Doppelbesteuerungsabkommen, § 2 AStG Rn. 110 (Juli 2020); S. ebenso *Wöhrle* in BeckOK AStG, § 2 Rn. 265 (Juni 2023).

1444 *Baumgartner/Moritz* in Bordewin/Brandt, EStG, § 4j EStG Rn. 188 (Okt. 2018). Der genaue Grund für die Erhebung von Steuern sei unbeachtlich, vgl. *Loose*, RIW 2017, 655, 657.

1445 S. zu Beispielfällen zuvor.

für das nationale Recht nicht[1446]. Im Unterschied zum nationalen Vergleich ist Vertragspartner nicht die deutsche Finanzbehörde, so dass der Vertrag auch nicht inter partes als „geltendes Recht" anzusehen ist. Handelt es sich um einen in einem Mitgliedstaat der EU geschlossenen Steuervertrag, steht dem auch nicht der Grundsatz der gegenseitigen Anerkennung entgegen, weil dieser nur verpflichtet, *gerichtliche Urteile* oder *Entscheidungen* eines anderen Mitgliedstaates anzuerkennen[1447]. Eine „faktische Bindungswirkung" wird allerdings deshalb bejaht, weil anderenfalls eine Doppelbesteuerung drohen könne. Der Steuerpflichtige werde einen komplexen Sachverhalt in Kooperation mit einer ausländischen Steuerverwaltung gestaltet und diese Gestaltung sorgfältig dokumentiert haben. Wird diese Gestaltung auf nationaler Ebene nicht anerkannt, drohe gegebenenfalls eine Doppelbesteuerung. Der ausländische Staat wird die geklärten Sach- oder Rechtsfragen auch nicht mehr abweichend beurteilen[1448]. Der BFH ist an die tatsächlichen Feststellungen der Vorinstanz gebunden, § 118 Abs. 2 FGO. Eine mittelbare Bindungswirkung an den im Ausland abgeschlossenen Steuervertrag besteht insoweit nur, wenn die Vorinstanz dessen Inhalt zugrunde legt.

I. Verhältnis des innerstaatlichen Prozessvergleichsvertrages zu internationalen Streitbeilegungsverfahren

I. Regelungsgehalt der verschiedenen Streitbeilegungsverfahren

Der Abschluss eines Doppelbesteuerungsabkommens (DBA) allein garantiert noch nicht die effektive Vermeidung einer Doppelbesteuerung, denn neben einer divergierenden Sachverhaltsermittlung ist die Ursache einer möglichen Doppelbesteuerung „die unkoordinierte Auslegung und Anwendung des DBA

1446 Das Ergebnis einer Verständigungsvereinbarung ist für nationale Gerichte ebenfalls nicht bindend, s. dazu die nachfolgenden Ausführungen unter Kap. 4 I. II. dieser Arbeit; s. ebenso *Naumann*, IStR 2011, 683, 685 f. *Naumann* begründet dies mit der „staatliche[n] Souveränität"; dem folgend *Strotkemper*, Das Spannungsverhältnis zwischen Schiedsverfahren in Steuersachen und einem Internationalen Steuergerichtshof, S. 171.

1447 S. zum Grundsatz der gegenseitigen Anerkennung exemplarisch *Vogel/Eisele* in Grabitz/Hilfs/Nettesheim, Recht der Europäischen Union, Art. 82 AEUV Rn. 42 ff. (Sept. 2021); *Suhr* in Callies/Ruffert, EUV/AEUV, Art. 82 AEUV Rn. 13 f.; *Burchard*, Die Konstitutionalisierung der gegenseitigen Anerkennung, S. 173 ff.

1448 S. so insgesamt *Naumann*, IStR 2011, 683, 685 f.

durch die Vertragsstaaten"[1449]. Das OECD-Musterabkommen (OECD-MA) und sein Kommentar haben keine bindende Wirkung für die Vertragsstaaten, denn während diese den Text des Abkommens gemeinsam aushandeln, wenden sie das Abkommen unabgestimmt voneinander an[1450]. Rein nationale Verfahren sind nur bedingt geeignet, eine eingetretene Doppelbesteuerung effektiv zu beseitigen, denn auch nationale Gerichte wenden DBA autonom und ohne grenzüberschreitende Koordination an[1451]. Beschreitet der Steuerpflichtige im Fall einer Doppelbesteuerung in beiden Staaten den nationalen Rechtsweg, kann es passieren, dass die Gerichte in beiden Staaten die Besteuerung des eigenen Staates als abkommenskonform bestätigen[1452]. Vor diesem Hintergrund sehen DBA klassischerweise ein alternatives verfahrensrechtliches Instrument zur Bereinigung von Steuerkonflikten vor. Internationale Streitbeilegungsverfahren umfassen internationale Verständigungs- und Schiedsverfahren auf dem Gebiet der Steuern vom Einkommen und vom Vermögen. Sie beruhen auf folgenden Rechtsgrundlagen:

1) Artikel zu Verständigungs- und gegebenenfalls Schiedsverfahren des zwischen den betroffenen Vertragsstaaten anzuwendenden DBA (vgl. Art. 24 VerhGl.); 2) dem Übereinkommen vom 23. Juli 1990 über die Beseitigung der Doppelbesteuerung im Falle von Gewinnberichtigungen zwischen verbundenen

---

1449 *Carl/Klos*, RIW 1995, 493; *Drüen* in Festgabe Wassermeyer, S. 505; s. ebenso *Hendricks* in Wassermeyer/Baumhoff, Verrechnungspreise international verbundener Unternehmen, Rn. 10.1; *Rust* in Frotscher, Internationales Steuerrecht, Rn. 1281; *Schmitz* in Strunk/Kaminski/Köhler, Außensteuergesetz/Doppelbesteuerungsabkommen, Art. 25 OECD-MA Rn. 2 (Sept. 2021).

1450 *Hendricks* in Wassermeyer/Baumhoff, Verrechnungspreise international verbundener Unternehmen, Rn. 10.1: Eine automatische Koordinierung der Abkommensanwendung sei nicht vorgesehen, das Gebot der Rechtsanwendungs- und Entscheidungsharmonie sei verfahrensrechtlich nicht abgesichert; s. ebenso *Schaumburg/Häck* in Schaumburg, Internationales Steuerrecht, Rn. 19.88; zu Verständigungsklauseln in Musterabkommen als Leitlinien vgl. *Strotkemper*, Das Spannungsverhältnis zwischen Schiedsverfahren in Steuersachen und einem Internationalen Steuergerichtshof, S. 63 ff.

1451 *Hendricks* in Schaumburg/Hendricks, Steuerrechtsschutz, Internationale Verfahren, Rn. 8.4; *Hendricks* in Wassermeyer/Baumhoff, Verrechnungspreise international verbundener Unternehmen, Rn. 10.2; zur Auslegung von DBA vgl. *Strotkemper*, Das Spannungsverhältnis zwischen Schiedsverfahren in Steuersachen und einem Internationalen Steuergerichtshof, S. 81 ff.

1452 *Hendricks* in Schaumburg/Hendricks, Steuerrechtsschutz, Internationale Verfahren, Rn. 8.4.

Unternehmen (90/436/EWG) und 3) dem EU-Doppelbesteuerungsabkommen-Streitbeilegungsgesetz (EU-DBA-SBG)[1453].

Beim Verständigungsverfahren handelt es sich um ein antragsgebundenes zwischenstaatliches Verwaltungsverfahren. Rechtsgrundlage sind die jeweiligen Verständigungsklauseln der zwischen den Staaten geltenden DBA[1454]. Die Verständigungsklauseln der DBA sehen in der Regel vor, dass ein Verständigungsverfahren eingeleitet werden kann, wenn eine Person dies beantragt und darlegt, dass Maßnahmen eines Vertragsstaates oder beider Vertragsstaaten für sie zu einer dem Abkommen nicht entsprechenden Besteuerung führen oder führen werden und durch Maßnahmen des betreffenden Staates nicht abgeholfen werden kann[1455]. Die Antragsvoraussetzungen und der Gang des Verständigungsverfahrens sind in den meisten Abkommen entsprechend Art. 25 Abs. 1 und Art. 25 Abs. 2 OECD-MA geregelt. Zwischenstaatliche Verständigungsverfahren i.S.v. Art. 25 OECD-MA können eine internationale Doppelbesteuerung erst im Nachhinein und angesichts ihrer Dauer nur mit erheblicher zeitlicher Verzögerung beseitigen[1456]. Die von einer internationalen Doppelbesteuerung betroffenen

1453 S. zu alternativen Streitbeilegungsmethoden *Strotkemper*, Das Spannungsverhältnis zwischen Schiedsverfahren in Steuersachen und einem Internationalen Steuergerichtshof, S. 163 f.; zur Streitbeilegungsrichtlinie und ihrer Umsetzung in Deutschland vgl. etwa *Rüll*, IStR 2019, 728. Ein reines Instrument zur Sachverhaltsaufklärung sind sog. Joint Audits, s. dazu jüngst *Zimmerl*, Joint Tax Audits als Ausgangspunkt zur Effektuierung des Verständigungsverfahrens, 2022.

1454 S. BMF v. 27.8.2021 – IV B 3 – S 1304/21/10004:007, Tz. 1; *Hendricks* in Schaumburg/Hendricks, Steuerrechtsschutz, Internationale Verfahren, Rn. 8.11.

1455 S. BMF v. 27.8.2021 – IV B 3 – S 1304/21/10004:007, Tz. 1.5.1; Art. 25 OECD sieht im Grundsatz drei unterschiedliche Verfahrensarten vor. In Abs. 1 und Abs. 2 wird ein durch von abkommenswidriger Besteuerung betroffene Steuerpflichtige initiiertes Verständigungsverfahren bestimmt. Bei erfolglos gebliebener Verständigung kann sich ein Schiedsverfahren nach Abs. 5 anschließen. Abs. 3 S. 1 schafft ein antragsunabhängiges Verständigungsverfahren bei Schwierigkeiten oder Zweifeln bei der Auslegung oder Anwendung des Abkommens, vgl. dazu *Flüchter* in Schönfeld/Ditz, DBA, Art. 25 DBA Rn. 2; *Ismer/Piotrowksi* in Vogel/Lehner, DBA, Art. 25 OECD-MA 2017 Rn. 3 ff. und *Eilers/Drüen* in Wassermeyer, Doppelbesteuerung, Art. 25 OECD-MA Rn. 4 ff. (Mrz. 2020).

1456 *Seer* in Tipke/Kruse, AO/FGO, § 89a AO Rn. 1 (Nov. 2021); *Hendricks* in Schaumburg/Hendricks, Steuerrechtsschutz, Internationale Verfahren, Rn. 8.7: Wenn das Verfahren ohne Erfolg bleibt, das heißt, dass die gerügte abkommenswidrige Besteuerung nicht durch das Verständigungsverfahren beseitigt wird, sollen die

Steuerpflichtigen haben zudem grundsätzlich keinen Anspruch auf Durchführung eines Verständigungsverfahrens, Art. 9 Abs. 2, 25 OECD-MA statuieren keinen Einigungszwang[1457]. Das zwischenstaatliche Verständigungsverfahren stellt nach internationalem Verständnis kein echtes Rechtsbehelfsverfahren dar, sondern ein Verfahren eigener Art[1458]. § 89a AO erfasst Vorabverständigungen und sämtliche grenzüberschreitende Sachverhalte, die im Zusammenhang mit der Anwendung der DBA-Regeln relevant werden[1459].

Die EU-Schiedskonvention gilt im Verhältnis zu anderen Mitgliedstaaten der EU. Die Verständigungsklausel der EU-Schiedskonvention (Art. 6) sieht ein Verständigungsverfahren nur zu Fragen der Gewinnabgrenzung zwischen verbundenen Unternehmen und der Gewinnaufteilung bei Betriebsstätten vor. Im Gegensatz zu Verfahren nach DBA und EU-DBA-SBG sind andere Fragen zur abkommenswidrigen Besteuerung nicht von der Verständigungsklausel der EU-Schiedskonvention erfasst[1460].

Das EU-DBA-SBG ist ausschließlich zur Beilegung von Streitigkeiten zwischen Deutschland und einem oder mehreren anderen Mitgliedstaaten der EU anwendbar. Die Durchführung eines Verständigungsverfahrens nach dem EU-DBA-SBG setzt voraus, dass eine betroffene Person im Sinne des § 2 Abs. 1 Nr. 7 EU-DBA-SBG dies durch Einreichen einer „Streitbeilegungsbeschwerde" im Sinne des § 4 EU-DBA-SBG beantragt und darlegt, dass Streitigkeiten zwischen Deutschland und einem oder mehreren Mitgliedstaaten der EU durch

---

Finanzbehörden prüfen, ob die Doppelbesteuerung durch „einseitige deutsche Billigkeitsmaßnahmen abgemildert" werden kann. Dazu nochmals in den folgenden Ausführungen.

1457 Vgl. Art. 25 Nr. 26 OECD-MK; ausführlich *Mülhausen*, Das Verständigungsverfahren im deutschen internationalen Steuerrecht, S. 137 ff.; s. ebenso *Bär*, Verständigungen über Verrechnungspreise verbundener Unternehmen im deutschen Steuerrecht, S. 230 f.; *Schaumburg/Häck* in Schaumburg, Internationales Steuerrecht, Rn. 19.91; *Drüen* in Festgabe Wassermeyer, S. 505, 511; *Schmitz* in Strunk/Kaminski/Köhler, Außensteuergesetz/Doppelbesteuerungsabkommen, Art. 25 OECD-MA Rn. 47 (Febr. 2022); *Rust* in Frotscher, Internationales Steuerrecht, Rn. 1285.

1458 BFH, Urt. v. 26.5.1982 – I R 16/78, BStBl. II 1982, 583, juris Rn. 22; *Hendricks* in Wassermeyer/Baumhoff, Verrechnungspreise international verbundener Unternehmen, Rn. 10.2; *Flüchter* in Schönfeld/Ditz, DBA, Art. 25 DBA Rn. 3.

1459 BT-Drucks. 19/27632, S. 79; *Seer* in Tipke/Kruse, AO/FGO, § 89a AO Rn. 4 (Nov. 2021); *Flüchter*, ISR 2021, 338. Auf § 89a AO sind die Grundsätze der anderen Verfahren sinngemäß zu übertragen, soweit § 89a AO nicht entgegen steht, vgl. BMF v. 27.8.2021 – IV B 3 – S 1304/21/10004:007, Tz. 3.

1460 BMF v. 27.8.2021 – IV B 3 – S 1304/21/10004:007, Tz. 26.

Auslegung und Anwendung von Abkommen und Übereinkommen entstehen, die die Beseitigung der Doppelbesteuerung vom Einkommen vorsehen[1461].

Durch die internationale Steuerreform der OECD („Two-Pillar Solution", Besteuerung der Digitalwirtschaft), welche eine „Weltsteuerordnung" etablieren soll, werden neue Mechanismen zur Streitvermeidung und -beilegung („Tax certainty") vorgesehen, die Rechtssicherheit schaffen sollen. Vorgesehen ist, dass in den Anwendungsbereich fallende multinationale Unternehmen von den Streitbeilegungsmechanismen, welche eine Doppelbesteuerung für den „Amout A", einschließlich aller Fragen im Zusammenhang mit „Amount A", vermeiden, profitieren werden[1462]. Es bleibt abzuwarten, in welchem Verhältnis die neuen Streitbeilegungsmaßnahmen zu den innerstaatlichen und internationalen Streitbeilegungsmechanismen stehen werden.

II. Verhältnis von Verständigungsverfahren zu nationalen Verfahren und Prozessvergleichen

Grundsätzlich darf der Zugang zum Verständigungsverfahren nicht verweigert werden, nur weil innerstaatliche Rechtsmittel ausgeübt werden. Das internationale Verständigungsverfahren kann vor, neben, anstelle und nach den innerstaatlichen Verfahren beantragt werden[1463], vgl. Art. 25 OECD-MK Rn. 7 S. 4, Rn. 34 S. 1. Das OECD-MA weicht damit von der sonst im Völkerrecht üblichen Regel ab, dass Einzelpersonen zunächst erfolglos versucht haben müssen, ihre Rechte vor innerstaatlichen Behörden und Gerichten des Gaststaates durchzusetzen, bevor ihr Heimatstaat in einem zwischenstaatlichen Verfahren tätig wird[1464]. Demzufolge ist auch kein Klageverzicht erforderlich, um ein

1461 BMF v. 27.8.2021 – IV B 3 – S 1304/21/10004:007, Tz. 28 f.

1462 OECD/G20 BEPS Statement on a Two-Pillar Solution, Tax certainty, S. 2; abrufbar unter https://www.oecd.org/tax/beps/statement-on-a-two-pillar-solution-to-address-the-tax-challenges-arising-from-the-digitalisation-of-the-economy-october-2021.pdf, zuletzt aufgerufen am 27.5.2022.

1463 BFH, Urt. v. 1.2.1967 – I 220/64, juris Rn. 21; BMF v. 27.8.2021 – IV B 3 – S 1304/21/10004:007, Tz. 12 ff.; *Krabbe*, IStR 2002, 548, 549; *Drüen*, IStR 2015, 609, 616; Dziurdz/Kubik/Marchgraber in GKGK, DBA, Art. 25 OECD-MA Rn. 138 (Mrz. 2021); *Ismer/Piotrowksi* in Vogel/Lehner, DBA, Art. 25 OECD-MA 2017 Rn. 47; s. ausführlich zu dem Verhältnis der Streitbeilegungsverfahren untereinander BMF 27.8.2021 – IV B 3 – S 1304/21/10004:007, Tz. 9 ff.

1464 *Mülhausen*, Das Verständigungsverfahren im deutschen internationalen Steuerrecht, S. 125; *Flüchter* in Schönfeld/Ditz, DBA, Art. 25 DBA Rn. 80 m.w.N.; *Ismer/Piotrowksi* in Vogel/Lehner, DBA, Art. 25 OECD-MA 2017 Rn. 47: sog. „local remedies rule".

Verständigungsverfahren oder Schiedsverfahren einzuleiten und eine parallele Verfolgung dieser Wege rechtlich möglich[1465]. In der Regel werden die zuständigen Behörden jedoch verlangen, dass vorrangig entweder das innerstaatliche Gerichtsverfahren oder das Verständigungsverfahren samt Schiedsverfahren (Art. 25 Abs. 5 OECD-MA) weiterverfolgt wird, so dass die abkommensrechtlichen und die innerstaatlichen Verfahren meist nicht parallel geführt werden[1466]. Das innerstaatliche Rechtsmittelverfahren kann ausgesetzt werden, um das Verständigungsverfahren und eventuell das Schiedsverfahren vorrangig voranzutreiben[1467]. Die Aussetzung des Verfahrens wird immer dann Sinn ergeben, wenn das innerstaatliche Recht des betroffenen Staates nicht erlaubt, eine Verständigungsvereinbarung umzusetzen, die zu einem von der Entscheidung eines innerstaatlichen Gerichts abweichenden Ergebnis führt[1468]. Darüber hinaus kann, wenn das Abkommen eine Schiedsklausel enthält, eine Gerichtsentscheidung den Weg zum Schiedsverfahren versperren, vgl. Art. 25 OECD-MK Rn. 76 S. 2[1469].

Nach *Drüen* in Festgabe Wassermeyer, S. 505, 509 sei es dennoch ratsam zunächst das Verständigungsverfahren zu führen.

1465 BFH, Urt. v. 1.2.1967 – I 220/64, juris Rn. 21; *Herlinghaus*, IStR 2010, 125, 128 für das Schiedsverfahren nach Art. 25 Abs. 5 OECD-MA; *Dziurdz/Kubik/Marchgraber* in GKGK, DBA, Art. 25 OECD-MA Rn. 138 (Mrz. 2021); zum möglichen Rechtsbehelfsverzicht s. § 354 Abs. 1a, b AO, § 50 Abs. 1a FGO.

1466 So *Dziurdz/Kubik/Marchgraber* in GKGK, DBA, Art. 25 OECD-MA Rn. 138 (Mrz. 2021); zu Vor- und Nachteilen des gleichzeitigen Betreibens innerstaatlicher Rechtsbehelfe *Flüchter* in Schönfeld/Ditz, DBA, Art. 25 DBA Rn. 82 f.

1467 *Schaumburg/Häck* in Schaumburg, Internationales Steuerrecht, Rn. 19.103; *Ismer/Piotrowksi* in Vogel/Lehner, DBA, Art. 25 OECD-MA 2017 Rn. 108; *Dziurdz/Kubik/Marchgraber* in GKGK, DBA, Art. 25 OECD-MA Rn. 140 (Mrz. 2021); die Aussetzung nach § 361 AO oder § 69 FGO setzt Einspruch oder Klage voraus. Materiellrechtlich sei eine Stundung nach § 222 AO möglich, s. dazu *Flüchter* in Schönfeld/Ditz, DBA, Art. 25 DBA Rn. 82 m.w.N.; s. dazu ebenso *Pohl* in Mössner u.a., Steuerrecht internationaler tätiger Unternehmen, Rn. 13.48 f.

1468 Das Recht mancher Staaten erlaubt es nicht, dass sich die Verständigungsvereinbarung über eine nationale Gerichtsentscheidung hinwegsetzt, s. BMF v. 27.8.2021 – IV B 3 – S 1304/21/10004:007, Tz. 12; Informationen zu zuständigen Behörden und Verfahrensvorschriften ausländischer Staaten enthält die OECD-Sammlung „Country Profiles on Mutual Agreement Procedures“; s. zudem *Flüchter* in Schönfeld/Ditz, DBA, Art. 25 DBA Rn. 83.

1469 S. *Flüchter* in Schönfeld/Ditz, DBA, Art. 25 DBA Rn. 83; BMF v. 27.8.2021 – IV B 3 – S 1304/21/10004:007, Tz. 14 c): Können nach innerstaatlichem Recht eines der beteiligten Vertragsstaaten die zuständigen Behörden nicht von Entscheidungen

Ungeklärt ist, ob sich in Deutschland eine Verständigungsregelung über eine bereits bestehende Gerichtsentscheidung hinwegsetzen kann[1470]. Streitbeilegungsvereinbarungen haben keine unmittelbaren Rechtswirkungen, sondern bedürfen der Umsetzung[1471], so dass sich genau genommen die Frage stellt, ob die Umsetzung der Verständigungsregelung den Inhalt und die Rechtsfolgen einer Gerichtsentscheidung aushebeln kann. § 175a AO[1472] schafft die Möglichkeit, die Bestandskraft des Steuerbescheides – auch wenn dieser durch Urteil rechtskräftig bestätigt wurde – zu durchbrechen, dies setzt aber eine *zuvor* erreichte Verständigungsvereinbarung voraus[1473]. Die Rechtskraft des entgegenstehenden Gerichtsurteils bleibt an sich insoweit unberührt, Gegenstand der Durchbrechung ist primär die Bestandskraft des Steuerbescheides[1474]. Die zuständige Behörde muss im Rahmen des Verständigungsverfahrens prüfen, ob sie die Kompromisslösungen auch innerstaatlich umsetzen kann, das Eingehen

---

der Gerichte abweichen, setzt das Schiedsverfahren voraus, dass das Unternehmen in diesem Vertragsstaat Rechtsbehelfe, soweit sie sich auf den Gegenstand des Schiedsverfahrens beziehen, zurücknimmt oder darauf verzichtet (Art. 7 Abs. 3 EU-Schiedskonvention); *Eilers/Drüen* in Wassermeyer, Doppelbesteuerung, Art. 25 OECD-MA Rn. 55 (Mrz. 2020). Kritisch zur fehlenden Positionierung der Verwaltung im neuen Merkblatt zu internationalen Verständigungs- und Schiedsverfahren jüngst *Liebchen/Strotkemper*, IStR 2022, 93, 96 f.

1470 *Ismer/Piotrowski*, IStR 2019, 845, 847; *Flüchter* in Schönfeld/Ditz, DBA, Art. 25 DBA Rn. 182, 119; *Dziurdz/Kubik/Marchgraber* in GKGK, DBA, Art. 25 OECD-MA Rn. 140 (Mrz. 2021).

1471 *V. Wedelstädt* in Gosch, AO/FGO, § 175a AO Rn. 2.1 (Nov. 2021).

1472 Nach § 175a AO ist ein Steuerbescheid zu erlassen, aufzuheben oder zu ändern, soweit dies zur Umsetzung einer Vorabverständigungsvereinbarung nach § 89a AO, einer Verständigungsvereinbarung oder eines Schiedsspruchs nach einem Vertrag nach § 2 geboten ist. Dieser Norm wurde eine monographische Auseinandersetzung gewidmet, s. *Stiewe*, Die verfahrensrechtliche Umsetzung internationaler Verständigungsvereinbarungen (§ 175a AO).

1473 *Krabbe*, IStR 2002, 548, 550; *v. Groll* in HHSp., AO/FGO, § 175a AO Rn. 79 (Sept. 2014); v. *Wedelstädt* in Gosch, AO/FGO, § 175a AO Rn. 16 (Nov. 2021): Es sei denn, die Frage der DBA-Vereinbarkeit der Maßnahme ist Entscheidungsgegenstand gewesen (§ 110 Abs. 2 i.V.m. § 110 Abs. 1 FGO); *Ismer/Piotrowksi* in Vogel/Lehner, DBA, Art. 25 OECD-MA 2017 Rn. 121; *Schmitz* in Strunk/Kaminski/Köhler, Außensteuergesetz/Doppelbesteuerungsabkommen, Art. 25 OECD-MA Rn. 50 (Sept. 2021).

1474 Wobei zuzugeben ist, dass die materielle Rechtskraft dadurch im Ergebnis weitgehend durchbrochen wird; gl.A. v. *Groll* in HHSp., AO/FGO, § 175a AO Rn. 79 (Sept. 2014).

einer völkerrechtlichen Verpflichtung zu einem innerstaatlichen nicht umsetzbaren Unterfangen, wird diese vermeiden wollen[1475]. Ist ein Abweichen von einem Gerichtsurteil nicht möglich, soll der Kompromissspielraum der Behörde eingeschränkt sein[1476]. Nach dieser Auffassung werden die Lösungsmöglichkeiten im Verständigungsverfahren geschmälert, was auch die Wahrscheinlichkeit, eine Lösung zu erreichen, beeinträchtigen wird[1477].

Für eine *nachträgliche* Hinwegsetzung über innerstaatliche Gerichtsentscheidungen[1478] spricht die Ratio des Verständigungsverfahrens und die völkerrechtliche Umsetzungspflicht. Ziel der Streitbeilegungsverfahren ist es, den Anspruch des Antragstellers auf abkommens- bzw. übereinkommensgemäße Besteuerung im Rahmen der jeweiligen Rechtsordnungen zu verwirklichen[1479]. Dem gegenüber entscheidet das innerstaatliche Rechtsbehelfsverfahren autonom und der Steuerpflichtige kann folglich einer Doppelbesteuerung nicht zwangsläufig entkommen. Eine Bindung an das Urteil im Rahmen des Verständigungsverfahrens kann im Einzelfall dazu führen, dass eine Beseitigung der abkommenswidrigen Besteuerung nicht verhindert wird[1480].

Dagegen wird wohl die Rechtsprechung zu sog. Treaty Overrides sprechen. Treaty Overrides (Bruch des Völkervertragsrechts) sind nach innerstaatlichem Recht wirksam[1481]. Durch eine Abkommensüberschreibung verletzt der Gesetzgeber zwar seine völkerrechtlichen Pflichten im Außenverhältnis, nationales

---

1475 Gl. A. *Flüchter* in Schönfeld/Ditz, DBA, Art. 25 DBA Rn. 158; *Ismer/Piotrowksi* in Vogel/Lehner, DBA, Art. 25 OECD-MA 2017 Rn. 120; *Eilers/Drüen* in Wassermeyer, Doppelbesteuerung, Art. 25 OECD-MA Rn. 55 (Mrz. 2020).

1476 So *Flüchter* in Schönfeld/Ditz, DBA, Art. 25 DBA Rn. 158, 119, 182.

1477 *Flüchter* in Schönfeld/Ditz, DBA, Art. 25 DBA Rn. 119; s. ebenso *Ismer/Piotrowksi* in Vogel/Lehner, DBA, Art. 25 OECD-MA 2017 Rn. 122.

1478 Genau genommen stellt sich auch hier im Ergebnis die Frage, ob sich die *Umsetzung* der Verständigungsvereinbarung über einen bereits bestehenden, durch Urteil bestätigten, bestandskräftigen Steuerbescheid hinwegsetzen kann.

1479 BMF v. 27.8.2021 – IV B 3 – S 1304/21/10004:007, Tz. 33; vgl. A. *Krabbe*, RIW 1982, 269, 271; *Förster* in Birk, Handbuch des Europäischen Steuer- und Abgabenrechts, § 30 Rn. 189.

1480 Vgl. *Flüchter* in Schönfeld/Ditz, DBA, Art. 25 DBA Rn. 119 mit Verweis auf Art. 25 OECD-MK Rn. 27 S. 9.

1481 S. nur BVerfG, Beschl. v. 15.12.2015 – 2 BvL 1/12, BVerfGE 141, 1, juris Rn. 61 ff.; *Oellerich* in Gosch, AO/FGO, § 2 AO Rn. 87 ff. (Aug. 2017); s. jedoch abweichend BFH, Vorlagebeschl. v. 10.6.2015 – I R 66/09; differenzierend zur Auffassung des BVerfG z.B. *König* im Sondervotum zu BVerfGE 141, 1, 44 ff. Rn. 3 ff.; *Drüen* in FS Lüdicke, S. 103, 106 ff.

Verfassungsrecht steht dem nach herrschender Auffassung jedoch nicht entgegen. Zieht man diese Erkenntnis als Rechtsgedanken für Verständigungsvereinbarungen der deutschen Finanzbehörde heran, ergibt sich, dass völkerrechtliche Verpflichtungen die Finanzbehörde wohl nicht zwingen können, nationales Recht bzw. rechtskräftige Urteile, welche deutsches Recht bestätigen, „sehenden Auges" zu umgehen. Aus der Verständigungsvereinbarung ergibt sich ebenfalls eine völkerrechtliche Pflicht der beteiligten Staaten, das vereinbarte Ergebnis national umzusetzen[1482]. Möchte die Finanzbehörde in der Konsequenz abkommenswidrig bzw. abweichend von der getroffenen Verständigungsvereinbarung handeln, steht zumindest das deutsche Recht nicht entgegen[1483].

Dagegen spricht weiterhin, dass das Verständigungsverfahren selbst keine Rechtsgrundlage für die Durchbrechung der Rechtskraft inkludiert[1484]. Rechtskräftige Urteile binden nach § 110 Abs. 1 Nr. 1 FGO die Beteiligten und die Rechtsnachfolger und damit die nationale Finanzbehörde. Wenngleich die Durchbrechung der Rechtskraft grundsätzlich nur unter engen Voraussetzungen möglich ist, ist eine *unions*rechtlich intendierte Rechtskraftdurchbrechung bei Steuerstreitigkeiten mit unionsrechtlichem Bezug aufgrund der Effektivität und Äquivalenz nicht ausgeschlossen[1485]. Die nationale Rechtskraftwirkung kann unter unionsrechtlichen Gesichtspunkten relativiert sein. Insbesondere der Grundsatz der Effektivität verlangt von den Mitgliedstaaten, dass das nationale Recht die Verwirklichung von Unionsrecht nicht praktisch unmöglich

---

1482 *Mülhausen*, Das Verständigungsverfahren im deutschen internationalen Steuerrecht, S. 132; *Schaumburg/Häck* in Schaumburg, Internationales Steuerrecht, Rn. 19.91.

1483 Wobei man sich bei völkerrechtswidrigem Verhalten der nationalen Behörden wohl eingestehen muss, dass diese zu fehlender Akzeptanz im In- und Ausland führen kann und der Völkerrechtsfreundlichkeit des nationalen Handelns wenig zweckdienlich ist.

1484 So etwa *Mülhausen*, Das Verständigungsverfahren im deutschen internationalen Steuerrecht, S. 134: Rechtsfolge soll eine Entschädigung in Geld durch den Fiskus sein; *Lehner* in Lüdicke, Praxis und Zukunft des deutschen Internationalen Steuerrechts, Verständigungsverfahren; *Schaumburg/Häck* in Schaumburg, Internationales Steuerrecht, Rn. 19.103; *Brandt* in Gosch, AO/FGO, § 110 FGO Rn. 174 (Febr. 2022); *Schmitz* in Strunk/Kaminski/Köhler, Außensteuergesetz/Doppelbesteuerungsabkommen, Art. 25 OECD-MA Rn. 50 (Sept. 2021).

1485 S. dazu etwa *Krumm* in Tipke/Kruse, AO/FGO, § 110 FGO Rn. 28 (Apr. 2019); *Brandt* in Gosch, AO/FGO, § 110 FGO Rn. 175 (Febr. 2022); *Clausing/Kimmel* in Schoch/Schneider, VwGO, § 121 Rn. 116a ff. (Juli 2020); *Stuhlfauth* in Bader/Funke-Kaiser/Stuhlfauth/von Albedyll, VwGO, § 121 Rn. 23; zu unionsrechtswidrigen Verwaltungsakten *Krumm*, DStJG 41 (2018), 561, 593 ff.

machen oder übermäßig erschweren darf[1486]. Eine Rechtskraftrelativierung aufgrund der Gewährleistung völkerrechtlicher Verpflichtungen erscheint damit nicht völlig fernliegend. Überdies kann § 110 Abs. 1 FGO nicht ohne Weiteres im internationalen Kontext angewendet werden, weil der am Verständigungsverfahren beteiligte ausländische Staat nicht an das Ergebnis des nationalen Verfahrens gebunden ist[1487].

Obschon der Prozessvergleich nicht als eine der Rechtskraft fähige Gerichtsentscheidung zu klassifizieren ist[1488], sondern nur als eine gerichtlich protokollierte Einigung der Parteien, kann sich doch das Problem der Divergenz zu einer Verständigungsvereinbarung stellen. In der Praxis wird die deutsche Behörde Verständigungsvereinbarungen unter dem Vorbehalt treffen, dass sich der Antragsteller mit ihr einverstanden erklärt und anhängige Rechtsbehelfsverfahren erledigt werden[1489]. In diesem Fall erhält ein Gericht keine Gelegenheit, von einer wirksamen Verständigungsvereinbarung abzuweichen[1490]. Dies setzt aber erneut voraus, dass das Verständigungsverfahren *vor* Abschluss des Prozessvergleichs beendet ist. Wählt der Steuerpflichtige indessen bewusst die parallele Beschreitung der Verfahren, und der Prozessvergleich erfolgt vor Beendigung des internationalen Verständigungsverfahrens, so kann er die Möglichkeit des Abschlusses des Prozessvergleichs unter Widerrufsvorbehalt erwägen. Die Beteiligten können dem Inhalt der Verständigungsvereinbarung präventiv Berücksichtigung schenken, indem sie den Vergleich unter einer (auflösenden) Bedingung respektive einem Widerrufsvorbehalt abschließen.

Für den Steuerpflichtigen wird gegebenenfalls die Verzinsung von Steuernachforderungen (§ 233a AO)[1491] zum Problem, wenn sich herausstellt, dass er in Deutschland noch Steuern nachzuzahlen hat. Besonders misslich stellt sich die Lage für diesen dar, wenn die im Ausland bereits bezahlten Steuern ohne Zinsen

---

1486 S. nur EuGH, Urt. v. 16.3.2006 – C-234/04, Rn. 22; *Krumm* in Tipke/Kruse, AO/FGO, § 110 FGO Rn. 28 (Apr. 2019); *Clausing/Kimmel* in Schoch/Schneider, VwGO, § 121 Rn. 116a ff. (Juli 2020).

1487 So ausdrücklich *Krabbe*, RIW 1982, 269, 271; *Förster* in Birk, Handbuch des Europäischen Steuer- und Abgabenrechts, § 30 Rn. 189.

1488 S. dazu unter Kap. 4 A. III. 3. dieser Arbeit.

1489 *Flüchter* in Schönfeld/Ditz, DBA, Art. 25 DBA Rn. 118.

1490 S. die vorhergehenden Ausführungen.

1491 S. zur Verfassungskonformität des Zinssatzes BVerfG, Beschl. v. 8.7.2021 – 1 BvR 2237/14, BVerfGE 158, 282; *Loose* in Tipke/Kruse, AO/FGO, § 233a AO Rn. 1a, 1b (Mai 2022), § 238 AO Rn. 2 (Apr. 2019).

oder nur mit geringen Zinsen zurückerstattet werden. Denn Gegenstand eines Verständigungsverfahrens sind meist nicht Vereinbarungen über die Zinsen[1492].

Als denkbare Lösung - um diesen Konflikt zu kompensieren - kann die Finanzbehörde die Billigkeitsmaßnahmen der §§ 163, 227 AO in Erwägung ziehen und eine etwaige Doppelbesteuerung insoweit korrigieren[1493]. Aus dem Ergebnis des internationalen Verständigungsverfahrens resultiert eine besondere völkerrechtliche materielle Dispositionsbefugnis[1494]. Diese Billigkeitsmaßnahmen kommen auch für etwaige Nachzahlungszinsen in Betracht. Stellt ein Steuerpflichtiger - nach Abschluss eines Vergleichs - einen Antrag auf Einleitung eines Verständigungsverfahrens, kann er auch die Aussetzung der Vollziehung mit der Finanzbehörde vereinbaren bzw. diese nachträglich beantragen[1495].

Wird eine präventive Verhinderung konfligierender Verständigungen - weder auf internationaler noch auf nationaler Ebene - gewählt, ist, jedenfalls nach herrschender Meinung, eine Bindung der Gerichte an Verständigungsvereinbarungen nach Art. 25 OECD-MA Abs. 1 und Abs. 2 nicht gegeben[1496], so dass

---

1492 *Eigelshoven* in Lüdicke, Praxis und Zukunft des deutschen Internationalen Steuerrechts, Verständigungsverfahren - Praktische Erfahrungen und ungelöste Probleme, C. Materiellrechtliche Aspekte: In der Praxis korrespondieren die Regelungen hinsichtlich Nachzahlungs- und Erstattungszinsen zum Nachteil der Steuerpflichtigen in den einzelnen Ländern meist nicht.

1493 So ausdrücklich BFH, Urt. v. 1.2.1967 - I 220/64, juris Rn. 21: „zur Milderung einer doppelten steuerlichen Belastung"; *Mülhausen*, Das Verständigungsverfahren im deutschen internationalen Steuerrecht, S. 134: Die Korrektur solle durch Geldentschädigung durch den Fiskus erfolgen; *Förster* in Birk, Handbuch des Europäischen Steuer- und Abgabenrechts, § 30 Rn. 189; *Schaumburg/Häck* in Schaumburg, Internationales Steuerrecht, Rn. 19.103 sehen dies sogar als geboten an; kritisch *Lehner*, Möglichkeiten zur Verbesserung des Verständigungsverfahrens, S. 120; *Krabbe*, IStR 2002, 548, 550; ein Anspruch besteht jedoch jedenfalls bei einer etwaigen Unionsrechtswidrigkeit nicht, so BFH, Urt. v. 21.1.2015 - X R 40/12, BStBl. II 2016, 117, juris Rn. 22 ff.

1494 S. zur Terminologie, die dieser Arbeit zugrunde gelegt wird unter Kap. 4 D. II. Vgl. zu Dispositionsbefugnissen im Insolvenzverfahren unter Kap. 4 E. III. 5. c) dieser Arbeit, zu allgemeinen Dispositionsbefugnissen unter Kap. 2 IV. 5. b) dieser Arbeit.

1495 S. i.E. ebenso *Eigelshoven* in Lüdicke, Praxis und Zukunft des deutschen Internationalen Steuerrechts, Verständigungsverfahren - Praktische Erfahrungen und ungelöste Probleme, C. Materiellrechtliche Aspekte.

1496 *Flüchter* in Schönfeld/Ditz, DBA, Art. 25 DBA Rn. 119, 181 m.w.N.; *Ismer/Piotrowksi* in Vogel/Lehner, DBA, Art. 25 OECD-MA 2017 Rn. 122.

diese ein Ergebnis nicht abwarten müssen oder auch bei erneuter Verhandlung (nach Widerruf des Vergleichs) insoweit ungebunden sind. Dem Gericht obliegt keine Überprüfungs*pflicht*, ein Überprüfungs*recht* steht ihm gleichwohl zu[1497].

III. Verhältnis von Verständigungsverfahren zum steuerrechtlichen Vergleichsvertrag

1. Verzicht auf Verständigungsverfahren im Rahmen nationaler Einigungen („audit settlements")

Es stellt sich die Frage, in welchem Verhältnis nationale und internationale Verständigungen stehen. Ungeklärt in diesem Zusammenhang ist, ob ein Verzicht auf ein Verständigungsverfahren im Rahmen einer innerstaatlichen Einigung wirksam ist. Diese Rechtsfrage wurde für den Fall der Außenprüfung gestellt, ist aber noch nicht hinreichend durchdrungen und wird sowohl auf nationaler als auch auf internationaler Ebene unterschiedlich beurteilt[1498]. In Außenprüfungen wurde eine Einigung nicht selten von der Erklärung eines Verzichts abhängig gemacht. Die Verwaltung ging zwischenzeitlich davon aus, dass der Zugang zu einem Verständigungs- oder Schiedsverfahren „ein gesetzlich verankertes Recht" sei und von der Finanzverwaltung nicht behindert werden dürfe. Allerdings: In Fällen, in denen eine tatsächliche Verständigung über den der Steuerfestsetzung zugrunde liegenden Sachverhalt abgeschlossen wird, sei es sachgerecht, deren Abschluss davon abhängig zu machen, dass der Steuerpflichtige darauf verzichtet, den Inhalt der tatsächlichen Verständigung zum Gegenstand eines Schiedsverfahrens zu machen[1499]. Nunmehr äußert sich die Finanzverwaltung nicht mehr ausdrücklich zum Verständigungsverzicht und verweist nur auf die Bindungswirkung der tatsächlichen Verständigung[1500]. Die OECD hat indes schon 2007 dafür geworben, den Verzicht auf Verständigungsvereinbarungen restriktiv zu handhaben[1501].

1497 S. zu den Prozessfürsorgepflichten des Gerichts unter Kap. 4 F. I. dieser Arbeit.

1498 S. dazu *Drüen* in Festgabe Wassermeyer, S. 505, 510; *Flüchter* in Schönfeld/Ditz, DBA, Art. 25 DBA Rn. 111 ff.; *Zimmerl*, Joint Tax Audits, S. 110; *Liebchen/Strotkemper*, IStR 2022, 93, 97.

1499 So BMF v. 5.4.2017 – IV B 5 – S 1304/0-04, BStBl. I 2017, 707, Tz. 5, anders noch BMF 13.7.2006 – IV B 6 S 1300 – 340/06, BStBl. I 2006, 461, Tz. 5: ein Verzicht „zur Beschleunigung und Vereinfachung" des Besteuerungsverfahrens sei möglich.

1500 S. dazu sogleich, BMF v. 27.8.2021 – IV B 3 – S 1304/21/10004:007, BStBl. I 2021, 1495, Tz. 33.

1501 Vgl. *Flüchter* in Schönfeld/Ditz, DBA, Art. 25 DBA Rn. 117 m.w.N.

Zwar ist anzuerkennen, dass Verständigungsverfahren der Disposition des Steuerpflichtigen unterliegen, so dass ein Verzicht nicht von vornherein ausgeschlossen sein muss. Dennoch stellt sich im Fortgang die Frage, inwieweit Verzichtserklärungen der einheitlichen Auslegung des DBA zuträglich sind. Sofern ein Verzicht erfolgt, genügt dies häufig dafür, dass einer der Vertragsstaaten den Verzicht für wirksam erachtet und den Zugang zum Verständigungsverfahren insgesamt verhindert[1502]. Sofern das Ergebnis nationaler Einigungen vom Verzicht des internationalen Verständigungsverfahrens *abhängig* gemacht wird, kann zudem die Grenze zum Koppelungsverbot überschritten werden[1503].

Bei Verrechnungspreisfällen kann ein Verzicht eines betroffenen verbundenen Unternehmens jedenfalls nicht den Zugang des oder der anderen betroffenen verbundenen Unternehmen zum Verständigungsverfahren blockieren, weil das verzichtende Unternehmen nur über seine eigenen Rechte disponieren kann[1504].

2. *Divergierende Sachverhaltsfeststellungen auf nationaler und internationaler Ebene und Rechtsfolgen verständigungswidriger Verwaltungsakte*

Sollte im Rahmen des Verständigungsverfahrens eine weitergehende Sachverhaltsermittlung notwendig werden, ist der Sachverhalt nach dem Untersuchungsgrundsatz, § 88 AO, von Amts wegen zu ermitteln[1505]. Der Antragsteller ist zur (gegebenenfalls erhöhten) Mitwirkung verpflichtet, §§ 90 ff. AO[1506]. Im Rahmen des Verständigungsverfahrens ist auch das Ergebnis der Ermittlung des Sachverhalts durch die Finanzbehörde des anderen Staates heranzuziehen. Ergeben sich bei der Sachverhaltsermittlung durch die deutschen und die ausländischen Finanzbehörden Widersprüche, kann durch abgestimmte Ermittlungen beider Verwaltungen oder durch Verständigungsgespräche der Versuch einer Auflösung dieser Widersprüche unternommen werden[1507].

1502 *Flüchter* in Schönfeld/Ditz, DBA, Art. 25 DBA Rn. 114.

1503 S. zu den Nichtigkeitsgründen für steuerrechtliche Vergleichsverträge unter Kap. 4 F. II. 1. dieser Arbeit.

1504 *Flüchter* in Schönfeld/Ditz, DBA, Art. 25 DBA Rn. 115.

1505 S. zum Untersuchungsgrundsatz im Besteuerungsverfahren unter Kap. 2 C. VI. dieser Arbeit. Zur Ungewissheit der Sachlage unter Kap. 4 D. 3. dieser Arbeit.

1506 S. zu den Mitwirkungspflichten unter Kap. 4 D. III. 3. b) dieser Arbeit.

1507 BMF v. 27.8.2021 – IV B 3 – S 1304/21/10004:007, BStBl. I 2021, 1495, Tz. 76 ff.; die tatsächliche Verständigung ist kein Zugangshindernis für Verständigungsverfahren,

Kam es aufgrund eines schwierig zu ermittelnden Sachverhalts zu einer tatsächlichen Verständigung bzw. zu einem Tatsachenvergleich, so ist es in einem späteren Verständigungs- oder Schiedsverfahren nach Auffassung der Finanzverwaltung regelmäßig nicht mehr möglich, den Sachverhalt nachträglich beweissicher festzustellen. Die deutsche Finanzverwaltung wird aufgrund der Bindungswirkung der tatsächlichen Verständigung[1508] bzw. des Vergleichsvertrages „keine Abweichung von der darin geregelten Sachverhaltsfestlegung akzeptieren“[1509]. Eine Begründung dieser Sicht- bzw. Vorgehensweise der Finanzverwaltung erfolgt nicht. Der Grundsatz pacta sunt servanda entfaltet nur zwischen den Parteien des Vertrages Bindungswirkung. Inwieweit diese Bindungswirkung in internationalen Verständigungs- und Schiedsverfahren nachwirkt, ist offen, jedenfalls ist der andere Staat an den nationalen Vertrag nicht gebunden. Die Finanzbehörde unterliegt jedoch keinem Einigungszwang, so dass sie nicht gezwungen ist, von einem Vergleichsvertrag abzuweichen. In der Konsequenz stellt sich die Folgefrage, wie mit einem vereinbarungswidrigen Steuerbescheid umzugehen ist. Erlässt die Behörde einen dem nationalen Vertrag widersprechenden Steuerbescheid, ist dieser (national) vertragswidrig und damit rechtswidrig[1510]. Es stellt sich in diesem Zusammenhang aber weiter die Frage, ob nicht § 175a AO, welcher eine Umsetzung von Verständigungsvereinbarungen – auch entgegen der Rechtskraft – erlaubt, zu einem anderen Ergebnis führen muss. § 175a AO schafft zwar die Möglichkeit der Durchbrechung der Bestandskraft des Steuerbescheides, dies setzt aber eine *zuvor* erreichte Verständigungsvereinbarung voraus. Eine praktische Auswirkung hat das Ergebnis dieser Frage allenfalls auf haftungsrechtlicher Ebene[1511], denn der Steuerverwaltungsakt ist rechtswidrig und nicht nichtig. Setzt die Finanzbehörde die nationale Einigung um und handelt völkerrechtsvertragswidrig[1512], so ist dies

---

s. etwa *Carl/Klos*, RIW 1995, 493, 497; *Flüchter* in Schönfeld/Ditz, DBA, Art. 25 DBA Rn. 118.

1508 Zur umstrittenen Einordnung der Bindungswirkung der tatsächlichen Verständigung unter Kap. 1 B. III. 1. dieser Arbeit.

1509 BMF v. 27.8.2021 – IV B 3 – S 1304/21/10004:007, BStBl. I 2021, 1495, Tz. 33.

1510 S. zu dieser Erkenntnis unter Kap. 4 H. II. 3. dieser Arbeit.

1511 Bei rechtswidrigen Steuerbescheiden sind Amtshaftungs- oder Staatshaftungsansprüche denkbar.

1512 Die im Verständigungsverfahren erzielte Einigung ist ein völkerrechtlicher Vertrag, vgl. nur *Kruse* in FS Vogel, S. 519, 522; *Drüen* in Tipke/Kruse, AO/FGO, § 2 AO Rn. 43 (Apr. 2017); *Zimmerl*, Joint Tax Audits, S. 105.

für das nationale Recht unschädlich, der Verwaltungsakt wird dadurch nicht rechtswidrig[1513].

3. *Divergierende Einigungen über Rechtsfragen auf nationaler und internationaler Ebene*

Offen ist weiterhin, was sich hinsichtlich der Bindungswirkung einer einvernehmlich festgelegten Rechtslage ergibt[1514]. Eine inhaltliche Divergenz setzt zunächst voraus, dass ein Überschneidungsbereich der nationalen und internationalen Einigung besteht. Die Frage, ob die Tatbestandsvoraussetzungen einer Vorschrift des innerstaatlichen Rechts erfüllt sind, mithin die Frage nach der richtigen Anwendung des innerstaatlichen Rechts (z.B., ob ein Steuerpflichtiger nach § 49 EStG der beschränkten Steuerpflicht unterliegt oder die Voraussetzungen einer Schätzung nach § 162 AO vorliegen), ist in der Regel keine Frage über die Auslegung oder Anwendung des betreffenden Abkommens oder Übereinkommens und somit nicht Gegenstand des Verständigungsverfahrens. Gegenstand ist vielmehr die Frage, ob die Ausübung eines innerstaatlichen Besteuerungsrechts (z.B. ein beschränktes Besteuerungsrecht nach § 49 EStG oder das Ergebnis einer Schätzung nach § 162 AO) durch ein DBA beschränkt wird[1515]. Sofern diese Rechtsfrage in einem steuerrechtlichen Vergleich aufgenommen wurde, wird sich die Finanzverwaltung an die Einigung halten wollen. Ist der Finanzbehörde aufgrund vorrangig eingegangener Bindungen ein Einlenken nicht möglich, ergibt sich jedoch die Problematik, ob die von Art. 25 Abs. 1, Abs. 2 OECD-MA beabsichtigte Beseitigung der Doppelbesteuerung überhaupt erreicht werden kann[1516]. Sofern sich die Finanzbehörde im Vergleich an ihren gesetzmäßigen Einigungsspielraum gehalten hat, wird sie diesen der Verständigung zugrunde legen, anderenfalls muss sich der Vergleich der Nichtigkeitskontrolle stellen, § 134 BGB[1517]. Ergeben sich andere, dem Gesetz entsprechende,

---

1513 S. zu völkerrechtswidrigem Handeln der Finanzbehörde die vorhergehenden Ausführungen.

1514 De lege lata ist eine Einigung über eine Rechtsfrage nur im Ausnahmefall möglich, vgl. Kap. 1 B. III. 2. dieser Arbeit.

1515 BMF v. 27.8.2021 – IV B 3 – S 1304/21/10004:007, BStBl. I 2021, 1495, Tz. 31; *Flüchter* in Schönfeld/Ditz, DBA, Art. 25 DBA Rn. 85.

1516 Diese Frage wirft *Bär*, Verständigungen über Verrechnungspreise verbundener Unternehmen im deutschen Steuerrecht, S. 205 ff. im Rahmen der Prüfung der Bindung an die Gesetzmäßigkeit auf.

1517 S. dazu unter Kap. 4 F. II. dieser Arbeit.

Auslegungsmöglichkeiten, so ist es der Finanzbehörde jedenfalls – losgelöst der nationalen Bindungswirkung – nicht verwehrt, diese im Verfahren zu vertreten, wenngleich dies zu einem vertragswidrigen Steuerverwaltungsakt führen wird.

Die Überprüfung des Verhältnisses zu einem nationalen (Prozess-)Vergleichsvertrag lässt sich mit der Frage der Bindung der Finanzbehörde an Recht und Gesetz im Verständigungsverfahren verbinden. Teile des Schrifttums gehen von einer geringen rechtlichen Bindung der Finanzverwaltung aus[1518]. Der Grund sei der Charakter des Verfahrens als „diplomatisches Streiterledigungsmittel"[1519]. Nach anderer Ansicht bestehe auch im Verständigungsverfahren wie beim Erlass sonstiger Maßnahmen eine rechtliche Bindung der Behörden[1520]. Das Verständigungsverfahren dient der Beseitigung einer Rechtsverletzung und dessen Ergebnis soll im nationalen Recht umgesetzt werden, so dass eine Gesetzesdetermination der Behörde bestehen muss. Die Gesetzesbindungen erfassen das innerstaatliche und das Abkommensrecht. Die Finanzbehörde ist damit sowohl bei den Vergleichsverhandlungen als auch bei den Verständigungsverhandlungen an das Gesetz gebunden. Einen Spielraum hat die Finanzbehörde nur insoweit, wenn das nationale Recht oder das Abkommensrecht diesen einräumen[1521].

Auf nationaler Ebene lässt sich ferner diskutieren, ob die in Verständigungsvereinbarungen erzielten Einigungen im Bundessteuerblatt veröffentlicht und in vergleichbaren Einzelfällen angewendet werden sollten[1522]. Dies würde für mehr Transparenz und Vorhersehbarkeit in nationalen Verständigungen führen und divergierenden Einigungen vorbeugen[1523]. Auch auf internationaler

---

1518 *Bär*, Verständigungen über Verrechnungspreise verbundener Unternehmen im deutschen Steuerrecht, S. 205 f. m.w.N.; *Carl/Klos*, RIW 1995, 493.

1519 *Carl/Klos*, RIW 1995, 493.

1520 *Lehner*, Möglichkeiten zur Verbesserung des Verständigungsverfahrens, S. 83 ff.; *Kruse* in FS Vogel, S. 517, 521; *Bär*, Verständigungen über Verrechnungspreise verbundener Unternehmen im deutschen Steuerrecht, S. 206 m.w.N.; *Eilers/Drüen* in Wassermeyer, Doppelbesteuerung, Art. 25 OECD-MA Rn. 55 (Mrz. 2020); *Zimmerl*, Joint Tax Audits, S. 104.

1521 So im Ergebnis auch *Bär*, Verständigungen über Verrechnungspreise verbundener Unternehmen im deutschen Steuerrecht, S. 205 ff.

1522 S. *Kruse* in FS Vogel, S. 517, 522; kritisch *Flüchter*, IStR 2015, 943, 947. Eine Veröffentlichung erfolgte bisher in wenigen Fällen.

1523 Mangels „Bindungswirkung pro futuro" kann das gleiche Abkommensproblem im Wege des Verständigungsverfahrens jeweils unterschiedlich für den Einzelfall behoben werden, obgleich es sich materiell um identische Gestaltungen handelt, vgl. *Drüen* in Festgabe Wassermeyer, S. 505, 511.

Ebene dienen veröffentlichte Ergebnisse der Gleichmäßigkeit der Besteuerung, denn es entspricht dem Grundsatz der Gesetzmäßigkeit und Gleichmäßigkeit der Besteuerung, § 85 S. 1 AO, „in einer globalisierten Wirtschaftswelt den Informationsverkehr zwischen den Staaten zu intensivieren[1524]“. Nachdem das Verhältnis des innerstaatlichen Prozessvergleichs zu internationalen Streitbeilegungsverfahren dargestellt wurde, ist schließlich auf die Thematik der Verfahrenskosten einzugehen.

J. Verfahrenskosten

Es stellt sich die Frage, wie die Verfahrenskosten eines Prozessvergleichs de lege lata zu bewerten sind. Die erstattungsfähigen Kosten im Finanzprozess richten sich nach § 139 FGO[1525]. Kosten sind die Gerichtskosten (Gebühren und Auslagen) und die zur zweckentsprechenden Rechtsverfolgung oder Rechtsverteidigung notwendigen Aufwendungen der Beteiligten einschließlich der Kosten des Vorverfahrens, § 139 Abs. 1 FGO. Aufwendungen der Finanzbehörden sind nicht zu erstatten, § 139 Abs. 2 FGO[1526]. Durch Absatz 3 Sätze 1, 2 und 4 wird bestimmt, in welchem Umfang die außergerichtlichen Kosten erstattungsfähig sind[1527]. Absatz 4 normiert die Erstattungsfähigkeit der außergerichtlichen Kosten des Beigeladenen[1528].

I. Rechtsanwalts- und Steuerberatergebühren

Die Gebühren des Rechtsanwalts richten sich grundsätzlich nach dem RVG. In den Verfahren der Finanzgerichtsbarkeit ist auf die Vergütung des Steuerberaters das RVG sinngemäß anwendbar, § 45 StBVV. Soweit sich die Gerichtsgebühren nach dem Wert richten, bestimmt sich der Gegenstandswert der Anwaltsgebühren im gerichtlichen Verfahren nach den für die Gerichtsgebühren geltenden Wertvorschriften, § 23 Abs. 1 S. 1 RVG. Der Bevollmächtigte erhält neben der Verfahrensgebühr, Nr. 3200 VV-RVG, und der Terminsgebühr, Nr. 3202 VV-RVG,[1529], eine zusätzliche Einigungsgebühr. Die im VV-RVG

1524 S. zu diesem Appell *Seer* in FS Schaumburg, S. 151, 152 im Rahmen des internationalen Informationsaustauschs. S. ebenso *Drüen* in Festgabe Wassermeyer, S. 505, 511.

1525 § 139 Abs. 1 FGO entspricht § 162 Abs. 1 VwGO.

1526 § 139 Abs. 2 FGO entspricht § 193 Abs. 4 SGG.

1527 § 139 Abs. 3 FGO weist Ähnlichkeit zu § 162 Abs. 2 VwGO auf.

1528 § 139 Abs. 4 FGO entspricht § 162 Abs. 2 VwGO.

1529 Eine „fiktive“ Terminsgebühr entsteht nicht, wenn ein außergerichtlicher Vergleich auf Vorschlag des Gerichts oder auch ohne gerichtliche Initiative geschlossen wird,

genannte Einigungsgebühr, Nr. 1000 VV-RVG, ist im finanzgerichtlichen Verfahren anwendbar. Es ist jedoch die Anmerkung 4 zu Nr. 1000 VV-RVG zu beachten[1530]. Nach dieser Anmerkung kann eine Einigungsgebühr bei Rechtsverhältnissen des öffentlichen Rechts nur entstehen, soweit über die Ansprüche vertraglich verfügt werden kann. Diese vertragliche Verfügungsbefugnis über den Steueranspruch wird im finanzgerichtlichen Verfahren meist grundsätzlich verneint[1531]. Gegenstand von Verfahren, in denen sich die Beteiligten durch einen Prozessvergleich über die Sach- oder Rechtslage verbindlich einigen, sind hingegen nicht „Ansprüche" im Sinne von Nr. 1000 VV-RVG, sondern schwer ermittelbare Sachverhalts- oder Rechtsfragen[1532]. Die Einigungsgebühr setzt kein gegenseitiges Nachgeben im Sinne eines Vergleichs voraus. Die Gebühr entsteht vielmehr dadurch, wenn sich eine zum Gericht gelangte Rechtssache ganz oder teilweise nach Aufhebung oder Änderung des mit einem Rechtsbehelf angefochtenen Verwaltungsakt oder durch Erlass eines bisher abgelehnten Verwaltungsaktes aufgrund anwaltlicher Mitwirkung erledigt[1533]. Grund für die Erledigung ist, dass die Finanzbehörde nicht länger an der bisher von ihr vertretenen Auffassung festhält und deshalb den Verwaltungsakt ganz oder teilweise aufhebt oder ändert bzw. den bisher abgelehnten Verwaltungsakt erlässt[1534].

---

s. BGH, Beschl. v. 7.5.2020 – V ZB 110/19, juris Rn. 7; s. zur Voraussetzung der „Besprechung" im Sinne der Vorbemerkung 3 Abs. 3 VV-RVG FG Niedersachsen, Beschl. v. 29.5.2012 – 9 KO 1/12, juris Rn. 30 ff.; a.A. und rechtsprechungsändernd OVG Berlin-Brandenburg, Beschl. v. 30.11.2020 – OVG 6 K 60/20, juris Rn. 6; gl.A. Hessischer Verwaltungsgerichtshof, Beschl. v. 30.3.2020 – 1 E 1105/19, juris Rn. 24 ff.

1530 FG Düsseldorf, Urt. v. 9.7.1987 – V/XII KO 1/87, EFG 1987, 582 zu § 23 Abs. 3 BRAGO a.F.; FG Saarland, Beschl. v. 14.11.2005 – 2 S 335/05, juris Rn. 12; *Bartone* in Kühn/v. Wedelstädt, AO/FGO, § 139 FGO Rn. 24.

1531 BFH, Urt. v. 15.12.1964 – VII 145/60, HFR 1965, S. 234, 235 zu § 23 Abs. 3 BRAGO a.F., § 23 Abs. 3 BRAGO a.F. sah eine Vergleichsgebühr vor, die nun in der Einigungsgebühr ihren Anwendungsbereich findet; FG Düsseldorf, Urt. v. 9.7.1987 – V/XII KO 1/87, EFG 1987, 582 zu § 23 Abs. 3 BRAGO a.F.; FG Saarland, Beschl. v. 14.11.2005 – 2 S 335/05, juris Rn. 12; *Bartone* in Kühn/v. Wedelstädt, AO/FGO, § 139 FGO Rn. 24; *Stapperfend* in Gräber, FGO, § 139 Rn. 82; *Brandis* in Tipke/Kruse, AO/FGO, 139 FGO Rn. 83 (Aug. 2021); eine Einigungsgebühr ausnahmsweise für möglich haltend etwa FG Saarland, Beschl. v. 14.11.2005 – 2 S 335/05, juris Rn. 11 ff.; uneingeschränkt für die alte Rechtslage *Görg/Müller*, FGO, § 139 Rn. 762.

1532 Überzeugend *Schwarz* in HHSp., AO/FGO, § 139 FGO Rn. 460 (Juni 2018).

1533 So insgesamt *Schwarz* in HHSp., AO/FGO, § 139 FGO Rn. 464 (Juni 2018); s. ebenso *Fischer* in BeckOK BGB, § 779 Rn. 124.

1534 *Schwarz* in HHSp., AO/FGO, § 139 FGO Rn. 464 (Juni 2018).

Entsteht eine Einigungsgebühr nicht, kann stattdessen eine Erledigungsgebühr in Betracht kommen[1535]. Diese entsteht wiederum, wenn sich eine Rechtssache ganz oder teilweise nach Aufhebung oder Änderung des mit einem Rechtsbehelf angefochtenen Verwaltungsaktes *durch* die anwaltliche Mitwirkung erledigt oder sich eine Rechtssache ganz oder teilweise durch Erlass eines bisher abgelehnten Verwaltungsaktes erledigt[1536]. Eine Erledigungsgebühr fällt nicht an, wenn die Finanzbehörde den angefochtenen Verwaltungsakt ohne Mitwirkung des Bevollmächtigten aufhebt und dieser in der Konsequenz die Erledigung der Hauptsache erklärt[1537]. Sie fällt jedoch an, wenn ein Erledigungsvorschlag durch den Bevollmächtigten unterbreitet wird oder dieser auf die Finanzbehörde einwirkt[1538]. Der Bevollmächtigte erhält im finanzgerichtlichen Verfahren nach Abschluss des Prozessvergleichs die Erledigungsgebühr nach Nr. 1003 VV-RVG regelmäßig mit einem Satz von 1,0. Dieser ist anzuwenden, wenn über den Gegenstand des Verfahrens kein anderes gerichtliches Verfahren als ein selbstständiges Beweisverfahren anhängig ist, welches im finanzgerichtlichen Verfahren bedeutungslos ist. Im finanzgerichtlichen Verfahren ist in der Regel gerade der Gegenstand der Einigung anhängig[1539].

II. Gerichtskosten

Die Gerichtskosten unterteilen sich in Gebühren und Auslagen (§ 1 GKG). Die Gerichtsgebühren richten sich aufgrund von § 3 Abs. 1 GKG nach dem Wert des Streitgegenstands. Die Kosten werden nach dem Kostenverzeichnis der Anlage 1 des GKG erhoben, § 3 Abs. 2 GKG. Für die Wertgebühren ist die Gebühr des § 34 GKG heranzuziehen. Die wichtigsten Vorschriften des GKG für den

---

1535 *Stapperfend* in Gräber, FGO, § 139 Rn. 84; *Bilsdorfer*, FR 2012, 715, 717 sieht in der Erledigungsgebühr „den Ersatz für eine Einigungsgebühr", weil eine Einigungsgebühr grundsätzlich nicht in Betracht komme.

1536 Dies setzt eine Kausalität der Mitwirkung für den eingetretenen Abhilfe-Erfolg voraus, s. FG Niedersachsen, Beschl. v. 29.5.2012 – 9 KO 1/12, juris Rn. 42 f.; *Brandt* in Gosch, AO/FGO, § 139 FGO Rn. 205 (Aug. 2014); *Stapperfend* in Gräber, FGO, § 139 Rn. 84 ff.; *Brandis* in Tipke/Kruse, AO/FGO, 139 FGO Rn. 84 (Aug. 2021).

1537 FG Baden-Württemberg, Beschl. v. 28.11.1994 – 1 KO 9/93, juris 2. Leitsatz; FG Köln, Beschl. v. 13.3.2008 – 10 KO 3867/07, juris Rn. 13; *Brandt* in Gosch, AO/FGO, § 139 FGO Rn. 205 (Aug. 2014).

1538 FG Köln, Beschl. v. 13.3.2008 – 10 KO 3867/07, juris Rn. 13 f.; *Brandt* in Gosch, AO/FGO, § 139 FGO Rn. 205 (Aug. 2014).

1539 S. ausführlich zur Höhe der Erledigungsgebühr *Schwarz* in HHSp., AO/FGO, § 139 FGO Rn. 462a (Juni 2018); *Stapperfend* in Gräber, FGO, § 139 Rn. 88.

Finanzprozess finden sich in § 52 GKG und § 47 GKG für das Rechtsmittelverfahren. Der Gebührensatz des Verfahrens im Allgemeinen im ersten Rechtszug vor dem Finanzgericht beträgt grundsätzlich 4,0 (Nr. 6110 KV-GKG). Wird das Verfahren durch Zurücknahme der Klage oder durch Beschluss nach § 138 FGO beendet, ermäßigt sich die Gebühr auf 2,0 (Nr. 6111 KV-GKG). Wird das Verfahren durch Prozessvergleich beendet, wird eine entsprechende Gebührenermäßigung erfolgen. Vor dem BFH beträgt die Gebühr für Verfahren im Allgemeinen 5,0 (Nr. 6112 KV-GKG) und ermäßigt sich entsprechend bei Klagerücknahme oder Beschluss nach § 138 FGO auf 3,0 (Nr. 6113 KV-GKG).

III. Das Bestehen einer Kostenregelung im Prozessvergleich

Meist werden die Parteien die Verteilung der Kosten des Verfahrens individuell im Prozessvergleich vereinbaren und die Quotierung anhand der Hauptsache ausrichten[1540]. Einer kostenrechtlichen Vereinbarung in einem Prozessvergleich kann nicht entgegengehalten werden, dass diese mit der Gesetz- und Gleichmäßigkeit der Besteuerung nicht zu vereinbaren wäre, weil keine Einigung über den Steueranspruch selbst erfolgt und die Verfahrensbeteiligten die Dispositionsbefugnis über die Prozesskosten haben können[1541].

Eine Besonderheit besteht dann, wenn ein Steuerverwaltungsakt aus formellen Gründen fehlerhaft ist und insgesamt aufgehoben werden müsste. Es wird aber, um eine Neuveranlagung und ein weiteres Rechtsmittelverfahren zu vermeiden, eine Einigung gefunden, die eine Ermäßigung vorsieht. Es erscheint in diesem Fall sachgerecht die Kosten des Verfahrens dem Beteiligten aufzuerlegen, welcher bei einer streitigen Entscheidung unterlegen wäre[1542].

IV. Das Fehlen einer Kostenregelung im Prozessvergleich

Treffen die Parteien keine Regelung über die Kosten, sieht die FGO dafür keine Rechtsfolge vor. Denkbar ist es § 138 FGO heranzuziehen[1543]. Das Gericht würde nach billigem Ermessen über die Kosten des Verfahrens durch Beschluss

1540 *Eisenlohr*, Der Prozeßvergleich in der Praxis der Verwaltungsgerichtsbarkeit, S. 146 f.; *Budach/Johlen*, JuS 2002, 371, 375; *Schultheiß*, JuS 2015, 318, 321; *Hau* in Staudinger, BGB, § 779 Rn. 213; s. ebenso *Maassen*, Regelungen mit dem Finanzamt, S. 65 f.

1541 Der BFH ließ dies für die übereinstimmende Erledigungserklärung zu, s. unter Kap. 4 A. II. 2. dieser Arbeit.

1542 So insgesamt *Budach/Johlen*, JuS 2002, 371, 375.

1543 So vorgeschlagen von *Schröder*, Der Prozeßvergleich in den verwaltungsgerichtlichen Verfahrensarten, S. 206.

entscheiden, wobei der bisheriger Sach- und Streitstand zu berücksichtigen ist, § 138 Abs. 1 FGO. Soweit der Rechtsstreit dadurch erledigt wird, dass dem Antrag des Steuerpflichtigen durch Rücknahme oder Änderung des angefochtenen Verwaltungsaktes stattgegeben oder im Fall der Untätigkeitsklage dem außergerichtlichen Rechtsbehelf stattgegeben oder der beantragte Verwaltungsakt erlassen wird, sind die Kosten der Behörde aufzuerlegen, § 138 Abs. 2 FGO. Für den Fall der Nichtregelung der Kosten wäre es auch möglich – über die Verweisungsnorm § 155 S. 1 FGO – auf § 98 ZPO abzustellen. § 98 ZPO sieht für den vergleichbaren Fall eines Prozessvergleichs nach der Zivilprozessordnung eine Aufhebung der Kosten vor, was im Ausnahmefall zu einem anderen Ergebnis als bei einer Aufteilung der Kosten führen kann[1544], so dass eine Entscheidung zwischen § 98 ZPO und § 160 VwGO, § 195 SGG nicht entbehrlich ist. Da die FGO eine Regelung nicht vorsieht, ist es nicht sachgerecht auf § 98 ZPO zurückzugreifen[1545]. Vielmehr ist de lege lata auf die verwaltungsrechtliche Vorschrift des § 160 VwGO abzustellen. Im verwaltungsrechtlichen Verfahren fallen jedem Teil die Gerichtskosten zur Hälfte zur Last, § 160 S. 1 VwGO, § 195 SGG. Die außergerichtlichen Kosten trägt jeder Beteiligte selbst, § 160 S. 2 VwGO. Haben die Beteiligten keine Regelung getroffen, bedarf es keines besonderen gerichtlichen Ausspruchs über die Kosten[1546]. Wenn die Parteien des Prozessvergleichs die Kostenentscheidung bewusst dem Gericht überlassen, ist ein gerichtlicher Kostenbeschluss zwingend und konstitutiv. Dieser richtet sich nicht nach § 160 VwGO, § 195 SGG, sondern nach § 161 Abs. 2 VwGO analog, § 197a SGG i.V.m. § 161 Abs. 1 VwGO[1547].

1544 Vgl. § 92 Abs. 1 S. 2 ZPO, wonach bei einer Kostenaufhebung jede Partei ihre außergerichtlichen Kosten selbst zu tragen hat; s. zum Vergleich ohne Kostenregelung im Zivilprozess *Bergerfurth*, NJW 1962, 1840, 1840 ff.; im Entwurf der VwPO wurde vorgeschlagen, weder § 160 VwGO noch § 195 SGG zu übernehmen, sondern über den Verweis des § 185 VwPO auf § 98 ZPO zurückzugreifen, s. BT-Drucks. 10/3437, S. 131. Die Gründe dafür waren die Rechtsvereinheitlichung und Rechtsvereinfachung.

1545 So BFH, Beschl. v. 23.2.1968 – VI R 35/67, juris Rn. 9. Dieses Ergebnis wird vom BFH mit dem Bestehen des § 138 FGO untermauert.

1546 *Olbertz* in Schoch/Schneider, VwGO, § 160 Rn. 2 (Okt. 2005), der Beschluss soll aber deklaratorisch erfolgen können; s. ebenso *Schenke/Hug* in Kopp/Schenke, VwGO, § 160 Rn. 1; a.A. *Budach/Johlen*, JuS 2002, 371, 375.

1547 BGH, Urt. v. 6.10.1964 – Ia ZR 74/63, juris Rn. 11; *Leitherer* in Meyer/Ladewig, SGG, § 101 Rn. 11.

V. Die Kosten des Vorverfahrens

In den Fällen, in denen ein außergerichtlicher Rechtsbehelf gegeben ist, ist die Klage vorbehaltlich der §§ 45 und 46 FGO nur zulässig, wenn das Vorverfahren über den außergerichtlichen Rechtsbehelf ganz oder zum Teil erfolglos geblieben ist, § 44 FGO. Das Vorverfahren in diesem Sinne ist das Einspruchsverfahren, §§ 347, 348 AO. In einem Vergleich sollte auch über diese Kosten entschieden werden. Das außergerichtliche Rechtsbehelfsverfahren nach §§ 347 ff. AO kennt grundsätzlich keine Kostenerstattung[1548]. Der Einspruchsführer und die Finanzbehörde haben jeweils ihre eigenen Aufwendungen zu tragen. Eine Erstattung der Aufwendungen im Vorverfahren für einen Bevollmächtigten oder Beistand findet nur bei einem Obsiegen im finanzgerichtlichen Verfahren statt, soweit das Gericht die Zuziehung für notwendig erklärt, § 139 Abs. 3 S. 3 FGO. Hiervon abweichend bestimmt § 77 EStG bereits für das Einspruchsverfahren gegen die Kindergeldfestsetzung grundsätzlich die Erstattung der Kosten im außergerichtlichen Rechtsbehelfsverfahren, soweit der Einspruchsführer ganz oder teilweise obsiegt. § 77 EStG ist eine Sonderregelung für die Kindergeldfestsetzung.

Nach § 162 Abs. 2 S. 2 VwGO (gegebenenfalls i.V.m. § 197a SGG) sind die Gebühren eines Rechtsanwalts nur erstattungsfähig, wenn das Gericht seine Zuziehung zum Vorverfahren für notwendig erklärt hat. Es bedarf mithin noch eines Gerichtsbeschlusses oder einer Vereinbarung im Vergleich[1549].

VI. Der Mehrwert eines Prozessvergleichs und dessen kostenrechtliche Auswirkungen

Unter dem Begriff des „Mehrwerts“ ist die Tatsache zu verstehen, dass sich die Prozessparteien über mehr als nur den Streitgegenstand des Prozesses geeinigt haben[1550]. Diese Tatsache wirft kosten- und gebührenrechtliche Fragen auf. Der Mehrwert ist der Teil der Bemessungsgröße für die Berechnung der sog. Wertgebühren, die das Gericht und die am Prozess beteiligten Rechtsanwälte für die

---

1548 *Selder* in Brandis/Heuermann, EStG/KStG/GewStG, § 77 EStG Rn. 1; *Schwarz* in HHSp., AO/FGO, § 139 FGO Rn. 55 (Juni 2018).

1549 *Budach/Johlen*, JuS 2002, 371, 376.

1550 Der Mehrwert eines Prozessvergleichs wird in Nr. 1900, 5600 KV-GKG als Differenz zwischen dem Wert des Vergleichsgegenstands und dem Wert des prozessualen Streitgegenstands definiert. Der Mehrwert ist nicht identisch mit dem Betrag, um den sich die Gerichts- und Anwaltsgebühren eventuell erhöhen, vgl. *Just*, DStR 2014, 2079.

Tätigkeit in Rechnung stellen[1551]. Ein Mehrwert kann sich etwa dann ergeben, wenn weitere Besteuerungszeiträume (Steuerbescheide) erfasst werden, die nicht Gegenstand des Prozesses, aber Gegenstand eines eingeleiteten Einspruchsverfahrens sind[1552]. Der Mehrwert kann auch bei der Einigung im Rahmen einer Güteverhandlung entstehen[1553].

Die Finanzgerichte können nach § 63 Abs. 2 S. 2 GKG den Streitwert von Amts wegen festsetzen, wenn dies angemessen erscheint. Das Finanzgericht wird auch den Mehrwert des Vergleichs gerichtlich festsetzen. Dies ergibt sich aus Nr. 1900, 5600 KV-GKG, weil durch den Mehrwert eine (zusätzliche) Gerichtsgebühr anfällt[1554]. Der Mehrwert eines außergerichtlichen Vergleichs löst dagegen keine Gerichtsgebühr aus, weil dieser ohne die Inanspruchnahme des Gerichts erfolgt[1555].

Wird der Prozessvergleich im Güteverfahren vom Güterichter beurkundet[1556], ist eine Streitwertfestsetzung im Fall des Mehrwerts aufgrund von Nr. 1900, 5600 KV-GKG angezeigt[1557]. Ungeklärt ist in diesem Zusammenhang die richterliche Zuständigkeit[1558]. Die Wertfestsetzung soll nach der Vorstellung des Gesetzgebers durch den Güterichter durchgeführt werden[1559]. Allerdings besitzt dieser nach § 278 Abs. 5 S. 1 ZPO keine Entscheidungsbefugnis. Ohne richterliche Entscheidungsbefugnis ist eine Festsetzung des Streitwerts nach § 63 Abs. 2 GKG nicht möglich, so dass die Wertfestsetzung an sich dem Prozessgericht obliegen würde[1560].

1551 *Just*, DStR 2014, 2079.

1552 *Just*, DStR 2014, 2079. De lege lata erfolgt die Einigung im Rahmen der tatsächlichen Verständigung.

1553 S. dazu unter Kap. 4 A. II. 3., III. 3. dieser Arbeit.

1554 *Just*, DStR 2014, 2079, 2080.

1555 Zu diesem Fall und der ausführlichen Begründung für die fehlende Streitwertfestsetzung *Just*, DStR 2014, 2079, 2080.

1556 Der Güterichter ist befugt, einen Prozessvergleich zu beurkunden, vgl. BT-Drucks. 17/5335, S. 20; *Prütting* in MüKo ZPO, § 278 Rn. 41; *Greger* in Zöller, ZPO, § 278 Rn. 32.

1557 *Just*, DStR 2014, 2079, 2080.

1558 *Just*, DStR 2014, 2079, 2080 f.

1559 BT-Drucks. 17/5335, S. 20; so auch *Greger* in Zöller, ZPO, § 278 Rn. 33 m.w.N.; a.A. *Ahrens*, NJW 2012, 2465, 2470; *Saenger* in Hk-ZPO, § 278 Rn. 20.

1560 So OLG Celle, Beschl. v. 5.12.2008 – 2 W 261/08, juris Rn. 9.

Wird der Mehrwert des Prozessvergleichs nach § 63 Abs. 2 GKG durch das Gericht festgesetzt, ist eine Festsetzung des Gegenstandswerts[1561] (§ 33 Abs. 1 RVG) nicht erforderlich. Die Festsetzung des Gegenstandswerts ist subsidiär zur Streitwertfestsetzung. Sie kommt nach § 33 Abs. 1 RVG nur in Betracht, wenn die gerichtliche Streitwertfestsetzung nicht nach § 32 Abs. 1 RVG für die Gebühren des Rechtsanwalts bindend ist. Bei einem außergerichtlichen Prozessvergleich ist die Festsetzung des Gegenstandswerts folglich möglich[1562]. Beim Prozessvergleich ist eine Bindungswirkung gegeben, das Gericht bestimmt bei der Streitwertfestsetzung nach § 63 Abs. 2 GKG auch den Mehrwert des Prozessvergleichs, so dass eine Festsetzung des Gegenstandswerts entfällt, § 33 Abs. 1 RVG.

Einer Festsetzung des Gegenstandswerts bedarf es auch, wenn die Festsetzung einer Einigungsgebühr angestrebt wird, Nr. 1000 VV-RVG[1563]. Die Einigungsgebühr, Nr. 1000 VV-RVG, kann beim Abschluss des Prozessvergleichs entstehen. Im finanzgerichtlichen Verfahren ist jedoch die Anmerkung 4 zu Nr. 1000 VV-RVG zu beachten[1564]. Nach dieser Anmerkung kann eine Einigungsgebühr bei Rechtsverhältnissen des öffentlichen Rechts nur entstehen, soweit über die Ansprüche vertraglich verfügt werden kann. Diese Dispositionsbefugnis über den Steueranspruch wird im finanzgerichtlichen Verfahren meist verneint[1565].

Im Rahmen des Kostenfestsetzungsverfahrens, § 149 FGO, § 164 VwGO, §§ 103 ff. ZPO, wird der Betrag berechnet, welchen der nach der gerichtlichen Kosten(grund)entscheidung zur Erstattung der Prozesskosten verpflichtete Verfahrensbeteiligte bezahlen muss[1566]. Grundlage des Kostenfestsetzungsverfahrens ist der zur Zwangsvollstreckung geeignete Kostentitel, § 103 Abs. 1 ZPO, der auch ein Prozessvergleich sein kann, § 168 Abs. 1 Nr. 3 VwGO, § 794 Abs. 1 Nr. 1 ZPO. Deshalb gilt es zunächst zu überprüfen, ob im Prozessvergleich eine Regelung hinsichtlich des Mehrwerts des Vergleichs und der darauf beruhenden Kostenanteile getroffen wurde[1567].

Ist eine individuelle Kostenvereinbarung nicht erfolgt, so können die zuvor ausgeführten Grundsätze zum Fehlen einer Kostenregelung im Prozessvergleich

1561 Der Gegenstandswert ist der in einem Geldbetrag bemessene Wert des Gegenstands der anwaltlichen Tätigkeit, vgl. *Just*, DStR 2014, 2079, 2081.

1562 S. *Just*, DStR 2014, 2079, 2081 f.

1563 A.A. *Just*, DStR 2014, 2079, 2082.

1564 S. dazu unter Kap. 4 J. I. dieser Arbeit.

1565 S. zur Verfügungsbefugnis unter Kap. 4 D. II. dieser Arbeit.

1566 *Hergert* in Zöller ZPO, § 104 Rn. 1.

1567 *Just*, DStR 2014, 2079, 2083.

herangezogen werden. Nur, wenn die Verfahrensbeteiligten eine Kostenerstattung, einschließlich des Mehrwerts, vereinbaren, hat der Mehrwert für das Kostenfestsetzungsverfahren Bedeutung[1568]. Hinsichtlich der Kostenvereinbarung ist zu differenzieren: Ist vereinbart, dass sämtliche mit dem Vergleich und aus dem Mehrwert des Vergleichs anfallenden Kosten erstattet werden, kann der Prozessbevollmächtigte seine Gebühren nach dem höheren Gesamtstreitwert zur Kostenfestsetzung anmelden. Wird nur vereinbart, dass die Protokollierung des Vergleichsabschlusses erstattet werden soll, können auch nur diese Kosten des Termins nach dem Vergleichsmehrwert abgerechnet werden[1569].

Bei einem außergerichtlichen Vergleich besteht für die Beteiligten die Möglichkeit, sich zugleich auch über den Mehrwert und die Erstattung der sich daraus ergebenden (Mehr-)Kosten zu einigen. Kommt es zu dieser Einigung, wird der Kostenausgleich unproblematisch durchführbar sein[1570]. Im Übrigen können die Kosten des außergerichtlichen Vergleichs aufgrund der gerichtlichen Kosten(grund)entscheidung geltend gemacht und festgesetzt werden, wenn vereinbart ist, dass die Kosten des Vergleichs der im Rechtsstreit ergehenden Kosten(grund)entscheidung folgen sollen[1571]. Einigen sich die Beteiligten nicht über die Kosten, können die Mehrkosten aus dem Mehrwert des Vergleichs im Kostenfestsetzungsverfahren nicht geltend gemacht werden[1572].

K. Zusammenfassung der Ergebnisse

Dem prozessualen Vergleich vor den Finanzgerichten wird erstaunlich selten Beachtung geschenkt. Erstaunlich ist dies deswegen, weil die FGO die einzige deutsche Verfahrensordnung ist, welche eine Verständigung respektive einen Vergleich ungeregelt lässt. Für den prozessrechtlichen Vergleich bedarf das Verdikt der Nichtigkeit einer besonders kritischen Überprüfung, weil die Beteiligten im Finanzprozess aufgrund der Dispositionsmaxime freier gestellt sind als im Verwaltungsverfahren. Kläger und Beklagter können über das Verfahren frei disponieren. Im Unterschied zum Besteuerungsverfahren ist die Steuer bereits festgesetzt und die Beteiligten sind im Hinblick auf das Klagebegehren dem Richterspruch unterworfen, es besteht insoweit prozessuale Waffengleichheit.

1568 *Just*, DStR 2014, 2079, 2083.
1569 So insgesamt *Just*, DStR 2014, 2079, 2083.
1570 *Just*, DStR 2014, 2079, 2084.
1571 OLG München, Beschl. v. 26.4.1999 – 11 WF 718/99, juris Rn. 4 f.; *Just*, DStR 2014, 2079, 2084.
1572 *Just*, DStR 2014, 2079, 2084.

Das Gericht ist in jeder Verfahrenslage berufen, eine gütliche Beilegung des Rechtsstreits oder einzelner Streitpunkte herbeizuführen, § 155 S. 1 FGO, § 278 Abs. 1 ZPO. Möglichkeiten zur einvernehmlichen Streitbeilegung in der FGO gibt es de lege lata in der Form der Verständigung im Erörterungstermin, § 79 Abs. 1 S. 2 Nr. 1 FGO oder der übereinstimmenden Erledigungserklärung, § 138 Abs. 1 FGO, verbunden mit der tatsächlichen Verständigung. Konsensuale Einigungsmöglichkeiten sind zudem durch die Einführung des Güterichters oder der außergerichtlichen Mediation geschaffen worden. Die Zusammenschau dieser Institute und prozessualen Gestaltungsformen beweist, dass die konsensuale Streitbeilegung der FGO nicht fremd ist. Die Möglichkeiten zur konsensualen Streitbeilegung innerhalb der Finanzgerichtsbarkeit sind trotz der im Vergleich zur allgemeinen Verwaltungsgerichtsbarkeit überproportional konsensual erledigten Fälle, unterausgeprägt. Unter empirischen Gesichtspunkten zeigt sich, dass einvernehmliche Verfahrensbeendigungen im finanzgerichtlichen Verfahren die Mehrheit der Streitfälle ausmachen, obgleich deren rechtliche Quantität und Qualität unter verfahrensvergleichenden Gesichtspunkten eingeschränkt sind. Im Jahr 2019 wurden nur 18,1 % der Verfahren durch Urteil beendet, während 34,1 % der Verfahren durch Beschluss nach § 138 FGO und 33,0 % der Verfahren wegen der Zurücknahme der Klage, § 72 FGO, erledigt wurden[1573].

Der BFH akzeptiert Konstruktionen, welche einem Prozessvergleich nahekommen, wie die Prozessbeendigung durch die übereinstimmende Erledigungserklärung nach § 138 Abs. 1 FGO und die vergleichsweise Kostenregelung in Anlehnung an § 160 VwGO. Zudem akzeptiert er die tatsächliche Verständigung verbunden mit übereinstimmenden Erledigungserklärungen. Aufgrund dessen bestehen berechtige Zweifel an der Zulässigkeit des Ausschlusses des Prozessvergleichs in der FGO. Die Konstruktionen, welche der BFH zur vergleichsähnlichen Prozessbeendigung zulässt, haben den Zweck, die fehlende gesetzliche Regelung des Prozessvergleichs durch andere Konstruktionen zu kompensieren. Denn in der FGO gibt es derzeit kein angemessenes – das heißt sowohl kläger- als auch beklagteninteressenwahrendes – Mittel zur Streitbeilegung. Die übereinstimmende Erledigungserklärung ist das derzeit am häufigsten gewählte Mittel zur einvernehmlichen Verfahrensbeendigung. Gleichwohl besteht bei einigen Fragestellungen eine gewisse Rechtsunsicherheit. Insbesondere dann, wenn die Finanzbehörde eine Zusage abgibt, einen Änderungs- oder Aufhebungsbescheid zu erlassen. Die Situation für den Steuerpflichtigen, welcher im Verfahren bereits eine Erledigungserklärung abgeben soll, ist nicht einfach zu bewerten.

1573 S. dazu unter Kap. 4 A. I. dieser Arbeit.

Der BFH hat letztlich ein „prozessvergleichsähnliches Institut“ geschaffen respektive gebilligt, dem jedoch die Gefahr für gesetzwidrige Einigungen unlängst stärker anhaftet.

Die bestehenden Regelungen und Prozessmaximen der FGO stehen der Etablierung eines Prozessvergleichs nicht entgegen. Für dessen Zulässigkeit kommt es mithin nicht auf eine Rechtsgrundlage an, sondern allein darauf, ob die Parteien über den Streitgegenstand verfügen können. Verfassungsrechtlich notwendig ist eine gesetzliche Normierung zudem nicht. Weder der Gesetzesvorbehalt noch der Parlamentsvorbehalt erfordern eine gesetzliche Regelung. Wenngleich höchstrichterlichen Urteilen im Steuerrecht eine „normgleiche Präjudizienwirkung“ zuzusprechen ist, würde die Normierung des Prozessvergleichs jedenfalls der parlamentarischen Legitimation der Handlungsform dienen.

Aufgrund der Doppelwirkung des Prozessvergleichs muss dieser sowohl prozessualen Anforderungen als auch den materiell-rechtlichen Anforderungen an Vergleichsverträge standhalten. Die Normen des verwaltungsrechtlichen Prozessvergleichs erfordern, dass die Beteiligten über den Gegenstand der Klage, das heißt über den Streitgegenstand, *verfügen* können, § 106 S. 1 Hs. 3 VwGO, § 101 Abs. 1 S. 1 Hs. 3 SGG. Die Bedeutung der Verfügungsbefugnis wird unterschiedlich beurteilt. Überzeugend ist es, dass § 106 S. 1 VwGO, § 101 Abs. 1 S. 1 SGG keine Dispositionsbefugnis schaffen, sondern diese voraussetzen. Das bedeutet, dass die Verwaltung prozessual über das disponieren kann, was ihr materiell-rechtlich zusteht. Es bietet sich an, zwischen der materiellen, formellen und prozessualen Verfügungsbefugnis zu differenzieren, obschon die Begriffe teilweise synonym genutzt werden.

Der steuerrechtliche Prozessvergleichsvertrag setzt materiell ein gegenseitiges Nachgeben voraus, an welches geringe Anforderungen zu stellen sind. Die Übertragung der Voraussetzung des gegenseitigen Nachgebens auf das Steuerrecht ist möglich und führt aufgrund des notwendigen kumulativen Vorliegens weiterer Voraussetzungen nicht zu der Annahme einer Vertragsfreiheit der Verwaltung. Die Rechtslage ist in der Regel nicht mehr ungewiss, wenn ein gesichertes höchstrichterliches Präjudiz besteht. Daran ändert grundsätzlich auch ein Nichtanwendungserlass nichts. Gleichsam genügt das Fehlen höchstrichterlicher Rechtsprechung zu einer bestimmten Rechtsfrage nicht für eine objektive Ungewissheit. Die Rechtslage ist ferner grundsätzlich nicht ungewiss, wenn die Finanzbehörde durch norminterpretierende Verwaltungsvorschriften, Pauschalierungs- und Typisierungsrichtlinien oder Ermessensrichtlinien gebunden ist. Anders kann sich die Situation darstellen, wenn die Behörde im Einzelfall abweichen will. Die Sachverhaltsungewissheit besteht im Wesentlichen in zwei Fällen. Einerseits, wenn der Sachverhalt nicht mehr, unter nur unangemessenem oder unzumutbarem Aufwand aufgeklärt werden kann oder mehrere Sachverhaltsmöglichkeiten denkbar sind. Im Rahmen der Bestimmung des unangemessenen oder unzumutbaren Ermittlungsaufwands, hat die Finanzbehörde die verfahrensermessensleitenden Vorgaben des § 88 Abs. 2 AO zu berücksichtigen, welche in einen angemessenen Ausgleich zu bringen sind. In den Umfang der Ermittlungstätigkeit dürfen schon von Gesetzes wegen wirtschaftliche Erwägungen eingehen. Ist das Beweismaß abgesenkt und sind mehrere Sachverhaltsvarianten wahrscheinlich, kann sich die Finanzbehörde mit dem Steuerpflichtigen konsensual auf einen Sachverhalt einigen.

Beim Abschluss des Prozessvergleichs wirkt das zuständige Prozessgericht und damit eine richterliche Kontrollinstanz mit. Die Nichtigkeitsregeln, die sonst für Vergleichsverträge von zentraler Bedeutung sind, sind in einem Gerichtsverfahren nur von theoretischer Relevanz. Wenn sich die Beteiligten gerichtlich vergleichen, agieren sie unter der Aufsicht eines Richters. Die Gefahr gesetzwidriger Vereinbarungen schwindet folglich unter richterlicher Mitwirkung. Die unparteiische Stellung des Gerichts und dessen besondere rechtliche Expertise rechtfertigen insoweit einen größeren „Vergleichsspielraum". Auch im Finanzprozess hat der Vorsitzende eine Prozessfürsorgepflicht, § 76 Abs. 2 FGO, bei Protokollierung eines Prozessvergleichs. Die Frage nach einer Überprüfungspflicht respektive einem Überprüfungsrecht bei Abschluss prozessualer Vergleiche, lässt sich mit der Frage verbinden, welche Aufgabe der Finanzgerichtsbarkeit zukommt. Sieht man in ihr eine Art Hüter des Gesetzmäßigkeitsprinzips, ist das Gericht in einem weiteren Umfang verpflichtet zu überprüfen, ob der abzuschließende Prozessvergleich seinen Voraussetzungen entspricht. Sieht man in der Finanzgerichtsbarkeit auch die Funktion des Rechtsschutzes gegenüber der Staatsgewalt, so ist die Vergleichswilligkeit des Bürgers gegebenenfalls als Verzicht auf weiteren Rechtsschutz zu deuten, für eine umfassende gerichtliche Kontrolle des Vergleichsvorganges bliebe dann weniger Raum. Die Aufgabe der Finanzgerichte ist in der Vergleichssituation in beiden Bereichen gleichermaßen zu verorten. Für den finanzgerichtlichen Prozessvergleich ist es überzeugend anzunehmen, dass das Gericht bei schlichten Zweifeln an der Rechtmäßigkeit keine Überprüfungs*pflicht* innehat und den Prozessvergleich protokollieren kann. Ein Überprüfungs- und ein Hinweis*recht* steht dem Gericht daneben stets offen. Es kann im Rahmen seiner Fürsorgepflicht aktiv am Inhalt des Vergleichs mitwirken. Eine Grenze der Mitwirkung besteht in der richterlichen Unabhängigkeit, so dass das Gericht die Grenze zur Neutralität durch entsprechende Hinweise nicht überschreiten darf. Eine Überprüfungs*pflicht* besteht allerdings im Hinblick auf etwaige Nichtigkeitsgründe. Der Umfang der Prozessfürsorgepflichten bei Abschluss eines finanzgerichtlichen Prozessvergleichs spricht zudem für dessen Zulässigkeit unter dem Gesichtspunkt der Gleichmäßigkeit und Gesetzmäßigkeit der Besteuerung. Deutlich wird dies im Vergleich mit den Prüfungsrechten des Gerichts bei übereinstimmenden Erledigungserklärungen. Geben die Beteiligten eine übereinstimmende Erledigungserklärung (in der Regel nach einer tatsächlichen Verständigung, mithin einem außergerichtlichen Vergleich) ab, so ist der Richter an diese gebunden und darf nicht einmal prüfen, ob die Erledigung materiell eingetreten ist.

Verwaltungsakt und Vertrag unterscheiden sich in der Art und Weise ihres Zustandekommens. Inhaltlich und in ihrer Entscheidungsfindung können sie sich aber anpassen respektive annähern. Aufgrund der fehlenden Harmonisierung der §§ 54 ff. VwVfG und der §§ 35 ff. VwVfG bzw. §§ 118 ff. AO bestehen bei der Kombination der Handlungsformen Rechtsunsicherheiten. Für das Verhältnis zwischen einem verwaltungsaktvorbereitenden Vergleichsvertrag und nachfolgendem Steuerverwaltungsakt sind verschiedene Konstellationen zu differenzieren.

Internationale Verständigungsverfahren können neben, anstelle und nach den innerstaatlichen Rechtsmitteln durchgeführt werden. In der Regel werden die zuständigen Behörden aber verlangen, dass vorrangig entweder das innerstaatliche Gerichtsverfahren oder das Verständigungsverfahren samt Schiedsverfahren, Art. 25 Abs. 5 OECD-MA, weiterverfolgt wird, so dass die abkommensrechtlichen und die innerstaatlichen Verfahren meist nicht parallel geführt werden. Ungeklärt ist, ob sich in Deutschland eine Verständigungsregelung über eine bereits bestehende Gerichtsentscheidung oder einen nationalen prozessualen Vergleich hinwegsetzen kann. Streitbeilegungsvereinbarungen haben keine unmittelbaren Rechtswirkungen, sondern bedürfen der Umsetzung, so dass sich genau genommen die Frage stellt, ob die *Umsetzung* der Verständigungsregelung den Inhalt und die Rechtsfolgen einer Gerichtsentscheidung aushebeln kann. § 175a AO schafft die Möglichkeit die Bestandskraft des Steuerbescheides – auch wenn dieser durch Urteil rechtskräftig bestätigt wurde – zu durchbrechen, dies setzt aber eine *zuvor* erreichte Verständigungsvereinbarung voraus. Obgleich der Prozessvergleich keine der Rechtskraft fähige Gerichtsentscheidung ist, kann sich doch eine Divergenz zu einer Verständigungsvereinbarung ergeben. Wenn der Steuerpflichtige bewusst die parallele Beschreitung der Verfahren wählt, kann er die Möglichkeit des Abschlusses des Prozessvergleichs unter Widerrufsvorbehalt erwägen.

L. Gesamtzusammenfassung der wesentlichen Ergebnisse

1) Eine Untersuchung der Phänomenologie des kooperativen Besteuerungsverfahrens zeigt, dass der Verwaltungsakt als Handlungsform der Verwaltung nicht ausreicht, um zu einem angemessenen Ergebnis in der Veranlagung zu gelangen. Auch neben der tatsächlichen Verständigung ist die Implementierung eines eigenen Vertragsregimes in der AO und der FGO erforderlich[1574].
2) Ein *spezifischer* steuerrechtlicher Gehalt der Grundsätze der Gesetzmäßigkeit und Gleichmäßigkeit – im Vergleich zum allgemeinen Verwaltungsrecht – rechtfertigt ein allgemeines Vertragsformverbot nicht[1575]. Auch aus dem Prinzip der Gesetzmäßigkeit der Besteuerung folgt kein steuerrechtliches Vertragsformverbot. Die *potentielle* Gesetzesinkongruenz, die dem Vergleich anzuhaften vermag, ist kein Spezifikum der konsensualen Handlungsform, sondern kann bei einem (abgesprochenen) Steuerverwaltungsakt gleichermaßen auftreten. Ferner folgt die Legitimität des Vergleichs aus den aus dem Rechtsstaatsprinzip folgenden Prinzipien der Verfahrensökonomie und dem Rechtsfrieden[1576].
3) Der Wortlaut des § 38 AO vermittelt zu Unrecht die Annahme, das Steuerrecht sei derart gesetzesdeterminiert, dass die geschuldete Steuer aus dem Gesetz abgelesen werden könnte. Es gibt nicht „die" richtige Steuer. Die allgemein geltenden Auslegungskriterien stecken vielmehr den Rahmen noch vertretbarer Gesetzesauslegung ab. Der Maßstab des BVerfG für vertretbare Gesetzesauslegung der zuständigen Gerichte ist weit, wie der verfassungsgerichtliche Hinweis zeigt, dass „methodische […] Gesetzesauslegung im üblichen rechtswissenschaftlichen Diskussionsrahmen zu verschiedenen Ergebnissen führen" kann. Ausgehend von der Erkenntnis, dass auch im Bereich des Steuerrechts die Auslegung eines Gesetzes und die Anwendung auf einen konkreten Sachverhalt nicht zwangsläufig immer zu einem zutreffenden Ergebnis führt, folgt, dass pragmatische Gesetzesanwendung – bei richtiger Inanspruchnahme der juristischen Methoden – mehrere vertretbare Auslegungen möglich macht. Das Vertragshandeln der Behörde ist weder gesetzesfrei noch strikt gesetzesgebunden, sondern *gesetzesdirigiert*[1577].

1574 S. im Einzelnen unter Kap. 2 A. dieser Arbeit.
1575 S. im Einzelnen unter Kap. 2 C. III., IV. 2. dieser Arbeit.
1576 S. im Einzelnen unter Kap. 2 C. III. dieser Arbeit.
1577 S. im Einzelnen m.w.N. unter Kap. 2 C. IV. 1. dieser Arbeit.

4) Das Tatbestandsprinzip steht dem steuerrechtlichen Vergleichsvertrag nicht entgegen. Der Grundsatz der Tatbestandsmäßigkeit sagt nichts über die Pflicht der Finanzbehörde, die Steuer zu erheben, aus. Diese Pflicht folgt aus dem Legalitätsprinzip. Das Tatbestandsmäßigkeitsprinzip ist in formeller Hinsicht eine Art Ausprägung des Gesetzesvorbehalts, welcher der Zulässigkeit von Vergleichsverträgen im Steuerrecht nicht entgegengehalten werden kann. Materielle Ausprägungen des Tatbestandsprinzips, wie das Bestimmtheitsgebot und das Gebot der Normenklarheit, stellen inhaltliche Anforderungen an steuerrechtliche Tatbestände[1578].
5) Das Privileg gesteigerter Unempfindlichkeit gegenüber Gesetzesverletzungen, welches dem Vergleichsvertrag anhaftet, ist nicht dahin misszuverstehen, dass die Verwaltung von Gesetz und Recht abweichen darf. Es bedeutet vielmehr, dass die Verwaltung nicht verpflichtet ist, sich in jedem Fall Gewissheit über das anzuwendende Recht zu verschaffen. Die Ungewissheit (tatsächlicher oder rechtlicher Art) kann durch den Vergleich überbrückt werden, nicht aber das Gesetz[1579].
6) Es bedarf einer Unterscheidung zwischen Rechtsform und Inhalt einer Verwaltungsentscheidung. Die Rechtsform ist für die Beurteilung des Inhalts des Verwaltungshandelns und dessen Rechtmäßigkeit unerheblich. Durch einen „einseitigen Vergleich" wäre der Rechtsfrieden nicht hinreichend hergestellt, denn der Steuerpflichtige könnte den „einseitigen Vergleich" auch wieder einseitig zu Fall bringen, indem er Rechtsmittel einlegt[1580].
7) Die Gefahr potentiell gesetzesabweichender Vergleichsverträge ist im Bereich der gebundenen Verwaltung naturgemäß am höchsten. Für die Finanzbehörde können sich zwei Situationen ergeben. Es kann zwischen den Beteiligten unstreitig sein, dass ein steuerlicher Tatbestand dem Grunde nach erfüllt ist, es wird jedoch über die Höhe der Steuerschuld gestritten (Ungewissheit der Höhe nach). Andererseits ist es denkbar, dass schon die Tatbestandserfüllung als solche strittig ist (Ungewissheit dem Grunde nach). Bei Vergleichsverträgen ist eine Unterscheidung zwischen einem bloß quantitativen Ansatz oder dem Sachverhalt als solchen nicht erforderlich[1581].
8) Die Gleichmäßigkeit der Besteuerung kann keine Handlungs- oder Rechtsform verbieten, auch nicht einen Vertrag. Sie kann allein dessen Inhalt regeln

1578 S. im Einzelnen unter Kap. 2 C. IV. 2. dieser Arbeit.
1579 S. im Einzelnen unter Kap. 2 C. IV. 3. dieser Arbeit.
1580 S. im Einzelnen unter Kap. 2 C. IV. 4. dieser Arbeit.
1581 S. im Einzelnen unter Kap. 2 C. IV. 6. dieser Arbeit.

und bestimmte Vertragsklauseln untersagen. Vertragliche Absprachen können sich einer gleichheitskonformen Besteuerung mitunter besser annähern als hoheitliche Eingriffe, die nur vermeintlich den wahren Sachverhalt treffen. Kooperatives Verwaltungshandeln ist damit nicht nur eine „Klugheitsregel", sondern auch ein „Postulat zur Herstellung der Lastengleichheit"[1582].

9) Der Vergleichsvertrag stellt nicht den Anspruch ein standardisiertes vollzugsfähiges Instrument der Massenverwaltung zu sein. Die automatisierte Veranlagung eröffnet nicht den Anwendungsbereich des Vergleichsvertrages. Er findet diesen „erst" dort, wo der Steuerverwaltungsakt als Regelungsinstrument nicht ausreichend ist. Sei es, weil der Sachverhalt ungewiss, die beabsichtigte Lösung zu kompliziert ist oder sei es, weil im Rahmen eines größeren Gesamtpaketes auch künftige Besteuerungszeiträume einer Regelung unterfallen sollen oder sei es, dass die Rechtslage nicht ermittelt werden kann[1583].

10) Das Steuerrecht unterfällt keinem allgemeinen Vertragsformverbot. Durch die gerichtlichen und außergerichtlichen Erörterungstermine wurden normativ Verständigungsmöglichkeiten geschaffen, welche zur einvernehmlichen Verfahrensbeendigung führen sollen. Sieht das Gesetz gleich in mehreren Verfahrensstadien (Abschlussprüfung, Einspruchsverfahren, Finanzgerichtsprozess) Erörterungstermine mit dem Ziel einer streitvermeidenden oder -beendigenden Einigung vor, kann daraus ein allgemeiner Rechtsgedanke abgeleitet werden, welcher auf eine besondere Vergleichsfähigkeit des materiellen Steuerrechts schließen lässt[1584].

11) Die AO nennt den öffentlich-rechtlichen Vertrag punktuell in § 78 Nr. 3 AO und § 224a AO. Aus § 78 Nr. 3 AO lässt sich die Zulässigkeit öffentlich-rechtlicher Verträge im Besteuerungsverfahren jedoch nicht ableiten, wenngleich die Norm nicht als reines Redaktionsversehen abzutun ist. Unter anderem durch § 78 Nr. 3 AO wurde die gesetzgeberische Akzeptanz einer Rechtsfortbildung eines steuerrechtlichen Vertragsrechts durch Praxis, Wissenschaft und Rechtsprechung geschaffen[1585].

12) Ein besonderes Vertragsformverbot folgt de lege lata aus § 155 Abs. 1 S. 1 AO. Der Finanzbehörde ist es jedoch zum einen möglich, einen

1582 S. im Einzelnen m.w.N. unter Kap. 2 C. V. dieser Arbeit.
1583 S. im Einzelnen unter Kap. 2 C. VI. 3. dieser Arbeit.
1584 S. im Einzelnen unter Kap. 2 C. VII. 1. dieser Arbeit.
1585 S. im Einzelnen unter Kap. 2 C. VII. 2. dieser Arbeit.

Vergleichsvertrag als verwaltungsaktvorbereitenden Akt abzuschließen und das Festsetzungsverfahren dennoch mit einem Steuerbescheid zu beenden. Ein Verwaltungsträger kann sich auch in einem Vergleichsvertrag zum Erlass eines Verwaltungsaktes verpflichten, ohne, dass dadurch der Vertragscharakter verloren ginge. Es ist zum anderen möglich, dass ein Steuerverwaltungsakt im Rahmen eines öffentlich-rechtlichen Vergleichsvertrages ausgesprochen wird, aber gleichwohl rechtlich als selbständiger Verwaltungsakt zu werten ist[1586].

13) Die besondere Vergleichsfähigkeit und Vergleichsbedürftigkeit des materiellen Steuerrechts folgen aus 1) der tatsächlichen und / oder rechtlichen Ungewissheit der Beteiligten darüber, welcher Sachverhalt der richtige ist respektive welche Rechtslage dem Gesetz in der Vergleichssituation entspricht; 2) dem Privileg gesteigerter Unempfindlichkeit gegenüber Gesetzesverletzungen des Vergleichsvertrages; 3) dem Rechtsfrieden und der Verfahrensökonomie, deren Bedürfnis sich aus einer besonderen Komplexität und Konkretisierungsbedürftigkeit des materiellen Steuerrechts und dem verwaltungsrechtlichen Dauerschuldverhältnisses ergeben und 4) dem normativ verankerten Einigungsgedanken der AO[1587].

14) Die fehlende Übernahme der §§ 54 ff. VwVfG bzw. §§ 53 ff. SGB X ist kein Ausdruck eines beredten Schweigens des Gesetzgebers, aus welchem ein Vertragsformverbot geschlossen werden könnte. Mangels erkennbarem Regelungsplan, weder als Einordnung einer bewussten oder unbewussten Regelung, steht der Rechtsanwender vielmehr vor einer Lücke praeter legem, einem „juristischen Vakuum des Gesetzes", einer „planlosen Lücke". Der Gesetzgeber wollte die Entwicklung eines steuerrechtlichen Vertragsrechts Rechtsprechung und Wissenschaft überlassen[1588].

15) § 2 Abs. 2 Nr. 1 VwVfG steht einer analogen Anwendung der §§ 54 ff. VwVfG in der AO insoweit nicht entgegen, als eine Anwendung der §§ 54 ff. VwVfG über die allgemeinen Grundsätze des Verwaltungsrechts hinsichtlich des öffentlich-rechtlichen Vertrages erfolgt[1589].

16) Der Gesetzesvorbehalt, der Parlamentsvorbehalt und auch ein besonderer steuerrechtlicher erweiterter Parlamentsvorbehalt stehen der Etablierung eines steuerrechtlichen materiellen Vergleichs nicht entgegen[1590].

1586 S. im Einzelnen unter Kap. 2 C. VII. 3. dieser Arbeit.

1587 S. im Einzelnen unter Kap. 2 D. dieser Arbeit.

1588 S. im Einzelnen m.w.N. unter Kap. 3 A. I. 1. a) dieser Arbeit.

1589 S. im Einzelnen unter Kap. 3 A. I. 1. b) dieser Arbeit.

1590 S. im Einzelnen unter Kap. 3 A. II. dieser Arbeit.

17) Der Austauschvertrag, § 56 VwVfG, § 55 SGB X, kann auch als Vergleichsvertrag vorkommen. Dieser ist nur im Ausnahmefall zulässig, wenn der Finanzbehörde Dispositionsbefugnisse nach §§ 163, 227 AO und § 222 AO über den Vertragsgegenstand zustehen[1591], vorbehaltlich des Koppelungsverbots[1592].

18) Die Zusammenschau der bestehenden Möglichkeiten konsensualer Streitbeilegung in der FGO zeigt, dass dieser einvernehmliche Regelungen nicht fremd sind. Die Möglichkeiten der Streitbeilegung im finanzgerichtlichen Verfahren sind – im Vergleich mit den verwaltungsgerichtlichen Verfahren – jedoch unterausgeprägt[1593]. Denn diese bleiben in ihrem Umfang und ihren Möglichkeiten hinter denen der Verwaltungsgerichtsbarkeit zurück. Dies erstaunt, weil empirische Betrachtungen zeigten, dass nur verhältnismäßig wenige Verfahren durch Urteil beendet werden. Nur 18,1 % der Verfahren vor den Finanzgerichten wurden im Jahr 2019 durch Urteil beendet, während die überwiegende Anzahl der Verfahren einvernehmlich erledigt wurden[1594].

19) Ein gängiges Mittel der konsensualen Streitbeilegung ist die tatsächliche Verständigung verbunden mit der übereinstimmenden Erledigungserklärung, § 138 Abs. 1 FGO. In der FGO ist nicht festgelegt, dass die übereinstimmende Erklärung der Beteiligten genügt, um die Hauptsache als erledigt anzusehen. Nach der Rechtsprechung des BFH ist die übereinstimmende Erledigungserklärung der Beteiligten aber als außergerichtlicher Vorgang anerkannt, mit welcher das Verfahren ex nunc beendet wird. Der BFH begründet diese, vom Gesetz nicht ausdrücklich vorgesehene Möglichkeit, unter anderem damit, dass es in der VwGO zulässig ist, Vergleiche in der Hauptsache und über die Kosten abzuschließen. Die streitgegenständliche Aufteilung der Kosten nach einer übereinstimmenden Erledigungserklärung wurde im betrachteten Streitfall sogar ausdrücklich mit § 160 VwGO, welcher die Kostenpflicht bei Vergleichen (nur) der Hauptsache festlegt, gestützt[1595].

20) Der BFH akzeptiert folglich Konstruktionen, welche einem Prozessvergleich nahekommen. Die Rechtsprechung hat letztlich ein „prozessvergleichsähnliches Institut" geschaffen. Dies erfolgte durch verschiedene, im

---

1591 S. im Einzelnen unter Kap. 3 B. II. dieser Arbeit.

1592 S. im Einzelnen unter Kap. 4 F. II. 1. c) dieser Arbeit.

1593 S. im Einzelnen unter Kap. 4 A. II. dieser Arbeit.

1594 S. im Einzelnen unter Kap. 4 A. III. dieser Arbeit.

1595 S. im Einzelnen unter Kap. 4 A. II. 2. dieser Arbeit.

Gesetz sämtlich nicht ausdrücklich vorgesehene, Möglichkeiten. Durch die reine Erledigungserklärung, ohne Vorliegen eines erledigen Ereignisses, einer vergleichsweisen Kostenregelung und der Möglichkeit, bei Streit um die Umsetzung der Zusage, zum ursprünglichen Verfahren zurückzukehren, besteht faktisch nur noch der Unterschied in der Betitelung der Einigung[1596].

21) Die bestehenden Institute sind nicht „ausreichend", weil sie der Wirkung des Prozessvergleichs nur nahekommen und dessen Vorteile nicht vereinigen. Die übereinstimmende Erledigungserklärung ist das derzeit am häufigsten gewählte Mittel zur einvernehmlichen Verfahrensbeendigung. Gleichwohl besteht bei einigen Fragestellungen eine erhebliche Rechtsunsicherheit. Insbesondere dann, wenn die Finanzbehörde eine Zusage abgibt, einen Änderungs- oder Aufhebungsbescheid zu erlassen[1597].

22) Der gerichtliche Untersuchungsgrundsatz erfordert nicht, dass, nach der Klageerhebung, die dem Gericht obliegende Erforschung des Sachverhalts bis zum Abschluss des Prozesses durchgeführt werden muss. Denn die prozessrechtlichen Ausformungen der Dispositionsmaxime (Klagerücknahme, Erledigung der Hauptsache, Klageänderung) führen dazu, dass die gerichtliche Untersuchungspflicht eingeschränkt oder aufgehoben wird[1598].

23) Die Dispositionsmaxime äußert sich in unterschiedlichen Ausprägungen für den Steuerpflichtigen und die Finanzbehörde. Neben der Verfügungsmacht über den Gang und Inhalt des Verfahrens, ist für die Finanzbehörde insbesondere auf die Besonderheit des § 100 Abs. 2 S. 2 FGO und die Praxis der Verhinderung von BFH-Entscheidungen hinzuweisen[1599].

24) Die bestehenden Regelungen der FGO stehen der Rechtsfortbildung eines Prozessvergleichs nicht entgegen[1600].

25) Unter materiell-rechtlichen Gesichtspunkten ergibt sich, dass die Situation nach Festsetzung der Steuer eine andere als die des Veranlagungs- und Festsetzungsverfahrens ist. Dies vor allem aufgrund dessen, weil es nicht primär um ein „Feilschen" über die Höhe der Steuer geht. Im Gerichtsverfahren wird die Rechtmäßigkeit eines Steuerverwaltungsaktes überprüft, welchem ein Vorverfahren mit der Finanzbehörde vorausgegangen ist[1601].

1596 S. im Einzelnen unter Kap. 4 A. dieser Arbeit.
1597 S. im Einzelnen unter Kap. 4 A. IV. dieser Arbeit.
1598 S. im Einzelnen unter Kap. 4 B. III. 1. a) dieser Arbeit.
1599 S. im Einzelnen unter Kap. 4 B. III. 2. dieser Arbeit.
1600 S. im Einzelnen unter Kap. 4 B. III. 4. dieser Arbeit.
1601 S. im Einzelnen unter Kap. 4 B. IV. 2. dieser Arbeit.

26) In der Literatur wird teilweise versucht, Verbindungen zwischen materiellem und prozessualem Recht zu schaffen, um Argumente für oder gegen (Prozess-)Vergleiche zu finden. Nach der durch *Kruse* entwickelten Auffassung lässt sich die Zulässigkeit von materiellen Vergleichen aus den antizipierten Vorschriften der FGO ableiten[1602].
27) Mangels erkennbarem Regelungsplan, weder als Einordnung einer bewussten oder unbewussten Regelung, steht der Rechtsanwender in der FGO, wie in der AO, vor einer Lücke praeter legem, einem „juristischen Vakuum des Gesetzes", einer „planlosen Lücke". Da der Gesetzgeber untätig geblieben ist und somit eine Gesetzeslücke besteht, kann auch eine Rechtsfortbildung in der FGO ohne Verstoß gegen Art. 20 Abs. 3 GG erfolgen[1603].
28) Für die Zulässigkeit des Prozessvergleichs kommt es mithin nicht auf eine formelle Rechtsgrundlage an, sondern vielmehr darauf, ob die Parteien über den Streitgegenstand verfügen können. Weder der Gesetzesvorbehalt noch der Parlamentsvorbehalt erfordern eine gesetzliche Regelung. Wenngleich höchstrichterlichen Urteilen im Steuerrecht eine „normgleiche Präjudizienwirkung" zuzusprechen ist, würde die Normierung des Prozessvergleichs jedenfalls der parlamentarischen Legitimation des Institutes dienen[1604].
29) Aufgrund der Doppelwirkung des Prozessvergleichs muss dieser sowohl prozessualen Anforderungen als auch den materiell-rechtlichen Anforderungen an Vergleichsverträge standhalten. Die Normen des verwaltungsrechtlichen Prozessvergleichs setzen voraus, dass die Beteiligten über den Gegenstand der Klage *verfügen* können, § 106 S. 1 Hs. 3 VwGO, § 101 Abs. 1 S. 1 Hs. 3 SGG. Es bietet sich an, zwischen der materiellen, formellen und prozessualen Verfügungsbefugnis zu differenzieren, wenngleich die Begriffe teilweise synonym genutzt werden[1605].
30) Der steuerrechtliche Prozessvergleichsvertrag setzt materiell ein gegenseitiges Nachgeben voraus, an welches geringe Anforderungen zu stellen sind. Die Übertragung der Voraussetzung des gegenseitigen Nachgebens auf das Steuerrecht ist möglich und führt aufgrund des notwendigen kumulativen Vorliegens weiterer Voraussetzungen nicht zu der Annahme einer Vertragsfreiheit der Verwaltung[1606].

1602 S. im Einzelnen unter Kap. 4 B. V. dieser Arbeit.
1603 S. im Einzelnen unter Kap. 4 C. I. 1. dieser Arbeit.
1604 S. im Einzelnen unter Kap. 4 C. III. dieser Arbeit.
1605 S. im Einzelnen unter Kap. 4 D. II. dieser Arbeit.
1606 S. im Einzelnen unter Kap. 4 D. III. 1. dieser Arbeit.

31) Die Rechtslage ist in der Regel nicht mehr ungewiss, wenn ein gesichertes höchstrichterliches Präjudiz besteht. Daran ändert grundsätzlich auch ein Nichtanwendungserlass nichts. Gleichsam genügt das Fehlen höchstrichterlicher Rechtsprechung zu einer bestimmten Rechtsfrage nicht für die Annahme einer objektiven Ungewissheit. Die Rechtslage ist ferner grundsätzlich nicht ungewiss, wenn die Finanzbehörde durch norminterpretierende Verwaltungsvorschriften, Pauschalierungs- und Typisierungsrichtlinien oder Ermessensrichtlinien gebunden ist. Anders kann sich die Situation darstellen, wenn die Behörde im Einzelfall abweichen will[1607].
32) Die Anforderungen des Untersuchungsgrundsatzes gelten gleichermaßen für den steuerrechtlichen Vergleichsvertrag. Die Sachverhaltsungewissheit besteht im Wesentlichen in zwei Fällen. Einerseits, wenn der Sachverhalt nicht mehr, unter nur unangemessenem oder unzumutbarem Aufwand aufgeklärt werden kann oder mehrere Sachverhaltsmöglichkeiten denkbar sind. In die finanzbehördliche Ermittlungstätigkeit dürfen schon von Gesetzes wegen wirtschaftliche Erwägungen eingehen. Ist das Beweismaß abgesenkt und sind mehrere Sachverhaltsvarianten wahrscheinlich, kann sich die Finanzbehörde mit dem Steuerpflichtigen konsensual auf einen Sachverhalt einigen[1608].
33) Die Streitigkeiten, mit welchen der Finanzrichter befasst ist, eignen sich in unterschiedlichem Maße für eine gütliche Beilegung. Dies liegt im Grundsätzlichen an geringeren oder umfangreicheren Dispositionsbefugnissen. Die Prozessmaterie weist in der Gesamtbetrachtung unter empirischen Gesichtspunkten eine besondere Vergleichsgeeignetheit auf[1609].
34) Die Umsetzung der erzielten Einigung der Parteien kann auf unterschiedliche Weise erfolgen. Die Finanzbehörde kann den angefochtenen Steuerbescheid in der mündlichen Verhandlung aufheben. Gegenstand des Verfahrens wird in der Folge der Änderungsbescheid, § 68 S. 1 FGO. Es kann allerdings auch eine Einigung dergestalt getroffen werden, dass die Finanzbehörde einen Änderungs- oder Aufhebungsbescheid zu erlassen hat, was der Regelfall sein wird. Ob die Änderung bzw. Aufhebung des ursprünglichen Verwaltungsaktes selbst einen eigenständigen Verwaltungsakt darstellt oder nur einen der Vergleichserklärung entsprechenden Zustand herstellt, ist umstritten[1610].

1607 S. im Einzelnen unter Kap. 4 D. III. 2. dieser Arbeit.
1608 S. im Einzelnen unter Kap. 4 D. III. 3. dieser Arbeit.
1609 S. im Einzelnen unter Kap. 4 E. I. dieser Arbeit.
1610 S. im Einzelnen unter Kap. 4 E. III. 1. dieser Arbeit.

35) Der Zweck des Insolvenzverfahrens erweitert die Handlungsmöglichkeiten der Finanzbehörde. Bei Abschluss eines Prozessvergleichs im Insolvenzverfahren ist die Finanzbehörde demnach freier gestellt und die strikte Gesetzesbindung wird durch den Vorrang des Insolvenzrechts modifiziert[1611]. Die Bindungen der Finanzbehörde gegenüber dem Bund sind aufgrund der Ziele des Insolvenzverfahrens gelockert. Während für allgemeine Billigkeitsmaßnahmen ab einer bestimmten Größenordnung ein Zustimmungserfordernis der obersten Finanzbehörden der Länder gegenüber dem Bundesministerium besteht, ist nach dem Ergebnis der Erörterung des BMF mit den obersten Finanzbehörden der Länder die Zustimmung des Bundes bei Insolvenzforderungen im Verbraucherinsolvenzverfahren und im Regelinsolvenzverfahren nicht einzuholen[1612]. Besonderheiten bringt die Rollenverteilung der am Insolvenzverfahren Beteiligten im Steuerverfahren mit sich[1613].

36) Im Finanzprozess hat der Vorsitzende eine Prozessfürsorgepflicht, § 76 Abs. 2 FGO, bei Protokollierung eines Prozessvergleichs. Für den finanzgerichtlichen Prozessvergleich ist es überzeugend anzunehmen, dass das Gericht bei schlichten Zweifeln an der Rechtmäßigkeit keine Überprüfungs*pflicht* innehat und den Prozessvergleich protokollieren *kann*. Ein Überprüfungs- und ein Hinweis*recht* steht dem Gericht daneben stets offen. Eine Überprüfungspflicht besteht aber im Hinblick auf etwaige Nichtigkeitsgründe[1614].

37) § 59 Abs. 1 VwVfG, § 58 Abs. 1 SGB X, § 134 BGB können nach allgemeinen Rechtsgrundsätzen auf das Steuerrecht angewendet werden. § 134 BGB ist aufgrund seiner Offenheit auf das Steuerrecht übertragbar, weil eine Ausfüllung mit den spezifischen Regelungen des Steuerrechts möglich ist. Verbotsgesetze für den steuerrechtlichen Vergleichsvertrag können sich z.B. aus der AO (z.B. §§ 88, 85 AO, § 38 AO), aus der Verfassung oder aus dem Unionsrecht (§§ 107, 108 AEUV) ergeben. Erforderlich ist eine qualifizierte Rechtsverletzung[1615]. Der spezielle Nichtigkeitsgrund für den subordinationsrechtlichen Vergleichsvertrag findet sich in § 59 Abs. 2 Nr. 3 VwVfG, § 58 Abs. 2 Nr. 3 SGB X. Umstritten ist, welche „Voraussetzungen des Vergleichsvertrages" i.S.d. § 59 Abs. 2 Nr. 3 VwVfG, § 58 Abs. 2 Nr. 3 SGB X

1611 S. im Einzelnen unter Kap. 4 E. III. 1. b) aa) dieser Arbeit.
1612 S. im Einzelnen unter Kap. 4 E. III. 5. b) cc) dieser Arbeit.
1613 S. im Einzelnen unter Kap. 4 E. III. 5. b) dd) dieser Arbeit.
1614 S. im Einzelnen unter Kap. 4 F. I. dieser Arbeit.
1615 S. im Einzelnen unter Kap. 4 F. II. 1. a) dieser Arbeit.

zur Nichtigkeit führen[1616]. Ist ein Vergleichsvertrag zugleich ein Austauschvertrag i.S.d. § 56 VwVfG, § 55 SGB X findet nach dem Gesetz zudem § 59 Abs. 2 Nr. 4 VwVfG, § 58 Abs. 2 Nr. 4 SGB X Anwendung. Das sog. Koppelungsverbot ist eine spezielle Ausprägung des Gesetzmäßigkeitsprinzips, welches in das Steuerrecht ebenfalls als allgemeiner Rechtsgedanke übertragbar ist[1617]. Die Korrekturvorschriften für Steuerverwaltungsakte sind auf den Vergleichsvertrag nicht analog anwendbar[1618]. Der steuerrechtliche Vergleichsvertrag unterliegt der inhaltlichen Evidenzkontrolle und unionsrechtlichen Grenzen[1619].

38) Der Prozessvergleich ist als Vollstreckungstitel in der FGO nicht vorgesehen, § 151 Abs. 2 FGO, was seiner Zulässigkeit schon de lege lata nicht entgegensteht. Für die Bestimmung der für die Vollstreckung relevanten Normen, kann auf die Verweisungsnorm des § 151 Abs. 1 FGO (und damit die ZPO) nicht zurückgegriffen werden. Daraus resultieren in der Konsequenz drei Lösungsmöglichkeiten: 1) die „Lösung“ der Durchsetzbarkeit der Einigung wird innerhalb der von der FGO bereit gestellten Möglichkeiten gesucht, 2) es wird auf die VwGO und das SGG zurückgegriffen, 3) es wird eine Lösung de lege ferenda bemüht[1620]. Wird in einem Prozessvergleich der angefochtene Steuerverwaltungsakt teilweise geändert, stellt sich die Frage, ob aus dem geänderten Steuerverwaltungsakt aus der Fassung des Vergleichs oder aus dem Prozessvergleich zu vollstrecken ist[1621].

39) Aufgrund der fehlenden Harmonisierung der §§ 54 ff. VwVfG und der §§ 35 ff. VwVfG bzw. §§ 118 ff. AO bestehen bei der Kombination der Handlungsformen Rechtsunsicherheiten. Für das Verhältnis zwischen einem verwaltungsaktvorbereitenden Vergleichsvertrag und nachfolgendem Steuerverwaltungsakt sind verschiedene Konstellationen zu differenzieren. 1) Der Vergleichsvertrag kann ex post rechtswidrig, jedoch nicht nichtig, sein, weil sich etwa herausstellt, dass Tatbestandsvoraussetzungen nicht vorliegen, 2) der Vergleichsvertrag kann ex tunc oder ex nunc nichtig sein, 3) der nachfolgende Verwaltungsakt ergeht vertragswidrig 4) der

1616 S. im Einzelnen unter Kap. 4 F. II. 1. b) dieser Arbeit.
1617 S. im Einzelnen unter Kap. 4 F. II. 1. c) dieser Arbeit.
1618 S. im Einzelnen unter Kap. 4 F. II. 2. dieser Arbeit.
1619 S. im Einzelnen unter Kap. 4 F. II. 2. dieser Arbeit.
1620 S. im Einzelnen unter Kap. 4 G. I. dieser Arbeit.
1621 S. im Einzelnen unter Kap. 4 G. IV. dieser Arbeit.

Vergleichsvertrag wird erst nach Erlass eines bestandskräftigen Steuerbescheides geschlossen[1622].

40) Bei der Kombination von rechtswidrigem Vertrag und Verwaltungsakt kann das sog. „Prinzip des Vorrangs der ersten Handlungsform" herangezogen werden. Nach diesem Ansatz bestimmen sich die Folgen der Fehlerhaftigkeit für alle Maßnahmen nach dem Rechtsregime der „Basishandlungsform". Entfällt die Bindungswirkung des verwaltungsaktvorbereitenden Vergleichsvertrages, etwa aufgrund eines Nichtigkeitsgrundes oder einer Anpassung, entfällt damit auch die Grundlage des Steuerverwaltungsaktes. Wird auf dieser Grundlage der Verwaltungsakt erlassen, etwa weil die Nichtigkeit zunächst nicht erkannt wird, ist die Rechtsfolge für den nachfolgenden Verwaltungsakt umstritten[1623].

41) Ungeklärt ist, ob sich in Deutschland eine Verständigungsregelung über eine bereits bestehende Gerichtsentscheidung hinwegsetzen kann. § 175a AO liefert auf diese Frage keine Antwort, denn § 175a AO schafft nur die Möglichkeit, die Bestandskraft des Steuerbescheides - auch wenn dieser durch Urteil rechtskräftig bestätigt wurde – zu durchbrechen, dies setzt aber eine *zuvor* erreichte Verständigungsvereinbarung voraus. Die zuständige Behörde muss im Rahmen des Verständigungsverfahrens prüfen, ob sie die Kompromisslösungen auch innerstaatlich umsetzen kann. Für eine *nachträgliche* Hinwegsetzung über innerstaatliche Gerichtsentscheidungen sprechen die Ratio des Verständigungsverfahrens und die völkerrechtliche Umsetzungspflicht. Ziel der Streitbeilegungsverfahren ist es, den Anspruch des Antragstellers auf abkommens- bzw. übereinkommensgemäße Besteuerung im Rahmen der jeweiligen Rechtsordnungen zu verwirklichen. Dagegen wird wohl die Rechtsprechung zu sog. Treaty Overrides sprechen. Treaty Overrides (Bruch des Völkervertragsrechts) sind nach innerstaatlichem Recht wirksam. Zieht man diese Erkenntnis als Rechtsgedanken für Verständigungsvereinbarungen der deutschen Finanzbehörde heran, ergibt sich, dass völkerrechtliche Verpflichtungen die Finanzbehörde wohl nicht zwingen können, nationales Recht bzw. rechtskräftige Urteile, welche deutsches Recht bestätigen, „sehenden Auges" zu umgehen. Dagegen spricht weiterhin, dass das Verständigungsverfahren selbst keine Rechtsgrundlage für die Durchbrechung der Rechtskraft inkludiert. Rechtskräftige Urteile binden nach § 110 Abs. 1 Nr. 1 FGO die Beteiligten und die Rechtsnachfolger

---

1622 S. im Einzelnen unter Kap. 4 H. II. dieser Arbeit.
1623 S. im Einzelnen m.w.N. unter Kap. 4 H. II. dieser Arbeit.

und damit die nationale Finanzbehörde. Allerdings kann § 110 Abs. 1 FGO nicht ohne Weiteres im internationalen Kontext angewendet werden. Eine Rechtskraftrelativierung aufgrund der Gewährleistung völkerrechtlicher Verpflichtungen erscheint nicht völlig fernliegend[1624].

42) Obschon der Prozessvergleich nicht als eine der Rechtskraft fähige Gerichtsentscheidung zu klassifizieren ist, sondern nur als eine gerichtlich protokollierte Einigung der Parteien, kann sich doch das Problem der Divergenz zu einer Verständigungsvereinbarung stellen. In der Praxis wird die deutsche Behörde Verständigungsvereinbarungen unter dem Vorbehalt treffen, dass sich der Antragsteller mit ihr einverstanden erklärt und anhängige Rechtsbehelfsverfahren erledigt werden. Die Beteiligten können dem Inhalt der Verständigungsvereinbarung präventiv Berücksichtigung schenken, indem sie den Vergleich unter einer (auflösenden) Bedingung respektive einem Widerrufsvorbehalt abschließen[1625].

43) Für den Steuerpflichtigen wird gegebenenfalls die Verzinsung von Steuernachforderungen, § 233a AO, zum Problem. Als denkbare Lösung – um diesen Konflikt zu kompensieren – kann die Finanzbehörde die Billigkeitsmaßnahmen der §§ 163, 227 AO in Erwägung ziehen und eine etwaige Doppelbesteuerung insoweit korrigieren[1626].

44) Wird eine präventive Verhinderung konfligierender Verständigungen – weder auf internationaler noch auf nationaler Ebene – gewählt, ist, jedenfalls nach herrschender Meinung, eine Bindung der Gerichte an Verständigungsvereinbarungen nach Art. 25 OECD-MA Abs. 1 und Abs. 2 nicht gegeben, so dass diese ein Ergebnis nicht abwarten müssen oder auch bei erneuter Verhandlung (nach Widerruf des Vergleichs) insoweit ungebunden sind. Dem Gericht obliegt keine Überprüfungs*pflicht*, ein Überprüfungs*recht* steht ihm gleichwohl zu.

45) Kam es aufgrund eines schwierig zu ermittelnden Sachverhalts zu einer tatsächlichen Verständigung bzw. zu einem Tatsachenvergleich, so ist es in einem späteren Verständigungs- oder Schiedsverfahren nach Auffassung der Finanzverwaltung regelmäßig nicht mehr möglich, den Sachverhalt nachträglich beweissicher festzustellen. Erlässt die Behörde einen dem nationalen Vertrag widersprechenden Steuerbescheid, ist dieser (national) vertragswidrig und damit rechtswidrig. Setzt die Finanzbehörde

1624 S. im Einzelnen unter Kap. 4 I. II. dieser Arbeit.
1625 S. im Einzelnen unter Kap. 4 I. II. dieser Arbeit.
1626 S. im Einzelnen unter Kap. 4 I. II. dieser Arbeit.

die nationale Einigung um und handelt völkerrechtsvertragswidrig, so ist dies für das nationale Recht unschädlich, der Verwaltungsakt wird dadurch nicht rechtswidrig[1627].

46) Die Gebühren des Rechtsanwalts richten sich grundsätzlich nach dem RVG. Der Bevollmächtigte erhält neben der Verfahrensgebühr, Nr. 3200 VV-RVG, und der Terminsgebühr, Nr. 3202 VV-RVG, eine zusätzliche Einigungsgebühr. Die im VV-RVG genannte Einigungsgebühr (Nr. 1000 VV-RVG) ist im finanzgerichtlichen Verfahren anwendbar. Es ist jedoch die Anmerkung 4 zu Nr. 1000 VV-RVG zu beachten. Kommt die Einigungsgebühr nicht in Betracht, erhält der Bevollmächtigte gegebenenfalls eine Erledigungsgebühr[1628].

47) Meist werden die Parteien die Verteilung der Kosten des Verfahrens individuell im Prozessvergleich vereinbaren und die Quotierung anhand der Hauptsache ausrichten. Einer kostenrechtlichen Vereinbarung in einem Prozessvergleich kann nicht entgegengehalten werden, dass diese mit der Gesetz- und Gleichmäßigkeit der Besteuerung nicht zu vereinbaren wäre, weil keine Einigung über den Steueranspruch selbst erfolgt und die Verfahrensbeteiligten die Dispositionsbefugnis über die Prozesskosten haben können[1629].

48) Unter dem Begriff des „Mehrwerts" ist die Tatsache zu verstehen, dass sich die Prozessparteien über mehr als nur den Streitgegenstand des Prozesses geeinigt haben. Diese Tatsache wirft kosten- und gebührenrechtliche Fragen auf. Ein Mehrwert kann sich etwa dann ergeben, wenn weitere Besteuerungszeiträume (Steuerbescheide) erfasst werden, die nicht Gegenstand des Prozesses, aber Gegenstand eines eingeleiteten Einspruchsverfahrens sind. Der Mehrwert eines außergerichtlichen Vergleichs löst dagegen keine Gerichtsgebühr aus, weil dieser ohne die Inanspruchnahme des Gerichts erfolgt. Wird der Prozessvergleich im Güteverfahren vom Güterichter beurkundet, ist eine Streitwertfestsetzung im Fall des Mehrwerts aufgrund von Nr. 1900, 5600 KV-GKG angezeigt. Ungeklärt ist in diesem Zusammenhang die richterliche Zuständigkeit[1630].

1627 S. im Einzelnen unter Kap. 4 I. III. 2. dieser Arbeit.

1628 S. im Einzelnen unter Kap. 4 J. I. dieser Arbeit.

1629 S. im Einzelnen unter Kap. 4 J. III. dieser Arbeit.

1630 S. im Einzelnen unter Kap. 4 J. VI. dieser Arbeit.

Abkürzungshinweis

Abkürzungen folgen *Kirchner*, Abkürzungsverzeichnis der Rechtssprache, 10. Auflage, Berlin 2021.

Literaturverzeichnis

Achatz, Markus: Verständigungen im Steuerrecht, in: Vertrauensschutz im Steuerrecht, 28. Jahrestagung der Deutschen Steuerjuristischen Gesellschaft e.V., hrsg. von Pezzer, Heinz-Jürgen, Köln 2004, 161 ff.

Achterberg, Norbert: Der öffentlich-rechtliche Vertrag, JA 1979, 356 ff.

Ahrendt, Christian: Alte Zöpfe neu geflochten – Das materielle Recht in der Hand von Programmierern, NJW 2017, 537 ff.

Ahrens, Martin: Mediationsgesetz und Güterichter – Neue gesetzliche Regelungen der gerichtlichen und außergerichtlichen Mediation, NJW 2012, 2465 ff.

Allesch, Erwin: Zur Zulässigkeit öffentlich-rechtlicher Verträge im Kommunalabgabenrecht, DÖV 1988, 103 ff.

Arndt, Hans-Wolfgang / Jenzen, Holger / Fetzer, Thomas: Allgemeines Steuerrecht, 3. Auflage, München 2016.

Bachof, Otto: Die Dogmatik des Verwaltungsrechts vor den Gegenwartsaufgaben der Verwaltung, in: Berichte und Diskussionen auf der Tagung der Vereinigung der Deutschen Staatslehrer in Bayreuth vom 29. September bis 2. Oktober 1971 (VVDStRL), Heft 30, Berlin, New York 1972, 193 ff.

Bader, Johann / Funke-Kaiser, Michael / Stuhlfauth, Thomas / von Albedyll, Thomas: Verwaltungsgerichtsordnung, 8. Auflage, Heidelberg 2021.

Bader, Johann / Ronellenfitsch, Michael (Hrsg.): BeckOK VwVfG, mit VwVG und VwZG, 55. Edition, 1.4.2023, München 2023.

Badura, Peter: Die Bedeutung von Präjudizien im öffentlichen Recht, in: Die Bedeutung von Präjudizien im deutschen und französischen Recht, Referate des 5. deutsch-französischen Juristentreffens in Lübeck vom 13.–16. Juni 1984, Frankfurt a.M. 1985, 49 ff.

Bahlau, Petra: Die Aufrechnung im Steuerrecht, Diss. jur. Münster, Münster 1994.

Balmes, Frank / Frhr. Rüdt von Collenberg, Wolf: Die Amtshaftung im Steuerrecht, AO-StB 2003, 77 f.

Bär, Ulrike: Verständigungen über Verrechnungspreise verbundener Unternehmen im deutschen Steuerrecht, Diss. jur. Köln, Berlin 2009.

Barth, Rainer: Richterliche Rechtsfortbildung im Steuerrecht, Diss. jur. Münster, Berlin 1996.

Bartone, Roberto: Änderung von Steuerbescheiden im FG-Verfahren: Rechtliche und taktische Handlungsalternativen des Beraters, AO-StB 2001, 56 ff.

Bartscher, Bruno: Der Verwaltungsvertrag in der Behördenpraxis, Rechtstatsächliche Untersuchung zum öffentlich-rechtlichen Vertrag in der Praxis der Verwaltungsbehörden, Konstanz 1997.

Bauer, Hans Jürgen: Der „Vergleich" im Steuerveranlagungsverfahren, Diss. jur. Mannheim, München 1969.

Baum, Michael: Modernisierung des Besteuerungsverfahrens, NWB Nr. 35 2016, 2636 ff.

Baumhoff, Hubertus / Puls, Michael: Mediation bei Verrechnungspreiskonflikten als alternativer Streitbeilegungsansatz?, IStR 2010, 802 ff.

Baur, Ulrich: Vereinbarungen in der Schlußbesprechung – Vorteile und Risiken, BB 1988, 602 ff.

Becker, Axel: Die Beteiligung des Finanzamts am außergerichtlichen Schuldenbereinigungsverfahren nach § 305 Abs. 1 Nr. 1 InsO, DStZ 2001, 381 ff.

Beermann, Albert (Begr.) / *Gosch, Dietmar / Hoyer, Andreas* (Hrsg.): Abgabenordnung, Finanzgerichtsordnung, Kommentar, Loseblatt, 176. Lieferung, August 2023, Bonn (u.a.); zitiert: Bearbeiter in Gosch, AO/FGO.

Beinhardt, Gerd: Der öffentlich-rechtliche Vertrag nach deutschem und französischem Recht, eine rechtsvergleichende Betrachtung, VerwArch. 1964, 212 ff.

Beinert, Stefanie: Vermeidet die Praxis der Betriebsprüfung die Klärung von Steuerrechtsfragen durch die Finanzgerichtsbarkeit?, in: 100 Jahre Steuerrechtsprechung in Deutschland 1918–2018: Festschrift für den Bundesfinanzhof, hrsg. von Drüen, Klaus-Dieter / Hey, Johanna / Mellinghoff, Rudolf, Band II, Köln 2018, 1781 ff.

Beisse, Heinrich: Die wirtschaftliche Betrachtungsweise bei der Auslegung der Steuergesetze in der neueren deutschen Rechtsprechung, StuW 1981, 1 ff.

Bergerfurth, Bruno: Vergleich ohne Kostenregelung, NJW 1972, 1840 ff.

Bilsdorfer, Peter: Zu den Voraussetzungen einer tatsächlichen Verständigung im Rahmen einer Außenprüfung, Urteilsanmerkung zu BFH, Urt. v. 28.7.1993 – XI R 68/92, BB 1994, 633 ff.

Bilsdorfer, Peter: Der Kindergeldprozess – eine teure Angelegenheit?, FR 2012, 715 ff.

Binnewies, Burkhard / Wollweber, Markus: Die mündliche Verhandlung – lästige Pflicht oder lustvolle Kür? Praxisrelevante Fragestellungen am Beispiel des Verfahrens vor dem Finanzgericht, NJW 2016, 283 ff.

Birk, Dieter: Effizienz im finanzgerichtlichen Verfahren – Überlegungen zum FGO-Änderungsgesetz, StuW 1993, 296 ff.

Birk, Dieter: Die Finanzgerichtsbarkeit – Erwartungen, Bedeutungen, Einfluss, DStR 2014, 65 ff.

Birk, Dieter: Steuerrecht, 14. Auflage, Heidelberg 2011; zitiert: Birk, Steuerrecht (2011).

Birk, Dieter / Desens, Marc / Tappe, Henning: Steuerrecht, 25. Auflage, Heidelberg 2022; zitiert: Birk/Desens/Tappe, Steuerrecht (2021).

Birkenfeld, Wolfram / Daumke, Michael: Das neue außergerichtliche Rechtsbehelfsverfahren, Köln 1995.

Bleckmann, Albert: Subordinationsrechtlicher Verwaltungsvertrag und Gesetzmäßigkeit der Verwaltung, VerwArch. 1972, 404 ff.

Bleckmann, Albert: Spielraum der Gesetzesauslegung und Verfassungsrecht, JZ 1995, 685 ff.

Blind, Jörg: Die Voraussetzungen für den Abschluss verwaltungsgerichtlicher Vergleiche, Diss. jur. Tübingen, Clausthal-Zellerfeld 1970.

Bordewin, Arno / Brandt, Jürgen: Einkommensteuergesetz Kommentar, Band 1, Loseblatt, 453. Aktualisierung, Juni 2023, Heidelberg.

Bork, Reinhard: Neue Grundfragen des Restrukturierungsrechts, ZRI 2021, 345 ff.

von Bornhaupt, Kurt Joachim: „Tatsächliche Verständigung" in Schätzungsfällen, BB 1985, 1591 ff.

Bosse, Wolfgang: Der subordinationsrechtliche Verwaltungsvertrag als Handlungsform öffentlicher Verwaltung: unter besonderer Berücksichtigung der Subventionsverhältnisse, Diss. jur. Tübingen, Berlin 1974.

Boochs, Wolfgang: Mediation im Steuerrecht, DStR 2006, 1062 ff.

Brandt, Jürgen / Domgörgen, Ulf (Hrsg.): Handbuch des Verwaltungsverfahrens und Verwaltungsprozess, 5. Auflage, Heidelberg 2023.

Brinkmann, Johannes: Tatbestandsmäßigkeit der Besteuerung und formeller Gesetzesbegriff, Diss. jur. Bochum, Köln 1982.

Bruschke, Gerhard: Konfliktlösungen durch eine tatsächliche Verständigung mit dem Finanzamt, DStR 2010, 2611 ff.

Bruschke, Gerhard: Tatsächliche Verständigungen mit dem Finanzamt, AO-StB 2020, 87 ff.

Buciek, Klaus: Bindende Erklärungen der Finanzverwaltung, DStZ 1999, 389 ff.

Budach, Werner / Johlen, Heribert: Der Prozessvergleich im verwaltungsgerichtlichen Verfahren, JuS 2002, 371 ff.

Bullinger, Martin: Vertrag und Verwaltungsakt: zu den Handlungsformen und Handlungsprinzipien der öffentlichen Verwaltung nach deutschem und englischem Recht, Habil. Heidelberg, Stuttgart 1962.

Bullinger, Martin: Zur Notwendigkeit funktionalen Umdenkens des öffentlichen und privaten Vertragsrechts im leistungsintensiven Gemeinwesen – Bemerkungen zum Musterentwurf eines Verwaltungsverfahrensgesetz –, in: Gedächtnisschrift Hans Peters, hrsg. von Conrad H. / Jahrreiß H. / Mikat P. / Mosler H. / Nipperdey H.C. / Salzwedel J., Berlin (u.a.) 1967, 667 ff.

Bullinger, Martin: Leistungsstörungen beim öffentlich-rechtlichen Vertrag – Zur Rechtslage nach den Verwaltungsverfahrensgesetzen, DÖV 1977, 812 ff.

Burchard, Christoph: Die Konstitutionalisierung der gegenseitigen Anerkennung: die strafjustizielle Zusammenarbeit in Europa im Lichte des Unionsverfassungsrechts, Habil. Frankfurt a.M., Frankfurt a.M. 2019.

Burmeister, Joachim: Verträge und Absprachen zwischen Verwaltung und Private, in: Berichte und Diskussionen auf der Tagung der Vereinigung der Deutschen Staatslehrer in Bayreuth vom 7. bis 10. Oktober 1992 (VVDStRL), Heft 52, Berlin 1993, 190 ff.

Busse von Colbe, Walther: Bewertung als betriebswirtschaftliches Problem – betriebswirtschaftliche Grundüberlegungen, in: Werte und Wertermittlung im Steuerrecht: Steuerbilanz, Einheitsbewertung, Einzelsteuern und Unternehmensbewertung, Jahrestagung der Deutschen Steuerjuristischen Gesellschaft e.V. vom 26.09–28.9.1983, hrsg. von Raupach, Arndt, Köln 1984, 39 ff.

Buth, Andrea / Hermanns, Michael (Hrsg.): Restrukturierung, Sanierung, Insolvenz, Handbuch, 5. Auflage, München 2022.

Butzer, Hermann: Brauchen wir das Koppelungsverbot nach § 56 VwVfG?, DÖV 2002, 881 ff.

Callies, Christian / Ruffert, Matthias (Hrsg.): EUV/AEUV: Das Verfassungsrecht der Europäischen Union mit Europäischer Grundrechtecharta, Kommentar, 6. Auflage, München 2022.

Canaris, Claus-Wilhelm: Die Feststellung von Lücken im Gesetz: Eine methodologische Studie über Voraussetzungen und Grenzen der richterlichen Rechtsfortbildung praeter legem, Schrift zur Rechtstheorie, Heft 3, 2. Auflage, Berlin 1983.

Frhr. von Campenhausen, Axel: Die Koppelung von Verwaltungsakten mit Gegenleistungen im Vertragswege im Bau- und Bauordnungsrecht, DÖV 1967, 67 ff.

Carl, Dieter / Klos, Joachim: Die Hingabe von Kunstgegenständen an Zahlungs Statt, Genese und Exegese des § 224a AO, StVj. 1992, 156 ff.

Carl, Dieter / Klos, Joachim: Das völkerrechtliche Verständigungsverfahren der DBA, RIW 1995, 493 ff.

Caspar, Johannes: Schlichten statt richten – Möglichkeiten und Wege außergerichtlicher Streitbeilegung, DVBl. 1995, 992 ff.

Cerutti, Ein Beitrag zu der Frage über Verträge und Vereinbarungen im Steuerrecht, Gutachten des BFH IV D 1/51 vom 22.11.1951, DStZ/A 1952, 17 ff.

Christiansen, A.: Rückstellung für öffentlich-rechtliche Verfüllungs- und Rekultivierungsverpflichtungen – Erfordernis der hinreichenden Konkretisierung, DStR 2005, 1485 ff.

Crezelius, Georg: Analogieanweisungen in Steuergesetzen, FR 2008, 889 ff.

Degenhart, Christoph: Der öffentlichrechtliche Abfindungsvergleich, Zur Beurteilung von Abfindungsklauseln bei vergleichsweiser Regelung von Entschädigungsansprüchen aus enteignendem Eingriff, NVwZ 1982, 71 ff.

Desens, Marc: Bindung der Finanzverwaltung an die Rechtsprechung, Bedingungen und Grenzen für Nichtanwendungserlasse, Habil. Münster, Tübingen 2011.

Dittmann, Armin: Gleichheitssatz und Gesetzesvollzug im Bundesstaat: Föderative Ungleichheiten beim Vollzug von Steuergesetzen, in: Das akzeptierte Grundgesetz, Festschrift für Günter Dürig zum 70. Geburtstag, hrsg. von Maurer, Hartmut, München 1990, 221 ff.

Ditz, Xaver / Licht, Daniel: EU-Beihilfenrecht und Verrechnungspreise, Bestandsaufnahme nach den ersten EuG-Entscheidungen, Ubg 2022, 277 ff.

Dolderer, Michael: Der Vergleich vor dem Verwaltungsgericht, in: Festschrift für Hartmut Maurer zum 70. Geburtstag, hrsg. von Geis, Max-Emanuel / Lorenz, Dieter, München 2001, 609 ff.

Drüen, Klaus-Dieter: Der Automatismus der Klageänderung nach Änderung des Bescheids: Beratungshinweise zur Neuregelung des § 68 FGO ab 2001, AO-StB 2001, 87 ff.

Drüen, Klaus-Dieter: Das Verbot überraschender Rechtsanwendung im FG-Prozess: Maßnahmen zum Schutze des Prozessgrundrechts auf rechtliches Gehör (Teil 1): AO-StB 2002, 196 ff.

Drüen, Klaus-Dieter: Inanspruchnahme Dritter für den Steuervollzug, in: Steuervollzug im Rechtsstaat, 32. Jahrestagung der Deutschen Steuerjuristischen Gesellschaft e.V., hrsg. von Widmann, Werner, Köln 2008, 167 ff.

Drüen, Klaus-Dieter: Unternehmerfreiheit und Steuerumgehung, StuW 2008, 154 ff.

Drüen, Klaus-Dieter: Die Zukunft des Steuerverfahrens, in: Zukunftsfragen des deutschen Steuerrechts, Berlin, hrsg. von Schön, Wolfang / Beck, Karin E.M., Heidelberg 2009, 1 ff.

Drüen, Klaus-Dieter: Kooperation im Besteuerungsverfahren, FR 2011, 101 ff.

Drüen, Klaus-Dieter: Modelle und Rechtsfragen zeitnaher Betriebsprüfung, IFSt-Schrift Nr. 469, Berlin (u.a.) 2011.

Drüen, Klaus-Dieter: Die Indienstnahme Privater für den Vollzug von Steuergesetzen, Habil. Bochum, Tübingen 2012.

Drüen, Klaus-Dieter: Verfassungskonforme Auslegung und Rechtsfortbildung durch die Finanzgerichte, StuW 2012, 269 ff.

Drüen, Klaus-Dieter: Risikomanagement im Besteuerungsverfahren – Kostendruck und Vollzugspflicht der Steuerverwaltung, in: 8. und 9. Finanzgerichtstag, Europäische Perspektiven im Steuerrecht, Steuergerechtigkeit und Steuervereinfachung, hrsg. von Brandt, Jürgen, Stuttgart 2013, 253 ff.

Drüen, Klaus-Dieter: Richterseminar K: Effektiver Rechtsschutz für Steuerpflichtige – Garantie und Herausforderungen, IStR 2015, 609 ff.

Drüen-Klaus Dieter: Verständigungs- und Schiedsverfahren, in: Doppelbesteuerung, Zum 75. Geburtstag von Franz Wassermeyer, 75 Beiträge zum Recht der DBA, Eine Festgabe, München 2015, 505 ff.

Drüen, Klaus-Dieter: Einfachgesetzlicher, genereller Anwendungsvorrang von Doppelbesteuerungsabkommen, in: Festschrift für Jürgen Lüdicke, hrsg. von Gosch, Dietmar / Schnitger, Arne / Schön, Wolfgang, München 2019.

Drüen, Klaus-Dieter: Amtsermittlungsgrundsatz und Risikomanagement, in: Digitalisierung im Steuerrecht, 43. Jahrestagung der Deutschen Steuerjuristischen Gesellschaft e.V., hrsg. von Hey, Johanna, Köln 2019, 193 ff.

Drüen, Klaus-Dieter: Verschränkungen öffentlich-rechtlicher und privatrechtlicher Regime im Verwaltungsrecht, in: Berichte und Diskussionen auf der Tagung der Vereinigung der Deutschen Staatsrechtslehrer in Marburg vom 9.–12. Oktober 2019 (VVDStRL), Heft 79, Berlin/Boston 2020, 127 ff.

Drüen, Klaus-Dieter: Eigenständigkeit und Methodik des Steuerrechts, in: *Droege/Seiler* (Hrsg.), Eigenständigkeit des Steuerrechts, Mohr Siebeck, Tübingen, 2019, 95 ff.

Eckhoff, Rolf: Vom konfrontativen zum kooperativen Steuerstaat, StuW 1996, 107 ff.

Eckhoff, Rolf: Rechtsanwendungsgleichheit im Steuerrecht, Die Verantwortung des Gesetzgebers für einen gleichmäßigen Vollzug des Einkommensteuerrechts, Habil. Münster, Köln 1999.

Eggesieker, Fritz / Ellerbeck, Eike: Nichtanwendungsprophylaxe der Finanzverwaltung durchkreuzen, DStR 2007, 1427 ff.

Ehlers, Hans: Warum gibt es im Steuerrecht keine Vergleiche, DStR 1965, 64 ff.

Ehlers, Dirk: Die Zulässigkeit von öffentlich-rechtlichen Verträgen über die Ablösung der Stellplatz- oder Garagenbaupflicht, DVBl. 1986, 529 ff.

Ehlers, Dirk / Hermann, Pünder (Hrsg.): Allgemeines Verwaltungsrecht, 16. Auflage, Berlin/Boston 2022.

Ehlers, Harald: Insolvenzplanverfahren – die Alternative, DStR 2010, 2523 ff.

Eich, Andreas: Die tatsächliche Verständigung im Steuerverfahren und Steuerstrafverfahren, Zulässigkeit, Rechtsnatur, Auswirkungen, Strategien, Diss. jur. Köln, Köln 1992.

Eichberger, Michael: Der Gleichheitssatz im Steuerrecht, in: 100 Jahre Steuerrechtsprechung in Deutschland 1918–2018: Festschrift für den Bundesfinanzhof, hrsg. von Drüen, Klaus-Dieter / Hey, Johanna / Mellinghoff, Rudolf, Band I, Köln 2018, 501 ff.

Eichenhofer, Eberhard / Wenner, Ulrich: SGB X, Sozialgesetzbuch X, Sozialverfahren und Sozialdatenschutz, 2. Auflage, München 2017.

Eisenberg: Neuer Entwurf einer Finanzgerichtsordnung, BB 1963, 867 ff.

Eisenlohr, Manteo Heikki: Der Prozeßvergleich in der Praxis der Verwaltungsgerichtsbarkeit, Diss. jur. Dresden, Köln (u.a.) 1997.

Englisch, Joachim: Bindende „tatsächliche" und „rechtliche" Verständigungen zwischen Finanzamt und Steuerpflichtigen, IFSt-Schrift Nr. 417, Bonn 2004.

Erichsen, Hans-Uwe: Rechtsfragen des verwaltungsrechtlichen Vertrages, VerwArch. 1977, 65 ff.

Erichsen, Hans-Uwe: Zur Anwendung des Verwaltungsverfahrensgesetz der Länder in der kommunalen Abgabenverwaltung, VerwArch. 1979, 349 ff.

Fehling, Michael / Kastner, Berthold / Störmer, Rainer: Verwaltungsrecht, VwVfG, VwGO, Nebengesetze, Handkommentar, 5. Auflage, Baden-Baden 2021.

Felix, Günther: Ermessensausübung im Steuerrecht, Diss. jur. Köln, Düsseldorf 1955.

Felix, Günther: Rechtssichere Gesetzesanwendung und Steuerplanung, in: Grenzen der Rechtsfortbildung durch Rechtsprechung und Verwaltungsvorschriften im Steuerrecht, 2. Jahrestagung der Deutschen Steuerjuristischen Gesellschaft e.V., hrsg. von Tipke/Klaus, Köln 1982, 99 ff.

Felix, Günther: Unkalkulierbare Todessteuer 1996, Stbg 1996, 200 ff.

FG Hamburg, Jahresbilanz 2019. Abrufbar unter https://justiz.hamburg.de/finanzgericht/13637346/aktuelles-finanzgericht/, zuletzt aufgerufen am 1.2.2021.

Fiedler, Wilfred: Allgemeines Verwaltungsrecht und Steuerrecht, Probleme der offenen und verdeckten „Harmonisierung" nach dem Inkrafttreten der AO 1977, NJW 1981, 2093 ff.

Fischer, Peter: Grundlagen und Grenzen der Rechts(fort)bildung im Steuerrecht, Gesetzesinterpretation in der Kompetenzordnung des Grundgesetzes, StVj. 1992, 3 ff.

Fischer, Carola / Schwab, Hartmut: Tax Compliance in KMU: Hinweise der Bundessteuerberaterkammer für ein steuerliches innerbetriebliches Kontrollsystem (Steuer-IKS), DStR 2018, 2040 ff.

Flüchter, Karsten: Ein Mindeststandard für Verständigungsverfahren, peer reviews und die Aussicht auf mehr Schiedsklauseln, IStR 2015, 943 ff.

Flüchter, Karsten: Der neue § 89a AO zu Vorabverständigungsverfahren, ISR 2021, 338 ff.

Fluck, Jürgen: Die Erfüllung des öffentlich-rechtlichen Verpflichtungsvertrages durch Verwaltungsakt, Diss. jur. Mainz, Berlin 1985.

Flume, Werner: Steuerwesen und Rechtsordnung, in: Rechtsprobleme in Staat und Kirche, Festschrift für Rudolf Smend zum 70. Geburtstag, Göttingen 1952, 59 ff.

Flume, Werner: Allgemeiner Teil des Bürgerlichen Rechts, Zweiter Band, Das Rechtsgeschäft, Berlin/Heidelberg 1975.

Flume, Werner: Steuerwissenschaft und Steuerrechtsprechung, in: Steuerberater-Jahrbuch 1985/86, zugleich Bericht über den 37. Fachkongreß der Steuerberater, Köln 28. bis 30. Oktober 1985, hrsg. im Auftrag des Fachinstituts der Steuerberater von Hartung-Curtius, R. / Herzig, Norbert / Niemann, Ursula, Köln 1986, 290 ff.

Franke, Reinhard: Der gerichtliche Vergleich im Verwaltungsprozeß: auch ein Beitrag zum verwaltungsrechtlichen Vertrag, Diss. jur. Göttingen, Frankfurt am Main (u.a.) 1996.

Friauf, K. H.: Möglichkeiten und Grenzen der Rechtsfortbildung im Steuerrecht, in: Grenzen der Rechtsfortbildung durch Rechtsprechung und Verwaltungsvorschriften im Steuerrecht, 5. Jahrestagung der Deutschen Steuerjuristischen Gesellschaft e.V., hrsg. von Tipke, Klaus, Köln 1982, 53 ff.

Fridgen, Alexander / Geiwitz, Arndt / Göpfert, Burkhard: BeckOK Insolvenzrecht, InsO, EGInsO, COVInsAG, InsVV, EuInsVO, Spezialthemen und Länderberichte, 27. Edition, 15.4.2022, München 2022.

Frotscher, Gerrit: Internationales Steuerrecht, 5. Auflage, München 2020.

Frotscher, Gerrit: Besteuerung bei Insolvenz, Rechtsfragen im Insolvenzsteuerrecht sicher lösen, 9. Auflage, Stuttgart 2021.

Fuks, Adrian / Alpha, Jan-Ole: Steuerliche Massenverwaltung durch Vertrag, Lizenzvertrag Elster Formular, DÖV 2020, 226 ff.

Füllsack, Markus: Informelles Verwaltungshandeln im Steuerrecht, Diss. jur. Konstanz, Konstanz 1995.

Geberth, Georg / Brügelmann, Ralph: EU-Kommission: Rückforderung in Höhe von 13. Mrd. Euro „Steuerbeihilfen" gegen Apple, GmbHR 2016, R282 ff.

Goebel, Armin: Der Vergleich im Steuerrecht, Diss. jur. Mainz, Mainz 1950.

Göldner, Detlef: Gesetzmäßigkeit und Vertragsfreiheit im Verwaltungsrecht, JZ 1976, 352 ff.

Gosch, Dietmar: Voraussetzungen einer tatsächlichen Verständigung bei einer Außenprüfung, StBp 1994, 195 ff.

Gosch, Dietmar: Über das Nichtanwenden höchstrichterlicher Rechtsprechung – aufgezeigt am Beispiel der Spruchpraxis des I. Senats des BFH, in: Steuerrecht im Rechtsstaat, Festschrift für Wolfang Spindler zum 65. Geburtstag, hrsg. von Mellinghoff, Rudolf / Schön, Wolfgang / Viskorf, Hermann-Ulrich, Köln 2011, 379 ff.

Gosch, Dietmar / Kroppen, Heinz-Klaus / Grotherr, Siegfried / Kraft, Gerhard (Hrsg.): DBA-Kommentar, Loseblatt, 52. Aktualisierung, März 2023, München; zitiert: Bearbeiter in GKGK, DBA.

Göppinger, Horst: Die Erledigung des Rechtsstreits in der Hauptsache, Stuttgart 1958.

Görg, Hubert / Müller, Klaus: Finanzgerichtsordnung, Kommentar für Wissenschaft und Praxis, Neuwied/Berlin 1966.

Gräber, Fritz (Begr.): Finanzgerichtsordnung, mit Nebengesetzen, Kommentar, 9. Auflage, München 2019.

Grabitz, Eberhard / Hilf, Meinhard / Nettesheim, Martin: Das Recht der Europäischen Union, Band I, EUV/AEUV, Loseblatt, 78. Ergänzungslieferung, Januar 2023, München.

Grashoff, Dietrich: Grundzüge des Steuerrechts: Alle wichtigen Steuerarten, Internationales Steuerrecht, Verfahrensrecht, 16. Auflage, München 2023.

Greite, Walter: Grenzen der tatsächlichen Verständigung, NWB Nr. 19 2004, 1421 ff.

v.Groll, Rüdiger: Treu und Glauben im Steuerrecht, FR 1995, 814 ff.

Große, Thomas: Die Schlußbesprechung – ein orientalischer Bazar? StBp 1986, 58 ff.

Grube, Georg: Neue Grundsätze zur richterlichen Hinweispflicht auch im Steuerprozess? – Auswirkungen der ZPO-Reform 2002 –, DStZ 2015, 36 ff.

Gruber, Markus: Inaussichtstellung von Versorgungsverträgen – Erklärungen ohne Bindung? NZS 1997, 409 ff.

Grziwotz, Hebert: Abgabenerhebung und Vertrag, in: Festschrift für Sebastian Spiegelberger zum 70. Geburtstag, Vertragsgestaltung im Zivil- und Steuerrecht, hrsg. von Wachter, Thomas, Bonn 2009, 178 ff.

Gurlit, Elke: Verwaltungsvertrag und Gesetz, Eine vergleichende Untersuchung zum Verhältnis von vertraglicher Bindung und staatlicher Normsetzungsautorität, Habil. Berlin, Tübingen 2000.

Hahn, Erik: Der „klarstellende" § 101 Abs. 1 S. 2 GG? – Prozessbeendigung durch schriftlichen Vergleich im sozialgerichtlichen Verfahren, NZS 2014, 368 ff.

Harder, Peter: Die Erörterung nach § 364a AO – nicht nur aus abgabenrechtlicher Sicht, DStZ 1996, 397 ff.

Hau, Wolfgang / Poseck, Roman (Hrsg.): BeckOK BGB, 66. Edition, Stand 1.5.2023, München 2022.

Haueisen, Fritz: Unterschiede in den Bindungswirkungen von Verwaltungsakt, öffentlich-rechtlichem Vertrag, gerichtlichem Vergleich und Urteil, Dogmatische Bedeutung und praktische Auswirkungen, NJW 1963, 1329 ff.

Haunhorst, Sabine: Risikomanagement in der Finanzverwaltung – ein Fall für die Finanzgerichte?, DStR 2010, 2105 ff.

Heilgeist, Klaus: Finanzpolitik gestern und in Zukunft!, DStR 2009, 2625 ff.

Heilmeier, Eberhard: Kann und soll der Abschluss eines gerichtlichen Vergleichs in Steuersachen zugelassen werden?, DStZ/A 1982, 190 ff.

Helbich, Julius: Vertrauensschutz in Verwaltungsvorschriften des Steuerrechts: Eine Untersuchung zur Bewältigung der Vertrauensschutzproblematik bei der rückwirkenden Aufhebung und Änderung steuerlicher Verwaltungsvorschriften: Zugleich ein Beitrag zum besseren Verständnis der Wirkkraft von Verwaltungsvorschriften und der Maßgaben des Vertrauensschutzprinzips im Allgemeinen und für das Steuerrecht im Besonderen, Diss. jur. Bayreuth, Berlin 2015.

Hendricks, Michael / Paß, Philip: Musterprozessvereinbarungen im Steuerrecht, DStR 2015, 2589 ff.

Hendricks, Michael / Hildebrand, Christina: Praxisforum Steuerrechtsschutz: Abgabe der Erledigungserklärung bereits vor Erlass des Abhilfebescheids?, Ubg 2018, 124 ff.

Herbst, Tobias: Die These der einzig richtigen Entscheidung, Überlegungen zu ihrer Überzeugungskraft insbesondere in den Theorien von Ronald Dworkin und Jürgen Habermas, JZ 2012, 891 ff.

Herder, Christian: Nichtanwendung von Entscheidungen des Bundesfinanzhofs, in: Steuerrecht im Rechtsstaat, Festschrift für Wolfang Spindler zum 65. Geburtstag, hrsg. von Mellinghoff, Rudolf / Schön, Wolfgang / Viskorf, Hermann-Ulrich, Köln 2011, 445 ff.

Herlinghaus, Andreas: Gedanken zum abkommensrechtlichen Schiedsverfahren nach Art. 25 Abs. 5 OECD-MA, IStR 2010, 125 ff.

Hermanns, Caspar David: Einheit der Verwaltungsgerichtsbarkeit: Empfiehlt sich eine einheitliche Prozessordnung der öffentlich-rechtlichen Gerichtsbarkeiten? Diss. jur. Osnabrück, Osnabrück 2002.

Heun, Werner: Die Zulässigkeit öffentlich-rechtlicher Verträge im Bereich der Kommunalabgaben: Zum Verbot des Vertrags als Handlungsform im Abgabenrecht, DÖV 1989, 1053 ff.

Heuermann, Bernd / Brandis, Peter (Hrsg.): Ertragsteuerrecht, Kommentar zum Einkommensteuergesetz, Körperschaftsteuergesetz, Gewerbesteuergesetz, Außensteuergesetz, Investmentsteuergesetz, Umwandlungssteuergesetz und Nebengesetze, Loseblatt, Band 3, Band 4, 167. Ergänzungslieferung, Mai 2023, München; zitiert: Bearbeiter in Brandis/Heuermann, EStG, KStG, GewStG.

Hey, Johanna: Steuerplanungssicherheit als Rechtsproblem, Habil. Köln, Köln 2002.

Hey, Johanna: Steuerrecht und Staatsrecht im Dialog: Nimmt das Steuerrecht in der Judikatur des BVerfG eine Sonderrolle ein?, StuW 2015, 3 ff.

Heyne, Gerald: Das Vorverfahren nach der Verwaltungsgerichtsordnung, der Finanzgerichtsordnung und dem Sozialgerichtsgesetz (Eine vergleichende Betrachtung unter Berücksichtigung der Bestrebungen über eine Angleichung der Verfahrensordnungen), Diss. jur. Würzburg, Würzburg 1973.

Hildebrand, Christina: BFH: Erlass eines inhaltsgleichen Änderungsbescheids nach einvernehmlicher Beendigung des Finanzrechtstreits in der mündlichen Verhandlung, BB 2017, 1763 ff.

Hoffmann-Riem, Wolfgang / Schmidt-Aßmann, Eberhard / Voßkuhle, Andreas: Grundlagen des Verwaltungsrechts, Band II, Informationsordnung, Verwaltungsverfahren, Handlungsformen, 3. Auflage, München 2022; zitiert: Bearbeiter in GVwR II.

Hölzer, Camilla: Mediation im Steuerverfahren, ZKM 2012, 119 ff.

Höpker, Felix: Der Prozeßvergleich in der Verfassungsgerichtsbarkeit, Diss. jur. Freiburg, Berlin 2010.

Hübschmann, Walter / Hepp, Ernst / Spitaler, Armin (Hrsg.): Abgabenordnung, Finanzordnung, Kommentar, Loseblatt, 268. Ergänzungslieferung, Mai 2022, Köln; zitiert: Bearbeiter in HHSp., AO/FGO.

Huck, Winfried / Müller, Martin: Verwaltungsverfahrensgesetz, 3. Auflage, München 2020.

Hummel, Lars: Sachverhaltsermittlung im Besteuerungsverfahren unter Einsatz digitaler Methoden, Einige grundsätzliche Überlegungen, beck.digitax 2020, 60 ff.

Ipsen, Jörn: Allgemeines Verwaltungsrecht, 12. Auflage, München 2024.

Isensee, Josef: Die typisierende Verwaltung: Gesetzesvollzug im Massenverfahren am Beispiel der typisierenden Betrachtungsweise des Steuerrechts, Diss. jur. Erlangen-Nürnberg, Berlin 1967.

Isensee, Josef: Das Billigkeitskorrektiv des Steuergesetzes, Rechtfertigung und Reichweite des Steuererlasses im Rechtssystem des Grundgesetzes, in: Festschrift für Werner Flume zum 70. Geburtstag, Band II, hrsg. von Jakobs, Horst Henrich / Knobbe-Keuk, Brigitte / Picker, Eduard / Wilhelm, Jan, Köln 1978, 129 ff.

Isensee, Josef / Kirchhof, Paul (Hrsg.): Handbuch des Staatsrechts, Band III: Demokratie – Bundesorgane, 3. Auflage, Heidelberg 2005.

Isensee, Josef / Kirchhof, Paul (Hrsg.): Handbuch des Staatsrechts, Band V: Rechtsquellen, Organisation, Finanzen, 3. Auflage, Heidelberg 2007.

Ismer, Roland: Prinzipien der Einkünfteermittlung – Periodizitätsprinzip, in: Einkünfteermittlung, 35. Jahrestagung der Deutschen Steuerjuristischen Gesellschaft e.V., hrsg. von Hey, Johanna, Köln 2011, 91 ff.

Ismer, Roland: Umgang mit dem unionsrechtlichen Beihilfeverbot – aktuelle Herausforderungen, in: 100 Jahre Steuerrechtsprechung in Deutschland 1918–2018: Festschrift für den Bundesfinanzhof, hrsg. von Drüen, Klaus-Dieter / Hey, Johanna / Mellinghoff, Rudolf, Band I, Köln 2018, 845 ff.

Ismer, Roland / Piotrowski, Sophia: Internationale Streitbeilegung in Steuersachen und innerstaatliches Verfassungsrecht: Auf zu gerichtsförmigen Verfahren, IStR 2019, 845 ff.

Iwanek, Silvia: Aufhebung der Bindungswirkung der tatsächlichen Verständigung, DStR 1993, 1394 ff.

Jachmann, Monika: Vereinbarungen über Erschließungsbeiträge im Rahmen von Grundstücksverträgen mit Gemeinden, BayVBl. 1993, 326 ff.

Jachmann, Monika: Die Rechtsprechung des Bundesfinanzhofs als Ausübung der dritten Staatsgewalt, in: Steuerrecht im Rechtsstaat, Festschrift für Wolfang Spindler zum 65. Geburtstag, hrsg. von Mellinghoff, Rudolf / Schön, Wolfgang / Viskorf, Hermann-Ulrich, Köln 2011, 115 ff.

Jakob, Wolfgang: Abgabenordnung, Steuerverwaltungsverfahren und finanzgerichtliches Verfahren, 5. Auflage, München 2010.

Jansen, Lothar: Das Steuerverfahren im Spannungsfeld von Europa- und Verfassungsrecht: Eine Untersuchung unter besonderer Berücksichtigung des Spendenrechts, Diss. jur. Köln, Köln 2012.

Jesse, Lenhard: Das Nebeneinander von Besteuerungs- und Steuerstrafverfahren, Eine kritische Bestandsaufnahme zwischen Wahrheitspflicht und Schweigerecht, DB 2013, 1803 ff.

Jesse, Lenhard: Bindung der Finanzbehörden an (Finanz-)Gerichtsentscheidungen – Teil 1, BB 2020, 67 ff.

Jochum, Heike: Verbindliche Auskunft in Steuersachen – Bestandskraft und Korrektur, in: Verfassung – Völkerrecht – Kulturgüterschutz, Festschrift für Wilfried Fiedler zum 70. Geburtstag, hrsg. von Wittinger, Michaela / Wendt, Rudolf / Ress, Georg, Berlin 2011.

Johlen, Heribert / Oerder, Michael (Hrsg.): Münchener Anwaltshandbuch Verwaltungsrecht, 5. Auflage, München 2023.

Just, Michael: Der Mehrwert bei Vergleich und tatsächlicher Verständigung, DStR 2014, 2079 ff.

Kahlert, Günter / Bornemann, Alexander / Kayser, Godehard: Perspektiven für eine kohärente und praxisgerechte Verzahnung von Steuerrecht und Insolvenzrecht, Köln 2020.

Kahlert, Günter / Schumann, Marius: Einbeziehung von in- und ausländischen Steuerforderungen in einen Restrukturierungsplan oder Sanierungsvergleich, DStR 2021, 2174 ff.

Kaiser, Andreas: Tax Compliance in ausländischen Finanzverwaltungen, IWB 2012, 774 ff.

Kaiser, Andreas: Zur Terminologie „Risikomanagement" aus Sicht der Finanzbehörden, Ubg 2012, 631 ff.

Kaiser, Andreas: Tax-Compliance aus Sicht der Finanzverwaltungen, IWB 2016, 638 ff.

Kanzler, H.-J.: Rücklagen i.S. des § 6b Abs. 3 EStG für Gewinne aus der Veräußerung von Sonderbetriebsvermögen; Passivierung in der Sonderbilanz; persönliche Wahlrechtsausübung durch ausgeschiedenen Gesellschafter, FR 2006, 691 ff.

Kansteiner, Wolfhart: Kooperatives Verwaltungshandeln im Besteuerungsverfahren, Referate und Diskussionsbeiträge zum 4. Münsteraner Symposium am 8.11.1996, hrsg. von Institut für Steuerrecht der Westfälischen Wilhelms-Universität Münster, 3 ff.

Kelterborn, Lars: Die außergerichtliche Schuldenbereinigung mit dem Finanzamt (Teil 1), Ein Konflikt zwischen Steuerrecht und Insolvenzrecht?, AO-StB 2015, 331 ff.

Keßler, Heinrich: Erfordert der Prozeßvergleich gegenseitiges Nachgeben?, DRiZ 1978, 79 ff.

Knepper, Karl Heinz: Der Vergleich im Steuerrecht, Zugleich eine Besprechung des Urteils des Bundesfinanzhofs vom 11.12.1984 – VIII R 131/76, BB 1986, 168 ff.

Kniffka, Rolf: Die Wirkungen eines Prozeßvergleichs auf ein nicht rechtskräftiges Urteil – OLG Hamm, NJW 1988, 1988, NJW 1990, 969 ff.

Kirchhof, Ferdinand: Grundriß des Abgabenrechts: Steuern, Gebühren, Beiträge, EG- und Sonderausgaben, Heidelberg 1991.

Kirchhof, Ferdinand: Grundriß des Steuer- und Abgabenrechts, 2. Auflage, Heidelberg 2001.

Kirchhof, Ferdinand: Die Methoden zur Sicherung künftigen Verwaltungsverhaltens: Zur unterschiedlichen Gestaltung von Zusagen und Zusicherungen in verschiedenen Bereichen des öffentlichen Rechts, in: Festschrift für Wolfgang Spindler zum fünfundsechzigsten Geburtstag, Steuerrecht im Rechtsstaat, hrsg. von Mellinghoff, Rudolf / Schön, Wolfgang / Viskorf, Hermann-Ulrich, Köln 2011, 463 ff.

Kirchhof, Paul: Der bestandskräftige Steuerbescheid im Steuerverfahren und im Steuerstrafverfahren, NJW 1985, 2977 ff.

Kirchhof, Paul: Der Bürger in Zugehörigkeit und Verantwortung, Isensee/Kirchhof, Handbuch des Staatsrechts, Band XII, 3. Auflage, Heidelberg 2014.

Kirchhof, Paul: Die Gleichheit vor dem Steuergesetz – Maßstab und Missverständnisse, StuW 2017, 3 ff.

Kirchhof, Paul / Seer, Roman (Hrsg.): Einkommensteuergesetz, Kommentar, 22. Auflage, Köln 2023.

Klein, Franz / Orlopp, Gerd (Begr.): Abgabenordnung, einschließlich Steuerstrafrecht, 15. Auflage, München 2020.

Knack, Hans Joachim / Henneke, Hans-Günter: Verwaltungsverfahrensgesetz (VwVfG), Kommentar, 11. Auflage, Köln 2020.

Knütel, Rolf: Auslegung des „eindeutigen" Wortlauts eines gebräuchlichen Prozeßvergleichs, MDR 1995, 437 ff.

Kobor, Hagen: Kooperative Amtsermittlung im Verwaltungsrecht: Mitwirkungspflichten und Informationshilfe im Lichte des verfassungsdirigierten Leitbilds des Untersuchungsgrundsatzes, Habil. Augsburg, Baden-Baden 2009.

Koch, Karl (Hrsg.) / *Scholtz, Rolf*: Abgabenordnung, 5. Auflage, Köln 1996.

Koenig, Ulrich (Hrsg.): Abgabenordnung, §§ 1 bis 368, Kommentar, 4. Auflage, München 2021.

Körner, Anne / Leitherer, Stephan / Mutschler, Bernd / Rolfs, Christian (Hrsg.): Kasseler Kommentar Sozialversicherungsrecht, SGB I, SGB IV, SGB V, SGB VI, SGB VII, SGB X, SGB XI, Loseblatt, 121. Lieferung, 1.12.2022, München.

Kopp, Ferdinand / Schenke, Wolf-Rüdiger: Verwaltungsgerichtsordnung, 29. Auflage, München 2023.

Korts, Sebastian / Korts, Petra: Ermittlungsmöglichkeiten deutscher Finanzbehörden bei Auslandssachverhalten, IStR 2006, 869 ff.

Kottke, Klaus: Die Prozessfürsorgepflicht-Vorschrift – ein Mauerblümchen?, DStR 1996, 1720 ff.

Kottke, Klaus: Verbindliche Zusage und tatsächliche Verständigung – Unterschiede und Gemeinsamkeiten, DB 1999, 820 ff.

Krabbe, Helmut: EG-Schiedsverfahren bei Berichtigung von Verrechnungspreisen im Konzern, RIW 1982, 269 ff.

Krabbe, Helmut: Seminar C: Verständigungsverfahren, IStR 2002, 548 ff.

Krause, Peter / v.Mutius, Albert / Schnapp, Friedrich E. / Siewert, Joachim: Gemeinschaftskommentar zum Sozialgesetzbuch – Verwaltungsverfahren GK-SGB-X 1, Neuwied/Frankfurt a.M. 1991, zitiert: Bearbeiter in GK-SGB X 1.

Krebs, Walter: Verträge und Absprachen zwischen Verwaltung und Private, in: Berichte und Diskussionen auf der Tagung der Vereinigung der Deutschen Staatslehrer in Bayreuth vom 7. bis 10. Oktober 1992 (VVDStRL), Heft 52, Berlin 1993, 250 ff.

Kreibich, Roland: Der Grundsatz von Treu und Glauben im Steuerrecht: rechtsdogmatische Untersuchung seiner äußeren Bezüge und inneren Struktur, exemplarisch vertieft an den Grundsätzen der Verwirkung und des venire contra factum proprium, Diss. jur. Augsburg, Heidelberg 1992.

Kreft, Michael: Der Nichtanwendungserlass, Akzeptanz und Bindungswirkung der Finanzrechtsprechung in der Finanzverwaltung, Diss. jur. Bayreuth, Pfaffenweiler 1989.

Krömker, Ulrich: Die mündliche Verhandlung im Steuerprozess, Einzelheiten und Phasen des Kernstücks eines Finanzgerichtsprozesses, AO-StB 2014, 306 ff.

Krüger, Astrid: Die Bindung der Verwaltung an die höchstrichterliche Rechtsprechung, dargestellt am Beispiel der Nichtanwendungserlasse in der Finanzverwaltung, München 1987.

Krüger, Elmar: Die tatsächliche Verständigung: als „Ding an sich" ein „Unding in sich"?, DStZ 2015, 478 ff.

Krumm, Marcel: Steuervollzug und formelle Insolvenz, Diss. jur. Bochum, Frankfurt am Main 2009.

Krumm, Marcel: Verfahrensrechtliche Aspekte steuerlicher Beihilfen, in: Europäisches Steuerrecht, 41. Jahrestagung der Deutschen Steuerjuristischen Gesellschaft e.V., hrsg. von Lang, Michael, Köln 2018, 561 ff.

Kruse, Heinrich Wilhelm: Über Richterrecht, DStZ/A 1975, 373 ff.

Kruse, Heinrich Wilhelm: Steuerspezifische Gründe und Grenzen der Gesetzesbindung, in: Grenzen der Rechtsfortbildung durch Rechtsprechung und Verwaltungsvorschriften im Steuerrecht, 2. Jahrestagung der Deutschen Steuerjuristischen Gesellschaft e.V., hrsg. von Tipke, Klaus, Köln 1982, 71 ff.

Kruse, Heinrich Wilhelm: Über die Gleichmäßigkeit der Besteuerung, StuW 1990, 322 ff.

Kruse, Heinrich Wilhelm: Der Standort der Finanzgerichtsbarkeit gegenüber der Finanzverwaltung und der Steuergesetzgebung, in: Der Rechtsschutz in Steuersachen, 18. Jahrestagung der Deutschen Steuerjuristischen Gesellschaft e.V., hrsg. von Trzaskalik, Christoph, Köln 1995, 115 ff.

Kruse, Heinrich Wilhelm: Gesetzmäßigkeit der Verwaltung und Verfahrensordnungen, in: Staaten und Steuern, Festschrift für Klaus Vogel zum 70. Geburtstag, hrsg. von Kirchhof, Paul / Lehner, Moris, Raupach, Arndt / Rodi, Michel, Heidelberg 2000, 517 ff.

Kube, Hanno: Die intertemporale Verlustverrechnung – verfassungsrechtlicher Rahmen und legislativer Gestaltungsspielraum, DStR 2011, 1781 ff.

Kühn, Rolf / v. Wedelstädt, Alexander: Abgabenordnung und Finanzgerichtsordnung, 22. Auflage, Stuttgart 2018.

Kühnen, Sabine: BFH: Wirksamkeit einer übereinstimmenden Erledigungserklärung vor dem FG, BB 2017, 1639 f.

Kunig, Philip: Verträge und Absprachen zwischen Verwaltung und Privaten, DVBl. 1992, 1193 ff.

Lademann, Fritz: Außensteuergesetz, Handkommentar, Stuttgart (u.a.) 2011.

Lang, Joachim: Reaktion der Finanzverwaltung auf mißliebige Entscheidungen des Bundesfinanzhofs, StuW 1992, 14 ff.

Lang, Joachim: Die Ausfüllung von Lücken in Steuergesetzen; in: Steuerrecht: Ausgewählte Probleme am Ende des 20. Jahrhunderts, Festschrift zum 65. Geburtstag von Ernst Höhn, hrsg. von Cagianut, Francis / Vallender, Klaus, Bern 1995, 159 ff.

Lange, Hans-Friedrich: Die Nichtanwendung von Urteilen des BFH durch die Finanzverwaltung – Nichtanwendungserlass und Nichtveröffentlichung, NJW 2002, 3657 ff.

Lambrecht, Claus: Normative Bindung und Sachverhaltserfassung, in: Steuerrecht und Verfassungsrecht, 13. Jahrestagung der Deutschen Steuerjuristischen Gesellschaft e.V., hrsg. von Friauf, Karl Heinrich, Köln 1989, 79 ff.

Latsch, W. / Honemann, Franz: Die Bedeutung der Schlußbesprechung (§ 201 AO) im Rahmen der steuerlichen Außenprüfung, StBp 1980, 1 ff.

Lapp, Nele Marlena: Der privatrechtliche Vertrag als Handlungsform im Steuerverfahrensrecht: Zu den Hauptanwendungsfällen privatrechtlichen Handelns der Finanzverwaltung, Diss. jur. Hamburg, Baden-Baden 2021.

Larenz, Karl / Canaris, Claus-Wilhelm: Methodenlehre der Rechtswissenschaft, 3. Auflage, Berlin/Heidelberg (u.a.) 1995.

Lehner, Moris: Möglichkeiten zur Verbesserung des Verständigungsverfahrens auf Grundlage des EWG-Vertrages: Dargestellt anhand eines Richtlinienvorschlages der EG-Kommission zur Vermeidung der Doppelbesteuerung im Fall der Gewinnberichtigung zwischen verbundenen Unternehmen, Diss. jur. Heidelberg, München 1982.

Leisner, Walter: Die allgemeine Bindung der Finanzverwaltung an die Rechtsprechung: Zur „normgleichen Präjudizienwirkung" höchstrichterlicher Urteile, Limburg 1980.

Leisner, Walter Georg: Gesetzmäßigkeit von Verwaltungsvorschriften im Steuerrecht, Legitimationswirkungen und Grenzen einer „Typisierung zur Vereinfachung", StuW 2007, 241 ff.

Leisner-Egensperger, Anna: Der Verwaltungsvertrag: Bestandsaufnahme und Reformbedarf, Die Verwaltung, Band 51, 2018, 467 ff.

Lemaire, Nobert: Die drei Phasen der mündlichen Verhandlung, Hinweise und Tipps zum Ablauf, AO-StB 2002, 348 ff.

Lichtinghagen, Ulrich: Chancen und Risiken der tatsächlichen Verständigung, Anmerkungen zum BMF Schreiben vom 30.7.2008 und zum BFH-Urteil vom 8.10.2008, StuB 2009, 63 ff.

Liebchen, Daniel / Strotkemper, Noemi: Neufassung des Merkblattes zu internationalen Verständigungs- und Schiedsverfahren (Streitbeilegungsverfahren) v. 27.8.2021 – Implikationen für Anträge zur Einleitung von Verständigungsverfahren, IStR 2022, 93 ff.

Liehr, Manuel: Konsensuale Streitbeilegung im finanzgerichtlichen Verfahren, StBW 2011, 226 ff.

Linn: Beendigung des Verwaltungsprozesses ohne Streitentscheidung in der Sache, DVBl. 1956, 816 ff.

Lippross, Otto-Gerd / Seibel, Wolfgang (Hrsg.): Basiskommentar Steuerrecht, AO, AStG, BewG, ErbStG, EStG, FGO, GewStG, GrEStG, GrStG, InvZulG, KraftStG, KStG, SolZG, UmwStG, UStG, Loseblatt, 138. Lieferung, Juni 2023, Köln.

Loose, Thomas: Die neue gesetzliche Regelung zur sog. Lizenzschranke, Ein sinnvolles Instrument zur Vermeidung von Gewinnveranlagungen ins Ausland?, RIW 2017, 655 ff.

Loschelder, Friedrich: Verständigungen im finanzgerichtlichen Verfahren, StuW 2018, 329 ff.

Löwer, Kurt: Der verwaltungsrechtliche Prozeßvergleich als materielles Rechtsgeschäft, VerwArch. 1965, 142 ff.

Lüdicke, Jürgen (Hrsg.): Praxis und Zukunft des deutschen Internationalen Steuerrechts, Köln 2012.

Maassen, Kurt: Regelungen mit dem Finanzamt: Auskünfte, Zusagen und Vereinbarungen im Steuerrecht, Köln 1959.

Maciejewski, Tim: Nichtanwendungsgesetze: Eine verfassungsrechtliche Verortung zwischen Rechtskontinuität, Gewaltenteilung, Rechtsschutzgebot und Rückwirkungsverbot, Diss jur. Hamburg, Tübingen 2021.

Mack, Alexandra: Die mündliche Verhandlung: Wie in den verschiedenen Verfahrensstufen reagiert werden kann, AO-StB 2004, 443 ff.

Madaus, Stephan: Die (begrenzte) Insolvenzfestigkeit des Restrukturierungsplans, der Planleistungen sowie unterstützender Rechtshandlungen während der Restrukturierungssache, NZI-Beilage 2021, 35 ff.

von Mangoldt, Hermann / Klein, Friedrich / Starck, Christian: Grundgesetz Kommentar, Band 1, 8. Auflage, München 2023.

Mankowski, Peter: Auswirkungen ausländischer Insolvenzverfahren auf deutsche Steuerforderungen (Teil I), DStR 2019, 1927 ff.

Mann, Thomas: Der Steuerberater als Compliance-Faktor?, DStR 2009, 506 ff.

Mann, Alexander / Staats, Wendelin (Hrsg.): BeckOK AStG, 4. Edition, 1.6.2023, München 2023.

Martens, Joachim: Einführung in die Praxis des Verwaltungsverfahrens, JuS 1978, 607 ff.

Martens, Joachim: Mustertexte zum Verwaltungsprozess (VwGO, FGO, SGG), 2. Auflage, München 1994.

Martens, Joachim: Rechtsanwendung und Rechtsetzung durch Verwaltungsvorschriften, in Grenzen der Rechtsfortbildung durch Rechtsprechung und Verwaltungsvorschriften im Steuerrecht, 2. Jahrestagung der Deutschen Steuerjuristischen Gesellschaft e.V., hrsg. von Tipke/Klaus, Köln 1982, 165 ff.

Martens, Joachim: Die Praxis des Verwaltungsverfahrens, München 1985.

Martens, Joachim: Vergleichsvertrag im Steuerrecht?, StuW 1986, 97 ff.

Martens, Thomas: Die eigenartige Beweislast im Steuerrecht, StuW 1981, 322 ff.

Martin, Suse: Wechselwirkungen zwischen Mitwirkungspflichten und Untersuchungspflicht im finanzgerichtlichen Verfahren, BB 1986, 1021 ff.

Marx, Manfred: Die Notwendigkeit und Tragweite der Untersuchungsmaxime in den Verwaltungsprozessgesetzen (VwGO, SGG, FGO), Frankfurt am Main, New York 1985.

Maunz, Theodor / Dürig, Günter (Hrsg.): Grundgesetz, Kommentar, Loseblatt, Band VII, 99. Lieferung, September 2022, München.

Maurer, Hartmut: Der Verwaltungsvorbehalt, in: Berichte und Diskussionen auf der Tagung der Vereinigung der Deutschen Staatsrechtslehrer in Göttingen vom 3. Oktober bis 6. Oktober 1984 (VVDStRL), Heft 43, Berlin, New York 1985, 137 ff.

Maurer, Hartmut: Der Verwaltungsvertrag – Probleme und Möglichkeiten, in: Verwaltungshandeln durch Verträge und Absprachen, hrsg. von Hill, Hermann, Baden-Baden, 1990, 15 ff.

Maurer, Hartmut / Waldhoff, Christian: Allgemeines Verwaltungsrecht, 21. Auflage, München 2024.

Maurer, Matthias: Der Vergleichsvertrag, Diss. jur. Zürich, Zürich 2012.

Mayer, Otto: Zur Lehre vom öffentlichen Vertrage, AöR 3 (1888), 3 ff.

Mayer, Otto: Deutsches Verwaltungsrecht, Band I, 3. Auflage, Berlin 1924.

Meier, Norbert: Sind Vergleichsverträge über den Erlaß von Gewerbesteuern zulässig, KStZ 1997, 152 ff.

Metz: Steuervereinbarungen und Steuervergleiche nach dem deutschen Steuerrechte, Mitteilungen des Steuerstelle des Reichsverbandes der Deutschen Industrie 1931, 480 ff.

Meyding, Dietrich / Bühler, Wilhelm: Wertungsspielräume im Steuerrecht – Möglichkeiten und Grenzen für eine einvernehmliche Fallbehandlung im Zusammenwirken von Finanzamt und Steuerberater, DStR 1991, 488 ff.

Meyding, Dietrich: Vereinfachender Gesetzesvollzug durch die Verwaltung, in: Steuervereinfachung, 22. Jahrestagung der Deutschen Steuerjuristischen Gesellschaft e.V., hrsg. von Fischer, Peter, Köln 1998, 219 ff.

Meyer, Hans: Das neue öffentliche Vertragsrecht und die Leistungsstörungen, NJW 1978, 1705 ff.

Meyer, Hans / Borgs-Maciejewski: Verwaltungsverfahrensgesetz, 2. Auflage, Frankfurt am Main 1982.

Meyer-Hesemann, Wolfgang: Die Zulässigkeit gesetzesinkongruenter verwaltungsrechtlicher Vergleichsverträge und Prozeßvergleiche, DVBl. 1980, 869 ff.

Meyer-Ladewig, Jens: Aktualität einer Vereinheitlichung des Prozessrechts, NVwZ 2007, 1262 ff.

Meyer-Ladewig, Jens / Keller, Wolfgang / Leitherer, Stephan / Schmidt, Benjamin: Sozialgerichtsgesetz, 14. Auflage, München 2023; zitiert: Bearbeiter in MKLS, SGG.

Mohr, Hartmut: Austauschverträge mit Steuerbehörden, NJW 1978, 790 ff.

Mösbauer, Heinz: Die tatsächliche Verständigung – ein vages Beweismittel-Surrogat im Besteuerungsverfahren, BB 2003, 1037 ff.

Mössner, Jörg / Baumhoff, Hubertus / Greif, Martin (Hrsg.): Steuerrecht international tätiger Unternehmen, 6. Auflage, Köln 2023.

Mülhausen, Dieter: Das Verständigungsverfahren im deutschen internationalen Steuerrecht, Berlin 1976.

Müller-Franken, Sebastian: Maßvolles Verwalten: Effiziente Verwaltung im System exekutiver Handlungsmaßstäbe am Beispiel eines maßvollen Gesetzesvollzugs im Steuerrecht, Habil. Passau, Tübingen 2004.

Müller-Franken, Sebastian: Grundfragen des Besteuerungsverfahrens, Anforderungen des Rechts an die Digitalisierung der Gewinnung und Verarbeitung von Informationen im Steuerrecht, StuW 2018, 113 ff.

Musielak, Hans-Joachim / Voit, Wolfgang: Zivilprozessordnung, mit Gerichtsverfassungsgesetz, Kommentar, 20. Auflage, München 2023.

Mutze, Otto: Das Zivilrecht in der Steuer- und Wirtschaftspraxis, Köln 1962.

Nagel, Sybille / Waza, Thomas: Risikomanagement beim Steuervollzug – ein Weg aus der Krise, DStZ 2008, 321 ff.

Naumann, Richard: Einheitliches Verwaltungsgerichtsgesetz, Die Verwaltung (3) 1970, 199 ff.

Naumann, Manfred: Seminar J: „Tax Rulings" international, IStR 2011, 683 ff.

Nieland, Michael: Die Beendigung des finanzgerichtlichen Verfahrens, Hinweise zur Abgabe der richtigen Prozesserklärungen, AO-StB 2002, 26 ff.

Nieland, Michael: Richterliche Hinweis- und Fürsorgepflichten im finanzgerichtlichen Verfahren: Ein Instrument zur Gewährleistung eines fairen Verfahrens, AO-StB 2004, 253 ff.

Niemann, Walter / Dodos, Panagiotis: Tax Compliance Management System, Regelungen und Arbeitshilfen, 2. Auflage, München 2021.

Nierhaus, Michael: Beweismaß und Beweislast, Untersuchungsgrundsatz und Beteiligtenmitwirkung im Verwaltungsprozess, Habil. Köln, München 1989.

Obermayer, Klaus / Funke-Kaiser, Michael: VwVfG, Kommentar zum Verwaltungsverfahrensgesetz, 6. Auflage, Hürth 2021.

OECD/G20 BEPS Statement on a Two-Pillar Solution, Tax certainty. Abrufbar unter https://www.oecd.org/tax/beps/statement-on-a-two-pillar-solut

ion-to-address-the-tax-challenges-arising-from-the-digitalisation-of-the-economy-october-2021.pdf, zuletzt aufgerufen am 27.5.2022.

Offerhaus, Klaus: Die tatsächliche Verständigung – Voraussetzungen und Wirkung, DStR 2001, 2093 ff.

Ory, Stephan / Weth, Stephan (Hrsg.): juris Praxiskommentar Elektronischer Rechtsverkehr, Band 3 – Öffentlich-rechtliche Verfahren, Saarbrücken 2020.

Osterloh, Lerke: Gesetzesbindung und Typisierungsspielräume bei der Anwendung der Steuergesetze, Habil. Berlin, Baden-Baden 1992.

Osterloh, Lerke: Methodenprobleme im Steuerrecht, in: Jahrbuch des öffentlichen Rechts der Gegenwart, Band 56, hrsg. von Häberle, Peter, Tübingen 2008.

Pakeerut, Worachet: Die Entwicklung der Dogmatik des verwaltungsrechtlichen Vertrages, Diss. jur. Göttingen, Berlin 2000.

Papier, Hans-Jürgen: Die finanzrechtlichen Gesetzesvorbehalte und das grundgesetzliche Demokratieprinzip: Zugleich ein Beitrag zur Lehre von den Rechtsformen der Grundrechtseingriffe, Habil. Berlin, Berlin 1973.

Papperitz, Günter: Gegenstand der Schlußbesprechung im Rahmen der steuerlichen Außenprüfung, StBp 1985, 241 ff.

Paul, Stefan: Mediation – Ein Thema für Finanzgerichte?, DStR 2008, 1111 ff.

Paulick, Heinz: Steuervereinbarungen und Vergleiche im Steuerrecht – BVerwGE 8, 329; JuS 1966, 21 ff.

Pauly, Walter: Grundlagen einer Handlungsformenlehre, in: Wandel der Handlungsformen im Öffentlichen Recht, hrsg. von Becker-Schwarze, Kathrin / Köck, Wolfgang / Kupka, Thomas / von Schwanenflügel, Matthias, 31. Tagung der Wissenschaftlichen Mitarbeiterinnen und Mitarbeiter der Fachrichtung „Öffentliches Recht", Bremen 1991, 31 ff.

Pautsch, Arne / Hoffmann, Lutz: VwVfG (Hrsg.): Verwaltungsverfahrensgesetz, Kommentar, 2. Auflage, Berlin 2021.

Payandeh, Mehrdad: Verwaltungsvertrag und Verwaltungsaktbefugnis, DÖV 2012, 590 ff.

Payandeh, Mehrdad: Judikative Rechtserzeugung, Theorie, Dogmatik und Methodik der Wirkungen von Präjudizien, Habil. Düsseldorf, Tübingen 2017.

Pelka, Jürgen: Rechtsanwendung und Rechtsetzung durch Verwaltungsvorschriften zum Einkommensteuerrecht und zum Bewertungsrecht, in: Grenzen der Rechtsfortbildung durch Rechtsprechung und Verwaltungsvorschriften im Steuerrecht, 2. Jahrestagung der Deutschen Steuerjuristischen Gesellschaft e.V., hrsg. von Tipke/Klaus, Köln 1982, 209 ff.

Pezzer, Heinz-Jürgen: Finanzgerichtsbarkeit im gewaltengeteilten Verfassungsstaat, DStR 2004, 525 ff.

Pflaum, Ulrich: Kooperative Gesamtbereinigung von Besteuerungs- und Steuerstrafverfahren, Die Verbindung von steuerrechtlicher und strafprozessualer Verständigung, Diss. jur. Bayreuth, Berlin 2010.

Pflaum, Ulrich: Außenprüfung und Mediation, StBp 2013, 105 ff.

Pflaum, Ulrich: Mitwirkungspflichten bei der Außenprüfung und Folgen ihrer Verletzung, StBp 2021, 222 ff.

Pieske-Kontny, Detlef: Die Schlussbesprechung gemäß § 201 AO, StBp 2020, 210 ff.

Posser, Herbert / Wolff, Heinrich Amadeus: BeckOK VwGO, 65. Edition, 1.4.2023, München 2023.

Poschenrieder, Anna Sophie: Außergerichtliche Vorverfahren im Verwaltungsrecht: Das Widerspruchsverfahren im allgemeinen Verwaltungsrecht, das Einspruchsverfahren im Steuerrecht und das Widerspruchsverfahren im Sozialrecht, Diss. jur. Berlin, Berlin 2019.

Prömse, Detlef: Die Erledigung der Hauptsache im Verfahren nach der Finanzgerichtsordnung, Diss. jur. Köln, Tübingen 1973.

Puhl, Thomas: Besteuerungsverfahren und Verfassung (Teil I), DStR 1991, 1141 ff.

Pump, Hermann: Der Verrechnungsvertrag gemäß § 226 AO, DStR 1987, 616 ff.

Punke, Jürgen: Verwaltungshandeln durch Vertrag, Diss. jur. Kiel, Kiel 1989.

Puscher, Reinhard: Advance Pricing Agreements, in: Doppelbesteuerung, Zum 75. Geburtstag von Franz Wassermeyer, 75 Beiträge zum Recht der DBA, Eine Festgabe, München 2015, 519 ff.

Püttner, Günter: Wider den öffentlich-rechtlichen Vertrag zwischen Staat und Bürger, DVBl. 1982, 122 ff.

Rainer, Sebastian: Der Weg zum steuerlichen innerbetrieblichen Kontrollsystem aus kommunaler Sicht: Eine empirische Untersuchung zur Etablierung eines Tax Compliance Management Systems, Diss. jur. Speyer, Wiesbaden 2021.

Rakete-Dombek, Ingeborg: Die Angst des Richters vor der Haftung, Mitteilungs- und Belehrungspflichten bei gerichtlichen Vergleichen, NJW 2012, 1689 ff.

Rasch, Stephan: Verwaltungsgrundsätze 2020 – Wird das normierte System der Schätzung außer Kraft gesetzt?, Erwiderung auf Melan, DStR 2021, 1394, DStR 2021, 1739 ff.

Rathjen, Peter: Zur Zulässigkeit von Vereinbarungen bei der Gewerbesteuer, DStR 1977, 472 ff.

Raupach, Arndt: Kooperatives Verwaltungshandeln im Besteuerungsverfahren, Referate und Diskussionsbeiträge zum 4. Münsteraner Symposium am

8.11.1996, hrsg. vom Institut für Steuerrecht der Westfälischen Wilhelms-Universität Münster, 37 ff.

Raupach, Arndt: Steuervereinfachung durch die Rechtsprechung?, in: Steuervereinfachung, Veröffentlichungen der Deutschen Steuerjuristischen Gesellschaft e.V., hrsg. von Fischer, Peter, Köln 1998, 175 ff.

Redeker, Konrad: Vereinheitlichung der öffentlich-rechtlichen Gerichtsbarkeiten? NJW 2004, 496 ff.

Redeker, Konrad / von Oertzen, Hans-Joachim (Begr.): Verwaltungsgerichtsordnung, Kommentar, 17. Auflage, Stuttgart 2021.

Reiß, Wolfram: Steuer gegen Strafe, Tatsächliche Verständigung zur Gesamtbereinigung von Besteuerungs- und Strafverfahren, in: Festschrift für Gerald Grünwald zum siebzigsten Geburtstag, hrsg. von Samson, Erich / Dencker, Friedrich / Frisch, Peter / Frister, Helmut /Reiß, Wolfram, Baden-Baden 1999, 495 ff.

Riegel, Martin / Amler, Falk: Die tatsächliche Verständigung – Entfallen der Bindungswirkung bei Fehlen oder Wegfall der Geschäftsgrundlage, BB 2018, 605 ff.

Ringelspacher, Eva / Heidenfelder, Petra: Sanierungsmoderation, ZRI 2021, 527 ff.

Risse, Robert: Steuercontrolling und Reporting, Tax Compliance, Prozessmanagement, Steuerplanung und Konzernsteuerquote, 2. Auflage, Wiesbaden 2015.

Risse, Robert: Die digitalisierte Tax Compliance: Anforderungen und Lösungsansätze dargestellt anhand von Praxisbeispielen, in: Globalisiertes Steuerrecht – Anspruch und Verantwortung, Festschrift für Heinz Kroppen zum 60. Geburtstag, hrsg. von Seer, Roman / Lüdicke, Jürgen / Rasch, Stephan, Köln 2020, 65 ff.

Roth, David: Drohung durch Steuerfahndung: Anfechtung der tatsächlichen Verständigung? AO-StB 2012, 213 ff.

Roth, David: Verständigungen in Steuer(straf)verfahren, Stbg 2017, 124 ff.

Roth, Jan: Insolvenz im Steuerrecht, Insolvenzrechtliche Implikationen im Steuerrecht, 3. Auflage, Köln 2021.

Rößler, Gerhard: Die tatsächliche Verständigung im Steuerrecht – Anmerkungen zum Urteil des BFH vom 11.12.1984 VIII R 151/76 –, DB 1985, 1861 ff.

Rößler, Gerhard: Nochmals: Die Praxis der Tatsächlichen Verständigung im Steuerverfahren – Betrachtungen zu den Ausführungen Wieses in DStZ 1997, 745 zum BFH-Urteil vom 31. Juli 1996 XI R 78/95 in DStZ 1997, 127; BStBl II 1996, 625 –, DStZ 1998, 168 ff.

Rüfner, Wolfgang: Verhinderung von Grundsatzentscheidungen und Nichtanwendung von Urteilen durch betroffene Verwaltung und Verbände, DRiZ 1992, 457 ff.

Rüll, David: Die Streitbeilegungsrichtlinie und ihre Umsetzung in Deutschland, IStR 2019, 728 ff.

Ruppe, Hans-Georg: Einfachgesetzliche Ansätze und verfassungsrechtliche Grenzen von Vergleichen im österreichischen Abgabenrecht, in: Leitner, Roman / Dannecker, Gerhard (Hrsg.): Aktuelles zum Finanzstrafrecht, Beiträge der Finanzstrafrechtlichen Tagung Linz 2002, 9 ff.

Säcker, Franz Jürgen / Rixecker, Roland / Oetker, Hartmut / Limperg, Bettina (Hrsg.): Münchener Kommentar zum Bürgerlichen Gesetzbuch, Band 7, 8. Auflage, München 2020; Bearbeiter in MüKo BGB.

Saenger, Ingo (Hrsg.): Zivilprozessordnung, Familienverfahren, Gerichtsverfassung, Europäisches Verfahrensrecht, Handkommentar, 10. Auflage, Baden-Baden 2023; zitiert: Bearbeiter in Hk-ZPO.

Salditt, Franz: Über die Relevanz des Verifikationsprinzips für den Tatbestand der Steuerhinterziehung, wistra 2021, 217 ff.

Salzwedel, Jürgen: Die Grenzen der Zulässigkeit des öffentlich-rechtlichen Vertrages: Eine Untersuchung über den Begriff des öffentlich-rechtlichen Vertrages und die Systematik seiner Erscheinungsformen sowie über die Grenzen seiner Zulässigkeit unter besonderer Berücksichtigung der sogenannten Katasterabkommen der gewerblichen Berufsgenossenschaften, Diss. jur. Köln, Berlin 1958.

Sangmeister, Bernd: Bindung des Finanzamts an eine Zusage, DStZ 1987, 235 ff.

Sangmeister, Bernd: Pacta sunt servanda – oder die Pflicht zur Einhaltung einer tatsächlichen Verständigung, BB 1988, 609 ff.

Sangmeister, Bernd: Die Zulässigkeit des Tatsachenvergleichs im Steuerprozeß und in anderen gerichtlichen Verfahren, BB 1988, 2289 ff.

Schäfer, Lars: Mediation im öffentlichen Bereich braucht gesetzliche Regeln, NVwZ 2006, 39 ff.

Schaumburg, Heide: Die mündliche Verhandlung vor dem Finanzgericht, in: Steuerzentrierte Rechtsberatung, Festschrift für Harald Schaumburg zum 65. Geburtstag, hrsg. von Spindler, Wolfgang / Tipke, Klaus / Rödder, Thomas, Köln 2009, 111 ff.

Schaumburg, Heide / Hendricks, Michael: Steuerrechtsschutz, 4. Auflage, Köln 2018.

Schaumburg, Harald (Hrsg.) / *Englisch, Joachim*: Internationales Steuerrecht, 2. Auflage, Köln 2020.

Scherzberg, Arno: Grundfragen des verwaltungsrechtlichen Vertrages, JuS 1992, 205 ff.

Schick, Walter: Vergleiche und sonstige Vereinbarungen zwischen Staat und Bürger im Steuerrecht, München 1967.

Schimpf, Christian: Der verwaltungsrechtliche Vertrag unter besonderer Berücksichtigung seiner Rechtswidrigkeit, Diss. jur. Berlin, Berlin 1982.

Schlegel, Rainer / Voelzke, Thomas (Hrsg.): Sozialgesetzbuch Zehntes Buch (SGB X), Sozialverwaltungsverfahren und Sozialdatenschutz, juris Praxiskommentar SGB: Sozialgesetzbuch Zehntes Buch (SGB X), Sozialverwaltungsverfahren und Sozialdatenschutz, 3. Auflage, Stand 2023; zitiert: Bearbeiter in Schlegel / Voelzke, jurisPK-SGB X.

Schlette, Volker: Die Verwaltung als Vertragspartner: Empirie und Dogmatik verwaltungsrechtlicher Vereinbarungen zwischen Behörde und Bürger, Habil. Göttingen, Tübingen 2000.

Schmidt-Aßmannn, Eberhard: Die Lehre von den Rechtsformen des Verwaltungshandelns – Ihre Bedeutung im System des Verwaltungsrechts und für das verwaltungsrechtliche Denken der Gegenwart –, DVBl. 1989, 533 ff.

Schmidt-Aßmannn, Eberhard: Das Recht der Verwaltungsverträge zwischen gesetzlicher Bindung und administrativer Gestaltung, in: Festschrift für Heinrich Wilhelm Kruse zum siebzigsten Geburtstag, hrsg. von Drenseck, Walter / Seer, Roman, Köln 2001, 65 ff.

Schmidt-Aßmann, Eberhard: Das allgemeine Verwaltungsrecht als Ordnungsidee, Grundlagen und Aufgaben der verwaltungsrechtlichen Systembildung, 2. Auflage, Berlin/Heidelberg, 2006.

Schmidt-Salzer, Joachim: Tatsächlich ausgehandelter Verwaltungsakt, zweiseitiger Verwaltungsakt und verwaltungsgerichtlicher Vertrag, VerwArch 1971, 135 ff.

Schmitt, Olaf: Verfahrensbeendigung durch Prozessvergleich, NZS 2020, 649 ff.

Schmitz, Heribert: „Die Verträge sollen sicherer werden" – Zur Novellierung der Vorschriften über den öffentlich-rechtlichen Vertrag, DVBl. 2005, 17 ff.

Schmitz-Herscheidt, Fabian: Erfolgreich im finanzgerichtlichen Verfahren: Der Erörterungstermin – Über den Nutzen eines finanzgerichtlichen Erörterungstermins am Beispiel einer vGA –, Stbg 2020, 400 ff.

Schoch, Friedrich / Schneider, Jens-Peter: Verwaltungsgerichtsordnung, Kommentar, Band II, Loseblatt, 43. Ergänzungslieferung, Juli 2022, München.

Scholz, Rupert: Verwaltungsverantwortung und Verwaltungsgerichtsbarkeit, in: Berichte und Diskussionen auf der Tagung der Vereinigung der Deutschen Staatsrechtslehrer in Augsburg vom 1. bis 4. Oktober 1975 (VVDStRL), Heft 34, Berlin/New York 1976, 146 ff.

Schön, Wolfgang: Legalität, Gestaltungsfreiheit und Belastungsgleichheit als Grundlage des Steuerrechts, in: Gestaltungsfreiheit und Gestaltungsmissbrauch im Steuerrecht, 34. Jahrestagung der Deutschen Steuerjuristischen Gesellschaft e.V., hrsg. von Hüttemann, Rainer, Köln 2010, 29 ff.

Schönfeld, Jens / Ditz, Xaver (Hrsg.): Doppelbesteuerungsabkommen, 2. Auflage, Köln 2019.

Schramm, Lennart Friedemann: Richterliche Pflichten und Haftung beim Prozessvergleich der ZPO, Diss. jur. Passau, Berlin 2015.

Schröder, Jörg: Der Prozeßvergleich in den verwaltungsgerichtlichen Verfahrensarten, Diss. jur. Köln, Berlin 1978.

Schuhmann, Helmut: Die tatsächliche Verständigung im Steuerverfahren, DStZ 1995, 34 ff.

Schultheiß, Tilman: Der Prozessvergleich – typische Fallkonstellationen im Assessorexamen, JuS 2015, 318 ff.

Schuster, Silvia: Rechtsinstitut der sog. tatsächlichen Verständigung im Steuerrecht, DStZ 2018, 719 ff.

Schütze, Bernd (Hrsg.): SGB X, Sozialverwaltungsverfahren und Sozialdatenschutz, Kommentar, 9. Auflage, München 2020.

Schwarz, Bernhard / Pahlke, Armin: Kommentar zur Abgabenordnung/Finanzgerichtsordnung, Loseblatt, 207. Aktualisierung 2022, Freiburg; zitiert: Bearbeiter in SP, AO/FGO.

Schwarze, Jürgen: Der funktionale Zusammenhang von Verwaltungsverfahrensrecht und verwaltungsgerichtlichem Rechtsschutz, Berlin 1974.

Seer, Roman: Der Einsatz von Prüfungsbeamten durch das Finanzgericht: Zulässigkeit und Grenzen der Delegation richterlicher Sachaufklärung auf nichtrichterliche Personen, Diss. jur. Köln, Berlin 1993.

Seer, Roman: Vergleiche und sonstige Verständigungen im deutschen Steuerrecht, StuW 1995, 213 ff.

Seer, Roman: Verständigungen in Steuerverfahren, Habil. Köln, Köln 1996.

Seer, Roman: Kooperatives Verwaltungshandeln im Besteuerungsverfahren, Referate und Diskussionsbeiträge zum 4. Münsteraner Symposium am 8.11.1996, hrsg. vom Institut für Steuerrecht der Westfälischen Wilhelms-Universität Münster, 70 ff.

Seer, Roman: Möglichkeiten und Grenzen eines „maßvollen Gesetzesvollzugs durch die Finanzverwaltung", FR 1997, 553 ff.

Seer, Roman: Das Rechtsinstitut der sog. tatsächlichen Verständigung im Steuerrecht, BB 1999, 78 ff.

Seer, Roman: Konsensuales Steuerrecht – Wider die Denkverbote!, in: Staaten und Steuern, Festschrift für Klaus Vogel zum 70. Geburtstag, hrsg. von Kirchhof, Paul / Lehner, Moris, Raupach, Arndt / Rodi, Michel, Heidelberg 2000.

Seer, Roman: Konsensuale Paketlösungen im Steuerstrafverfahren, in: Festschrift für Günter Kohlmann zum 70. Geburtstag, hrsg. von Hirsch, Hans Joachim / Wolter, Jürgen / Brauns, Uwe, Köln 2003, 535 ff.

Seer, Roman: Reform des Veranlagungsverfahrens, StuW 2003, 40 ff.

Seer, Roman: Reform der Steuerveranlagung, in Steuerberater-Jahrbuch 2004/ 2005, hrsg. im Auftrag des Fachinstituts der Steuerberater von Herzig, Norbert / Günkel, Manfred / Niemann, Ursula, Köln 2005, 53 ff.

Seer, Roman: Der Vollzug von Steuergesetzen unter den Bedingungen der Massenverwaltung, in: Steuervollzug im Rechtsstaat, 32. Jahrestagung der Deutschen Steuerjuristischen Gesellschaft e.V., hrsg. von Werner Widmann, Köln 2008, 7 ff.

Seer, Roman: Die Rolle des Steuerberaters in einer elektronischen Finanzverwaltung, DStR 2008, 1553 ff.

Seer, Roman: Steuerverfahrensrechtliche Bewältigung grenzüberschreitender Sachverhalte, in: Steuerzentrierte Rechtsberatung, Festschrift für Harald Schaumburg zum 65. Geburtstag, hrsg. von Spindler, Wolfgang / Tipke, Klaus / Rödder, Thomas, Köln 2009, 151 ff.

Seer, Roman: Der Untersuchungsgrundsatz im heutigen Besteuerungsverfahren, SteuerStud 2010, 369 ff.

Seer, Roman: Besteuerungsverfahren im 21. Jahrhundert, FR 2012, 1000 ff.

Seer, Roman: Besteuerungsverfahren, in: Leitgedanken des Rechts, Paul Kirchhof zum 70. Geburtstag, Band II, Staat und Bürger, hrsg. von Kube, Hanno / Mellinghoff, Rudolf / Morgenthaler, Gerd / Palm, Ulrich / Puhl, Thomas / Seiler, Christian, Heidelberg (u.a.) 2013, 1765 ff.

Seer, Roman: Selbstveranlagung – Wegfall des Amtsermittlungsgrundsatzes, in: DWS-Symposium 2014, hrsg. vom Deutschen wissenschaftlichen Institut der Steuerberater e.V., DWS Schriftenreihe Nr. 30, 7 ff.

Seer, Roman: Modernisierung des Besteuerungsverfahrens, StuW 2015, 315 ff.

Seer, Roman: Verständigungen an der Schnittstelle von Steuer – und Steuerstrafverfahren, BB 2015, 214 ff.

Seer, Roman: Entwicklungen und Zukunftsfragen des Steuerverfahrensrechts, in: 100 Jahre Steuerrechtsprechung in Deutschland 1918–2018: Festschrift für den Bundesfinanzhof, hrsg. von Drüen, Klaus-Dieter / Hey, Johanna / Mellinghoff, Rudolf, Band II, Köln 2018, 1717 ff.

Seiler, Christian: Der einheitliche Parlamentsvorbehalt, Diss. jur. Heidelberg, Berlin 2000.

Selmer, Peter: Zur Tatbestandsmäßigkeit öffentlich-rechtlicher Geldleistungspflichten: Zugleich ein Beitrag zum Verfassungsbegriff der öffentlichen Abgabe, in: Die Ordnung der Freiheit, Festschrift für Christian Starck zum siebzigsten Geburtstag, hrsg. von Grote, Rainer / Härtel, Ines / Hain, Karl-E. / Schmidt, Thorsten Ingo / Schmitz, Thomas / Folke Schuppert, Gunnar / Winterhoff, Christian, Tübingen 2007, 435 ff.

Siegel, Thorsten: Der virtuelle Verwaltungsakt, VerwArch. 2014.

Skauradszum, Dominik / Fridgen, Alexander (Hrsg.): BeckOK StaRUG, 9. Edition, 17.7.2023, München 2023.

Sodan, Helge / Ziekow, Jan: Verwaltungsgerichtsordnung, Großkommentar, 5. Auflage, Baden-Baden 2018.

Söhn, Hartmut: Steuervereinbarungen und Verfassungsrecht, in: Staat, Wirtschaft, Finanzverfassung, Festschrift für Peter Selmer zum 70. Geburtstag, hrsg. von Osterloh, Lerke / Schmidt, Karsten / Weber, Hermann, Berlin 2004, 911 ff.

Sonnleitner, Wolfang / Witfeld, Alexander (Hrsg.): Insolvenzsteuerrecht unter besonderer Berücksichtigung des Insolvenzplanverfahrens, 2. Auflage, München 2022.

Sontheimer, Jürgen: Der verwaltungsrechtliche Vertrag im Steuerrecht, Diss. jur. Heidelberg, Köln 1987.

Spannowsky, Willi: Grenzen des Verwaltungshandelns durch Verträge und Absprachen, Habil. Tübingen, Berlin 1994.

Spilker, Bettina: Behördliche Amtsermittlung, Habil. Münster, Tübingen 2015.

Spilker, Bettina: Abgabenrechtliches Mitwirkungssystem im Spannungsverhältnis mit dem Nemo-tenetur-Grundsatz, DB 2016, 1842 ff.

Spindler, Wolfgang: Der Nichtanwendungserlass im Steuerrecht, DStR 2007, 1061 ff.

Spohr, Werner: Vereinbarungen und Vergleiche im Steuerrecht, Industrie und Steuer 1938, 164 ff.

Stadie, Holger: Der Begriff des „Beteiligten“ im Sinne der Abgabenordnung 1977, BB 1977, 1648 ff.

Statistisches Bundesamt Finanzgerichte. Abrufbar unter https://www.destatis.de/DE/Themen/Staat/Justiz-Rechtspflege/Publikationen/Downloads-Gerichte/finanzgerichte-2100250207004.html zuletzt aufgerufen am 1.2.2021.

Statistisches Bundesamt Sozialgerichte. Abrufbar unter https://www.destatis.de/DE/Themen/Staat/Justiz-Rechtspflege/Publikationen/Downloads-Gerichte/sozialgerichte-2100270207004.html, zuletzt aufgerufen am 1.2.2021.

Statistisches Bundesamt Verwaltungsgerichte. Abrufbar unter https://www.destatis.de/DE/Themen/Staat/Justiz-Rechtspflege/Publikationen/Downloads-Gerichte/verwaltungsgerichte-2100240207004.html, zuletzt aufgerufen am 1.2.2021.

Staudinger, Julius: Kommentar zum Bürgerlichen Gesetzbuch, Staudinger BGB, Buch 2: Recht der Schuldverhältnisse, Neubearbeitung 2020, Berlin.

Stein, Ekkehart: Der Verwaltungsvertrag und die Gesetzmäßigkeit der Verwaltung, AöR 1961, 320 ff.

Steinbeiß-Winkelmann, Christine / Ott, Georg: Das Widerspruchsverfahren als Voraussetzung des Gerichtszugangs in VwGO, FGO, SGG, NVwZ 2011, 914 ff.

Steinhauff, Dieter: Der Güterichter im Finanzgerichtsprozess, SteuK 2013, 160 ff.

Stelkens, Paul / Bonk, Joachim / Sachs, Michael: Verwaltungsverfahrensgesetz, 10. Auflage, München 2023.

Stern, Klaus: Zur Grundlegung einer Lehre des öffentlich-rechtlichen Vertrages, VerwArch. 1958, 106 ff.

Stern, Klaus / Sachs, Michael / Dietlein, Johannes (Hrsg.): Das Staatsrecht der Bundesrepublik Deutschland, Band IV/2, Die einzelnen Grundrechte, Freiheit der politischen Betätigung – Kultur – Schule und Bildung – Kunst und Wissenschaft – Religion, Kirchen, Religions- und Weltanschauungsgemeinschaften – Gleichheitssätze – Rechtsschutz und Staatshaftung, München 2011.

Stiewe, Susanne: Die verfahrensrechtliche Umsetzung internationaler Verständigungsvereinbarungen (§ 175a AO), Diss. jur. Bochum, Frankfurt a.M. 2011.

Stöber, Michael: Anzeigepflichten in Bezug auf Steuergestaltungen im deutschen und europäischen Recht, BB 2018, 1559 ff.

Stolterfoht, Joachim: Vereinfachender Gesetzesvollzug durch die Verwaltung – Die Verständigungsvereinbarung als Methodenproblem –, in: Steuervereinfachung, 22. Jahrestagung der Deutschen Steuerjuristischen Gesellschaft e.V., hrsg. von Fischer, Peter, Köln 1998, 233 ff.

Storr, Stefan / Schröder, Rainer: Allgemeines Verwaltungsrecht, 2. Auflage, Stuttgart 2021.

Streck, Michael: Die tatsächliche Verständigung in der Praxis, StuW 1993, 366 ff.

Streck, Michael: Der Rechtsschutz in Steuersachen, in: Steuervollzug im Rechtsstaat, 18. Jahrestagung der Deutschen Steuerjuristischen Gesellschaft e.V., hrsg. von Widmann, Werner, Köln 1995, 173 ff.

Streck, Michael: Die anwaltliche Sicht des Steuerprozesses, NJW 2001, 1541 ff.

Streck, Michael / Binnewies, Burkhard: Tax Compliance, DStR 2009, 229 ff.

Streck, Michael / Kamps, Heinz-Willi: Die Außenprüfung, 3. Auflage, Köln 2017.

von Streit, Georg / Streit, Thomas: Ist die Höhe der Aussetzungszinsen tatsächlich verfassungskonform?, DStR 2022, 121.

Strotkemper, Noemi: Das Spannungsverhältnis zwischen Schiedsverfahren in Steuersachen und einem Internationalen Steuergerichtshof: Möglichkeiten zur Verbesserung der Streitbeilegung im Internationalen Steuerrecht, Diss. jur. Heidelberg, Baden-Baden 2017.

Strunk, Günther / Kaminski, Bert / Köhler, Stefan (Hrsg.): Außensteuergesetz/ Doppelbesteuerungsabkommen, Kommentar, Loseblatt, 65. Lieferung, 1.5.2023, Bonn.

Stüer, Bernhard / Hermanns, Caspar David: Verwaltungs-, Sozial- und Finanzgerichtsbarkeit unter einem Dach, Gerichtsorganisation und Prozessrecht auf dem Prüfstand, ZRP 2002, 164 ff.

Stürner, Rolf / Eidenmüller, Horst / Schoppmeyer, Heinrich (Hrsg.): Münchener Kommentar zur Insolvenzordnung, Band 3, 4. Auflage, München 2020.

Suchan, Franz-Martin: Materiell-rechtliche Probleme des verwaltungsgerichtlichen Vergleichs im Subordinationsverhältnis, Diss. jur. Frankfurt a.M., Frankfurt a.M. 1973.

Suck, Jendrik: Das Nichtanwendungsgesetz als Instrument der Steuerpolitik, Diss. jur. Bochum, Berlin (u.a.) 2018.

Tabbara, Annette: Zusammenführung oder Einverleibung? – Die Sozialgerichtsbarkeit und ihr Verhältnis zur Verwaltungsgerichtsbarkeit, NZS 2009, 483 ff.

Thole, Christoph: Der Entwurf des Unternehmensstabilisierungs- und restrukturierungsgesetz (StaRUG-RefE), TIP 2020, 1985 ff.

Thomas, Ernst-Günter: Die Vollstreckung verwaltungsgerichtlicher Entscheidungen, BayVBl. 1967, 335 ff.

Tipke, Klaus: Über Schätzung im Verwaltungsverfahren und im Verwaltungsprozeß, VerwArch. 1969, 136 ff.

Tipke, Klaus / Lang, Joachim: Steuerrecht, Ein systematischer Grundriß, 12. Auflage, Köln 1989.

Tipke, Klaus: Die Steuerrechtsordnung, Band 3, 2. Auflage, Köln 2012; zitiert: Tipke, Die Steuerrechtsordnung III.

Tipke, Klaus: Mehr oder weniger Gestaltungsfreiheit für den Steuergesetzgeber? Erörtert unter besonderer Berücksichtigung zweier Beiträge von Prof. Dr. Michael Droege und Prof. Dr. Andreas Musil über Zukunftsfragen der deutschen Steuergesetzgebung, StuW 2017, 273 ff.

Tipke, Klaus / Kruse, Heinrich Wilhelm: Abgabenordnung, Finanzgerichtsordnung, Loseblatt, 176. Ergänzungslieferung, Juli 2023, Köln: zitiert: Bearbeiter in: Tipke/Kruse, AO/FGO.

Tipke, Klaus / Lang, Joachim: Steuerrecht, 24. Auflage, Köln 2021.

Treffer, Christian: Der Prozeßvergleich, MDR 1999, 520 ff.

Tschaschnig, Ingo: Die Nichtigkeit subordinationsrechtlicher Verträge nach dem Verwaltungsverfahrensgesetzes: Die §§ 54 ff. VwVfG im Spannungsfeld von Vertragsfreiheit und Legalitätsprinzip, Diss. jur. Bielefeld, Frankfurt am Main (u.a.) 1984.

Ule: Zum Verhältnis von Zivilprozeß und Verwaltungsprozeß, DVBl. 1954, 137 ff.

Ule, Carl Hermann: Für ein einheitliches Verwaltungsgerichtsgesetz, NJW 1968, 967 ff.

Ule, Carl Hermann / Laubinger, Hans-Werner: Verwaltungsverfahrensrecht: Ein Lehrbuch für Studium und Praxis, 4. Auflage, Köln (u.a.) 1995.

von Usslar, Ludolf: Das Verbraucherinsolvenzrecht und seine Bedeutung für den Erlass von Steuerschulden, DStZ 2009, 242 ff.

Versin, Volker: Nichtanwendungserlasse im Lichte der Gewaltenteilung, SteuerStud 2011, 430 ff.

Vogel, Horst: Wertungsdifferenzen zwischen Steuerrecht, Zivilrecht und Strafrecht, NJW 1985, 2986 ff.

Vogel, Klaus: Gesetzgeber und Verwaltung, in: Berichte und Diskussionen auf der Tagung der Vereinigung der Deutschen Staatslehrer in Bayreuth vom 6. bis 9. Oktober (VVDStRL), Heft 24, Berlin 1966, 125 ff.

Vogel, Klaus: Die Besonderheit des Steuerrechts, DStZ/A 1977, 5 ff.

Vogel, Klaus / Lehner, Moris: Doppelbesteuerungsabkommen der Bundesrepublik Deutschland auf dem Gebiet der Steuern vom Einkommen und Vermögen, Kommentar auf der Grundlage der Musterabkommen, 7. Auflage, München 2021.

Vogel, Klaus: Vergleich und Gesetzmäßigkeit der Verwaltung im Steuerecht, Festschrift für Georg Döllerer, hrsg. von Knobbe-Keuk, Brigitte / Klein, Franz / Moxter, Adolf, Düsseldorf 1988, 677 ff.

v. Voigt, Klaus: Auskünfte, Zusagen und Vereinbarungen im Steuerrecht, Diss. jur. Mainz, 1968.

Waechter, Kay: Der öffentlich-rechtliche Vertrag: Zur aktuellen Entwicklung der Handlungsformenlehre, JZ 2006, 166 ff.

Waldhoff, Christian: Herausforderungen des Verfassungsstaats durch die Digitalisierung am Beispiel des Steuerrechts, in: Digitalisierung im Steuerrecht,

43. Jahrestagung der Deutschen Steuerjuristischen Gesellschaft e.V. 2018, hrsg. von Hey, Johanna, Köln 2019, 59 ff.

Walpert, Klaus: Steuerbarkeit der Vermittlung von Sportwetten für einen im EU-Ausland ansässigen Sportwettenveranstalter, UR 2017, 502 ff.

Wassermeyer, Franz: Rechtsschutz des Steuerpflichtgen, DStZ 1985, 159 ff.

Wassermeyer, Franz: Die Außenprüfung im Lichte der Rechtsprechung, Prüfungsvoraussetzungen – Verwertungsverbote – Bindungen an Einigungen u.a., FR 1987, 513 ff.

Wassermeyer, Franz / Baumhoff, Hubertus (Hrsg.): Verrechnungspreise international verbundener Unternehmen, Köln 2014.

Wassermeyer, Franz (Hrsg.): Doppelbesteuerung, Kommentar zu allen deutschen Doppelbesteuerungsabkommen, Band I, Loseblatt, 161. Ergänzungslieferung, April 2023, München.

Waza, Thomas / Uhländer, Christoph / Schmittmann, Jens: Insolvenzen und Steuern: Krise, Sanierung und Restrukturierung, 13. Auflage, Herne 2021.

v. Wedelstädt, Alexander: Tatsächliche Verständigung, Rechtslage, Voraussetzungen, Inhalt, Folgen, DB 1991, 515 ff.

v. Wedelstädt, Alexander: Die tatsächliche Verständigung, AO-StB 2001, 190 ff.

v. Wedelstädt, Alexander: Abschnittsbesteuerung: keine Bindung an frühere Besteuerungsperioden, Trotzdem Wege zur Planungssicherheit?, AO-StB 2013, 219 ff.

v. Wedelstädt, Alexander: Das Gesetz zur Modernisierung des Besteuerungsverfahrens, AO-StB 2016, 196 ff.

Weingarten, Joe: Kooperatives Recht in der Finanzverwaltung, in: Kooperatives Recht, hrsg. von Dose, Nicolai / Voigt, Rüdiger, Baden-Baden 1995, 149 ff.

Weitemeyer, Klaus: Der verwaltungsprozessuale Vergleich, Diss. jur. Frankfurt am Main, Offenbach am Main 1966.

Weisensee, Carl: Auskunft, Zusage und Vereinbarung im Steuerrecht, – Überblick über die gegenwärtige Rechtslage –, DStZ/A 1964, 179 ff.

Westendorf, W.: Die Steuervereinbarung, FinArch. 1934, 333 ff.

Westermann, Eike Christian: Mediation im außergerichtlichen Besteuerungsverfahren, Stbg 2017, 21 ff.

Westermann, Eike Christian: Mediation im Steuerrecht, Stbg 2018, 304 ff.

Wettlaufer, Arno: Die Vollstreckung aus verwaltungs-, sozial- und finanzgerichtlichen Titeln zugunsten der öffentlichen Hand, Diss. jur. Marburg, Berlin 1989.

Widmann, Werner: Die Kooperationsstrategie als Mittel zum gleichmäßigen Vollzug des Steuerrechts im Rahmen der Tax Compliance, in: Festschrift für Wolfgang Spindler zum fünfundsechzigsten Geburtstag, Steuerrecht im Rechtsstaat, hrsg. von Mellinghoff, Rudolf / Schön, Wolfgang / Viskorf, Hermann-Ulrich, Köln 2011, 463 ff.

Wieland, Joachim: Bedeutung der Rechtsprechung des Bundesfinanzhofs für die Finanzverwaltung, DStR 2004, 1 ff.

Wiese, Thomas: Die Bindungswirkung der tatsächlichen Verständigung, BB 1994, 333 ff.

Wilke, Anna: Die Auswirkungen der tatsächlichen Verständigung im Steuerrecht auf das parallel geführte Steuerstrafverfahren, DStR 2018, 108 ff.

Witfeld, Alexander: Aktuelle Steuerrechtsfragen in Krise und Insolvenz, NZI 2021, 821 ff.

Woerner, Lothar: Die Steuerrechtsprechung zwischen Gesetzeskonkretisierung, Gesetzesfortbildung und Gesetzeskorrektur, in: Grenzen der Rechtsfortbildung durch Rechtsprechung und Verwaltungsvorschriften im Steuerrecht, 2. Jahrestagung der Deutschen Steuerjuristischen Gesellschaft e.V., hrsg. von Tipke/Klaus, Köln 1982, 23 ff.

Wolf, Heimke: Verständigungen im Steuerrecht: Bekenntnis zum öffentlich-rechtlichen Vertrag, der auch für Rechtsfragen zulässig ist?, DStZ 1998, 267 ff.

Wolff, Heinrich: Der Vergleichsvertrag wegen Rechtszweifeln, VerwArch. 2017, 197 ff.

Wolff, Hans J. / Bachof, Otto / Stober, Rolf / Kluth, Winfried: Verwaltungsrecht I, 13. Auflage, München 2017.

Wulf, Martin: Erledigungserklärung im FG-Prozess – ratsam vor Erlass von Änderungsbescheiden?, Stbg 2018, 408 f.

Zaumseil, Peter: Tatsächliche Verständigung in Umsatzsteuerfällen, UStB 2009, 39 ff.

Zaumseil, Peter / Stöhr, Afra: Digitale Besteuerung – Anmerkungen zur Modernisierung des Besteuerungsverfahrens, VR 2021, 37 ff.

Ziekow, Jan / Siegel, Thorsten: Entwicklung und Perspektiven des Rechts des öffentlich-rechtlichen Vertrags, VerwArch. 2003, 133 ff., 593 ff.

Ziekow, Jan / Siegel, Thorsten: Entwicklung und Perspektiven des Rechts des öffentlich-rechtlichen Vertrags, VerwArch. 2004, 281 ff., 573 ff.

Ziekow, Jan: Verwaltungsverfahrensgesetz, 4. Auflage, Stuttgart 2020.

Ziemer, Herbert / Birkholz, Hans: Finanzgerichtsordnung, 2. Auflage, München 1970.

Ziemer, Herbert / Haarmann, Hans / Lohse, Christian / Beermann, Albert: Rechtsschutz in Steuersachen, Handbuch des Rechtsschutzes vor Finanzbehörden, Finanzgerichten, dem Bundesfinanzhof und dem Bundesverfassungsgericht, Band 2, Klage, Gerichtsverfahren, Entscheidung, Loseblatt, Bonn 1978.

Zimmerl, Isabella: Joint Tax Audits als Ausgangspunkt zur Effektuierung des Verständigungsverfahrens, Diss. jur. München, München 2021.

Zugmaier, Oliver / Nöcker Gregor (Hrsg.): Abgabenordnung Kommentar, Herne, 2022.

Zöller, Richard (Begr.): Zivilprozessordnung: mit FamFG (§§ 1–185, 200–270) und Gerichtsverfassungsgesetz, den Einführungsgesetzen, mit Internationalem Zivilprozessrecht, EuGVVO und weiteren EU-Verordnungen, Kostenanmerkung, 34. Auflage, Köln 2022.

Finanz- und Steuerrecht in Deutschland und Europa

Herausgegeben von Klaus-Dieter Drüen, Hanno Kube
und Rainer Wernsmann

Band 1 Gordon Dreher: Das Alterseinkünftegesetz. Systematische Darstellung und verfassungsrechtliche Zweifelsfragen. 2007.

Band 2 Nils Meyer-Sandberg: Die Duale Einkommensteuer als Modell ungleicher Besteuerung von Arbeit und Kapital. 2008.

Band 3 Alexander Pfab: Die Behandlung von Bildungsaufwendungen im deutschen Einkommensteuerrecht. 2008.

Band 4 Christian Johannes Müller: Einnahmeverzicht im Einkommensteuerrecht – insbesondere durch verbilligte Wohnungsüberlassung an nahe Angehörige. 2009.

Band 5 Melanie Falkner: Die Einkunftserzielungsabsicht als subjektives Besteuerungsmerkmal. Eine Analyse subjektiver Tatbestandsmerkmale im Steuerrecht. Zugleich ein Beitrag zur Liebhaberei im Steuerrecht. 2009.

Band 6 Steffen Ott: Die Vertreterbetriebsstätte nach OECD-MA. 2009.

Band 7 Christoph Wagner: Steuergleichheit unter Standortvorbehalt? Verfassungsrechtliche Grenzen einer ungleichen Einkommensbesteuerung von Kapital und Arbeit. 2010.

Band 8 Andreas Goetze: Die Ersetzung der sieben Einkunftsarten des EStG durch eine einzige. Zur Gleichheit aller Erwerbsgrundlagen in einem vereinfachten Steuerrecht. 2010.

Band 9 Hanno Kube: Der bundesstaatliche Finanzausgleich. Verfassungsrechtlicher Rahmen, aktuelle Ausgestaltung, Entwicklungsperspektiven. 2011.

Band 10 Katharina Brauer: Abgrenzung der Lebensmittellieferung von der Restaurationsdienstleistung im Umsatzsteuerrecht. 2011.

Band 11 Marc Schubert: Die Verfassungswidrigkeit der Erbschaft- und Schenkungsteuer und die verfassungsrechtlichen Anforderungen an eine Neuregelung. 2011.

Band 12 Martin Rehberg: Der Zuzug und Wegzug von Kapitalgesellschaften in gesellschafts- und steuerrechtlicher Hinsicht. 2011.

Band 13 Dirk Wünschig: Perspektiven eines europarechtskonformen Gemeinnützigkeits- und Zuwendungsrechts. Eine Untersuchung nach „Stauffer“ und „Persche“ bei gleichzeitiger Kritik an der Neufassung des Gemeinnützigkeitsrechts nach dem Jahressteuergesetz 2009. 2011.

Band 14 Sebastian Grimm: Die negative Konkurrentenklage im Steuerrecht. 2011.

Band 15 Arne von Freeden: Minder- und Mehrabführungen nach § 14 Abs. 4, § 27 Abs. 6 KStG. Ausgleichspostenlösung und Einlagelösung. 2011.

Band 16 Anne Keller: Rechtsschutz gegen Maßnahmen der steuerlichen Außenprüfung. 2011.

Band 17 Larissa Maier-Bledjian: Sondervermögen des Bundes. 2011.

Band 18 Philipp Riedl: Die internationale Doppelbesteuerung im EU-Binnenmarkt. 2012.

Band 19 Anna Schwarz: Die Pensionszusage an den Mitunternehmer der Personengesellschaft im Einkommensteuerrecht. 2012.

Band 20 Carsten Höink: Nichtsteuerbare Vermögensübertragungen im Umsatzsteuerrecht. Eine rechtssystematische Analyse der Entwicklung des Rechtsinstituts der Geschäftsveräußerung im Ganzen. 2013.

Band 21 Christian Kniese: Europarechtlicher Rahmen einer steuerlichen Förderung von Forschung und Entwicklung. 2013.

Band 22 Katarina Günther: Vertrauensschutz bei Angaben Dritter im Umsatzsteuerrecht. 2013.

Band 23 Andreas Königer: Ertragsteuerrechtliche Behandlung grenzüberschreitender Spaltungen von Rechtsträgern. Unter besonderer Beachtung der Vorgaben des Unionsrechts. 2014.

Band 24 Matthias Diete: Das obligatorische Schiedsverfahren in der deutschen DBA-Praxis. Erweiterung des zwischenstaatlichen Rechtsschutzes bei Doppelbesteuerungskonflikten. 2014.

Band 25 Friederike Grube: Der Einfluss des unionsrechtlichen Beihilfenverbots auf das deutsche Steuerrecht. Dargestellt an den Beispielen der sogenannten Sanierungsklausel und der Steuervergünstigungen für gemeinnützige Unternehmen. 2014.

Band 26 Tobias Loscher: Präventive Aufsicht der Europäischen Union über den Bundeshaushalt. 2014.

Band 27 Jochen Lutz Tillmanns: Divergenz und Konvergenz von Umsatzsteuer und Einkommensteuer. Zur problematischen Verwendung ertragsteuerlicher Konzepte und Begriffe im Umsatzsteuerrecht. 2015.

Band 28 Cornelia Zirkl: Die Neutralität der Umsatzsteuer als europäisches Besteuerungsprinzip. Inhalt, Herleitung und der Umgang mit Neutralitätsverletzungen. 2015.

Band 29 Matthias Ernst: Die Dienstleistungsbetriebsstätte im Abkommensrecht. Begriffsbestimmung, Abgrenzung und Analyse eines alternativen Betriebsstättentatbestands. 2015.

Band 30 Michael Brandl: Mehrfachansässigkeit im Ertragsteuerrecht. 2016.

Band 31 Stephanie Krebbers-van Heek: Die mitunternehmerische Besteuerung der Komplementäre der Kommanditgesellschaft auf Aktien. 2016.

Band 32 Felix Klemt: Körperschaftsteuerliche Verluste junger innovativer Unternehmen. Rechtliche und wirtschaftliche Analyse, Alternativen de lege ferenda. 2016.

Band 33 Nina Erm: Personengesellschaften in Steuerverfahren. Verfahrensklarheit trotz Einheit und Vielheit. 2016.

Band 34 Christian Erich Rödel: Der Teilbetriebsbegriff in den Einbringungstatbeständen des Umwandlungssteuergesetzes. 2016.

Band 35 Florian Wenk: Einkünfte aus Leistungen nach § 22 Nr. 3 EStG. Eine Untersuchung zum Belastungsgrund der Einkommensteuer. 2017.

Band 36 Ralf Haendel: Treaty Overriding im Internationalen Steuerrecht als Verfassungsproblem. Insbesondere zur Reichweite der Völkerrechtsfreundlichkeit des Grundgesetzes. 2017.

Band 37 Nadine Schader: Fiskalische Immunität internationaler Organisationen und ihres Personals in der Bundesrepublik Deutschland. 2018.

Band 38 Sebastian Cloppenburg: Eine Finanztransaktionssteuer im „kleinen Kreis". Unionsrechtliche Zulässigkeit der Durchführung einer Verstärkten Zusammenarbeit im Bereich der Finanztransaktionsbesteuerung. 2018.

Band 39 Volodymyr Izrailevych: Der Begriff der Betriebsstätte im deutschen und im russischen Ertragsteuerrecht und im deutsch-russischen Doppelbesteuerungsabkommen. Ein Rechtsvergleich. 2018.

Band 40 Jan Popel: Das vorgeprägte und intendierte Ermessen im Steuerrecht. 2018.

Band 41 Marcel Sandberg: Internationale Vollstreckungshilfe im Besteuerungsverfahren. Insbesondere zum EU-Beitreibungsgesetz und zu Doppelbesteuerungsabkommen nach Art des Artikels 27 OECD-Musterabkommen. 2019.

Band 42 Sven Sobanski: Die Rechtsbeständigkeit von Steuerverwaltungsakten und finanzgerichtlichen Urteilen bei Verstößen gegen Unionsrecht. 2019.

Band 43 Delia Maria Palenker: Die Bindung der gesonderten Verlustfeststellung an den Einkommensteuerbescheid. Eine Rechtsprechungsanalyse zu § 10d Abs. 4 EStG vor und nach Inkrafttreten des JStG 2010 und ihre Folgen für den Rechtsschutz. 2020.

Band 44 Theresa Siebing: Wohnsitz und gewöhnlicher Aufenthalt als nationale Anknüpfungsmerkmale der Besteuerung. 2020.

Band 45 Julian Siller: Steuerliche Amtshilfe nach dem Übereinkommen über die gegenseitige Amtshilfe in Steuersachen vom 25.01.1988 im System der internationalen steuerlichen Amtshilfe. 2020.

Band 46 Sebastian Fernkorn: Verfassungsrechtliche Anforderungen an nichtsteuerliche Umweltabgaben am Beispiel des Brennstoffemissionshandels. Eine finanzverfassungsrechtliche Untersuchung der nationalen CO2-Zertifikate. 2022.

Band 47 Hanna Brentrup: Methoden der Einkunftsartenabgrenzung sowie der Bestimmung des steuerbaren Bereichs im Einkommensteuerrecht. 2023.

Band 48 Elisabeth Catherine Wöhrle: Der finanzgerichtliche Prozessvergleich. 2024.

www.peterlang.com

www.ingramcontent.com/pod-product-compliance
Ingram Content Group UK Ltd.
Pitfield, Milton Keynes, MK11 3LW, UK
UKHW021831290926
8980IPUK00004B/393

9 783631 910610